중국을 말한다

13 집권과 분열

1368년~1644년

후민·마쉐창 지음 이원길 옮김

㈜신원문화사

Copyright ⓒ 2003 by Shanghai Stories Culture Media Co., Ltd.
Korea copyright ⓒ 2008 by Shinwon Publishing Co., Ltd.
All right reserved.

이 책의 한국어판 저작권은 상해문예출판사와의 독점 계약으로
신원문화사가 소유합니다.
저작권법에 의하여 한국 내에서 보호를 받는 저작물이므로
무단전재와 무단복제를 금합니다.

발간에 즈음하여

역사란 사람에 따라서 여러 가지 뜻으로 사용되고 있지만, 일반적으로 두 가지의 뜻이 있다. 하나는 인류가 살아온 과정에서 일어난 과거의 모든 사실과 사건 그 자체를 말하며, 다른 하나는 이러한 과거의 모든 사실과 사건의 기록을 의미한다. 즉 역사는 '사실로서의 역사'와 '기록으로서의 역사'라는 두 가지 측면이 있는 것이다.

기록으로서의 역사는 과거의 사실을 토대로 역사가가 이를 조사하고 연구하여 주관적으로 재구성한 것이다. 이 과정에서는 필연적으로 역사가의 가치관과 같은 주관적 요소가 개입하게 되며, 이 경우 역사라는 말은 기록된 자료 또는 역사서와 같은 의미가 된다.

역사는 정치, 경제, 사회, 문화 등 여러 방면에 걸친 지식이 포함되어 있는, 과거 인간 생활에 대한 지식의 총체를 의미한다. 역사를 배움으로써 우리는 인간 생활에 대한 지식의 보고에 다가갈 수 있다. 역사를 알지 못하면 현재를 살아가는 우리 자신의 정체와 우리를 둘러싸고 있는 현재의 상황을 바로 알 수가 없다. 그러므로 현재를 바로 알기 위해서 뿐만 아니라 미래를 예측하고 설계하기 위해서도 과거의 역사를 바로 알아야 한다.

이 책 《중국을 말한다》는 총 15권으로 구성되어 있으며, 중국의 원시 사회부터 마지막 왕조인 청나라가 멸망하기까지의 역사 과정을 서술하고 있다. 본서는 유구한 중국 역사의 흥망성쇠를 시대별로 나누고, 그 시대의 주요 역사적 사실과 인물들에 관한 이야기를 1500여 편의 표제어로 엮어 구성하였을 뿐만 아니라 누구나 쉽게 읽고 이해할 수 있도록 이야기 형식으로 서술했다.

또한 당시 사회생활을 반영한 3000여 점의 그림 및 사진 자료가 매 페이지마다 실려 있어 본문의 내용을 생생하고 깊이 있게 이해하도록 도와준다. 나아가 사진과 그림들을 문화적인 유형으로 분류하면 또 하나의 독립적인 복식문화사, 풍속사, 미술사, 과학 기술사가 될 것이다.

특히 본서의 번역에 있어서 최대한 원서의 내용과 의미를 살리고자 했으며, 중국 지명 및 인명 표기에 있어서는 독자들의 혼란을 야기하지 않기 위해 외래어표기법에 의한 중국식 발음이 아닌 우리나라의 한자음으로 표기했다. 부득이 중국식 발음으로 표기한 인명에 있어서는 한자를 병기했다. 수많은 중국 고대의 문명과 인물, 그리고 생소한 지명 등을 일일이 찾아 번역하기란 쉬운 일이 아니었다. 중국의 역사는 그만큼 방대하고 폭넓기 때문이다.

《중국을 말한다》는 중국인들이 그들의 역사를 보는 시각이다. 때문에 분명 우리와 그 맥락을 달리 하는 부분이 있다. 그럼에도 불구하고 이 책을 발간하게 된 취지는, 비록 내용 중 우리 역사와 충돌하는 부분이 있지만 중국과의 교류가 날로 늘어 가고 있고, 또 중국의 국제적 영향력이 확대되고 있는 상황에서 중국을 제대로 이해할 필요가 있다고 판단했기 때문이다. 우리의 역사를 올바로 이해하기 위해서는 밀접한 관계에 있는 주변국들이 주장하는 그들의 역사도 분명히 알아야 한다. 때문에 중국인의 세계관이 잘 드러나면서도 쉽게 읽을 수 있는 역사서를 소개하고자 하는 것이다.

청소년들과 일반인들에게 더 넓은 지식을 알려줌과 동시에 역사를 전공하는 사람들에게는 비교 분석을 통해 실증적인 연구를 하는 데 도움을 주고자 이 책을 출간하게 된 것이다.

신원문화사 대표

꿈과 추구

중국 상해문예출판사 편집위원 허청웨이何承偉

독자들을 위해 엮은 중국 역사 백과사전

찬란한 문명사를 가진 중국은 생기와 활력이 넘치는 나라이다. 선사 시대부터 동방에 우뚝 선 중국은 오늘날에 이르기까지 끊임없는 발전을 거듭해 오고 있다. 수많은 역사가 그 땅에 살고 있는 사람들에 의해 선도되어 왔으며, 그 역사는 또한 길이길이 남아 후손들에게 지혜와 슬기를 안겨 주고 있다.

우리는 지금 매우 새로운 시도를 하고 있다. 보다 많은 사람들에게 중국 역사를 알리고 싶은 소망 하나로, 이야기 형식의 역사책을 만들고 있는 것이다. 그래서 이 책은 보통의 역사책처럼 지루하지 않다. 마치 할머니에게 호랑이 담배 피우던 시절의 이야기를 듣는 것처럼 흥미진진하다.

이 시리즈는 모두 15권으로 구성되어 있다. 제1권 〈동방에서의 창세〉, 제2권 〈시경 속의 세계〉, 제3권 〈춘추의 거인들〉, 제4권 〈열국의 쟁탈〉, 제5권 〈강산을 뒤흔드는 노래 – 대풍〉, 제6권 〈끝없는 중흥의 길〉, 제7권 〈영웅들의 모임〉, 제8권 〈초유의 융합〉, 제9권 〈당나라의 기상〉, 제10권 〈변화 속의 천지〉, 제11권 〈문채와 슬픔의 교향곡〉, 제12권 〈철기와 슬검〉, 제13권 〈집권과 분열〉, 제14권 〈석양의 노을〉, 제15권 〈포성 속의 존엄〉 등이다.

역사에 대한 현대인들의 감정에 가장 넓은 공감대를 형성하고 있는 문학 장르는 이야기이다. 사람들은 이야기를 통해 재미와 슬픔을 느끼고, 경탄하거나 한숨을 쉬기도 한다. 이야기는 한 민족의 잠재의식 속에 존재하고 있는 집단적인 기억이다. 이야기는 또한 역사적인 문화의 유전자를 독자들에게 심어 주고, 그들의 의식意識을 깨끗하게 정화淨化시켜 준다.

그래서 이 책은 이야기체를 주체로 했다. 또 기존의 역사서들이 갖고 있던 중국 중심의 전통적인 틀에서 벗어나, 세계적인 안목을 가진 일류 역사학자들의 견해를 우선시했다. 나아가 중국 역사의 발전 맥락과 세계사의 풍부한 정보를 함께 실어 이야기만으로는 부족하기 쉬운 지식의 결함을 보완했다. 이야기가 가진 감성적인 감동과 역사 지식에 대한 이성적인 의견을 통일시킨 것이다. 그래서 이 책을 읽은 독자들은 한 그루의 나무뿐만 아니라 거대한 숲도 한눈에 볼 수 있으며, 각각의 이야기가 주는 심미적인 흥미와 함께 역사적인 큰 지혜도 얻게 될 것이다.

또한 이 시리즈에는 많은 사진과 그림들을 첨부했다. 비록 편면성을 갖고 있다 할지라도 오늘날 독자들의 수요와 취향이 그것을 요구하고 있기 때문이다. 이 책 속의 사진과 그림들은 감상을 위주

발간사

로 하는 사진이나 기존의 그림과는 크게 다르며, 독자들로 하여금 생생한 역사적 사실감을 느끼게 해줄 것이다.

이 책에 실린 사진과 그림들은 그 영역 또한 대단히 넓다. 역사의 현장을 깊이 있게 재현하고, 발전과정과 변화를 입체적으로 돌출시킴으로써 본문의 내용을 생생하고 깊이 있게 이해하도록 도와준다. 따라서 이 책 속의 사진과 그림들은 중국 역사와 문화의 전면적인 정보를 알려 주고 있다고 해도 과언이 아니다. 나아가 사진과 그림들을 문화적인 유형으로 분류한다면, 사진으로 읽는 복식 문화사, 의약사, 도서 서적사, 풍속사, 군사軍事史, 체육사, 과학 기술사 등 독립적이고 전문적인 분야의 역사 사진들이라고 할 수 있다.

이 시리즈에 들어 있는 하나의 이야기, 한 장의 사진, 하나의 그림 등 모든 정보는 각각 대표성을 가진 '점點'들이라 할 수 있다. 그러나 이 점들은 개별적으로 존재하는 것이 아니라 역사라는 거대한 수레바퀴를 잇는 연속선 위의 서사敍事 단위들이며 중국 문명의 반짝이는 광점光點들로, 중국이라는 거대한 국가의 문화적 성격들을 굴곡적으로 반사하고 있다. 따라서 이 광점들을 연결시키면 하나의 역사적인 '선線'이 된다. 이 선과 선 사이에 날실과 씨실로 엮어진 것이 바로 신성한 역사의 전당이다. 점과 선과 면, 이 세 개가 합쳐져 중국 역사라는 거대한 탑이 완성된 것이다.

인쇄술은 중국이 자랑하는 4대 발명 중의 하나이다. 한때 중국의 도서 출판은 세계 출판 역사를 선도한 적이 있었다. 하지만 근대에 이르러 중국의 출판업은 퇴보하기 시작했고, 지금도 선진국에 비하면 출판 기술적인 측면에서 상당한 후진성을 벗어나지 못하고 있다. 따라서 우리는 이 책을 출판하는 과정에서 외국의 선진 출판 기술을 열심히 배우고 소화시키며 양자 간의 거리를 단축시키기 위해 노력했다.

우리는 이 시리즈를 만드는 과정에서 중국의 역사와 문화가 너무나 위대하여 그 어떤 찬미를 한다 해도 과분하지 않다는 것을 가슴 깊이 느꼈다. 나아가 중국의 역사와 문화는 단지 중국만의 것이 아니라 세계적인 것이라는 사실을 절감할 수 있었다.

중국의 역사에 비견해 보면, 이 시리즈의 완성은 광야에 핀 꽃 한 송이에 불과할 것이다.

그러니, 앞으로 우리가 꽃피울 세상은 한없이 넓고 아름답다.

현대인과 역사

상해사회과학원 연구원 류수밍劉修明

지나간 역사와 오늘은 어떤 관계일까?

역사는 오늘을 살아가는 사람들에게 어떤 영향을 미치고 있는가?

과거란 지나간 세월이다. 과거의 살아 숨 쉬는 실체는 이미 없어지고 유적과 기록만 남아 있을 뿐이다. 시간은 거슬러 흐르는 법이 없다. 그렇다면 과거를 배워 도대체 무엇을 어떻게 하겠다는 말인가?

역사는 무용지물이라는 무지몽매한 개념이 개인에게만 있는 것이 아니다. 특히 과학 기술이 고도로 발달한 현대 사회에서는 역사를 현실과 동떨어졌다 하여 더욱 경시하는 경향이 있다. 또한 역사에 대한 자신의 무지를 부끄럽게 여기지 않는 사람도 적지 않다.

그러나 이런 현상을 그저 나무라기만 할 수는 없는 일이다. 다양한 양질의 자료를 통해 역사와 현시대 사람들 사이의 거리를 단축시킬 수만 있다면, 사람들은 생생한 역사 속에서 깨달음을 얻을 수 있을 것이다. 또한 역사적인 진리를 깨달아 예지叡智를 키움과 동시에, 현대 사회의 문명에 대한 인식을 더욱 깊게 하여 현시대 사람들의 인식과 실천을 한 단계 높은 차원으로 도약시킬 수 있는 기회를 만들 수 있다. 그렇게 된다면, 사람들은 오늘이 곧 역사의 계승이며 역사는 현재의 생존과 발전에 불가결한 요소임을 알게 될 것이다.

중국 역사는 생동감 있고 폭넓은 지식으로 사람들의 슬기를 키워 주는 교과서이다. 또한 독특한 성격을 가진 동방 문명사이기도 하다. 중국 역사는 그 형성과 발달 과정이 이집트나 메소포타미아 문명, 또는 인도 문명처럼 중단되거나 전이되지 않았고, 침몰되지 않았다. 비록 온갖 우여곡절을 겪기는 했지만, 여전히 불굴의 자세로 아시아의 동방에 우뚝 서 있다. 중국 역사는 시간과 공간을 포함하면서도 시간과 공간을 초월하는, 나아가 유형적이면서도 무형적인 운반체인 것이다.

영국의 철학자 베이컨은 "역사는 사람을 지혜롭게 만든다"고 했다. 역사적 경험에는 깊은 사색을 필요로 하는 이치들이 담겨 있다. 그러므로 현실을 바르게 인식하고 미래를 현명하게 내다보려면 역사를 올바르게 이해할 줄 알아야 한다. 역사를 제대로 아는 사람만이 현실을 명확히 파악할 수 있다.

문학과 역사와 철학. 이 세 가지 학문을 주간으로 하는 인문 교육은 인간의 소질을 높이는 데 특별한 가치가 있다. 그리고 이 세 가지 요소가 통합되어 있는 것이 중국 역사이다. 외국어 교육이나 컴퓨터 교육만을 중시하고 인문 교육을 소홀히 하는 경향은 반드시 고쳐져야 한다.

총서總序

역사는 다양한 서적들을 통해서 연구할 수 있다. 그러나 중요한 것은 독자들의 흥미를 어떻게 이끌어 내느냐 하는 것이다. 우리는 지금 재미나는 글과 정확한 사진이 합쳐진, 이야기 형식으로 편찬된 중국 역사 서적을 독자들에게 선보이고자 한다. 이 시리즈를 주관한 허청웨이何承偉 선생은 평생이라고 해도 과언이 아닐 만큼 오랜 세월 동안 출판업에 몸담은 분이다. 또한 수많은 학자들의 자발적인 참여와 협력이 이 시리즈를 완성하게 했다.

이 시리즈는 생생한 형상과 특이한 엮음으로 누구든 쉽게 중국 역사라는 거대한 전당 속으로 들어갈 수 있게 했다. 또한 그 역사의 전당에서 지식과 도리를 깨닫고 시야를 넓혀, 과거를 거울로 삼아 미래를 꿈꿀 수 있도록 최선을 다했다. 이 책은 전통에 대한 교육과 미래에 대한 전망을 조화시켜 공부하게 함으로써, 오늘날을 살아가고 있는 사람들이 중국의 역사를 넘어서 세계 문명 발달을 선도하는 데 결정적인 역할을 하게 되기를 소망한다.

우리는 옛 선인들의 슬기로움을 가슴으로 느껴야 한다.

그들은 우리가 세계사의 주인공이 되기를 바라고 있다.

차 례

발간에 즈음하여 4

발간사 : 꿈과 추구 – 독자들을 위해 엮은 중국 역사 백과사전 6

총서總序 : 현대인과 역사 8

전문가 서문 : 경제와 문화를 발전시킨 명나라 14

찬란한 중국 역사 한눈에 보기 – 이 시리즈를 읽기 전에 16

머리말 : 1368 ~ 1644년
강성과 위기 —사람들의 탄식을 자아내는 왕조 명나라 — 마학강馬學强 20

> 명나라는 중국 역사에서 극히 중요한 시대다. 명나라 시대는 봉건사회 역사 발전의 전환기로서 많은 분야에 전환과 변혁의 요소들이 충만했다. 따라서 경제가 신속히 발전하고 사회 모순도 격렬해져 복잡다단하고 곡절 많은 투쟁들이 벌어졌다.

001 원수가 된 스님 34
주원장이 홍건군에 가담했다

002 주승의 계략 37
후방을 공고히 하고 실력을 비축했다

003 파양호의 수전 39
주원장과 진우량이 파양호에서 결전을 치렀다

004 장사성의 포위 공격 42
주원장이 장사성을 포위 공격했다

005 탁월한 지략가 유기 44
주원장은 유기를 중용했다

006 개국황제 명 태조 47
황제 위에 오른 주원장이 국호를 명이라고 정했다

007 후덕한 마황후 49
마황후가 백성의 고통에 관심을 가졌다

008 봉양의 거지 52
봉양 사람들이 화고를 메고 사처로 동냥을 다녔다

009 공신들을 주살한 태조 54
주원장이 공신들을 죽이기 시작했다

010 호유용 사건 56
태조가 호유용을 역모죄로 죽였다

011 남당 사건 　　　　　　　　　　59
태조가 두 번째로 공신들을 대대적으로 죽였다

012 금의위 　　　　　　　　　　　61
특무 기관의 하나인 금의위가 악명을 떨쳤다

013 번왕들의 책봉 　　　　　　　　64
번왕들을 대대적으로 책봉해 많은 번국들을 세웠다

014 핍박에 의해 퇴위한 건문제 　　　66
건문제가 번왕의 세력을 약화시키기 시작했다

015 연왕의 정난 　　　　　　　　　67
주체가 건문제를 대신해 황제가 되었다

016 '십족을 멸하는 형벌'과 '덩굴째 뽑아버리는 형벌' 　70
방효유와 경청은 죽는 순간까지 귀순을 거부했다

017 번왕의 세력을 박탈한 성조 　　　72
성조는 번왕들의 권력을 박탈하기 시작했다

018 하원길의 강남 치수 　　　　　　74
하원길은 물길을 소통시키고 수해를 방지했다

019 서양에 다녀온 삼보태감 　　　　76
정화는 서양을 일곱 번이나 원항하여 다녀왔다

020 북경 천도 　　　　　　　　　　79
성조가 도성을 북경으로 옮겼다

021 다섯 차례에 걸친 성조의 북정 　　82
성조는 대군을 거느리고 다섯 차례나 북정했다

022 해진의 봉변 　　　　　　　　　84
재능 있는 해진이 황제를 노하게 해 생매장을 당했다

023 당색아의 봉기 　　　　　　　　86
백련교를 조직한 당색아가 민중 기의를 일으켰다

024 주고후의 반란 　　　　　　　　88
주고후를 선종이 친히 군사를 거느리고 징벌했다

025 명나라의 과거 시험 　　　　　　90
'남과 북을 갈라서 인재를 뽑는 방책'을 실시했다

026 소주를 다스린 황종 　　　　　　92
황종은 소주 백성에게 '황청천'이라고 불렸다

027 인선지치 　　　　　　　　　　94
인조와 선종은 간언에 귀 기울이며 정사를 돌보았다

028 '삼양'의 보필 　　　　　　　　98
삼양은 차례로 다섯 임금을 보필했다

029 조정 대권을 장악한 환관 왕진 　100
환관 왕진이 온갖 악행을 저질렀다

030 토목의 변 　　　　　　　　　102
영종이 와라족의 포로가 되었다

031 포로가 된 영종 　　　　　　　104
와라는 영종을 생포해 명나라를 협박했다

032 북경 방위전 　　　　　　　　106
우겸은 북경 군민들을 영솔해 와라군과 싸웠다

033 남궁의 복벽 　　　　　　　　108
조정의 일부 대신들이 영종을 복벽시켰다

034 청백함만 세상에 남기리 　　　110
우겸은 청렴하고 결백했다

035 석형과 조길상의 역모 　　　　112
석형과 조길상이 서로 결탁하여 역모를 꾸몄다

036 전봉관 　　　　　　　　　　114
전봉관은 어느 곳에나 있었다

037 천하를 호령한 왕태감 　　　　117
헌종은 환관 왕지을 총신하여 서창을 세웠다

038 홍치의 중흥 　　　　　　　　120
효종은 현사들을 등용하고 간언에 귀 기울였다

039 정민정 사건 　　　　　　　　122
여러 명사들과 관련된 과거 시험 사건이 벌어졌다

040 무종과 팔호 　　　　　　　　124
무종은 주색과 놀음에 빠졌다

041 유근의 죄악 　　　　　　　　126
나라를 어지럽힌 유근을 양일청이 제거했다

042 유육과 유칠의 봉기 　　　　　129
유육과 유칠 형제가 기의를 일으켰다

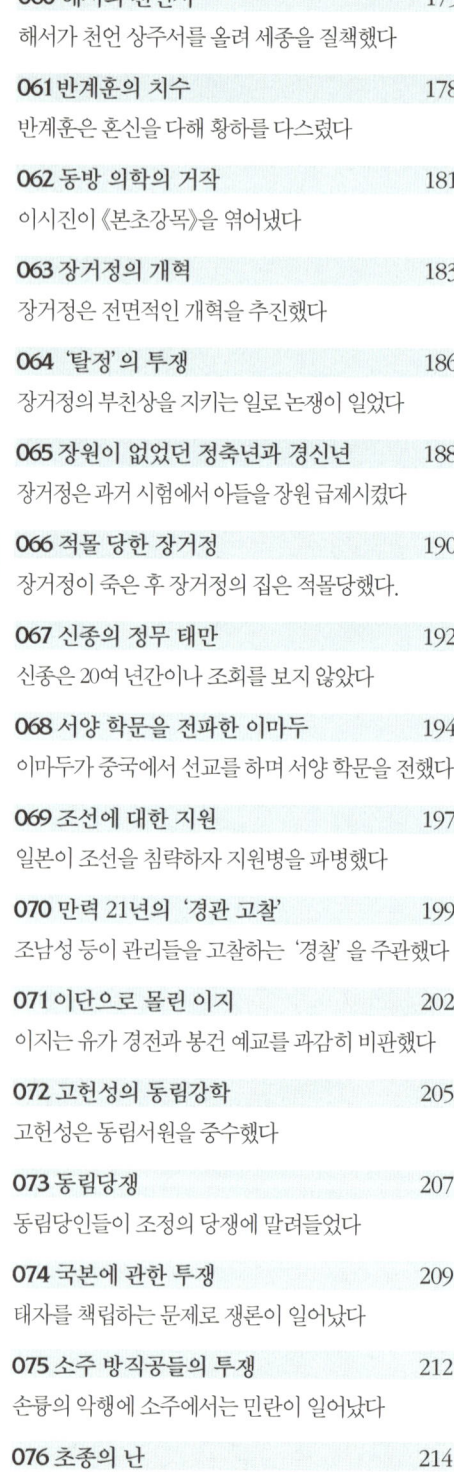

043 강빈의 전횡 132
간신 강빈이 아첨을 일삼고 조정을 휘둘렀다

044 신호의 난 134
영왕 주신호가 반란하여 군대를 일으켰다

045 왕양명이 창립한 '심학' 137
왕양명의 학설이 학술계를 뒤흔들었다

046 대례의 사건 140
세종과 대신들 사이에 쟁투가 벌어졌다

047 도교를 숭상한 세종 144
세종은 도교와 방술에 빠져들었다

048 간신 엄숭 146
엄숭 부자가 반대파들을 잔혹하게 박해했다

049 경술의 변 148
달단이 북경성 교외까지 쳐들어와 소란을 일으켰다

050 엄답에게 내린 책봉 150
명나라 조정에서는 엄답과 삼낭자를 책봉했다

051 공납 때문에 일어난 싸움 152
일본의 여러 섬이 공납하는 일로 싸웠다

052 왜구에 대한 주환의 저항 154
주환이 간신의 무함에 걸려들었다.

053 왕강경의 대첩 156
장경이 왕강경에서 왜구를 대패시켰다.

054 왕직을 꾀로 죽인 호종헌 158
호종헌이 지혜로 해적 왕직을 붙잡았다

055 척계광과 척가군 162
척계광이 척가군을 모집하여 훈련시켰다

056 왜적에 대항한 명장 유대유 166
유대유는 장기간 왜구와 싸웠다

057 범흠이 창건한 천일각 168
장서용 누각인 천일각을 범흠이 축조했다

058 엄숭을 탄핵한 대신들 171
정직한 대신들이 간신 엄숭을 탄핵했다

059 엄숭 부자를 제거한 서계 173
서계는 권모술수를 써 엄숭 부자를 제거했다

060 해서의 천언서 175
해서가 천언 상주서를 올려 세종을 질책했다

061 반계훈의 치수 178
반계훈은 혼신을 다해 황하를 다스렸다

062 동방 의학의 거작 181
이시진이 《본초강목》을 엮어냈다

063 장거정의 개혁 183
장거정은 전면적인 개혁을 추진했다

064 '탈정'의 투쟁 186
장거정의 부친상을 지키는 일로 논쟁이 일었다

065 장원이 없었던 정축년과 경신년 188
장거정은 과거 시험에서 아들을 장원 급제시켰다

066 적몰 당한 장거정 190
장거정이 죽은 후 장거정의 집은 적몰당했다.

067 신종의 정무 태만 192
신종은 20여 년간이나 조회를 보지 않았다

068 서양 학문을 전파한 이마두 194
이마두가 중국에서 선교를 하며 서양 학문을 전했다

069 조선에 대한 지원 197
일본이 조선을 침략하자 지원병을 파병했다

070 만력 21년의 '경관 고찰' 199
조남성 등이 관리들을 고찰하는 '경찰'을 주관했다

071 이단으로 몰린 이지 202
이지는 유가 경전과 봉건 예교를 과감히 비판했다

072 고헌성의 동림강학 205
고헌성은 동림서원을 중수했다

073 동림당쟁 207
동림당인들이 조정의 당쟁에 말려들었다

074 국본에 관한 투쟁 209
태자를 책립하는 문제로 쟁론이 일어났다

075 소주 방직공들의 투쟁 212
손륭의 악행에 소주에서는 민란이 일어났다

076 초종의 난 214
초왕 주화규를 가짜라고 고발하면서 난이 일어났다

12

077 동기창의 집을 불사른 백성들 216	**094 명나라 군대의 영금대첩** 262
동기창 부자의 악행이 민중의 분노를 야기했다	명나라 군대가 또 한 차례 빛나는 승리를 거두었다
078 송응성의 《천공개물》 219	**095 엄당의 숙청** 266
송응성이 과학 거작 《천공개물》을 엮어냈다	사종은 위충현을 주살하고 엄당을 숙청했다
079 실학을 중요시한 서광계 221	**096 문사 연맹, 복사** 270
서광계는 일생 동안 실학을 연구·발전시켰다	복사는 문사들을 모아 연맹을 이루었다
080 천고의 기인과 기서 224	**097 모문룡을 죽인 원숭환** 272
서하객은 중국 태반의 땅에 발자취를 남겼다	원숭환은 계책을 써서 모문룡을 잡아 죽였다
081 일위이인 228	**098 북경을 기습한 황태극** 274
건주좌위에 좌위 공인公印이 두 개 생겼다	후금이 천릿길을 에돌아 북경성을 기습했다.
082 큰 뜻을 품은 노이합적 230	**099 스스로 장성을 허문 숭정 황제** 276
노이합적은 후금을 세우고 명나라를 반대했다	숭정항제는 황태극의 간계에 걸려 원숭환을 죽였다
083 살이호 결전 234	**100 민지에서의 승리** 278
명나라와 후금이 한 차례 결전를 치렀다	농민 봉기군은 포위를 뚫고 나와 황하를 건넜다
084 명장 웅정필의 억울한 죽음 236	**101 형양의 집회** 280
명장 웅정필은 모함으로 억울하게 죽었다	농민 봉기군의 수령들이 형양에 모여 회의를 열었다
085 영원을 지킨 원숭환 240	**102 '틈장'에서 '틈왕'에 이르기까지** 283
원숭환이 후금과의 전쟁에서의 첫 번째 대승을 거뒀다	이자성이 '틈왕'으로 추대되었다
086 정격안 243	**103 양양을 기습한 장헌충** 286
태자궁을 습격한 일이 벌어졌다	장헌충은 관군의 포위를 물리치고 승리를 거두었다
087 홍환안 246	**104 성도에서 황제에 오른 장헌충** 289
광종이 즉위한 지 한 달도 못 되어 홍환을 먹고 죽었다	장헌충이 대서 정권을 건립했다
088 이궁안 248	**105 청나라에 투항한 홍승주** 291
이선시는 황장자를 통제하려고 했다	명나라 군대가 참패하고 홍승주는 청나라에 투항했다
089 위충현의 악행 250	**106 매산에서 자결한 숭정 황제** 294
위충현을 위수로 하는 엄당들의 악세력이 나타났다	숭정 황제는 매산에서 목을 매어 자결했다
090 죽음을 무릅쓰고 위충현을 탄핵한 양련 252	**107 청나라에 투항한 오삼계** 296
분노한 양련이 위충현을 탄핵하다가 죽었다	이자성의 농민군이 대패했다
091 동림 관원들을 파직시킨 위충현 255	**108 북경성에 입성한 청나라 군대** 299
위충현의 보복으로 동림당인들이 대거 제거되었다	청나라 군대가 북경으로 들어왔다
092 천고의 억울한 사건 동림안 257	초점: 1368년부터 1644년까지의 중국 302
동림당인들은 잔혹한 타격으로 목숨을 잃었다	1368년부터 1644년까지의 사회 생활 및
093 소주의 다섯 의사 260	역사 문화 백과 304
시민과 선비들이 엄당에 맞서 들고일어났다	찾아보기 312

경제와 문화를 발전시킨 명나라

중국사회과학원 역사연구소 연구원 중국명사학회 명예회장 류중르劉重日

명나라는 주원장朱元璋이 원나라 말기 군웅들을 이기고 1368년 황위에 오른 때부터 1644년 마지막 황제 주유검朱由檢이 자살하기까지 16명의 황제를 거치며 276년 동안 존속했다.

명나라는 전환과 변혁의 요소들이 많아 경제가 빠르게 발전했지만 사회적인 모순과 투쟁 또한 격렬한 시기였다. 이 시기는 서방 각국이 동란 속에서 변혁하는 때였다. 명나라도 이러한 시대의 흐름에 따라 정치·경제·문화·과학기술 등 여러 분야에서 큰 업적을 쌓았다.

주원장에 대한 평가는 지금도 여러 가지로 엇갈린다. 그러나 확실한 것은 그 누구도 주원장의 지혜와 능력을 부인하지 못한다는 사실이다. 주원장은 능력이 뛰어난 문무 대신들을 집결시켰다. 그리고 관료들이 근검절약하는 생활로 백성들의 본보기가 되어야 하며, 백성들의 세금과 부역을 경감시키고, 탐관오리들과 악행을 저지르는 자들을 엄히 징벌해야 한다고 했다. 이것이 이루어 지지 않으면 아무리 좋은 정책과 조치라도 백성들이 그 혜택을 입지 못한다고 강조했다.

전문가 서문

이어 주원장은 구체적인 정책을 제정해 조치를 강구했는데, 광범위한 이민移民을 권장함으로써 광대한 황무지들을 개간했고, 둔전을 폭넓게 실시했으며, 요역과 부세를 경감시켰다. 또한 수리시설을 확충하고 경제작물을 가꾸는 것을 장려했다. 이런 정책으로 농업이 크게 발전할 수 있는 기반이 다져졌다.

주원장은 과거 역사의 정치 경험을 모아 지방 정치 체제를 정비하면서 부府, 주州, 현縣은 일장제一長制를 실시하고, 성省에는 삼사三司를 세웠다. 도지휘사都指揮使는 군정軍政을, 안찰사按察使는 법을, 포정사布政使는 백성과 재정을 관할했는데, 이 셋은 관계官階나 등급에는 상하가 있었지만 직권과 직책은 독립적이어서 군사·정치·사법의 세 권력이 서로 분립되었다. 한편 역사상 처음으로 재상을 없애고 그 권력을 이부·호부·예부·병부·형부·공부의 6부에 귀속시켰다.

사법기구에는 형부 외에 도찰원都察院과 대리사大理寺를 더 설치해 각각 권한을 가지게 했는데, 이것을 '명나라 삼법사三法司'라고 한다. 형부가 형벌과 감옥을 관할한다면, 도찰원은 검찰 기관이었다. 대리사는 형부와 도찰원에서 판결한 안건을 재심사하여 억울한 판결이나 부당한 형량을 기각할 권한이 있었다.

이처럼 명나라의 정치 체제는 '부府·부部·원院·사寺'로 이루어져 권력이 한곳으로 집중되지 않고, 각 부문의 장관들이 서로 도우며 견제해 조정이 모든 일을 총괄하도록 했다. 이것은 권력을 황제에게 집중시키는 체제로서 명나라는 중앙 집권과 삼권 분립의 체제라고 요약할 수 있다.

사실 황제가 아무리 능력이 뛰어나다고 해도 모든 일을 혼자서는 처리할 수 없는 법이다. 그래서 상주서가 올라오면 문인학사들이 먼저 보고 거기에 자기의 의견을 첨부해 황제에게 올렸는데 이것을 '표의票擬'라고 한다. 이로써 '내각제'가 점차 형성되기 시작했다.

명나라는 수공업이 고도로 발달했는데, 도시와 화폐 경제가 전례가 없을 만큼 크게 발달했다. 장강 삼각주와 주강 삼각주를 중심으로 경제 중심 지역이 형성되었고, 농업 경영과 농산물의 상업화가 나타났으며, 농촌의 읍과 시장이 신속히 확장되어 수공업과 교역을 하는 장소로 변했다.

이에 따라 소주, 항주, 가흥, 태호 일대에 견직이 발달해 거상들이 운집했으며, 송강松江 지역 역시 면방직의 중심으로 부상했다. 또 이 지역의 수공업 중에서 자본주의적 생산관계가 나타나기도 했는데, 그것은 봉건주의 경제에 새로운 변화가 일어나기 시작했음을 시사하는 것이었다.

명나라 사회와 경제, 과학기술의 발전은 빛나는 자취를 남겼는데, 일곱 번에 걸친 서양 항해는 세계 항해사에서 가장 큰 공적을 세웠다. 1000톤 이상의 배를 만들어 내는 조선 기술, 새로운 항해 설비로 망망대해 10만 리를 여러 차례 다녀왔어도 사고 한 번 없는 기록들은 서방 학자들까지도 경탄을 금치 못한다

사회·경제의 번영은 사상과 문화면에서도 커다란 발전을 이루어 냈다. 초대형 도서《영락대전永樂大典》의 편찬, 의약 서적《본초강목本草綱目》의 완성, 농학·지리학·공예학 등 전문 분야 서적들의 출판 그리고 풍부한 민간의 가사·통속소설·희곡 등은 이 시대에 문화 발전이 얼마나 대단했는지를 말해 준다. '이박二拍'과 '삼언三言' 등 각종 화본話本이 이때 나타났고,《수호지》,《서유기》,《삼국지연의》등의 명작들도 이때 출현했다.

봉건 왕조는 결국 부패와 함께 멸망하기 마련이다. 명나라도 결국 통치자들의 부패와 가혹한 세금에 대한 국민의 분노 속에서 멸망을 고했다. 하지만 이 시대가 이루어 낸 위대한 업적과 찬란히 꽃피운 문화는 지금도 여전히 살아남아 있다.

찬란한 중국 역사 한눈에 보기

이 시리즈를 읽기 전에

《중국을 말한다》는 재미나는 이야기, 다채로운 그림, 풍부한 지식 등을 집대성한 중국 역사 백과사전으로 중국의 역사와 찬란한 문명을 한눈에 보여 준다. 이 책을 효과적으로 이해하려면 옆의 안내도를 꼼꼼하게 읽고 참조하기 바란다. 그러면 중국 역사가 한 폭의 그림처럼 눈 앞에 펼쳐질 것이다.

독창적인 구성으로 역사와 문화의 매력을 적절하게 표현하고 있음은 물론, 저자의 의도를 최대화시키고 있다.

광범위한 지식 정보와 귀중한 역사 자료에 그림과 사진이 더해져 누구라도 쉽게 이해할 수 있도록 했다.

이 책은 유구한 중국 역사를 이야기로 엮어, 읽는 이들의 흥미를 배가시키고 있다. 또한 이야기마다 각각의 대제목과 소제목을 붙여 본문의 중요 내용을 쉽게 파악할 수 있도록 했다.

또한 이 책은 단순히 이야기에만 그치지 않고 거기에 합당한 정보를 종합적으로 전달해 주고 있다. 이를 테면 이야기의 감성적 느낌과 역사 지식에 의한 이성적 느낌을 결부시켜 읽는 이들에게 나무와 숲을 동시에 보도록 한 것이다. 또한 '중국사 연표', '세계사 연표', '역사문화백과', '역사 시험장' 및 그림과 사진 설명을 통해 다양한 역사 지식을 두루 섭렵할 수 있도록 하고 있다.

동시에 페이지마다 삽입된 수많은 그림과 사진은 그 내용이 풍부해서 지나온 역사를 시각적으로 느끼게 하고 있으며, 각각의 역사 단계와 사회의 발전과 변화를 입체적으로 표현해 역사책이라는 지루함을 최소화했다.

● 이야기 제목

● 이야기 번호 : 이 번호는 이야기의 순서일 뿐만 아니라 찾아보기를 보다 쉽게 이용할 수 있게 한다.

● 역사 시험장 : 본문과 관련된 역사 문화 지식에 대해 왼쪽에서 물어보고 오른쪽에 답안을 제시했다.

● 역사문화백과 : 동시기와 관련되는 정치, 경제, 문화, 과학 기술 등 다방면의 지식을 소개했다.

- 중국사 연표 : 본 이야기와 비슷한 연대에 중국에서 발생한 중요 사건을 기술함으로써 중국 역사 발전의 기본 맥락을 제시한다.

- 이야기 안내 : 역사 이야기를 요약하여 소개함으로써 본 이야기의 중심을 쉽게 파악하도록 도와준다.

- 세계사 연표 : 중국사 연표와 비슷한 시기에 발생한 세계의 중대한 사건을 제시함으로써 중국과 세계를 비교할 수 있도록 하고 있다.

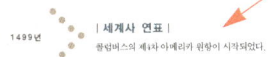

| 세계사 연표 |
1499년
콜럼버스의 제3차 아메리카 원항이 시작되었다.

- 출전은 이야기의 출처가 되는 자료를 밝힘으로서 풍부한 정보량과 실용성을 갖추었다.

1425
~
1499

명나라

반대파의 타격과 친신의 기용

- 본 책의 역사 연대의 시작과 끝.

- 단락 제목 : 단락의 주제를 제시해 단락의 중점을 파악하기 쉽도록 돕고 있다.

- 표는 분산된 정보를 종합함으로써 통일성을 이루게 한다.

- 그림과 사진 : 지나간 역사를 (부분적으로) 재현시킨다. 이 책은 그림과 사진을 종합해 나열하여, 그것으로 중국 역사를 (경험)할 수 있다.

- 그림, 사진 설명 : 그림과 사진에 깃든 역사 문화 지식을 기술함으로써, 그 시기 역사를 보다 실제적으로 느낄 수 있도록 하고 있다.

17

1368년 > > 명 > 1644년

머리말

1368년~1644년
강성과 위기 – 사람들의 탄식을 자아내는 왕조 명나라

명나라

상해사회과학원 역사연구소 마쉐창馬學強

명나라는 중국 역사상 다시 한 번 중국을 통일한 왕조다. 1368년 주원장이 응천부應天府(지금의 남경南京)에서 황위에 올라 국호를 명이라고 하고 연호를 홍무洪武라고 했는데 그가 바로 명 태조다. 후에 영락永樂 19년(1421)에 성조成祖가 도성을 북경으로 옮겨 북경과 남경 두 곳에 조정을 두는 양경제兩京制를 실시했다. 그 후 숭정崇禎 17년(1644), 이자성李自成이 이끄는 농민 봉기군이 북경을 점령하자 사종思宗이 목을 매어 자살함으로써 명나라는 멸망했다. 명나라는 태조 이후 열여섯 황제를 거치면서 중국을 276년 간 통치했다.

주원장의 개국에서 '인선지치仁宣之治' 까지

원나라는 말기에 이르러 군웅들이 다투어 일어나고 농민 봉기군의 강력한 공격으로 허울만 남게 되었다. 가난 때문에 승려가 되긴 했지만 주원장은 가슴속에 큰 뜻과 출중한 지략을 지니고 있었다. 그는 난세에 지략가들과 무장들을 이끌며 실력을 키웠고 점차 군웅들을 제압했다. 그리고 마침내 개국 황제로서 명 태조가 되었다.

홍무 2년(1369), 명 태조는 공신들의 순위를 직접 결정하고 남경에 공신 사당을 세워 이미 사망한 공신들의 제를 지냈으며, 살아 있는 공신들은 그곳에 위패 자리를 남겨 놓았다. 그 후에도 공신들을 우대하며 그들이 마지막까지 충의를 지킬 것을 거듭 강조했다. 그 후 북방의 정세가 안정되고 명나라 왕조의 통치가 공고해졌지만 그럴수록 공신들에 대한 주원장의 불신과 의심은 더욱 깊어졌다. 실제로 어떤 공신들은 전횡을 일삼고 백성들을 괴롭히면서 명나라 왕조의 통치를 위협하기도 했는데, 그 예로 호유용胡惟庸을 앞세운 일부 공신들이 무리를 지어 조정을 흔들면서 황권과 대립했다. 이에 주원장은 공신들을 제거하기로 결심을 하고 호유용의 사건을 빌미로 많은 공신들을 제거했다. 그 후 주원장은 남당藍黨 옥사를 일으켜 다시 공신들을 제거해 결국 명나라 개국공신들을 대부분 주살했다.

개국 황제로서 명 태조 주원장은 정치 · 경제 · 군사 등 여러 방면에서도 개혁을 단행했다. 사회 · 경제를 회복 · 발전시키는 조치를 강구했으며, 국가 안위를 위해 변경 수비를 위주로 하는 방어태세를 취했다. 홍무 13년(1380) 호유용 사건이 발생한 후, 주원장은 중서성과 승상을 폐지하고 그 권력을 이부·호부·예부·병부·형부·공부 등 6부의 상서에게 나누어 주었다. 이들은 직접 황제의 어명을 집행하면서 그에 대해서 책임을 졌고, 그리하여 황제가 직접 정무를 보며 조정 대권을 독점했다.

진·한 이후 1000여 년 동안 실행해 오던 승상 제도는 주원장 때 폐지되었다. 하지만 하루에도 수백 개의 상주문이 올라오는데 황제 혼자 그것을 결제하는 것은 무리였다. 주원장은 상주문을 보고 답을 제시해 주며 일상 업무를 처리해 주는 사람이 꼭 필요하다는 것을 느끼고, 홍무 15년(1382), 화개각華蓋閣·문화전文華殿·무영전武英殿·문연각文淵閣·동각東閣 등 대학사大學士를 세우고, 편수編修·검토檢討·강독講讀 등의 관원들을 그곳에 임용시켰다. 이런 대학사들은 황제를 도와 상주문을 읽고 문서의 초고를 작성하고, 황제의 물음에 참고가 될 만한 답을 주는 일을 했지만 그들에게 큰 권력은 없었다. 그런데 '삼양三楊', 즉 양사기楊士奇, 양부楊溥, 양영楊榮 등이 대학사를 겸하면서 대학사의 권위가 크게 올라갔다. 그들은 나라의 많은 정책들을 제정하고 집행했다. 그 후 '표의제도'가 실행되면서 내각 수보首輔가 내각의 대권을 쥐었는데 그 권세가 승상에 비견되었다. 승상의 폐지로 조정의 사무를 관장하는 대신이 없어진 것은 국가의 최고 권력층에 큰 구조적 변화를 일으켰으며, 결국 조정 대권이 환관들의 수중에 들어가는 폐단을 초래했다.

명 태조는 전제군주 정치를 크게 강화했다. 주원장이 창설한 금의위는 명나라 시대에 가장 악명 높은 기구의 하나였다. 개국 후 공신들을 의심하던 주원장은 '검교檢校'라고 하는 무리들을 길렀는데 이들은 정치·군사 뿐만 아니라 관원들의 사생활까지 모두 감시했다. 그 후 그들을 토대로 특무 기관인 금의위錦衣衛를 만들었고, 금의위는 명나라가 망할 때까지 계속 존속했다. 금의위와 그 후에 세워진 동창東廠·서창西廠·내행창內行廠 등은 서로 결탁해 명나라 정치의 큰걸림돌이 되었다. 이외에 주원장은 또 정장廷杖, 즉 궁정에서 대신들을 매질을 하는 선례를 만들었다. 정장은 원래 법을 지키지 않는 징령이나 대신들에게 사용했지만, 나중에는 황제가 노하기만 하면 정장을 사용해 명나라가 망할 때까지 황권을 수호하는 수단으로 남용되었다.

송나라와 원나라는 종실이 약해 조정이 위급해져도 지원을 하지 못했다. 주원장은 그것을 교훈으로 삼아 고대의 봉건제를 다시 실시하고 번왕藩王들을 대대적으로 책봉해 밖으로는 변경을 보위하고 안으로는 조정을 돕도록 했다. 그러나 주원장의 기대와는 달리 번왕 세력의 발전과 팽창은 오히려 중앙정권의 통치를 위협하는 결과를 초래했는데, 대표적인 것이 '정난의 변靖難之役'이었다. 주원장이 사망한 후 새로 즉위한 건문제는 '삭번削藩', 즉 번왕의 역량을 제거하는 방법을 썼다. 그러자 그중 세력이 제일 큰 연왕燕王 주체朱棣가 정난군靖難軍을 일으켜 조카의 황권을 무력으로 빼앗았다. 그가 바로 성조成祖다.

성조는 즉위 즉시 강력한 수단으로 정치를 안정시켰다. 그는 우선 북경성을 개수하고 도성을 남경에서 북경으로 옮겼다. 그리고 영락 4년(1406), 다시 북경을 대대적으로 건설했으며, 이와 동시에 북경

1368년-1644년
강성과 위기 – 사람들의 탄식을 자아내는 왕조
명

성의 물자 공급을 위해 대운하를 다시 개수하고 확장했다. 그리고 16년 후 정식으로 수도를 북경으로 옮겼다.

또 성조는 명나라의 부강을 자랑하고, 정난의 변 이후에 행적이 묘연해진 조카 건문제의 행방을 찾아 보려는 목적으로 정화鄭和를 중국 서남쪽 해양과 서양西洋으로 파견했다. 일각에서는 건문제가 이미 해외로 도망갔다는 말이 있었다. 이 일을 밝히는 일은 아무에게나 맡길 수 없었기에 성조는 자신의 심복인 환관 정화를 택했다. 정화는 대형 함대를 거느리고 명나라를 떠났다. 이 함대는 60여 척의 큰 배로 구성되었고 총 2만 7000여 명의 인원이 동원되었다. 배는 길이가 44장丈, 폭이 18장이었다고 전해지는데 1장은 보통 어른 남자의 키로 당시 이런 대형 함대는 세계적으로도 극히 드물었다. 1492년 콜럼버스가 원양 항해를 시작할 때도 겨우 배 세 척에 수부 90명에 지나지 않았으며, 그 중 가장 큰 배의 길이도 약 26m에 불과했다. 정화는 일곱 번이나 해외에 다녀오면서 동남아시아 · 중앙아시아 · 서남아시아 그리고 동아프리카와 중앙아프리카 해안에 있는 30여 개 나라들을 방문했다. 그중 가장 멀리 이른 곳이 아프리카의 목골도속국木骨都束國, 지금의 소말리아의 모가디슈이다.

성조는 재위 22년 동안 북방 몽골 귀족들의 잔여 세력들을 숙청하고 다섯 차례나 직접 군대를 이끌고 북으로 진출해 몽골 군을 사막 이북으로 내몰았다. 하지만 무엇보다 성조의 가장 큰 성과는 《영락대전永樂大典》을 편찬한 것이라고 할 수 있다. 영락 원년(1403) 7월, 성조는 산재해 있는 수많은 서적들을 수집하고 분류해 통일된 책으로 만들라는 어명을 내렸다. 성조의 주관 하에 많은 사람들이 4년 동안 심혈을 기울여 영락 5년(1407)에 이 책의 편찬을 끝냈는데 성조는 책의 이름을 《영락대전》이라 하고 직접 서문까지 썼다. 《영락대전》은 진나라 이전부터 명나라 초기에 이르는 7, 8000종의 서적을 집대성한 것으로 천문 · 지리 · 인사 · 명물 등을 총망라해 내용이 풍부하고 분량이 방대했다. 이것은 중국 역사상 최초의 대백과사전이었다.

명나라 여러 황제들 중에서 성조의 지위는 그 아버지 명 태조에 버금간다. 성조 이후에는 인종仁宗과 선종宣宗 부자가 즉위해 11년간 집정했다. 그들은 홍무 · 영락 시대의 성과를 계승했다. 중국 역사상 이 시대를 '인선지치仁宣之治'라고 한다.

영종에서 무종에 이르기까지 – 전성기에서 쇠락의 길로

선종이 사망한 뒤 겨우 9세가 된 어린 영종英宗이 즉위하자 내각 대신 양사기, 양영, 양부 등이 정무를 주관했다. 이때는 인종 · 선종 시대의 분위기가 이어져 비교적 밝은 정치를 할 수 있었고 사회도 안정되었다. 그러나 얼마 되지않아 영종의 신임을 얻은 환관 왕진王振이 점차 권력을 독점하는 바람에 정세가 달라졌다. 명나라 초기 주원장은 환관들이 글을 배우고 책을 읽는 것과 외관을 겸하는 것을 금했으며 관직도 4품 이상을 넘지 못하게 했다. 뿐만 아니라 '정사에 관여하는 내시는 즉시 참한다'라고 쓴 비석을 궁 안에 세워 놓기도 했다. 그러나 성조는 환관들을 사신으로 보내기도 하고 세금 징수나 물건 구입, 감군監軍 등의 일을 시켰고, 심지어 변경을 수비하는 중책을 맡기기도 했다. 선종 때에는 궁 안에 내서당을 만들고 환관들을 뽑아 공부를 시켰다. 이때부터 환관들에게 교육을 시키는 것이 제도화되었다. 하지만 성조와 선종은 환관들을 엄하게 단속해 그들이 분에 넘치는 행동은 하지 못하도록 했다.

하지만 어린 영종은 왕진을 사례감司禮監으로 임명했고, 왕진과 그 일당들로 인해 정치는 날로 부패해졌다. 이때 명나라 북부 변강에 와라瓦剌 등의 외족이 쳐들어왔으나 조정은 적극적으로 방비하지 않았다. 결국 영종 정통正統 14년(1449) 8월, 명나라 북정군이 토목이라는 곳에서 와라 군대에게 포위되고 영종이 생포된 '토목土木의 변'이 일어났다. 와라군이 영종을 인질로 삼고 명나라를 협박하는 상황에서 영종의 동생이 황제로 즉위했는데, 그가 바로 경제景帝다. 와라군이 북경을 침범하자 우겸于謙 등이 북경성을 결사적으로 사수해 위기에서 벗어났다. 와라군에게 풀려나 북경으로 돌아온 영종은 석형石亨과 조길상曹吉祥의 획책으로 궁정정변을 일으켜 다시 황위에 올랐는데 이를 '남궁의 복벽' 또는 '탈문지변奪門之變'이라고 한다.

영종은 그를 위해 공을 세운 신하들에게 크게 상을 내렸는데, 석형은 무장 중에서 권력이 가장 막강한 충국공忠國公이 되었고, 조길상은 사례태감司禮太監으로 승진해 내신들 중의 우두머리가 되었다. 조길상은 자신의 양아들인 조흠曹欽과 조카인 조현曹鉉, 조탁曹鐸까지 모두 도독으로 임명시켜 병권을 장악했다. 세인들은 석형과 조길상을 '조석曹石'이라고 불렀다. 그들은 영종의 총신을 등에 업고 악행을 일삼았으며 반대파를 배척했다. 또한 그들은 드러내 놓고 매관매직을 일삼았고, 결국 난까지 일으키려고 하다가 주살당하고 말았다. 영종은 이렇게 왕진을 신임하다가 후에는 석형과 조길상을 중용했는데 그가 임용한 대부분이 환관과 간신들이었다. 그 때문에 나라에는 난이 그칠새가 없었다. 그러다 영종이 죽고 헌종憲宗이 즉위했지만 그 역시 어리석은 황제였다. 그는 방술方術에 빠져 조정의 기강을 무너뜨리고 관직을 마음대로 하사해 그 수가 1000을 헤아리는 '전봉관傳封官'이라는 것이 생겼고, 또 서창西廠이라는 특무 기관을 세워 환관 왕직汪直에게 맡겼다. 그러다 보니 간신과 환관이 결탁하여 조정을 마음대로 주물렀다.

헌종이 사망한 후 효종孝宗이 즉위해서야 조정은 바로 잡히기 시작했다. 효종은 간신들과 필요없는 관리들을 모두 파직시키고, 서부徐溥, 유건劉健, 이동양李東陽 등 재능 있는 대신들을 내각에 올렸으며 정직하고 유능한 관원들을 새로 임용했다. 그리고 환관들을 엄하게 단속하면서 동창이나 금의위가 멋대로 악행을 일삼는 것을 금했다. 효종은 황궁의 지출과 공봉供奉을 줄였으며, 대규모 토목 공사를 금해 이로 인해 절약된 비용으로 백성을 도울 것을 주장했다. 또 종실과 훈척勳戚들이 민가의 토지를 강점하고 백성을 수탈하는 것을 금하고, 일부 지방의 하세夏稅나 추세秋稅를 여러 번 면제시켰다. 이로 인해 이 시기에는 대규모 농민 봉기가 거의 일어나지 않았다. 효종이 통치한 홍치弘治 시기는 '홍치중흥弘治中興'이라고 한다. 그러나 아깝게도 효종은 오래 살지 못하고 서른여섯 살의 나이로

1368년~1644년
강성과 위기 - 사람들의 탄식을
자아내는 왕조
명

사망했다.

효종의 뒤를 이어 명나라에서 가장 어리석고 부패한 황제 중의 하나인 무종武宗이 즉위했다. 그는 태감 유근劉瑾 등을 총애하다가 이어 간신 강빈江彬을 총애했다. 그러면서 온종일 주색에 빠져 있거나 그렇지 않으면 대규모 토목 공사를 벌였다.

무종이 즉위하자 점차 득세하기 시작한 유근은 직언하는 대신들을 내쫓고 자기 사람들을 내각에 끌어들였다. 그리고 온갖 방법으로 무종을 가무와 주색놀음에 빠지게 만들고는 황제에게 올리는 상주문에 비답을 하는 권력을 가로챘다. 무종은 이부와 병부 관료들의 승진과 좌천을 유근과 함께 토의하며, 남경과 북경의 도찰원에서 올리는 상주문은 반드시 먼저 유근에게 바쳐야 한다는 한심한 결정을 내리기까지 했다. 권세가 커짐에 따라 유근은 무종의 이름을 빌려 대신들을 함부로 파면시키는가 하면, 내행창을 세우고 자신이 직접 도독都督이 되었다. 내행창은 동창이나 서창보다도 더 잔혹했는데, 한 집이 죄를 지으면 그 이웃도 함께 벌했으며 조금만 잘못해도 목을 베었다. 이렇게 횡포를 일삼던 유근은 결국 훗날 주살당하고 말았다. 그런데도 무종은 환관들과 간신들을 계속 총애했고, 그 결과 얼마 후에 강빈이 조정대권을 쥐기 시작했다.

이처럼 간신들이 집정하면서 조정은 혼란에 빠졌고 사회적 모순도 심화되었다. 그러자 일부 번왕들도 움직이기 시작해 주치번朱寘鐇과 주신호朱宸濠가 반란을 일으켰고, 농민 봉기도 끊이지 않고 일어났는데 그중 유육劉六과 유칠劉七이 일으킨 봉기가 가장 컸다. 봉기군은 거의 3년 동안 광활한 지역을 종횡무진했고 이를 진압하기 위해 수많은 관군을 투입했다. 이로 인해 명나라는 위기에 빠졌다.

세종에서 신종까지 – 위기가 잠복해 있던 시기

왕조의 위기는 대부분 황제 자신이나 황제가 인재를 쓰는 데 문제가 있을 경우 생긴다. 그렇다면 환관들이 권세를 얻어 조정 일에 간섭하게 되는 원인은 무엇일까? 명나라는 초기에 승상제의 폐지와 그것을 보완하는 제도의 실시로 구조 조정이 일어났고, 그 결과 조정의 최고 권력 기관이 없어졌다. 따라서 왕조를 지탱해 나가는 행정 사무는 늘 임금과 내시들이 맡아야 했다.

무종이 아들 없이 사망하자 '형종제급兄終弟及', 즉 '형이 사망하면 아우가 계승한다'는 조목에 의해 세종이 즉위했다. 세종이 아버지 홍헌왕興獻王의 제례와 존칭을 어떻게 할 것인가를 논의하라고 예부에 지시하면서 '대례의大禮議에 관한 논쟁'이 시작되었다. 이 논쟁은 근 20년 간이나 지속되었는데 겉으로 보면 명분을 다투는 논쟁 같았지만 그 내막에는 조정 여러 대신들과 세종 사이의 심각한 권력 투쟁이 있었다.

내각 수보 양정화楊廷和는 대례의에 관한 논쟁에서 세종을 뜻을 따르지 않아 사직했고 일부 정직한 관원들도 파직당했다. 그 바람에 조정에서는 사대부들의 세력이 크게 꺾였고, 세종의 의사를 따르며 아부한 자들은 관직이 파격적으로 올라갔다. 대신들과의 투쟁 속에서 지쳐버린 세종은 정치에 대한 열정이 점차 식어 갔다. 그는 도교를 믿기 시작하더니 마침내 도술에 깊이 빠져들었다. 이때 왜구가 동남 연해 지역을 침범하고 북방에서는 몽골 세력이 대거 남침했다. 몽골군은 세 차례나 쳐들어왔는데 한 번은 북경성 교외까지 화염이 솟구칠 정도였다. 그런데 엄숭嚴嵩은 그것을 민가에서 난 불이라고 황제에게 거짓말을 했다. 이런 위급한 상황에도 세종은 도교의 방술에만 빠져 엄숭의 말이라면 팥으로 메주를 쑨다고 해도 곧이들었다. 재위 41년 동안 세종이 조정을 돌보지 않은 탓에 조정의 기강은 더욱 어지러워졌다.

세종의 뒤를 이어 목종穆宗이 즉위했는데 그는 오래 살지 못했고 이어서 신종神宗이 즉위했다. 신종이 어렸을 때 장거정張居正은 황태후의 지지로 내각의 수보가 되었다. 재능이 특출했던 장거정은 조정의 실권을 장악한 뒤 정치·경제·군사 등 각 분야에서 과감한 개혁을 진행했다. 장거정은 엄격한 고성법考成法을 실시해 '황권을 존중하고 관리들은 자기 직책을 다하며 상벌이 분명하고 정령을 통일할 것'을 주장했다. 다시말하면 중앙집권제를 강화하고 중앙의 정책과 명령을 전국의 각지에서 반드시 집행할 것을 강조한 것이다. 이와 동시에 그는 각 급 관리들이 청렴하고 공평하게 일할 것을 요구했다. 이후 명나라 사회에는 새로운 활력이 살아났다. 장거정은 전국의 토지 측량을 완수했으며 '일조편법一條鞭法'을 실시해 국고를 풍부하게 만들었다. 또한 군대를 정돈하고 변경 수비를 강화했으며, 외족 엄답俺答에게는 안무安撫 정책을 쓰면서 서로 교역을 하기도 했다.

1368년~1644년
강성과 위기 – 사람들의 탄식을 자아내는 왕조
명

그러나 만력萬曆 10년(1582) 장거정이 사망하고 신종神宗이 즉위하자 그동안 추진했던 개혁들이 하나하나 취소되고 조정은 다시 혼란에 빠졌다. 게으른 신종은 조회에 나오지 않는데 내각 수보들은 그것을 그대로 방임했다.

신종은 제위에 오른 뒤부터 만력 47년(1619), 사망할 때까지 20여 년 동안 한 번도 대신들을 모아 놓고 국사를 토의한 적이 없었다. 결국 정치는 극도로 문란해졌다. 이때 고헌성顧憲成 등이 동림서원東林書院에서 강학을 하면서 시정을 담론하기를 즐겼는데, 이들의 여론과 조정의 붕당 투쟁이 점차 확대되어 잦은 싸움이 벌어지면서 조정은 돌이킬 수 없는 위기로 치달았다. 한편 신종은 재물에 대한 탐욕이 끝이 없어 환관들에게 광감세사礦監稅使를 맡긴 다음 지방으로 내려보내 백성들을 수탈했다. 이때문에 전국 각지에서 광감세사를 반대하는 투쟁이 거세게 일었다. 그중 광감세사 손륭孫隆을 반대해 일어난 소주 지역 방직공들의 투쟁이 제일 커서 전국을 진동시켰다. 그리고 신종 만년에 일본의 도요토미 히데요시가 조선을 침략하자 명나라는 대군을 조선에 보내 일본 군대와 7년 동안 싸웠다. 결국 일본군을 조선에서 내몰기는 했지만 명나라 정부는 이 싸움에서 엄청난 군비를 지출했고 1만 명이 넘는 명나라 병사들이 이국에서 전사했다.

명나라 조정에 위기가 심화되었을 때 외적들의 침범도 빈번해졌다. 명나라 변경에서는 북방의 몽골 세력인 '북로北虜'와 동남 연해 지역을 침범하는 왜구倭寇인 '남왜南倭'가 계속 위협을 가해 왔다. 원나라가 망한 후 북으로 달아난 몽골 세력은 달단韃靼(타타르), 와라瓦剌(오이라트) 등으로 분열되었다. 달단 등은 자신들의 세력이 강대해지자 명나라에 공개적으로 도발을 감행했다. 성조는 다섯 차례나 직접 대군을 거느리고 달단 세력을 격퇴했으나 이로 인한 인력과 물력의 소모 역시 대단해 백성의 부담이 매우 컸다. 그 후에는 와라가 점차 강대해졌다. 와라의 수령 탈환脫歡(터칸)은 달단으로 쳐들어가 아로태阿魯台(아루타이)를 죽이고 각 부락을 통일한 다음 원나라 후예인 탈탈불화脫脫不化(토토부카)를 칸으로 올려놓고 자신은 승상이 되었다.

탈환이 죽은 후 그 자리를 계승한 그 아들 야선也先(에센)도 아버지의 확장 정책을 이어받아 명나라를 계속 침범해 명나라 북쪽에서는 끊임없이 봉화가 일었다. 이때 명나라는 환관 왕진이 권력을 쥐고 있었는데 그는 와라의 비위를 맞추어 변경의 안전을 도모하려고 했다. 그러나 결국 정통 14년(1449) 7월, 야선은 명나라를 침공했다.

변경이 위급하다는 급보가 연이어 북경성에 올라오자 왕진은 영종에게 친정親征할 것을 종용했다. 신하들의 반대에도 불구하고 영종은 왕진의 말만 믿고 50만 군대를 직접 거느리고 북경성을 떠났다. 대군은 8월 초 대동에 이르렀는데 왕진은 계속 북진할 것을 주장했다. 그때 전방의 군대가 모두 전멸되었다는 소식이 들어왔다. 영종이 서둘러 퇴각 명령을 내렸으나, 이미 때는 늦어 결국 영종은 군사 몇 십만을 잃고 생포되었다. 이것을 '토목의 변'이라고 한다. 그 후 야선은 영종을 돌려보낸다는 명분으로 북경을 침범해 명나라를 굴복시키려고 했다. 그러자 우겸은 결사적으로 북경을 지키며 와라군을 대패시켰고, 이때를 맞춰 각지의 근왕병들이 조정을 지키기 위해 북경에 도착했다. 와라는 영종을 데리고 북경에서 철수했다. 그 후 명나라 북쪽의 방어가 삼엄해지자 영종을 북경으로 돌려보냈으며 명나라와의 통상과 교류를 회복했다.

명나라 북쪽 방어를 말할 때 명나라 장성長城에 대해 말하지 않을 수 없다. 장성은 춘추 전국 시대 각국에서 쌓기 시작했고, 그 후 진나라를 비롯한 역대의 나라들이 북방 유목 민족의 침략을 방어하기 위해 지형이 험한 지역에서 계속 이어졌다. 명나라 때에 이르러서는 달단과 와라의 침범을 막기 위해 홍무 연간부터 만력 연간까지 열여덟 번이나 장성을 보수하고 신축했다.

장성은 일명 만리장성이라고도 하는데 세계 역사상 가장 위대한 건축물 중 하나다. 이와 함께 명나라는 아홉 개 변경에 주요 진지를 세우고 많은 군대를 파견해 지켰는데, 이것을 '구변九邊'이라고 한다. 변경의 안전 여부는 국력과 국내 정세 등에 밀접한 관계가 있었다. 만력 연간에 장거정은 군대를 중시하면서 조정에 충직한 장군들을 변경을 지키는 장군으로 임명했다. 예를 들면 척계광戚繼光에게 계문薊門을 지키게 하고, 이성량李成梁을 임용해 요동을 지키게 했다. 또한 엄답을 순의왕으로 책봉하고 상호 무역을 하면서 한족과 몽골족이 화목하게 지내도록 만들었다. 그러나 몽골군은 명나라를 항상 위협해 왔다. 그런 와중에 15~16세기에 동남 연해 지역에서는 왜란이 심각해졌다.

명나라 초기는 국력이 강성하고 해안 방어도 튼튼해 왜구들이 큰 소란은 일으키지 못했다. 세종 연간에 이르러 일본의 일부 군인들과 해적들은 중국 동남 일대의 간상奸商과 토호土豪, 해적들과 결탁해 중국 연해를 침범하고 약탈을 감행했다. 왜란이 세종 연간에 더욱 심각해진 이유는 엄숭이 조정 대권을 쥐고 조정을 어지럽힌 것과 관련이 있다. 엄숭의 전횡으로 나라 기강이 무너지고 연해 지역의 해안 방어도 허술해지자 왜적들은 연해 일곱 개 성을 침범해 노략질을 일삼았다. 명나라 백성은 이에 결사적으로 저항했고, 이 전쟁에서 척계광과 유대유兪大猷 같은 걸출한 장군들이 나타났다. 척계광은 광부와 농민들을 모집해 '척가군戚家軍'을 조직했는데 훈련을 거친 이들은 싸움에 용맹하고 규율이 엄했다. 척계광의 지휘 아래 척가군은 싸움에서 매번 승전보를 울렸다.

세종 말년, 척계광은 남하해 유대유와 같이 광동 일대 왜구의 잔여 부대들을 섬멸했다. 이로써 장기간 왜구의 침범을 받았던 동남 지역이 안정을 되찾을 수 있었다.

그동안 명나라는 왜구를 물리치는 데 전력을 다했기 때문에 북방 유목 민족의 침범을 방어하는 데는 충분한 역량을 투입하지 못했다. 그런데다 동북 여진족 또한 명나라 왕조의 통치를 직접적으로 위협했다. 명나라 때 여진족은 건주여진建州女眞·해서여진海西女眞·야인여진野人女眞 등 세 개 부部로 나뉘어 있었는데, 명나라는 그들을 회유하는 정책을 실행했다. 명나라 정부는 건주여진에도 건주위·건주좌위·건주우위 등 세 개의 위를 세웠는데, 이들은 서로 독립적으로 명나라 왕조의 직접적인 지령을 받았다. 이들을 '건주삼위建州三衛'라고 한다. 명나라 중엽 이후 건주여진이 장대해지면서 명나라 요동 변경을 자주 침범했고, 명나라는 그때마다 군대를 파견해 진압했다.

만력 10년(1582), 건주우위 수령 아대阿臺(아타이)가 군대를 거느리고 요심遼沈을 공격하다가 명나라 총병 이성량에게 대패했다. 이성량은 도망가는 아대를 추격해 포위했다. 그러자 건주부 중의 소극소호부蘇克素護部 수령 니감외란尼堪外蘭(니칸와이란)이 아대를 죽이고 명나라에 투항했다. 건주좌위 수령 교창안覺昌安(기오창가)과 그의 아들 탑실塔失(탁시)도 성 안에서 살해되었다. 이로 인해 건주부는 심한 타격을 받았다. 탑실의 아들이 바로 노이합적努爾哈赤(누르하치)으로 그는 비분이 끓어올랐지만 자신들의 힘이 미약하다는 것을 알고는 일부러 자세를 낮추고 명나라에서 주는 포상과 임명장을 받았다. 그러고는 그 이듬해 할아버지와 아버지가 남겨 놓은 갑옷 열세 벌로 자신은 물론 친신들을 무장시키고 복수를 명분으로 내세워 니감외람을 정복했다. 그 이후 노이합적은 점차 여진 각 부락을 통일하고 여진족의 수령이 되었다.

만력 44년(1616) 정월, 노이합적은 홍경興京에 도읍을 정한 뒤 스스로 칸汗이 되고 국호를 대금大金이라고 했다. 이것이 바로 후금이다.

후금 천명 3년(1618), 즉 만력 46년 4월, 노이합적은 팔기군 여러 대신들을 이른바 '7대 한七大恨'을 하늘에 고했다. '7대 한'이란 명나라 조정에 일곱 가지 원한이 있다는 말이다. 그러고는 명나라에 대항해 군사를 일으켜 명나라와 후금의 전쟁이 시작되었다. 명나라 군대는 살이호薩爾滸 싸움에서 대패한 뒤 전략적인 방어 태세로 들어갔다. 반면에 후금의 군대는 싸우면 싸울수록 강대해져 명나라에 큰 위협을 가했다. 노이합적이 죽은 다음 그의 아들 황태극皇太極(홍타이지)이 뒤를 이었고 후금의 군사력

1368년~1644년
강성과 위기 – 사람들의 탄식을
자아내는 왕조
명

은 더욱 강화되었다. 후금 천총天聰 10년(1636), 황태극은 국호를 '대청大淸'으로 고치고 청 태종이 되었다. 이로써 중국 역사상 마지막 봉건 왕조인 청나라가 정식으로 건립되었다. 이때부터 청나라는 명나라를 멸망시키고 중원으로 진군하는 발걸음을 가속화했다.

광종에서 사종까지 – 명나라 왕조의 붕괴

명나라 말기는 내우외환內憂外患이 그칠 새 없었다. 변경에서는 적이 침략해 오는 바람에 봉화가 날마다 타올랐고, 나라 안에서는 조정 내부의 각 세력들이 각자의 이익을 위한 분쟁이 그치지 않았다. 이른바 '명나라 말기 세 개의 큰 사건'이라고 하는 정격안梃擊案, 홍환안紅丸案, 이궁안移宮案의 발생은 당시 조정에 있었던 격렬한 당파 싸움과 긴밀한 관계가 있다. 희종熹宗 천계天啓 연간에 태감 위충현魏忠賢은 환관들과 결당하여 온갖 위세를 부리며 조정의 모든 부서를 통제했다. 중국 역사상 엄당閹黨(환관들의 일당)의 독단과 전횡이 이처럼 심할 때가 없었다. 위충현의 비위 맞추기에 혈안이 되어 있던 엄당의 관원들은 동림당東林黨 인사의 명단을 만들어 숱한 사람들에게 붕당朋黨의 죄명을 씌워 잔인하게 죽였다. 이 탄압으로 양련楊漣 등 10여 명이 살해되거나 투옥되었으며 수십 명이 유배를 가고 300여 명이 파직되었다. 동림당 사건은 중국 고대 선비들을 박해한 비극 중에서 가장 비참했던 사건이다.

천계 7년(1627), 희종이 사망하고 사종思宗이 즉위했는데 그는 즉위하자마자 위충현의 엄당들을 모두 조정에서 내몰았다. 그리고 박해 받아 죽은 동림 열사들의 원한을 풀어 주고 보상금을 주었으며, 살아 있는 동림당인은 다시 기용해 중임을 맡겼다. 그러나 붕당과 문벌의 악습은 이미 뿌리가 깊어져 결국 조정 내에서는 또다시 파벌이 복잡하게 일어났다. 사종은 이에 크게 실망한데다 본래 의심이 많아 백관을 통제하고 자신의 통치를 강화하려는 목적으로 다시 환관을 신임하기 시작했다. 이후 조정 대신과 환관의 투쟁은 끊임없이 일어났다. 명나라 말기는 관리들이 부패해 토지 쟁탈이 심각하고 세금이 많아 백성들은 도탄 속에 허덕였다. 그런데도 조정은 후금과의 전쟁에 드는 비용을 백성들에게 부담시켰다. 설상가상으로 일부 지역에는 각종 재해가 꼬리를 물었다. 살길이 막힌 농민들은 굶어 죽을 바에야 차라리 싸우다 죽겠다면서 반란을 일으켰다.

천계 말년, 섬서성 징성현澄城縣의 굶주린 백성들이 현성을 쳐들어갔다. 반란의 불길은 순식간에 섬서성 각지로 퍼져 거센 농민 전쟁으로 변했다. 명나라 관군과 벌인 장기적인 전투 중에서 이자성李自成과 장헌충張獻忠의 농민군 활약이 가장 컸다. 숭정 17년(1644) 3월, 이자성은 북경성을 공격하고 황궁으로 쳐들어갔다. 그러자 사종은 목을 매어 자결했고 이로써 명나라는 농민 전쟁의 불길 속에서 멸망했다. 명나라 정권이 망한 후 복왕福王 주유숭朱由崧 등이 남방에서 홍광弘光을 앞세워 정권을 세웠는데, 이를 '남명南明'이라고 한다.

이후 전란의 잿더미 속에서 새로운 통치 질서가 확립되기 시작했다.

찬란했던 경제와 문화

중국 역사는 명나라에 이르러 체제상의 문제로 인해 과학 기술과 문화 등 제반 분야에 창의력과 활력이 떨어졌다. 하지만 이런 가운데도 새로운 흐름이 싹터 일부 분야에서 변화의 조짐이 나타났다. 상품 경제의 번영과 발전인데 이것은 여러 가지 요인으로 이루어졌다.

그중 하나는 명나라 초기에 사회·경제를 회복시키고 발전시키기 위해 실행한 일련의 조치들과 관련이 있다. 예를 들면 주원장은 면화와 뽕나무를 많이 심는 정책을 실시했다. 조정에서는 각지에서 경제 작물을 재배하는 것을 장려했고 경제 작물의 다면적 재배는 상품 교환과 유통, 수공업의 발달을 추진했다. 두 번째 요인으로는 비록 큰 위기를 여러 번 겪기는 했지만 기본적으로 제국이 그대로 보존되었고 중앙집권의 구조도 변화가 없었다는 것을 들 수 있다.

이처럼 통일된 왕조는 상품 경제 발전과 번영에 양호한 토대를 마련해 주었다. 중국은 영토가 광활해 각지의 특산물이 다채롭고 풍부해 각자가 수요에 따라 서로 부족한 것을 보충할 수 있었다. 지역마다 물가의 차이도 커서 큰 이윤을 얻기 위한 각지의 상인들도 많았다. 지역 간의 거리, 시간, 풍작과 흉작 등에 따라 생기는 가격 차이는 상인들이 이윤을 얻는 기초다. 그들은 공간과 시간에 따라 생산품과 자본을 합리적으로 처리하면서 상품 경제의 발전을 추진시켰다. 이로 인해 각지에 도시들이 새로 생겨나고 상인들의 집단이 형성되었다. 일부 지역에서는 방직·양조·자기·야금 등의 수공업 공장들이 상당히 큰 규모를 갖추기도 했다. 따라서 새로운 고용 관계도 나타났다. 이런 기운은 명나라 중기의 사회 구조와 사상, 문화에 큰 변화를 일으켰다.

명나라 중기와 후기에 여러 차례 민란이 일어났다. 만력 연간에 형주, 무창 등지의 시민들이 광감세사를 반대하는 난을 일으켰고, 그 후에는 소주에서 방직공들과 시민들이 광감세사 손륭을 반대하는 투쟁이 폭발했다. 천계 연간에는 대권을 쥐고 충신들을 박해하는 환관 위충현을 반대하는 소주 시민들의 반란이 일어났는데, 안패위顔佩韋, 양념여楊念如, 주문원周文元, 마걸馬杰, 심양沈揚 등 다섯 사람이 선두에 나서서 싸우다가 희생되었다. 명나라 백성들의 여러 차례 투쟁은 도시 백성 계층의 떠오르는 힘을 상징하며 시대의 새로운 특징을 구현했다.

학술 사조 면에서 보면 정주이학程朱理學이 명나라 중기에 이르러 쇠락의 길을 치닫고, 그 대신 왕양명王陽明의 심학心學이 대두했다. 심학은 주희朱熹의 철학을 비판한 토대 위에서 전국 시대의 사맹思孟 학파와 송나라 시대 육구연陸九淵의 학설을 계승하고 발전시켜 완전한 체계를 이루었다. 심학은 명나라와 청나라 시대에 가장 큰 영향력을 미친 사회 사조였다.

사회 분열이 심해지자 일부 사람들은 정통 사상과 도덕관념을 공개적으로 비판하기 시작했다. 만력 연간에 스스로 이단자라고 자칭하는 문인이 한 사람 있었는데, 그가 바로 이지李贄다. 공자에 대한 미신을 감히 타파한 그는 '육경六經'을 무시하며 '공자가 말한 것으로 시비 분별의 기준을 삼는 것'을 반대했다. 그는 봉건적인 예교도 반대했다. 또한 여인들을 동정하면서 "사람의 성별에는 남녀의

1368년-1644년
강성과 위기 – 사람들의 탄식을
자아내는 왕조

명

구분이 있지만 견식의 높낮이에는 남녀의 구별이 있을 수 없다"고 공개적으로 말했고 과부들이 재가하는 것을 찬성했다. 그리고 남녀 간의 관계는 '자연의 성질'에 전적으로 부합하는 것이라고 역설했다. 이지의 주장은 당시에는 반역적이었지만 합리적인 요소와 진보적인 내용이 많았다.

문학 분야에서 가장 큰 성과는 소설의 대두다. 명나라 때는 역사소설, 민간에서 구전되는 전설이나 기괴한 이야기를 소재로 한 소설, 백성의 억울한 일을 관가에서 해결해 주는 내용의 소설, 연애소설과 백성의 일상생활을 다룬 소설 등이 많이 출현했다. 특히 장편소설 창작이 아주 활발했다. 그중에서도 특히 《삼국지연의三國志演義》, 《수호전水滸傳》, 《서유기西遊記》는 일대 명작이다. 나관중은 민간에 전해지는 삼국 이야기를 기초로 각종 문헌을 개편해 역사 소설 《삼국지연의》를 창작했다. 소설은 동한 말기 대소 군벌들이 위魏·촉蜀·오吳 삼국을 정립한 후 전 중국의 지배권을 쟁탈하기 위한 정치·군사 투쟁을 벌인 일부 역사 상황을 묘사했다. 소설 속의 개성 있는 인물과 뛰어난 예술성은 지금까지도 많은 사람들에게 감명을 주고 있다. 《수호전》은 시내암施耐庵이 민간에 전해지는 수호 이야기들을 장기간 수집한 기초 위에서 창작한 장편 역사 소설이다. 소설은 북송 말기의 부패와 암흑, 영웅들의 이야기이며 특히 인물에 대한 묘사가 뛰어나다. 오승은吳承恩은 민간에 전해지는 당나라 승려 현장玄奘이 '서천으로 불경을 가지러 간 이야기'를 소재로 하여 소설 《서유기》를 창작했다. 장편 소설 《금병매金甁梅》도 광범위한 독자들에게 회자되었으며 큰 사회적 파장을 일으켰다. 명나라 시대의 이런 장편 소설들은 중국 고대 문학사에서 소설 장르의 창작과 발전에 매우 크게 기여했다.

송나라와 원나라 때의 '화본'에서 발달한 단편 소설들도 빠르게 확산되어 명나라 말기에는 크게 번영했다. 그중의 대표적인 것이 풍몽룡이 편찬한 '삼언三言'과 능몽초가 편찬한 '이박二拍'이다. 일생 동안 모든 정력을 기울여 통속 소설을 수집·연구하고 정리한 풍몽룡은 삼언, 즉 《유세명언喻世明言》, 《경세통언警世通言》, 《성세항언醒世恒言》 등 단편 소설집 세 가지를 편찬했다. 능몽초凌濛初는 고금문헌과 민간 이야기에서 소재를 선택하고 그 기초 위에 면밀한 구상으로 이박, 즉 《초각박안경기初刻拍案驚奇》, 《이각박안경기二刻拍案驚奇》의 단편 소설집 두 가지를 창작했다. 이들 작품은 언어가 통속적이고 내용이 소박하며 생동감이 넘치고 비교적 높은 예술성을 갖고 있다.

명나라 시대의 소설 중에는 큰 변화를 보인 것들이 적지 않다. 많은 소설들이 관심의 대상을 도시의 상인이나 수공업자, 심지어 창기, 역졸, 짐꾼 등 일상 백성들한테로 옮겨 왔으며 그들의 희로애락과 생활상을 솔직하게 서술했다. 이런 소설들은 선명한 시대성을 갖고 있으며 당시 사회 상황을 진실하게 반영했다. 《금병매》는 《수호전》에 나오는 서문경이 주인공인데 그가 어떻게 일순간 대부호로 탈바꿈했으며 관아와 결탁해 남들의 피땀을 착취하고 여인들을 유린했는지, 어떻게 인명을 마음대로 해치며 온갖 악행을 다하다가 결국 멸망을 자초했는지를 묘사했다. 풍몽룡의 '삼언'의 내용 역시 무척 풍부해 기녀, 양갓집 규수, 도시 여염집의 여성 등의 이야기들이 그려져 있다.

명나라의 과학 기술도 새로운 성과들을 이룩했으며 이시진李時珍, 서광계徐光啓, 송응성宋應星, 서하객徐霞客 같은 걸출한 과학자들이 나타났다. 그들은 의약학, 농학, 지질학, 지리학, 수공업 생산 기술 등의 분야에서 탁월한 기여를 했다. 《본초강목本草綱目》,《농정전서農政全書》,《천공개물天工開物》, 《서하객유기徐霞客游記》 등 이들의 저서는 모두 후세에 길이 빛날 거작들이며 세계의 과학 기술사에서 중요한 지위를 차지하고 있다. 그러나 총체적으로 보면 명나라 시대는 중국의 과학 기술이 서방에 비해 점점 뒤지던 시기였다. 중국에 온 서양 선교사 마테오 리치 등은 당시의 유럽에서는 이미 그리 대단한 과학 기술도 아닌 것을 중국에 가져왔는데도 명나라 관료 사대부 계층 중 대다수가 그것을 무척 신기해했다. 이것만 보더라도 당시 중국의 과학 기술이 서양에 비해 상당히 낙후했음을 알 수 있다. 그러나 명나라 사대부들 중에 서광계 같은 일부 사람들은 서양 과학 기술의 선진성을 인정하기 시작했다.

> 1368년-1644년
> 강성과 위기 – 사람들의 탄식을
> 자아내는 왕조
> **명**

만력 28년(1600), 서광계는 마테오 리치의 해박한 학식을 흠모하며 그의 친구가 되었다. 3년이 지나 서광계는 천주교에 입교했는데, 이때부터 서광계와 마테오 리치는 밀접한 관계를 맺었고, 서광계는 그를 통해 서양의 과학 지식을 학습했다. 마테오 리치와 서광계가 힘을 모아 그리스의 수학자 유클리드의 《기하원본幾何原本》 전 6권의 번역을 끝내기도 했다. 서광계는 수학뿐만 아니라 천문, 측량, 역법, 수리 등의 방면에서도 서방의 과학 기술을 일심히 학습했다. 후에 그는 중국 고대 천문 역법의 기초 위에서 서방의 천문 지식을 결합해 《숭정력서崇禎曆書》를 편찬했다. 서광계는 중국에서 서방의 학설을 가장 일찍 받아들이고 전파한 사람으로서 큰 업적을 남겼다.

초기 중국과 서양 간의 이런 접촉과 교류는 극히 제한된 범위에서만 진행되었고 절대 다수의 중국 사람들은 외부 세계에 대해 잘 모르고 있었다. 그들은 다만 중국의 땅이 넓고 자원이 풍부하다는 것만 알고 지난날의 유구한 문명에만 도취되어 있었다. 근대 영국학자 루소는 중국의 예술과 문학 그리고 풍속을 찬양하며 '르네상스 시대 유럽의 그 어느 것도 천조天朝(명나라)에 비할 수 없다' 고 말하면서도 '그러나 불행하게도 중국은 과학의 결핍이라는 한계가 있다' 라고 지적했다. 이런 한계성으로 인해 중국은 그 후 수많은 고통과 치욕을 당했다. 세계 역사의 발전을 보면 1640년 영국에서 자산 계급 혁명이 승리함으로써 유럽은 자본주의 시대에 진입했다. 하지만 중국은 한 차례의 농민 전쟁과 민족 전쟁으로 왕조가 바뀌었을 뿐이다. 이것도 거대한 변화이기는 하지만 나라 안의 통치자가 바뀐 것에 불과했고 봉건 사회라는 큰 울타리 안에서 느리게 돌아가고 있었다.

청명상하도 속편 - 황도적성도皇都積盛圖 (일부분)

1 3 6 8 년  ~ 1 6 4 4 년

명나라 시대 지도

《중국 역사 지도집》 제7권 : 명나라 시대

명 왕조 세계표 世系表

1 태조 주원장 朱元璋 → 2 혜제 주윤문 朱允炆 → 3 성조 주체 朱棣 → 4 인종 주고치 朱高熾 →
5 선종 주첨기 朱瞻基 → 6 영종 주기진 朱祁鎭 → 7 대종 주기옥 朱祁鈺 → 8 헌종 주견심 朱見深 →
9 효종 주우탱 朱祐樘 → 10 무종 주후조 朱厚照 → 11 세종 주후총 朱厚熜 → 12 목종 주재후 朱載垕 →
13 신종 주익균 朱翊鈞 → 14 광종 주상락 朱常洛 → 15 희종 주유교 朱由校 → 16 사종 주유검 朱由檢

| 중국사 연표 |

1368년 주원장이 응천부에서 즉위하고 국호를 명明이라고 했으며 연호는 홍무洪武라고 했다. 이 주원장이 명 태조다.

001

원수元帥가 된 스님

사찰의 중이었다가 홍건군紅巾軍에 가담한 주원장朱元璋은 드디어 그 많은 영웅호걸들 중에서 두각을 드러냈다.

중이 된 주원장

원나라 말에 이르러 여러 호걸들이 사방에서 일어났고, 강대해 보이던 원나라는 유복통劉福通이 이끄는 농민 봉기군起義軍의 공격으로 허울만 남았다. 북방에서는 지주 무장들이 농민 봉기군을 진압하기도 했지만, 이들은 또다시 저희들끼리 권력 쟁탈 싸움을 계속했다. 이때 남방에서는 몇몇 농민 봉기군의 역량이 점차 강대해졌는데 그중 하나가 바로 주원장의 농민 봉기군이었다.

주원장은 호주濠州(현 안휘성安徽省 봉양鳳陽) 사람인데 선조들은 원래 강소江蘇 패현沛縣에 살았다. 아버지 주오사朱五四는 착실한 농민으로 근면하게 일했지만 살림은 언제나 곤궁했다. 그래도 주원장만은 서당 공부를 시켜 글자를 어느 정도 깨우쳤지만 너무나 가난해 공부를 중도에 포기할 수밖에 없었다. 집을 돕기 위해 주원장은 지주의 머슴으로 들어가 소를 방목했다. 후에 명나라의 개국공신이 된 서달徐達, 탕화湯和, 주덕흥周德興 등은 모두 이때 함께 소를 방목하던 친구들이었다. 주원장은 어려서부터 담이 크고 줏대가 있어서 친구들 사이에 신의가 높았다.

원나라 지정至正 4년(1344), 주원장이 열일곱 살 되던 해, 회북淮北 지역에 큰 가뭄이 들었고 해충의 피해와 역병까지 닥치자 회북 일대는 굶주린 사람들이 들끓었다. 주원장의 부모와 형도 역병으로 세상을 떴다. 주원장은 부모와 형의 시신을 헌 누더기에 싸서 묻은 후 황각사皇覺寺라는 절에 들어가 중이 되었다.

주원장은 황각사에서 허드렛일을 하고 끼니를 때웠으나 이런 날도 오래가지 못했다. 연이어 닥치는 재해를 피해 호구지책으로 사원을 찾아와 중이 되려는 사람들이 날로 많아져 황각사 주지는 중들을 밖으로 내보내 동냥을 하게 했다. 주원장도 동냥중 생활을 3~4년 했다.

봉기군에 가담하다

목탁을 두드리며 동냥길에 나선 주원장은 별의별 고생을 다 겪으면서 백성들의 고충을 깊이 절감했다. 이 기간 그는 회서淮西, 예남豫南 등지를 다니면서 지형을 숙지하기도 했는데, 향후 그가 군대를 거느리고 전쟁을 하는 데 큰 도움이 되었다.

당시 회서 일대에서는 팽형옥彭瑩玉 등이 미륵교彌

명 태조 주원장
명나라 개국 황제. '성곽을 높이 쌓고 양식을 충족히 비축하면서 천천히 왕이 되는' 전략으로 치열한 투쟁을 거쳐 중국을 통일했다. 그는 중앙집권제를 강화하고 농업 생산을 회복·발전시키는 여러 조치들을 강구했다. 그러나 통치를 수호하는 과정에서 억울한 사건을 많이 만들어 냈으며 공신들을 모두 살육했다. 1398년 남경에서 사망했다.

| 세계사 연표 |

1368년　일본 남조 후기 고무라카미後村上 천황이 죽고 조케이長慶 천황이 즉위했으며 아시카가 요시미쓰足利義滿가 막부幕府의 장군이 되었다.

《명사明史·태조기太祖紀》
《명사明史·이선장전李善長傳》 출전

홍무 출세洪武出世 (청나라 연화)
이 그림은 주원장의 어렸을 때 일을 그림으로 그린 민간의 연화다. 어려서 주원장은 유태수 집의 소를 방목했다. 하루는 주원장이 친구들과 함께 주인집 송아지를 잡아먹고 그 꼬리를 바위틈에 끼워 놓았다. 그러고는 유태수가 물으니 송아지가 바위틈에 들어갔다고 했다. 그 말을 믿을 수가 없었던 유태수가 쇠꼬리를 당겨 보려고 하자 주원장은 속으로 기도를 했다. "신이시여, 나를 보호하소서." 그러자 쇠꼬리가 살아 있는 것같이 흔들거렸고, 유태수가 쇠꼬리를 손에 쥐고 당기니 바위틈에서 소가 우는 소리가 들렸다. 결국 유태수는 주원장의 말을 믿고 그대로 놔두었다고 한다.

勒敎를 선교하면서 비밀 활동을 하고 있었는데 주원장도 그것을 알고 있었다. 동냥중 생활은 침착하고도 기민한 성격을 연마하는 데 큰 도움이 되었지만, 다른 한편으로는 유민遊民적인 습성에 물들기도 했다. 지정 8년(1348)에야 주원장은 황각사로 돌아왔는데 3년 후에 홍건군의 봉기가 일어났다.

곽자흥郭子興 등도 군사를 일으켜 홍건군 수령 한림아韓林兒의 휘하에 들어갔다. 호주성 안은 봉기군의 기세가 대단해 기치창검이 수풀처럼 일어섰다. 이때 주원장은 사원에 있었지만 바깥세상이 어떻게 되어 돌아가는지는 대강 알고 있었다. 절 밖에서 벌어지는 사태를 예의 주시하고 있던 주원장에게 어린 시절 친구였던 탕화가 봉기군에 가담하라고 권했다. 당시 탕화는 이미 곽자흥 군대의 군관이었다. 여러 번 고민

끝에 주원장은 황각사를 떠나 호주의 곽자흥 군대를 찾아갔다. 그 때 주원장의 나이는 25세였다.

주원장은 싸움에 능하고 의리가 남달라 얼마 지나지 않아 곽자흥의 마음에 들었고, 곽자흥은 주원장을 친병親兵(근위병)으로 받아들인 후, 수양딸인 마씨와 성혼시켰다. 원수元帥인 곽자흥의 사위가 되었으니 군대에서 주원장의 지위는 단번에 달라졌다.

현인의 임용

당시 호주 성내에는 원수가 다섯이나 되었다. 이들은 서로 자기가 잘났다고 하면서 늘 싸웠다.

곽자흥이나 팽대彭大, 조균趙均 등이 모두 큰일을 못할 것이라고 여긴 주원장은 은밀히 자기의 세력을 기르기 시작했다. 얼마 안 지나 주원장은 명을 받고 고향 종리鐘離(현 안휘성 봉양 동북)에 군사를 모집하러 갔는데 어려서 같이 소를 방목하던 친구들인 서달, 주덕흥을 비롯해 수많은 젊은이들이 주원장을 찾아왔다.(이들은 이후 전국을 통일하는 전쟁에서 혁혁한 공로를 세웠으며 주원장의 강력한 조력자가 되었다.)

주원장이 며칠 지나지 않아 700명의 군사를 모집해 오자 곽자흥은 이를 무척 기뻐하면서 주원장을 총관總管으로 임명했다. 그러나 이때 주원장은 호주에 마냥 머물러 있을 생각이 없었다. 밖으로 나가 점령지를 계속 확대할 야망을 가진 그는 곽자흥의 동의를 얻어 서달 등 측근 병사들을 데리고 호주를 떠났다.

일부 지주 무장들을 소멸하면서 주원장의 군대는 순리롭게 전진했다. 그의 군대는 군기가 엄했고 백성들을 괴롭히지 않았다. 때문에 그의 군대에는 갈수록

| 중국사 연표 |

1369년
주원장의 명으로 《원사元史》를 편찬해 그 해에 완성했다.

원나라 말 농민 봉기 지도

참군하는 사람들이 많아져 급속히 세력이 커졌다. 정원定遠을 점령한 후에는 풍국용馮國用・국승國勝 형제가 자기들의 군대를 데리고 주원장에게 자진 귀순했다. 이들의 의젓한 풍채에 경탄한 주원장은 두 사람에게 군의 핵심적인 일을 맡겼고, 한편으로 그들한테서 많은 가르침을 받았다. 주원장은 또 진군 도중 저주滁州에서 이선장李善長을 받아들이기도 했다. 이선장 역시 어려서부터 경서와 시를 숙지하고 병법을 오랫동안 연구해 지략이 뛰어났다. 한번은 주원장이 이선장에게 이렇게 물었다. "세상 어디나 싸움이 그칠 새 없는데 언제 태평세월이 올 것 같소?" 그러자 이선장은 이렇게 대답했다. "옛날 진나라 말기에도 이렇듯 어지러웠습니다. 그러다가 출신이 미천한 유방이 천하를 통일했습니다. 인품이 활달한 그는 인재들을 적재적소에 임용하고 무고한 사람들을 함부로 죽이는 것

을 금했지요. 그래서 5년도 안 걸려 천하를 통일할 수 있었던 것입니다. 지금 원나라는 정치가 부정부패해 무너질 날이 멀지 않았습니다. 주공의 고향인 호주는 유방의 고향 패현과 멀지 않지 않습니까? 그런데 어이하여 그를 따라 배우지 않으십니까?"

이 말을 들은 주원장은 크게 기뻐하며 현사들을 더욱 존중했다고 한다.

통수가 된 주원장

지정 15년(1355), 곽자흥이 병으로 사망하자 유복통은 한림아를 호주에 데려와 황제로 올려놓고 소명왕小明王이라 칭했다. 그리고 국호를 송宋이라 하고 연호는 용봉龍鳳이라고 했다.

소명왕은 곽자흥의 아들 곽천수를 도원수都元帥로 임명하고 주원장을 좌부원수左副元帥로 임명했는데, 얼마 지나지 않아 곽천수가 전사하여 주원장이 대원수가 되었다. 그는 순조롭게 곽자흥의 군사를 접수해 봉기군의 통솔자가 되었다.

이듬해 주원장은 풍국용의 건의를 받아들여 원나라 조정이 남방을 돌보지 못하는 기회를 틈타 집경集慶(현 강소江蘇 남경南京)을 함락했다. 그렇게 주원장은 큰 야망을 향한 첫 걸음을 힘차게 내디뎠다.

••• 역사문화백과 •••

[이십사아문二十四衙門]

이십사아문은 명나라 내부內府의 12감監・사사四司・팔국八局의 총칭이다. '12감'에는 사례감司禮監・내관감內官監・어용감御用監・어마감御馬監・사설감司設監・상보감尙寶監・신궁감神宮監・상선감尙膳監・상의감尙衣監・인수감印綬監・직전감直殿監・도지감都知監 등이 있고 '사사'에는 석신사惜薪司・보초사寶鈔司・종고사鍾鼓司・혼당사混堂司 등이 있다. 그리고 '팔국'에는 병장국兵仗局・건모국巾帽局・침공국針工局・내직염국內織染局・주초면국酒醋面局・사원국司苑局・완의국浣衣局・은작국銀作局 등이 있다. 이 240아문 중에 완의국을 빼고는 모두 황성 안에 있다.

| 세계사 연표 |

1369년
영국과 프랑스가 또다시 전쟁을 일으켰다.

002

《명사明史·주승전朱升傳》 출전

주승의 계략

주승朱升은 주원장에게 '성곽을 높이 쌓고 양식을 풍족하게 비축하면서 왕은 천천히 될 것'을 건의했다. 후방을 공고히 하고 실력을 기르는 것을 우선해야 한다는 것이었다.

1368~1644 명나라

두각을 나타내기 시작한 주원장

출신이 미천한 주원장은 원나라 말기 정국이 혼란한 틈을 타 여러 차례의 악전고투를 거쳐 그 많은 반원反元 세력들 중에서 점차 두각을 나타내기 시작했다.

지정 16년(1356), 주원장은 한림아의 임명을 받아 강남행성평장江南行省平章이 되었다. 그는 집경로集慶

개간지 산업 증명

개간사첩開墾事帖은 명나라 초 직예 휘주부 기문현 농민 황현생에게 발급한 황무지 개간 산업 증명서다. 개간한 황무지의 이름·위치·면적 등이 기록되어 있으며 3년 후부터 바쳐야 할 토지세의 액수가 적혀 있다. 증명에는 개간한 황무지는 '영원히 개인 소유로 하되 3년 이후부터는 기한을 어기지 말고 토지세를 양곡으로 바쳐야 한다'는 규정이 있다. 다시 말하면 이 밭은 영원히 황씨 소유지만 3년 이후부터는 규정에 따라 토지세를 바쳐야 한다는 것이다. 이는 명나라 초기 농민들의 황무지 개간을 격려한 정책과 일치한다.

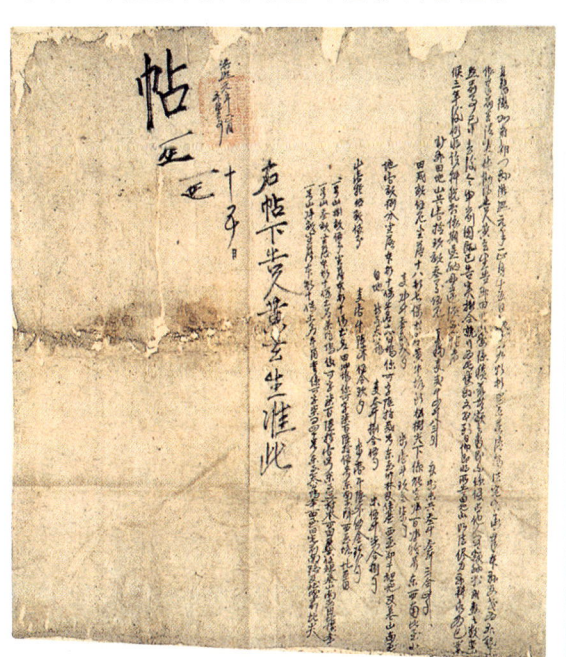

路를 응천부應天府로 개칭하고 이곳을 중심으로 세력을 확장시키기 시작했다. 1년 동안 주원장은 진강鎭江·장흥張興·상주常州·영국寧國·강음江陰·상숙常熟·지주池州·휘주徽州·양주揚州 등 주변 지역을 공략하고 관할구역을 빠르게 확대했다.

이때 주원장의 북쪽에는 한림아와 유복통이 있었고, 동쪽에는 장사성張士誠이 회하 하류와 강소성 동부 그리고 절강 북부를, 서쪽에는 서수휘徐壽輝가 양호兩湖와 강서江西 그리고 환남皖南 등지를 차지하고 있으면서 각기 그들의 땅을 확장하기 위해 애썼다. 그 외에 북방의 원나라 군대와 남방의 일부 작은 할거 세력들이 있었다. 이런 특수한 정세 하에서 어떻게 해야 계속 생존하고 발전할지에 대해 주원장과 그의 막료 장령들은 늘 토의했다.

성곽은 높이, 양식은 풍족하게 그리고 천천히 왕이 될 것

휘주를 점령한 주원장은 유명 인사들을 소집해 앞으로의 전략을 자문했는데 그중 주승이라는 사람이 있었다. 주승은 공부에 누구보다도 부지런한 사람이었다. 그는 여기저기 피란을 다니면서도 틈만 나면 책을 보는 독서광으로 사람들은 그를 풍림楓林 선생이라고 불렀다. 하층 선비들을 예의로 대하는 주원장이 큰 뜻을 가지고 있음을 안 주승은 당시의 정세를 깊이 있게 분석하면서 다음과 같은 전략을 건의했다.

'성곽을 높이 쌓고 양식을 풍족하게 비축하면서 천천히 왕이 될 것高築墻 廣積糧 緩稱王.' 한자로는 아홉 자밖에 안 되는 말이지만 이 말은 중요한 의미를

주승 37

| 중국사 연표 |

1370년
원나라 순제가 응창에서 죽고 그의 아들 아유시리다라愛猷識里達臘를 즉위했다.

금릉부를 공격하는 태조
이 그림은 《황명영렬전皇明英烈傳》에 실려 있다.

지니고 있었다. 첫째는 후방의 군사력을 강하게 해야 한다는 것이고, 둘째는 농업 생산을 발전시켜 경제력을 키워야 한다는 것이며, 셋째는 왕이나 황제가 되는 것을 너무 서두르지 말아야 한다는 것이다. 너무 급히 왕이나 황제를 자칭하면 군웅群雄들의 주목을 일시에 받게 되고 그러면 적이 많아져 사면에서 공격을 받게 된다는 의미였다. 주원장은 그 말에 깊이 공감하면서 주승을 군에 남겨 군사 모의에 함께 참석하도록 했다.

주승의 건의는 즉시 실행되었다. 주원장은 영전사營田使를 각처에 파견해 농사를 책임지고 수리 건설을 다그치도록 했으며 또 일부 장병들에게 황무지를 일구고 둔전을 하게 했다. 그 결과 몇 년이 지나지 않아 부족했던 전시 양식 문제가 개선되었고 농민의 부담도 어느 정도 경감되었으며 군심과 민심이 모두 안정되었다. 이렇게 주원장은 10년 동안 근거지를 공고히 하는 데 공력을 들였다. 그리고 최후의 승리를 위한 정치적·경제적 역량을 비축해 놓았다.

국호를 고치고 왕이 되는 일에도 주원장은 서두르지 않았다. 이젠 왕이 되어야 하지 않느냐고 부하들이

여러 번 권해도 그는 그저 한림아의 영도를 받는 척했다. 한림아는 이미 1355년에 황제를 자칭했고, 서수휘는 봉기 당년(1351) 황제로 자칭하고 국호를 천완天完이라고 했는데 후에는 수하 부장 진우량陳友諒에게 살해되었다. 진우량은 한왕漢王으로 자칭했다가 1360년에 정식 황제로 자칭하고 국호를 한漢이라고 고쳤다.

장사성은 봉기 이듬해(1354)에 왕으로 자칭하고 국호를 대주大周로 했다가 이후 오吳로 개칭했다. 주원장은 1364년에 이르러서야 오왕吳王이라 칭했지만 연호는 여전히 용봉을 썼다. 그 전해에 한림아가 장사성 부장의 공격으로 위급해지자 주원장은 군사를 거느리고 가 적군을 물리치고 한림아를 저주로 모셔 왔다. 1366년 주원장은 한림아를 다시 휘주로 모셔 오려고 했는데 강을 건너다가 배가 뒤집히는 바람에 한림아가 물에 빠져 죽었다. 이로써 용봉 정권이 종식되었고, 주원장은 그 이듬해(1367)에야 비로소 연호를 오원吳元이라고 고쳤다.

●●● **역사문화백과** ●●●

[명나라의 주식]

명나라 사람들의 주식은 밥·국수·떡·만두·찐빵·포자包子(고기 소를 넣은 찐빵)·교자餃子(고기 소를 넣은 밀가루 떡의 일종) 등이었다. 좁쌀·기장·쌀·수수 등 잡곡으로 만든 여러 가지 음식과 쌀·보리·조·수수·고구마·옥수수 등을 넣은 밥도 있었다. 명나라 때는 죽 종류도 많았는데 재료와 용도 그리고 계절에 따라 먹는 게 다양했다. 고렴高濂의 《존생팔전尊生八箋》 11권 《음찬복식전상권飮饌服食箋上卷》에 기재된 것만 보아도 연자죽蓮子粥·죽엽죽竹葉粥·우유죽牛乳粥·산약죽山藥粥·양육죽羊肉粥·녹두죽綠豆粥 등 40여 종이 있었다. 이런 죽들은 재료의 선택과 배합을 중시할 뿐만 아니라 병을 치료하고 장수하는 데 약으로도 쓰였다. 명나라에는 분식 종류도 아주 많았는데 삶아 먹는 것으로는 탕병湯餅·수활면水滑面·편식扁食·교자餃子 등이 있었고, 쪄 먹는 것으로는 증병蒸餠·화권花卷·만두·포자·소매燒賣 등이 있었으며 구워 먹는 것으로는 소병燒餅·취병炊餠·낙병烙餠·월병月餠·전병煎餠 등이 있었고 기름에 튀겨 먹는 것으로는 유병油餠·박취薄脆·유조油條·마화麻花 등이 있었다.

| 세계사 연표 |

1371년 일본 북조 고엔유後圓融 천황이 즉위했다. 같은 해 일본은 명나라에 공사貢使, 즉 조공사신을 보냈다.

003

《명사明史·태조기太祖紀》 출전

파양호의 수전

주원장은 20만밖에 안 되는 수군으로 진우량陳友諒의 수군 60만과 파양호鄱陽湖에서 결전을 벌였는데 그 결과는 어떻게 되었을까?

강무재의 거짓 투항

주원장이 응천부를 중심으로 세력을 확장하는 것을 가로막는 가장 강력한 적은 진우량이었다. 원나라 서수휘 봉기군의 부장이었다가 서수휘를 죽이고 스스로 황제가 된 진우량은 강서·호남·호북 일대의 광활한 지역을 차지하고 있었고 강대한 군대도 가지고 있었다. 진우량에게는 강대한 수군과 수백 척의 전함도 있었다. 따라서 그는 주원장 같은 존재는 안중에도 없었다. 황제가 된 지 얼마 안 되어 그는 직접 수군을 거느리고 응천부를 침공했다. 일거에 주원장을 멸할 야욕 때문이었다.

진우량의 대군이 들이닥치자 주원장의 장령들은 의견이 분분했다. 혹자는 성을 버리고 도망할 것을 주장하고, 혹자는 투항을 주장하고, 혹자는 결사 항쟁을 주장했다. 주원장이 모사 유기劉基에게 물으니 유기는 이렇게 대답했다.

"적군은 지금 우리를 얕봐서 교만해질 대로 교만해져 있습니다. 그러므로 적군을 깊이 유인해 복병으로 치면 이길 수 있습니다. 정력이 왕성한 아군이 피로한 적군을 꼭 이길 것입니다."

상의 끝에 그들은 적군을 깊이 유인해 소멸하는 전략을 세웠다. 주원장은 진우량의 친구였던 강무재康茂才를 시켜 진우량에게 투항하겠다는 편지를 보내도록 했고, 편지에 허위 정보까지 제공하면서 진우량에게 군대를 세 갈래로 나누어 진격할 것을 건의했다. 적군의 역량을 분산시키려는 목적이었다.

편지를 받아본 진우량은 그것을 진짜로 믿고 즉시 수군을 데리고 약속한 지점인 강동교江東橋로 나갔다. 그런데 목적지에 이르러 약속한 암호대로 "무재, 이

파양호 (명나라 연화)
파양호의 싸움에서 주원장은 적은 병력으로 진우량의 대군을 대패시키고 이후 제업帝業을 이룩하는 데 필요한 토대를 튼튼히 닦았다. 이 명나라 시대의 연화는 파양호 전투의 격렬한 장면을 그렸다. 여기에는 용왕이 싸움을 돕는 신화적인 내용도 곁들여졌는데 이것은 주원장이 천지신명의 신력을 빌려 기적적인 승리를 거두었다는 것을 말하고자 함이다.

진우량을 계책으로 패배시킨 백온伯溫
이 그림은 《황명영렬전》에 실려 있다.

1368~1644 명나라

석탄가루와 밀가루를 반죽해 썼는데 원가가 저렴하고 색깔이 잘 벗겨지지 않았다

명효릉의 신도

명효릉은 명나라 개국 황제 주원장과 황후 마씨를 합장한 능묘인데 지금의 남경南京 자금산紫金山 남쪽 독룡부獨龍阜 완주봉玩珠峰 아래에 있다. 동쪽으로는 중산릉에 잇대어 있고 남으로는 매화산에 면해 있는데, 중국 고대 제왕 중 가장 큰 능이기도 하다. 효릉은 홍무 14년(1281)부터 영락 11년(1413)까지 32년 동안 10만 군대와 민부들을 동원해 완공되었다. 능묘는 사람들을 인도하는 신도와 능침의 주체 건축, 이 두 부분으로 구성되었다. 그러나 지면 위에 있던 건축물들은 1853년 청나라 군대와 태평천국의 군대들의 싸움 속에 거의 다 무너지고 불타 버렸다. 지금은 마방馬坊·금약비禁約碑·내홍문內紅門·비정중벽碑亭中壁·석상로石像路·방성명루의 아랫부분 등 돌이나 벽돌 축조물들이 남아 있을 뿐이다.

사람아!' 하고 여러 번 거듭 불렀는데도 응수하는 사람이 없었다. 그제야 속았다는 것을 안 진우량은 급히 퇴각 명령을 내렸지만 그 순간 사면에서 함성이 일며 복병이 수풀처럼 일어섰다. 진우량의 수군은 죽거나 다친 자가 부지기수였다. 부장의 보호로 겨우 살아난 진우량은 작은 쪽배를 타고 황망히 도망갔다.

불길에 휩싸인 전함

강동교의 싸움에서 큰 손실을 본 진우량은 복수를 결심했다. 그는 역량을 비축하면서 대형 전함들을 만들었다. 3년이 지난 1363년, 수군 60만과 대형 전함 수백 척을 거느린 진우량은 홍도洪都(현 강서江西 남창南昌)를 공격했다. 홍도성의 장병들은 결사적으로 저항했다. 진우량은 홍도를 85일이나 포위 공격했지만 홍도성을 함락시키지 못했다. 그러는 사이에 주원장은 20만 수군을 거느리고 홍도로 지원하러 달려갔다. 하는 수 없이 홍도에서 물러난 진우량은 파양호로 나와 주원장과 결전을 벌이려고 했다.

주원장은 우선 파양호에서 장강으로 나오는 출구를 봉쇄해 퇴로를 막은 다음 진격을 개시했다.

진우량의 전함들은 모두 엄청난 거물급이었고 쇠밧줄로 한데 연결까지 해 놓아 먼 데서 바라보면 큰 산과도 같았다. 거기에 비하면 주원장의 배들은 일엽편주에 불과했다. 주원장은 연 3일을 진격했으나 매번 공격에 실패했다. 그때 수군 원수 곽흥이 주원장에게 진언했다.

"이번 실패는 우리 장병들이 결사적으로 싸우지 않은 탓이 아니라 쌍방의 전함 차이가 너무 크기 때문입니다. 그러니 화공火攻을 하는 수밖에 다른 방법이 없는 줄로 아옵니다."

주원장은 즉시 작은 배 일곱 척에 화약, 갈대 등을 가득 싣게 하고 수명의 결사대를 선발했다. 저녁이 되자 동북풍이 세차게 불어왔다. 명을 받은 작은 배 일곱 척은 진우량의 전함을 향해 급히 미끄러져 갔다. 소리 없이 적진에 접근한 이들은 거대 전함에 불을 질렀다. 세찬 바람에 불길은 거세졌고 수백 척이나 되는 적들의 배가 순식간에 모두 불길에 휩싸였다. 게다가

| 1372년 | | 세계사 연표 |
왜적들이 고려를 침범하자 대장군 이성계가 왜적들을 물리쳤다.

진우량의 전함들은 한데 연결되어 있어 달아날 수도 없었다. 불에 타 죽거나 물에 빠져 죽은 장병들이 부지기수였다. 진우량의 두 아우도 불에 타 죽었다.

진우량의 패망

몇 차례의 전투에서 패한 진우량의 군사들은 전의를 잃었고 전열을 가다듬을 수가 없었다.

사기가 날로 저하되는데다가 좌금오장군左金吾將軍과 우금오장군右金吾將軍마저 주원장에게 투항했다. 이에 화가 난 진유량은 사로잡은 주원장의 군사들을 모조리 죽였다. 그 소식을 들은 주원장은 오히려 사로잡은 진우량의 군사를 모두 풀어 주고 상처 입은 포로들은 치료해 주도록 했다. 그리고 앞으로 진우량의 장병을 사로잡으면 누구도 죽이지 말라는 군령을 내렸다. 그러자 진우량 측의 사기는 더욱 떨어지고 반면에 주원장의 군사들은 모두 목숨을 내걸고 싸웠다.

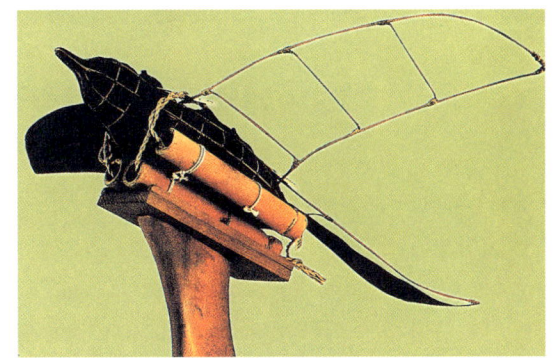

명나라 시대의 신화비아神火飛鴉
신화비아는 연의 형식에 화전火箭의 추진 원리를 결합해 발명한 연소탄이다. 비행거리는 300m고 화공火攻에 많이 이용했다.

대세가 기울어진 것을 깨달은 진우량은 하는 수 없이 잔여 부대를 거느리고 파양호 어귀로 나가 포위를 돌파하려고 했다. 수원장의 군사들은 달아나는 진우량의 잔여 부대를 향해 화살을 비 오듯이 쏘았다. 이때 선창 안에서 고개를 내밀고 밖의 동정을 살피던 진우량이 화살에 맞아 그 자리에서 숨을 거두었다. 그의 부장들은 진우량의 사체와 진우량의 아들 진리를 데리고 야음을 타서 포위망을 겨우 벗어나 무창으로 도망쳤다.

이것이 주원장이 적은 병력으로 진우량의 많고 강력한 군대를 대파시킨 유명한 파양호 수전이다. 그 이듬해(1364), 주원장은 대군을 직접 거느리고 무창으로 진군해 진우량의 잔여 부대를 섬멸하고 진리를 투항시켰다. 이렇게 해서 진우량이 차지했던 지역이 모두 주원장의 손에 들어왔다. 그 해 주원장은 왕으로 자칭하고 국호를 오吳라고 했다.

명나라 〈삼재도회三才圖會〉 중의 복선福船
높은 복선은 밑이 뾰족하고 이물과 고물은 높으며 앞도 뾰족하고 뒤는 네모나다. 그리고 양측에는 보호판이 있으며 선창은 수밀격창水密隔艙의 구조로 되어 있다. 앞과 밑이 뾰족하기에 흘수선이 깊고 파도를 헤치고 나가기 편리해 안전성이 높다. 그리고 키를 돌려 방향을 잡기 편리해 수면이 협소하고 암초가 많은 곳을 항해하는 데 편리했다.

1368~1644 명나라

| 중국사 연표 |
1371년
주원장이 천하의 공사貢士를 책시策試했다.

004

장사성의 포위 공격

평강을 차지한 장사성張士誠의 무리는 모두가 노는 데만 정신이 팔려 있었다. 주원장은 그런 장사성을 손쉽게 포위해 공격을 감행했다.

주원장의 적수, 장사성

장사성은 대주泰州 사람으로 한때 소금 장수였으나 원나라 말기 군웅이 사방에서 일어날 때 무리들을 모아 거사를 일으켰다. 그 후 회수 하류와 강소 동부 그리고 절강 북부 등 광활한 지역을 차지했다. 1363년 장사성은 평강平江(현 강소성 소주蘇州)을 도읍으로 정하고 오왕으로 자칭했다.

주원장과 진우량이 결전을 할 때, 진우량이 장사성에게 파병을 요청한 적이 있었는데, 당시 장사성은 그 요청에 응하지 않았다.

진우량의 군대를 멸한 주원장은 곧바로 고우高郵를 포위했다. 그제야 장사성은 급히 수군을 보냈지만 이미 때는 늦었다. 주원장에게 패한 절도사들이 모두 퇴각하는 바람에 장사성은 회수 하류 지역을 고스란히 내어줄 수밖에 없었다.

평강을 포위한 주원장

1366년, 주원장은 서달徐達과 상우춘常遇春 등에게 군사 20만을 주어 응천부를 떠나게 했다. 출발 전에 주원장은 먼저 호주와 항주를 탈취한 다음 평강을 포위하는 전략을 세웠다. 그리고 전군에게 '무고한 백성을 함부로 죽이는 것과 주택을 불사르는 것, 평강성 밖에 있는 장사성 어머니의 무덤을 파헤치는 것을 엄금한다'는 군령을 내렸다.

서달은 태호를 거쳐서 호주를 포위했다. 장사성은 구원병 6만을 급히 호주로 보냈지만 그들을 구할 수 없었다. 상황이 급해지자 장사성이 직접 전투에 나섰지만 결국 패하고 말았다. 호주의 수성장을 비롯해 가흥·송강·항주의 수성장들이 연이어 주원장에게 투항했고 평강만이 남게 되었다.

서달은 평강을 포위했고 장사성은 성문을 굳게 닫고 성을 지켰다. 그동안 주원장은 장사성에게 투항만 한다면 장사성과 그 가족들의 생명을 보호해 주겠다는 내용의 편지를 여러 번 보냈다. 장사성은 답을 하지 않은 채 여러 차례 포위를 돌파하려고 시도했으나 모두 실패했다. 그 후로도 장사성은 끝내 투항을 거부했다.

평강성이 오랫동안 포위되어 있자 어떤 사람이 장사성에게 성 안에 있는 나무와 돌을 모으고 묘지와 집들을 헐어서 비포飛砲라는 것을 만들어 주원장 군대의 공격을 막자는 건의를 했다. 그것을 안 서달 등은 즉시 대책을 강구했다. 그리고 나무로 만든 집 틀에 참대로 엮은 지붕을 씌운 뒤 병사들에게 그것을 메고 적군의 화살과 돌을 피하게 했다. 병사들은 용맹하게 성을 공격했고 1367년 평강을 함락시켰다.

장사성의 죽음

평강성이 함락되었지만 장사성은 잔여 부대를 거느리고 다시 싸워 보려고 시도했다. 하지만 나머지 군대들이 뿔뿔

무사용
명나라 시대의 이 무사용은 무사의 몸과 크기가 거의 비슷한 방패를 들고 있는데 이 방패는 성을 공격할 때 사용하는 것이다.

이 달아나 어쩔 수 없이 집으로 돌아왔다. 평강성이 포위되어 있을 때 장사성은 부인 유씨에게 "내가 패하면 당신은 어쩔 셈이요?" 하고 물어본 적이 있었다. 그러자 부인은 "저희는 걱정하지 마세요. 나리를 결코 저버리지 않을 겁니다"라고 대답한 적이 있었다.

유씨는 누각 아래 나뭇단들을 높이 쌓아 놓고 있다가 주원장의 군대가 평강성에 들어왔다는 말을 듣자 첩들을 모두 몰아넣고 불을 지른 후, 자기도 목을 매 자살했다. 비분에 잠긴 장사성은 목을 맸으나, 마침 달려온 하인에게 구조되어 죽지는 않았다.

그가 소생한 후 서달이 사람을 보내 투항을 권유했으나 아무런 대답이 없자 서달은 그를 잡아 응천부로 데려 가려고 배에 실었다. 그러자 장사성은 배가 응천부에 거의 이르렀을 무렵 목을 매 자살했다. 그 해 장사성의 나이 겨우 마흔일곱이었다.

고소姑蘇를 평정한 서원수徐元帥
이 그림은 《황명영렬전》에 실려 있다.

주원장의 화풀이

장사성을 멸한 그 이듬해(1368), 주원장은 황제를 자칭하고 국호를 명明으로 바꾸었으며 평강을 소주부蘇州府로 고쳤다. 평강은 무려 열 달을 포위 공격한 뒤에야 점령할 수 있었다. 이에 노한 주원장은 이것이 모두 평강 사람들, 특히 평강의 호족豪族들이 장사성을 도운 탓이라고 생각했다. 그래서 평강성을 점령한 후 평강의 부호들을 호주로 이주시키고 소주와 송주 일대의 호족과 부자들의 땅을 관전官田으로 만들었다. 그 후 아주 오랫동안 소주 사람들은 가혹한 부세를 내야 했고 "우리가 오랜 세월 이런 고생을 하는 건 모두 명 태조가 장사성에 대한 화풀이를 하기 때문이다"라는 말이 오래도록 민간에서 회자되었다.

소금 장수 출신의 장사성
소금 장수 출신의 장사성은 원나라 지정 13년에 아우 장사덕·장사신과 함께 염정鹽丁들을 데리고 반란을 일으켜 고우 등의 지역을 점령했다. 그 이듬해 성왕誠王으로 자칭하고 국호를 주周라고 했으며 지정 16년에는 평강平江을 도성으로 정했다. 후에는 원나라에 투항해 태위를 책봉 받았고 방국진과 함께 바다로 양식을 운반해 원나라 도성을 구원했다. 지정 23년에는 안풍을 공점하고 홍건군 수령 유복통을 살해한 뒤 오왕이라 자칭했다. 그 후 장사성은 주원장에게 누차 대패하고 27년 가을에는 평강성이 주원장에게 함락되어 생포되었다. 그리고 얼마 지나지 않아 금릉에서 목을 매 죽었다.

| 중국사 연표 |

1372년 관리들이 농사와 양잠업 그리고 학교를 꾸린 상황에 따라 실적의 우열을 가르라는 주원장의 조서가 내려졌다.

005

탁월한 지략가 유기

주원장은 유기를, 유방을 도운 모사謀士 장량張良처럼 여기고 아주 중시했다.

주원장의 모사로 나선 유기

천하를 통일하는 과정에서 명 태조 주원장은 자기를 도와 계책을 꾸밀 많은 모사들을 모아놓았다. 그중 가장 특출한 사람이 바로 유기다. 유기는 책을 많이 읽고 경사經史에 정통했으며 특히 상위象緯에 조예가 깊어, 제갈량과 비교되기도 했다. 원나라 말기에 진사로 등과해 벼슬을 지내다가 나중에는 벼슬을 버리고 귀향해 《울리자鬱離子》라는 책을 집필했다.

절강에서 유기의 이름을 들은 주원장은 여러 번 유기를 초청했고, 이에 감동한 유기는 주원장의 군대에 가담했다. 주원장은 대단히 기뻐하면서 유기·송렴朱濂 등에게 현례관賢禮館을 주고 극진히 대접했다.

유기는 주원장에게 우선 진우량부터 제거하면 자연히 장사성은 고립되기에 일거에 멸할 수 있다고 했는데, 그 후 시국은 유기의 말과 그대로 맞아떨어졌다. 주원장은 중요한 일이 있을 때마다 언제나 유기에게 계책을 물었고 그의 말을 따랐다.

주원장은 그의 이름을 부르지 않고 '노 선생님'이라고 높이 부르면서 유방의 모사 장량에 비견할 만하다고 칭찬했다.

신령 같은 예언자

천하 정세의 발전과 변화를 항시 면밀히 주시했던 유기는 해박한 학식과 비범한 통찰력으로 정세를 분석하고 판단했다. 그의 예측은 늘 정확해 사람들로부터 '신령 같은 예언자'라고 불렸는데, 이렇게 정확한 예언들을 할 수 있던 것은 천문에 정통했기 때문이기도 하다. 유기는 천문을 관찰하고 일기의 변화에 근거해 전략을 세웠다. 또 천기 변화를 이용해 백성들에게 유익한 일도 했다. 오吳 원년에 강남에 오랜 가뭄이 들었는데 유기는 천문을 보고 곧 큰 비가 내릴 것을 알고 주원장에게 이렇게 말했다.

계칙보자 (위 사진)
정사각형에 한 변의 길이가 36cm인 명나라 시대의 보자다. 비단 바탕에 황색의 사합운도안四合雲圖案이 연속적으로 배열된 겹층 보자로, 위에는 상운祥雲이 열두 개, 아래에는 호석湖石과 송죽매松竹梅 그리고 목단꽃과 매화 가지가 서로 얽히면서 구름 위로 뻗어 올라 있다. 중앙의 꽃과 구름 속에서는 두 마리 계칙鸂鶒, 즉 비오리가 위아래서 서로 마주 보며 날고 있다. 새들의 깃털 하나하나 작디작은 꽃술, 가는 나뭇가지에 이르기까지 모두 다른 자수침법刺繡針法을 썼다.

●●● 역사문화백과 ●●●

[관품官品의 식별 표식 – 보자補子]

보자를 배흉背胸이라고도 하는데 명나라 때 관리들의 품계品階에 대한 표식이었다. 《명사明史·여복지삼輿服志三》에는 문무관원의 관과 복식의 규정에 대한 다음과 같은 내용이 있다. '홍무 24년에 다음과 같이 결정했다. 공작과 후작·부마·백작 등의 보자에는 기린을 수놓고, 문관 1품에는 선학, 2품에는 금계錦雞, 3품에는 공작, 4품에는 기러기, 5품에는 백한白鷳, 6품에는 해오라기, 7품에는 비오리, 8품에는 꾀꼬리, 9품에는 메추리 등의 새를 수놓는다. 기타 직에는 까치를 수놓고, 풍헌관風憲官(어사의 보자)에는 해태를 수놓는다. 무관은 1품과 2품에는 사자, 3품과 4품에는 호랑이와 표범, 5품에는 곰, 6품과 7품에는 표범, 8품에는 코뿔소, 9품에는 해마海馬를 수놓는다.' 무릇 문무관원들은 반드시 관복의 가슴과 등에 보자를 붙여야 했다. 관복의 앞과 뒤에 붙인 보자만 보면 문관인지 무관인지 그리고 그 품계의 상하를 알 수 있었다.

| 세계사 연표 |

1375년 영국과 프랑스가 휴전 협정을 맺었다.

《명사明史·유기전劉基傳》

용문동체龍紋銅體 수라반水羅盤
중국 고대 '천인합일天人合一'의 사상은 사회의 모든 층면에 관통되어 있다. 건축업에서는 주택 건설과 능묘 축조 이전에 풍수를 보고 길흉을 판정하는데 이것을 감여堪輿라고 했다. 이 사진은 명나라 때 묘지를 선택할 때 풍수를 보는 데 이용한 용무늬를 새긴 구리 나침반이다.

"하늘이 비를 내려 주지 않는 것은 옥중에 억울한 사연들이 있기 때문이옵니다."

그 말을 진짜로 믿은 주원장은 옥중에 갇힌 억울한 죄수가 없는지 조사하게 했고 억울하게 갇힌 적지 않은 사람들을 풀어 주었다. 며칠 후, 과연 비구름이 모여 들더니 큰 비가 시원하게 내렸다.

유기는 이 기회를 이용해 주원장에게 법률을 제정하고 무고한 사람들을 함부로 죽이는 일을 금하도록 해야 한다고 권했다.

지모 출중한 유기

유기의 자는 백온伯溫인데 원나라 말기의 진사다. 후에는 벼슬을 버리고 주원장의 봉기군에 가담해 주원장의 중요한 참모가 되었다. 명나라가 건립된 후 성의백誠意伯을 책봉 받았다. 전국 시대 범려와 마찬가지로 공을 세운 후 은퇴했지만 역시 주원장의 의심을 받았고 후에는 호유용 사건에 연루되어 울분으로 병을 얻어 사망했다.

한편 개국 황제가 된 주원장이 양헌楊憲·왕광양汪廣洋·호유용胡惟庸 세 사람 중에 누가 승상이 될 만한지를 묻자 유기는 이렇게 대답했다. "재상은 마음이 물처럼 부드럽고 공명정대해야 하며 모든 것을 의義와 이理를 기준 삼아 평가할 줄 아는 사람이어야 합니다. 양헌은 재능은 있지만 재상의 기량器量이 부족한 듯하고 왕광양은 양헌보다 마음이 좁은 듯합니다. 호유용은 수레를 위태롭게 모는 마차꾼 같아서 언젠가 바퀴가 빠져 수레를 뒤엎을까 두렵습니다."

그러자 주원장이 자신을 재상으로 삼으려고 하니 유기는 이렇게 말했다. "신은 그릇된 일을 보면 참지 못하고, 일이 번잡하면 인내심이 없습니다. 그러므로 나라의 막중한 대사를 맡을 재목이 못 되옵니다. 천하에 인재들이 적지 않으니 폐하께서 세심히 물색하시기를 바라옵니다."

후에 양헌·왕광양·호유용 등은 모두 각각 재상이 되었다. 그러나 불행히도 유기의 예언이 적중해 나중에는 모두 재상직을 파직당하고 결국 주살을 당했다.

깊은 인품

황제가 된 주원장은 개국공신들을 의심하느라 늘 마음을 놓지 못했다. 진작 그런 눈치를 채고 있었던 데다 그릇된 일을 보면 참지 못하는 성미 때문에 유기는 이선장이나 호유용 같은 권신들과 사이가 좋지 않았다. 결국 유기는 성의백이 된 이듬해에 조정을 떠나 귀향했다.

고향인 청전현靑田縣으로 돌아온 유기는 술 마시고 바둑이나 두며 한가한 은거 생활을 했다. 청전현 현령이 배알하겠다고 여러 번 전갈을 보냈어도 답변조차 하지 않았다. 하루는 이 현령이 시골 사람처럼 꾸미고

1368~1644 명나라

'보자'는 관복의 가슴과 등에 붙이는 특정 의미를 지닌 표식으로
예를 들면 일품 문관은 선학을 수놓은 보자를 붙이고 일이품 무관은 사자를 수놓은 보자를 붙인다

| 중국사 연표 |

1373년 《대명률大明律》을 반포했다.

좀 먹는 것을 방지하는 종이
명나라 시대에는 제지 기술이 발달하자 서적을 보호하는 방법들도 새로워졌다. 당시 좀 먹는 것을 방지하는 종이가 있었는데 그것이 바로 연단도포지鉛丹塗布紙다. 주요 성분은 '사산화삼연'인데 벌레를 제거하는 효과가 있었다. 명나라 때는 이런 종이로 책가위를 했는데, 이것은 서적을 보호하는 데 중요한 역할을 했다.

유기를 찾아갔다. 마침 발을 씻고 있던 유기는 손님이 찾아왔다는 소식을 듣고 급히 신발을 신고 나와 영접을 한 뒤 식사 대접까지 했다.

유기가 이름을 물어 현령이 하는 수 없이 이실직고하자 유기는 급히 일어나 이마를 숙이며 자신은 그저 소민小民일 뿐이라고 했다. 그 일이 있은 후부터 유기는 다시는 이 현령을 만나지 않았다.

모함을 당한 유기

그러나 이렇게 조심조심했어도 유기는 간신들의 모함을 피하지 못했다. 절강의 구甌 땅과 괄括 땅 사이에 소금 장수들로 구성된 화적 떼가 출몰하는 담양談洋이란 고장이 있었다. 여기에 순검사를 세우면 화적 떼를 제압할 수 있겠다고 생각한 유기는 장자 유연을 시켜 그 일을 조정에 상주하도록 했다. 유연은 중서성을 거치지 않고 그 일을 직접 황제께 아뢰었다.

당시 중서성을 관장하면서 전횡을 일삼던 호유용은 유연의 일에 기분이 상했다. 그런데다가 예전에 이미 유기와 갈등이 있었던 터라 계책을 꾸며 유기를 모함하기로 작정했다. 호유용은 주원장에게 담양은 왕기王氣가 서린 곳인데 유기가 거기에 묘지를 두려 한다고 상소했다. 그러자 주원장은 유기에게 벌을 내리지는 않았지만 유기의 봉록을 떼어버렸다.

그 말을 들은 유기는 급히 상경해 죄를 빌고 남경에 남아 고향으로 돌아갈 엄두를 내지 못하고 있었다. 그러다가 울화병으로 쓰러져 병상에서 일어나지를 못했다. 그러던 어느 날 호유용이 의사를 데리고 문병을 왔다 돌아간 뒤 그 의사가 주고 간 약을 먹은 유기의 병은 날로 중해졌다. 그러자 주원장은 유기를 고향으로 보냈지만 고향에 도착한 지 한 달도 못 되어 죽고 말았다. 홍무 8년(1375), 유기의 나이 65세 때였다.

지략가인 유기는 글도 잘 썼다. 평론가들은 그의 글은 '기백이 거창하면서도 기묘하다'고 평가한다. 그는 송렴과 이름을 나란히 할 수 있는 일대 문종文宗이다. 《울리자》 외에도 《복부집覆瓿集》《이미공집犁眉公集》 등의 저작이 있는데, 이는 모두 《성의백문집誠意伯文集》에 수록되었다.

《고창관래문高昌館來文》 – 명나라 공문집
《고창관과高昌館課》라고도 하는데 명나라 고창관에서 편찬한 공문집의 하나다. 중문과 회골回鶻 문자로 쓴 이 책은 명나라 당시 회골 문자를 연구하는데 중요한 문헌 자료다.

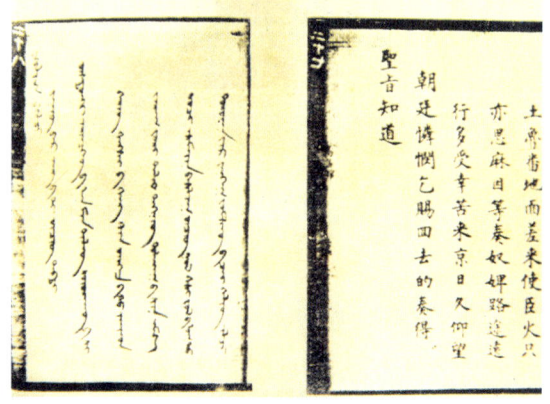

| 세계사 연표 |

1378년 — 일본 막부 장군 아시카가 요시미쓰가 경도京都의 무로마치室町街로 옮겨 가 정식 무로마치 막부室町幕府가 되었다. * 이탈리아의 양모 노동자들이 봉기를 일으키고 베네치아-제노바 전쟁이 또 일어났다.

006 개국황제 명 태조

《명사明史 · 태조기太祖紀》 출전

1368년 왕위에 오른 주원장은 국호를 명明으로 정하고 연호를 홍무洪武라고 했다. 주원장을 역사에서는 명 태조라고 한다.

새로운 황제의 탄생

10여 년간 치열한 전쟁을 치르면서 주원장의 명성은 날로 높아 가고 점령한 지역도 점차 넓어졌다. 그의 수하에 있는 이선장·서달 등 문관과 무장들은 주원장에게 왕위에 올라 나라를 세울 것을 권유하는 상서를 거듭 올렸다. 그러나 주원장은 "천하가 크게 안정된 다음 왕위에 올라도 늦지 않다"고 하면서 말을 듣지 않았다. 진우량을 소멸하고 소명왕 한림아를 저주에 모셔 공양하게 되자 때가 되었다고 생각한 주원장은 원나라 지정 24년(1364) 정월에 오왕吳王으로 자칭하고 백사관속百司官屬을 세웠다. 그렇지만 연호는 소명왕의 용봉을 그대로 썼다. 그리고 원나라가 쇠락한 것을 거울로 삼아 '건국 초기에는 우선 나라의 기강부터 바로잡아야 한다'는 원칙을 명확히 했다.

그 후 2년이 지나 주원장은 친신 요영충廖永忠 등을 저주에 보내 소명왕을 응천부로 모셔 오기로 했는데 도중에 과보瓜步에서 강을 건너다가 배가 뒤집히는 바람에 소명왕이 물에 빠져 죽고 말았다. 이로써 용봉 정권이 종식되었다. 주원장은 그제야 연호를 고치고

태조의 등극

1368~1644 명나라

효관주제도 (명나라 원상통袁尚統 그림)

원상통(1570~약 1661)의 자는 숙명叔明이고 강소 소주 사람이다. 효관주제도曉關舟擠圖는 송나라 분위기를 많이 닮았다. 그는 생활 맛이 짙은 풍속화를 많이 그렸다. 이 효관주제도는 호방한 필법으로 '배를 미는 동작'에 치중해 그렸고 인물들을 간결하고 힘 있게 묘사했다. 각기 다른 인물들의 얼굴 표정들을 통해 한창 법석대는 분위기를 생동감 있게 표현하고 있다.

강소성江蘇省 남경南京에 있다

| 중국사 연표 |

1375년 보원국寶源局에서 화폐를 주조하는 것을 폐지하고 화폐법을 제정했으며, 금이나 은 그리고 기타 실물로 교역하는 것을 금했다.

주원장의 성지聖旨

고대 중국에서는 최고통치자에 대한 존경을 표하기 위해 황제가 내는 조서·어명·규제·고명誥命 등을 통칭해 '성지'라고 하여 최고통치자에 대해 존경을 표했다. 사진은 명 태조 주원장이 홍무 8년(1375)에 내린 성지인데 지금까지 완벽하게 보존되어 있다.

지정 27년(1367)을 오吳 원년元年으로 정한 뒤 종묘사직을 세우고 궁실을 지었으며 과거 시험을 개시했다. 주원장이 파견한 군사들의 승전보도 연이어 날아왔다. 서달·상우춘 등은 소주를 함락하고 장사성을 사로잡았으며, 탕화 등은 방국진을 투항시키고 진우량을 사로잡았다. 그리하여 회남·절동·강서·형초 등의 지역이 모두 주원장의 수중에 들어왔다. 이에 투지 백배한 주원장은 서달과 상우춘에게 군사 25만을 내주며 중원을 정벌하도록 했다.

황제로 등극한 주원장

오랫동안 주원장과 함께했던 무장들과 모사들은 모두 주원장이 하루 속히 등극할 것을 희망했다. 그들은 이선장을 필두로 주원장의 등극을 권하는 상주서를 세 번이나 거듭 올렸다. 주원장은 세 번 모두 사양하다가 결국 신하들의 청에 못 이기는 척하며 그 이듬해 정월 초나흗날 정식으로 황제에 등극했다. 그리하여 모두가 등극대전을 분주히 준비했는데 하루는 주원장이 대전에 나갈 의장기를 보니 '천하태평, 황제만세'라고 쓰여 있었다. 그것을 본 주원장은 이선장에게 너무 과장된 말이고 옛 제도에도 맞지 않으니 없애 버리라고 했다.

1368년 정월 초나흗날, 부슬부슬 내리던 눈비가 그치고 날이 쾌청하게 개었다. 기분이 좋아진 주원장은 신하들을 데리고 응천부 남교에 나가 천지신명께 제를 지내고 황제의 자리에 올랐다. 국호는 명으로 하고 연호는 홍무로 했다. 주원장은 즉시 조서를 내려 천하에 이 사실을 알렸고 태묘에 제를 지낸 뒤 선조 4대를 황제로 추존했다. 그리고 부인 마씨를 황후로 삼고 세자 주표를 황태자로 삼았으며 이선장·서달을 각각 좌승상과 우승상으로, 유기를 어사중승 겸 태사령으로 임명하고 또 모든 공신들의 관직과 작위를 올려 주었다. 이로써 명나라 황실이 정식으로 세워지고 주원장은 명나라 개국 황제 명 태조가 되었다.

●●● 역사문화백과 ●●●

[명나라의 종합 법전 《대명률大明律》]

《대명률》은 명 태조 주원장의 어명으로 편찬하고 홍무 연간에 반포한 법전인데 그 안에는 명례名例, 이吏, 호戶, 예禮, 병兵, 형刑, 공工 등 7편의 편목이 있다. 수당隋唐 이래 오랫동안 계승되어 오던 법률 편목을 새롭게 정리한 《대명률》은 전제주의 중앙집권제도의 내용들이 증가·강화되고, 당나라 법률보다 더욱 발전한 법전이다.

| 세계사 연표 |

1380년 영국과 프랑스가 휴전했다. * 프랑스 왕 샤를 5세가 죽고 그 아들 샤를 6세가 재위에 올랐다.

007

《명사明史·후비전后妃傳》
《명통감明通鑑·태조太祖》 출전

후덕한 마황후

헌신적인 황후

주원장과 고락을 함께한 마황후는 명나라를 세우는 데 큰 조력을 했으며, 나라를 세운 후에는 백성들의 고통에 많은 관심을 기울였다.

황제가 된 주원장은 아내를 황후로 책봉했다. 마황후의 아버지는 곽자흥과 절친한 친구였다. 젊어서 병으로 사망한 마황후의 아버지는 임종 직전 딸을 곽자흥에게 맡겼고, 곽자흥은 그녀를 수양딸로 삼아 길렀다. 주원장이 곽자흥의 군대에 가담한 후 곽자흥은 매번 싸움터에서 용감하게 싸우는 주원장을 중히 여기고 수양딸 마씨를 주원장과 결혼시켰다. 그때부터 마씨는 주원장을 따라 전전轉戰하면서 명나라를 세우는 일에 조력했다.

전쟁 중에 마씨는 자신은 끼니를 거르면서도 주원장에게는 한 끼도 빠지지 않고 음식을 대접했다. 간혹 곽자흥은 남의 말을 듣고 주원장을 의심하곤 했는데

현덕한 마황후
마황후(1332~1382)는 지금의 안휘성安徽省에 소속된 숙주宿州 사람이다. 주원장의 아내가 된 뒤 명나라 홍무 원년(1368)에 황후로 책봉되었고 죽은 다음의 시호는 효자孝慈다.

그러다 한 번은 주원장을 옥에 가두기도 했다. 그러자 마씨는 김이 무럭무럭 나는 취병炊餠(지금의 찐빵)을 훔쳐서 가슴에 품고 가 주원장에게 주었다. 덕분에 취병은 따뜻했지만 마씨의 가슴은 데였다. 그것을 본 주원장은 감동해 눈물을 글썽였다. 마씨는 또 곽자흥의 부인을 늘 찾아가 인사를 올리고 중한 선물을 드렸다. 마씨의 노력으로 두 집 사이의 갈등은 해소되었다.

응천부에 들어온 후에도 마씨는 전방의 일에 깊은

왕관 중에서 가장 호화로운 왕관
황후가 책봉을 받을 때나 종묘를 배알할 때 또는 조회에 참석할 때 쓰는 관을 봉관鳳冠이라고 한다. 정릉定陵에서 출토한 만력 효정황후의 봉관은 옻칠을 한 참댓개비로 골격을 이루고 아홉 마리 용과 아홉 마리 금봉황으로 장식되어 있다. 봉관 위에는 붉은 보석 100여 개와 진주 5000여 개가 금룡·취봉翠鳳·구슬·꽃잎 등과 조화를 이루고 있다. 명나라 후기의 이런 장식들은 명나라 초기에 만든 것들보다 훨씬 화려했으며 명나라 말기의 궁정은 이전 어느 때보다도 사치스러웠다.

1368~1644 명나라

명나라 초기 강남의 으뜸가는 거부 심만삼 때문에 이름이 났다

| 중국사 연표 |

1376년 주원장은 중서성을 승선포정사사承宣布政使司로 고쳤다.

하피에 다는 패옥佩玉

지름이 4cm인 이 패옥은 황후가 입는 '하피霞帔'의 자락에 다는 닭 심장 모양의 장식물이다. 앞면은 두 부분으로 나뉘어 있는데, 원형의 안쪽은 옥으로 만든 모란 수대조綏帶鳥 무늬로 이루어져 있고 닭 심장 모양의 바깥쪽은 붉은색이나 파란색의 보석들을 박아 만든 꽃들이 촘촘히 있다. 아쉽게도 지금은 이 보석들은 많이 떨어졌다. 뒷면은 용봉모란龍鳳牡丹 무늬가 새겨졌는데 금방 피어나기 시작하는 큰 모란꽃 한 송이가 복판에 있고 좌우에 모란꽃 숲에서 노니는 용이 각각 한 마리씩 있으며 상하에는 나래치는 봉황새가 한 마리씩 있다.

관심을 보이면서 손수 군복이나 신발을 만들어 병사들에게 보냄으로써 사기를 북돋아 주었고 진우량과 싸울 때는 금은보석을 모두 내주며 장병들을 위로하기도 했다.

서로를 보호하기 어려운 군신 사이

황제가 된 후 주원장은 황후의 종친들에게 관직을 주려고 했으나 마황후의 강한 반대로 그만두었다. 태조는 신하들에게 마황후의 현덕을 칭찬하면서 마황후를 늘 당나라 장손長孫황후에 견주었다. 그 말을 들은 마황후는 태조에게, "부부끼리는 서로 보호하기 쉬워도 군신 사이는 서로 보호하기 어렵다는 말이 있습니다. 폐하께서 신첩과 고락을 같이한 날들을 잊지 않으신다면 뭇 신하들과 생사고락을 같이한 날들도 잊지 마셔야 합니다. 신첩이야 무슨 공로가 있사옵니까? 그런데 장손황후와 견주다니요?"라고 말했다.

호유용 사건이 발생한 후 많은 사람들이 연루되었다. 이미 퇴직해 낙향해 있던 대학사 송렴朱濂도 손자가 일에 연루되어 잡혀 올라왔다. 그 일을 알게 된 마황후는 송 선생님이 먼 시골에 계셨는데 손자 일을 어떻게 안다고 잡아왔느냐며 주원장에게 그를 사면해 줄 것을 요구했다. 그러나 이때 태조는 화가 머리끝까지 치밀었던 터라 마황후의 권고를 들으려고 하지 않았다. 그러다가 얼마 후 마황후와 주원장이 같이 밥을 먹게 되었다. 그런데 마황후는 고기에 손을 대지 않았다. 태조가 그 이유를 묻자 마황후는 눈물을 글썽이며 "신첩은 지금 송 선생님의 명복을 빌고 있습니다"라고 말했다. 그 말에 크게 감동한 주원장은 젓가락을 내려놓고 일어나 나가서는 송렴을 사면한다는 영을 내렸다.

●●● **역사문화백과** ●●●

[고대 여성들의 영광의 상징 – 봉관과 하피]

봉관은 중국 고대 귀족 여인들이 쓰는 예관禮冠인데 이 예관에 봉황새를 새겼기에 봉관이라고 했으며, 황후나 공주만이 성대한 경전慶典 의식 때 쓸 수 있었고 평민들은 절대 쓸 수 없었다. 한나라 때 태황태후·황태후·황후의 제복祭服에 쓰는 관 위에는 봉황이 새겨져 있었다. 명나라 때 황후의 예복에 쓰는 관 위에는 용 아홉 마리와 봉황새 네 마리, 비妃가 쓰는 관에는 꿩 아홉 마리와 봉황 네 마리를 새겼다. 이외에 혼례식에서 신부들이 쓰는 채관彩冠도 후에는 봉관이라고 칭했는데 그 양식은 다양했다. '하피'는 당나라와 송나라 때는 중요한 장식품의 일종이었다. 오자목이 쓴 《몽량록夢梁錄》에는, 당시 부호대가들의 혼례에는 반드시 금팔찌·금비녀·금귀고리 세 가지를 갖춰야 하고 금이 없으면 은으로라도 대체해야 했다고 적혀 있다. 여기서 남송 시대 민간에서 금하피金霞帔를 널리 사용했음을 알 수 있다. 그러나 명나라에 이르러 하피의 사용은 명확한 규제가 있었다. 1품부터 5품까지의 명부命婦는 금하피를, 6품부터 7품까지는 도금한 하피를, 8품부터 9품까지는 은하피를 쓰도록 했다. 하피의 사면은 노을 무늬이고 복판은 새와 짐승의 무늬인데 그 짐승은 급에 따라 달랐다. 하피는 장식물일 뿐만 아니라 신분과 등급을 나타내는 표식이기도 했다. 훗날 변화·발전해 봉관과 하피는 적처嫡妻의 예복이 되었는데 이런 풍속은 청나라 말까지 계속되었다.

| 세계사 연표 |

1382년　일본 북조 고코마쓰後小松 천황이 즉위했다. * 이탈리아가 과두통치를 시작하고 헌법개혁을 실시했다.

"자식 일에 어찌 관심이 없겠습니까?"

대궐에 있으면서도 마황후는 백성들의 생활에 늘 관심을 기울였다. 한번은 마황후가 태학생 처자들에 대해 물어보았는데, 그 후로 조정에서는 태학생 가족들을 위해 양식을 비축하는 창고를 만들어 가난한 태학생들을 도와주는 것을 제도화했다.

원말 명초, 강남 지역에 심수沈秀라는 거부가 있었는데 세인들은 그를 심만삼沈萬三이라고 불렀다. 그의 논밭은 강남 도처 어디에나 있었다. 남과 부를 겨루기 좋아하는 이 위인은 남경성을 쌓을 때 그 총 경비의 3분의 1을 감당했으며 또 거금을 내어 전국의 군대를 호궤하겠다고 떠들었다. 그 말을 들은 태조는 매우 화가 났다.

"뭐? 일개 필부가 돈깨나 있다고 천자의 군대를 호궤하겠다고? 이건 분명 인심을 어지럽히려는 수작이다. 이런 자는 가만 둬둘 수 없다. 죽여 버려야 한다."

그러자 이 말을 들은 마황후는 주원장에게 이렇게 간했다. "신첩이 듣건대 법을 다스리는 사람은 불법을 저지른 사람은 죽이지만 그런 일로 사람을 죽인다는 말은 못 들었습니다. 그자의 부가 그토록 많다고 하니 그것부터가 예사롭지 않은 일 아닙니까? 그런 자는 우리가 가만히 있어도 하늘이 벌을 내리는 법입니다. 우리가 손을 쓸 필요가 무엇이 있겠습니까?"

마황후의 간언으로 심만삼은 죽음을 면하고 운남으로 유배를 갔다.

홍무 15년(1382), 마황후는 병으로 사망했다.

물고기 잡이를 하는 심만삼 (청나라 양류청 연화)

거부 심만삼은 전하는 말에 의하면 원래 고기를 잡는 어부였다고 한다. 어느 날, 어떤 사람이 개구리를 잡아서 먹으려 하는 것을 보고 그 개구리들을 돈 주고 사서 부근 늪에다 살려 주었는데 밤에 요란한 개구리 울음소리에 깨어나 나가 보니 그가 살려준 개구리들이 항아리 하나를 에워싸고 울고 있었다. 심만삼은 그 항아리를 집에 가져왔는데 한 번은 처가 은 부스러기 하나를 그 항아리 안에 떨어뜨렸다. 그런데 그 항아리에 은이 금방 가득 차올랐다. 이 항아리는 보배 항아리였던 것이다. 심만삼은 그래서 거부가 되었다고 한다. 심만삼이 보배 항아리를 얻은 전설은 이외에도 여러 가지가 있다. 이 연화는 용왕이 심만삼에게 보배 항아리를 주는 내용을 그린 것이다.

그 해 마황후의 나이 쉰하나였다. 임종 직전 그녀는 주원장에게 "현인들을 널리 구하고 간언들을 잘 받아들이며 늘 신중하기를 바라옵니다"라는 유언을 남겼다. 주원장과 생사고락을 같이한 마황후는 누구보다도 그의 성미를 잘 알고 있었기 때문에 그런 유언을 남긴 것이다.

주원장은 마황후가 죽자 늘 그리워하며 죽을 때까지 황후를 따로 세우지 않았다.

마황후의 관후한 성격과 주원장의 엄한 성격은 참으로 대조적이라고 할 수 있다.

명청明清 이래 통속소설의 앞에 소설의 주요 인물들을 백모로 그린 그림들을 첨부했는데 그 그림의 기술이 수를 놓은 것과 같이 정교하다고 하여 이런 소설책을 '수상소설'이라고 했다

| 중국사 연표 |

1380년 주원장은 역모의 죄명으로 좌승상 호유용을 주살하고 많은 사람을 이에 연좌시켰다.

008

봉양의 거지

봉양鳳陽 사람들은 어째서 화고花鼓라는 손북을 메고 사방을 다니며 동냥을 하게 된 것일까?

봉양의 화고

"봉황새가 난다. 봉양은, 본디 세상에서 제일 좋은 곳. 그러나 주황제(주원장)가 나온 뒤부터는 10년에 9년은 재해가 들어 부호들은 땅을 팔고 가난한 자들은 자식을 팔아 입에 풀칠이라도 하네. 하지만 나는 자식마저 없으니 북을 메고 다니면서 문전걸식을 하네."

'봉양가'라는 이 노래는 봉양 사람들이 동냥을 다니면서 타령하는 소리인데, 자기네 고향 사람인 주원장을 들먹이는 데는 이유가 있다.

주원장의 고향 호주 종리鐘離 일대는 화고를 두드리며 타령을 하는 풍토가 있었다. 주원장이 황제가 되자, 그의 고향에서는 주원장의 등극을 경하하려고 가장 우수한 화고수들을 선발해 상경시켰다. 등극대전이 끝나고 연회를 열고 있는데 고향에서 사람들이 올라왔다는 말을 들은 주원장은 대단히 기뻐했다. 그때 어떤 사람이 화고 타령으로 주흥을 돕는 것이 어떠냐고 제의했고 주원장은 즉석에서 고향 사람들에게 화고 타령을 부르게 했다. 그러자 그들은 화고를 두드리며 목청껏 타령을 하면서 덩실덩실 춤까지 추었다. 물론 그들의 노래는 모두 주원장을 칭송하는 것이었다.

주원장은 기쁨이 넘쳐 고향 사람들에게 이렇게 말했다. "이제 내가 천하를 얻었으니 임자들을 절대 잊지 않을 것이다. 임자들 가운데 벼슬을 하려는 사람은 벼슬을 하고, 조세를 바치지 않아도 되며, 매일 즐겁게 술 마시며 놀아도 된다. 그러니 이제 매일 노래나 하면서 지내도록 하라."

황제의 말은 성지聖旨다. 황제 앞에서 화고 타령을 부른 사람들은 활개를 치며 고향으로 내려왔고, 농사 같은 힘든 일은 아예 내동댕이치고, 집에 있는 집기들을 다 팔아 온종일 진탕 먹고 마시며 화고 타령을 부르면서 놀기만 했다.

주원장은 황제가 되기 이전부터 봉양을 "용이 난 고장"이라고 늘 말했으며, 왕위에 오른 이듬해, 임호臨濠, 즉 봉양을 중도中都로 정하고 성곽과 궁궐을 대대적으로 축조했다. 동시에 많은 외지 주민들을 봉양으로 이주시켰다. 그리고 대량의 토지를 황친 국척들의 땅으로 책봉했다. 고향 사람들은 그런 일이 끝나면 황제가 자기들을 생각할 것이라고 여기고 황제의

영주도瀛州圖가 새겨진 서각잔犀角盞 (위 사진)
산석형山石形의 이 잔 안에는 네 마리 용이 부각되어 있고 밖은 투조透彫·심조深彫·부조·음각 등의 기법으로 한 폭의 〈영주도〉를 만들었다. 영주는 중국 고대 전설에서 나오는 선경 중의 하나다. 문인 스타일로 항자경이 소장하고 있었는데 건륭황제의 어필이 새겨져 있다. 정교한 이 잔은 지금까지 전해 내려오는 서각잔 중 최고다.

명나라 중도中都의 성벽
명나라 홍무 2년(1369), 주원장은 자기의 고향 봉양을 중도로 정하고 황성을 쌓았는데, 너무나 방대했다. 한 예로 삼대전三大殿의 규모는 이후 고궁의 삼대전을 초월할 정도여서 후에는 어쩔 수 없이 도중에 정지했다. 사진은 중도 봉양의 내성 서남쪽 성벽 유적이다.

| 세계사 연표 |

1383년 일본 남조 고카메야마後龜山 천황이 즉위했다.

《명사明史·태조기太祖紀》
《명사明史·형법지刑法志》
출전

칠회합漆繪盒
칠기漆器는 조형과 옻 장식이 결합된 산물로 당시 사람들의 예술적 취향을 잘 반영한다. 칠기의 그림은 추상화한 동식물 무늬도 있고 현실적인 경치도 있다. 칠기 회화 예술은 명나라 때 이미 상당히 발달했는데 그들이 창조한 주제법剔制法과 양감법 등은 칠기 회화 예술 발전에 크게 기여했다.

봉양으로 강제 이주한 강남의 부호들

성지를 기다렸지만 시간이 지나도 아무 소식이 없었다. 먹을 것이 떨어진 봉양 사람들은 화고를 메고 동냥 길을 떠나면서 개탄했다.

"이 고장에서 난 황제가 뭐라고 했나? 매일 노래나 하면서 지내라고 했잖았나? 이게 우리더러 동냥이나 하며 살라는 말이었던 모양이다. 그러니 우리는 황제가 점지한 동냥아치로구나, 제길."

이렇게 화가 난 그들은 주원장을 욕하는 화고 타령 〈봉양가〉를 엮어 부르기 시작했다고 한다.

봉양의 화고
이 그림은 청나라 때 《촌장생애도책村庄生涯圖冊》에 실려 있다.

이 이야기에는 전설적인 면이 많다. 사서에서는 봉양 거지들의 내력을 다르게 기재하고 있다.

주원장은 봉양에 중도를 건설하라는 영을 내린 후 수많은 강남 부호들을 봉양으로 강제 이주시켰다. 그리고 사사로이 고향으로 돌아가는 것을 엄금했다. 그래서 강남 부호들은 조상의 묘에 제를 지낼 때면 궁여지책으로 남녀노소 모두가 거지 행색을 하고 동냥을 하면서 고향으로 갔다 오곤 했다. 사서에 '잠귀제소 동거춘회潛歸祭掃 冬去春回'란 말이 있는데 '겨울에 몰래 돌아가 벌초와 제를 지내고 봄이면 돌아온다'는 말이다.

화고 타령 중에 "여주 봉양은 본래는 참으로 좋은 곳, 그러나 황제 주원장이 난 다음부터는 10년이면 9년은 재해가 드네"라는 부분은 그때 유행한 것이라고 한다. 다른 고장 사람들은 모두 봉양에 재해가 들어 동냥을 다닌다고 여겼지만 사실 재해가 없는 해에도 그들은 동냥을 다녔다.

●●● 역사문화백과 ●●●

[명나라의 음료]
명나라 때의 음료는 술·차·뜨겁거나 찬 국·우유 그리고 각종 야채나 과일즙 등이 있었는데 그중 술과 차 그리고 국의 소모량이 많았다. 명나라 시대에는 양조업이 아주 발달해 술 공장들이 전국 어디에나 있었다. 그리고 차를 만드는 기술이 부단히 개선돼 차의 질도 좋아졌고 품종도 많아져 차로 손님을 대접하는 것이 명나라 사람들의 중요한 풍속이 되었다. 우유를 마시는 습관도 북방에서 남방으로 내려가 남방 사람들도 우유를 마시는 사람들이 많아졌다.

명 태조 주원장의 고향인 안휘 봉양鳳陽 서북쪽에 있다

| 중국사 연표 |

1380년 중서성을 없애고 승상을 폐지했으며 육부六部의 직책과 질서를 새로 제정했다.

009

공신들을 주살한 태조

황제가 된 주원장은 공신들에 대한 의심이 날로 많아져 결국 공신들을 주살하기 시작했다.

논공행상

주원장은 수하 모사와 무장들의 지혜와 힘을 얻어 강력한 적들을 물리치고 드디어 개국 황제가 되었다. 명 태조 주원장을 따라 싸워 온 측근들도 모두 개국공신이 되었다. 홍무洪武 2년(1369), 태조는 공신들의 순위를 직접 결정하고 남경 서북쪽 계룡산 아래 공신사당功臣廟를 세운 뒤 이미 죽은 공신들의 제를 지냈다. 그리고 살아 있는 공신들의 자리도 남겨 놓았다.

이듬해 서달과 이문충 등 북벌 장령들이 개선해 돌아왔다. 태조는 직접 그들을 맞이했고, 여러 장수들의 공로를 다시 평가했다.

이선장은 한국공韓國公으로, 등유鄧愈는 위국공衛國公으로, 상우춘의 아들 상무常茂는 정국공鄭國公으로, 탕화湯和 이하 스물 여덟 사람은 후侯로 각각 책봉했다. 그리고 왕광양은 충근백忠勤伯으로, 유기는 성의백誠意伯으로 봉했다. 그런 뒤 연 3일 동안 연회를 베풀고 그들에게 일종의 임명장인 고명철권誥命鐵券을 하사했다. 또한 공후장상들의 마음이 변하지 않게 하기 위하여 《철방문鐵榜文》 《신계록臣誡錄》 《지계록志誡錄》 등을 편찬해, 문무 공신들이 서한 시대의 한신이나 팽월을 모방하지 말고 지조를 지킬 것을 거듭 강조했다. 그리고 학문에 조예가 깊은 유신儒臣들을 시켜 무장들이 훈련 도중에 쉬는 틈을 이용해 고대 충군 열사들의 이야기를 하게 함으로써 무장들에 대한 교육을 강화했다.

대대적인 주살

그러나 태조는 공신들이 마음에 놓이지 않았다. 북방의 정세가 안정되고 남방 할거의 세력들이 하나하나 평정됨에 따라 공신들에 대한 주원장의 의심은 더욱 커졌다. 실제로 공신들은 자기들의 공로를 믿고 오만 방자해져 법도를 지키지 않으며 예의를 무시했다. 어떤 자는 독단 전횡하며 백성들을 못살게 굴었다. 이들의 행태는 주씨 왕조의 통치 질서를 해치고 있었다. 그리고 호유용을 필두로 일부 공신들은 당파를 만들어 조정을 그들 손아래 넣으려고 했다. 이에 황제의 권위가 크게 위협을 받았다. 결국 주원장은 일부 악랄한 공신들부터 제거할 결심을 했다.

홍무 13년(1380), 태조는 역모죄로 좌승상 호유용 등을 주살했다. 그리고 10년 후 〈소시간당록昭示奸黨

명 태조의 필적 – 교설대장군教說大將軍 (탁본 부분)
주원장이 대장군 서달 등에게 보낸 친필 서한으로 지금까지 보존되어 오고 있다. '친필교설대장군서달親筆教說大將軍徐達'이라는 글만 보아도 황제의 문필이 당시 문풍에 구애되지 않고 간단 명료하다는 것을 알 수 있다.

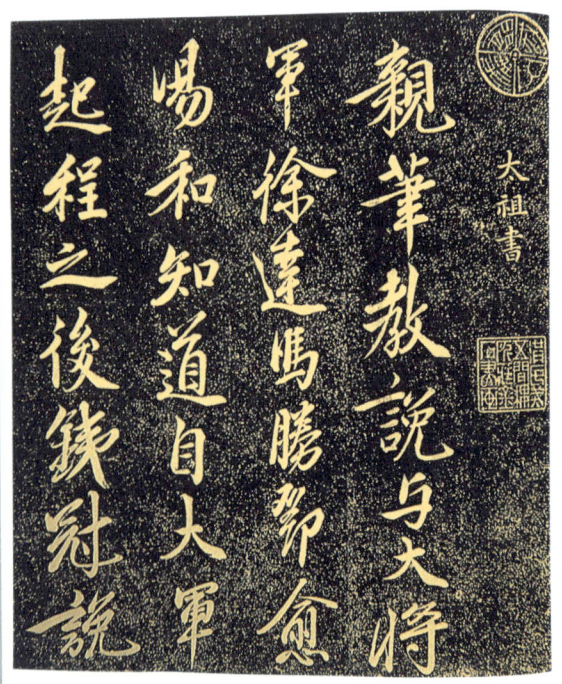

| 세계사 연표 |

1384년 잉글랜드와 스코틀랜드의 전쟁이 다시 시작되었다.

《명감明鑒·태조太祖》 출전

옥견홍목玉犬紅木 문진文鎭
이 문진은 상해 보산寶山의 명나라 주수성의 묘에서 출토한 문진이다. 길이 28cm, 너비 2.8cm, 두께 3.4cm인 좁고 긴 이 문진의 중간에는 몸 길이가 6.2cm인 옥으로 만든 개 한 마리가 엎드려 있다. 갈비뼈와 발톱은 음각으로 그렸고, 전반적으로 간결하고 소박하며 개의 형상이 아주 생동감 있다.

錄)을 발표하고 호유용과 공모했다는 죄명으로 일등공신 이선장에게 사약을 내리고 후작들인 육중형陸仲亨·당승종唐勝宗·비취費聚·조용趙庸 등을 주살했다. 이에 연루돼 죽은 사람이 3만 명이 넘었다.

홍무 26년(1393)에는 역모죄로 양국공 남옥藍玉 등을 처단했는데 이에 연좌되어 죽은 사람이 1만 5000명이 넘었다. 그리하여 군대에 남았던 용맹한 장령들은 거의 모두 주살되었다. 개국공신들에 대한 숙청은 14년이나 계속되었는데 그 결과 개국공신들은 하나도 남지 않았다. 이외에도 태조는 역모죄나 기타 죄를 만들어 다른 공신들에게도 사약을 내리거나 참수를 명했다. 주덕흥周德興·부우덕傅友德·요영충廖永忠·주량조朱亮祖 등 일부 이름 있는 공신들도 사약을 먹거나 참수를 당하거나 장살杖殺을 당했다. 그들에게 가해진 죄명은 대부분 확실한 근거가 없이 추측이나 의심으로 이루어진 것이었다. 마지막까지 무사히 살다 죽은 공신은 거의 없었다.

성정이 인후한 태자 주표朱標가 보다 못해 태조에게 조정의 화평이 무너질까 우려하자 태조는 이튿날 가시가 촘촘한 가시나무 가지 하나를 태자에게 주며 맨손으로 쥐어 보라고 했다. 태자가 주저하자 주원장이 웃으며 말했다. "손이 찔릴까 봐 그러는 게냐? 짐이 가시를 다 뽑고 너를 주면 괜찮을 게 아니냐?"

주원장이 공신을 주살하는 데는 태자의 장래를 위해 장애물을 미리 제거한다는 의미도 있었다. 공신들의 살육으로 조정은 하루도 조용할 때가 없었고 대신들은 모두 공포에 떨었다. 당시 도성에 있는 관원들은 매일 아침 조회에 나갈 때마다 가족들에게 마지막 인사를 하면서 후사를 일러 놓곤 했다. 공포에 휩싸인 조정에서 대신들은 '임금 곁에 있는 것은 호랑이 곁에 있는 것과 같다'는 것을 피부로 느꼈다. 이렇게 군주가 권력을 이용해 대신들을 함부로 죽이는 횡포는 명나라 정치에 심각한 악영향을 끼쳤다.

명나라 《삼재도회三才圖會》에 나오는 각종 형구刑具

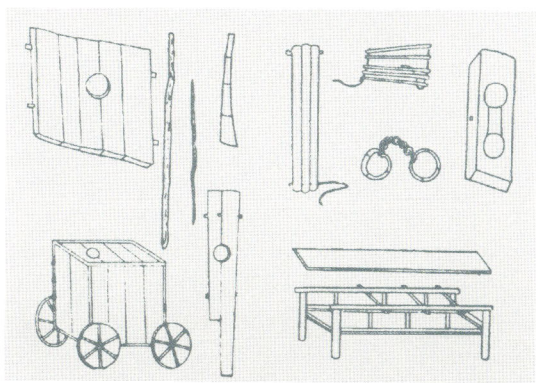

●●● 역사문화백과 ●●●

[명나라 형법 사례 총집 《대고大誥》]

이 책은 명 태조 주원장이 편찬하고 홍무 18년(1385)에 최초로 반포했다. 그 후 몇 차례 속편을 내고 그것을 홍무 30년(1397)에 《대명률》 뒤에 부록으로 첨부한 뒤 이름을 《율고律誥》라고 했다. 《대고》에는 멸족, 능지陵遲, 효수梟首를 한 사람 몇 천 명의 사례와 참수, 기시棄市를 한 사람 1만여 명의 사례를 나열했다. 여기에 언급된 혹형의 종류로는 멸족, 능지, 효수, 참斬, 사죄死罪, 힘줄을 뽑고 손가락, 발가락을 자르는 것, 힘줄과 슬개골을 뽑는 것, 손목을 자르는 것, 발가락을 자르는 것, 발목을 자르는 것, 칼로 목을 죄는 것, 거세하여 노예로 만드는 것 등 몇 십 종이 있다. 이렇게 사례·엄령·훈도訓導 등 세 가지 내용으로 법규를 구성해 어명의 형식으로 반포한 문헌은 중국 법제사에 전례가 없는 것이었다.

1368~1644 명나라

《대고》 55

| 중국사 연표 |

1380년 대도독부大都督府를 중·좌·우·전·후 5군도독부로 나누고 사보관四輔官을 세웠다.

010

호유용 사건

호유용胡惟庸은 조정에서 전횡하면서 무리를 지어 거사를 준비했다. 그리하여 태조는 역모죄로 그를 주살하고 그와 연좌된 사람 3만여 명도 죽였다.

탐욕스럽고 독단적인 호유용

호유용은 안휘 정원定遠 사람이다. 태조의 군대에 가담해 처음에는 주원장 막하의 소리小吏로 있었으나 몇 년간 계급이 올라가 홍무 3년(1370)에는 중서성 참지정사가 되어 양헌·왕광양 등과 자리를 나란히 했다. 후에 양헌은 주살되고 왕광양은 강직되었으나 아부에 능란한 호유용만은 주원장의 총신을 받아 홍무 6년(1373)에 좌승상이 되어 조정 대신들의 앞자리에 섰다.

승상이 된 호유용은 주원장의 총애를 등에 업고 전횡으로 관원들의 생사 여탈과 관직의 결정을 자기 마음대로 했다.

명 태조 주원장에게도 알리지 않은 일이 비일비재했다. 각 부분에서 올라오는 장계나 상주서들은 반드시 먼저 호유용이 보고 검열을 했는데 자신에게 조금만 불리한 것이면 황제께 상주하지 않았다.

호유용의 권세가 날로 커지자 고위에 오르려는 자들은 다투어 호유용에게 빌붙었으며 일부 과오를 범한 공신들이나 무장들도 호유용의 집을 문턱이 닳도록 다녔고 그들이 바친 재물은 부지기수였다. 호유용

호유용과 남옥의 제거
명나라 때 출간한 《승운전承運傳》에 실려 있다.

은 그 기회에 수많은 재물을 산적하고 친신들을 모아 놓았다.

결당과 역모

길안후吉安侯와 육중형陸仲亨은 수레를 함부로 타고 다닌 것으로, 평량후平凉侯 비취費聚는 주색에 빠져 정신을 못 차리는 것으로 태조한테 엄한 꾸중을 들은 적이 있었다. 이에 겁이 난 둘은 호유용이 자기를 보호할 수 있다고 여기고 호유용을 뻔질나게 찾아 다녔다. 하루는 모여서 술을 마시는데 술이 거나해지자 호유용이 두 사람에게 이런 말을 꺼냈다.

"우리가 한 일들은 적지 않게 법에 어긋나는 일들인데 그것이 드러나면 어떻게 해야 좋겠는가?"

그 말에 둘은 얼굴이 하얗게 공포에 질려 어쩔 줄을 몰라 했다. 그러자 호유용은 그 둘에게 경성 밖에서 군마들을 모집해 거사를 준비하라고 명했다. 그리고 다른 한편으로 사람을 북방의 원나라와 바다의 왜구한테 파견해 유사시에 그들이 협조하도록 결탁했다.

서달이나 유기 등 조정의 일부 대신들은 태조에게 여러 번 호유용의 그릇된 일들을 상주했다. 그것을 안

●●● **역사문화백과** ●●●

[전국의 서무庶務를 관장하는 기구 - 6부部]

6부는 이부·호부·예부·병부·형부·공부의 총칭이다. 홍무 원년에 세웠는데 초기에는 중서성에 귀속되었다. 중서성이 폐지된 후는 황제에 직속되어 전국의 일상 사무를 관장했다. 각 부는 상서가 관장하고 그 아래 좌·우 시랑이 있었다. 명나라 초기는 6부의 권력을 중요시했는데, 그중 이부·호부·병부의 권력이 가장 컸다. 명나라 중기부터 내각의 권력이 날로 커지고 부의 권력은 약화되었다. 성조는 북경으로 도성을 옮긴 후에도 6부는 남경에 그대로 남겨 놓아 나라에 두 개의 6부가 있게 되었다. 그러나 남경의 6부는 한직閑職으로 노신들이 담당했고 각 부에는 상서 한 사람과 우시랑 한 사람이 있었으며 소속 관원들도 아주 적었다.

| 세계사 연표 |

1387년 독일의 한자동맹과 제후·황제 간에 전쟁이 발발했다.

《명사明史·호유용전胡惟庸傳》
《명감明鑒·태조太祖》 출전

명나라 중앙 관제표官制表

부문	관명	품계	비고
삼공三公	태사太師 태부太傅 태보太保	정1품	
삼고三孤	소사少師 소부少傅 소보少保	종1품	
내각內閣	대학사大學士	정5품	
육부六部	상서尙書 각 1명	정2품	명나라 때는 이부·호부·예부·병부·형부·공부 6개 부가 있었다. 호부와 병부가 각각 13개 사를 설치한 것 외에 다른 부들은 각기 4개 사, 총 42개 사를 설치했다. 도성을 북경으로 옮긴 후 남경에도 6부가 있었다.
	좌·우 시랑侍郞 각 1명	정3품	
	각 사司 낭중郞中 각 1명	정5품	
	각 사 원외랑員外郞 각 1명	정5품	
	주사主事 각 1명	정6품	
도찰원都察院	좌·우 도어사都御使	정2품	
	좌·우 부도어사副都御使	정3품	
	좌·우 첨도어사僉都御使	정4품	
	13도 감찰어사監察御使	정7품	명말에는 15도로 증가됨
조정 특파 관원	총독總督		
	총리總理		
	순무巡撫		
한림원翰林院	학사學士 1명	정5품	
	시독학사侍讀學士 2명	종5품	
	시강학사侍講學士 2명	종5품	
	시독侍讀 2명	정6품	
	시강侍講 2명	종6품	
	수찬修撰(사관)	종6품	
	편수編修(사관)	정7품	
	검토檢討(사관)	종7품	
	대조待詔	종9품	
국자감國子監	제주祭酒 1명	종4품	
	사업司業 1명	정6품	
	5경 박사五經博士 5명	종8품	
	조교助敎 15명	종8품	
	학정學正 10명	정9품	
6과科	도급사중都給事中 각 과 1명	정7품	6과는 이과·호과·예과·병과·형과·공과 등을 말하는데 시종侍從과 규간規諫·보궐습유補闕拾遺 그리고 6부 백관들을 감찰하는 일을 관장했다.
	좌·우 급사중給事中	종7품	
	급사중給事中	종7품	

참고문헌: 진무동陳茂同 저 《역대 직관職官 연혁사歷代職官沿革史》

호유용은 그들을 음해하려고 여러 가지 술수를 썼으며, 끝내 유기를 독살시키기도 했다. 권모술수에 능란한 호유용은 자기 형의 딸을 이선장의 조카에게 시집 보내는 방법으로 이선장과 사돈을 맺었다. 후에 이선장은 호유용의 음모를 알았으나 자기는 이미 늙어 재

| 중국사 연표 |

1381년 황책黃冊 제도를 확립했다.

명나라 궁전의 출입증
아패牙牌는 관원들이 궁전을 드나드는 통행증으로 상아로 만든 것과 동으로 만든 것이 있었다. 허리에 차고 다니며 입궁할 때 검사를 받았다.

상도 그만둔 몸이기에 그의 일에는 관여할 힘이 없다는 식으로 그저 방관했다. 그렇게 되니 호유용은 더 이상 거리낄 것이 없었다.

3만 명이나 연좌된 역모

주원장은 처음에는 호유용을 중용했으나 시간이 흐를수록 호유용의 행태가 점점 마음에 들지 않았다. 더구나 호유용이 전횡을 일삼는 것을 눈으로 보고만 있을 수가 없었다. 그런데 이때 의외의 일이 발생했다. 호유용의 아들이 마차를 타고 저잣거리를 달리다가 떨어져 죽은 것이다. 비통한 호유용은 그 마부를 죽여 버렸다. 호유용이 무고한 마부를 죽인 것을 안 주원장은 대노해 호유용에게 마부의 목숨 값을 내라고 명했다. 호유용이 금은보화로 갚겠다고 하니 주원장은 목숨으로 갚으라고 강요했다. 이에 겁이 난 호유용은 급히 수하들을 모아 상의하고 각지의 공모자들에게 통지해 거사를 준비했다.

이와 때를 같이 하여 태조도 호유용의 언행과 활동을 보다 깊이 조사하고 추궁하기 시작했다. 홍무 13년(1380), 호유용의 친신인 도절涂節이 호유용의 역모를 고발했다. 주원장은 이 사건을 자신이 직접 심문하고 호유용과 그의 일당을 참수했다. 그리고 이에 연좌된 1만 5000여 명은 물론 심지어 역모를 고발한 도절마저 참수했다.

그리고 10여 년 후 이선장의 하인이 주인 이선장도 호유용과 밀접했다고 고발했다. 이에 노한 주원장은 역당들을 모조리 숙청할 결심으로 역모에 공모한 죄를 물어 이선장에게 사약을 내리고 그의 가족 70여 명을 모조리 죽였다. 육종형·비취·당승종·조용 등도 모두 연좌되어 죽음을 면치 못했다.

이렇게 해서 3만여 명이 죽었다. 이어서 주원장은 《소시간당록昭示奸黨錄》을 써서 세상에 공포했다. 그러자 온 나라가 서로 고발하는 바람이 불어 연루되는 사람이 날로 늘어가고 민심이 흉흉해졌다.

호유용 사건은 '권력을 독점하고 역당을 기른' 데서 기인한다. 주원장은 호유용 일당의 숙청을 기회로 교만에 빠져, 법을 어기는 문무공신들을 타격해 황권을 강화하고 통치를 공고히 하려고 했다. 호유용 사건이 있은 후 주원장은 중서성을 없애고 진한秦漢 때부터 1000여 년이나 실시해 오던 승상丞相 제도를 폐지했다. 이런 조정 최고 권력층의 구조적 변화는 명나라 정치 전반에 심각한 영향을 끼쳤다.

| 세계사 연표 |

1388년

고려의 권신 이성계가 정변을 일으켜 국왕 신우禑를 폐하고 그 아들 신창昌을 세워 친명親明 정책을 실행했다. * 인도 델리 술탄 투글루크가 죽고 손자 기야스-우드-딘 2세가 재위했다.

011

《명사明史》·남옥전藍玉傳
《명감明鑑》·태조太祖

출전

남당 사건

남당藍黨 사건으로 태조는 호유용 사건 후 두 번째로 공신들을 대대적으로 주살했다.

양국공凉國公 남옥

명장 상우춘의 처남인 남옥藍玉은 용감하고 담력이 있었으며 상우춘을 따라 다니면서 많은 공을 세웠다. 그러기에 상우춘은 태조 주원장 앞에서 늘 처남 남옥을 칭찬했다. 후에 남옥은 서달을 따라 북정北征에 나섰으며 군대를 거느리고 서번西番을 토멸하는 등 수차례 큰 공을 세웠다. 홍무 12년(1379), 남옥은 영창후로 책봉되고 세권世券을 하사 받았다. 서달과 상우춘 등이 사망한 후 남옥은 여러 차례 통수가 되어 대군을 거느리고 출정해 혁혁한 공로를 세웠다. 홍무 21년(1388), 태조는 남옥을 대장군으로 임명해 15만 원정군을 거느리고 북원北元을 평정하게 했는데, 남옥이 대승을 거두고 수많은 포로와 재물을 노획해 돌아오자 태조는 매우 기뻐하며 크게 포상했다.

오만해진 남옥

몸이 장대하고 얼굴이 검은 남옥은 용맹과 담력이 뛰어난 대장군이었다. 그러나 성미가 포악하고 잔인했으며 수차례 큰 공을 세운 뒤엔 그 공로를 믿고 오만해져 안하무인이 되었다. 그는 자기 장원에 무수한 노복과 양아들을 두고 불법적인 일을 벌였다. 그가 동창에 있는 백성들의 땅을 강점한 일을 어사가 고발했다고 해서 남옥은 그 어사를 황제의 동의도 없이 내쫓았다. 한 번은 북정을 하고 돌아오는 길에 희봉관喜峰關을 지나게 되었는데 날이 저문 탓에 관문을 지키는 관리가 문을 즉시 열어 주지 않자 병사들을 시켜 관문을 깨고 들어간 일도 있었다. 그 말을 들은 태조는 남옥의 행실을 좋지 않게 생각했다.

그러던 차에 남옥이 북원 임금의 비妃와 사통했으

명나라 일등 공신 서달徐達

서달(1332~1385)의 자는 자덕字德이며 호주濠州(현 안휘 봉양鳳陽) 사람으로 명나라를 세운 군사 통수였다. 원나라 지정 13년(1353)에 주원장의 군에 가담해 장강을 건너 태평太平·집경集慶 등을 점령하고 강남 지역을 개척하는 데 큰 공을 세웠다. 파양호 싸움에서는 진우량의 선봉을 대패시키고 그 후 대장군으로 출병해 평강을 함락했으며 장사성을 사로잡았다. 그리고 북상해 대도를 함락하고 원나라를 멸망시켰다. 명나라 초기에는 수차례 북정에 나서 원나라 잔여 세력을 내몰고 변강을 수호했다. 서달은 모략이 출중하고 군대를 엄하게 다스렸으며 혁혁한 전공을 세웠다. 명나라 공신들 중에 으뜸가는 공신으로 죽어서 중산왕으로 추존되었다.

전공 혁혁한 상우춘常遇春

상우춘(1330~1369)의 자는 백인伯仁이며 호주 사람으로서 명나라의 저명한 장군이다. 원나라 지정 15년(1355)에 주원장의 군대에 들어가 주원장을 따라 장강을 넘어 태평 등 지역을 점령했으며, 수차례 전공을 세웠다. 파양호 싸움에서 신우량의 군대에게 포위된 주원장을 구해 냈으며 파양호 입구를 막아 진우량의 군대를 전멸시켰다. 그리고 서달을 따라 평강을 함락하고 장사성을 사로잡았으며 서달과 함께 북상해 대도를 함락하고 원나라를 멸망시켰다. 그 후 계속 북상해 원나라 상도上都를 점령하고 원나라 종왕과 장병 1만여 명을 사로잡았다. 회군해 돌아오는 도중 병으로 사망했고 개평왕으로 추존되었다.

차마무역茶馬貿易이라고 한다 59

| 중국사 연표 |

1382년 주원장이 난사_{攔司}를 없애고 금의위를 설립했으며 사보관_{四輔官}을 없애고 도찰원과 전각대학사_{殿閣大學士}를 설립했다.

며, 그 비가 자살했다고 누군가 고발을 했다. 태조는 대노하여 남옥을 크게 꾸짖었다. 그리고 남옥을 양국공_{梁國公}으로 봉하려던 것을 양국공_{涼國公}으로 고쳤다. 뿐만 아니라 그의 여러 가지 과오를 세권에 새겨 놓아 앞으로 행동의 거울로 삼도록 했다.

그러나 남옥은 자기 잘못을 뉘우치지 못하고 여전히 제 마음대로였다. 군대 내에서 장령들의 파면과 승진을 자기 마음대로 결정하고 심지어 태조 앞에서도 불손한 말을 내뱉는 것을 서슴지 않았다. 태자 주표가 죽은 후 태조가 손자를 태자로 세우면서 마승과 부우덕을 태자태사로, 남옥을 태자태부로 임명하자 남옥은 이를 불만스러워했다.

명효릉 석수_{石獸}

전부 숙청된 개국공신

태자 주표의 원비_{元妃}는 상우춘의 딸이었다. 그러니 남옥은 주표의 처가 친척이 된다. 그래서 주표와 남옥은 내왕이 더러 있었다. 북정에서 돌아온 후 남옥은 주표에게 이런 말을 했다. "연왕이 봉국에서 하는 행동거지가 황제와 별로 다름이 없어 보입니다. 풍수 볼 줄 아는 사람의 말로는 연_燕 땅에 천자의 기가 서려 있다고 하던데, 전하께서는 미리 방비가 있어야 할 줄 아옵니다."

주표는 연왕이 자기를 공손히 대하고 있다며 그런 일은 없을 것이라고 대답했다. 그런데 어떤 자가 이 말을 연왕 주체_{朱棣}에게 전했다. 그 일로 주체는 남옥을 미워했다. 그래서 태자가 병으로 사망하자 조문을 하러 도성으로 온 연왕은 그 기회에 태조에게 이렇게 말했다. "지금 여러 공후_{公侯}들이 방자하기가 그지없는데 일찍 제거하지 않으면 장차 큰 후환이 될까 걱정되옵니다."

그 말은 분명 남옥을 겨냥한 것이었다. 태조는 공신들을 더욱 의심하게 되었고 남옥의 언행도 점점 더 태조의 신임을 잃게 만들었다. 태조는 남옥의 주청을 더는 들어 주려고 하지 않았다. "황제께서는 날 의심하고 있네." 약이 오른 남옥은 측근들에게 이런 말을 했다.

홍무 26년(1393), 금의위_{錦衣衛} 지휘사_{指揮使} 장환_{蔣瓛}이 남옥의 역모를 고발했다. 태조는 어명을 내려 남옥을 체포하고 여러 대신들을 모아 집단 심문을 했다. 그 결과 남옥의 역모가 여실히 드러났다. 남옥은 경천후_{景川侯} 조진_{曹震}과 학경후_{鶴慶侯} 장익_{張翼} 그리고 축로후_{舳艫侯} 주수_{朱壽} 등과 역모해 태조가 적전례_{籍田禮}를 할 때 거사하기로 계획했던 것이다. 태조는 명을 내려 남옥을 참수하고 삼족을 멸했다. 동시에 장익·조진·주수 등과 공신들 그리고 그 일에 연루된 무장들과 병졸 등 모두 1만 5000명을 참수했다. 이것을 당시에 '남옥_{藍獄}'이라고 했다.

남옥의 역당 사건은 호유용 사건 이후 명 태조가 두 번째로 공신들을 대대적으로 살해한 일이다. 이 두 사건을 합해 '호람지옥_{胡藍之獄}'이라고 한다. 그 두 번의 숙청으로 개국공신들은 문관이든 무관이든 막론하고 하나도 남지 않았다.

| 세계사 연표 |

1389년 고려의 권신 이성계는 고려왕 신창을 폐하고 왕요王瑤를 공양왕으로 세웠다.

012

《명감明鑑·태조太祖》

금의위

명나라는 특무 정치가 아주 유명했다. 그중 금의위 錦衣衛는 악명 높은 특무 기관의 하나였다.

태조가 설립한 검교

개국공신들을 믿을 수 없었던 태조는 조정 각 부서와 관원들의 동정을 정탐해 그 상황을 황제에게 알리는 사람들을 양성했는데 그것을 '검교檢校'라고 칭했다. 이들은 군사·정치와 관련된 정보뿐만 아니라 관원들의 가정생활까지 감시했다.

검교가 세워진 후 신하들은 모두 자기들이 언제나 황제의 감시 속에 산다는 것을 알고 언행을 각별히 조심했다. 그러나 태조는 그것도 만족스럽지 않아 사찰과 체포를 겸비한 '금의위'라는 특무 기관을 새로 만들었다.

고정된 특무 기관, 금의위

금의위의 전신인 공위사拱衛司는 원래 황제의 경호 기구였다. 공위사의 장관은 정7품에 지나지 않았다. 그런 것을 홍무 15년(1382)에 금의위로 이름을 고치고 그 직책을 경호·정탐·체포·형옥刑獄 등으로 확대했다. 금의위 내부에는 또 진무사鎭撫司를 설립해 체포와 심문 등을 전담하고 일부 행정 사무도 보았다.

후에 이 진무사는 일반 행정 사무를 담당하는 남진

금의위 관인官印 (위 사진)
금의위는 명나라 내정 시위侍衛의 정찰 기관이다. 홍무 15년(1382)에 건립되었는데 시위와 나포·형옥 등을 전문으로 하여 황제의 경호와 관원들의 사찰을 겸한 기구다. 금의위는 명나라가 망할 때까지 있었다. 이 목질의 관인은 삼법사가 같이 새긴 것인데 관인의 앞에는 '금의위인錦衣衛印'이라는 네 자가 새겨져 있고 뒷면에는 '성화 14년 삼법사 제'라는 글이 있다.

무사와 체포와 심문을 전담하는 북진무사로 나뉘었다. 금의위의 우두머리를 금의위 지휘사라고 했는데 황제가 직접 임명한 측근이나 도독都督 일급 장관이 담당했다. 지휘사의 품계는 정3품으로 올라갔다.

금의위는 태조의 어명을 받고 사람들을 체포해 심문하기에 사람들은 금의위를 '조옥詔獄'이라고 했으며, 태조는 중대한 안건은 모두 금의위가 처리하도록 했다. 금의위가 수많은 대신들을 학대하고 죽여 많은 사람들의 증오의 대상이 되자 태조는 금의위의 옥을 없애고 형구들을 불살라 버리고는 죄인들을 모두 형부에 넘겨 심문하게 했다. 그리고 조서를 내려 앞으로 모든 안건은 삼법사三法司에서 심리하도록 했다.

그런데 그 후 황제 지위를 탈취한 성조가 다시 금의위를 복구시키고 기강紀綱을 지휘사로 중용했다. 후에 기강은 오만방자해 주살을 당했지만 금의위만은 명나라가 멸망할 때까지 남아 있었다.

기강이 주살당하는 바람에 금의위 장교들의 포악이 다소 수그러들었지만 황제의 총신 환관 왕진王振이 조정 대권을 장악하자 금의위의 옛 버릇이 다시 살아났다. 당시 금의위 지휘사 마순馬順은 왕진의 앞잡이였다. 그는 왕진을 반대하는 사람은 무참하게 죽였다. 결국 마순은 '토목의 변土木之變' 후 분노한 조정 대신들에 의해 궁정 뜰 안에서 맞아 죽었다. 그런데 영종은 복벽 후 그것을 교훈으로 삼지 않고 도리어 금의위 지휘사 문달門達이나 녹고逯杲 등을 중용했다. 이 둘은 황제의 총신이라는 것을 믿고 갖은 악행을 저질

1368~1644 명나라

명나라 경태景泰 연간이 경태람의 첫 번째 발전 시기인데 그중 남색 유칠을 한 것이 제일이어서 이름을 '경태람'이라고 했다

| 중국사 연표 |
1384년 과거 시험으로 인재를 뽑기 시작했다.

명나라 초기 문단의 거장 송렴
명나라 초기의 문학가인 송렴은 어명을 받고 《원사元史》의 수개를 관장했으며 학사·승지지제고承旨知制誥 등의 벼슬을 했다. 명나라 초기 통치자들은 이학을 숭상했는데 송렴 등이 학술계를 지배하면서부터 정주이학程朱理學이 정통적인 학파가 되었다. 문학에 조예가 깊은 송렴은 저작이 많은데 그중 간결하면서도 청담한 그의 산문은 후세에도 많은 찬양을 받고 있다.

렀으며 도성 서쪽에 새로운 감옥을 세우기도 했다.

명나라 중엽에 이르러 황제들이 무능해지고 환관과 권신들의 악행이 심해지자 금의위와 그 후에 성립된 동창東廠·서창西廠 등 특무 기관은 조정을 장악하고 대신들을 박해하는 주요 도구로 변했다.

무종 연간에 황제의 총신인 환관 유근劉瑾은 동창과 서창 그리고 자신이 설립한 내행창內行廠을 이용해 백관들을 통제하고 자기를 반대하는 세력을 제거했

다. 당시 금의위 지휘사 석문의石文義, 장채張綵 등은 유근의 팔다리가 되어 많은 충신들을 살해했다.

세종은 즉위 초에 어명을 내려 금의위의 장교들을 줄이고 금의위는 다만 '역모·요언·인명·강도' 등에 관련되는 중한 죄만 다스리고 다른 것은 지방에 넘겨 처리하게 했다. 그러나 얼마 지나지 않아 진무사에게 모든 것을 맡기는 바람에 억울한 옥사들이 빈번히 일어나고 나라의 법도가 무너졌다. 조정 대신들은 금의위의 악행을 규탄하는 상주서들을 계속 올렸지만, 세종의 귀에는 그런 말이 하나도 들어가지 않았다. 금의위는 여전히 조정을 휘둘렀다.

금의위를 이용해 반대파를 타격한 위충현

희종 때 조정 대권을 장악한 환관 위충현魏忠賢은 금의위를 이용해 자기의 반대파를 잔혹하게 탄압했다. 이때가 금의위의 포악함이 절정에 달했던 시기다. 당시 금의위를 관장하던 전이경田爾耕과 허현순許顯順은 위충현의 양아들이었다. 위충현에게 잘 보이기 위해 이 둘은 터무니없는 죄를 만들어 위충현을 반대하는 관원들을 하나하나 잡아들이고 엄혹한 고문을 가했으며 마침내 잔혹하게 죽이곤 했다.

그들이 관할하는 금의위 옥에는 계械·요鐐·곤棍·찰拶·협곤夾棍 등 다섯 가지 형이 있었고 이를 모두 쓰는 것을 전형全刑이라고 했다. 이외에도 칼로 목을

홍무 10년에 만든 총
명나라는 총기류 발전의 전성기였다. 파이프형 화기花器의 발전에 따라 명칭도 세분화되어 구경이 큰 파이프형 화기는 포砲라 하고 구경이 작은 것은 총이라 했다.

| 세계사 연표 |

1390년 일본 남북조가 가와치河內에서 격전을 치렀다.

죄는 가枷, 척추를 끊는 단척斷脊, 손가락이나 발가락을 끊는 타지墮指, 가슴을 쇠꼬치로 찌르는 자심刺心 등 극히 참혹한 형벌도 감행했다. 범인은 투옥되면 혹형을 당하고 피투성이가 되어 끌려 다녔다. 그러다가 어느 날 금의위의 옥졸이 "오늘 밤 아무개가 '벽정壁挺'을 한다!'고 외치는데, '벽정'이란 금의위 옥에서만 쓰는 용어로 '죽인다'는 말이다. 그러면 사형수는 독방에 따로 갇혔다가 그날 밤 바로 처형된다. 그리고 시체가 썩어 구더기가 득실거릴 때까지 옥에 놔두었다가 거적에 싸서 내간다. 그러므로 죄수의 가족들도 죄수가 언제 죽었는지 모른다.

좌광두左光斗나 양련楊漣 같은 조정 대신들이 모두 이렇게 참혹하게 죽었다. 숭정崇禎 황제가 즉위해 위충현의 일당들을 징벌하고 억울하게 죽은 사람들의 명예를 회복시켜 주었는데, 금의위 옥문 앞으로 달려간 그들의 가족들은 땅을 치며 통곡을 했다.

금의위와 동창·서창은 서로 결탁해 동창과 시창의 세력이 강할 때면 금의위가 그에 의지하고 동창과 서창의 세력이 약해지면 금의위가 그 위에 올라섰다. 동창과 서창 그리고 금의위는 명나라 정치의 큰 화근이었다.

금이나 은을 도금한 새우형 비녀

은실로 뜬 낭자싸개에 꽂는 비녀로 총 길이는 7.3cm이고 새우 몸통의 길이는 3.8cm이다. 앞으로 구부린 새우 발이 타원형을 이루었는데 형상이 생동감 있고 공예 기술이 뛰어나다.

은실로 뜬 낭자싸개

지름 9.7cm, 높이 5.7cm인 이 낭자싸개는 상해 노만盧灣 이혜이중학李惠利中學의 명나라 시대 무덤에서 출토된 것으로 반원형의 망 형태다. 지름 1mm인 가는 은실로 테를 엮고 지름 0.8mm인 가는 은실로 그물무늬를 엮었는데, 그물코는 육각형 아니면 장방형 두 가지다. 한쪽에는 소뿔 모양의 장식이, 다른 한쪽에는 반원형의 구멍들이 있으며 그 안에는 조금 굵은 은실로 '수壽' 자를 새겼다. 송송한 구멍들은 크기가 모두 일정하고 은실을 이은 매듭 같은 것들이 보이지 않는다. 이 낭자싸개의 앞부분에는 금칠을 한 선녀와 누각 정자 장식들이 있는 띠가 있으며 뒷부분에는 은칠을 한 다양한 문양들로 장식된 띠가 달려 있는데 거기에도 누각이나 인물들의 이야기를 그린 그림들이 있다. 이 낭자싸개에는 비녀나 머리핀을 20여 개 꽂을 수 있는데 비녀머리는 금칠을 한 메뚜기·새우·거북이·국화꽃·연꽃 등이 있다. 이 낭자씨개는 품위 있고 구조가 복잡하며 극히 가는 은실을 여러 가지 방법으로 재주 있게 엮어 매미날개처럼 얇아, 명나라 시대 금은 세공의 높은 수준을 잘 반영한다. 이 낭자싸개를 명나라 이전에는 '적계鬏髻'라고 했는데 명나라 때는 기혼 여인들이 집에서나 외출하거나 친구들을 만날 때 모두 사용했다. 상해에서 출토된 이 낭자싸개를 쓴 여인은 품위가 있는 관리의 여인이었다.

●●● 역사문화백과 ●●●

[명나라 복식의 등급 제도]

홍무 연간 명 태조 주원장은 옷감·모양·길이·색깔 등 네 가지로 명나라 관복의 등급 제도를 만들었다. 사람들은 자기 등급에 해당되는 옷을 입어야 하고 서로 섞이거나 급을 초월하는 옷을 입어서는 안 되었다. 구체적인 규정은 이렇다. 사신士紳과 백성들은 모두 상투를 올린다. 조정 관원들은 오사모烏紗帽를 쓰고 원령포圓領袍을 입으며 허리에는 광대를 띠고 흑혜黑鞋를 신는다. 선비나 백성들은 머리에 사대건四帶巾을 쓰고 몸에는 잡색반령의雜色盤領衣를 입는데, 누런색과 검은색은 입지 못한다. 교방사敎坊司의 악공들은 청색의 저자정건䵻字頂巾을 쓰고 붉은 색이나 녹색 띠를 두른다. 사신士紳과 백성들의 처는 머리장식에 은이나 도금한 것을 사용할 수 있으며 귀고리는 황금이나 진주를 쓸 수 있고 팔찌나 가락지는 은은 쓸 수 있다. 의복은 모시·능라·비단 등으로 만든 색이 옅은 단심團衫을 입는다. 광대 같은 악기樂伎들은 명각관明角冠을 쓰고 검은 배자를 입으며 서민들의 처와 같은 복식은 할 수 없다.

1368~1644 명나라

'당보塘報'라고 했다. 명나라 때는 경성 이외의 지역에 군사 서류를 나르는 제당관提塘官을 두었는데 이런 제당관 계통에서 전달하는 서류들을 '당보'라고 했다

| 중국사 연표 |
1384년 환관들이 나라 정사에 관여하는 것을 엄금했다.

013

번왕들의 책봉

주씨 왕조의 장구한 안정을 기하기 위해 주원장은 옛적의 봉건제를 채용해 번국藩國을 세우고 번왕藩王들을 분봉했다.

봉건제 채용

주원장은 개국 후 통치 기반을 공고히 하는 조치들을 강구했는데 그중 하나가 번왕을 분봉하는 것이었다. 도읍을 북부 변강과 멀리 떨어진 남경에 정했기에 북원北元의 세력이 늘 북부 변강에 출몰하며 명나라 통치를 위협했다. 황실이 고립되고 종실이 쇠약해져 조정이 위급할 때 조정을 도와줄 세력과 광활한 변강의 관리를 강화하기 위해 주원장은 봉건제를 채용하기로 결정했다. 즉, 이름 있는 성城과 큰 도시들을 황자들에게 번국으로 나누어 주고 황자들이 크면 부임해 번왕이 되게 함으로써 밖으로는 외적을 막고 안으로는 조정을 도우려고 했다.

열 아들을 번왕으로 책봉하는 태조
이 그림은 명나라 때 간행된 《승운전承運傳》에 실려 있다.

홍무 3년(1370), 태조는 제1차로 황자 아홉과 종손 하나를 번왕으로 책봉했다. 그 후 홍무 11년(1378), 홍무 24년(1391), 두 차례 분봉을 실시해 황자 열다섯을 분봉했다. 주원장은 아들이 모두 스물여섯 있었다. 세 차례의 분봉을 거쳐, 태자가 된 장자와 요절한 스물여섯째 아들을 제외하면 아들 스물넷이 번왕으로 책봉되었고 거기에 종손 하나까지 합쳐 모두 스물다섯을 번왕으로 책봉했다.

번국의 건립

번왕들의 번국은 전국 요지에 널려 있었다. 북원 세력의 침입을 막기 위해 태조는 동북에서 서북까지 기나긴 변경에 있는 험준한 지역에 번국들을 건립했다. 예를 들면 북평을 중심으로 연국燕國을, 태원을 중심으로 진국晉國을, 서안을 중심으로 진국秦國을, 대녕大寧을 중심으로 영국寧國을 세우는 등 아홉 개 번국을 세웠다. 이외에 내지에는 주周·초楚·담潭·촉蜀 등의 번국을 세웠다. 번왕들의 한 해 봉록은 쌀 1만 석이

●●● 역사문화백과 ●●●

[명나라 시대의 재산 상속권 - 적서 불문하고 균등 배분]

명나라 권력 계승 제도는 적장자의 권력이 차자次子나 서자들보다 크게 만들어 가족의 권력이 모두 적장자에게 집중되도록 했다. 더욱이 가족의 제사를 주관하는 일 등은 적장자가 했다. 이외에 관료 가정의 관직 세습도 적장자나 적손자에게 우선권이 있었다. 하지만 재산 상속에 있어서는 '아들의 수에 따라 재산을 균등하게 나누어 주는 법률'을 채용했다. 아들은 적자건 서자건, 즉 정실의 소생이건 첩의 소생이건 불문하고 재산 상속에서는 평등했다. 그러나 사생아의 경우는 다른 아들들의 절반밖에 가질 수 없었다. 딸은 아들과 같은 상속권을 가지지 못했다. 아들이 없거나 동종 가문에 그 재산을 상속할 사람이 확실히 없을 때만 친딸이 재산을 상속할 수 있었다.

| 세계사 연표 |

1391년　일본 야마아케山名가 반란을 일으켰는데 이를 '메이도쿠明德의 난'이 라고 한다. * 모스크바 대공국이 노브고로트 공국을 합병했다.

《명통감明通鑑·태조太祖》

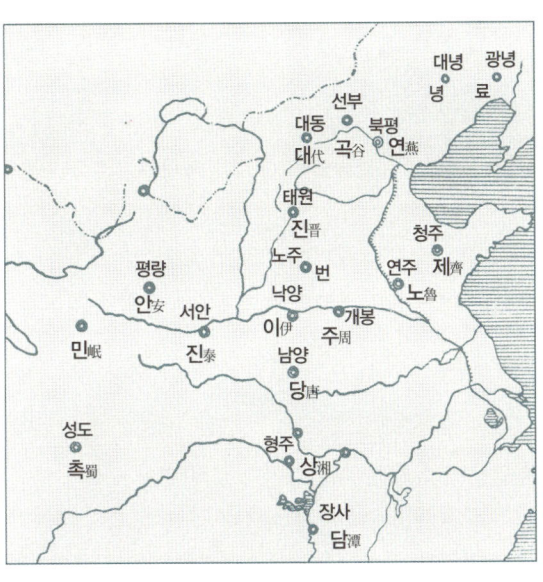

명나라 초기 여러 번왕들의 봉국

었다. 그리고 번국마다 왕궁을 세우고 각급 관리들을 두었으며 모든 게 갖춰져 있어 번왕들은 천자에 버금가는 대우를 향유했다. 공후 대신들도 반드시 머리를 조아리며 알현해야 했으니 그 지위가 대단히 높았다.

하지만 작위는 있으나 지방의 민정을 관할할 권리는 없었다. 군사상으로는 각 왕부에 친왕호위지휘사사親王護衛指揮使司라는 기구를 설치했다. 왕부는 세 개 호위護衛를 가질 수 있었는데 한 개 호위는 3000명에서 많으면 1만 9000명이나 되었다.

번왕 중에서 북부 변강을 지키는 번왕들의 세력이 제일 컸는데 그중에도 영寧·진晉·연燕이 병력이 제일 강했다. 영왕 주권周權은 '기갑병 8만에 전차가 6000' 거기에 몽골 삼위三衛의 정예 기병까지 거느리고 있어 그 세력이 막강했다. 진왕과 연왕도 명을 받고 여러 번 북정을 했는데 군대의 대장군들도 그의 명령을 받아야 했다. 태조는 그들을 각별히 중히 여겼는데 특히 연왕 주체는 북원의 침입을 여러 번 격패한 공로로 어명을 받고 변경 각 진의 군마를 총관하기도 했다.

엽백거의 상서

태조가 번왕을 분봉하는 시기인 홍무 9년(1376), 산서 평요平遙의 훈도訓導인 엽백거葉伯巨가 태조에게 상서를 올려 번왕의 봉국이 너무 크면 병력이 강해져 '앞으로 몇 세대가 지나면 큰 화근이 된다'고 직언했다. 그러기에 번왕들이 아직 번국으로 떠나기 전에 '그 도읍을 적게 하고 위병을 감소시키며 역할을 제한해야 한다'고 건의했다. 그 말을 들은 태조는 부자를 이간시킨다며 엽백거를 투옥했고, 그는 끝내 옥에서 나오지 못하고 죽었다. 그 후 조정 신하들 중 누구도 감히 번왕의 분봉을 반대하지 못했다.

엽백거가 상서를 올릴 때는 번국들이 아직 완전하게 이뤄지지 않았을 때였기에 많은 사람들이 엽백거가 공연한 근심을 한다고 생각했다. 그러나 불행히도 그 후의 일은 엽백거의 예언이 맞았을 뿐만 아니라 그 갈등의 폭발이 예상보다 빠르게 일어났다. 태조가 죽은 다음 건문제가 번국을 없애려다가 정난지란靖難之亂을 맞은 것이다. 그제야 사람들은 엽백거의 선견지명에 탄복했다.

십색지十色紙
명나라 시대는 중국의 전통적인 제지 기술을 집대성한 시기다. 특히 죽지竹紙와 피지皮紙의 가공 공예가 정교했으며 염색지의 색이 다채로웠다. 염료는 대부분 식물성 염료를 사용했다.

| 중국사 연표 |
1387년 전국의 토지를 측량해 어린도책魚鱗圖冊을 만들었다.

출전 《명감明鑑·혜제惠帝》
《명감明鑑·태조太祖》
《명통감明通鑑·태조太祖》

014 핍박에 의해 퇴위한 건문제

건문제建文帝는 즉위 후 번국의 세력을 무척 우려해 번국들의 역량을 약화시키는 조치를 강구했다.

건문제의 우려

홍무 31년(1398), 명나라 태조 주원장이 붕어했다. 그의 장자인 주표는 태조보다 먼저 사망했기에 주표의 장자인 주윤문朱允炆이 황제 지위를 승계했는데 연호를 건문建文이라고 했다.

태조 말년에 번국 세력들은 날로 강대해졌고, 그들은 젊은 황제를 무시했다. 강한 병력을 가지고 조정을 우습게 아는 숙부들이 심히 우려된 주윤문이 시독侍讀 황자징黃子澄에게 번왕인 숙부들을 걱정하는 말을 하자 황자징은 자기 방어일 뿐이라고 했다.

그 말에 주윤문은 마음이 한결 놓였지만 황자징에게 다시 한 번 번왕에 대한 걱정을 털어 놓았고, 황자징, 병부상서 제태齊泰와 함께 번국을 약화시킬 방법을 상의했다. 제태는 그중에 세력이 가장 강한 연왕의 병권부터 빼앗아야 한다고 주장했으나 황자징은 주왕, 제왕, 상왕, 대왕, 민왕 등이 선제 때 법을 어긴 일이 많기에 그들의 병권부터 빼앗는 것이 명분에 선다고 말했다. 건문제는 황자징의 건의에 따라 먼저 주왕의 병권을 빼앗기로 했다. 주왕과 연왕은 형제로 주왕의 병권을 빼앗으면 연왕의 한 팔을 끊어 버리는 것과 같았다.

번국을 약화시키려는 계획의 서막

이렇게 조정에서 번왕을 약화시키려는 방책을 논의하고 있을 때 주왕의 한 아들이 아버지의 역모를 고발했다. 그 말대로라면 연왕·제왕·상왕이 공모한 것이 되었다. 기회가 왔다고 생각한 건문제는 조국공 이경륭李景隆에게 명해 주왕과 그의 자식 그리고 그의 희빈들까지 모두 잡아들인 후, 먼저 주왕을 서민으로 폐위시키고 1년이 안 되어 민왕·상왕·제왕·대왕 등 네 번왕의 작위를 박탈하고 그들을 모두 서민으로 폐위시켰다. 그중에 상왕은 스스로 불 속에 뛰어들어 자진했고 나머지 셋은 유폐되거나 유배를 갔다.

주체의 반란

건문제는 가장 큰 번왕인 연왕 주체의 세력을 약화시키는 일에는 주저하는 마음이 들었다. 그때 제태가 이런 방책을 내놓았다. "변경을 강화한다는 명분으로 장령을 파견해 개평開平(현 내몽골 다윤多倫 서북)을 지키게 한 후 연왕의 호위를 북변으로 이동시키면 연왕을 제압하기가 수월할 것이옵니다."

그 말이 일리가 있다고 여긴 건문제는 그 전략대로 했다. 그런데 번왕들이 그 기회에 군사를 일으킬 수 있다는 것은 예견하지 못했고, 그런 일을 미연에 방지할 대책을 세우지 못했다.

건문 원년(1399) 7월, 이전부터 은밀히 준비하고 있던 연왕 주체는 '정난靖難'을 명분으로 내세워 북평에서 군사를 일으켜 남경으로 쳐내려왔다. 건문제는 하는 수 없이 퇴위를 선포했다.

••• 역사문화백과 •••

[차마호시茶馬互市]

명나라 시대는 찻잎으로 티베트나 청해 그리고 사천 서북부의 소수민족들과 말을 교역하는 정책을 실행했다. 홍무 연간에 지금의 사천四川·간수甘肅 경내에 차마사茶馬司를 설치하고 찻잎과 말의 교역을 관할하면서 소수민족들에게 교역을 증명하는 금패신부金牌信符를 발급하고 개인이 찻잎을 변경 밖으로 운반해 말과 교역하는 것을 엄금했다. 이런 차마 교역은 명나라 말까지 계속되었는데 거기서 산 말들은 명나라 관마官馬의 주요한 일부가 되었다.

| 세계사 연표 |

1392년 — 고려 권신 이성계가 공양왕을 폐하고 자기가 왕이 되어 이씨 조선을 세웠다.

015

연왕의 정난

주체는 임금 곁의 간신들을 숙청한다는 명분으로 '정난군靖難軍'을 일으켜 건문제를 끌어내리고는 황제가 되었다. 이것은 황실 내부에서 황위 쟁탈을 놓고 벌인 한 차례 전쟁이었다.

출전 《명사明史·공민제기恭閔帝紀》
《명통감明通鑑·태조太祖》
《명통감明通鑑·혜제惠帝》

자신만만한 연왕

주체는 주원장의 넷째 아들인데 홍무 3년(1370)에 연왕으로 책봉되어 10년 동안 북평의 번왕으로 있었다. 연왕은 모략이 뛰어나고 싸움에 능해 외적과의 여러 차례 싸움에서 큰 공을 세웠고 태조의 각별한 사랑을 받았다. 군사 10만을 거느리고 변경 각 지역의 병마들까지 통솔하고 있었기에 그의 권력은 막강했다.

건문제가 즉위한 후 제태와 황자징 등의 획책으로 번왕들의 세력을 약화시키기 시작하자 연왕은 군사를 모으고 장수들을 선발해 반란을 준비했다.

때를 기다린 연왕

연왕을 진압하기 위해 건문제는 제태의 건의를 받아들여 장병張昺을 북평 좌포정사로, 사귀謝貴를 도지휘사로 임명해 연왕의 동정을 살피도록 했다. 그러고는 변강 수비를 강화한다는 구실로 연왕의 정예 호위군을 다른 고장으로 이동시키고 조정 군대를 개평에 주둔시켰다.

한편 연왕은 건문제와 조정 대신들에게 혼란을 주기 위해 광증狂症에 걸린 것처럼 가장했다. 그 소식을 듣고 진위를 알아보려고 장병과 사귀가 문병을 갔는데 삼복 무더운 날인데도 연왕은 이글이글 타는 화롯불 곁에서 불을 쬐고 있었다.

그러나 건문제는 다른 경로를 통해 연왕이 군사를 일으키려 한다는 정보를 입수했다. 건문 원년(1399), 건문제는 연왕의 작위를 박탈하는 조서를 내리고 장병과 사귀에게 연왕 왕부를 포위하여 관원들을 나포하도록 했으나 도리어 연왕의 수하에게 목이 날아갔다. 연왕은 시기를 늦추지 않고 북평 아홉 개 성문을 점령한 뒤 신속히 북평의 정국을 통제했다.

1368~1644 명나라

'정난의 변'으로 즉위한 명성조明成祖

주체는 주원장의 아들로 연왕이었으나 후에 '정난의 변'을 일으켰다. 즉위 후 그는 다섯 차례나 출정해 몽골을 내몰고 수도를 북경으로 옮겼다. 그리고 정화를 파견해 함대를 거느리고 일곱 번이나 서양을 다녀오게 함으로써 중국 주변 국가와 아시아·아프리카 등 다른 나라들과의 경제·문화 교류를 강화했다. 그리고 항주에서 북경까지 이르는 대운하를 개통해 남북의 경제·문화 교류를 촉진하고, 3000명의 학자들을 조직해 중국 역사상 가장 큰 유서類書인 《영락대전》을 편찬했다. 초상화의 명성조 주체는 붉은 얼굴에 턱에 뻗은 수염 세 갈래가 인상적이다. 명나라 황제들의 평상복은 소매가 좁은 반령황포盤領黃袍에 옥띠를 두르고 피혜皮鞋를 신었다. 황포의 전후와 두 어깨엔 각기 금실로 수놓은 용무늬가 있어 보통 '사단용포四團龍袍'라고도 했다.

명성조는 북경에서 군사를 일으켜 황위를 빼앗았는데 이것은 북방을 지키는 신령, 진무대제가 보우한 덕이라고 여겨 그 은덕에 보답하기 위한 것이었다

| 중국사 연표 |

1393년 — 태조는 양국공 남옥을 반역죄로 주살하고 많은 사람들을 연좌시킨 '남당 옥사'를 감행했다.

무후고와도권武侯高臥圖券 (명나라 주첨기朱瞻基 그림)
주첨기는 주원장의 증손으로 황제 지위를 계승한 후 연호를 선덕이라고 했다. 그의 묘호는 선종이며 장춘진인長春眞人으로 자칭했다. 그는 서예와 회화에 능했다. 이 그림은 제갈량이 옷섶을 활짝 헤친 채 참대숲 아래에 누워 있는 모습을 그린 것이다. 《삼국지》에 따르면 제갈량이 남양에서 농사를 지으며 은거할 때의 모습이라고 한다. 원나라 때의 회화 풍격이 엿보이기도 한다.

주체의 정난군

연왕은 황제의 측근에 있는 간신들을 숙청한다는 명분으로 '정난군'이라는 군사를 일으켜 거용관居庸關·회래懷來·밀운密雲·준화遵化 등지를 점령했다. 이때 건문제는 군대를 지휘할 대장이 없어 애를 태웠다. 주원장을 따라 천하를 세운 노장들은 일찍이 호유용과 남옥의 사건에 연루되어 거의 다 주살당하고 살아남아 있는 사람은 몇이 안 되었다. 그중 제일 젊은 사람이 나이 예순이 넘은 장흥후 경병문耿炳文이었다.

건문제는 경병문을 대장으로 내세워 30만 대군을 거느리고 연왕을 징벌하게 했지만 경병문은 연왕의 군대와 제대로 싸움 한 번 해보지도 못하고 대패했다. 이에 황자징은 명장 이충문의 아들 이경륭을 추천했다. 그러나 이경륭도 연왕의 군대와 싸워 대패하고 혼자서 도망했다. 건문제는 하는 수 없어서 이번에는 성용盛庸을 통수로 임명했다.

건문 2년(1400) 12월, 성용은 각 병마들을 연합해 산동 동창에서 배수진을 치고 사기충천한 연나라 군대와 싸웠다. 그들은 결사적으로 싸워 연왕의 군대를 대패시켰다. 연왕의 군대는 무수한 사상자를 내서 대장 장옥마저 진중에서 죽었고 주체는 겨우 포위를 뚫고 나와 북평으로 도망쳤다.

그 이듬해 2월 연왕은 다시 대오를 정돈해 남으로 쳐들어왔다. 이번에 그들은 협하夾河(현 하북河北 남쪽)에서 성용의 군대를 대패시켰다. 그 소식을 들은 건문제는 연왕에게 휴전을 요구했으나 그 말을 들을 연왕이 아니었다.

남경 수성장의 투항

3년이나 지속된 전쟁에서 연왕의 군대는 대부분 승리했지만 그럼에도 그동안 얻은 성은 몇 곳밖에 되지 않았다. 이때 남경 궁중의 환관 하나가 사람을 보내왔다. 그가 지금 남경 성내에 병력이 텅 비어 있다고 알리자 연왕은 중도에 있는 여러 성곽들은 고려하지 않고 바로 남경으로 향했다.

건무 4년(1402) 6월, 연왕의 군대는 장강을 건넜다. 장강 남안의 조정 군대들은 전선이 붕괴되자 다투어 투항했다. 드디어 연왕의 군대는 남경성 아래에 이르렀다. 남경성을 지키던 수성장 이경륭도 즉시 성문을 열고 투항했다. 연왕이 남경성 안으로 입성하자 조정 문무백관들이 길 옆에 무릎을 꿇고 머리를 조아렸다. 그리고 얼마 되지 않아 연왕은 황제로 추대되고 연호는 영락永樂으로 고쳤다. 그가 바로 명성조

영락통보永樂通寶
명나라 때 황제들은 즉위 후 대부분 새 돈을 주조했다. 명성조 주체가 영락 연간에 주조한 돈을 '영락통보'라고 한다. 이 돈은 영락 6년(1406)에 주조한 소평전인데 자홍색 동으로 만들었고, 윤곽이 선명하며 정교하다.

| 세계사 연표 |

1393년
나라를 세운 이성계는 국호를 조선이라고 정했다.

明成祖다. 명나라 황실 내부에서 황제 자리를 놓고 다투던 이 전쟁은 4년 동안이나 계속되었다. 이를 '정난의 변靖難之役'이라고 한다.

행방불명 된 건문제

연왕 주체가 궁으로 들어가 건문제의 행방을 캐물으니 태감들은 건문제와 후비들이 모두 분신자살했다고 하면서 시체 몇을 내왔다. 이미 불에 타 숯덩이처럼 까맣게 된 사체는 남녀도 분간하기 힘들었다. 며칠이 지나 연왕은 장례를 치렀는데 어디에 매장했는지 그 장소는 사서에 기록되지 않아 알 수 없다.

연왕 주체는 즉시 즉위해 황제가 되었으며 건문이라는 연호를 버리고 홍무洪武라는 연호를 쓰게 했다. 건문 연간에 고쳐진 정령이나 관제도 홍무 연간의 제도대로 돌려놓았다. 건문제가 즉위해 그 아버지 주표를 효강황제로 추존했던 것도 취소하고 역시 이전 그대로 의문태자懿文太子로 호칭하게 했다. 이것은 주체 자신이 명 태조의 합법적인 황위 계승자임을 설명하려는 것이었다. 이와 동시에 그는 건문제에 관한 모든 역사 기록을 없애 버렸다.

주체가 건문제에 대해 말하기를 기피했기에 명나라 역사에 건문제는 제호帝號도 없고 묘호도 없어 그의 행적에 대해서 당시는 물론 후세에도 추측과 의논이 분분했다. 민간에 떠도는 건문제에 관한 전설은 매우 많다. 그중 가장 널리 유행한 것은 궁중에 불이 난 다음 궁 안의 지하 갱도를 따라 도망쳐 중이 된 뒤 사방을 떠돌아다닌다는 것이었다. 이것이 바로 이른바 건문제가 손국遜國으로 도망갔다는 이야기로 어떤 사람은 이것에 근거해 《손국기孫國記》라는 책을 쓰기도 했다.

건문 원년 응천부의 동권銅權

권權은 저울추를 말하는데 무게를 다는 데 쓰는 도량형기의 일부로 경제 생활에 꼭 필요한 도구다. 이 동권은 건문제 원년(1399) 응천부(현 남경南京)에서 만든 것이다.

전설에 의하면 출가해 중이 된 건문제는 운남·귀주·사천 등지를 돌았고, 운남에 있을 때는 궁정 생활을 추억하는 시를 벽에 써놓았다고 한다.

주체도 건문제의 죽음에 대해 의혹을 가지고 있었다. 그런데다 떠도는 말 역시 생생하기에 늘 건문제 행방에 대해 마음을 놓을 수 없었다. 정화가 서양으로 무역을 떠날 때 지닌 사명의 하나가 바로 해외에 나가 건문제의 행방을 찾아보는 것이었다. 건문제가 해외로 도망쳤을 가능성도 있다고 생각했기 때문이다.

그 후에도 많은 사람들이 건문제의 행적을 찾아보려고 노력했다. 《명통감明通鑒》의 기록에 의하면 이 일에 대한 고증만 해도 수백 종이 된다고 한다. 《사고전서四庫全書》에 수록된 제목만 해도 20여 가지가 된다. 그렇지만 건문제의 그 후 행방은 지금까지 확실한 결론을 짓지 못하고 있다. 이것은 명나라 역사에서 풀리지 않는 수수께끼다.

1368~1644
명나라

●●● 역사문화백과 ●●●

[명나라 시대의 다양한 세시歲時 명절]

명나라는 중국 전통적인 세시 명절들이 발달한 중요한 시기다. 세시 명절들은 종교적인 미신 관념에서 벗어나 의식주·인간 교제·예의범절·가족 생활·오락·민간 신앙 등 제반 분야의 생활과 정신세계의 내용을 담고 있으며 모든 백성이 참여한다는 특징이 더욱 두드러졌다. 명나라의 세시 명절 풍속은 계절성·종교와 기념적인 성질·정치성 그리고 소수민족의 명절 등으로 유형을 나눌 수 있다. 주요한 명절들로는 원단元旦(설)·대보름·입춘·청명·단오·걸교乞巧·추석·10월 삭朔·동지·송조送竈·섣달 그믐날 등이 있으며 이외에 불교의 우란분회盂蘭盆會와 도교의 상원절上元節 등이 있다.

임금의 측근에 있는 간신들을 제거한다는 의미다

| 중국사 연표 |
1393년
전국의 논밭이 모두 85만 763경頃임을 측량해 냈다.

016

'십족을 멸하는 형벌'과 '넝쿨째 뽑아버리는 형벌'

죽는 순간까지 주체에게 굴복하지 않은 방효유方孝儒는 극형을 당했을 뿐만 아니라 '십족十族'을 멸하는 형벌을 받았다. 경청景淸은 새 황제에게 복종하는 척했지만 언제나 주체를 죽이려고 했다.

뜻이 높은 방효유

건문제의 여러 대신들 중에서 방효유는 어려서부터 총명하고 재주가 뛰어났다. 커서는 송렴을 스승으로 모시고 글을 배웠는데 글재주가 뛰어나 점차 세상에 이름이 났고 그가 쓴 글을 다투어 베끼고 전하는 일이 점점 많아졌다. 그러나 방효유 자신은 글 쓰는 일을 그리 중히 여기지 않고 도리어 '왕도를 밝혀 태평세월을 만드는 것'을 자기의 사명으로 생각했다. 태조는 그를 접견하고는 태자에게 이 현인의 재능을 따라 배우라고 말했다.

건문제가 즉위한 후 방효유는 중용되어 한림시강翰林侍講, 시강학사侍講學士, 문학박사文學博士 등을 역임했으며 《태조실록太祖實錄》 등을 주편했다. 조정의 조서나 격문 등은 거의 그의 붓으로 작성되었다. 그는 건문제가 번왕들의 권력을 삭탈하고 연왕의 군대와 싸우는 과정에서 적지 않은 건의를 올렸다. 연왕 주체가 대군을 거느리고 남하할 때 연왕의 모사 승도연僧道衍은 남방에 학식이 대단한 방효유라는 사람이 있는데 투항하지 않더라도 죽이지는 말라고 했다.

끝내 굴복하지 않은 방효유

승도연의 말대로 주체가 남경을 점령했을 때 방효유는 주체에게 복종하지 않았지만 주체는 그를 죽이지 않고 옥에 가두기만 했다. 며칠이 지나 주체는 즉위할 준비를 했다. 주체의 즉위는 다른 황제와 다른 특수한 상황이었기 때문에 향후 조정과 국민들의 옹호를 받으려면 조서를 각별히 잘 작성해야 했다. 고민 끝에 주체는 이를 훌륭하게 작성할 수 있는 사람은 오직 방효유뿐이라고 생각했다. 그래서 방효유에게 지필묵을 가져다주고 조서를 작성하게 했다. 그런데 방효유는 붓을 땅에 던지며 통곡을 하면서 말했다. "죽으면 죽었지 이런 조서는 절대 작성할 수 없소." 그러자 주체도 성이 나 엄한 소리를 내질렀다. "네 하나만이 아니라 구족을 멸해도 겁나지 않느냐?" 그러니 방효유 굳센 표정으로 대답했다. "구족이 아니라 십족을 멸해도 난 이런 글은 못 쓰오."

노발대발한 주체는 방효유의 입을 귀밑까지 찢게 한 뒤 감옥에 처넣고는 정말 십족을 멸해도 굴복하지 않겠느냐고 했다. 그러나 방효유는 끝내 굴복하지 않았다. 결국 주체는 방효유를 죽이고 십족을 멸했다. 친척인 구족九族 외에 친구와 문생까지 모조리 죽인 것이었다. 형장으로 나가며 방효유는 다음과 같은 절

천하의 학자 방효유方孝儒

방효유는 명나라 초기의 특별한 인물이다. 출중한 수양과 학식 그리고 남다른 인격적 매력으로 그 명성이 사림士林에 널리 나서 사람들은 그를 '천하의 학자'라고 높이 불렀다. 주체가 즉위한 후, 방효림은 투항하지 않고 주체를 꾸짖은 죄로 취보문 밖에서 책형을 당해 죽고, 그의 처자와 친척 그리고 문하생들까지 모두 연좌되어 죽었다. 이렇게 연좌되어 죽은 사람이 모두 870명에 이르는데, 이것이 잔혹한 '십족十族을 멸한 사건'이다. '자고로 목숨으로 지조를 지킨 사람들이 적지 않지만 방효유를 따를 사람은 없다'는 말이 이때문에 나왔다.

70 역사 시험장 〉 후세 사람들이 쓰는 '과만초瓜蔓抄'란 말은 무엇을 의미하는가?

| 세계사 연표 |

1394년

조선 전라도 수군이 왜적을 물리치고 조정은 도성을 한양漢陽으로 옮겼다. * 일본 아시카가 요시미쓰가 태정대신太政大臣이 되고 아들 아시카기 요시모치足利義持가 무이대장군武夷大將軍을 계임했다.

출전
《명사明史·방효유전方孝儒傳》
《명통감明通鑑·혜제惠帝》

청백 옥띠 장식

상해 포동浦東 동창로東昌路에서 출토된 길이 7.4cm, 너비 5.2cm인 이 옥띠 장식은 장방형이고 테두리는 좁다. 도안의 바탕에는 창문살 같은 무늬가 있고 그 위에 동자 일곱이 잔디밭에서 노는 모양이 표현되어 있다. 머리는 크고 오관은 음선으로 그려져 있고 몸에는 바지나 긴 치마를 입었는데 치마를 입은 동자는 여자아이 같다. 연을 띄우는 동자, 양산을 펼치는 동자, 북을 치는 동자, 공을 치는 동자 등 그 형태가 모두 다르다. 이렇게 여러 어린이들이 노는 형태로 조합된 옥띠 장식은 고고학에서 처음 발견된 것이다. 이 옥띠 장식의 조형은 명나라 중기에 새로 나타난 것으로서 추정된다.

명시를 읊었다. '무슨 연고로 천하가 이리도 어지러우냐. 간신들이 득의했으니 조정이 말이 아니고, 충신들은 격분에 피눈물을 흘리는구나. 오호라, 이제 와 무엇을 바라랴. 임금을 따라 나리 위해 목숨 바칠 뿐.' 끝까지 굴복하지 않은 탓에 방효유는 극형을 당하고 그와 관련된 사람도 870여 명이나 살해되었다. 그 외에 유배 간 사람 또한 부지기수였다.

경청의 충성

건문 4년(1402), 연왕 주체가 남경성에 입성하자 건문제 때의 문무백관은 하나하나 연왕에게 귀순했다. 그중에 이름이 경청景淸이라고 하는 사람도 있었다. 주체는 경청에게 원래의 관직인 어사대부를 복귀시켜 주었다.

경청은 성미가 호방하고 지조를 지키는 사람으로서 일찍 방효유와 함께 죽음으로 나라에 보답하기를 언약한 바 있었다. 그러나 경청은 나름대로 생각이 있었다. 방효유를 비롯한 대신들이 연이어 형장의 이슬로 사라지자 어떤 사람들은 경청이 죽음을 두려워하는 겁쟁이라고 비난했지만 경청은 매번 조회 때마다 품에 비수를 품고 들어가 기회를 기다렸다.

주체는 경청을 의심하지 않고 신임했다. 그런데 시간이 지나면서 주체는 경청의 행동이 어딘지 수상해 보였다. 어느 날 조회 시간에 경청이 비의緋衣(붉은 옷)를 입고 반열에 서 있는데 주체가 갑자기 위병들에게 경청의 몸을 뒤지게 했다. 그러자 경청의 품에 지녔던 비수가 발각되었다. "이 놈, 무슨 짓을 하려고 칼을 품고 다니느냐?" 주체가 호령하니 경청은 태연자약하게 이렇게 대답했다. "선제先帝를 위해 복수를 하려고 그러오."

대노한 주체는 당장 경청을 옥에 처넣었다. 그 후 경청 역시 방효유처럼 사지를 찢어 죽이는 책형을 당했다. 형장에서 경청은 마지막 숨이 남을 때까지 주체를 욕했다. 그런데 어느 날 낮잠을 자던 주체는 경청이 죽이겠다고 따라오는 꿈을 꾸다가 소스라치게 놀라 깨어났다. 주체는 꿈속의 일이 귀신으로 변한 경청이 복수하려는 징조라고 여기고 즉시 어명을 내려 경청의 구족을 멸하고 그 가문의 묘소들을 파헤치도록 했다. 그리고 경청의 고향을 멸적해 버렸다. 경청의 고향 마을은 삽시간에 잿더미가 되었다. 또한 경청과 조금이라도 관련이 있는 사람이면 모두 잡아 죽였는데 숱한 사람들이 연좌되었다. 이것이 바로 '과만초瓜蔓抄', 즉 '덩굴째로 뽑는다'는 것이었다.

경청과 연관된 수많은 사람들을 주살한 '과만초'와 방효유의 십족을 주살한 일은 명나라 성조 주체가 건문 시대 대신들을 살육한 일 가운데 가장 참혹하고 잔인한 사건으로 연좌된 사람이 두 번째로 많은 큰 사건이었다.

1368~1644 명나라

신하와 국민들에 대한 잔혹한 살육이 참외 넝쿨처럼 뻗어나가는 것을 비유한 말이다

| 중국사 연표 |

1393년 주원장은 후세에 다시는 승상을 두지 말 것과 감히 승상을 다시 둘 것을 건의하는 신하가 있으면 이유 불문하고 중벌로 다스린다는 칙교를 내렸다.

017

번왕의 세력을 박탈한 성조

주체는 즉위한 후 점차적으로 번왕의 세력들을 삭탈하기 시작해 조정에 위협이 큰 몇몇 번왕들의 호위 군대를 해제시켰다.

번국들의 회복

성조는 즉위 초기에 우선 건문제에 의해 삭탈되었던 주왕, 제왕, 대왕, 민왕, 상왕 등 다섯 번왕의 번국을 회복시켜 주고 그들을 자기들의 번국으로 돌아가게 했다.

주체는 군사를 일으킬 때 영왕 주권의 군대를 데려다가 자기의 병력을 강화하면서 훗날 성공하면 천하를 반분하기로 약조한 적이 있었다. 주체가 황제가 되자 경성에 있었던 영왕은 '천하를 반분할 것'을 언감생심 바랄 수는 없어도 주왕이나 제왕처럼 자기의 번국으로 돌아갈 수 있기를 희망했다. 그런데 원래의 번국 대녕은 전쟁으로 형편없이 파괴되어 남방의 소주와 항주를 자기의 번국으로 책봉해 주기를 원했다. 주체는 구실을 대어 그것을 윤허하지 않다가 후에 남창南昌을 주권에게 책봉했다. 이와 동시에 도성 남경의 성문을 열고 주체를 맞이한 곡왕谷王 주혜朱橞의 작위를 격상시키고 장사로 옮기게 했다. 이외에 여러 번왕들의 지위를 그대로 유지하게 했다.

겉으로 보면 태조 때의 번국들을 그대로 복구한 것 같지만 사실은 그렇지 않다. 주체는 번왕으로서 군사를 일으켜 천하를 빼앗은 사람이다. 그러므로 누구보다도 번왕 세력이 중앙정부에 주는 위압을 잘 알고 있었다. 따라서 겉으로는 번국을 복구하는 형식을 취했지만 실제로는 그 세력을 제거하는 조치를 취했다.

점차적인 번왕 삭탈

자기의 나라로 돌아간 번왕들은 교만해져 불법적인 일들을 거리낌 없이 자행했다.

제왕은 자기 나라에서 자객들을 수많이 기르고 호위병을 조달했으며 성을 쌓고 그 성을 지키게 했다. 그래서 수성장들이 조정에 알렸다. 영락 4년(1406), 주체는 제왕을 조정으로 불러들였는데 조정 대신들은 모두 제왕을 잡아 죄를 물을 것을 요구했다. 성조 주체는 제왕의 관속들과 호위들을 없애고 그를 서민으로 폐위시켰다.

운남의 민왕은 서평후 목성沐晟과 갈등이 심했다. 성조는 민왕과 목성에게 각기 서한을 보내어 그 둘을 화해시키려고 했으나 민왕이 성조의 말을 듣지 않고 목성을 못살게 굴었으며 관리와 백성들을 마음대로 죽이는 악행을 자행했다. 이에 성이 난 주체는 민왕의 책보冊寶를 빼앗았다. 그리고 영락 6년(1408), 그의 관속들과 호위군을 없애 버렸다.

곡왕 주혜도 특별 책봉을 받은 후 망명객들을 사사로이 감추어 놓고 군사훈련을 하면서 역모를 꾀했다. 곡왕의 행태를 고발하는 상소가 조정에 매일 올라왔다. 영락 15년(1418), 대신들과 번왕들은 그를 죽일 것을 요청했으나 성종은 곡왕과 그의 두 아들을 서민으

야간 통행증 (위 사진)
성조는 즉위한 후 영왕한테는 강서 남창을 봉해 주고 북평행도사北平行都司는 대녕도사大寧都司로 고친 뒤 보정保定에 그 관청을 두었다. 이 동패는 대녕부 위사衛士들이 야간 순찰을 할 때 지니고 다니며 신분을 증명하는 것이었다. 앞면에는 '북평행도지휘사 야간순라 동패 숙자肅字 460호'라는 글이, 뒷면에는 '영令' 자가 새겨 있다.

| 세계사 연표 |

1396년 영국과 프랑스가 휴전협정을 맺었다.

출전 《명감明鑑·혜제惠帝》
《명감明鑑·성조成祖》

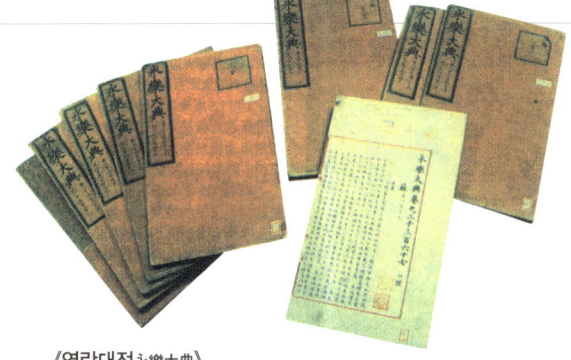

《영락대전永樂大典》

로 폐위시키고 그의 관속들만 대부분 죽였다.

성조의 번왕 삭탈을 본 다른 번왕들은 크게 놀라 행동을 조심하기 시작했다. 영락 18년(1421)에는 어떤 사람이 주왕이 역모를 한다고 고발했다. 성조는 주왕을 조정에 불러 그 상소를 주왕에게 보였다. 이를 본 주왕은 이마를 조아리며 용서를 빌었다. 성조는 그 모습이 측은하게 생각되어 더는 추궁하지 않았다. 번국으로 돌아간 주왕은 자기의 호위군대를 자진해 조정에 내놓았다.

영왕이 남창에 도착한 후, 어떤 사람이 영왕이 역모를 꾀한다고 고발하는 일이 있었다. 성조는 비밀리에 사람을 보내 허실을 염탐하게 했는데 그런 기미가 보이지 않아 마음을 놓았다. 그런 일이 있은 후부터 영왕은 아담한 집을 지어놓고 온종일 거문고를 타거나 책을 읽으면서 세월을 보냈다. 그런 방법으로 평안 무사하게 나날을 보내면서 식솔들의 목숨을 보존했다. 몇 년간의 삭탈과 폐지를 통해 성조는 위협이 큰 몇몇 번왕들의 호위군대를 거의 모두 해체하고 중앙집권을 강화했으며 번왕들로부터 일어나는 갈등을 해소했다.

그러나 성조는 번왕들의 권력을 없애는 동시에 영락 2년(1404), 아들 주고후朱高煦는 한왕으로 책봉하고 운남을 영지로 주었으며 아들 주고수朱高燧는 조왕으로 봉하고 창덕 땅을 영지로 떼어 주었다. 결과 새로운 갈등이 생겨 훗날 주고후의 반란이 일어났다. 명나라 초기에 시작된 번왕의 문제는 선종이 주고후의 반란을 평정한 후에야 비로소 잠잠해졌다.

●●● 역사문화백과 ●●●

[종합 서적인 대형 유서類書 - 《영락대전》]

성조는 즉위한 후 더욱 많은 유학의 석학들을 끌어들여 새 정권을 위해 복무하도록 하고 전례 없는 대형 유서의 편찬을 기획했다. 영락 원년(1403) 7월, 성조는 한림원 시독학사 해진解縉 등에게 산재한 모든 책들을 분류·수집해 황제가 수시로 어람할 수 있는 대형 책을 편찬하라고 명했다. 그 이듬해 11월 해진 등은 그 대형 책들을 편찬해 황제께 바쳤는데 성조는 그 책을 《문헌대성文獻大成》이라고 이름 지었다. 그런데 어람하는 와중에 내용에 빠진 것이 많은 것 같아 성조는 다시 중수重修하도록 명했다. 이 책의 편찬과 베끼는 일에 가담한 사람은 2000여 명이나 되었다. 편집을 주관하는 기관은 문연각文淵閣에 두었다. 문연각에서 소장한 송나라, 원나라 때 어부御府의 장서들을 토대로 하고 전국 각지에 사람들을 내보내 경서·사서·제자백가의 책들과 그 주해집 그리고 불경 도경 등을 널리 수집해 집대성했다. 편찬 시에는 홍무 정운正韻의 운목韻目으로 그 순서를 정했다. 4년간의 노력 끝에 영락 5년(1407)에 원고가 완성되었는데 성조는 그것의 이름을 《영락대전》이라고 하고 친히 그 책의 서문까지 썼다. 이 책은 본문이 모두 2만 2877권이고 범례와 목록이 60권, 장정한 후의 책은 1만 1095책, 글자 수는 3.7억여 자나 되었다. 선진先秦 시대부터 명나라 초기까지의 도서 7000~8000종에 천문·지리부터 인사·명물까지 포함되지 않는 것이 없다. 《영락대전》은 편찬되었지만 너무나 방대해 초기에는 인쇄하지 못하고 원고를 남경의 문연각에 놔두었다가, 도성을 북경으로 옮긴 다음에야 북경으로 운반해 와 궁중 문루文樓에 소장했다. 가정 연간에 궁중에 불이 났으나 《영락대전》은 다행히 무사했고, 이후 만일을 대비해 가정·융경 연간에는 부본副本을 따로 베껴 놓았다. 그러나 청나라 때 부본도 점차 흩어져 양이 적어졌다. 청나라 건륭 연간에는 《사고전서四庫全書》를 편집할 때 《영락대전》 부본 중에서 일서佚書 500여 종을 편집했다. 1900년 팔국연합군이 북경에 쳐들어와 방화와 약탈을 감행하는 바람에 《영락대전》의 부본들 중 일부가 불에 타거나 없어져 중국 국내에 남은 것은 얼마 되지 않는다. 《영락대전》은 중국 고대 문화 전적들을 대량 보존한, 중국 고대 문화의 소중한 보고寶庫다.

영락대종永樂大鐘

《영락대전》

| 중국사 연표 |

1397년 면현河縣에서 민중봉기가 일어났는데 전구성田九成은 황제로 자칭하고
고홍복高洪福은 미륵불로 자칭했다. 그러나 후에는 모두 진압당했다.

018

하원길의 강남 치수

강 주변을 돌려 수재를 방지하는 하원길夏原吉의 치수 사업은 백성들의 찬양을 받았다.

세밀한 현지 조사

명나라 초기, 강남 지역의 소주, 송강, 가흥, 호주 등지에서는 해마다 홍수가 범람해 피해가 극심했다. 조정에서는 여러 차례 관리를 파견해 치수를 했지만 효과가 별로 없었다. 강남은 전국에서 중요한 세수원이었다. 그런데 해마다 수해가 크니 모두 큰 걱정이었다.

영락 원년(1403), 강남에 또 큰 수해가 들었다. 조정에서는 호부상서 하원길에게 홍수를 다스리게 했다. 하원길은 태학에 들어와 공부를 했으며 후에는 호부주사, 호부우시랑을 역임했다. 그러다가 호부상서가 되었는데 치수의 명을 받고 강남으로 달려온 것이다.

그해 강남의 피해는 심각했다. 성조는 호부시랑을 보내 하원길을 보조하도록 하고 그해 강남의 조세를 면제하도록 명했다. 또 첨도어사僉都御史를 시켜 하원길에게 치수에 관한 책을 가져다주었다.

강남에 이른 하원길은 현지 조사 후, 오송강의 물을 북쪽 유가항劉家港으로 돌려 빼는 것으로 방안을 확정했다. 그리고 화정華亭(현 상해) 사람 엽종이 제출한 오송강 하류의 옛 물길을 버리고 범가빈範家濱을 소통시켜 황포강의 물을 바다로 빼내는 건의를 채택했다. 하원길은 이런 건의를 상주서의 내용에 넣어서 조정에 올렸다.

상주서에서 하원길은 강남 여러 현에서 홍수가 범람한 원인이 오송강을 비롯해 바다로 흘러드는 강들의 물길이 막혔기 때문이라고 분석했으며, 오송강 바닥의 모래를 파내고 물길을 소통시켜 강물이 바다로 거침없이 빠지도록 해야 한다고 주청했다. 그가 제기한 구체적인 대안은 다음과 같다.

'오송강 남북 양안과 안정 등지의 물길을 소통시켜 태호의 물을 유가항과 백묘항白茆港으로 흘러들게 한 다음 오송강의 물을 두 갈래로 나누어 바다로 들어가도록 한다. 대황포(이후의 황포강)는 오송으로 통하는 주요한 물길인데 하류가 막혔으니 즉시 소통시켜야겠지만 당분간 해결할 수 없는 상황이다. 그러나 대황포 옆의 범가빈에서 남창 포구로 물길을 빼면 직접 바다로 흘러들 수 있다. 그러므로 그곳을 급히 넓게 소통시켜 대황포와 바다를 연결시키면 된다.'

오송강 물을 바다로

성조는 그 방안에 즉시 동의했다. 하원길은 즉시 10만 명을 동원해 치수 공정을 개시했다. 그는 무명옷을 입고 현장을 뛰어다니며 밤낮으로 지휘했다. 삼복 무더위에 부하들이 양산을 받쳐주면 "백성들이 모두 이 무더운 날에 땀투성이가 되어 일하는데 내가 어떻게 양산을 받치겠느냐?"며 끝내 양산을 쓰지 않았다. 그 이듬해 정월, 하원길은 재차 치수 현장에 나가 치수 사업을 지휘했고 각 치수 공정은 그해 9월에 완공되었다.

하원길의 치수는 오송강의 동단은

영락 연간의 붉은 꽃무늬 병
이 병은 나무로 만든 병에 붉은 대춧빛 칠을 입힌 것이다. 부드러운 광택이 나는 이 병의 목과 몸체에는 모란꽃・동백꽃・월계화・국화 등 각종 꽃 장식이 있다. 이 꽃들은 부감俯瞰이나 측시 등 다양한 시각으로 부각되었고 꽃가지와 꽃잎 그리고 꽃봉오리들이 질서 있게 둘러져 있으며 단아함을 잃지 않고 있다. 명나라 붉은 칠기, 특히 최초의 작품들은 50~60회 또는 1000여 회씩 칠을 올리곤 하여 꽃무늬마다 입체감이 살아났다.

역사 시험장 〉 명나라 초기 누가 '강포합류江浦合流' 공정을 완성해 오송강과 황포강을 한데 이어 놓았는가?

| 세계사 연표 |

1398년 　티무르가 인도를 침략했다.

《명사明史・하원길전夏原吉傳》 출전

남색 인화印花 이불 홑청

명나라 시대의 무덤인 상해 민행閔行 마교전馬橋鎭에서 길이 2m, 너비 1.7m에 좌우로 남색 인화가 새겨진 이불 홑청 네 개를 출토했다. 이중 하나는 마름모형의 칸들이 연속적으로 배열된 위에 화초와 봉황, 공을 굴리는 사자 등을 그린 무늬들이 있고 그 아래위로 모란꽃과 국화꽃 속에 봉황이 그려져 있다. 그리고 다른 하나에는 공을 굴리는 사자와 화초, 귀부인, 노복, 말 탄 관리, 동자, 정원, 소나무, 파초나무, 산과 강, 까치 등의 그림이 찍혀 있다. 송강 지역에서 출토된 명나라 남색 인화 천으로는 이미 출토된 이 이불 홑청 네 개 외에 흰 바탕에 남색으로 찍은 주름치마가 있는데 이것은 상해나 중국 전 지역에서 발견된 최초의 남색 인화 천으로서 중국의 방직사를 연구하는 데 중요한 자료가 된다.

잠시 포기하고, 오송강 물을 하가포夏駕浦에서 유가항으로 흘러들게 하는 것이었는데 이것이 후세 사람들이 말하는 '체송입류掣松入瀏'다. 공정이 준공되자 유가항의 물이 많아져 큰 배들이 자유롭게 드나들 수 있었다. 후에 정화鄭和는 이 유가항에서 배를 타고 나가 서양을 일곱 번이나 다녀왔다.

오송강과 황포의 합류

하원길이 치수에 중점을 둔 것은 상해현 동북에 있는 범가빈의 물을 직접 황포강 물과 소통시켜 바다로 흘러들게 하는 것이었다. 그래서 대황포-범가빈-남창포로 이뤄진 '새로운 황포'를 만들고 오송강 물과 황포물이 합류하도록 했다. 여러 갈래 물이 한데 합쳐진 황포강 물은 수량이 대폭 많아져 줄기차게 바다로 흘러들었다. 이때부터 원양 거선들이 곧바로 상해의 성 아래까지 이를 수 있었다. 근대 상해의 건립은 이것과 무관하지 않다. 이것은 물론 하원길이 치수할 당시에는 생각지도 못한 일이다.

하원길이 강남 치수를 시작했을 때 백성들 사이에 원성이 적지 않았다. 그런데 수리 공정이 끝난 뒤 얼마 되지 않아 그 효력이 나타나고, 또 향후 장기간 그 혜택을 입게 되자 백성들은 다투어 하원길을 칭송하기 시작했다.

1368~1644 명나라

●●● 역사문화백과 ●●●

[남색 날염 천]

남색 날염 천을 속칭 '약반포藥斑布' 또는 '요화포澆花布'라고 한다. 명나라 정덕正德(1506~1520) 연간 《송강부지松江府志》의 기록에 따르면 삼사목면포三紗木棉布・번포番布・겸사포兼絲布・약반포 등 네 가지가 송강에서 가장 이름 있는 면포였다고 한다. 남색 날염천은 '청룡중고青龍重固(현 상해 청포青浦)에서 나는데 이불 너비만 한 피지皮紙에 각종 다양한 무늬들을 새겨 판을 만든 다음 이불 홑청을 염색할 때 그 판으로 이불 겉을 덮고 끓인 콩가루풀 등으로 반죽한 색을 입혔다. 이것을 말려서 또다시 색을 입힌 뒤 깨끗이 말리면 약반문藥斑紋이 찬연해진다'고 했다. 단색 염색에 불과하기에 이 공예는 한계가 있었다. 하지만 송강 지역의 출중한 장인들은 자신들의 지혜로 무늬의 모양을 다채롭게 하는 데 심혈을 기울였다. 그리하여 아주 다양한 화면들을 창조해냈고 청담하면서도 다채로운 예술을 창조했다. 남색 날염 천은 명나라 시대 송강의 유명한 특산품이 되어 국내외에서 인기 상품이 되었다.

하원길 75

| 중국사 연표 |

1398년 명나라 태조가 사망하고 황손 주윤문이 즉위했는데 그가 바로 명혜제明惠帝다. 즉위 이듬해 그는 연호를 건문으로 고쳤다.

019

첫 번째 서양 원항

서양에 다녀온 삼보태감

영락 연간에 정화鄭和는 일곱 번이나 함대를 거느리고 서양을 다녀왔다. 그는 30여 나라를 돌았는데 가장 멀리는 아프리카의 소말리아 모가디슈까지 다녀왔다.

성조는 즉위한 후 건문제가 해외로 도망갔을까 우려되어 사람을 파견해 건문제의 행적을 찾아보려고 했다.

또한 무력으로 천하를 탈취한 그는 자신의 힘을 해외에 자랑하고 중국의 부강을 널리 알리고 싶어서 심복 환관인 정화를 해외로 보내기로 했다.

정화의 본래 성은 마씨이며 어렸을 때 자는 삼보三保로 운남 사람이다. 홍무 연간에 거세하고 입궁해 처음에는 연왕의 왕부에서 일했다. 그러다가 주체를 따라 군사를 일으키는 데 공을 세우고 정식 태감으로 승격되었다. 성도 정씨 성을 하사 받았다. 그래서 사람들은 그를 삼보태감三保太監 또는 삼보태감三寶太監이라고 불렀다.

영락 3년(1405) 6월, 성조는 정화를 주사主使로 명하고 왕경홍王景弘을 부사로 명해 함대를 거느리고 서양으로 떠나가게 했다. 함대에는 2만 7800여 명이 있었는데 사공과 관병 외에 의생, 번역가 등도 있었다. 함대는 62척의 큰 해선들로 이뤄졌는데 배의 길이가 44장丈(1장은 남자 어른의 키), 너비가 18장이나 되었다. 배에는 대량의 금은보화들을 실었기에 이 배들을 보선寶船이라고 했다. 당시 이런 큰 규모의 함대는 세계적으로도 아주 적었다. 1492년 콜럼버스가 처음으로 원양 항해를 시작할 때도 배 세 척과 수부 90명밖에 없었다. 그 중 가장 큰 배도 길이가 26m밖에 안 되었다.

정화의 함대는 소주 유가하劉家河(현 강소 태창太倉 유하瀏河)에서 출발해 동남 연해를 경유한 뒤 남으로 내려갔다. 당시의 서양이란 지금의 유럽이 아닌 중국 남해 이서의 해역과 연해 각국을 말한다. 정화가 처음 도착한 곳은 점성占城, 즉 지금의 베트남 남부다. 그 다음 진랍眞臘(현 캄보디아)·섬라暹羅(현 타이)·만랄가滿剌加(현 말라카)·소문답랍蘇門答臘(현 수마트라) 등 여러 나라에 이르렀다. 새로운 곳에 이를 때마다 정화는 명나라 황제의 조서를 전하고 각 곳의 추장들에게 상을 내렸다. 반항이 있으면 물론 무력으로 제압했다.

영락 5년(1407), 정화가 귀국했는데 각국에서는 다투어 사자를 파견해 정화를 따라 명나라로 와 성조를 배알했다. 정화는 사로잡은 진조의를 조정에

정화의 서양 항해 노선

| 세계사 연표 |

1399년 조선이 도성을 개성으로 옮겼다.

《명사明史·정화전鄭和傳》

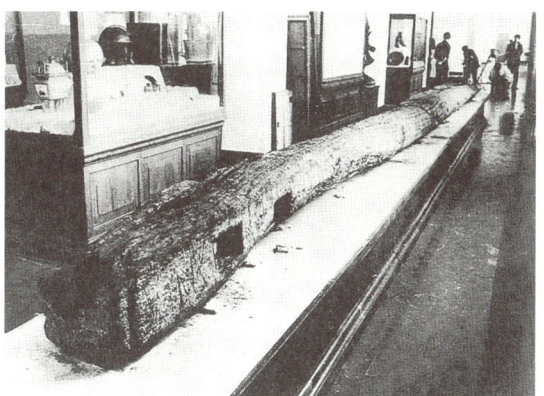

정화의 배에서 사용한 엄청나게 큰 키의 손잡이
1957년 강소 남경 용강조선소에서 정화가 이용했던 보선寶船이 출토되었는데 이 나무로 된 키의 손잡이는 길이가 11m다.

정화의 보선寶船 모형
자료에 따르면 정화의 보선 중 가장 큰 배는 길이가 최대 150m, 너비는 60m에 돛대가 아홉 개, 돛이 열두 개고 깃대의 길이는 11m가 넘었으며 배수량은 1.4만 톤에 달하고 적재량은 7000톤에 달했다. 이 보선은 용강조선소에서 만들었는데 형체가 거대하고 기술이 우수하기가 당시 세계에서 으뜸이었다. 명나라 성화는 당시에 서양을 일곱 번 다녀왔는데 항해 과정에서 인도의 천문과 나침반 기술을 채용했다. 《용강조선공장지龍江船廠志》《무비지武備志》《서양기西洋記》의 기재에 따르면 정화가 서양을 다녀올 때 이용한 배들은 적어도 보선寶船·마선馬船·전선戰船·좌선座船·양선糧船·수선水船 등 일곱 가지나 된다고 하는데 그중 보선은 보배를 가져오는 배라는 의미로서 함대의 기함旗艦이었다.

바쳤다. 성조는 기뻐하며 크게 포상했다.

일곱 번이나 서양에 다녀온 정화

그해 정화는 또다시 함대를 거느리고 서양으로 떠났다. 함대가 석란산錫蘭山(현 스리랑카)에 이르렀을 때 석란산 국왕은 정화를 자기 나라에 유인한 뒤 군대를 출동해 정화 함대의 보물들을 빼앗으려고 했다. 정찰을 통해 상대방의 군대가 총출동하여 나라 안이 비어 있음을 안 정화는 수행 인원 2000명을 거느리고 선란산 왕성을 기습했다. 그리하여 국왕과 왕후 그리고 백관을 사로잡았다. 그리고 석란산 군대가 소식을 듣고 국왕을 구하러 달려온 것도 대패시켰다. 후에 성조는 석란산국 국왕 등의 죄를 사면해 주고 그들을 자기 나라로 돌려보냈다. 동남아시아 각국은 이에 겁을 먹고 다투어 명나라의 신하로 칭하면서 해마다 조공을 바치기 시작했다.

그 후 정화는 영락 7년(1409), 11년(1413), 15년(1417), 19년(1421) 그리고 선덕 6년(1431) 이렇게 다섯 번이나 함대를 거느리고 서양 여러 나라들로 출병했다. 앞서 이야기한 두 번까지 합치면 모두 일곱 번이 된다. 정화는 동남아시아, 중앙아시아, 서아시아 그리고 동부아프리카와 중부아프리카의 목골도속국木骨都束國, 즉 지금의 소말리아까지 다녀왔다.

선덕 이후에도 해외 여러 나라들에서 중국에 사자를 보내 왔다. 그러나 영락 때에 비하면 많이 적어졌다. 선

위대한 항해가 정화
정화는 중국 고대의 가장 위대한 항해가다. 그는 일곱 번이나 함대를 이끌고 아시아·아프리카 여러 나라들을 출사했는데 당시 세계적으로도 극히 드문 것이었다. 정화의 항해로 중국은 세계적으로 명망을 떨쳤으며 동서양 문화 교류에 새로운 길을 개척했다.

| 중국사 연표 |

1398년 제태, 황자징 등이 국정에 참여해 '삭번削藩', 즉 번왕들의 권력을 박탈하는 정책을 제정하고 주왕, 제왕, 대왕代王, 민왕 등을 체포했다.

인도네시아 자바 섬에 있는 삼보묘三寶廟

덕 때에 이르러 정화는 이미 연로했고 선덕 10년(1435)에 병으로 남경에서 사망한 것으로 추측된다. 선덕 8년(1433) 귀국하는 도중에 사망했다는 설도 있다.

정화의 일곱 번이나 되는 서양 원항으로 중국은 국력을 세계에 과시했으며 자기, 비단, 찻잎, 화폐 등을 배로 실어가 각국의 특산물들과 바꿔 옴으로써 중국과 아시아, 아프리카 여러 나라들과 경제적·문화적인 내왕을 확대했다. 서양의 특산물로는 상아, 향료, 보석 그리고 진귀한 짐승과 새 등이 있었다. 아프리카 모가디슈에서는 중국의 비단과 자기를 국왕과 왕후에게 선사했는데 국왕은 아주 기뻐하며 정화가 귀국할 때 자기네 사신을 동승시켰다. 아울러 명나라 황제에게 많은 아프리카 특산을 바쳤는데 그중에는 기린, 얼룩말, 타조 등 진기한 동물들도 있었다.

각 나라 풍토에 대한 기록

장기적인 항해로 정화는 풍부한 항해 지식을 누적했을 뿐만 아니라 출사 임무를 완수했고 《정화항해도鄭和航海圖》 등의 저서도 완성했다.

이는 15세기 초 세계 해양 지리학에 중대한 기여를 했다. 정화를 따라 출사한 마환馬歡 역시 《서양번국지西洋藩國志》를 엮었는데 각국의 풍토와 산천을 기록한 이 책은 이미 많은 나라에 번역·출판되어 세계 각국에 널리 전파되었고 항해사 연구와 서양 각국의 역사 지리를 연구하는 소중한 자료가 되었다.

정화의 업적과 공헌은 위대한 것이었다. 그가 경유했던 고장과 배들이 정박했던 항구들에는 모두 그때의 유적이 남아 있다.

중국 국내에는 남경의 용만龍灣·천비궁天妃宮·정해사靜海寺 등과 태창太倉의 유가항·천주 등에 행향비기行香碑記 같은 것들이 남아 있다. 남양 제도에는 아직도 '삼보'의 이름으로 명명된 명승고적, 예를 들면 말라카의 삼보성三保城, 삼보정三保井, 인도네시아 자바섬의 삼보롱三保壟, 삼보묘三保廟 타이의 삼보탑三寶塔 등이 있다.

정화의 귀국 – 남경南京 정각사淨覺寺에 소장된 그림

역사 시험장 〉 중국에서 오늘날 규모가 가장 크고 가장 완벽하게 보존되고 있는 황궁은 무엇인가?

| 세계사 연표 |

1405년 조선은 다시 도성을 한양(현 서울)로 옮겼다.

020

《명통감明通鑑·성조成祖》
《명감明鑑·성조成祖》 출전

북경 천도

성조는 도성을 북경으로 옮겨 변경을 공고히 하고 자신의 통치기반을 튼튼히 했다.

북경 건설

성조는 즉위 후 얼마 되지 않아 도읍을 북평으로 옮길 생각을 했다. 북평은 주체가 연왕으로 있을 때의 왕성이었으며 그가 군사를 일으켜 '대업을 이룬 땅'이기도 했다. 북평과 북방은 그의 세력을 확고하게 뿌리내린 지역이기도 하다. 북평은 지리적으로도 중요한 곳이었다. 번국을 삭탈한 후 여러 번왕들의 병권이 해체됨에 따라 북방 변경의 수비가 약해졌는데 아직 강대한 북변의 몽골 세력이 늘 남하해 명나라 국경을 소란하게 했다. 도읍을 북평으로 옮기면 북방에 대한 통제와 수비를 강화할 수 있었다.

영락 원년(1403), 성조는 조서를 내려 북평을 북경 순천부順天府로 고치고 측근들과 몇 달을 은밀히 연구한 끝에 도성을 북경으로 옮긴다는 결정을 내렸다. 그리고 영락 5년(1407) 5월, 새로운 도성의 건설을 시작했다.

북경 건설을 본격적으로 시작하기 한 해 전에, 성조는 관원들을 호광, 사천, 강서, 절강, 산서 등에 파견해 목재와 석재 등을 채집했으며 전국에서 우수한 장인들과 100만 명의 인부들을 북경으로 모집해 올렸다. 그리고 도성에 필요한 물자가 제대로 공급되도록 북경 건설 도중인 영락 9년(1411)에는 대운하를 깊이 파고 넓게 소통시키는 일에도 착수했다. 성조는 공부상서 송례宋禮를 특파해 흙모래가 쌓여 물길이 막히거나 좁아진 데를 소통시키고 문수汶水, 사수泗水의 물을 운하로 끌어들였다. 또한 운하의 막힌 구간들을 소통시켜 물길을 만들고 제방을 쌓고 갑문을 세워 조정에 필요한 물자들을 공급하는 배들이 수로를 통해 회하에 직접 이르도록 했다.

북경 고궁 태화문太和門

1368～1644 명나라

북경 고궁이다 79

영락 18년(1420), 북경성의 건설이 기본적으로 완성되었다. 북경성은 자금성紫金城을 중심으로 둘레가 7.2km나 되는 황성이 있고 그 밖으로는 둘레가 18km인 북경성이 있다. 웅대하고 화려한 궁전은 봉천전奉天殿(현 태화전), 화개전華蓋殿(현 중화전), 근신전謹身殿(현 보화전) 등 세 개 대전이 중심을 이룬다. 황궁 외에도 황제가 천지 신령과 선조에게 제를 지내는 천단天壇, 사직단社稷壇, 산천단山川壇, 태묘 등도 건설했다. 이 모든 일이 마무리되자 성조는 그 이듬해부터 북경을 도성으로 정하고, 원래의 도성은 남경으로 이름을 고쳐 유도留都로 삼는다고 선포했다.

영락 19년(1421) 정월, 명나라 조정은 북경으로 도성을 옮겼다. 성종은 친히 태묘에 가서 제를 지내고 사람을 각 제단에 파견해 천지 신령들에게도 제를 지내게 했다. 그런 후 봉천전에 올라 조하朝賀를 받고 연회를 베풀어 군신이 함께 즐겼다. 그리고 동시에 조서를 내려 '이번 천도는 주나라 때의 성주成周 낙양의 본을 따라 도성을 두 개 세움으로써 나라의 영원한 기업을 이루려고 함이다'라는 천도의 의미를 밝혔다.

천도에 대한 대신들의 불만

일부 대신들은 북경으로 도성을 옮기는 일을 못마땅하게 여겼다. 하지만 황제의 위엄에 눌려 감히 말을 하지 못했다. 그런데 도성을 옮긴 지 석 달도 못 되어 봉천전과 화개전 그리고 근신전 등 중심 궁전에 연이어 화재가 발생했다. 조야를 진동시키는 큰 화재에 많은 사람들이 불안해 했다.

북경 자금성 설계도
명나라 초기 견본絹本에 채색해 그린 북경 자금성의 그림이다. 북경 자금성은 영락 5년(1407)에 건설하기 시작해 영락 18년(1420)에 기본을 완공했다. 설계는 소주 오현 사람 괴상蒯祥이 했다. 자금성은 규모나 형태 그리고 이름 등을 모두 남경의 궁전을 기준으로 해 전후 두 부분으로 나누어 축조했다. 앞부분은 조정에서 중대한 의식이나 조회를 하는 장소이고 뒷부분은 황족들의 일상 사무를 보고 일상생활을 하는 곳이다. 그림 속에 승천문(현 천안문) 앞에 서 있는 사람이 바로 괴상이다.

| 세계사 연표 |

1412년

일본 고코마쓰後小松 천황이 죽고 아들 쇼오코오稱光 천황이 계위했다.

북경 고궁 오문午門
북경 고궁의 성문 네 개 중에서 가장 장관인 성문이 오문이다. 복판에 있는 큰 대문은 황제가 드나드는 대문이다.

그들은 이런 악재를 천도가 불길한 일임을 하늘이 경고하는 것이라고 여겼다. 성조도 하는 수 없이 신하들에게 명해 조정 정치의 득실을 직언하게 했다. 그러자 몇몇이 거대한 북경 건설로 너무 많은 인력과 재력을 동원했기에 백성들은 1년 내내 부역을 해야 했고, 거기에 관리들의 횡령과 수탈이 심해 백성들의 고충이 말이 아니라는 상소를 올렸다.

그중 주사 소의蕭儀와 시독 이시면李時勉의 언사가 가장 격렬했다. 성조는 처음에는 참았으나 나중에는 그들의 말에 이렇게 반박했다.

"당초 도성을 옮길 작정을 할 때 짐만 주장했는가? 짐이 경들과 몇 달을 의논해 결정한 일이 아닌가? 그런데도 경거망동이라고 할 수 있느냐 말이다!"

그러고는 대노하여 소의를 죽이고 이시면은 옥에 가두었다. 그리고 천도를 비난한 대신들을 모두 오문 밖에서 무릎 꿇고 있게 했다. 그러자 하원길이 나와 황제께 이렇게 주청했다. "저 대신들은 모두 폐하의 칙지를 받들고 그런 말을 한 것이니 죄가 없사옵니다. 모두 신 같은 책임 대신들이 일을 제대로 하지 못한 탓이오니 신을 죄로 다스리옵소서."

그제야 성조는 다소 화가 풀려 대신들은 고비를 넘겼고, 그 후 누구도 천도에 대한 말을 입 밖에 내지 못

했다.

성조는 도성을 북경으로 옮겨 변경을 공고히 하고 자신의 통치를 강화했다. 그러나 정치와 경제의 중심이 분리된 탓에 적지 않은 문제점이 나타났다. 그중 가장 큰 문제가 교통 운수였다. 북경은 중요한 세수 내원지인 남방과 멀리 떨어져 있어, 북경 시내의 방대한 인구와 광활한 북부 변강 도시들에 필요한 양식과 견직물 등은 모두 남북 대운하를 통해 운반해야 했는데 운하가 흙과 모래에 막혀 배들이 자유롭게 다니지 못하는 일이 늘 생겼다. 이는 사람들의 골머리를 앓게 하는 난제였다.

1368~1644 명나라

••• 역사문화백과 •••

[명나라와 청나라의 고궁]

고궁은 명나라와 청나라 시대의 황궁이다. 영락 5년(1407)부터 건조하기 시작해 영락 18년(1420)에 기본적으로 완공되었는데 모두 14년이란 시간이 걸렸으며 수십만 장인들과 100만이 넘는 민부들이 동원되었다. 그 후 명나라와 청나라 여러 번 개수를 했지만 원형은 그대로 보존했다. 이 고궁은 남북이 960m, 동서가 760m로, 차지한 땅의 면적이 72만㎡가 되며, 전체 9000여 칸에 건축 면적은 15만㎡에 달한다. 사면이 모두 높은 성벽으로 둘러싸여 있고 남쪽에 있는 오문은 고궁의 정문이다. 북쪽의 성문은 신무문神武門(현무문)·동쪽은 동화문·서쪽은 서화문이다. 이들 고궁은 지금까지 보존되어 있는 고대 건축물 중에 규모가 가장 크고 보존이 가장 완벽한 고대 건축물군이다. 고궁 안에는 궁전들이 아주 많은데 앞뒤 두 개 부분으로 나뉜다. 앞부분을 '외조外朝'라고 하고 뒷부분을 '내정內廷'이라고 한다. '외조'는 봉천전奉天殿(또는 황극전이라고도 했는데 청나라 때는 태화전, 속칭으로는 '금란전'이라고 했다), 화개전華蓋殿(또는 중극전이라고도 했는데 청나라 때는 중화전이라고 했다), 근신전謹身殿(또는 건극전이라고도 했는데 청나라 때는 보화전이라고 했다) 등을 중심으로 구성되었다. 이곳은 황제의 등극을 비롯한 중대한 의식을 하거나 조정의 일상 사무를 보는 곳이다. 이 세 개 궁전 중에 지금까지 완벽하게 보존되어 있는 화개전과 근신전은 명나라 때의 건축물 그대로다. 건청궁乾淸宮은 내정의 가장 앞에 있는데 황제가 거주하고 정무를 보는 궁전이다. 곤녕궁坤寧宮은 내정의 뒤에 있는데 명나라 때는 황후가 있던 곳이다. 건청궁과 곤녕궁 사이에는 교태전交泰殿이 있고, 궁전의 양측에는 내정 사람들이 거주하는 집들인 동서 육궁六宮이 있으며, 맨 뒤에는 어화원이 있다.

| 중국사 연표 |

1399년 승도연僧道衍을 모사로 삼은 연왕 주체는 임금의 곁에 있는 간신 제태와 왕자징을 제거한다는 이른바 '청군측'이란 명분으로 군사를 일으켰다. 이것을 그는 '정난靖難'이라고 했다.

021

다섯 차례에 걸친 성조의 북정

북방 몽골 3부가 명나라 변경을 침략하는 위협을 제거하기 위해 성조는 다섯 차례나 대군을 거느리고 북정을 했다. 그러다가 제5차 북정을 마치고 돌아오는 도중 붕어했다.

제1차 북정

멀리 북쪽으로 달아난 원나라 몽골 세력은 명나라 태조로부터 여러 번 타격을 받고 달단韃靼, 와라瓦刺, 올량합兀良哈 등 세 개 부로 분열되었다. 그 중 제일 강한 부가 달단이었다. 주원장은 이 세 개 몽골 부에 화친과 방어를 결합하는 정책을 취했다. 성조도 이 정책을 그대로 계승했는데, 영락 7년(1409), 달단에 출병했던 급사중 나기那驥가 달단 가한可汗(왕)에게 살해되었다. 이에 노한 성조는 기국공淇國公 구복丘福을 정로대장군으로 삼아 달단을 토벌하게 했으나 오히려 적군의 매복에 걸려 전군이 전멸하였다. 이에 성조는 영락 8년(1410), 황태손 주첨기朱瞻基를 남겨 북경을 지키게 하고는 친히 50만 대군을 영솔해 달단을 섬멸했다. 그러자 달단부의 신하인 아로태阿魯台가 투항을 표시했다. 전쟁 경험이 풍부한 성조는 여기에 거짓이 있을 수 있다는 것을 직감적으로 알고 장병들에게 경각심을 높이고 대기하도록 명했다.

얼마 후 아로태가 과연 기병 1000여 기를 거느리고 기습했지만 이를 예상했던 성조의 기병들은 아로태를 섬멸했다. 수개월 간 친히 군대를 이끈 끝에 성조는 7월에 경성으로 회군했다.

군신 간의 쟁론

대패한 달단은 명나라에 귀순하고 명나라에서도 그들에게 후한 대우를 해주었다. 아로태 역시 명나라에서 책봉한 화녕왕 봉호를 접수했다.

그 후 몽골의 와라부가 점차 강성해졌다. 와라의 순녕왕은 호시탐탐 남침을 시도하자 영락 12년(1414), 성조는 다시 군대를 거느리고 와라 군대를 대패시켰다. 참패한 와라군은 황급히 북으로 달아났다.

장릉長陵 조감도

명나라 십삼릉十三陵은 북경 창평昌平 경내 만수산 남쪽 기슭에 있다. 명나라가 북경으로 도성을 옮긴 이후 차례로 붕어한 황제 열셋의 능묘가 여기에 있다. 그래서 이곳을 '십삼릉'이라고 한다. 주위는 산들이 병풍처럼 둘러싸여 있고 복판은 평지이며 능 앞에는 작은 강이 굽이쳐 흐른다. 열세 황제의 능묘는 산을 등지고 각기 동·서·북 이 세 기슭에 세워져 있다. 영락 7년(1409)에 건축된 이 장릉부터 시작해 청나라 순치 연간에 사릉思陵을 세우기까지 십삼릉을 완공하는 데에는 무려 200여 년이나 걸렸다.

●●● 역사문화백과 ●●●

[명나라 황제들의 능묘 – 십삼릉]

만수산은 일명 황토산이라고도 한다. 십삼릉은 영락 7년(1409)에 시공해 하나씩 차례로 세워졌다. 십삼릉에는 장릉長陵(성조)·헌릉獻陵(인종)·경릉景陵(선종)·유릉裕陵(영종)·무릉茂陵(헌종)·태릉泰陵(효종)·강릉康陵(무종)·영릉永陵(세종)·소릉昭陵(목종)·정릉定陵(신종)·경릉慶陵(광종)·덕릉德陵(희종)·사릉思陵(사종) 등 명나라 황제 열셋의 능묘가 있다. 전반 십삼릉의 둘레는 약 80리이며 정문 밖에는 큰 석패방石牌坊이 있고 그 안에는 비정碑亭과 화표華表 돌사람과 돌짐승 등이 있다. 십삼릉에서 규모가 가장 큰 능묘는 장릉이다.

| 세계사 연표 |

1413년 오스만 제국의 왕자 무함마드가 아우 무사를 대패시키고 제국을 통일했으며, 술탄으로 자칭했다. 그가 바로 무함마드 1세다.

《명감明鑑·성조成祖》 출전

그 이후에도 달단은 수년 동안 회복을 거쳐 날로 강성해지자 다시금 군사를 출동해 수시로 명나라 변경을 소란시켰다. 이에 성조는 제3차 북정을 준비했다.

조정 대신들을 모아 그 일을 논의하는데 병부상서 방빈方賓이 군비가 부족하다는 이유로 출병을 반대했다. 성조는 심기가 안 좋아 하원길과 형부상서 오중에게도 물어보았는데 그의 대답도 방빈과 같았다. 그러자 성조는 하원길과 오중을 옥에 가두었고 방빈은 놀라 자진했다. 성조는 관원들을 산동, 산서, 하남 등에 파견해 양곡을 나르는 수레들을 만들게 하고 민간인들을 징발하면서 출정을 준비했다.

영락 20년(1422), 성조는 제3차 북정을 개시했다. 아로태는 명나라 군대가 진공해 온다는 말을 듣고 가족을 데리고 북으로 도망쳤다. 명나라 군대는 출정 후 몇 달 동안 싸움 한 번 제대로 해보지 못하고 회군하다가 남으로 돌아오는 도중 올량합을 쳐서 승리를 거두었다. 성조는 그 후 영락 21년과 22년에 제4차 북정과 제5차 북정을 해 아로태를 진공했다.

귀국 도중 붕어한 명 성조

제5차 북정을 할 때 성조의 나이 이미 65세였다. 성조는 개평開平(현 내몽골 서북)에 이르러 달단의 포로에게서 아로태가 이미 사막으로 도망쳤다는 소식을 들었다. 적군이 결전을 피하고 달아나기만 하니 성조도 싸우기가 싫어져 아로태의 죄장을 열거한 조서를 내리고 투항한 사람들은 관대하게 처리한다는 조서를 내리고는 진군을 멈췄다. 그러고는 북정에서 사망한 장병들을 추도하는 제문을 직접 짓고 영령들의 제사

십삼릉의 무장 석상

십삼릉의 신도 양측에는 돌사람 열둘이 서 있는데 그중 조복을 입은 무장, 문신, 훈신勳臣 등이 각각 넷이다. 이런 조각상들은 명나라의 조각과 복식의 연구에 소중한 실물자료들을 제공해 준다. 갑옷을 입고 투구를 쓴 무장들은 허리에 보검을 찬 모습으로 위풍당당하게 서 있다.

를 지냈다.

성조는 제5차 북정 때 타란나무르하까지 진군했는데 인적이 드물어 120km나 되는 곳에 수레바퀴 흔적조차 볼 수 없었다. 게다가 군대에는 양식이 날로 부족해져 결국 성조는 회군을 명했다. 그런데 회군 도중 성조가 병에 걸렸다. 병이 날로 위중해지자 성조는 자기가 오래 살지 못할 것을 알고는 이전에 하원길이 했던 말을 생각하고 "그래도 짐을 생각하는 사람은 하원길이다" 하고 감탄을 했다. 그리고 유목촌에 이르러 숨을 거두었다.

성조가 붕어한 사실이 알려지면 자칫 국내에 의외의 일이 생길 수 있어서 신하들은 이 사실을 절대 비밀에 부쳤다. 그들은 주석을 녹여 내관內棺을 만들어 용여 위에 올려놓고는 돌아오면서 도중 이르는 곳마다 수라를 올렸다. 그러다가 황태손이 부고를 접하고 달려온 다음에야 정식으로 발상을 했다.

장릉 앞의 신도

'달라이'는 몽골어로 '대해'라는 의미이고 '라마'는 티베트어로 '걸출한 도사'라는 의미다

| 중국사 연표 |
1401년 연왕은 승도연의 계책대로 곧장 남경으로 쳐내려 갔다.

022

해진의 봉변

재능이 비범한 해진解縉은 성미가 강직했으나 언행을 조심하지 않았다. 그로 인해 황제의 미움을 사서 생매장을 당했다.

두 세대 황제의 은총을 입은 해진

해진은 홍무 연간에 진사로 등과해 중서서길사中書庶吉士 직을 제수 받았으며 늘 태조의 곁에 있었다. 그는 만언서萬言書라는 것도 올리고 〈태평십책太平十策〉이라는 것도 올렸는데 그것을 본 태조는 크게 칭찬을 했다.

어느 날 태조는 해진의 아버지에게 해진은 대기만성大器晩成형이니, 잠시 집으로 돌아가 공부를 좀 더 하고 10년 후에 다시 조정에 나오면 필시 크게 쓰이리라고 말했다. 그리하여 해진은 고향으로 돌아왔다.

태조가 죽은 다음 해진은 다시 경성으로 돌아왔지만 뜻을 이루지 못했다. 그래서 예부시랑인 동륜童倫에게 편지를 올려 자기의 포부를 말했고 동륜은 그를 한림대조翰林待詔로 추천했다. 성조가 즉위한 후에야 해진은 시독侍讀으로 승진했으며, 이후 문연각에 입각해 국가 기밀에 참여할 수 있었다. 후에 해진은 시독학사로 승진해 《태조실록》《열녀전》 등의 책을 편찬하는 일을 관장했는데 성조의 큰 칭찬을 받았다.

지나친 강직함과 실책

젊어 출사한 해진은 성미가 강직하고 재능이 비범했다. 그런데 문제는 남의 시비를 평판하기 좋아하고 언행에 거리낌이 없어 적지 않은 사람들의 눈 밖에 났다.

영락 초기에 기국공 구복丘福 등이 성조에게 주고후의 전공을 칭찬하면서 주고후를 태자로 올리자고 건의했다. 그러나 해진은 황장자 주고치朱高熾를 태자로 올려야 한다고 주장했다. 얼마 후 주고치는 태자가 되고 주고후는 한왕으로 책봉되었다. 이 일로 주고후는 해진을 증오했다. 그런데 성조는 새로 세운 태자가 하는 일이 점점 마음에 들지 않았다. 그러자 해진은 황제께서 주고후를 너무 총애하지 말라고 간언하는 상주서를 올렸다. 성조는 그것이 자기네 부자 사이를 이간하는 말이라고 여겨 해진을 점점 멀리했다.

전공을 세우기 좋아하는 성조가 군사를 출동해 안남을 진공하려 하자 해진은 또 이에 반대를 했다. 그러나 성조는 해진의 간권을 듣지 않고 군사를 출동시켜 안남을 평정했다. 그 일이 있은 후부터 해진에 대한 황제의 신임은 크게 떨어졌다.

얼마 지나지 않아 구복 등은 해진이 궁중의 기밀을 누설했다는 말을 퍼뜨렸다. 이어서 해진은 또 정시廷試를 공정하지 못하게

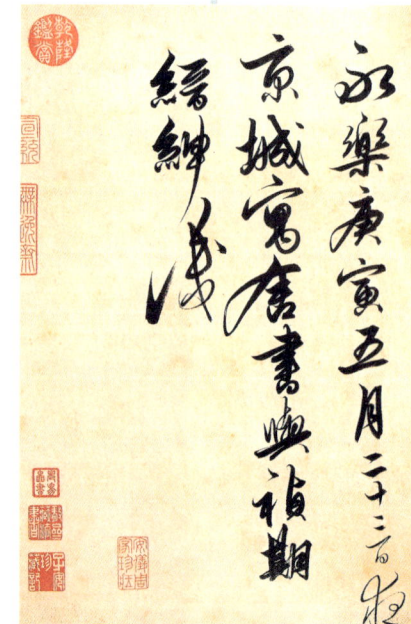

행초서 자서시권行草書自書詩卷 **- 명나라 해진의 글 (일부분)**

서예와 시에 정통한 해진은 명나라 영락 연간에 아주 유명한 인재였다. 그의 대표작인 이 〈행초서 자서시권〉은 세로 길이는 34.5cm, 가로 길이는 470.8cm인데 모두 75개 행이 있다. 매 행의 글자 수는 각기 달라 많은 것은 열여덟 자, 적은 것은 한 행에 한 자밖에 없다. 해진은 이 글의 뒤에 실은 발跋에서 '이 시들은 우연히 지은 것이며 이 글자들도 우연히 쓰게 된 것이다'라고 말했다. 이 우연이 독특한 분위기와 멋을 지닌 작품을 만들었다.

| 세계사 연표 |

1415년 영국 헨리 5세가 군대를 거느리고 프랑스를 침범해 백년전쟁이 다시 일어났다.

《명사明史·해진전解縉傳》 출전

다. 해진은 태자를 배알한 후 교지로 돌아갔다.

그 후 성조가 귀경하니 주고후가 해진이 황상 모르게 태자를 만나고 돌아갔는데 이것은 신하의 예의를 어긴 것이라고 했고 성조는 대노하여 해진을 잡아 옥에 가두고 혹형을 가했다.

영락 13년(1415), 금의위 지휘사 기강紀綱이 통례대로 죄인들의 명부를 황제께 보이니 그것을 보던 성종은 "해진이 아직도 살아 있단 말인가?"라고 말했다. 이에 기강은 해진에게 취하도록 술을 먹이고는 눈 속에 생매장했다. 그때 해진의 나이 마흔 일곱이었다. 그의 가산은 적몰되고 처자와 친척들은 요동으로 유배를 당했다.

1368~1644 명나라

탑이사塔爾寺

지금의 청해青海 서녕시西寧市 서남으로 25km 떨어진 황중현湟中縣에 자리하고 있는 중국의 지명한 리마교 사원이다. 라마 황교의 창시인인 종객파宗喀巴(중카바)의 탄생지로서 중국 서북 지역 불교 활동의 중심지이기도 하다. 이 사원은 규모가 방대해 전성기에는 전당이 800여 칸, 토지 면적이 3000평에 달했다. 중국의 유명한 6대 라마 사원 중의 하나. 탑이사는 티베트어로 '타얼사' 인데 '10만 불상' 이라는 의미로 명나라 가정 39년(1560)에 짓기 시작했다. 탑이사에는 대금와사大金瓦寺·소금와사小金瓦寺·대경당大經堂·대주방大廚房·구간전九間殿·대랍랑大拉浪·여의보탑如意寶塔 등 수많은 궁전들이 산세를 따라 불규칙하게 자리하고 있다. 탑이사는 티베트와 한족의 예술이 서로 결합된 고건축의 대표작이다.

치른 일에도 연루되었다. 이로 인해 해진은 광서 포정사 참의로 강직되었다. 그 후 또다시 어떤 자가 해진이 불만을 품고 있다고 고발해 해진은 교지交阯(현 베트남 하노이)로 보내졌다.

"해진이 아직도 살아 있단 말인가?"

영락 8년(1410), 해진이 공무로 남경에 왔는데 마침 성조는 달단을 치기 위해 북정해 태자가 경성을 지키고 있었

십삼릉의 문신 석상
십삼릉의 신도 양측에는 조관을 쓰고 손에 홀笏을 든 경륜 많은 문인 석상들이 점잖게 서 있다.

••• 역사문화백과 •••

[티베트 황교의 창시자 종객파]

원나라와 명나라의 교체 시기에 티베트의 라마교는 많은 교파들이 분립했다. 그중 영마파寧瑪派는 홍교紅教, 갈거파噶舉派는 백교白教, 살가파薩迦派는 화교花教였다. 이런 교파들은 계율이 해이하고 승려들이 타락해 음란을 자행했으며 귀족들과 야합해 티베트 백성들을 착취했기에 백성들의 원성이 높았다. 티베트 불교에서 저명한 종교 수령인 종객파는 종교 개혁을 실시해 법규를 다시 엄하게 할 것을 강하게 주장했다. 영락 7년(1409) 종객파는 라싸의 대소사에서 대규모 기원회祈願會를 열었는데 각지에서 승려 1만여 명이 참석했다. 이로써 종객파는 티베트 라마교 중에서 영향력이 가장 큰 수령이 되어 이후 개혁을 위한 기초를 닦아 놓았다. 그 후 그는 라싸 동쪽에 있는 왕구르산 곁에 감단사甘丹寺를 세우고 자기를 중심으로 하는 새로운 교파, 즉 격로파格魯派를 창시했다. 격로파는 승려들이 황색의 법의와 법모를 쓰도록 규정했기에 황교라고도 한다. 황교는 승려들이 결혼해 자식들을 두는 것을 엄금하고 승려의 계율들을 엄수할 것을 요구했다. 그리고 고행을 숭상하고 불경 연구를 중시했으며, 교육의 규모를 크게 조직하고 학學과 행行의 병행과 세속의 권력 다툼에 관여하지 말 것을 주장했다. 황교의 건립은 티베트 각 계층의 환영과 지지를 받았다. 그 후 황교는 세력이 날로 커져 집정 교파가 되었다. 명나라 조정에서는 종객파를 서천불자대국사西天佛子大國師로 임명하고 선덕 연간에는 또 대자법왕大慈法王으로 봉했다. 종객파가 죽은 뒤에는 교의에 따라 대제자 둘이 대대로 그를 계승했는데 그중 한 제자를 후세에 달라이 라마라고 칭했다.

나라의 영토가 광활함을 상징한다 85

| 중국사 연표 |

1402년 연왕의 군대가 장강을 넘어 남경으로 진공하자 이경융과 곡왕 주혜朱橞가 금천문을 열고 나와 마중했다. 연왕은 남경을 장악했으며 궁중에는 불이 일고 혜제는 행방불명이 되었다.

023

당색아의 봉기

당색아唐賽兒는 산동 청주 포태현 농가의 여인인데 '불모佛母'로 자칭하고 백련교白蓮敎를 조직해 민중을 모아 봉기를 일으켰다.

불모를 자칭한 아낙

홍무 말년부터 시작해 산동 청주 일대에는 늘 기근이 들어 굶어 죽은 사람이 들판을 뒤덮었다. 그런데다 산동은 '정난의 변' 때 주요 전쟁터여서 백성의 피해 또한 극심했다. 영락 연간에는 북경을 건설하고 운하를 개통하며 양곡들을 변강에 운반해 가느라고 산동만 해도 수십만의 인부들을 끌어갔다. 조정 관원들과 백성들의 갈등이 날로 심해지자 영락 18년(1420), 한 농가의 여인 당색아가 민중을 모아 봉기를 일으켰다.

당색아는 산동성 포태현의 백성인 임삼林三의 처인데 '불모'로 자칭하고 백련교를 조직했다. 전하는 바에 의하면 당색아는 벼랑 틈에서 '선서仙書'를 얻고 환술幻術을 익혔다고 한다. 당색아가 봉기를 일으키자 동언고童彦杲 등이 수하들을 데리고 봉기에 가담했다. 그들이 익도의 사석책채卸石柵寨를 점령하자 청주의 관병들이 진압하러 왔지만 패하고 돌아갔다. 그 후 산동도사山東都司·포정사·안찰사 등이 관원을 파견해 귀순을 권했으나 당색아 등은 모두 거절했다.

누각과 인물들의 부각이 있는 금비녀

비녀는 고대 여인들에게 없어서는 안 될 머리장식이다. 그러나 지위와 경제 상태에 따라 비녀에도 등급이 있었다. 이 비녀는 금으로 만든 것인데 두 층으로 된 누각에 다양한 사람들이 부각되어 있어 생활의 정취가 짙게 풍긴다. 이 비녀는 전체가 나뭇잎의 형태를 띠고 누각과 인물은 정묘한 테두리로 에워싸여 있어 완성도와 실용성이 모두 뛰어나다. 이런 비녀를 사용하는 여자는 황실이나 귀족의 여인이 아니면 거부의 딸일 것이다.

잔혹한 진압

그 소식이 도성에 전해지자 놀란 성조는 안원후安遠侯, 유승柳升과 도지휘사 유충劉忠에게 군대를 거느리고 나가 당색아의 봉기군이 있는 사석책채를 포위·토벌하도록 했다. 당색아는 사람을 보내 유승에게 허위 투항을 했다. 그리고 동문 밖에 물 나오는 데가 한 곳 있는데 당색아 등이 거기서 물을 길어 올 대책을 상의하고 있다는 허위 정보를 밀고하도록 했다. 명나라의 최고 대장이라고 자부하는 유승은 봉기군을 하찮게 본 터라 허위 투항한 자의 밀고를 진짜로 믿고 물만 끊으면 봉기군이 투항해 나올 것이라고 여겼다. 그래서 동문 밖에 있다는 그 수원지로 군대를 이끌고 갔다.

그날 밤 당색아의 봉기군이 명나라 군대의 군영을 돌연 습격했다. 도지휘사 유충은 남아 있는 군대를 지휘하며 격렬하게 응전했지만 결국 화살에 맞아 목숨을 잃었고, 봉기군은 포위를 뚫고 다른 데로 이동했다. 그때까지 수원지를 지키고 있던 유승은 날이 샌 다음에야 속은 줄 알고 급히 돌아와 포위를 돌파한 봉기군을 추격했는데 겨우 100여 명을 사로잡았다.

이때 당색아의 봉기군에 호응해 일어난 다른 한 갈래 봉기군이 빈홍賓鴻의 지휘 하에 안구를 맹공격했다. 그때 바다에서 왜구를 치던 도지휘사 위청衛靑이 이 소식을 듣고 기병 1000명을 거느리고 밤낮으로 달려왔다. 관군들의

| 세계사 연표 |

1429년 잔다르크가 군대를 거느리고 오를레앙으로 들어가 영국 군대를 대패시켰다. 프랑스 군대는 반공을 개시해 프랑스 북부의 여러 지역을 수복했다.

출전 《명통감明通鑑·성조成祖》
《명감明鑑·성조成祖》

장문신을 때리는 무송
이 그림은 항주 용여당容與堂 간행본 《충의 수호전忠義水滸傳》에 실려 있다.

●●● 역사문화백과 ●●●

[《수호전水滸傳》 - 양산박 호걸들의 이야기]

《수호전》은 북송 말기 송강이 영도하는 농민 봉기를 소재로 한 중국 고전소설이다. 원나라 말기와 명나라 초기, 시내암施耐庵이 민간 전설과 화본話本(이야기책)들에 나오는 이야기들을 기초로 정리·각색해 창작했다. 가정 연간에 무정후武定侯 곽훈의 집에 왕도함王道涵이 서문을 쓴 《수호전》 선본 100회가 있었는데 거기에는 전호田虎와 왕경王慶 등을 토벌한 내용이 삭제되고 요동을 출정한 일이 첨부되어 있었다. 천계·숭정 연간에 양정견이 곽훈의 집에 있던 100회 선본의 내용에 다시 전호와 왕경 등을 토벌한 내용을 요동 출정 이전에 삽입해 120회 본 《충의 수호전》을 만들었다. 그 후 김성탄金聖嘆은 이 책 앞의 70회만 남기고 그 뒷부분, 즉 송강이 천서를 받은 것과 노준의 악몽, 여덟 영웅들이 차례로 살해당하는 결말 등을 이 책의 머리말에 간단히 설명했다. 그 후 수백 년간 전해내려 온 수호전은 김성탄이 정리한 이 70회 《수호전》이다.

《수호전》은 여덟 영웅호걸들이 양산박에서 의기투합해 체천행도替天行道, 즉 '하늘을 대신해 정의를 행하는' 이야기를 쓰고 있다. 이 영웅호걸들은 모두 관부의 엄혹한 통치에 시달리다 못해 마침내 반항의 길로 나선 사람들이다. 그들이 반항한 상대는 봉건왕조의 권세가나 간신들이었다. 또한 의로운 협객정신으로 한데 뭉쳤기 때문에 양산박 호걸들은 강력한 정신적 매력을 가지고 있었다. 그들이 주장하는 '체천행도'는 어두운 정치 속에서 그들이 바라는 일종의 이상을 구현하고 있으며 따라서 그들의 반항에 합법성을 부여하고 있다. 그러나 탐관오리들은 반대하시만 황세는 빈대하지 않는 그들의 반항 방시가 조정에 귀순하는 결말은 그들의 이 반항이 그다지 철저하지는 않다는 것을 보여준다. 그러나 이것은 당시 소설의 순조로운 전파를 위해서 어쩔 수 없이 취한 일종의 전략으로도 볼 수 있다. 이 소설의 예술적인 성과는 예로부터 사람들의 찬양을 받아왔다. 우선 이 소설은 서사 구조가 기묘하다. 김성탄은 《제오재자서법第五才子書法을 읽고서》에서 이에 대해 쓴 적이 있다. 그리고 이 책에는 아주 많은 영웅 인물들이 나오는데 인물 성격의 부각이 생동감 있고 전형적이다. 그야말로 인물의 성격, 기질, 형상 등이 각기 선명한 개성을 지녀 살아 움직이는 듯하다. 또한 이 책은 이야기가 재미나다. 그리하여 독자들로 하여금 강한 심미적 감명을 받으며 그 이야기에 심취되게 한다. 마지막으로 이 소설은 언어가 신선하고 표현력이 뛰어나다. 한마디로 중국 고전 소설의 대표격이다. 물론 소설은 구조상 긴밀하게 융합되지 못한 부분들이 더러 있고 몇몇 결함들이 있지만 중국 문학사상 초기 장편소설로서는 이런 한계를 넘지 못할 수도 있었다.

내외 협공으로 봉기군은 빈홍 등 소수 사람들만 달아나고 그 나머지는 모두 선사했다.

　당색아의 봉기가 진압된 다음 조정에서는 봉기군 수령들을 나포했지만 당색아만은 끝내 붙잡지 못했다. 성조는 당색아가 삭발하고 여승이 되었을지도 모른다고 생각해 산동과 북경 일대의 여승들을 모두 잡아들이고 심지어 전국의 출가 여성들을 모두 수사해 체포된 여성들이 몇 만 명이나 되었다. 그러나 아무리 해도 당색아의 행적은 찾을 길이 없었다.

　그 후 산동 삼사三司는 '화적들을 놓아 주었다'는 죄명으로 주살을 당했다. 유승은 때를 놓쳐 봉기군을 제대로 진압하지 못했다는 죄명으로 조정의 탄핵을 받아 옥에 갇히기는 했지만 다행히 죽지 않고 나중에 풀려났다.

백련교 87

중국사 연표

1402년 주체가 즉위해 황제가 되었는데 그가 바로 명성조다. 그 이듬해 연호를 영락으로 고쳤다.

024

주고후의 반란

성조의 둘째 아들 주고후朱高煦는 야심가로 형의 황위를 탈취하려고 반란을 일으켰다. 선종은 직접 나서 주고후의 반란을 평정했다.

오만한 주고후

성조의 둘째 아들인 주고후는 용감하고 싸움에 능해 성조가 정난군을 일으켰을 때 수차례 공로를 세웠으며 위기에 빠진 성조를 여러 번 구해 냈다. 성조는 즉위 후 한동안 주고후를 태자로 세울 생각도 했다. 그러나 해진의 간권을 듣고 나서 거듭 고민한 끝에 영락 2년, 세자 주고치를 태자(후의 인종)로 세우고, 주고후는 한왕으로 책봉해 운남을 떼어 주었다.

그 후 주고후는 성조를 따라 북정을 하는 기회를 타 성조에게 청구해 천책위天策衛를 자기의 근위군으로 삼았고, 자신을 당세종에 비하면서 오만방자하게 불법을 자행했으며 태자는 안중에도 두지 않았다.

황위를 찬탈하려는 음모

영락 13년(1415), 주고후는 봉국을 청주로 고쳐 받았다. 그런데도 봉국으로 갈 생각은 않고 도성에 머물러 있으면서 암암리에 군사들을 모집해 친군親軍을 조직하고 도성 내에서 약탈까지 자행했다. 병마지휘사 서야려徐野驢가 악행을 일삼는 주고후의 앞잡이 몇을 징벌하자 주고후는 서야려를 철퇴로 때려 죽였다. 그런 일이 있은 후부터는 누구도 감히 나서지 못하고 주고후는 득의양양해 황제가 쓰는 기물까지 마음대로 썼다.

그 말을 들은 성조는 대노해 주고후를 가두고 서민으로 폐위시키려고 했으나 태자가 사정해 주고후는 중형을 면했다. 성조는 주고후의 경호부대를 빼앗고 봉국을 안주安州(현 산동 광요廣饒)로 고쳐 봉한 뒤 그날로 봉국으로 내쫓았다. 그러자 주고후는 앙심을 품고 황위 찬탈을 서둘렀다.

성조가 북정을 마치고 돌아오다 사망하자 이어 즉위한 선종은 주고후에게 중한 상을 내리고 그의 요구를 모두 들어 주었지만 주고후의 야심은 끝이 없었다. 황위를 친탈할 야심을 버리지 못한 그는 안주에서 밤낮으로 무기를 만들고 관가나 백성들의 말을 빼앗고 강제로 군대를 모집했다.

선덕 원년(1426) 8월, 주고후는 안주에서 오군도독부를 세우고 산동 도지휘 근영靳榮과 동시에 반란을 일으키기로 비밀리에 약조했다. 그리고 친신 목청을 북경에 잠입시켜 영국공 장보張輔와 내통하도록 했다. 그런데 장보는 목청을 잡아 선종에게 이 사실을 알렸다. 그래도 선종은 주고후에게 편지를 보내 반란을 그만둘 것을 권고했으나 주고후는 아버지 주체처럼 황제 측근의 간신을 숙청하는 '정난군'을 일으키는 것이지 반란이 아니라고 주장했다.

선종의 친정

이에 선종은 주고후를 징벌할 것을 작정하고 대신들을 소집해 대책을 상의했는데, 대학사 양영楊榮은 선종이 직접 전장에 나설 것을 적극 주장했다. 하원길도

방패를 든 무사용
방패는 화기를 보편적으로 사용하기 이전에 군대의 중요한 장비였다. 명나라 때는 방패의 종류도 더욱 많아졌는데 화기를 장착한 방패까지 나타났다. 무사용의 웃는 얼굴이 인상적이다.

| 세계사 연표 |
1431년 비잔틴에 전염병이 크게 돌았다.

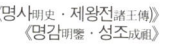

《명사明史·제왕전諸王傳》
《명감明鑑·성조成祖》 출전

명황릉明皇陵
명황릉은 지금의 안휘성 봉양현鳳陽縣에서 남쪽으로 7km 부근에 있는데 명나라 태조 주원장이 자봉기 부모를 위해 세운 능묘이다. 원나라 지정 26년(1366)에 착공했으며 명나라 홍무 2년(1369)에 두 번이나 대규모 개수를 해 홍무 12년(1369)에야 비로소 준공되었다. 능원 안에는 궁궐과 전당이 들어서 있고 향전享殿·재궁齋宮·관청 등이 수백 칸이 있었다. 명황릉은 여러 차례 전란을 겪었지만 능묘 앞 신도에 있는 서른한 쌍원래는 서른두 쌍의 석수상과 황릉비, 무자비無字碑 그리고 무덤 등은 지금까지 완벽하게 보존되고 있다. 황릉비문은 주원장이 친필로 쓴 것이다. 석수상의 조각 기술은 역대 제왕의 능묘 중 최고다.

군대는 움직임이 신속해야 하는데, 황제가 직접 나서면 군심과 민심을 잡을 수 있다고 했다. 이에 결심을 굳힌 선종은 직접 군대를 거느리고 주고후를 징벌하기 시작했다.

처음에 황제가 대장 하나를 싸우러 보낸다는 말을 들은 주고후는 "그 따위 장수 하나 이기는 거야 식은 죽 먹기지" 하고 좋아했다. 그러다 황제가 직접 군사를 거느리고 온다는 소식을 접하고는 무척 당황했다. 선종은 한편으로는 조서를 내려 투항을 권하고 다른 한편으로는 대군을 몰아 밤낮으로 행군해 낙안주 성 밑에까지 진군하고는 낙안주를 철통같이 에워쌌다. 그렇게 되자 낙안성 안은 민심이 이미 흩어지고 주고후 수하의 일부 장령들은 주고후를 나포하고 성을 바칠 것을 모의했다.

달아날 데도 없게 된 주고후는 하는 수 없이 선종에게 투항할 의사를 밝혔다. 그러면서 처자식들과 작별하게 하룻밤만 말미를 달라고 사정했다. 선종은 그 요구를 들어 주었다. 그런데 주고후는 밤을 도와 무기들과 반란 문서들을 불태워 버리고 지하 갱도를 통해 달아나다가 관군에게 붙잡혔다. 이어 낙안성은 무너지고 선종은 주고후와 그의 여러 자식들을 잡아들여 도성으로 회군했다.

얼마 지나지 않아 선종은 주고후를 서민으로 폐위하고, 아들과 함께 서안문 안에 있는 소요성에 감금했다.

몇 년이 지난 어느 날 갇힌 주고후를 보러 선종이 소요성에 갔는데 주고후는 선종의 다리를 걸어 넘어뜨렸다. 이에 대노한 선종이 수하들에게 명해 300근이나 되는 구리 독으로 주고후를 덮게 했는데, 이 자의 힘이 얼마나 센지 구리 독을 머리에 인 채로 벌떡 일어섰다고 한다. 그러자 선종은 그 독 위에 목탄 불을 피우게 했다. 얼마 후 이글거리는 목탄 불에 구리 독이 녹으면서 주고후는 타 죽었다.

그의 아들들도 처형을 당했으며 주고후를 따라 반역했던 장령들도 모두 주살을 당했다. 이 반란으로 천진, 산동 등의 도독이나 지휘 중에서 반역에 참가한 죄로 주살당한 자가 640여 명에 달했으며 변경으로 추방당한 자가 1만 5000명이나 되었다.

훗날 선종은 친히 《동정기東征記》라는 책을 써서 주고후의 반란을 평정한 상세한 과정을 기술했다.

●●● 역사문화백과 ●●●

[북방 변경의 군사 요지 – 구변九邊]
명나라 건국 초기 북방 몽골족의 남침을 막기 위해 홍무, 영락 연간에 명나라는 북방에다 군사중진軍事重鎭들을 계속 세웠다. 여기에는 요동, 선부(현 하북 선화宣化), 대동, 연수(후에는 섬서 유림榆林으로 이동), 영하, 감숙, 계주, 태원, 고원 등 아홉 개 진도 포함된다. 이 아홉 개 진은 모두 변경에 있었기 때문에 '구변' 이라고 한다.

1368~1644 명나라

| 중국사 연표 |

1402년 북원의 귀력적鬼力赤이 곤첩목아坤帖木兒를 죽이고 원나라 국호를 고쳐 달단이라 칭했다.

025

명나라 과거 시험

태조 때 발생한 '남북방南北榜 쟁론'은 과거 시험에서 생긴 지역적인 불균형 상태 때문에 발생했다. 이에 인종과 선종 때부터 논의하고 실시한 남과 북을 나눠 시험을 치르는 방법과 시험지를 세 가지로 나누는 방법은 이런 상황을 개선했다.

남북방에 관한 쟁론

명나라의 관리 선발 제도는 당나라와 송나라 제도를 승계해 보완한 것이었다. 홍무洪武 3년(1370), 태조는 과거 시험을 재개하고 '이후의 조정 관원은 과거를 통해 선발하고 과거 시험에 등과하지 못한 자는 관리가 될 수 없다'고 규정했다. 그후 한동안 과거 시험을 중도에 정지한 적이 있기는 했지만 홍무 15년(1382)에는 다시 회복했다. 그리고 '과거성식科擧成式'을 공포했는데, 이것은 그 후 명나라 250여 년 동안 과거 시험으로 관리를 뽑는 기본적인 규제가 되었다.

당나라와 송나라 이래 중국은 남방의 경제와 문화가 비교적 발달해 과거 시험을 보면 언제나 남방 사람들이 우세했으며 회시會試에서 진사가 되는 사람 역시 대부분 남방 사람들이었다. 홍무 30년(1397) 봄, 회시에 등과한 53명 중 북방 사람은 하나도 없었다. 화가 난 북방의 응시자들은 주시험관 유삼오劉三吾와 백신도白信蹈가 남방 사람들을 비호하고 북방 사람들을 억눌렀다며 소란을 일으켰다. 그 소식을 들은 태조는 진상을 규명하기 위해 세밀한 조사를 했으나 부정행위를 한 일이 없다는 것이 판명되었다. 태조는 원래의 방榜, 즉 시험 성적표를 그대로 적용하도

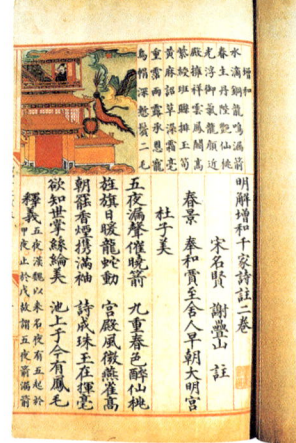

중국 최초의 채색 삽화가 있는 책
《명해증화천가시주明解增和千家詩注》(위 사진)
명나라 황태자가 이용한 채색 교과서인데 중국 최초의 채색 삽화가 있는 서적이다. 명나라 후기 궁중에서 사용한 책으로 칠률 시가 모두 서른여섯 수 적혀 있고 위는 그림이고 아래는 시문이다. 광물질 염료로 채색했기에 지금도 퇴색되지 않았다.

록 명했다.

그러나 그들은 장신, 유삼오, 백신도 등이 결탁해 북방 사람들의 시험지 중에서 가장 잘못 쓴 시험지를 황제께 보였다고 했고, 태조는 그 말을 믿고 백신도와 조사관 장신 등을 처형했다. 유삼오는 당시 이미 여든다섯 살 고령이기에 죽이지는 않고 파직시켜 유배를 보냈다.

북방 선비들을 잘 다뤄야 북방 사회와 정국을 안정시킬 수 있다고 생각한 태조는 62명을 진사로 판정했는데 모두 북방 사람이었다. 그 결과가 그 해 여름에 방으로 나붙었다. 그래서 이 남북방의 쟁론을 '춘하방春夏榜의 쟁론'이라고도 한다.

남북을 공평하게 대하는 방법

'남북방의 쟁론'이 생긴 이듬해에 태조는 이 문제를 해결하지 못하고 사망했다. 이 일은 그 후 인종 때에 이르러 다시 거론되었다.

어느 날 인종이 대신들과 과거의 폐단에 대해 의논하는데 내각대사 양사기楊士奇가 과거로 인재를 뽑는 법을 제정해 남북이 공평하게 등과하도록 해야 한다고 말했다. 인종이 북방 사람들의 학문이 남방 사람들에 미치지 못하는 것을 걱정하자, 양사기는 남방 사람들은 재능 있는 반면 경박한 면도 있다며 오히려 북방 사람들을 두둔했다. 그리고 시험지는 밀봉을 하고 이름을 밝히지 않지만 봉투 밖에 각각 '남' 자와 '북' 자를 표기하게 한 다음, 남방 선비 중 60명, 북방 선비

| 세계사 연표 |

1438년 잉글랜드와 스코틀랜드가 9년 휴전협정을 맺었다.

출전
《명감明鑑·태조太祖》
《명사기사본말明史紀事本末·인선효치仁善效治》

나무로 만든 의장용儀仗俑 – 명나라 관원들이 순시를 나갈 때의 진용

상해 노만盧灣 조가빈肇嘉浜에 있는 반윤징潘允徵의 무덤에서 45명으로 구성된 목재 의장대가 출토되었다. 높이 20~21cm로 기악용14개, 의장용 4개, 노복용 14개, 아역용衙役俑 2개, 시동용侍童俑 3개, 교자꾼용 8개가 있었다. 이들은 관리를 옹위해 순시를 나가는 진용으로 배열되었다. 맨 앞에는 징과 북을 두드리고 쇄납을 부는 기악용들이 있는데 긴 나팔을 부는 동작을 취한 자도 있다. 그다음으로는 '정숙靜肅', '회피回避' 등이 쓰인 패를 들고 앞장 선 문무관원들이 서 있는데 관복을 입고 근엄하게 고개를 쳐들고 있는 그들 중에는 오사모를 쓴 자도 있고, 관인을 손에 받쳐 든 자도 있으며, 두 손을 맞잡고 읍을 하는 자도 있다. 마지막은 시종 교자꾼들이다. 두 손으로 물건들을 받쳐 든 자, 우산을 펼쳐 든 자, 승교를 메는 자 등이 있다. 이것만으로도 명나라 때 관리들이 순시를 나갈 때 진용이 어떠했는지를 알 수 있다. 이들은 모두 삼나무로 조각했는데 인물의 외부 형상을 통해 각종 인물들의 심리를 생생하게 표현했다. 진귀한 명나라 목질 조각이다.

중 40명을 진사로 취하면 된다고 했다.

얼마 지나지 않아 인종이 사망하고 선종이 즉위했다. 선종은 즉시 조서를 내려 인종의 결정을 실행했다. 회시를 개혁하고 남과 북을 갈라서 진사를 뽑았다. 나중에는 시험지를 남·북·중 세 가지로 나누었다. 북권北卷은 직예, 산동, 하남, 산서, 섬서 등의 성을 포함하고 중권中卷은 사천, 광서, 운남, 귀주 등의 성과 봉양, 여주 등의 두 개 부, 서주, 저주, 화주 등의 세 개 주를 포함했으며 남권南卷은 응천부, 소주부, 송주부 등 여러 개 부 및 절강, 강서, 복건, 호광, 광동 등을 포괄했다.

과거 시험에 대한 이런 개혁으로 지역적인 불균형이 어느 정도 개선되고 어떤 지역의 인사라도 모두 과거에 등과해 관료가 되는 기회를 가질 수 있게 되었다. 이는 봉건 정권이 전국적인 범위 내에서 통치 기반을 튼튼히 다지는 데 필요한 조치였다. 그 후 청나라에서도 명나라의 제도를 승계해 남북을 나누어 인재를 등용하는 방법을 실시했다.

●●● 역사문화백과 ●●●

[명나라의 과거 제도]

명나라의 과거 제도에서 제일 처음 치르는 과거 시험을 '동시童試'라고 했는데 이는 초등학교의 시험이라고 할 수 있다. 여기에 참가하는 학생은 '동생童生'이라고 했다. 동시는 주나 현에서 치는 과거 시험으로 여기에 통과되면 생원生員이 된다. 속칭 '수재秀才'라고 한다. 시험을 쳐 생원이 된 사람이나 다른 경로로 감생監生 또는 공생貢生이 된 사람들이 더 큰 공명을 얻으면 향시鄕試, 즉 성급省級 시험에 참가해야 한다. 향시는 3년에 한 번씩 열리고 이외에 비정기적인 은과恩科가 있다. 향시에 급제하면 '거인擧人'이 된다. 거인은 회시會試에 참가할 자격이 있으며 벼슬길로 나가 관리가 될 수도 있다. 회시는 문과와 무과의 구별이 있으며 또 신중식新中式·하제下第·좌감座監·서교西敎의 구분과 정방正榜·부방副榜의 구분이 있었다. 회시에서 일등한 사람을 '회원會元'이라고 했다. 회시에 급제하면 전시殿試를 통해 순위를 다시 정한다. 전시는 일명 '정시庭試'라고도 하는데 황제가 직접 주관하는 시험으로 당나라 때부터 시작되었다. 명나라 때는 회시에 급제한 사람들은 모두 전시에 참가할 권리가 있었다. 전시의 주요 내용은 당시의 시책을 논술하는 것인데 시험문제는 황제가 직접 정하지만 시험지는 조정에서 학문이 가장 높은 사람이 점수를 매겼다. 전시에 급제하면 진사가 된다. 진사는 3갑甲으로 나누었는데 1갑의 선두 세 명은 황제가 직접 정했다. 갑과의 1등은 장원壯元, 2등은 방안方眼, 3등은 탐화探花라고 하고 진사 급제를 수여했다. 2갑에는 약간 명이 있었는데 진사 출신을 수여하고 3갑의 약간 명에게는 동진사 출신을 하사했다. 전시를 거치지 않은 자는 회시 중식中式의 거인이 될 수밖에 없었다. 명나라 때 과거 시험 성적은 갑방과 을방으로 나누었는데 갑방은 '갑과'라고도 하며 진사에 급제한 사람들이 이름이 올린 방을 말한다. 을방은 과거 시험에서 거인이 된 사람들의 이름이 나붙는 방이다. 처음에는 거인이 된 사람들의 이름이 나붙는 방을 일방一榜이라고 했으나 후에 진사에 급제한 사람들의 이름을 올린 방을 갑방이라고 했기에 일방을 '을방'으로 고쳤다. 명나라 관리 임용에서는 갑방과 을방 출신의 선비들을 각별히 중시했다.

1368~1644 명나라

남북방제를 실시하고 후에는 시험 문제를 남부·북부·중부 지역 등 세 개 지역으로 가르는 제도를 실시했다

026 소주를 다스린 황종

소주 지부(知府)로 13년을 지낸 황종(黃鍾)은 청렴했으며 정사에 부지런하고 백성을 사랑했다. 그리하여 소주 백성들은 그를 '황청천(黃靑天)'이라고 했다.

〈십오관〉 중의 황종

중국 고전극인 곤극(昆劇) 중 유명한 〈십오관(十五貫)〉은 소주 지부가 얼마나 청렴했고 판결을 정확하게 했는가 하는 이야기를 담고 있다.

'푸줏간 주인 유호로가 장사 밑천 15관을 빌려 심야에 집으로 돌아온다. 그런데 누아서라는 도박꾼이 돈이 탐나 유호로를 죽이고 그 죄를 유호로의 양녀 소무견과 길 가던 웅우란에게 덮어씌운다. 소무견과 웅우란은 사형을 판결 받고, 형부에 올려 심의를 받게 된다. 이때 소주 지부가 조정의 명을 받고 감참관(監斬官)으로 나갔는데, 여러 의문점을 발견하자 평민으로 위장해 현장 조사를 한다. 그리고 결국 진상을 밝혀내 진짜 범인을 잡아내고 억울한 사건을 해결한다.'

이 이야기에서 나오는 소주의 청명한 관리가 바로 소주 사람들이 익히 알고 있는 황종이다.

서리를 조사하다

황종은 강서 정안현 사람인데 공무를 과단성 있게 처리해 상서 여진(呂震)의 칭찬을 받았으며 그의 추천으로 예부 의제사(儀制司) 주사가 되었고 후에는 낭중(郞中)이 되었다.

선덕 5년(1430), 황제는 일급이나 되는 군수 관리들 중에 자격이 되는 사람이 적다는 생각을 하게 되었다. 특히 강남 소주 같은 곳은 경제가 번영하고 부가 집중된 곳이어서 나라 재정 수입에 영향력이 큰 고장이지만 능력이 있으면서 청렴한 관리가 없는 것이 큰 문제였다. 그래서 황제는 중앙 정부의 일부 관원들 중에서 황종을 소주 지부로 부임시켰다.

관리 사회의 폐단을 잘 알고 있는 황종은 서리(胥吏)를 조사하는 것부터 시작했다. 부임 초기에 황종은 공무 처리를 모르는 듯 행동했다. 그러자 그들은 바보 같은 지부가 부임했으니 마음대로 속여도 되겠구나 싶어 기뻐했다.

사흘이 지나자 황종은 모든 하급 관리들을 모아 놓고 해야 할 일은 못하도록 하고 하지 말아야 할 일은 시켰다며 죄악이 큰 자 몇을 참수한 뒤 포악하고 욕심 많은 자들과 무능한 자들을 몰아냈다. 그때부터 그들은 누구 하나 법을 어기지 못했다.

황청천

소주의 부역과 조세가 과중해 다른 고장으로 피란 가는 백성들이 생기는 일을 막기 위해 황종은 순무 주침(周忱) 등과 더불어 강남의 부세를 감면해 달라는 주청서를 여러 번 조정에 올렸다. 조정은 그것을 윤허해 소주와 송주의 부세 양곡 70만 석을 면제해 주었다.

소주의 지부 황종은 순무인 주침을 적극 협력해, 주

오사모(烏紗帽) (위 사진)
높이 24cm로 가는 등나무에 검은 옻칠을 올리고 겉은 검은 능라를 붙였다. 이것은 보존이 비교적 잘 된 명나라 시대 오사모다. 명나라 시대 남성들의 모자에는 주로 오사모, 망건, 사방평정건(四方平定巾) 그리고 육합통일모(六合統一帽) 등이 있었다. 오사모는 관원들이 쓰는 모자로서 지금도 중국어에서 '오사모를 떼일까 봐 겁이 난다'는 말은 벼슬자리를 잃을까 봐 겁이 난다는 의미로 쓰인다.

> 역사 시험장) 명나라 소주 지부 황종이 억울한 안건을 실사구시의 태도로 해결한 이야기를 엮은 극작품의 이름은 무엇인가?

| 세계사 연표 |

1452년 — 오스만투르크가 콘스탄티노플을 봉쇄하고, 비잔틴은 로마 교황에게 구원을 청했다.

《명사明史·황종전黃鍾傳》 출전

침이 하는 선행을 열정적으로 도와주었다. 소주에서 황종은 백성들에게 덕이 되는 일을 많이 했다.

그는 교육을 중시해 학교를 많이 만들었고, 선을 세우고 악을 몰아냈으며, 재해에 대비해 창고들을 세우고 양식을 비축했다. 또한 국고의 돈을 탐내는 것을 방지하고 세수 징수를 공정하게 바로잡았다. 그리고 통관감합부通關勘合簿, 강운부綱運簿, 관부부館夫簿 등을 만들었다. 이런 기록부들은 서민의 돈을 함부로 거둬들이는 등 많은 폐단들을 제거하는 데 도움을 주었다.

소주는 물산이 풍부한 고장이다. 소주의 직조織造물을 구매하는 환관들과 호위 병졸들은 조금만 비위에 거슬려도 백성들에게 행패를 부렸다.

황종이 이 일에 각별한 관심을 두고 강경한 대책을 강구하자 환관들과 왕궁의 호위 병졸이 전처럼 행패를 부리지 못했다.

백성들은 그를 '황청천'이라고 부르며 신령처럼 모셨다. 황종은 여러 번 승진해 소주를 떠날 기회가 있었지만 소주 백성들이 그를 말리며 붙잡는 바람에 떠나지 못했다.

황종의 조각상 – 청나라 시대 돌조각

중화문 주마도走馬道
지금의 강소성 남경南京은 주원장이 군사를 일으킨 근거지이며 명나라 초기의 도성이기도 하다. 지금 남경의 중화문은 명나라 홍무 초년에 세운 것인데, '취보문聚寶門'이라고 했다. 사진은 중화문 위에 있는 그림으로 말을 타고 올라가는 모습이 길게 그려진 주마도다.

정통正統 6년(1441), 황종의 임기가 만료되어 타지로 전근하게 되자, 관민 2만여 명이 황종의 재임을 청구했다. 조정은 그것에 동의해 황종을 여전히 소주 지부로 임명했다. 그리고 조서를 내려 그의 봉록을 정3품으로 올려 주었다. 그 이듬해(1443) 겨울, 황종은 병으로 죽었는데 그 해 그의 나이 예순하나였다. 그는 13년이나 소주의 지부로 있었다.

황종이 죽은 후 소주 백성들은 그의 죽음을 애달파하며 부학府學 내에 사당을 세우고 제를 지냈다. 또한 후에는 서미항에 황공사況公祠라는 사당을 세우고 백성의 고충을 자기 일처럼 생각한 황종을 기념했다.

••• 역사문화백과 •••

[삼장三場]

'삼장'이란 향시나 회시의 시험 차수를 말한다. 홍무 17년(1384), 조정은 과거 시험 규정을 이렇게 반포했다. 제1차 시험은 초아흐레 날 치는데 사서四書와 관련 있는 문제 세 개와 시경과 관련 있는 문제 네 개를, 제2차 시험은 12일에 치는데 시제는 시론試論 한 문제와 판단 다섯 문제 그리고 조서·고誥·표表 중의 어느 하나를 임의로 선택한다. 제3차 시험은 15일에 치며 경사시무책經史時務策 한 문제만 낸다. 무과 시험도 이렇게 세 차례로 나누어 첫 번째는 말 타고 활쏘기, 두 번째는 걸으면서 활쏘기, 세 번째는 군사 전략에 대한 시험을 쳤다.

| 중국사 연표 |

1405년 정화와 왕경홍 등이 소주 유가하에서 출발해 '서양'을 다녀오는 제1차 원항을 시작했다.

027

인선지치

인종과 선종 두 황제는 모두 11년 동안 나라를 다스렸다. 그들은 개국 창업의 성과를 계승·발전시켰다. 사학자들은 이때를 가히 한나라 문경지치文景之治에 비견할 수 있는 태평한 시기라고 평가한다.

성조 이후 인종 주고치朱高熾와 선종 주첨기朱瞻基가 즉위해 모두 11년 동안 나라를 다스렸다. 그들은 개국 창업의 성과들을 계승해 사회의 안정을 공고히 했다. 역사에서는 이를 '인선지치仁宣之治'라고 한다.

화려함이 성조의 장릉에 비할 바가 못 되었지만 그 후 몇 대 황제들의 능묘도 이 헌릉獻陵을 본받아 절약하면서 지었다. 그러다가 세종의 영릉을 만들 때에 이르러 다시 사치를 추구했다.

절약을 제창하다

영락 연간에 전쟁과 부역이 빈번하고 지출이 과해져 백성들의 부담이 심각했다.

인종은 즉위 후 백성들의 생업에 주의를 돌렸다. 우선 보선寶船이 서양을 다니는 것을 그만두게 하고, 운남에서 보석을 채광하거나 교지에서 금을 캐내는 등 백성들을 괴롭히는 일을 그만두게 했다. 그리고 정부에서 소요되는 물자들은 돈을 내 사게 하고 백성들에게 마음대로 거둬들이는 것을 엄금했으며, 양사기楊士奇 등의 건의에 의해 황궁에 올리는 진상품의 양을 대대적으로 감축했다. 인종은 또 봉선封禪이나 제사 등 의식에 쓰는 비용들을 절감하고 어떤 것은 아예 완전히 취소했다. 선종 또한 절약을 제창해 여러 번 궁정의 경비 지출을 감축했다.

인종의 능묘를 축조할 때 선종은 인종의 유언에 따라 경비를 절약할 수 있는 데까지 절약하도록 했다. 건의蹇義와 하원길 등 대신들은 모두 찬성했다. 선종은 직접 기획해 석 달 동안 능묘를 준공했다. 규모나

충언을 채택하고 현사들을 중용하다

인종과 선종은 인재 중용을 아주 중시했다. 이 두 황제가 있던 시기 조정의 고위직은 양사기楊士奇·양영楊榮·양부楊溥·황회黃淮·하원길·김유자金幼孜 등이 핵심이었다. 이 현인지사들은 청명한 정치 풍토를 만들어 나갔다.

인종과 선종은 관원 선발에서 소인을 멀리하고 현

희원도戲猿圖 (명나라 주첨기朱瞻基 그림)
명 선종 주첨기는 명나라 중기 화원畵院을 크게 발전시킨 황제다. 다재다능한 그는 시문과 서예가 출중해 그가 즉위한 기간에 나라의 문화 사업도 새로운 발전을 가져왔으며 화원에서는 유명 화가들이 많이 나타났다. 명선종은 화원에 깊은 관심을 갖고 포상도 많이 했는데 이는 명나라 중기 절강파를 크게 흥성시켰다.

| 세계사 연표 |

1455년
영국 랭커스터 가문과 요크 가문 사이의 왕위 다툼으로 '장미전쟁'이 발발했다. * 요크의 군대는 랭커스터 장군을 대패시키고 영국 국왕 헨리 6세를 사로잡았다.

출전
《명통감明通鑑·선종宣宗》
《명사明史·인종기仁宗紀》《명사明史·선종기宣宗紀》
《명사기사본말明史紀事本末·인선지치仁宣致治》

명헌릉明憲陵
북경 십삼릉의 하나인 명헌릉은 인종 주고치의 능묘다. 선종 선덕 원년(1426)에 축조하기 시작했다. 인종은 명나라 제4대 황제인데 재위 9개월 만에 사망했다. 헌릉은 전후 두 개 건축군으로 되어 있는데 앞은 건릉문建陵門과 능은전棱恩殿이고 뒤는 삼좌문으로 시작해 이주문二柱門·석공안石供案·명루明樓·보성寶城 등으로 이루어졌다.

신들을 중용하면서 덕과 재능에 따라 관리를 임용하는 것을 중시했다. 동시에 간언을 귀담아 들었다. 인종은 조정의 문제점들을 대신들이 충언하게 했다. 그런데 대리사 소경少卿과 익겸七謙의 성시는 언사가 지나치고 태도가 너무 격했다. 그것을 본 인종도 심기가 안 좋았지만 여러 관원들도 익겸이 너무 방자하다고 나무랐다.

그런데 양사기는 익겸은 폐하의 조서에 따라 상서를 올린 것인데, 익겸을 죄로 다스린다면 조정의 잘못을 말할 사람이 없다고 했고, 인종은 그 말이 맞다고 생각해 즉시 태도를 바꿔 익겸을 부도어사로 승진시키고 위안을 하기까지 했다. 그러고는 자신을 자책하는 조서를 썼다.

한 번은 관원 하나가 태평성대를 찬송하는 글을 올렸는데 인종을 그것을 조정 대신들에게 돌려 보게 했다. 다른 문무 대신들은 말이 없는데 다만 양사기가 못마땅하게 여겨 이런 상주서를 올렸다.

"폐하의 은덕이 천하에 비추는 것은 사실이지만 아직도 고향 떠나 걸식하는 사람들이 없지 않으며 전쟁의 상처도 채 회복하지 못했사옵니다. 백성들 살림이 아직도 어려우니 반드시 몇 년 더 노력해야 천하가 태평해질 줄로 아옵니다."

그걸 본 인종은 감동해 이렇게 말했다.

"짐이 경들을 진정으로 대하며 힘을 합쳐 나라를 다스리기를 기대했거늘 오로지 양사기만이 수차 상서를 올려 폐단을 지적하고, 경들은 일언반구도 없으니 실로 실망이 가는구려. 그래 정말로 조정에 폐단이 하나도 없단 말이오? 정말로 천하가 지금 태평성대가 되었단 말이오?" 그 말에 신하들은 부끄러워 아무 말도 못했다고 한다.

선종은 아첨하는 말만 하는 대신들을 제일 혐오하면서 "짐의 잘못을 직언하는 사람이 짐에게 가장 충성하는 사람이다"라고 말했다.

그는 대신들을 소집해 늘 조정의 득실을 의논하고 나라에 이익이 되는 말이면 모두 채택했다. 그리고 조정 대신들에게 청렴하고 정직한 관원을 추천하게 해 지방의 부나 주의 장관으로 임명했다. 예를 들면 황종은 양사기의 추천으로 소주 지부가 되었고 하문연何文淵은 고좌의 추천으로 온주 지부가 되었는데, 이런 관리들은 후에 치적을 쌓아 모두 명나라 역사에서 이름 있는 청명한 관리가 되었다.

●●● 역사문화백과 ●●●

[선덕로宣德爐]
동으로 만든 명나라의 향로香爐인데 선덕 연간에 많이 주조했기에 선덕로라고 한다. 황동黃銅에 금이나 은을 첨가해 주조하는데 공예 방법에 따라 차 같은 갈색이 나는 것도 있고 대추 같은 붉은색이 나는 것도 있으며 동백같이 흰 것도 있고 해당화같이 연분홍이 나는 것도 있다. 모양 역시 여러 가지가 있다.

선덕 연간(1426~1435)에 제작한 동향로銅香爐다. 황동에 금이나 은을 넣어 만들었다

명나라

1368~1644

민정을 헤아리다

인종과 선종 두 황제는 모두 민정을 보살필 줄 알았다. 당시 하남·산동 그리고 강남 지역에는 연이어 재해가 들었는데 황제는 수차례 영을 내려 조세를 면제해 주었다. 그리고 제때에 구제미도 풀었다. 어느 해에 산동, 회안, 서주 등에 기근이 들었는데 인종은 호부나 공부와 상의도 없이 직접 영을 내려 여름 세금을 면제하고 피해민들을 구제했다.

선종 때 하남의 한 지현이 조정의 비준도 받지 않고 구제미를 직접 내준 일이 있었다. 그런데 선종은 그를 책망하지 않고 오히려 칭찬하면서 이렇게 말했다.

"잘한 일이네. 비준을 얻으려고 층층이 보고를 올리면 그동안 백성들은 모두 굶어 죽을 게 아닌가?"

선종은 황실이나 공신들이 백성들을 괴롭히는 것을 엄금했다. 영왕 주권이 자기 소유의 토지를 늘려 달라고 주청하니 선종은 "향촌의 땅은 백성들의 의식衣食이다"라면서 반대했다. 선종은 또 백성들에게 마음대로 부역을 시키지 못하도록 백관들을 훈계하고 각 군과 현이 농업 수리 건설을 잘하도록 통고를 내렸다. 농사철을 늦추는 자는 엄징했다. 그리고 공부시랑 주

> ••• 역사문화백과 •••
>
> **[선지宣紙]**
>
> 명나라 선덕 연간에 나온 종이를 말하는데 얇고 가벼운 것과 두터운 것 두 가지로, 공전貢箋, 면료綿料, 백전白箋, 오색분전五色粉箋, 금화무색전金花無色箋, 자청지磁青紙 등 여러 품종이 있다. 선지는 또 안휘 선성宣城에서 나는 회화나 서예용 종이를 말하기도 하는데 희고 보드라우며 오래 지나도 변하지 않는 특성이 있다.

북경 천단의 기년전祈年殿

천단은 황제가 하늘에 제를 지내는 신묘神廟인데 총면적이 270만m²나 된다. 고궁보다 네 배나 크다. 중국의 황제는 '천자', 즉 '하늘의 아들'이라고 하는데 하늘의 아들이 거주하는 곳이 아버지인 하늘보다 커서는 안 되는 법이기에 천단의 면적이 고궁보다 더 큰 것이다. 천단의 건축물들은 한 갈래 중축선中軸線 위에 세워졌는데 가장 남쪽의 정사각형으로 둘러친 담은 땅을 상징하고 가장 북쪽의 반원형으로 둘러친 담은 하늘을 상징한다. 이는 상고 시대 '천원지방天圓地方', 즉 '하늘은 둥글고 땅은 네모나다'는 사상에 근거해 설계한 것이다. 기년전은 천단 안에서 가장 크고 가장 화려한 건축물이다. 상하 3층으로 된 지붕은 모두 진남색 유리 기와를 올렸는데 이는 하늘의 색깔을 상징한다. 대전 안에는 건축물을 받치는 녹나무로 된 기둥이 28개 있고 그중 중간에 있는 가장 굵은 네 개는 '1년 사계절'을 상징한다. 주위에 있는 기둥 24개는 두 겹으로 되어 있는데 안에 있는 기둥 12개는 1년 열두 달을 상징하고 바깥쪽 기둥 12개는 하루 열두 시간을 상징한다. 이 기둥 24개를 합치면 중국 역서에 나오는 1년 24절기를 의미하게 된다. 기년전 안에 서서 고운 색깔의 천장을 올려다보면 그 장엄하고 거창한 정서에 절로 숙연해진다.

| 세계사 연표 |

1457년　일본이 에도(江戶)성(현 도쿄)을 건설했다. * 오스만 제국이 도성을 콘스탄티노플로 옮겼다.

세조도歲朝圖

'세조'란 음력 정월 초하루, 즉 설날을 말한다. 이날은 사회적으로 많은 오락 행사들이 있었다. 〈세조도〉는 당시에 오락 행사를 벌이는 정경을 묘사했다. 사람들이 집 안에서 차를 마시면서 장대 오르기, 물구나무서기, 곤두박질 같은 광대놀음을 구경하고 있다.

침의 제농창법濟農倉法을 채택해 각지에 양식 창고를 세우고 청렴하고 정직한 관원을 파견해 관리하게 했다. 해마다 파종기에는 종자를 대여해 주고 가을이면 받아들였다가 재해가 들면 창고에 비축한 양식을 풀어 백성들을 구제했다. 이것은 농업 생산을 발전시키고 사회의 경제를 안정시키는 데 중요한 역할을 했다.

비교적 관대한 형벌

인종 초기에 대리사에서 다루는 범죄는 인종이 대학사들과 함께 심사했는데 인종은 혹형을 반대하고 관용을 주장했다. 그리고 건문제 시대에 살해당한 대신들과 그 식솔들의 죄를 사면시켰다.

선종도 인종의 뒤를 이어 죄인을 심의할 때 관용을 베풀 것을 주장했다. 어느 날 인종이 신하들과 더불어 형에 대해 의논하는데 한 신하가 '하나를 죽여 백을 경고하는 방책'을 주장하면서 이런 말을 했다.

"옛사람들이 육형肉刑을 썼기 때문에 사람마다 법

삼양개태도三陽開泰圖 (명나라 주첨기 그림)

'양陽'과 '양羊'은 음이 모두 '양'이다. 이 양 세 마리를 그린 그림은 길상吉祥을 의미한다. 화면이 정순하고 난아하다.

을 두려워하며 자중했습니다."

그러나 인종은 그 말을 못마땅하게 여기며 역사의 경험을 들어 이런 말을 했다.

"한문제도 육형을 폐지했고 당태종도 편형鞭刑을 엄금하며 인정을 베풀었소. 한나라와 당나라가 오랜 역사를 이룰 수 있었던 것은 모두 인정을 베푼 덕이오."

인종 때와 선종 때는 혹형을 금하고 감옥을 많이 설치하지 않았다. 간신들이나 불법 관리들을 엄징할 때도 유배를 보내는 방법을 많이 취하고 경솔하게 죽이지는 않았다. 사학가들은 이때를 가리켜 정치가 청명하며 태평한 시기라고 평가한다.

| 중국사 연표 |

1407년 명나라 조정은 티베트 승려 하리마를 대보법왕大寶法王으로 책봉했다.

028

'삼양'의 보필

'삼양三楊'은 양사기楊士奇, 양영楊榮, 양부楊溥, 이 셋을 말한다. 이 셋은 공통으로 다섯 황제를 보필하면서 '인선지치'와 영종 초기의 청명한 정치를 이룩하는 데 크게 기여했다.

5조 원로

양사기의 이름은 우寓이고 강서 태화泰和 사람이다. 양영의 자는 면인勉仁인데 복건 건안建安 사람이고, 양부의 자는 홍제洪濟로 호북 석수石首 사람이다. 이들 셋은 건문제 연간에 출사해 관리가 되었다. 성조 즉위 후 양사기와 양영은 동시에 내각에 입각해 정통正統 연간까지 양사기는 42년, 양영은 38년 동안 조정의 중요한 대신으로 있었다. 양부는 선종이 즉위한 후에 입각해 21년 동안 중요 대신으로 있었다. 세 사람은 모두 건문, 영락, 홍희, 선덕, 정통 이렇게 다섯 세대의 황제를 모셨다. 당시 사람들은 그들 셋을 합쳐 '삼양'이라고 불렀다. 그리고 그들 출신 지역 방위에 따라 양사기는 서양西楊, 양영은 동양東楊, 양부는 남양南楊이라고 불렀다.

양사기는 성미가 강직해 직언을 잘했다. 인종 즉위 직후 그는 다섯 차례나 상서를 올려 유랑민들의 현실을 직언하면서 세를 감해 백성들이 살 길을 마련해 주어야 한다고 주장했고, 인종은 그 건의를 받아들여 휴양생식休養生息의 정책을 실행했는데 이는 당시 경제를 회복·발전시키는 데 중요한 역할을 했다.

양영은 지략이 출중하고 군사 재능도 있었다. 성조를 따라 북정을 할 때 황제가 대노하면 늘 부드럽게 권고해 화를 풀어 주어 많은 대신들을 구했다.

양부는 겸손하고 남을 공경할 줄 알았다. 어떤 일로 대신들이 다투다가도 양부가 나가 말 몇 마디를 하면 모두 그 말에 탄복해 다툼을 그만두곤 했다.

이 셋은 성격은 각기 달라도 모두 덕망이 높았다. 사람들은 양사기의 학식과 양영의 재능 그리고 양부의 지조는 범상한 사람들이 미칠 수 없는 것이라고 칭찬했다.

실권이 된 '삼양'

선조가 붕어한 후 즉위한 영종은 그때 나이 겨우 아홉 살이었다. 하루는 태황태후가 편전에 나와 앉고 영

행원아집도杏園雅集圖 (명나라 사환謝環 그림. 일부분)

명나라 정통 2년(1437) 3월 초하루, 소부 양사기, 예부상서 양부, 태자 소첨사 왕영과 왕직, 좌서자 주술, 한림시독학사 전습례, 시면, 진순 등이 소부 양영의 행원에 모였는데 이 그림을 그린 사환도 그곳에 있었다. 그들은 술을 마시면서 시를 읊고 풍악을 들으며 즐거운 한때를 보냈는데, 이를 '행원아집', 즉 '행원에서의 뜻있는 모임'이라고 했다. 이 그림은 그 후 사환이 당시의 정경을 회상해 그린 것이다. 왕영과 왕직 등은 이 그림에 제시題詩를 쓰고 양사기와 양영은 각기 서序와 발跋을 썼다. 열 사람이 점잖은 의관으로 위풍 있게 앉아 있는데 그 주위에는 집사나 시동 아홉과 음식 시중을 하는 시종 다섯이 있다. 수려한 정취가 짙게 흐른다'라는 내용이 전해진다. 이 그림의 정취는 송나라 때 소식 등의 모임을 묘사한 그림 〈서원아집西園雅集〉이나 사마광 등의 모임을 그린 〈낙사기영회洛社耆英會〉와 비견할 수 있다.

| 세계사 연표 |

1459년
영국에서 내전이 또다시 일어났다.

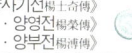

《명사明史 · 양사기전楊士奇傳》
《명사明史 · 양영전楊榮傳》
《명사明史 · 양부전楊溥傳》

강화해 변방 수비를 강화하고 남경에는 참찬기무대신參贊機務大臣을 두어 문무관원을 파견해 강서·호광·하남 등 지역을 다스리며 정사교위偵事校尉를 없앨 것을 건의했다. 그리고 후에는 조세를 감면하고 형벌을 신중히 내려 관리들을 다스릴 것을 제안했는데 모두 황태후의 윤허를 얻고 영종이 조서를 내려 실행했다.

베어서 물에 불려 펄프를 만드는 대나무 (왼쪽 그림)
죽지竹紙는 남방에서 만드는 종이다. 죽순이 자라 댓잎이 돋기 시작하는 여린 대나무가 죽지의 가장 좋은 원료인데 일반적으로 망종芒種 때 산에 올라 대나무를 베어서 다섯 자 내지 일곱 자 정도 길이로 잘라 부근 늪 물에 불린다. 100여 날이 지나면 꺼내 깨끗이 씻은 뒤 고온에 삶아 펄프를 만든다. 이는 중국 고대 노동자들의 지혜의 산물이다. 이 그림은 《천공개물天工开物》에 실려 있다.

펄프를 뜨는 발 (오른쪽 그림)
펄프를 뜨는 것을 '초지抄紙'라고도 하는데 제지 공예 중에서 가장 어려운 과정의 하나다. 초지의 수준은 종이 두께의 고른 정도와 직접 관계된다. 우선 펄프를 고르게 저은 다음 극히 가는 대발로 뜨고, 그런 다음 물을 걸러서 대발을 뒤집어 목판에 편다. 그러고는 말리면 종이가 된다. 이 그림은 《천공개물》에 실려 있다.

종은 서쪽을 향해 서 있는데 태황태후가 영국공 장보와 내각대학사 양사기, 양영, 양부 그리고 상서 호영胡濙을 편전으로 불렀다. 그러고는 이런 말을 했다.

"새 황제가 아직 나이 어리니 노신들이 협력 보필하여 종묘사직의 안정을 도모하기 바라오."

삼양은 자기들의 의사를 솔직히 고하고 충심으로 황제를 보필했다. 그중 양사기가 먼저 군대의 훈련을

왕진의 권력 장악

삼양의 보필로 정통 초년에는 정치가 청명하고 사회가 안정되었다. 그런데 얼마 지나지 않아 영종의 총신을 얻은 환관 왕진王振이 정치에 관여하기 시작했다. 하루는 왕진이 양사기 등에게 연세도 많은데 힘들지 않느냐며 간접적으로 물러나라고 말했다. 그러자 양영은 젊은 사람들을 우리가 선발하겠다고 했다.

그러나 정통正統 5년(1440), 양영은 고향으로 돌아가는 도중 병으로 사망했다. 그때 그의 나이 일흔이었다. 정통 9년(1444), 양사기는 아들이 법을 어기는 일들을 자행하는 바람에 조정 대신들의 탄핵을 받았다. 여든 고령이 된 양사기는 화가 나서 고향으로 돌아간 후 얼마 안 되어 병으로 사망했다. 내각에 새로 들어온 관원 몇은 덕망이 아직 높지 못했다. 그런 기회를 틈타 왕진이 점차 조정 대권을 장악하기 시작했다.

양부 혼자서는 왕진을 대항할 힘이 없었다. 정통 11년(1446), 양부도 병으로 한스럽게 세상을 떴다. 그리하여 삼양이 보필한 성과들은 급속히 소실되고 3년 후에는 '토목의 변土木之變'이 일어났다.

| 중국사 연표 |
1407년 《영락대전》이 편성되었다.

029

조정 대권을 장악한 환관 왕진

영종의 총신을 얻은 환관 왕진王振은 조정의 대권을 장악하고 자신의 반대파들을 몰아내면서 정치를 파국으로 몰아넣었다.

사례감 장악

왕진은 산서 울주蔚州 사람으로 영락 연간에 스스로 거세하고 입궁해 환관이 되었는데 선종 때는 내서당 독서가 되었고 후에는 동궁에 파견되어 태자 주기진朱祁鎭을 섬겼다. 교활하고 아첨에 능한 왕진은 태자를 조석으로 섬기면서 환심을 샀다. 주기진은 왕진의 이름을 부르지 않고 그저 '선생'이라고 불렀다. 후에 등극해 영종이 된 주기진은 왕진에게 사례감司禮監을 관장하게 했다.

명나라 초기에 태조는 환관들이 조정 일에 관여해 나랏일을 망친 역대의 교훈을 명시해 환관들에게 글을 배우는 것과 외직을 겸하는 것을 엄금했고 관직도 4품 이상은 올라가지 못하게 했다. 그런데 성조 때에 이르러 환관에 대한 규제가 약해지기 시작해 환관을 사신으로 파하거나 세금 징수, 물건 구매, 군대 감찰 심지어 변방 요지를 지키는 소임까지 맡게 했다. 그리고 궁중에 내서당을 꾸리고 태감들을 선발해 글을 읽게 했다. 이때부터 환관들이 글을 배우는 것이 합법화되었다. 그렇지만 성조나 선종 등은 그래도 태감들을 엄격히 관할했기 때문에 환관들이 자의대로 불법행위를 할 수는 없었다.

그러나 나이 어린 영종은 환관의 악행을 예견하지 못하고 왕진에게 사례감을 관장하게 했다. 사례감은 명나라 24개 환관 아문 중의 하나로 황성 내의 예의, 형벌, 심부름, 궁문 지키는 일 등 많은 일을 관할했다.

그중에 병필태감秉筆太監과 장인태감掌印太監은 조서 작성과 대신들의 상주서를 관장했다. 매일 대신들의 상주서가 올라오면 그중 몇 개는 황제가 친필로 결재를 하고 나머지는 병필태감이 붉은 먹으로 해자체를 써서 결재한 다음 다시 내각에 보내 조서를 작성하게 했다. 사례감은 상주서들을 읽고 결재하며 나라의 핵심 기밀을 다루는 만큼 매우 중요한 기구였다.

왕진의 권세

사례감이라는 중요한 기구를 관장하게 된 왕진은 그 기회에 자기의 권위를 강화하려고 했다. 그는 나이 어린 영종을 종용해 사람을 속여 재물을 뺏는 행위를

바둑 두는 그림이 새겨진 함 뚜껑 (위 사진)
영락 연간에 만들어진 이 함 뚜껑은 짙은 붉은색 칠기로 붉은 광택이 부드럽게 흐른다. 함 뚜껑에는 바둑 두는 그림《대혁도對弈圖》가 새겨져 있다. 이 그림에는 재미있는 전설이 담겨 있다. 산에 올라 나무를 하던 촌부 하나가 길을 잃고 헤매다가 우연히 바둑을 두고 있는 고수를 만나 바둑 구경에 정신이 팔려서 하늘에서 며칠을 보냈는데 이 하늘의 며칠이 인간세상의 몇 백 년이 되었다는 이야기다.

●●● 역사문화백과 ●●●

[명나라 상인들이 찻잎을 파는 허가증 – 차인茶引]
명나라 차상茶商들은 판매한 찻잎의 양에 따라 세금을 내야 했으며 '차인'이 없이 찻잎을 팔면 사사로이 차를 판매한 죄를 물어 처벌을 받았다.

| 세계사 연표 |

1463년 야로슬라프 공국이 모스크바 공국에 합병되었다.

출전 《명사明史·왕진전王振傳》
《명통감明通鑑·영종英宗》

막는다는 구실로 신하들에게 늘 혹형을 가하게 했다. 그 결과 많은 대신들이 장형杖刑을 당하거나 옥에 갇혔다. 일부 대신들은 형벌이 겁나서, 아첨을 일삼는 무리들은 승진과 영달을 위해서 왕진에게 붙었다. 왕진의 세력은 이렇게 해서 날로 커졌다. 하지만 당시는 원로 중신인 삼양이 조정을 장악하고 있었고 태황태후도 친히 정치를 국문했기 때문에 왕진이 함부로 날뛰지는 못했다.

왕진의 소행을 나쁘게 본 태황태후가 왕진을 불러 무릎을 꿇게 하고 엄하게 꾸짖자 영종과 여러 대신들이 왕진의 목숨만은 살려달라고 사정했다. 이에 태후는 노기가 가시지 않았지만 황제를 보아 목숨은 살려두되 환관들이 국사에 참여하지 못하게 했다.

그 후 왕진은 좀 수그러들었다. 그런데 영종이 문제였다. 영종은 여전히 왕진을 총신했고 왕진의 기세는 다시 살아났다. 정통 6년(1444) 봉천, 화개, 근신 세 개의 대전이 완공되어 영종은 봉천전에서 축하연을 베풀었다. 이런 연회에는 환관들이 참석하지 못하게 되어 있는데, 이때 영종이 왕진을 불러들였다.

왕진이 거드름을 피우며 궁으로 들어오자 백관들이 모두 선낭 문밖으로 나가 왕진을 맞이했다. 왕진은 득의양양하게 연회에 참석했다.

반대 세력의 숙청

정통 7년(1442), 태황태후가 붕어했다. 이때 양영은 이미 사망했고 양사기도 그 이듬해 병으로 사망했다. 양부 혼자만 남았는데 연로하고 병이 많았다. 새롭게 내각에 들어온 각료들은 왕진을 대적할 힘이 없었다. 그러자 왕진은 더욱 거리낄 게 없었다. 그는 태조가 궁정에 세운 '내시가 정사에 참여하면 즉시 참수한다'는 글이 새겨진 무쇠 비석을 자의대로 옮겨 버렸다. 또 조정에서 자기 뜻에 맞지 않는 사람들을 배척

지화사智化寺
지화사는 지금의 북경 동성구東城區 녹미창동구祿米倉東口 길 북쪽에 있다. 원래는 명나라 초 사례태감 왕진의 가묘家廟로서 왕진이 직접 주관해 정통 8년(1443)에 착공했다. 후에 칙명에 의해 보은지화사報恩智華寺로 이름을 고쳤다.

하고 충신들을 모함했다.

시강侍講 유구가 올린 상주서에 왕진을 비난하는 말이 있자, 왕진은 그를 붙잡아 사지를 찢어 죽였다. 어사 이탁李鐸은 왕진을 만나 무릎을 꿇지 않았다고 해서 철령으로 유배가 되었고, 내시와 금의위 병졸 몇몇이 왕진의 여러 죄악을 밝히는 익명의 글을 올렸는데 그것을 본 왕진은 그들을 색출해 모두 책형磔州에 처했다. 왕진은 정직한 많은 대신들을 죽음으로 몰아 넣고는 자신의 무리들로 자리를 채웠다.

왕진에 귀순하는 자는 살고 왕진을 거역하는 자는 죽음이었다. 공후나 훈작들도 왕진을 '옹부翁父'라고 부르지 않으면 안 되었으니 재앙이 두려워 그에게 빌붙고 진상품을 올리는 자들이 날마다 늘었다. 탐욕스러운 그는 그때마다 거절하는 법이 없었다. 왕진은 매관매직을 일삼으며 자기 일당들을 결집했다.

'토목의 변' 이후 조정에서는 왕진의 가산을 몰수했는데, 그의 집에서 금과 은이 60여개의 창고에 가득했고, 옥 쟁반이 100개, 6~7척이나 되는 산호 20여 그루가 나왔으며 그 외에 진귀한 보물이 부지기수였다.

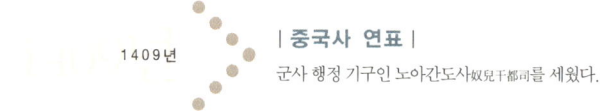

| 중국사 연표 |
1409년
군사 행정 기구인 노아간도사奴兒干都司를 세웠다.

030

토목의 변

왕진의 말을 듣고 출정한 영종은 결국 토목보土木堡에서 포위되어 와라瓦剌의 포로가 되었다.

명나라를 침범한 와라

영락 말년, 몽골의 와라부가 점차 강성해졌다. 수령인 탈환脫歡이 영도하는 와라 군대는 달단의 아로태를 공격해 죽이고 각 부락을 정복한 후 원나라 후예 탈탈불화脫脫不花(토토부카)를 황제인 칸으로 세운 뒤 탈환 자신은 승상이 되었다. 탈환이 죽은 후에는 아들 야선也先이 그 자리를 계승해 승상이 되었다. 야선은 아버지의 정복 정책을 승계해 명나라의 요동, 선부, 대동 등 변진들을 여러 차례 침범했다. 그리하여 명나라 북방 변경은 해마다 소란스러웠다.

명나라는 이때 왕진이 대권을 장악하고 있었다. 와라의 군대가 변강을 침범하는데도 왕진은 태평하다며 황제를 속였다. 그러고는 와라의 환심을 사기 위해 와라의 공사貢使가 요구하는 것을 모두 들어주었다.

정통 14년(1449) 봄, 와라는 공사 2000명을 명나라에 파견해 말을 조공했다. 그러고는 명나라 조정에서 주는 상품을 더 많이 가지기 위해 공사의 수를 3000명으로 보고했다. 그것이 거짓임을 안 왕진은 예부에 명해 실제 수대로 상을 주도록 하고 조공하는 말 값도 많이 깎아 내렸다. 이에 야선은 그 해 7월, 명나라를 공격했다. 야선이 거느리는 군대는 직접 대동을 치고 다른 군대들은 각기 요동, 선부, 감숙을 침범했다.

영종의 친정

변진의 위급함을 알리는 급보가 연이어 도성으로 날아들었다. 공을 세울 때가 왔다고 여긴 왕진은 영종이 친정을 하도록 꾀었다. 병부상서 광야鄺埜와 병부시랑 우겸于謙 등이 "육사六師를 경솔하게 출동시켜서는 안 된다"며 황제의 친정을 말렸지만 영종은 왕진의 말만 믿고 충신들의 간권을 듣지 않았다. 영종은 왕진과 영국공 장보張輔 등 공후백작과 문무관원 그리고 장병 등 모두 50여만 명을 이끌고 출정했다.

명나라의 대군이 회래를 지나 선부에 이르자 비바람이 몰아쳤고 군사들의 사기는 저하되었다. 왕진의 심복 팽덕彭德이 보다 못해 왕진에게 더 앞으로 나갔다간 무슨 화가 닥칠지 모른다고 직언했지만 왕진은 계속 고집하면서 군사를 앞으로 내몰았다.

토목의 변

8월 초 대군이 대동에 이르렀을 때 전방에서 명나라 군대가 전멸했다는 소식이 전해졌다. 그제야 영종과 왕진은 황급히 퇴군을 결정했다. 그런데 왕진은 대군이 퇴각하는 도중 울주를 지나다가 자기네 밭의 곡식을 밟으면 안 되겠다는 생각이 들어 군사를 돌려 선부로 나갔다. 명나라 대군은 여러 번 곡절 끝에 호래성에서 20리 떨어진 토목보에 도착했는데 그때는 이미 주야로 달려온 와라의 기마병들이 가까이까지 이르러 있었다.

토목보의 싸움 지도

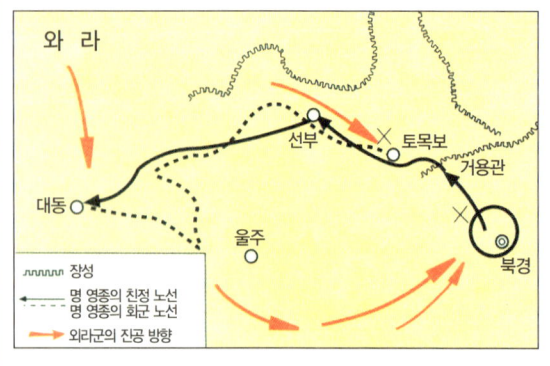

중국을 말한다

| 세계사 연표 |

1463년

베네치아와 투르크 사이에 전쟁이 발발했다.

《명감明鑒·영종英宗》

광야가 황제 앞에 나가 되는 자기가 대군으로 막겠으니 영종께서는 속히 회래성으로 들어가시라고 하자 곁에 있던 왕진은 광야를 끌어내고 대군을 토목보에 주둔시켰다.

토목보는 즉시 와라의 군대에게 첩첩이 포위되었고, 와라의 군대는 점점 더 많이 몰려들어 몇 갈래로 나누어 공격해 왔다. 이튿날 야선은 사신을 보내 거짓 화의를 하고 군대를 뒤로 물렸다. 와라의 군대가 퇴각하는 것을 본 왕진은 급히 군대를 내려 보내 물을 구해 오게 했다. 그 틈을 타 와라의 군대들이 사면에서 일제히 공격해 왔다. 명나라 군사들은 다투어 도망치다가 와라의 기마병에게 밟혀 죽은 자가 부지기수였다. 친병을 따라 포위를 뚫고 나가려던 영종은 절망 끝에 말에서 내려 가부좌를 하고 앉아서 최후를 기다렸다. 혼전 속에서 장보張輔와 대신 다수가 목숨을 잃

명나라 장성 거용관居庸關

었고, 호위장군 번충樊忠은 비분에 이를 갈며 왕진을 통책하다가 철퇴로 왕진을 쳐 죽여 버렸다. 그리고 마지막까지 싸우다가 순국했다.

이 싸움에서 명나라 군대는 몇 십만이나 죽고 부상했으며 야선은 말과 재물을 대량으로 노획한데다가 영종까지 압송해 북으로 돌아갔다. 이것이 명나라 역사상 치욕으로 남은 '토목의 변'이다.

장성도長城圖

장성은 중국 고대의 거창한 군사 방어 시설이었다. 역대 왕조들은 장성의 중수를 아주 중요시했다. 명나라는 태조 주원장이 개국한 그 이듬해인 홍무 원년(1368)부터 장성을 중수하기 시작해 그 후 200여 년 동안 열여덟 번 중수해 1600년 전후에야 만리장성의 전반적인 중수를 완수했다. 명나라는 특히 도성을 북경으로 옮긴 후 북경 북부 변강에 대한 방어를 각별히 중시하면서 장성의 건설과 개수 및 보수를 너무나 숭모시켰다. 규모와 그 웅성의 어려운 성도가 여느 왕조를 초월했다. 이 그림은 명나라 만력萬歷 11년(1583)에 그린 당시 계주진 관할하의 12로路 장성도인데 축조에 쓰인 기획도로 추정된다.

● ● ● **역사문화백과** ● ● ●

[명나라의 장성]

명나라 장성은 진나라 만리장성의 기초 위에서 중수한 것인데 공정의 규모가 진시황의 장성보다 컸다. 몽골 기병들의 침범을 막기 위해 명나라는 개국 때부터 시작해 200여 년 동안 서쪽 가욕관嘉峪關부터 시작해 동으로 산해관에 이르는 1만 2700백여 리에 달하는 긴 장성을 축조했다. 지금 있는 만리장성은 명나라 때 축조한 장성이다. 지형이 험악한 장성의 요충지에는 적지 않은 관애關隘를 세웠는데 그중 산해관은 '천하제일관天下第一關'으로 불린다.

| 중국사 연표 |

1410년

명나라 성조는 친히 군대를 거느리고 와라를 토벌했다.

031

포로가 된 영종

와라는 포로가 된 영종을 이용해 명나라 군대의 투항을 강요했으나 명나라 수성장들은 조금도 동요하지 않았다. 결국 와라는 영종을 명나라로 돌려보냈다.

야선의 타산

정통 14년(1449) 8월, 영종은 친히 전쟁에 나섰다가 토목보에서 와라 군대의 포로가 되었다. 일부 와라 장군들은 영종을 죽이자고 했지만 야선은 속셈이 있었다. 그는 영종을 이용해 명나라에 혼란을 조성하고 그 기회에 자기 세력을 확장하려는 야망을 실현하고자 했다. 그래서 예의를 갖춰 영종을 우대하도록 하고 영종과 같이 생포된 금의교위 원빈袁彬 등이 영종의 시중을 들도록 했다.

야선의 시도를 좌절시킨 명군

원빈은 회래 수성장을 통해 영종이 생포된 상황을 북경에 알렸다. 삼경 때쯤 그 소식을 접한 황궁에서는 일대 혼란이 일었다. 태후는 대량의 금으로 영종을 구해 내려고 서둘러 금은보화 여덟 수레를 모았다. 황후도 궁 안의 값나가는 재물들을 모두 모아 태후를 도왔다. 그런데 야선은 그 많은 금은보화를 받고도 영종을 보내지 않았다. 야선은 영종을 데리고 선부로 가서 선부 수성장에게 어서 성문을 열고 황제를 맞이하라고 소리 질렀다. 그러나 성루 위의 수성장은 꼼짝을 안 했다. 그러자 야선은 군대를 거느리고 이번에는 대동으로 갔다. 대동에서도 도독 곽등郭登은 어명을 받고 성을 지키고 있을 뿐이라며 성문을 열지 않았다.

야선은 이럴 바에는 금은이나 가지고 가려고 원빈을 시켜 금은을 내고 영종을 데리고 가라고 전했다. 곽등과 광녕백 유안劉安은 금은 2만 냥을 겨우 모아 야선에게 바쳤지만, 야선은 그걸 받고도 영종을 놓아주지 않고 영종을 압송해 도로 북으로 퇴군했다.

10월, 야선은 영종을 돌려보낸다는 명목으로, 탈탈불화와 함께 자형관을 지나 북경을 침범했다. 성왕 주기옥朱祁鈺은 우겸 등 대신들의 지지를 얻어 황제로 즉위하고 적을 막았다. 우겸은 군대와 백성들을 조직해 치열하게 싸워 와라군을 대패시키고 북경을 지켰다. 야선은 영종을 이용해 명나라 조정을 핍박해 화의를 맺고 재물을 앗아 가려고 했지만 아무것도 얻지 못하고 도리어 군사와 말만 잃었다. 그런데다가 명나라 각지의 원군들이 신속히 몰려온다는 급보까지 받자

명나라 장성 지도

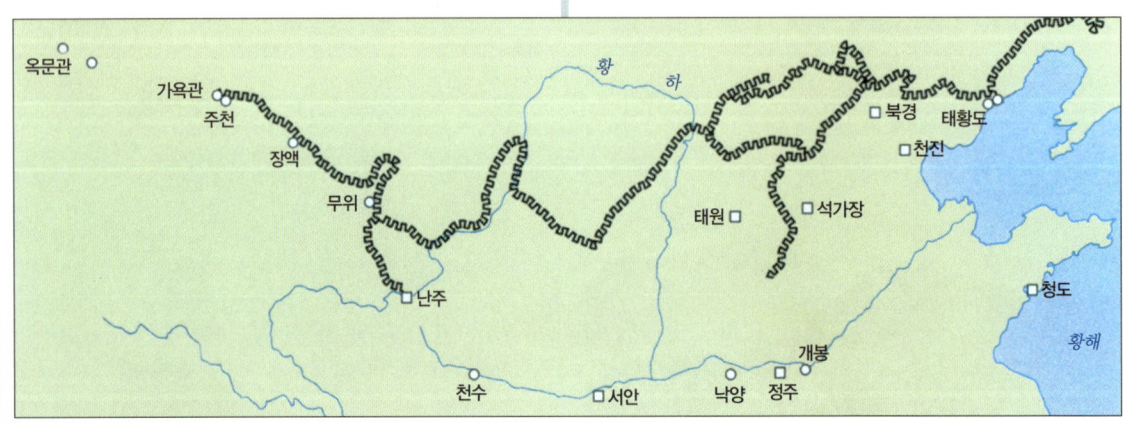

| 세계사 연표 |

1464년 교황 바오로 2세가 즉위했다.

출전 《명통감明通鑑·영종英宗》
《명감明鑑·영종英宗》

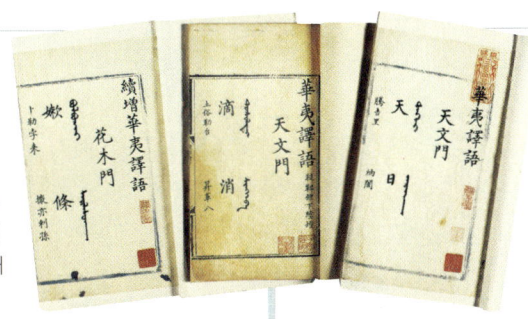

《화이역어華夷譯語》
《화이역어》는 명과 청 두 나라의 회동관會同館과 사이관四夷館, 청나라 때는 사역관四譯館에서 편찬한 책으로 한어와 다른 언어들을 번역한 사서의 총칭인데 모두 네 종의 판본이 있다. 사진은 몽골어를 한자로 풀어 쓴 《화이역어》다.

영종을 데리고 물러갔다. 명나라는 그 기회에 변진들의 방어를 더욱 강화했다.

얼마 지나 야선은 또 영종을 데리고 명나라를 침입하려고 했다. 그러자 원빈은 이번에는 영종을 데리고 가지 말라고 야선에게 사정했고 야선은 영종 없이 자기 홀로 군대를 거느리고 남침을 했는데 결국 명나라 수성장들에게 참패만 당하고 돌아왔다.

영종의 귀국

야선이 영종을 잡아 둔 목적은 명나라를 협박하기 위함이었다. 그런데 그 사이 성왕 주기복이 경제景帝로 즉위하는 바람에 야선의 시도가 물거품이 되었다. 여러 차례 남침에 군사를 많이 잃고 와라 내부에도 분열이 생겨 야선은 부득불 명나라와 화의하고 영종을 돌려보내기로 작정했다.

경태景泰 원년(1450), 야선이 북경으로 사신을 보냈

●●● 역사문화백과 ●●●

[비홍批紅]

'비홍'을 '비주批朱'라고도 하는데 명나라 시기 상주문에 대한 황제의 비답을 말한다. 황제가 친히 쓰는 붓은 주필朱筆, 즉 붉은 붓이기에 황제의 비답을 '비홍' 또는 '비주'라고 한다. 명나라 중엽에 이르러 환관들이 날로 득세함에 따라 황제의 비답을 환관이 대행하는 일이 점차 많아졌다. 선덕 연간 이후로는 매일 올라오는 상주문들을 황제가 몇 개만 직접 비답하고는 모두 사례감 장인掌印·병필秉筆·수당태감隨堂太監 등 환관들이 대필했다. 이로써 환관의 전권專權이 더욱 심해졌다.

다. 이에 신하들이 영종을 맞이해야 한다는 상주서를 올리니 경제는 싫은 내색을 했다. 그러자 병부상서 우겸이 이렇게 말했다.

"전하는 이미 정해진 천위天位인데 변동이 있을 리가 있습니까? 그래도 영종 황제는 모셔 와야 하옵니다. 여기에 와라의 속임수가 있을지 모르나 그건 신이 대처할 방법이 있사옵니다."

이에 경제가 마음을 놓고 와라와 화의하는 데 동의했다. 여러 번의 곡절 끝에 야선도 드디어 영종을 돌려보내는 데 동의했다. 8월 초, 와라에게 1년 남짓 잡혀 있던 영종이 돌아왔다. 경제는 대신들을 선부와 거용관에 내보내 영종을 북경으로 맞이해왔다. 영종은 동화문으로 북경에 입성했고, 그 후 경제에게 양위를 선포하고 남궁에 거처했다.

1368~1644 명나라

《대명통일지大明統一志》

| 중국사 연표 |

1413년 노아간도사에 '칙수영녕사기敕修永寧寺記' 돌비석을 세웠다.

032

북경 방위전

우겸于謙은 북경 군민들을 영솔해 와라군과 결사적으로 싸워 끝내 북경을 지키고 대승을 거두었다.

북경 방위전에 용감히 나선 우겸

정통 14년(1449) 8월, 명나라 대군이 토목보에서 와라 군대에게 포위되어 대패하고 영종이 사로잡혔다는 소식이 북경에 전해지자 문무백관들이 궁전 앞에 모여 통곡을 했다. 태황태후는 영종의 아들 주견심朱見深을 태자로 세우고 영종의 아우 성왕 주기옥朱祁鈺에게 태자를 보필하도록 했다.

성왕은 신하들을 모아 놓고 북경성을 사수할 일을 상의했다. 당시 북경성에는 늙고 힘없는 병졸까지 합쳐도 군사가 10만 명이 못 되었고 민심 또한 불안했다.

한림시강 서정徐珵이 남경으로 도읍을 옮기자고 하자 그 말이 떨어지기 무섭게 우겸이 반대하며 나라의 근본인 도성을 버리자는 사람은 참수해야 한다고 했다. 우겸의 주장은 많은 대신들의 지지를 받았다. 이에 성왕도 북경을 사수할 결심을 하고 우겸을 병부상서로 임명해 북경 군민들을 지휘하게 했다. 또한 성왕은 조정 모든 신하들의 강력한 요구로 왕진 일가를 적몰하고 왕진의 일당인 마순 등을 참수했다.

우겸은 북경성을 방비하고 양홍楊洪·석형石亨 등 무장과 문신들을 중용할 것을 건의했는데 경제는 그 건의를 모두 채택했다.

10월, 야선은 영종을 돌려보낸다는 명분으로 대군을 거느리고 남침해 왔다. 그들은 자형관을 신속히 함락하고 북경성을 향해 쳐들어왔다. 석형은 군대를 북경성 안으로 들여놓고 성문들을 굳게 닫을 것을 주장했으나 우겸은 적군에게 약하게 보여서는 안 된다며 반대했다.

우겸은 명나라 장령들이 군대를 거느리고 성 밖으로 나가 북경 밖에서 진을 치고 적을 막을 것을 주장했다. 그리고 우겸은 북경성 성문들을 모두 닫아 버렸다. 퇴로를 자진 차단하고 결사 항전하기 위해서였다. 우겸은 이렇게 엄명을 내렸다. "장군이 먼저 물러나면 장군을 참하고 병사가 지휘를 듣지 않으면 뒤에 있는 장병들이 그를 참한다." 그러고는 갑옷을 입고 친히 군대를 거느리며 덕승문 밖을 나가 지켰다. 이에 감동한 명나라 군사들은 투지 백배해 결사적으로 북경을 사수할 것을 결심했다.

투지를 불사른 북성 군민

와라가 영종을 볼모로 명나라를 협박하는 불리한 정세에 대처하기 위해 성왕 주기옥은 9월 초 황제에 오르고 연호를 경태景泰라고 고쳤다. 그가 바로 경제景帝다. 와라에게 잡혀 있는 영종은 태상황으로 칭했다. 와라의 군대가 북경으로 대거 남침하리라 예상한

북경 사수

북경성 밖에 이른 와라군은 서직문 밖에 진을 쳤다. 영종을 압송해 온 야선은 어서 와서 영종을 데려 가라고 명나라에 통지했다. 그 기회를 이용해 북경성을 공격할 타산이었다. 명나라 조정에서는 어쩌면 좋을지 우겸에게 물었다. 그러자 우겸은 "지금 난 북경성을

| 세계사 연표 |

1467년 일본에서 '오오닌應仁의 난'이 일어났다. 이로서 일본 전국 시대가 시작되었다.

《명감明鑑 · 영종英宗》 출전

경태 연간의 동화총銅火銃 (왼쪽 페이지 사진 포함)

이 동화총은 활당식活膛式 화기로서 약실(화약을 넣는 부분)과 포신으로 나뉘어 있다. 약실에 난 작은 구멍은 도화선을 넣는 구멍이다. 명나라는 영락 연간부터 군대에 화총을 지급했는데 총포에는 큰 것도 있고 작은 것도 있었으며 성을 지키는 데 사용하는 것도 있고 돌격하는 데 사용하는 것도 있었다. 조정에는 병장兵仗, 군기軍器 등 두 개 부서를 설치하고 총포를 전문으로 연구해 이 기술을 발전시켰다. 이 동화총은 경태 연간에 제조한 것이다.

사수할 생각만 하지 다른 것은 생각지 않는다"라고 대답했다. 이에 경제도 영종을 맞아들이는 일을 거절했다.

야선의 와라군은 북경성을 맹렬히 공격했으나 덕승문 밖에서 명나라 군대의 결사적인 저항을 받았다. 우겸은 석형에게 명해 병사들을 비어 있는 민가에 매복시키고 기병 일마를 보내이 적군을 유인하도록 했다. 그리하여 1만여 명의 적군을 매복권 안으로 끌어들였다. 포 소리 한 방에 사면에서 복병들이 달려 나오고 화기火器들이 불을 뿜었다. 와라의 군대는 대패해 달아났고 이 와중에 야선의 아우도 화포에 맞아 죽었다. 와라의 군대는 다른 성문도 공격해 보았지만 역시 명나라 군대의 완강한 저항을 받았다. 성 밖의 백성들도 군대와 협력해 지붕이나 담 위에 올라서 와라 군대를 벽돌장으로 내리쳤다. 닷새 동안의 격전 끝에 와라 군대는 중대한 손실을 입었다.

이때 각지의 명나라 군대들이 북경을 지원하러 속속 달려왔다. 북경성 밖의 명나라 군대는 22만 명으로 늘어났다. 연이은 참패로 손실이 컸던 야선은 퇴로가 차단될까 두려워 더 싸울 엄두를 내지 못하고 먼저 영종을 북으로 압송해 보냈다. 그날 밤 영종이 이미 떠났음을 안 우겸은 즉시 군영에 집중 포격을 가하도록 했다. 수많은 와라의 군대가 명나라 화포에 맞아 죽었다. 야선은 하는 수 없이 전군을 퇴각시켰고, 우겸은 적군을 맹렬히 추격해 대승을 거두었다. 북경을 지키기 위한 싸움은 이렇게 빛나는 승리를 거두었다.

11월 북경성은 계엄을 해제했다. 그 후에도 우겸은 계속 북경과 변진의 수비를 강화해 와라군의 남침 기세를 여지없이 꺾어 버렸다.

●●● 역사문화백과 ●●●

[상업 산술 응용 문제집 – 《구장산법비류대전九章算法比類大全》]

명나라 오경찬吳敬撰이 경태 원년(1450)에 완성한 책인데 모두 11권으로 되어 있다. 이 책에는 곱하기, 나누기 등의 예문과 방전方田, 속미粟米, 쇠분衰分, 소광少廣, 상공商功, 균수均輸, 영육盈朒, 방정方程, 구고句股 등의 내용에 1000여 개 응용 문제들과 그 해법이 기술되어 있다. 일부 응용 문제는 '고문古門'과 '비류比類' 두 가지로 나뉘었는데 전자는 산술 책에서 옮겨 온 것이고 후자는 당시 사회 실정에 근거한 것이다. 명나라 초기 상업 산술의 진실한 상황을 기록했는데 그중 이자 계산과 이윤 나누기 같은 것은 어느 정도 상업적 실용성이 있는 것들이었다.

1368~1644 명나라

위衛는 원래 명나라 군대의 편제編制 이름이다. 명나라 초기 군사 요충지에 위를 설치하고 여러 부部를 한 개 위의 방어구에 소속시켰다. 일반 사람들은 보통 군대가 주둔하고 있는 지역을 '위'라고 일컬었다.

| 중국사 연표 |

1413년 명나라 조정은 달단 아로태를 화녕왕으로 봉했다.

033

남궁의 복벽

경제의 병이 중해지자 일부 대신들이 정변을 일으켜 영종을 다시 황제로 올려놓았다.

경제의 타산

경태 원년(1450) 8월, 와라군에서 풀려나 북경으로 돌아온 영종은 태상황의 신분으로 남궁에 거처했다. 전 황제 영종의 귀경은 현재 황제인 경제에게는 위협이었다. 황제 지위를 확보하기 위해 경제는 영종을 엄밀히 감시하고 한편으로는 태자, 즉 영종의 장자 주견심朱見深을 기왕沂王으로 폐위시키고 자기의 외아들인 주견제朱見濟를 태자로 책봉했다. 그런데 그 이듬해 주견제가 병으로 죽었다. 대신들은 다시 주견심을 태자로 올려놓을 것을 주청했지만 경제는 대답하지 않았다. 자기 나이가 아직 젊으니 이후에 아들이 생기면 태자로 삼을 생각을 하고 태자 책봉 문제를 잠시 의논하지 않기로 했다. 일부 조정 대신들은 그것을 못마땅하게 생각했다.

석형 등의 역모

경태 8년(1457) 정월, 아들이 생기기를 고대하던 경제가 남교에 재제행례齋祭行禮를 가던 도중 갑자기 병이 나 쓰러졌다. 그는 무청후와 석형 등을 불러 행사

겹사법랑으로 만든 쌍륙기합雙陸棋盒 (위 사진)
'쌍륙'은 일종의 놀이인데 이미 오래전에 무형의 문물이 되었다. 하지만 겹사법랑으로 만든 쌍륙기합만은 다행히 보존되어 내려오고 있다. 이 예술품은 금과 법랑이 서로 잘 조화되어 부귀하고도 화려한 느낌을 주고 전체 조형이 안정감 있다.

를 대신 진행하도록 했다. 경제의 병이 위중함을 본 석형은 제사를 마치고 돌아와 곧 도독 장월張軏과 태감 조길상曹吉祥 등을 불러 역모를 꾀했다. 그들은 태자를 세우는 걸 의논하기보다는 아예 영종을 복벽시키는 것이 더 좋겠다고 여겼다. 그러면 그 공로로 벼슬이 올라갈 것을 확신했다. 태상경 허빈의 의사를 물어보니 그 역시 세상의 공을 세우는 일이라며 찬성했다. 그러나 허빈은 자기는 연로하고 무능하니 서유정徐有貞과 의논해 보라고 했다.

이튿날 석형은 서유정을 찾아갔다. 와라군이 북경성을 공격해 올 때 도성을 남으로 옮기자고 주장하던 서정徐珵이 바로 서유정이다. 석형의 말을 듣던 서유정은 크게 기뻐했다. 그런데 그때 마침 변강이 위험하다는 급보가 올라왔다. 일이 잘 되어간다고 생각한 서유정은 이 기회에 긴급 상황에 대처한다는 명분으로 군대를 입궁시켰다.

영종의 복귀

사경 무렵, 석형 등은 군사 1000여 명을 거느리고 궁성으로 들어갔다. 서유정은 이미 조방朝房에 나와 앉아 있었다. 밤이 너무 어두워 자신이 없어진 석형 등이 불안해하자 서유정은 서두르라고 독촉했고, 이에 석형 등은 곧바로 남궁으로 달려갔다.

그리고 서유정과 석형 등은 부복하며 영종의 등극

| 세계사 연표 |

1471년 영국왕 에드워드 4세가 영국으로 돌아와 복위했다. 이로써 영국 국내는 평화가 회복되었다.

출전 《명사明史·서유정전徐有貞傳》
《명감明鑑·경제景帝》

을 권했다. 그러고는 영종을 옹위하고 남궁을 나와 동화문으로 달려갔다. 서유정은 영종을 옹위해 봉천전으로 갔고 거기서 다시 황제 지위에 올랐다. 그때 이미 날이 훤히 밝아 왔다.

조회에 나온 조정의 문무백관들이 경제가 나와 조회를 볼 것을 기다리는데 궁중이 갑자기 소란스러워지며 환호 소리가 진동했다. 놀라서 서로를 바라보는 백관들 앞에 문이 열리며 북소리, 징소리가 일더니 서유정이 나와 목청을 높이고는 "태상황께서 복위하셨다!"라고 알리며 백관들에게 입전해 축하할 것을 요구했다. 일이 이미 만회할 수 없는 지경에 이르렀음을 안 백관들은 하는 수 없이 영종의 복귀를 축하했다.

그때 병상에 누워 있던 경제는 멀리 들려오는 북소리, 종소리를 듣고 아연실색해 내시에게 무슨 일이냐고 물었다. 영종이 복위를 한다는 이야기를 들은 경제는 아무 말이 없었다.

이 궁정 정변을 역사에서는 '남궁의 복벽' 또는 '탈문지변奪門之變'이라고 한다. 다시 복귀한 영종은 연호를 천순天順이라 고치고 경제를 성왕으로 폐위해 서궁에 거처하도록 했다. 성왕 주기옥은 그 후 며칠이 지나지 않아 죽었다.

●●● 역사문화백과 ●●●

[법랑琺瑯]

법랑은 금속의 표면에 유리질의 유칠을 발라 만든 공예품의 총칭이다. 이 제작법은 원래 외국에서 들어왔는데 제조 원리와 유약을 조합하는 방법이 자기를 만드는 방법과 비슷했다. 금속 기물의 재료에 따라 용매의 종류와 용량을 조절해 유약의 팽창 계수를 금속 기물의 팽창 계수보다 적게 하고 용점熔點도 금속 기물의 용점보다 낮게 하는 방법을 사용했다. 그래야 기물의 표면에 유약이 완전히 부착될 수 있어서 기물의 미관을 돋보이게 할 수 있다. 명나라 시대 법랑은 여러 가지 다른 이름이 있었다. 지금은 제조 기법에 따라 겹사掐絲, 내전內塡(또는 참태鏨胎) 화법랑畵琺瑯 세 가지로 나눈다. 겹사법랑은 세 가지 중에 가장 먼저 발명된 기술로 먼저 동사銅絲로 무늬를 새기고 그것을 기물 표면에 붙인다. 그리고 무늬의 안팎에 각종 법랑 유약을 바른 다음 가마에 넣어 굽는다. 이렇게 굽기를 여러 번 반복해 기물 표면에 칠한 유약의 두께가 알맞게 되면 마보를 하거나 도금을 한다. 내전법랑의 제조도 겹사법랑의 제조와 비슷하다. 다만 기물 표면의 장식에 참각鏨刻, 두드려 맞추기, 부식하기 등의 방법을 더 쓸 뿐이다. 그리고 굽는 방법도 여러 가지가 있다. 기물의 표면에 무늬를 새긴 다음 투명한 유약을 발라 굽기도 한다. 화법랑은 먼저 금속 기물의 내외에 불투명한 유약을 발라 구운 다음 디자인에 따라 거기에 새로운 유약을 바르고 무늬를 새긴 다음 다시 가마에 넣어 굽는다. 겹사법랑은 원나라 말기 중국에 전해 들어왔다. 1378년 《격고요론格古要論》이란 책에 이미 겹사법랑 제조에 대한 소개가 나와 있으며, 1456년 《증보增補 격고요론》에서는 명나라 경태 시대에 내사부에서 만든 겹사법랑이 '섬세하고 예쁘다'는 평가를 하고 있다. 그러나 경태 연간에 제조한 겹사 법랑은 명나라 말기에 이르러서야 문인들과 관리, 상고들의 인기를 끌게 되어 다투어 사서 소장하는 일이 생겼다. 이때 '경태람'이 겹사법랑의 대명사가 되었다.

겹사법랑매화병
법랑으로 만든 이 겹사법랑매화병掐絲琺瑯梅花瓶은 가는 금실로 꿰어 무늬를 넣은 것이 독특하다.

| 중국사 연표 |

1414년 와라를 토벌한 명 성조는 홀란홀실온忽蘭忽失溫에서 마합목馬哈木(마흐무드)를 대패시키고 토라하土喇河까지 추격했다.

034

청백함만 세상에 남기리

강직하고 청렴한 우겸은 북경을 사수해 나라를 살린 민족 영웅이지만 간신들의 음해로 억울한 죽음을 당했다.

청렴한 관리

우겸의 자는 연익延益이고 호는 절암節庵이며 전당錢塘(현 저장浙江 항주杭州) 사람이다. 20여 세에 진사로 등과하며 벼슬길에 올랐다. 선덕 초기에는 강서 순무로 부임해 법을 엄하게 다스리며 억울한 죄명으로 갇힌 수많은 사람을 석방시켰다.

우겸은 성미가 강직하고 청렴했다. 삼양도 그를 중히 여겨 우겸의 건의라면 바로 비준을 내려 주었다. 그러나 삼양이 모두 사망하고 왕진이 조정을 휘두르면서 인종과 선종 시대에 이룩한 청명한 풍기를 어지럽혔다. 그러나 우겸만은 그러지 않았다.

강직한 성미

우겸은 성미가 강직해 왕진의 미움을 샀다. 왕진은 그를 모함해 옥에 잡아넣었다. 이 소식이 우겸이 순무로 있던 산서, 하남 등지에 전해지자 그곳 관리들과 백성들은 우겸을 석방하고 복직시켜야 한다는 상주서를 다투어 올렸다. 조정은 하는 수 없이 백성들과 관원들의 요구를 비준하고 우겸을 다시 산서와 하남의 순무로 임명했다. 우겸은 19년이나 순무로 있다가 정통 13년(1448)에야 병부좌시랑으로 발탁되어 북경으로 왔다.

명나라의 저명한 충신 우겸
정직하고 청렴한 우겸은 관리가 된 후 백성들에게 이로운 일들을 많이 했다. 정통 14년(1449), 명나라 영종 주기진이 '토목의 변'으로 적군에게 생포되고 북경성이 혼란에 빠졌을 때 당시 병부상서로 있던 우겸은 주기진의 아우 주기옥을 황제로 올려 세우고 군대와 백성을 통솔해 북경을 사수했으며 전승을 거두었다. 천순 원년(1457) 영종이 복벽한 후 우겸은 모함을 당해 참살당했다. 그 후 7년이 지나서야 우겸은 명예를 회복하고 그 유체를 고향에 묻을 수 있었다.

그가 북경에 온 이듬해에 토목의 변이 일어났고 우겸은 결사적으로 북경을 지켰으며 와라 군대를 물리쳤다.

그러나 경제의 신임을 받은 우겸은 성미가 강직해 아무리 공이 많은 장수들이라도 규율을 어기면 가차 없이 처분했다. 그러다 보니 적지 않은 사람의 원한을 샀는데 그중 특히 서유정, 석형, 조길상 같은 자들의 미움을 받았다.

음해를 당한 우겸

경태景泰 8년(1457), 경제의 병이 위중해지자 서유정과 석형 그리고 조길상 등은 정변을 일으켜 군대를 이끌고 남궁으로 가서 영종을 복귀시켰다. 황제의 자리에 다시 오른 영종은 그날로 서유정, 석형, 조길상 등

| 세계사 연표 |

1476년 토토 전투에서 스페인은 포르투갈을 대패시켰다.

출전 《명사明史·우겸전于謙傳》
《명감明鑒·경제景帝》

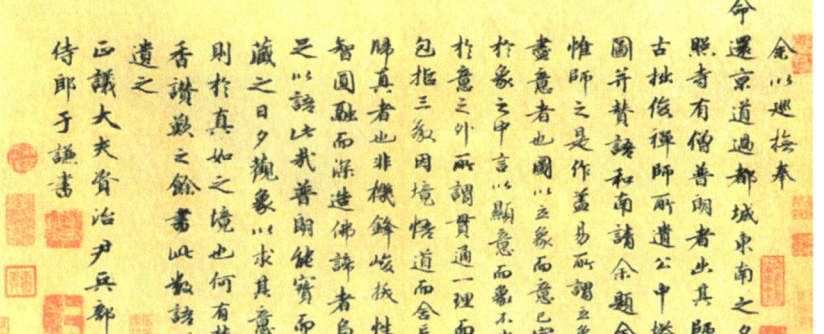

제중탑도찬책題中塔圖贊册 (명나라 우겸 글)
세로 28.9cm, 가로 61cm 크기의 이 행서行書는 필법이 자연스럽고 유창하면서도 강인한 힘을 잃지 않고 있다. 구조가 엄밀하면서도 개성 또한 선명하다. 생기 있는 이 글자들만 보아도 우겸의 웅건한 기개, 문학과 서예의 출중함을 알 수 있다.

을 고위직에 중용했다.

이들은 복수할 기회가 왔다고 좋아하며 우겸과 대학사 왕문 등이 양왕의 세자를 태자로 옹립하려고 밀모했다고 모함하고 우겸과 왕문을 옥에 감금했다.

결국 서유정과 석형 등이 조종해 우겸과 왕문은 역모죄를 쓰고 극형을 선고 받았다. 영종은 그래도 우겸의 공로를 생각해 죽이지는 않으려고 했는데 서유정이 우겸을 죽이지 않으면 이 일의 명분이 없어진다며 설득해 영종도 마침내 우겸을 죽이는 데 동의했다.

사서의 기록에 의하면 우겸을 살해하는 날, '천하에 원혼이 울어 사방에 안개가 자욱했다'고 한다. 우겸의 집을 수사하자 재산이라고는 아무것도 없었고 다만 자물쇠를 잠근 정실이 있어 열어 보니 황제가 하사한 의복과 기물들뿐이었다. 소박한 우겸은 집마저 허술해 북경 방위전이 있은 다음 경제가 그에게 집 한 채를 하사하려고 했다. 그런데 우겸은 "나라 사정이 아직 어려운데 신이 어떻게 감히 그럴 수 있겠습니까?" 하며 거절했다. 우겸은 다만 황제가 하사한 책과 도포 그리고 검 등을 소중히 보관하고 해마다 한 번씩 꺼내 보곤 했다. 우겸은 나랏일을 보느라고 늘 관아에서 잠을 잤기에 집에 오는 날이 1년에 며칠 되지 않았다. 그가 쓴 〈영석회詠石灰〉라는 시에 이런 구절이 있다.

'오로지 청백함을 세상에 남기리니 이 몸이 가루 된들 두려울 게 있으랴.'

우겸이 죽은 후 그 가족들은 변강으로 유배를 갔다. 우겸의 시체는 우겸의 충의에 감복해 온 진규陳逵가 위험을 무릅쓰고 거두었는데 후에는 우겸의 사위가 항주로 옮겨 갔다. 항주 서자호 기슭에 나란히 있는 우겸의 사당과 악비岳飛의 사당은 지금도 중요한 유물로 남아 있다. 후세 사람들은 악비와 우겸 두 민족 영웅의 충성과 보국 정신을 시를 써서 찬송했다.

'두 영웅의 사당이 있기에 서호가 더욱 빛난다.'

●●● 역사문화백과 ●●●

[통속적인 역사소설 - 《삼국지연의三國志演義》]

《삼국지연의》는 《삼국지통속연의三國志通俗演義》 또는 《삼국연의三國演義》라고도 하는 장편 역사소설이다. 이 소설의 일부는 이미 당나라나 송나라 때 민간에 유전되고 있었다. 원나라 말 명나라 초 문학가 나관중羅貫中이 《삼국지평화三國志平話》를 토대로 진수陳壽의 《삼국지三國志》와 배송裴松의 주해 등 역사 자료들을 활용해 대중이 모두 감상할 수 있는 역사소설 《삼국지연의》를 창작했다. 전 책은 24권으로 매 권마다 열 개씩 장절이 나눠져 모두 240개 장으로 되어 있다. 나관중의 이름은 본本이고 자는 관중이며 호는 호해산인湖海散人으로 산서 태원 사람이다. 일설에는 전당錢塘(현 항주杭州) 사람이라고도 하고 여릉廬陵(현 길안吉安) 사람이라고도 한다. 이 소설에서 작자는 역사의 풍운에 대한 묘사로 정치·군사 투쟁의 파란 곡절을 그리고 있으며, 또 역사의 질곡에 대한 작자의 감흥을 표현하고 있다. 소설에서 가장 인기를 끄는 내용은 정치적·군사적 모략을 펼쳐 상대방과 겨루는 내용과 지혜형의 인물들과 용맹형의 인물들의 형상이다. 그러나 어떤 학자들은 소설 중에 묘사된 소규모의 전쟁들이 너무 간단히 처리되었으며 지나치게 과장된 부분이 있다고 평하기도 한다.

| 중국사 연표 |

1414년 종객파宗喀巴(중커바)의 제자 석가야실釋迦也失이 북경에 올라와 황제를 알현했다. 명나라 조정에서는 종객파를 대자법왕으로 책봉했다.

035

석형과 조길상의 역모

영종을 복벽시킨 공으로 석형石亨과 조길상曹吉祥은 영종의 총신을 얻어 권세가 날로 커졌고, 둘은 서로 야합해 마침내 반역을 꾀했다.

석형과 조길상

영종은 '남궁의 복벽'에 참여했던 자들을 공신으로 인정하고 상을 내렸다. 서유정은 무공백으로, 석형은 그대로 군대를 영솔하게 하면서 충국공으로, 조길상은 사례태감으로 승진시켜 내신들 중의 으뜸으로 만들었다. 석형의 조카 석표石彪까지 정원후로 책봉되었고 그의 아우와 조카 등 모두 50여 명이 관직이 올랐다. 그리고 석형의 덕으로 그 친구들과 무려 4000여 명의 일당이 벼슬을 얻었다.

태감 조길상은 본래 왕진의 일당이었는데 이때에 이르러 그는 양자 조흠과 조카 조현, 조탁, 조예 등을 모두 도독都督으로 임명해 병권을 장악하게 했다. 그중에 조흠은 소무후昭武侯까지 되었다. 조길상의 문하에서 관리가 된 자가 무려 1000명도 넘었다. 그 역시 권세가 석형에 비견할 만해 세인들은 그들을 합쳐 '조曹·석石'이라고 불렀다.

서유정, 석형, 조길상은 각기 요직을 차지하고 나서는 권력 다툼을 벌이기 시작했다. 서유정은 석형 같은 일개 무신이나 조길상 같은 태감을 아주 멸시했다.

그런데 어느 언관이 석형과 조길상이 황제의 총애를 등에 업고 독단 전횡함을 탄핵했다. 영종이 사실 여부를 서유정에게 물으니 그는 둘의 악행을 고발했다. 그러나 영종은 그 말을 듣고도 두 사람을 추궁하지 않았다. 이 사실을 안 석형과 조길상은 서유정을

겹사법랑 접시 (위 사진)
파란 바탕에 꽃과 잎들을 새긴 이 법랑 제품은 마치 백화가 피어나는 화원에 들어선 것 같은 느낌을 준다.

몰아 낼 계책을 밤낮으로 연구했다.

그런데 그 후 또다시 언관들이 조길상과 석형을 탄핵했다. 그러자 이 둘은 영종 앞에 달려가 무릎을 꿇고 눈물을 쥐어짜며 억울하다고 하소연했다. 그러자 영종은 '서유정이 조정 대권을 독점하고 공신들을 배척했다'는 죄명을 씌워 삭탈관직시켜 변강으로 유배를 보냈다. 서유정이 없어지니 조정은 조길상과 석형의 세상이 되었다.

석형의 전횡

석형은 영종의 총신을 등에 없고 권력을 독점하기 위한 악행을 수차례 감행했다. 문관인 제독군무提督軍務가 무장들의 승진을 방해한다고 여긴 그는 영종에

●●● **역사문화백과** ●●●

[귀뚜라미 겨루기]

명나라 때에 귀뚜라미를 '촉직促織' 또는 '실솔蟋蟀'이라고 하며 겨루기를 시키는 놀이가 크게 유행했다. 특히 북경이 더했는데 북경 사람들은 해마다 7~8월이면 많은 집에서 귀뚜라미를 길렀다. 이들은 남녀노소를 불문하고 귀뚜라미 겨루기를 즐겼고, 그것이 후에는 일종의 도박이 되었다. 선덕 연간에는 황궁 안에서도 귀뚜라미 겨루기를 했는데 해마다 궁중에서 소요되는 귀뚜라미를 민간에서 바쳐야 했다. 그래서 '귀뚜라미가 울면 선덕황제가 가져간다'는 민요까지 생겼다. 귀뚜라미 겨루기는 전국 각지에 퍼져 강남 일대의 방탕한 공자들은 한 번에 수백 냥이나 되는 은자를 놓고 귀뚜라미 겨루기를 했다. 명나라 말기에는 의요宜窯에서 생산하는 귀뚜라미를 담는 자기가 진품이 되었다. 소주산 촉직분促織盆은 정교하게 만든 데다 겉에 사람들까지 새겨 사람들에게 인기를 끌었다.

| 세계사 연표 |

1478년 모스크바 대공 이반 3세가 노브고로트 공화국을 멸망시켰다.

《명사明史·서유정전徐有貞傳》《명사明史·석형전石亨傳》
《명사明史·환관전宦官傳》《명감明鑑·영종英宗》

게 주청해 각 변방 성의 순무와 제독군무 등의 관직을 철회했다. 그런 방법으로 석형은 나라의 군권을 자기 손에 넣었다. 매일 입궁해 영종을 만나고 영종이 부르지 않으면 구실을 만들어 입궁했다. 그리고 무슨 일이든 영종이 꼭 그의 의사대로 하도록 고집을 부렸다. 더 이상 참을 수가 없어진 영종은 황제의 부름이 없으면 석형을 궁 안으로 들여놓지 말라고 좌순문에 명했다. 석형의 입궁이 적어지니 영종도 자연히 석형을 멀리 하게 되었다. 그 후 영종은 각지의 순무들을 회복시키고 석형의 권세를 약화시켰다.

천순 3년(1495), 석표는 석형과 모의해 전국의 병권을 틀어쥐려는 목적으로 대동을 지키러 나갈 작정을 했다. 그래서 친신을 시켜 영종에게 주청했는데 영종은 이를 의심해 석표를 하옥시키고 그 집을 수색하니 용을 수놓은 용포가 나왔다. 이에 석형도 파직되었다. 그 이듬해 금의위 지휘 녹고逯杲가 석형이 무뢰배들을 집에서 기르며 역모를 꾀했다고 고발했다. 이에 석형은 역모죄로 하옥되고 재산을 몰수당했다. 석형은 그 후 얼마 되지 않아 옥에서 죽었다.

조길상의 반역

조길상은 석형이 하옥되자 자기도 그렇게 될까 두려워 조흠 등 심복들을 모아 결당을 하기 시작했다.

천순 5년(1461) 7월, 조흠은 법을 어긴 사실이 드러나 영종의 책망을 들었다. 영종은 금의위 지휘 녹고에게 명해 조흠 일당을 감시하게 했다. 이에 조흠은 군사를 일으켜 조정에 반란을 꾀하기로 작정했다.

모의가 끝난 날 밤 조흠이 주연을 차리고 일당들과 함께 술을 먹는데 함께 있던 마량이라는 자가 생각할수록 겁이 나서 그 자리를 몰래 빠져나와 조방朝房으로 달려가 그 일을 고발했다. 그때 마침 손당 등 몇몇 관원들이 집으로 돌아가지 않고 조방에서 잤는데 그

명 헌종소한조금도明憲宗消閑調禽圖
명 헌종 주견심이 새를 가지고 노는 장면을 그린 그림이다. 궁정화원의 두 그루 고목 아래서 평상복을 입은 헌종이 태감 한 명이 들고 있는 새 초롱을 손가락으로 가리키고 있다. 그 뒤에도 소태감 하나가 서 있다. 이 그림은 당시 궁정에 있는 화가가 그린 것이다.

소식을 듣고는 부랴부랴 상주서를 써서 장안문 문틈으로 밀어 넣었다. 그 보고를 접한 영종은 즉시 주길상을 체포했다.

소식이 새어 나간 것을 안 조흠은 군대를 거느리고 녹고의 집을 쳐들어가 녹고를 죽였다. 그러고는 조방으로 달려가 관원들을 죽인 다음 황궁으로 쳐들어가려고 했는데 궁문이 굳게 닫혀 들어갈 수 없게 되자 무고한 관원들을 죽였다.

이때 손당이 서정군을 집합시켜 조흠의 무리들과 격전을 벌였다. 조탁, 조현, 조예 등은 모두 관군의 칼에 맞아 죽었고 달아날 데가 없는 조흠은 우물에 몸을 던져 자살했다. 사흘이 지나 조길상은 사지를 찢어 죽이는 책형을 당하고 그의 친척과 일당들도 모두 처형당했다.

소류구小琉球라고 했다 113

| 중국사 연표 |

1415년 장강과 황포강을 이어 북경으로 가는 조운漕運이 열리게 했다.

036

전봉관

헌종憲宗은 걸핏하면 성지를 내려 선물을 진상한 자들에게 관직을 제수했다. 그래서 이른바 '전봉관傳奉官'이 범람했다.

직접 관직을 봉해 준 헌종

천순 8년(1464), 영종이 병으로 사망하고 태자 주기심이 즉위해 헌종이 되었다. 그 이듬해 헌종은 연호를 성화成化로 고쳤다. 헌종은 즉위한 지 얼마 안 되어 장인匠人 하나를 문사원文思院 부사로 임명하는 조서를 환관을 시켜 전달했다. 이것은 비록 작은 일이지만 이부와 내각에서 관직을 수여하는 통례를 뒤엎고 황제가 직접 관직을 제수하는 조서를 내리는 선례를 만들었다. 이런 방식을 가리켜 '전봉관'이라 칭했다.

이후 진상을 핑계로 서화, 골동품, 약재 등을 바쳐 벼슬을 얻으려는 사람이 줄을 섰고 헌종은 그들에게 관직을 제수했다. 그리하여 위로는 문인과 무사, 아래로는 화상이나 도사에 이르기까지 벼슬을 얻은 자들이 수없이 많았는데, 어떤 때는 하루에 110명이 한번에 벼슬을 얻기도 했다.

부록을 바친 이자성

헌종이 방술方術을 좋아한다고 알려지자 헌종의 비위를 맞추려고 방술이나 점술에 관해 다룬 책인 부록符籙을 바쳐 벼슬을 얻는 사람들도 나왔다.

강서 사람 이자성李孜省은 불법을 자행하는 탐욕스러운 관리였다. 헌종이 방술을 좋아한다는 말을 들은 그는 헌종에게 부록을 바쳤다. 헌종은 이자성이 바친 음란한 방술을 좋아하면서 이자성에게 태상승이라는 벼슬을 주는 성지를 내렸다. 그리고 얼마 후 또다시 임원감승林苑監丞으로 올려 주었다. 그러고도 금관과 법검法劍 그리고 인장까지 하사했다.

이자성의 일이 있은 후 벼슬을 얻으려는 수많은 자들이 이자성을 본따 환관들과 야합해 방술을 진상했

모란꽃 무늬 비단
화려한 모란꽃은 부귀를 상징해 공예 미술에서 즐겨 이용하는 무늬다. 이 '모란꽃 무늬 비단'은 보라색 바탕에 활짝 핀 모란꽃들을 꽃가지로 질서 있게 이어 놓았다. 꽃 윤곽에는 금실을 수놓아 화려하고도 선명한 효과를 내고 있다.

역사문화백과

[다채로운 견직품絹織品]

중국 전통적인 공예품인 견직품은 선진先秦·양한兩漢 시대에 이미 빛나는 성과를 거두었다. 명나라 때에 이르러서는 전례 없는 규모와 수준으로 발전해 금금錦·단緞·주綢·나羅·사紗·추縐·능綾 등 여러 품종에 새로운 무늬도 많이 생겼다. 그중 금단錦緞이 가장 출중했다. 명나라 전기에 복건의 견직공 임홍林洪이 새로운 견직 기계를 발명해 안팎의 무늬가 똑같은 비단을 짜내기도 했다. 견직업은 주로 강남·산서·사천·복건 등에 집중되었는데 그중에서도 강남 지역에서 짠 금단의 질이 가장 좋았다. 무늬의 색깔도 다채로워 10여 종이나 되었다. 어떤 것은 완전히 금실로 바탕을 짜고 어떤 것은 비단 바탕 위에 금실과 은실로 무늬를 수놓았으며 어떤 것은 꽃무늬 주변만 금실을 둘렀다.

| 세계사 연표 |

1485년 헨리 튜더가 즉위해 튜더 왕조를 세웠다. 그가 바로 헨리 7세다.

《명사明史·이자성전李孜省傳》
《명사明史·헌종기憲宗紀》
출전

궁잠도宮蠶圖 - 실내 양잠을 묘사한 그림

중국의 양잠업은 하夏·상商·서주 시대에 이미 새로운 단계로 진입해 실외 양잠에서 실내 양잠으로 바뀌었다. 그 후 담을 높이 두르고 가시나무를 펴서 도둑까지 방지하며 전문 양잠에만 이용하는 집인 '잠옥蠶屋'이 발전했다. 명나라 때의 그림 〈궁잠도〉는 당시 실내 양잠의 상황을 생생하게 반영하고 있다.

다. 헌종은 그들 모두에게 벼슬을 내려 한때 전봉관이 수천 명에 달했고 평민들이 일시에 고위 관리가 되었다. 등상鄧常恩, 조옥지趙玉芝 같은 사람들은 방술을 안다고 해서 태상경太常卿이 되었고, 고강顧玒은 임금의 가마를 잘 끈다고 해서 태상소경太常少卿이 되었다.

이런 사람들은 문신이면서 낫 놓고 기억자도 모르고, 무관이면서 활도 당기지 못했다. 이런 자 중에서 권세가 제일 높은 게 이자성이었다. 그는 빠르게 우통정右通政으로 올라가 상림원을 관할하면서 황제를 측근에서 섬겼다. 이자성은 황제의 총신을 등에 업고 2년이 못 되어 좌통정으로 올라가 점차 조정을 간섭하기 시작했다.

전봉관의 폐단을 지적한 대신들

성화 19년(1483), 섬서 순무 정시鄭時가 날로 범람하는 전봉관의 폐해를 지적하면서 이자성을 탄핵하는 상서를 올렸다. 이어서 어떤 언관이 전봉관의 폐해를 격렬하게 규탄하는 상서를 올렸다. 언사가 너무나 격렬해 헌종은 부득불 이자성을 두 급 격하시키고 또 열 몇 사람의 관직을 떼어 버려 간신히 조정의 여론을 가라앉힐 수 있었다.

성화 21년(1485) 정월 어느 날, 경성의 하늘에 한 가닥 백광이 건너가더니 붉은 별이 나타났다. 옛날에는 천문 현상을 나라의 정사나 사람들의 운명과 연결시켜 생각했다. 그런 괴상한 천문 현상이 나타나자 두려

워진 헌종은 조신들을 모아 놓고 나라 정치에 대해 직언하게 했다. 그리하여 구경九卿과 대신들이 분분히 상서하며 직언을 했는데 가장 심각한 문제가 전봉관의 폐해라고 입을 모았다. 어느 대신은 헌종에게 올리는 주청서에 이런 계산을 덧붙였다.

'1년에 1000명씩 전봉하면 몇 년이 지나면 수천이 됩니다. 몇 천 사람의 봉록으로 1년에 몇 십만이 소모됩니다. 이 돈은 백성들이 바치는 혈세입니다.' 그러면서 그들은 이구동성으로 전봉관을 철폐할 것을 요청했다.

방술에 빠진 헌종

여론의 압력에 못 이겨 헌종은 이자성을 상림원 감승으로 강직시키고 전봉관으로 관직을 얻은 500여 명을 파면시켰다. 하지만 방사와 환관들에 관한 대신들의 비난은 황제를 기분 나쁘게 만들었다. 헌종은 그런 대신들의 이름을 병풍 뒤에 써 놓고 관원들의 전근이

| 중국사 연표 |

1420년 산동 포대蒲臺에서 당색아唐賽兒가 기의를 일으켰다.

팔달훈금八達暈錦

'팔달훈금'은 당나라와 송나라 시대의 비단무늬를 계승한 것으로 도안들은 팔각형을 중심으로 해서 밖으로 확대되는 구조를 취했다. 도안의 중심은 꽃무늬로 그 주변은 여러 가지 기하학 무늬로 연결되었다. 이 '팔달훈금'은 팔각형의 중심에 보상화寶相花 무늬가 있고 그 주변에는 여덟 개 연꽃이 있다. 그리고 팔각형의 밖은 또 정사각형 무늬와 연결되었는데 규칙적인 변화 속에서 장중하면서도 화려하다. 원래 '팔달훈금'의 주요 도안은 기하학 무늬인데 후에 그 중간에 꽃무늬를 넣는 것이 더 광범위하게 유행했다.

필요할 때마다 그들을 멀리 강직시켜 내려 보냈다.

방술에 빠진 헌종은 결국 그 해 10월에 이자성을 원래 관직으로 복직시켰다. 뿐만 아니라 얼마 지나지 않아 그를 예부시랑으로 발탁했다. 그 후 이자성은 권력을 이용해 그를 탄핵했던 조정 관원들을 음해했다. 그리고 강서 사람들이 충심으로 나라를 위한다고 황제를 꾀어 많은 강서 사람들을 조정에 발탁해 자기의 도당으로 만들었다. 한동안 조정 관원들의 승진 여부가 모두 이자성의 말 한마디에 달려 있었다.

간신들과 환관들이 결탁해 조정을 휘두르니 일부 대신들은 관직을 지키기 위해 간신들이나 환관들에게 빌붙었다. 진사 곽등郭登은 원래 형부주사였는데 도장을 새기는 솜씨가 출중했다. 그는 태감들의 추천으로 상보경尙寶卿이 되어 매일 저잣거리를 돌아다녔다. 그 후 그의 덕으로 전봉관이 된 장인들이 적지 않았다. 병과 급사 중 장선길張善吉은 원래 유배를 가게 되어 있었는데, 태감을 통해 '비술秘術'을 헌납한 덕에 유배를 가지 않은 것

은 물론 복직까지 되었다. 대학사 만안萬安도 자기의 지위를 확고히 하기 위해 헌종에게 방중술房中術을 헌납했다. 이런 방식으로 벼슬을 얻은 자들이 부지기수였다.

성화 23년(1487), 헌종이 죽고 효종이 즉위했다. 효종은 헌종 때의 전봉관 2000여 명을 모조리 삭직시키고 이자성은 변강으로 유배 보냈다. 이자성은 후에 옥에서 죽었다.

등롱금燈籠錦

등롱금은 송나라 때 생겼다. 등롱을 기본 도안으로 하여 무늬들이 질서 있게 분포되어 있다. 이 등롱금의 초롱 위에는 구슬 장식이 있는 화개華蓋가 있고, 중심에는 '수壽' 자가 새겨져 있다. 등롱의 밑굽은 박쥐형이며 위아래에는 벌 무늬가 있다. 이는 해음諧音의 수법으로 풍작, 행복, 장수 등을 상징한다. 중국어에서 박쥐를 뜻하는 '복蝠'은 행복 '복福' 자와 동음이며 풍작의 '풍豊'과 벌 '봉蜂' 자도 동음이다. 그러므로 이 도안은 길하다고 하여 많은 사람들의 인기를 끌었으며 송나라 이후 계속 전해 내려왔다. 명나라 때에 이르러 등롱금의 양식은 더욱 다양해져 특이한 디자인도 나타났다. 어떤 것은 등롱을 마름모형이나 원형의 도안 안에 넣고 거기에 나는 학을 그렸는데 이것을 '천하락금天下樂錦'이라고 했다.

| 세계사 연표 |

1485년 장미전쟁이 종결되었다. 일설에 의하면 기원 1497년에 종전되었다고도 한다.

037

《명사明史·환관전宦官傳》
《명감통明鑑通·헌종憲宗》
《명감明鑑·헌종憲宗》

출전

천하를 호령한 왕태감

헌종은 환관 왕직汪直을 총애하고 서창西廠을 세웠다. 서창을 관장한 왕직은 갖은 횡포를 다 부렸다.

왕직을 총신하고 서창을 세운 헌종

광서 대등협大藤峽 출신인 왕직은 어려서 궁에 들어와 헌종의 총희 만귀비의 궁에서 작은 태감太監으로 있다가 후에 어마감御馬監의 태감이 되었다.

한 번은 외부인이 궁에 들어와 붙잡힌 적이 있었다. 빨리 발견되어 큰일은 없었지만, 그 후 헌종은 자기를 암해하려는 사람이 있을까 봐 겁이 났다. 그래서 약삭빠른 왕직을 시켜 궁 밖을 나가 바깥일들을 은밀히 정탐하도록 했다.

이때부터 왕직은 헌종의 총애을 얻기 시작했다.

성종 때도 환관을 궁 밖으로 내보내 역모나 악행을 하는 사람들을 조사하고 나포하는 등의 일을 전담하는 동창東廠을 만들었는데 그 권세가 금의위와 맞먹었다. 헌종은 성화 13년(1477) 정월, 동창 외에 서창도 만들어 왕직을 주관으로 임명했다.

서창에는 제기緝騎가 동창보다 훨씬 많았다. 제기란 고관들 앞에서 길을 인도하거나 뒤에서 보호하는 기사들을 말하는데 많을수록 권세가 높았다. 서창은 금의위보다 권세가 막강했다. 어디에나 서창의 교관校官들이 있었으며 관원에서 백성에 이르기까지, 조정 큰일에서 개인 일상의 사소한 일이나 떠도는 말에 이르기까지 그 모두가 서창 특무들이 정탐하는 대상이 되었다.

관원과 백성은 말을 조금만 잘못해도 잡혀 갔고, 왕직은 여러 명목으로 많은 사람들을 잡아 가두었다. 서창은 얼마 되지 않아 대신 여러 명을 고문으로 죽였는

1368 ~ 1644

명나라

'삼원三元'을 연이어 따낸 상로商輅

상로(1414~1486)의 자는 홍재弘載이고 호는 소암素庵인데 지금의 강소 지역에 속하는 순안淳安 사람이다. 명나라 정통 연간에 진사가 되었는데, 해원解元, 회원會元, 장원壯元의 '삼원'을 연이어 따낸 사람은 명나라 역사상 오직 상로 한 사람뿐이었다. 그는 병부상서, 이부상서, 근신전 대학사 등의 고위직을 역임했다. '토목의 변' 이후 도성을 남으로 옮기는 것을 반대하고 와라에 저항할 것을 주장했다. 일생 동안 영종, 대종, 헌종 세 임금을 보필하면서 나라를 다스려 탁월한 실적을 남겨 놓았다. 이 그림은 《역대명신상해歷代名臣像解》에 실려 있다.

●●● 역사문화백과 ●●●

[요리 기술의 발전과 4대 요리 계열의 형성]

명나라 때 와서 요리는 그 기술이 더욱 정교해지고 기법도 더욱 다양해졌다. 굽기, 튀김, 지짐, 찜, 부침, 삶기, 절임, 무침, 훈육, 빚기 등 수십 가지 조리법이 있었으며 조미료도 아주 풍부해 붉은쌀, 술지게미, 소금, 간장, 된장, 설탕, 식초, 꿀, 새우 기름, 생선 젓갈, 삭힌 두부, 딸기, 살구씨, 후추, 고추, 깻잎 등이 있었다. 요리의 색을 살리는 기술과 요리의 조형 기술도 이전에 비해 큰 발전이 있었다. 남경, 북경, 양주 대도시에 있는 큰 음식점들은 각기 제로齊魯, 고소姑蘇, 회양淮揚, 천촉川蜀, 경진京津 등 지역의 특색 있는 요리들을 만들어 팔았다. 원료의 선택에서나 만드는 방법 등에서 각자의 장점을 취해 모두 자기 지역의 특색 있는 음식 맛을 이루었고 각기 완전한 요리 계열을 형성했다. 명나라 때 이미 산동, 사천, 회양, 광동 등 '4대 요리'가 형성되어 세인들에게 인정을 받았다.

| 중국사 연표 |

1420년 명 성조는 이듬해부터 북경을 수도로 정하고 도성을 북경으로 옮긴다는 조서를 내렸다.

데 거기에 연좌된 관원 또한 적지 않았다. 터무니없는 죄명을 쓰고 억울하게 죽거나 유배를 간 민간인 또한 부지기수였다.

왕직과 서창의 악행에 사람들은 격렬히 반대했다. 대학사 상로商輅 등은 서창을 없앨 것을 요구하는 상주서를 올리기도 했으나 헌종은 그 상주서를 보고 아주 불쾌해하면서 "내시 하나를 임용했다고 천하가 위험해지다니 무슨 허튼 소리인가?"라며 주동자가 누구인지 밝혀내라는 칙명을 내렸다. 상로는 그 칙명을 가지고 온 태감에게 이렇게 말했다.

"신 등은 한마음으로 나라의 장해물을 제거하려고 했을 뿐이옵니다. 여기에 어느 하나 주동자란 있을 수 없습니다."

이때 병부상서도 9경卿을 영솔해 왕직을 탄핵하는 주청서를 올렸다. 헌종은 하는 수 없이 서창을 없애고 제기들을 해산해 금의위에 합병시켰으며 왕직은 어마감으로 돌려보냈다. 이에 사람들은 모두 기뻐했다. 그러나 그것은 일시적이었다. 헌종은 여전히 왕직을 총신했다. 한 달이 지나 어느 어사 하나가 헌종의 비위를 맞추려고 서창을 회복할 것을 주청했다. 헌종은 마침 잘 되었다며 즉시 동의하고 서창을 다시 세웠다. 이에 아첨하는 무리들은 재빨리 승진이 되었지만 상로 같은 관원들은 핍박에 못 이겨 사직하고 조정에서 물러났다. 원래의 병부상서도 서민으로 떨어지고 대신 왕직의 친신인 왕월이 병부상서가 되었다.

한편 강서에 양복이라고 하는 자가 있었는데 생김새가 왕직과 비슷했다. 이 자는 왕직으로 위장하고 무호에서 출발해 소주, 상주, 사명四明(현 절강浙江 영파寧波) 등지를 다녔는데 관리들이 그를 보고 벌벌 떨면서 백방으로 아첨을 했다. 이 자는 복주까지 가서 그런 기만극을 벌이다가 결국 위장이 드러났다.

왕직은 공을 자랑하기 좋아하는 위인이었다. 그 성미를 잘 알고 있는 왕월과 진월 등은 전공을 세워 지금의 지위를 확고히 하자고 왕직을 꾀었다. 왕직은 왜적이 요동을 침략한다는 구실로 왕월, 진월과 같이 여러 번 출정을 했다. 그리고 돌아올 때마다 헌종에게서 후한 상을 받았다.

드러난 왕직의 악행

궁 안에는 잡극에 능한 아추라는 소태감이 하나 있었다. 어느 날 궁중에서 술에 취해 잡극을 하며 노는데 옆에 있던 사람이 황제가 온다고 알려 주었다. 그런데도 그는 "왕 태감이 온다고 하면 달아나지. 난 왕 태감만 알지 다른 사람은 몰라" 하고 말했다. 그러고는 왕직 흉내를 내며 도끼를 휘두르는 듯하면서 헌종 앞으로 걸어갔다. "내 이 왕직은 말입니다. 이 월鉞(도끼) 두 개로 군대를 통솔한단 말입니다." 그러니 다른 사람이 "그게 무슨 월인가?" 하고 물었다. 그러자 그는 "이거요? 하나는 왕월, 하나는 진월. 하하 그것도 모릅니까?" 하고 너스레를 떨었다.

헌종은 함께 웃었지만 왕직과 서창의 악행에 대해

● ● ● **역사문화백과** ● ● ●

[북경의 등시燈市]

등시는 명나라 북경성 안에서 열리는 장마당의 하나. 처음에는 등불놀이를 하느라고 열렸으나 후에는 정기적인 장마당으로 변해 매달 초닷새, 초열흘, 보름 그리고 스무날이면 열리곤 했다. 그중에도 보름에 여는 등불장이 제일 볼만했다. 정월에는 해마다 초여드렛날부터 시작해 17일에야 끝나곤 했다. 그 사이 오봉루五鳳樓에서 동화문東華門까지 800m가 넘는 큰 길에는 각지에서 온 장사꾼들이 지방의 토산물, 골동품, 생필품 등의 물건을 파는데 언제나 인산인해를 이루었다. 등불만 파는 상인만 해도 1000명이 넘고 등의 가격도 수십 전을 받는 싼 것이 있는가 하면 천금을 받는 귀한 것도 있었다. 등 모양도 가지각색이었다. 북경 대보름에 열리는 등시에서는 등불 외에 풍악을 울리고 폭죽을 터뜨리고 태평고太平鼓라는 북을 쳤다. 이 기간에 부근의 집들은 시세가 폭등해 하룻밤을 쓰는 데 내는 돈이 엄청나게 비싸지기도 했다.

| 세계사 연표 |

1491년 프랑스 샤를 8세는 브르타뉴 공국을 합병시키고 프랑스를 정치적으로 통일했다.

명헌종원소행락도明憲宗元宵行樂圖 - 명나라 풍속화의 대표작 (일부분)

명나라 제8대 황제인 주견심은 생활이 음탕하고 치국에는 업적이 그리 없었지만 그림 하나만은 출중했다. 이 그림은 주견심이 정월 대보름날 황궁에서 보름놀이를 하는 여러 가지 장면들을 그린 것이다. 광대놀음도 있고 마술놀음도 있다. 복장을 봐서는 궁내 광대들 같다. 이런 놀음 외에 사자춤놀이, 말타기, 용놀음 등도 있었는데 이런 것들은 당시 곡예와 희곡이 결합되었음을 반영한다.

뭔가 느끼기 시작했다. 그리고 얼마 후 동창의 주관 상명商銘이 황궁 안에서 도둑을 잡아 헌종의 포상을 받았다. 그 말을 들은 왕직은 크게 노해 "상명이 상을 받아? 감히 나를 제치고 상을 받다니. 이런 고얀 놈이 있나" 하고는 상명을 없애려고 했다.

이에 몹시 겁이 난 상명은 왕직의 평소 악행들을 헌종에게 낱낱이 고발했다. 헌종은 오만방자한 왕직을 처단해야겠다는 생각을 하게 되었다.

성화 18년(1482), 서창의 악행이 나라의 기강을 무너뜨리고 있다며 언관이 서창을 탄핵하자 헌종은 서창을 없애 버렸다.

그 이듬해에는 왕직과 총병總兵이 갈등한다는 것을 이유로 왕직을 남경 사마감으로 강직시켰다. 8월에는 어사 서용이 왕직과 왕월, 진월 등이 야합해 황제를 기만하고 불법 행위를 하고 있다고 탄핵하는 상주서를 올렸다. 상주서에는 '천하는 지금 다만 서창을 알고 조정은 모르고 있으며 왕직을 두려워할 뿐 폐하를 두려워할 줄 모르고 있나이다' 라는 구절이 있었다.

헌종은 그제야 왕직의 권력 남용에 대해 경계심을 느껴 왕직을 남경 봉어奉御로 강직시키고 그 일당을 모두 파면시켰다. 이로써 왕직 일당들의 횡포가 종식되었다.

| 중국사 연표 |
1420년 동창東廠을 세웠다.

038

홍치의 중흥

효종孝宗은 전봉관의 폐해를 없애고 현사들을 중용하며 충언들을 받아들여 밝은 정치를 폈다. 그리하여 '홍치弘治의 중흥'을 이루었다.

현사들의 임용

성화 23년(1487) 헌종이 붕어하자 태자 주우탱朱祐樘이 즉위하고 연호를 홍치弘治로 고쳤다. 그가 바로 효종이다.

헌종은 방술에 빠져 정치를 게을리 하면서 무지한 자들을 적지 않게 중용했다. 이자성, 등상은, 조옥지 같은 자들은 모두 방술로 고위관리가 되었다. 국사國師, 선사禪師, 시랑侍郞, 통정사通政使, 태복경太僕卿, 상보경尙寶卿 같은 관직을 가진 승려나 도인 잡배들 역시 헤아릴 수 없이 많았다.

효종은 이런 폐해를 제거하기로 결심을 굳혔다. 먼저 그는 간신과 남아도는 관원들을 파면했다. 그리고 이자성 같은 잡배들을 전부 잡아 옥에 감금했으며 함부로 제수한 전봉관 2000여 명을 모조리 파직시키고 유배를 보냈다. 그리고 1000여 명의 선사, 국사, 진인들도 파면, 추방하고 그들 수중에 있던 인장과 의장 등을 빼앗았으며 악덕 요승을 처단했다.

헌종 때의 무리들을 조정에서 축출한 효종은 덕망이 높고 유능한 인재들을 선발해 중용하기 시작했다.

서부徐溥, 유건劉健, 이동양李東陽 등 덕망 있는 명신들을 내각에 들였고, 성미가 강직해 헌종 때 사직하고 집에 있었던 남경 병부상서 왕서王恕를 급히 불러 올려 이부상서로 발탁했다. 그리하여 왕서는 구경 중의 으뜸이 되었다.

그리고 태자로 있을 때 마문승馬文升이 지조 있는 관원이라는 말을 들었던 효종은 즉위하자 남경 병부상서로 있는 마문승을 즉시 좌도어사로 발탁했다. 또한 예부우시랑 구준丘濬이 나라를 다스리고 천하를 평정하는 도리를 논술한《태학연의보太學衍義補》를 바쳤는데 효종은 그것을 보고 크게 찬양하면서 그를 예부시랑으로 승진시켰다. 이렇게 현명하고 유능한 관원들을 중용해 '홍치 조정에는 군자가 많다'는 평가를 들을 만큼 조정의 기풍이 새롭게 되살아났다.

근면한 정치와 근검절약

효종은 정사를 바르게 폈다. 홍치 원년(1488), 그는 대신들의 건의를 받아들여 대경연大經筵과 소경연小經筵을 개설했다. 원래 이 제도는 정통 초년에 제정했는데 대경연은 매달 초이틀, 열이틀, 스무이틀에 한 번씩 여는 예식이었다. 소경연은 임금과 신하가 격의 없이 서로 문답을 하는 중요한 형식이었다. 이 경연제도는 헌종 때 한동안 폐기되었는데 효종이 이 제도를 다시 세웠다. 이와 아울러 아침 조회뿐만 아니라 점심

황유반黃釉盤 (위 사진)
이 자기의 밑굽에는 '대명홍치년제大明弘治年制'라는 글이 해서체로 새겨져 있다. 그릇의 표면은 노란 유약이 두텁게 칠해져 있다. 명나라 홍치 연간에 제작한 교황유嬌黃釉 자기의 전형적인 작품인데, 교황유는 계황유鷄黃釉, 밀랍황蜜蠟黃, 단황蛋黃 등 여러 속칭들이 있는 일종의 저온유低溫釉이다. 명나라 선덕 연간에 시작되어 성화, 홍치 연간에는 최고 수준에 이르렀다. 이 유약은 자기에 직접 칠할 수도 있고 먼저 백유를 바른 다음 그 위에 덧칠할 수도 있다. 그래서 이 유약을 바르는 방법을 '요황유澆黃釉'라고 한다. 이 순황색의 유약은 철의 함량이 비교적 많은 붉은색 자석赭石을 발색제로 사용한데다 재벌로 굽기 때문에 유약 층이 두터우며 색깔이 곱고 부드러워 사람들의 경탄을 자아낸다. 단순히 색조 면에서 비교해 본다면 명나라 홍치 연간의 교황유는 선덕, 성화 연간의 황유보다 맑고 청담하다고 할 수 있다. 이 작품은 황유 자기 중에서 가장 뛰어난 작품이다.

| 세계사 연표 |

1492년 콜럼버스가 중앙아메리카 바하마 군도의 과나하니 섬에 도착했다.

용무늬 옥띠 조각
옥기玉器의 제작은 시대의 발전에 따라 부단히 완성되어 갔다. 이 명나라 시대 용무늬 옥띠 조각은 유한한 공간 안에 구름 속 노니는 용을 아주 생동감 있게 부각해 마치 눈만 그려 넣으면 당장 용이 하늘로 높이 솟구쳐 오를 듯한 느낌을 준다. 참으로 정교하게 만든 옥기다.

조회를 더 열어 하루에 조회를 두 번씩 함으로써 백관들로 하여금 국사에 관한 일들을 황제께 직접 품하도록 했다. 이렇게 치국에 부지런한 효종은 정치에 게을렀던 아버지 헌종과는 극명한 대조를 이루었다.

효종이 치국에 애를 쓰는 만큼 조정 상하 문무백관들도 다투어 진언을 했다. 혹자는 시국의 폐해를 진언하고 혹자는 치국의 방책을 진언했다. 마문승은 시정施政 열다섯 가지 일에 대해 진언했는데 거기에는 인재를 등용하는 것, 탐오를 금지하는 것, 형벌을 바로잡는 것, 재정 비축을 늘리는 것, 사인士人들을 보조하는 것, 경비를 절약하는 것, 무장 방어력을 정돈하는 것 등이 포함되었다. 그것을 본 효종은 아주 기뻐하며 하나하나 실행에 옮겼는데, 이것이 홍치 연간의 정치·경제 발전에 큰 역할을 했다.

환관들이 조정 대권을 휘두르며 나라를 어지럽힌 교훈을 되새겨 효종은 환관들을 엄격히 단속했다. 그리고 동창과 금의위가 자기 본직에 충실하고 다시는 자의대로 행동하지 못하게 했다. 따라서 그때 임용된 금의위 지휘 인사들은 법 집행이 공정했고 형벌을 관대하게 내렸다. 이것은 명나라 중기가 다른 시기와 구별되는 현상 중의 하나였다.

효종은 또 나라 살림을 근검하게 꾸리도록 했다. 황궁의 지출과 녹봉을 감소하고 대형 토목공사를 금하

며 백성들의 부담을 적게 했다. 그리고 여러 차례 조서를 내려 종실과 종친들이 민간의 토지를 강점하고 백성을 괴롭히는 일을 엄금했다. 일부 지방의 하세夏稅나 추세秋稅를 감면하기도 했다. 이런 조치들은 당시 사회적인 갈등과 위기를 완화하는 데 아주 유용했다. 정통과 성화 연간에는 농민 봉기가 계속 일어나고 그중 몇 차례는 그 기세가 상당히 컸지만 홍치 연간에는 그런 대규모 농민 봉기가 일어나지 않았다.

효종은 근검절약하고 백성을 사랑하며 치국에 힘쓴 황제였다. 그래서 사람들은 이 시기를 '홍치 중흥'이라고 한다.

사천 연계蓮溪 벽화

사천 연계 보범사寶梵寺에는 아주 정밀한 명나라 때의 벽화가 보존되어 있는데 이 벽화는 그중 〈지장설법地藏說法〉이라는 벽화다. '지옥이 비지 않으면 결코 부처가 되지 않겠다'고 한 지장왕地藏王이 보좌에 앉아서 한 손은 무릎에 얹고 한 손은 약간 들고서 의젓하게 법도를 말하고 있다. 몸 뒤에 감도는 오색 구름이 신비로움을 더해주는데 청수하게 생긴 지장왕의 얼굴에는 우려 섞인 표정이 담겨 있어 사람들을 더욱 숙연하게 한다.

1368~1644 명나라

| 중국사 연표 |

1424년 아로태를 친히 토벌하고 돌아오던 명 성조가 유목천楡木川에서 병으로 사망했다.

039

정민정 사건

정민정程敏政과 관련된 한 차례 과거 시험 사건으로 이동양李東陽, 당인唐寅 등 명사들의 이름이 전국에 퍼졌다.

회시를 주관한 정민정과 이동양

명나라 때 관원으로 임용되거나 승진하는 가장 중요한 방법은 과거 시험을 치는 것이었다. 향시에서 합격이 되면 을방乙榜에 이름이 났다. 회시에서 진사가 되면 갑방甲榜에 이름이 나며, 향시와 진사 둘을 모두 통과한 관원은 '양방출신兩榜出身' 또는 '갑과출신甲科出身'이라고 했다. 이것은 당시 가장 높은 학력이었다. 홍치 연간에 시험문제가 누설된 사건이 생겼는데, 그 일에 몇몇 유명한 인물들이 연루되어 당시 전국을 놀라게 만들었다.

정민정과 이동양, 이 두 대신은 홍치 12년(1496)에 치러진 회시를 주관했다. 주시관 정민정은 안휘 휴녕 사람으로 그의 아버지는 남경 병부상서를 지낸 적 있었다. 성화 2년(1466), 정민정은 진사로 등과해 편수로 임용되었고 후에는 좌유덕左諭德으로 승진해 황태자의 강관講官이 되었다. 당시 한림 중에 가장 이름이 있는 사람이 셋이었는데 그들이 바로 이동양과 진음陳音 그리고 정민정이었다.

효종은 즉위하자 지난날 태자의 강관이었던 정민정을 소첨사 겸 시강학사로 발탁했다. 재능이 출중한 정민정은 황제의 강관인 적도 있었다. 이런 경력으로 정민정은 동료들을 경시했고 일부 사람들의 비난과 미움을 샀다. 그 결과 홍치 원년(1488)에 어사 왕숭 등의 공격을 받아 낙향했다가 몇 년이 지나 다시 복귀해 태상경 겸 시독학사로 임명 받아 한림원을 관장했다. 후에는 예부우시랑으로 옮겨 내각의 칙서 작성을 책임졌다.

시험문제의 누설

홍치 12년의 과거 시험에 강남 강음 부호의 자식인 서경徐經이란 사람과 당인, 즉 당백호唐伯虎라는 소주 사람이 응시를 했다. 당인은 1년 전에 향시에서 1등을 한 적이 있었다. 두 사람은 정식 시험 전에 예비 작문을 지어 보았는데, 그 작문의 제목이 그 해 과거 시험의 제목과 똑같았다. 그 말이 전해지자 일부 응시생들이 부정행위가 있었다며 들고일어났다. 그러자 급사給事 가운데 화창華昶은 정민정이 시험문제를 팔아먹었다며 정민정을 탄핵했다.

그때는 아직 방문을 내붙이지 않았을 때였다. 효종은 긴급히 어명을 내려 정민정에게 시험지를 더 이상 보지 못하게 하고 그가 매긴 시험지는 이동양과 다른 시험관들이 다시 심사하도록 했다. 이동양 등이 보니 정민정이 합격시킨 시험생 명단 중에 서경과 당인 등의 이름은 들어 있지 않았다. 그래서 이동양은 즉시 정민정을 변호하는 상주서를 올렸다. 그런데 이 기회에 분풀이를 하려고 작심한 일부 인사들이 사처에서 유언비어

강남 일등 풍류 인물 당인

당인(1470~1524)의 자는 자외子畏이고 호는 백호伯虎, 육여거사六如居士, 도화암주桃花庵主 등이며 장주長州 사람이다. 명나라의 유명한 서예가이며 문학가인 그는 박식하고 재간이 많았다. 홍치 11년(1498)에 응천부 과거 시험에 1등으로 뽑혀 자칭 '강남 일등 풍류남아'라고 했다. 그런데 서른 살 때 과거 시험에서 발생한 사건으로 옥살이를 하고 후에는 절강으로 내쳐져 이吏가 되었다. 이에 당인은 여산, 천대, 무이산 등 명산대천을 돌아다니며 그림과 글을 팔아 생계를 유지했다. 그의 그림과 글은 세상에 유명해져 당시의 심주沈周, 문징명文徵明, 남영藍英과 더불어 '명나라 4대가'가 되었다. 이 초상화는 《역대명신상해》에 실려 있다.

| 세계사 연표 |

1493년 콜럼버스의 제2차 아메리카 항해가 시작되었다.

《명사明史·정민정전程敏政傳》
《명사明史·이동양전李東陽傳》
《명사明史·당인전唐寅傳》

를 살포했다. 외간에 떠도는 유언비어를 들은 효종은 대노했다. 그는 즉시 명을 내려 정민정, 화창, 서경, 당인 등을 즉시 체포하고 심문하도록 했다.

분풀이가 만들어 낸 억울한 사건

심문을 거쳐 주심관主審官은 이렇게 정리했다. '서경은 돈을 가지고 정민정의 집으로 찾아가 정민정의 시종에게 뇌물을 주어 시험문제를 얻어 냈고 당인은 시험 전에 정민정의 집에 묵으면서 정민정에게 시험문제를 구걸했다.' 이에 따라 서경, 당인은 파면되고 정민정은 옥에 감금되었다. 정민정은 얼마 지나지 않아 석방되었지만 관직을 사직했다. 그리고 화창은 탄핵한 말이 실제와 맞지 않는다는 죄로 남경으로 전근되어 태복주부太僕主簿로 강직되었다.

그후 정민정은 큰 타격을 받아 울화병으로 죽었다. 일설에 의하면 어느 관원이 정민정의 직위를 빼앗으려고 화창과 결탁해 억울한 일을 만들어 냈다고 한다. 사건의 당사자인 당인과 서경도 그 후 벼슬길이 막혀 버렸다. 당인은 치욕으로 생각하고 고향 소주로 내려가 방랑하며 살았다. 민간에는 이 재능 있는 사람의 방랑에 대한 이야기들이 전해 내려오고 있다.

추수부용도秋水芙蓉圖 (명나라 당인唐寅 그림)
당인의 화조화花鳥畵는 전해 내려오는 것이 그리 많지 않지만 그 높은 수준은 이 몇 폭의 그림에서도 세인을 경탄하게 한다. 강건한 필치와 세련된 솜씨로 형상을 생생하게 표현했다. 이 그림은 밀도가 적당하고 동動과 정靜이 결합되어 입체감이 두드러져 미적인 리듬이 느껴진다.

추향에 반한 당인 (청나라 상해 연화)
이 그림은 '강남 일등 풍류남아'인 당인에 관한 전설을 소재로 하고 있다. 하루는 당인이 고소에 갔는데 상서 심존도의 부중에서 비녀 추향을 보고 선녀 같은 모습에 그만 반했다. 그래서 거지로 분장해 심존도 부중의 하인으로 들어갔는데 지식과 지혜로 추향이 환심을 사서 끝내 추향을 얻게 되었다는 이야기다.

●●● 역사문화백과 ●●●●

[팔고문八股文]

팔고문은 '제의制義, 제예制藝, 시예時藝'라고도 하는데 명나라와 청나라 때 과거 시험에 쓰이던 문체였다. 파제破題, 승제承題, 기강起講, 입제入題, 기고起股, 출제出題, 중고中股, 후고后股, 속고束股, 수결收結 등으로 구성되었는데 그중 기고, 중고, 후고, 속고 등은 대비를 이용해 서로 맞물리는 두 구절씩으로 이뤄져야 한다. 전면의 글에 기고 두 구절, 중고 두 구절, 속고 두 구절, 후고 두 구절 이렇게 여덟 개 고股가 있어야 한다. 이런 문체를 총칭해 '팔고문'이라고 했다. 글의 제목은 '사서四書'에서 많이 따냈으며 글의 내용은 《사서집주四書集注》나 《사서오경대전四書五經大全》에 따라야지 나름의 창의력을 발휘해서는 안 되었다.

제예制藝 또는 제의制義라고도 했다 123

| 중국사 연표 |

1424년 주고치朱高熾가 즉위했는데 그가 바로 명 인종이다. 그는 이듬해 연호를 홍희洪熙로 고쳤다.

040

무종과 팔호

무종武宗은 즉위한 후 '팔호八虎', 즉 '여덟 호랑이'의 꼬임에 빠져 밤낮 주색만 찾고 조정 일은 돌보지 않았다.

놀음에 빠진 무종

홍치 18년(1505) 5월, 효종이 병으로 사망하자 열다섯 살된 태자 주후조朱厚照가 즉위했는데 그가 바로 무종이다. 무종은 그 이듬해 연호를 정덕正德으로 고쳤다. 주후조는 효종의 장자로 장황후의 소생이다. 홍치 5년(1492) 봄에 황태자로 봉해졌는데 즉위 이전에는 공부도 열심히 하고 몸가짐도 공손했으며 말타기와 활쏘기를 좋아했고 절제할 줄도 알았다.

그런데 황제로 즉위하고부터는 점차 향락만 찾아 나중에는 온종일 내시들과 노는 데만 정신이 없었다. 동궁의 환관이었던 유근劉瑾 등을 무종은 각별히 총신했다. 그래서 처음에는 유근에게 종고사를 관장하게 하더니 후에는 그를 제독12단영提督十二團營으로 임명했다. 유근은 마영성馬永成, 곡대용谷大用, 위빈魏彬, 장영張永, 구취邱聚, 고봉高鳳, 나상羅祥 등과 야합했는데 그들을 '팔당八黨' 또는 '팔호'라고 했다.

팔호란 '여덟 호랑이'를 뜻하는데 이들은 무종의 비위를 맞추며 철없는 무종의 머리 위에 올라앉았다.

'팔호'에게 눌린 대신들

무종이 국사는 돌보지 않고 노는 데만 취해 있던 탓에 궁내의 지출이 크게 늘어나고 경성의 국고가 비어갔다. 조정 대신들이 상소를 올렸지만 무종은 겉으로만 대신들의 간언을 듣는 척했다. 그러자 대신들은 더욱 격렬하게 무종에게 간언했고 태학사 유건劉健과 사천謝遷 등은 태감이 나라를 망치고 있다고 질책했다. 10월에는 호부상서 한문韓文이 한나라 시대 '십상시十常侍의 화'와 당나라 시대 '감로甘露의 변'을 들면서 '팔호'와 태감들을 엄하게 다스릴 것을 간언했다.

이때 사례태감 왕악王岳 등과 팔호의 갈등이 심각해졌고, 왕악은 내각 대신 유건, 사천 등과 연합해 팔호를 제거하기로 작정했다. 그런데 무종은 유근 등 팔호를 북경에서 내모는 것은 동의했지만 그들을 엄징하자는 데에는 동의하지 않았다. 그래서 유건, 사천, 왕악은 무종의 일을 어떻게 하면 좋을지 방책을 상의했다. 그런데 그 소식이 새어나가 유근의 동당인 이부상서 초방焦方의 귀에 들어갔다. 초방은 그것을 즉시 유근에게 알렸다. 그 소식을 듣고 당황한 유근은 마영성을 데리고 심야에 무종한테로 달려가 무릎을 꿇고 울며, "신들을 해치려는 자는 왕악이옵니다" 하고 고자질했다.

그 말 한마디에 어리석은 무종은 태도가 돌변했다.

표방豹房 용사의 동패 (위 사진)
명 무종은 '표방'이라는 밀실로 이뤄진 궁전을 세우고 늘 거기서 정무를 보았는데 많은 용사들이 그를 경호했다. 이 동패는 한 면에는 앉아 있는 표범 한 마리가 새겨져 있고 다른 한 면에는 '표豹자 구백오십오호'라는 번호와 동패 사용에 관한 규정이 새겨져 있다.

| 세계사 연표 |

1498년
포르투갈 바스코 다 가마가 인도 남부 콜카타 항에 처음으로 도착했다. 이로써 서유럽에서 아프리카 남단을 지나 인도로 가는 항로가 개통되었다. * 콜럼버스가 스페인을 떠나 제3차 아메리카 항해를 시작했다.

출전 《명감明鑑·무종武宗》

역사문화백과

[옥수수의 재배]

옥수수를 중국 고대에서는 번맥番麥, 어미御米라고도 했는데 남양南洋에서 그 종자를 들여왔다. 중국에서 옥수수를 재배한 기록은 명나라 정덕 6년(1511)년에 편찬된 《영주지穎州志》에 제일 처음으로 나온다. 영주는 지금의 안휘에 있으며 주요 소재지는 여음汝陰, 즉 지금의 안휘 부양阜陽이다. 그 이전에도 연해 각 지역에서 이미 옥수수를 재배하기 시작했다. 명나라 후기 옥수수 재배는 이미 광동과 광서·강소·안휘·운남·하남·산동·하북·섬서·감숙 등 여러 지역에 널리 보급되었다.

무종은 즉시 유근에게 사례감을 장악하도록 명하고 동시에 마영성과 곡대용에게 동창과 서창을 장악하도록 명했다. 이렇게 되어 팔호는 하루아침에 조정의 중요 부문을 수중에 넣었다.

그 이튿날 아침 대신들이 조회에 나가 황제를 배알하는데 유근 등이 콧대를 잔뜩 쳐들고 서 있었다. 그것을 보고 유건은 간밤에 무슨 변고가 생겼음을 알았다. 유건, 사천 등이 사직서를 올리니 유근은 그것을 윤허하는 조서를 꾸며 내려 보냈다. 유근을 탄핵하는 데 참여했던 다른 대신들도 하나하나 파직되었다. 왕악은 남경으로 추방당했는데 도중에 유근이 파견한 사객에게 살해되었다.

얼마 지나지 않아 무연각 대학사가 된 초방이 유근과 한 패가 되었고, 조정은 내외 대권이 모두 유근의 손에 들어갔다. 이렇게 팔호가 득세하니 무종은 아무 것도 꺼릴 것이 없었다. 온종일 마음대로 노는 것은 말할 것 없고 대규모 토목 공사를 벌이고 미녀들을 대대적으로 뽑아 방탕하고 사치스러운 생활에 시간 가는 줄을 몰랐다.

'팔호'의 분열

팔호 내부에서도 서로 간의 권력 다툼으로 점차 갈등이 심해졌다. 팔호 중에 가장 교활한 자가 유근이다. 유근은 나머지 일곱 사람이 받들어 두목이 된 자다. 그런데 권력을 잡은 후부터는 그 일곱의 요구를 들는 체도 하지 않아 일곱은 유근을 내심 미워했다. 더욱이 유근에게 배척당한 장영은 유근을 죽일 놈이라며 증오했다. 그래서 이후 유근을 제거할 때 장영이 큰 역할을 했다.

추풍환선도秋風紈扇圖 (명나라 당인 그림)
당인은 다재다능한 화가다. 그가 그린 이 청순한 여인의 그림 《추풍환선도》 역시 남다른 창의력이 있는 출중한 그림이다. 교외의 가을바람을 맞으며 손에 환선紈扇을 들고 외롭게 서 있는 미인은 얼굴은 예쁘지만 표정에는 어딘가 근심이 서려 있다. 그림 옆에 적힌 칠절七絶 한 수가 이 그림이 암시하는 의미를 말해 준다. '부채를 건사할 가을이 되었는데 미인은 어이하여 근심을 비추는가? 세속 만사를 자세히 보면 세태를 따르지 않는 사람이 얼마나 되든고?' 그림에서 화가는 소외된 여인의 운명을 동정할 뿐만 아니라 당시의 세태에 대한 불만도 암시하고 있다.

| 중국사 연표 |

1425년 — 인종이 병으로 사망하고 주첨기가 즉위했는데 그가 바로 명 선종이다. 그는 그 이듬해 연호를 선덕으로 고쳤다.

041

유근의 죄악

무종이 노는 데 빠져 있는 사이 태감들은 대권을 장악하고 조정을 어지럽혔다. 후에 양일청楊一淸은 주치번의 반란을 평정하는 기회에 계책을 써서 유근을 제거했다.

대권을 장악한 유근

유근은 섬서성 흥평 사람으로 본래 성은 담談씨였다. 어렸을 때 유씨라는 중관이 그를 입궁시켜 성을 유씨로 고치고 동궁에서 태자를 섬겼다. 그 태자가 후에 즉위한 무종이다. 무종이 정권을 잡자 유근도 따라 점차 득세하고 나중에는 왕악 등을 배척하고 5천영五千營을 관할해 그 위세가 날로 높아졌다.

유근은 영종 때 조정 대권을 쥐었던 환관 왕진을 흠모하며 그를 본받았다. 대학사 유건과 사천이 사직하고 물러나자 유근은 자기의 동당인 초방을 입각시켜 둘은 안팎으로 서로 도우며 야합했다. 조정 대권을 독점하기 위해 유근은 무종을 가무와 주색에 빠져 정신을 못 차리게 만들었다. 유근은 각지로부터 수많은 미녀들을 뽑아 올려 무종을 음란 속에 빠뜨렸다. 이 자는 또 서화문에 다층 궁전을 세웠는데 두 겹 채에 있는 밀실들이 서로 통하게 만들어, 그것을 '표방豹房'이라고 했다. 무종은 표방 안에서 매일 새벽까지 미녀들과 춤추고 놀며 음란한 짓들을 했다.

유근은 상주서들을 내각으로 보내 조서를 작성하게 했다. 그러나 내각은 이미 유근이 통제해 모두 그의 눈치를 보면서 일했다. 그러다 나중에 유근은 아예 상주문들을 자기 집으로 가져다 처리했다. 얼마 지나 무종은 또 한 번 한심한 결정을 내렸다. 이부와 병부 관원들의 승진이나 강직 같은 일을 먼저 유근이 심의

채색 태감 조각상 (위 사진)
명나라 시대 환관으로 인한 재앙은 중국 고대 어느 왕조보다도 막심했다.

하게 하고 남경이나 북경 도찰원의 각 상주문도 유근에게 먼저 바치게 한 것이다. 이런 상주문은 붉은 표식을 했는데 '홍본紅本'이라고 했고, 그다음에 통정사로 넘어가는데 그것은 '백본白本'이라고 했다. 대소 관원들이 유근 앞에 가서 공무를 볼 때는 모두들 공손한 몸가짐을 가져야 했으며 과科나 도道 소속 이하는 모두 무릎을 꿇어야 했다. 한 번은 도찰원의 관원이 실수로 공문에 유근이라는 이름을 틀리게 썼는데 유근은 펄펄 뛰며 야단이었다. 후에 도 어사가 여러 동료들을 데리고 와 사죄를 하고서야 겨우 넘어갈 수 있었다.

반대파의 타격과 친신의 기용

권세가 커짐에 따라 유근은 무종의 명의로 순무巡撫 관원들이나 안찰사 병비관들을 자기 마음대로 갈아 치웠다. 그리고 내행창內行廠을 세우고 직접 제독이 되었는데 이 내행창의 악행은 동창이나 서창

●●● 역사문화백과 ●●●

[명나라 궁전의 잡극]

명나라 때 예인藝人들을 모집해 각종 기예를 가르치고 훈련시키기 위해 예부 산하에 교방사教坊司라는 것을 설립했다. 그리고 각지에서 재간 있는 예인들을 교방사에 선발해 올려 일정 기간 음률을 익힌다든지 특정 기교를 익힌다든지 하는 훈련을 했다. 그러고는 궁정에 성대한 행사가 있으면 모두 나가서 갖가지 재주를 부렸다. 황궁에서는 민간의 광대들을 불러들여 여러 가지 잡기나 마술들을 보며 놀기도 했다. 일부 기록을 보면 명나라 궁전에서는 꼭두각시극·공차기·활쏘기·타작 놀음·비단 짜는 놀음 등 여러 가지 잡극을 하며 놀았다고 한다.

| 세계사 연표 |

1499년 프랑스 루이 12세가 군사를 거느리고 이탈리아를 침범했다.

《명감明鑒·무종武宗》
《명사明史·환관전宦官傳》 출전
《명사明史·양일청전楊一淸傳》

보다 더욱 잔혹했다. 한 집이 죄를 범하면 그 이웃까지 연좌를 시키고 조금만 자신들의 비위에 거슬리면 목숨을 앗아갔다. 그리고 내각을 핍박해 각지의 진수태감鎭守太監들이 지방 사무에 관여하게 하는 공문을 내려 보냈다. 유근이 기른 무리들은 도처에서 관영 토지를 점하고 민가를 허물어 장원들을 세웠다.

유근은 자기 수중의 권력을 이용해 뜻이 맞지 않는 사람들은 모두 타격했다. 유근은 대학사 유건과 사천 등을 변강으로 유배 보내고 잔혹하게 박해했다.

정덕 3년(1508) 어느 날, 유근의 죄악을 밝혀 열거한 익명의 글이 어로御路에 나타났다. 그 말을 들은 유근은 노발대발해 황제의 명분으로 문무백관들을 봉천문 아래에 모아 놓고 그 무더운 여름철에 오랫동안 맨땅에 무릎을 꿇고 있도록 했다. 당시 내외 관원들 중에 조금이라도 정직한 관원이 있으면 모두 유배를 보내지 않으면 죽임을 당했다. 이렇듯 유근은 조정 대신들의 생사 여탈권을 쥐고 있었다. 조정 대신들은 공포에 떨면서 하루하루를 불안하게 지냈다.

이렇게 유근은 자기를 반대하는 사람들은 가차 없이 벌하고는 자기의 친신이나 일당들을 요직에 발탁했다. 유근에 붙어서 악행을 일삼은 유우劉宇는 이부상서로 발탁되었다가 문연각 대학사에 소부 겸 태자태부가 되었다.

유근의 제거

유근의 장기적인 권력 독점과 조정 기강의 추락은 황실 내부 번왕들의 반란에 구실을 제공했다. 정덕正德 5년(1510) 4월, 멀리 서북에 있는 안화왕 주치번朱寘鐇이 유근을 토멸한다는 명분으로 반란을 일으켰다.

백옥 주전자
백옥으로 만든 이 네모 주전자에는 온통 꽃이 부각되어 있어 따뜻한 느낌을 준다. 뚜껑 위에는 작은 짐승 한 마리가 조각되어 있다.

주치번은 유근의 죄를 밝히는 격문들을 대량 살포했고 그것을 서북의 관원들이 조정에 가져왔지만 유근은 감추고 내놓지 않았다. 후에 조정에서는 우도 어사 양일청에게 주치번의 반란을 평정하게 했는데 열여드레를 못 넘기고 평정되었다.

유근의 모함으로 한때 관직을 삭탈당한 적이 있는 양일청은 이 기회를 이용해 유근을 제거할 작정을 했다. 양일청은 태감 장영을 이용하기로 했다. 장영도 팔호의 하나였지만 유근에게 배척을 당했기에 속으로 그를 미워하면서 언제든 복수할 생각을 하고 있었다. 장영과 유근의 갈등을 안 양일청은 장영을 떠보기 위해 이렇게 물었다. "공의 덕으로 반란을 순조롭게 평정했습니다. 사실 이런 반란을 평정하기는 그리 어

청화青花자기 항아리
이 청화자기는 직선이나 곡선으로 항아리를 세 부분으로 나누고 거기에 다양한 꽃과 과일을 섬세하게 그렸다. 위쪽에는 활짝 핀 꽃가시가, 중간에는 주렁주렁한 열매가, 그리고 아래쪽에는 아름다운 꽃무늬가 그려져 있다.

1368~1644 명나라

중국사 연표

1426년 한왕 주고희朱高熙가 반란을 일으켜 선종이 친히 군사를 몰고 나갔는데 주고희는 싸우지도 못하고 투항했다.

향연의 악대 - 풍악을 울리는 구리용

이 구리로 만든 악용樂俑 열 개는 명나라 때부터 전해 내려오는 물건이다. 높이는 보통 20cm이며, 인형을 주조한 후 그것을 받침대에 용접해 붙였다. 모두 큰 고리형 낭자를 올렸고 비녀와 귀고리 등의 머리 장식이 있다. 이 열 명 여인들 중에 둘은 복숭아를 담은 쟁반을 들고 있고 나머지 여덟은 모두 악기를 들고 연주하는 동작을 취하고 있는데 이것은 그녀들이 모두 향연에서 풍악을 울리는 악사들임을 말해 준다.

러운 일이 아니지요. 문제는 조정 내부의 반란을 평정하는 일입니다. 그게 큰일이지요."

장영이 그게 무슨 말인지 묻자 양일청은 장영에게 다가가 손바닥에 근瑾 자를 써 보였다. 그러자 장영은 한숨을 길게 내쉬었다.

장영의 속을 알게 된 양일청은 장영에게 이 기회를 타 유근의 역모를 적발하면 황제의 신임을 한 몸에 지니고 천하의 민심을 얻을 수 있다고 부추겼다. 그러면서 이런 일은 즉각 서둘러야지 조금이라도 지체해서는 안 된다고 했다.

정덕 5년(1510) 8월, 반란을 평정한 양일청과 장영이 대군을 거느리고 도성으로 돌아왔다. 그들은 도성에서 포로를 헌납하는 성대한 의식을 치렀고 무종은 주연을 차려 장영을 위로했다. 그 틈을 타 장영은 양일청의 계교대로 유근의 죄장을 열거한 주치번의 격문들을 보이며 유근의 열아홉 가지 악행을 상주했다. 이때 무종은 술이 거나해 고개를 끄덕이며, "그 자가 나를 버렸구나" 하고 말했다. 그러자 장영은 대뜸 그 말을 받았다. "이 일은 조금이라도 지체해선 안 됩니다. 자칫하면 신도 뼛가루가 되겠지만 폐하께도 위험

이 올 것이옵니다."

이 말을 들은 무종은 즉시 유근을 역모죄로 잡아들였다. 이튿날 무종이 금의위 위사들을 보내 유근의 집을 수색하니 금은이 수백만이고 주옥과 골동품은 부지기수였다. 또한 곤룡포, 옥띠, 갑옷, 화살 등이 쏟아져 나왔다. 그리고 유근이 평소 늘 가지고 다니는 부채에 비수 두 자루가 숨겨져 있는 것도 발견되었다.

대노한 무종은 영을 내려 유근에게 사지를 찢어 죽이는 책형을 가했다. 유근을 죽이는 날 유근에게 박해받은 사람들이 다투어 그의 고기를 뜯어 씹어 먹었다고 한다. 그런 방식으로라도 마음에 맺힌 원한을 풀고 싶었던 것이다.

청화자기 휴금방우삼족로攜金訪友三足爐

명나라 때 만들어진 향로에는 진귀한 것이 많은데 이 청화자기도 그중 하나다. 향로의 다리 세 개를 특출한 화법으로 채색해 생생한 시각적 효과가 돋보인다. 튼튼하게 만든 몸체에는 거문고를 가지고 친구를 찾아가는 사람이 그려져 있다.

128 역사 시험장 〉 흑룡강과 오소리강 유역을 관할하는 명나라 정부의 최고 군사 행정 기구의 이름은 무엇인가?

| 세계사 연표 |

1502년 콜럼버스의 제4차 아메리카 항해가 시작되었다.

042

《명감明鑑·무종武宗》 출전

유육과 유칠의 봉기

유육劉六과 유칠劉七 형제는 관부의 압박과 착취를 참을 수 없어 무리를 지어 봉기를 일으켰다. 이는 명나라 중기에 일어난 농민 기의 중 가장 규모가 큰 것이었다.

말 사육으로 빚어진 폭정

정덕 연간에 조정은 간신들의 손에 놀아나 정치가 부패하고 사회 모순이 격화되어 각지에서 농민 봉기가 일어났다. 그중 규모가 가장 큰 것이 바로 하북의 유육과 육칠이 영도하는 농민 봉기였다.

당시 관아에서는 군용으로 쓰는 말들을 백성들에게 강제로 사육하게 했는데 그런 말을 기르는 집을 마호馬戶라고 했다. 사람과 밭의 면적에 따라 종마를 주고 해마다 거기에서 난 망아지를 걷어갔는데 종마가 죽거나 망아지의 수가 모자라면 마호가 배상해야 했다. 그런데 관리들의 독촉이 심하고 폐악이 많아서 이를 참지못한 마호들이 들고일어나는 일이 많았다. 그들은 관아에서 내준 말을 타고 향전響箭, 즉 소리나는 화살을 쏘면서 달려 다녔고 부잣집을 털어 백성들에게 재물을 나누어 주었다. 관아에서는 그들을 향마도響馬盜라고 했다.

정덕 초기, 향마도의 세력이 점차 장대해지자 조정에서는 각지에 어사들을 파견해 그들을 제압하도록

했다. 그런데 어사들은 도적을 잡는다는 명분으로 무고한 백성을 함부로 잡아 죽여 그 민원이 하늘에 치솟았다.

정덕 5년(1510) 10월, 유육과 유칠은 패주霸州(현 하북河北)에서 관아의 폭정에 반대하는 봉기를 일으켰다. 형 유육과 아우 유칠은 패주 문안 사람으로 모두 용맹하고 기마와 활쏘기에 능했다. 경기 일대에 향마가 출몰할 때 이들은 양호, 제언명과 같이 관부를 도와 향마도를 잡아 여러 차례 공을 세웠다. 그런데 한 번은 유근의 노비인 양홍이란 자가 유육과 유칠에게 뇌물을 요구하다가 거절당하자 이에 앙심을 품고 유육 등이 향마도라고 모함했다. 유육과 유칠은 그 길로 군중을 모아 봉기를 일으켰다.

그들의 세력은 얼마 안 가 수천 명으로 늘어났다. 양호, 제언명, 조수 등도 속속 그들의 봉기에 가담했다. 지휘동지指揮同知 이근 등이 경성의 군대를 거느리고 봉기군을 토벌하려 했지만 속수무책이었고, 그 이듬해 6월에는 봉기에 가담하는 사람들이 날로 많아져 몇 천 리를 종횡무진하며 100채가 넘는 성채들을 무너뜨렸다.

관군의 진압

조정은 혜안백 장위張偉와 도어사 마중석馬中錫을 파견해 봉기군을 진압하게 했다. 그런데 소황후의 오빠인 장위는 봉기군의 기세에 겁을 먹어 싸우지 못했

화기를 장착한 방패 - 호두목패虎頭木牌
호두목패는 명나라 특유의 방패로 방패 밖에 각종 무늬가 있고 안에는 작은 함이 네 개 붙어 있는데 함마다 안에 신기전神機箭이라고 하는 화살이 두 개씩 모두 여덟 개가 있다. 이 신기전들은 방패에 있는 구멍을 통해 300m까지 쏠 수 있다. 방패는 화기가 발명되고 보편적으로 사용됨에 따라 방어 기능이 상대적으로 약해져 점차 도태되었다.

1368~1644 명나라

노아간도사奴兒干都司라고 했다 129

| 중국사 연표 |

1430년
정화가 함대를 거느리고 제7차 '서양' 항해를 시작했다(일설에는 1431년).

고 마중석도 일개 서생이라 군사는 모르고 오로지 봉기군을 귀순시킬 생각만 했다.

8월에 조정은 병부시랑 육완陸完을 다시 파견해 군사를 대대적으로 선발하고 변진군邊鎭軍까지 출동시켜 봉기군을 협공했지만, 유칠이 이끄는 봉기군은 고안까지 짓쳐 나가 도성 북경은 일대 혼란이 일었다.

무종은 직접 좌순문을 지키면서 대신들을 급히 소집했다. 그리고 한편으로는 육완에게 급히 돌아와 도성 북경을 구하도록 하고 다른 한편으로는 일부 관군을 패주에 남겨 봉기군과 싸우도록 했다. 앞뒤로 협공을 받게 된 봉기군은 할 수 없이 퇴각했다. 그러나 얼마 후 조수가 산동 몽산 일대에서 관군을 대패시켰고, 10월에는 유육의 부대가 산동으로 진군해 일조, 해풍, 곡부 등의 성을 무너뜨렸다. 그리고 또다시 조수는 제

명나라 지방 관제官制 도표

부문	관명	품계	설명
행성삼사行省三司	포정사사布政使司		
	좌·우 포정사	종2품	포정사사는 한 성의 최고 행정기관이며 포정사는 한 성의 최고 장관이다.
	좌·우 참정參政	종3품	
	좌·우 참의參議	종4품	
	제형안찰사사提刑按察使司		
	안찰사	정3품	한 성의 형옥刑獄을 관할하며 포정사·군사를 관할하는 도지휘사와 더불어 성의 '삼사三司'라고 한다.
	부사	정4품	
	첨사	정5품	
	도지휘사사都指揮使司		
	도지휘사	정2품	명나라는 전국에 열여섯 개 도사都司를 세웠는데 열세 개 행성 외에 요동·대녕·만전 등의 지역에도 도사를 설치했다.
	도지휘동지都指揮同知	종2품	
	도지휘첨사都指揮僉事	정3품	
부府·주州	지부知府	정4품	명나라는 노路를 부府로 고치고 부는 또 상·중·하 3등으로 나누었다.
	동지同知	정5품	
	통판通判	정6품	
	추관推官	정7품	
	지주知州	종5품	
	동지同知	종6품	
	판관判官	종7품	
	이목吏目	종9품	
현縣	지현知縣	정7품	현 역시 상·중·하 3등으로 나누었다.
	현승縣丞	정8품	
	주부主簿	정9품	
	전사典史	낮은 계급	
위衛	지휘사	정3품	전국 각지에 위를 세우고 각 성 도지휘사사에 예속시켰다.
	지휘동지指揮同知	종3품	
	지휘첨사指揮僉事	정4품	
천호소千戶所	정천호正千戶	정5품	천호소는 위에 예속됨
	부천호副千戶	종5품	

주: 이외에 지방에는 또 선무사사宣慰使司, 선무사宣撫司, 안무사安撫司, 초토사招討司, 장관사長官司, 만이장관사蠻夷長官司 등 기구들을 망라한 '토관土官' 계열이 있는데 각기 자기의 품계를 갖고 있었다. 참고문헌 : 진무동陳茂同 저 《역대직관연혁사歷代職官沿革史》

| 세계사 연표 |
1502년 바스코 다 가마가 제2차 인도 항해를 떠났다.

탁옥륜琢玉輪
명나라의 유명한 과학자인 송응성宋應星이 편찬한 《천공개물天工開物》은 17세기의 공예 백과사전이라고 불리는데, 이 책에는 여러 가지 공예 기술이 기재되어 있다. 이 그림은 《천공개물》에 나오는 '탁옥륜', 즉 옥돌 가공 과정을 그린 그림이다.

녕에서 운하의 조선漕船 1000여 척을 불사르고 공부 주사 왕총을 사로잡은 뒤 하남으로 진군했다. 조수는 영벽, 하읍, 우성 등도 점령하고 귀덕부를 진공해 관군을 대패시켰다.

봉기군의 수령 형로호邢老虎가 병으로 사망하자 조수는 그의 부대를 자기의 부대에 합병시켰다. 그리고 '호분虎賁 3000은 유연幽燕 땅을 쳐들어가고 비룡飛龍 구오九五는 새 세상을 열어놓네'라는 글귀가 쓰인 두 폭의 깃발을 내걸었다.

봉기군의 실패

정덕 7년(1512) 3월, 조수, 유삼의 봉기군은 하남 낙양에서 유림의 변방군을 대패시켰지만 그 후 여녕부 등의 싸움에서 연속 패했다. 유삼은 조수와 갈라진 후 관군의 장수 수월의 추격을 받다가 자살했다. 조수는 포위를 뚫고 나온 후 중으로 위장해 장강을 넘어 강서로 들어가 다시 거사할 작정을 했으나 불행히도 강하에서 체포되어 살해당했다. 하남 방면의 봉기군은 이렇게 진압되었다.

하북에서 퇴각해 나온 유육과 유칠의 봉기군은 산동으로 진군해 수차례 승리를 거두었다. 그 후 패주·덕주·낙양·등주·내주 등지를 오가면서 관군과 싸웠는데 이기기도 하고 지기도 했다. 그러나 관군의 포위와 추격으로 봉기군의 역량은 점점 쇠약해졌다.

유삼과 조수의 봉기군을 진압한 관군이 유육, 유칠의 봉기군을 진압하기 위해 병력을 집중하자 유육, 유칠의 봉기군은 호광 일대를 전전했다. 그러다가 황주黃州의 싸움에서 유육은 적군의 화살에 맞아 부상을 입은 뒤 아들과 함께 강물에 몸을 던져 자진했다. 육칠과 제언명은 동으로 내려가 과주 일대에서 관군을 대패시키고 통주, 낭산으로 들어가 주둔했다. 유칠은 낭산을 근거지로 장강 연안에서 유격전을 하면서 남경을 세 번이나 넘나들었다.

그렇지만 관군은 이미 통주에 당도해 포위 태세를 취하고 있었다. 요동병, 대동병, 선부병 등 각 관군들이 합세해 낭산을 맹공격했다. 봉기군은 결국 패배해 유칠은 강물에 몸을 던져 자살하고 진언명은 끝까지 싸우다가 전사했다.

유육, 유칠의 봉기군은 근 3년 동안 하남, 하북, 산동, 산서, 호광, 남직예南直隸 등 광활한 지역을 종횡무진했다. 이 호대한 봉기군을 진압하기 위해 대량의 관군이 싸움에 투입되었는데, 이는 명나라 왕조에 큰 타격을 입혔다.

정덕 청화자기 항아리
명나라 정덕 연간에 생산한 이 청화자기 항아리의 도안은 네 개 부분으로 구분해볼 수 있다. 항아리 중간에는 꽃과 가지들이 그려져 있고 가운데에는 작은 정사각형 하나가 큰 정방형 안에 들어 있는 도안이 있는데 안의 정사각형의 정각頂角이 바깥 정사각형의 각 변의 중점과 맞물려 또 다른 삼각형 네 개를 만든다. 그리고 작은 정사각형 안에 소수민족의 문자까지 있어서 특별한 운치를 자아낸다.

명나라 1368~1644

먼저 가는 실로 유약 아래에 청화 도안을 그린 다음 그것을 가마 안에 넣어 굽는다
여기에 다시 유약 위에 청색 안료로 그린 윤관에 따라 색을 입히고 그림을 그려 넣는다

| 중국사 연표 |

1433년 노아간도사 소재지인 특림特林의 영녕사 곁에 '중건영녕사기重建永寧寺記' 돌비석을 세웠다.

043

강빈의 전횡

유근이 처형된 후 또 하나의 간신인 강빈江彬이 무종의 총애을 얻어 조정을 어지럽혔다.

무종의 총애을 얻은 강빈

유근을 주살시킨 후에도 무종은 계속 환관들과 간신들을 총애했다. 그리고 얼마 지나지 않아 또다시 강빈이란 자가 나타나 전횡을 일삼기 시작했다.

강빈은 원래 울주위蔚州衛의 지휘첨사였는데 이는 평범한 군관직에 불과했다. 후에 유육, 유칠의 봉기가 폭발되자 강빈은 군대를 거느리고 봉기군 진압에 나섰다. 이 자는 울주를 지날 때 여염집 식솔 스물의 목을 베고는 봉기군의 목을 베었다고 허위 보고를 했다. 그리고 봉기군을 진압하는 과정에서 봉기군을 여러 번 잔악하게 학살했다. 봉기군을 진압한 뒤 군대를 거느리고 북경을 지날 때 강빈은 무종의 총신 전녕錢寧에게 뇌물을 주고 무종을 알현하는 기회를 얻었다. 교활하고 약삭빠른 데다가 아첨에 능한 강빈을 접견한 무종은 강빈이 마음에 들어 조정에 남기고 단통 좌도독으로 승진시켰다. 그리고 주씨 성까지 하사하고 자기의 측근으로 삼았다.

강빈과 전녕의 암투

자기가 추천한 강빈이 날로 황제의 두터운 신임을 얻는 것을 본 전녕은 질투심이 솟구쳤고, 둘의 갈등과 암투는 점차 거세졌다. 자신의 세력을 확충하기 위해 강빈은 무종 앞에서 변진군의 용맹을 극찬하며 경성의 주둔군과 서로 바꾸어 조련시킬 것을 요청했다. 조정 대신들은 그것을 막으려고 다투어 상주서를 올렸다. 그러나 강빈을 전적으로 신임하는 무종은 이에 아랑곳하지 않고 즉시 어명을 내려 요동, 선부, 대동, 연수 네 개 진의 군대를 북경으로 끌어들였다. 이 군대는 '외사가군外四家軍'이라고 불렀고 강빈이 통솔했다.

강빈의 세력이 커지자 강빈과 전녕 사이의 갈등이 더욱 커졌다. 전녕이 무종에 접근할 기회를 없앨 심산으로 강빈은 여러 차례 무종을 꾀어 멀리 순행을 떠나게 했다.

정덕 12년(1517) 8월 어느 날, 강빈은 무종을 이렇게 꾀었다. "선부의 악공 중에 미녀가 많사옵니다. 그리로 순행해 보시지 않으시겠습니까. 그 기회에 변방도 순시하시고 말입니다." 그 말에 무종은 귀가 솔깃했다. 무종은 강빈과 같이 사복을 입고 북경을 나와 수일 후 거용관을 벗어나 선부에 이르렀다. 북경 밖을 나선 무종은 마냥 향락에 취해 세월 가는 줄 몰랐다.

명나라 궁전 주기酒器 - 정릉定陵 금탁옥작金托玉爵과 금주호金注壺
(위 사진과 오른쪽 페이지 위 사진)

이 주기들은 1958년 북경 정릉에서 출토한 것인데 신강 화전和田의 백옥으로 만든 금탁옥작(위 사진)은 그 모양이 상주 시대 청동작青銅爵과 비슷하다. 술이 흘러나오게 된 작류爵流의 곁에는 각기 용 한 마리가 부각되어 있는데 용의 발들은 각기 '만萬' 자와 '수壽' 자를 받들고 있고 합치면 '만수무강'의 의미가 된다. 술잔을 받치는 받침대는 밑굽이 금으로 된 쟁반 모양이고 그 중간에 받침대가 도드라져 있다. 받침대의 위 꼭지에는 옥작의 세 발이 들어갈 수 있는 구멍이 세 개 나 있다. 금으로 된 받침대에는 붉은 보석과 남보석이 각기 세 개씩 박혀 있으며 쟁반 가장자리에도 붉은 보석과 남색 보석이 각각 여섯 개씩 박혀 있다. 금주호(오른쪽 페이지 위 사진)의 뚜껑 꼭지도 옥으로 되어 있고 그 아래에는 붉은 보석이, 어깨에는 붉은 보석과 남색 보석이 여러 개 박혀 있다. 손잡이와 주전자 부리 양측에는 옥으로 만든 용이 박혀 있는데 용의 눈과 이마에 각기 붉은 보석 세 개가 박혀 있다. 주전자 몸체의 다른 부분에는 여의문과 이룡희주문二龍戲珠紋 등이 양각되어 있다. 이 주기들은 조형이 화려해 궁정 색채가 아주 짙으며 명나라 궁전 주기의 대표다.

| 세계사 연표 |

1508년

모스크바 대군 바실리 3세가 스위덴과 60년 화약을 맺었다.

《명감明鑑·무종武宗》 출전

무종의 사망과 강빈의 종말

정덕 14년(1519), 북방 수천 리를 순행하고 북경으로 돌아온 무종은 그래도 성에 차지 않아 영왕 주신호朱宸濠가 반란한 기회에 친정을 할 겸 또다시 남방을 순행하려고 했다.

8월에 무종은 강빈과 같이 군대를 거느리고 북경을 떠났다. 도중에 주신호가 왕수신에게 사로잡혔다는 장계가 들어왔지만 무종은 강남으로 내려가 향락을 누릴 작정으로 장계를 그냥 무시했다. 그 이듬해 윤8월, 무종은 주신호를 배 위에 감금하고 남경에서 '포로 접수 의식'을 한 다음 마지못해 북으로 회정했다. 도중에 청강포淸江浦에서 무종은 물장난을 치며 놀다가 물에 빠지는 바람에 병이 들었다. 그런데 북경에 돌아온 후 병이 악화되어 정덕 16년(1521) 3월에 사망했다. 그때 그의 나이 겨우 서른한 살이었다.

무종이 죽자 황태후 장씨가 조정을 관장하면서 고명대신顧命大臣이며 내각 수보首補인 양정화를 신임했는데 그는 무종의 유훈을 선포하는 기회를 이용해 그동안의 폐단을 반정하는 일련의 결정들을 내렸다.

포도무늬 자기잔

민간에서 사용하는 자기들은 생활의 정취가 짙다. 명나라 때 포도 재배는 이미 보편화되어 여염집에서도 포도를 심었다. 관상용으로 재배하기도 하고 먹기도 했다. 이 술잔에 그려진 포도는 줄기, 잎, 열매 모두 생활의 풍취를 짙게 표현하고 있다.

양정화와 황태후는 강빈이 북경으로 끌어들였던 변진군들을 모두 변강 각 진으로 돌려냈다. 그것을 본 강빈은 겁이 났다. 그때 수하 몇몇이 군사를 일으켜 대적하기를 권했다. 만에 하나 실패해도 북으로 달아날 수 있지만 이렇게 가만히 있다가는 모두 죽는다는 것이 그들의 말이었다. 그러나 강빈은 결정을 못내리고 동정만 염탐했다. 양정화는 한편으로는 강빈을 안심시키는 조치를 취하고 다른 한편으로는 태감 온양, 위빈, 장영 등과 계책을 꾸몄다. 그리고는 강빈이 입궁해 태후를 알현하는 기회를 타서 바로 체포했다. 강빈의 집을 수색하니 황금만 70여 궤에 백은은 2200궤가 나왔으며 구슬과 보옥은 부지기수였다. 새롭게 즉위한 세종은 강빈을 책형에 처했다.

●●● 역사문화백과 ●●●

[남차북주南茶北酒]

명나라 시대는 차문화와 술문화가 발달한 시기였다. 도시나 시골 어디에서든 차관과 술집을 볼 수 있었다. '남차북주'란 이름난 차는 남방에서 나고 이름난 술은 북방에서 많이 난다는 말이다. 남방 각지에서 나는 여러 가지 차에 대한 명나라 사람들의 기록들은 많지만 각기 입맛과 우리는 방법 등이 달라 그 기록도 같지 않다. 예를 들면 왕사성王士性은 호구차虎丘茶와 천지차天池茶가 세상에 제일이라고 하고 이외에 명차로는 또 서남의 태화차太華茶, 능운차凌雲茶, 절강의 대반차大盤茶 등이 있다고 했다. 문학가 원굉도袁宏道도 차에 대해 연구가 깊었는데 그는 개차岕茶가 천하 으뜸이고 그다음으로 천지, 송라松蘿, 호구, 용정龍井의 순이라고 했다. 이 같은 명차들은 모두 남방에서 나는 것들이었다. 북방은 어디에서나 술을 만들었다. 북방 술에서 청풍淸豊 여씨呂氏가 양조한 술을 최상품으로 쳤다. 북경 태감들이 양조한 궁정 술들의 품종도 만전향滿殿香, 부용액芙蓉液, 죽엽청 등 수십 종이 있었다. 이외 역주易州의 역주易酒, 창주의 창주淪酒, 북경의 황미주黃米酒, 제남의 추로백주秋白酒, 관중의 포도주蒲萄酒, 산서의 양릉주襄陵酒, 하진주河津酒 등도 유명했다. 물론 남방에도 이름 있는 술이 적지 않았다. 이를테면 소주의 삼백주三白酒, 광동의 여지주荔枝酒 그리고 사천에서 나는 일부 술들은 모두 저마다 특색을 갖고 있었다.

| 중국사 연표 |

1435년 선종이 사망하고 주기진이 즉위했는데 그가 바로 명종이다. 그는 이 이듬해 연호를 정통으로 고쳤다.

044

신호의 난

황제 자리가 탐난 영왕寧王 주신호朱宸濠가 군사를 동원해 조정에 반란을 일으켰다.

영왕의 역모

무종으로 인해 간신들이 조정을 어지럽히자 영왕 주신호는 적극적으로 반란을 획책했다. 주신호는 주원장의 5대 손으로 강서 남창을 책봉 받았다. 무종이 아들이 없기 때문에 대신들은 친왕의 아들 중에 어느 하나를 선택해 태자로 세우기로 했다. 그런데 혈연관계를 보면 주신호는 무종과 멀어도 한참 멀었다. 그러나 욕심에 눈이 어두운 주신호는 무종의 측근들에게 뇌물을 먹여 자기 아들을 태자로 올려서 대통을 이어받으려고 했다.

정덕 9년(1514) 3월, 그는 병부상서 육완과 총신 장현 등을 이용해 다시 호위군을 회복하고 반란을 서둘러 준비했다. 그는 무기를 만들고 망명지도亡命之徒들을 긁어 모아 거도巨盜 양청楊淸, 능십일凌十一, 민입사閔卄四 등 수백 명을 심복으로 삼았다. 그리고 자기를 국주國主로 자칭하고 호위를 시위侍衛로 고치는가 하면 영지도 성지로 고쳐 부르게 하고 자기의 서원을 이궁離宮이라고 부르게 했다. 또한 주신호는 중앙에서 지방에 이르는 각급 관원에 뇌물을 주어 남경 유수 태감 유랑과 태감 장예, 전녕, 강빈 등을 매수했다. 그리고 광서의 토관土官(외민족 관원)들, 남공, 정주, 장주 등지의 토사土司(외민족의 우추장)들과 결탁해 반란 세력을 확대했다.

주신호의 역모 행적은 점점 두드러졌다. 그것을 안 대학사 비굉費宏 등이 주신호를 말리면서 그 상황을 무종에게 보고했다. 그런데 무종은 그 일을 듣고도 관여하지 않았다. 뿐만 아니라 그런 상황을 보고한 관원들을 모두 강직시키거나 하옥시켰다. 그 결과 주신호의 기염은 더욱 거세졌다. 그러나 주신호가 한창 득의에 차 있을 때 상황이 돌변했다.

자기에 그림 그리기

경덕진 어기御器 공장의 자기 제조 공예는 대단히 복잡하고 정밀했다. 미리 만든 굽지 않은 자기에 그림을 그리거나 글을 쓴 다음 무명이無名異라고 하는 청유약을 칠했다. 이 유약은 사용하기 전에 먼저 숯불에 구워 품질을 평가했다. 황실에 바치는 자기들은 물론 가장 상품의 유약을 썼다. 이 그림은 《천공개물》에 실려 있다.

청화연화자기 접시 (위 사진)

흰 바탕에 남색의 도안을 그린 다음 맑고 투명한 유약을 바르면 파란색 무늬들이 맑게 비치는데 이것이 중국 도자기사에서 유명한 청화자기青花瓷다. 청화란 유약 아래 흰 바탕에 그려진 남색 꽃무늬를 가리키는 말이다. 전형적인 청화자기는 금속 코발트가 들어 있는 색료로 깨끗이 씻은 자기에 그림을 그리고 그 위에 투명한 유약을 바른 다음 그것을 고온에서 한 번 구워 만든다. 중국 최초의 청화자기는 당나라 때 생산되었고 명나라 영락·선덕 시대는 청화자기의 황금 시기였다. 그때부터 청화자기는 중국 자기의 주요 생산품이 되었다. 이 명나라 선덕 연간에 경덕진에서 생산한 청화자기 접시는 국외에서 수입한 코발트 색료로 약간 갈색이 나는 짙은 남색으로 무늬를 그리고 맑고 투명한 유약을 발랐다. 이 자기 접시의 도안은 '물 위의 연꽃' 인데 '청렴'을 상징한다.

| 세계사 연표 |

1509년 오스만 제국에 큰 지진이 일어나 수도 콘스탄티노플이 폐허가 되었다.

출전 《명감明鑑·무종武宗》
《명사明史·제왕전諸王傳》

선덕 해수문海水紋 향로
선덕 연간의 청화자기 중에 해수문, 즉 바닷물결 무늬가 대량 나타났다. 선덕 연간에 만들어진 청화자기의 무늬들은 모인摹印, 양각陽刻 등 여러 방법을 결합했으며, 소재가 다양하고 예술적 감각이 뛰어났다.

신호가 "군사를 일으켜 역적들을 소멸하라는 태후의 밀지가 있다"고 거짓말을 하면서 관원들에게 그의 반란에 가담하라고 협박했다. 그러자 순무 도어사 장수와 안찰부사 허규가 주신호에게 태후의 밀지를 보자고 했고, 이에 주신호는 그들을 참수해 버렸다.

주신호는 황제로 자칭하고 이사실, 유양정을 좌우 승상으로 삼고 왕륜을 병부상서로 삼아 10만 군사들을 모아 반란을 일으켰다. 아울러 지방관원들을 협박해 조정의 과오를 지적하는 격문을 써 도처에 붙이게 하고 정덕 연호를 취소했다.

자기 굽기

굽지 않은 자기에 색을 입히고 유약을 칠한 후 가마에 넣어 굽는 과정은 이렇다. 먼저 가마 밑에 불을 지펴 열두 시간을 그냥 땐다. 그래서 그 열이 아래로부터 위로 퍼지게 한다. 그런 다음 가마 위에 있는 열두 개 구멍에 장작을 넣고 또 네 시간 불을 때 열이 위로부터 아래로 퍼지게 한다. 자기 그릇 하나를 만드는 데 무려 72가지 과정을 거쳐야 한다. 이 그림은 《천공개물》에 실려 있는 것인데 고대 도자기 공예의 발달 정도를 알 수 있다.

폭로된 음모

전녕과 앙숙이었던 강빈은 태감 장충과 야합해 주신호가 반란할 때 전녕과 장현을 제거하기로 했다. 마침 주신호 아버지의 제삿날이 되었는데 주신호는 왕의 격에 맞지 않게 제사를 호사롭게 지냈다. 그 기회를 타서 장충이 무종에게 주신호의 일을 보고하자, 정신을 차린 무종은 그제야 주신호의 거동을 주시하기 시작했다. 그러자 이전에 주신호를 도와 호위군을 회복시켜 준 장예 등이 자기도 연루될까 겁이 나 주신호의 호위군을 없애는 일을 열성적으로 도왔다.

무종은 주신호의 호위군을 회수해 주신호가 뉘우치게 하려고 했다. 그리고 그가 북경에 박아 놓은 심복들을 모조리 붙잡았다. 이에 음모가 들통 난 것을 안 주신호는 즉시 심복 이사실李士實, 유양정劉養正 등과 밀모해 정덕 14년(1519) 6월 주신호의 생일날에 강서의 관원들을 모아 놓고 군사를 일으키기로 결정했다.

그 이튿날 뭇 관원들이 영왕부 주연에 모였는데 주

유백색인데 자기의 유약층과 바탕이 아주 긴밀하게 결합되어 있다

| 중국사 연표 |

1436년
금화은金花銀을 징수하기 시작했다.

가욕관

가욕관嘉峪關은 간수성甘肅省 하서주랑河西走廊의 중부에 있는데 가욕산 기슭에 자리 잡고 있기 때문에 가욕관이라고 한다. 명나라 만리장성의 중요한 관문으로 명 태조 홍무 5년(1372)에 축조했다. 관성關城의 평면은 사다리꼴이며 면적은 약 3만 3500m²이고 성벽의 총 길이는 733m, 높이는 10m, 성가퀴의 높이는 1.7m이다. 성루는 동서로 대칭되어 있으며 높이는 17m로 아주 웅대하다. 관성의 네 귀에는 2층으로 된 보루처럼 생긴 각루角樓가 있다. 성루 위에 올라 멀리 바라보면 북변의 풍경이 한눈에 들어온다. 그런 까닭에 '천하웅관天下雄關' 이라는 이름을 가지고 있다.

7월 초하루, 주신호는 아들 의춘왕 주공조朱拱㮮와 내관 만예에게 남창을 지키게 한 뒤 대군을 거느리고 장강을 따라 내려가서 구강과 남강을 점령하고 안경을 포위했다.

반란을 평정한 왕수인

제독남공군무도어사提督南贛軍務都御史 왕수인王守仁은 복건을 시찰하는 도중에 주신호가 반란했다는 소식을 들었다. 그는 즉시 길안 지부사 오문정 등과 합의해 주신호를 토벌하는 군사를 일으켰다. 남창이 텅 비어 있음을 안 왕수인은 급히 군사를 거느리고 달려가 남창을 공격했다. 남창을 지키던 반란군은 뿔뿔이 흩어져 달아났다. 7월 20일, 관군은 남창을 빼앗고 주공조를 사로잡았다.

주신호는 오랫동안 안경을 공격했으나 점령하지 못했는데 남창이 관군에게 포위되었다는 급보가 날아들자, 할 수 없이 회군해 달려갔다. 하지만 24일, 주신호의 선봉 2만은 오히려 황가도에서 왕수인의 군대에게 격파당하고, 주력도 그 이튿날 대패했다. 주신호는 남창 동북쪽에 있는 초사로 퇴각했고, 그 기회를 타 관군은 구강 등의 지역을 수복했다. 26일, 관군은 화공으로 주신호의 반란군을 대패시키고 주신호 부자와 군왕, 모신 등을 사로잡았다. 주신호는 반란을 일으킨 지 40일도 못 되어 철저히 패망했다.

주신호의 반란을 평정하는 과정에 혁혁한 공을 세운 사람이 왕수인이다. 왕수인은 왕양명으로 더 많이 알려졌으며 양명동에서 강학을 했다고 하여 양명선생이라고도 불렸다. 그러나 반란을 평정한 후 그는 포상을 받지 못하다가 세종이 즉위해서야 신건백으로 책봉을 받았다.

••• 역사문화백과 •••

[다채로운 명나라 도자기 공예]

명나라 도자기는 송나라와 원나라의 토대 위에서 비약적으로 발전했다. 도시의 경제 발전과 황실 귀족들의 대량적인 수요, 해외 시장의 개발과 상업과 수공업의 번영 등은 이 시기 도자기 공예의 발전을 힘 있게 추동했다. 강서 경덕진은 이미 중국 최대의 도자기 생산 중심지가 되었다. 원나라 때 청화, 유리홍釉里紅 등의 제조에 성공한 후 송나라 때의 한 가지뿐이던 유약이 다채로운 채색 유약으로 발전했으며 단색유單色釉도 더욱 맑고 깨끗해졌다. 순결하고 청아한 담백유를 비롯해 색이 선명한 보석홍유寶石紅釉, 정갈한 황유黃釉 등 모두 전례 없는 수준에 이르렀다. 명나라 도자기 중에 가장 인기 있는 것은 청화, 두채斗彩, 오채五彩 등 채색 도자기다.

| 세계사 연표 |

1512년 프랑스 군대가 라벤나에서 스페인과 교황의 군대를 대패시켰다.

045

왕양명이 창립한 '심학'

출전 《명사明史·왕수인전王守仁傳》 《명감明鑑·무종武宗》

왕양명王陽明은 '심학心學'을 창립하고 학계의 큰 주목을 받았다. 사람들은 그를 '양명선생'이라고 불렀다.

격물치지의 도리를 깨달은 왕양명

왕양명의 원명은 수인이고 자는 백안伯安이며 절강 여요 사람이다. 양명동에 은거하면서 양명서원을 꾸렸기에 사람들은 그를 양명선생이라고 불렀다. 그리고 그가 창도한 '심학'을 양명학이라고 했다. 왕양명은 '심학'을 창립하는 데 많은 우여곡절을 겪었다.

왕양명은 관료 가정에서 출생했는데 아버지 왕화는 성화 연간에 장원을 해 남경 이부상서가 되었다. 왕양명은 열한 살 때 서당 공부를 했는데 유가 경서에 대해 남다른 흥취가 있었다. 열여덟 살 때 강서 상요로 가서 이학가 누량婁諒을 스승으로 모셨고, 누량은 왕양명에게 주희의 '격물지학格物之學'을 가르쳤다. '격물'이란 사물의 원리를 추구하는 것을 말한다.

그는 주희의 학설을 열정적으로 숭상하면서 도처에서 주희의 유작을 구해 읽었다. 주희가 말하는 '격물치지格物致知'는 사물의 원리를 추구해 지식을 얻는 것을 말한다.

왕양명은 어느 날 대나무를 보고 고민하면서 '천리天理'를 알아내려고 했다. 그런데 이레 동안 아무리 고민해도 천리는커녕 몸에 병만 생겼다. 그래서 왕양명은 주희의 학설을 의심하기 시작했다. 주희의 학설에 실망한 그는 도사의 양생지도養生之道를 듣기도 하고 불가 승려들과 내왕을 하기도 하면서 가르침을 받았다. 그는 불교나 도교에서 수신치국修身治國의 도리를 찾아보려고 했다.

왕양명은 과거 시험을 그리 중요하게 생각하지 않았다. 그런데 뜻밖에 과거 시험의 성적이 좋았다. 스물한 살에 향시에 급제하고 스물여덟에 진사에 급제했다. 그러나 왕양명은 겨우 이태 동안만 벼슬을 하고는 병을 핑계 삼아 고향으로 돌아와 양명동에서 은거하면서 수양을 했다. 동굴 속에 홀로 오랫동안 앉아

1368~1644 명나라

명나라의 가장 저명한 철학가 왕양명
명나라 시대 철학자며 교육자인 왕수인, 즉 왕양명은 고향 양명동에서 강학을 한 적이 있었기에 세칭 '양명선생'이라 불렸다. 일찍 환관 유근을 반대한 탓에 좌천되었으나 후에 농민 봉기를 진압하고 '신호宸濠의 난'을 평정한 공로로 신건백新建伯으로 책봉 받았으며 남경 병부상서가 되었다. 그는 육구연의 학설을 발전시켜 정주이학과 대립했다. 그는 '지행합일知行合一'과 '지행병진知行竝進'을 주장하면서 송나라 시대 유학자들이 지와 행의 관계(지식과 실천의 관계)를 분리시키는 것을 반대했다. 그의 학설은 전통을 반대한데다 정주이학에 비해 평이하고 실천하기 수월했기 때문에 명나라 중엽 많은 학자들의 지지를 얻었고 일본에까지 전파되었다. 왕양명의 중요한 저작으로는 《전습록傳習錄》과 《대학문大學問》 등이 있다. 그는 시 창작과 서예에도 조예가 깊었는데 그가 창작한 시집으로는 《칠언절구七言絶句》 《칠언율시七言律詩》 등이 있다. 왕양명의 서예는 행초行草가 위주인데 《칠언율시》는 행초로 쓴 것이다. 활달하고 숙련된 그의 필치에는 이동양의 서예가 많은 영향을 미쳤다.

| 중국사 연표 |

1442년 환관 왕진이 명 태조가 궁내에 세웠던 '내신들이 정사에 관여하는 것을 금한다'고 쓴 쇠비석을 철거시켰다.

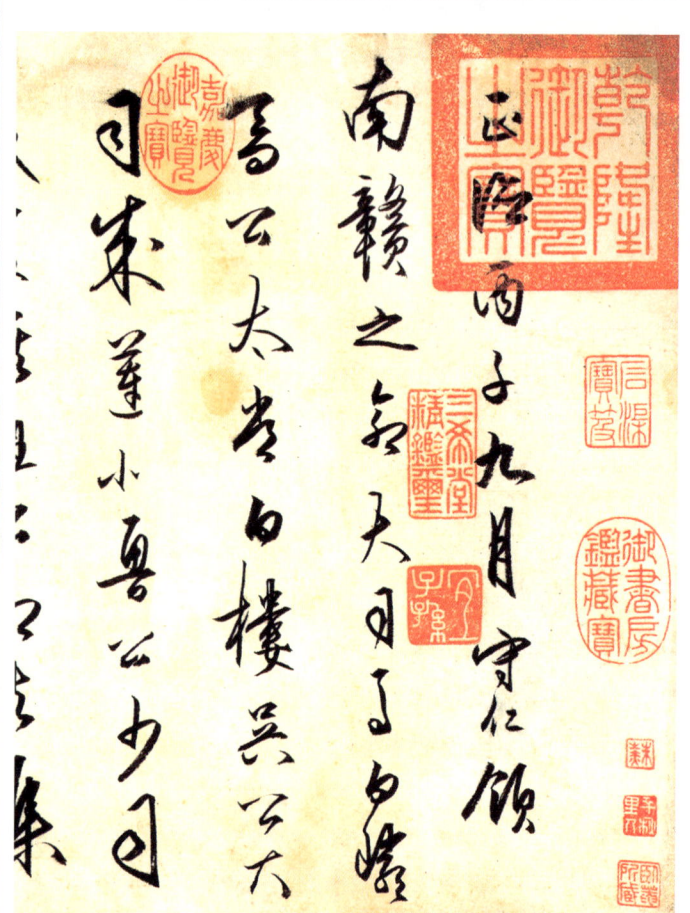

용강유별시권龍江留別詩卷 - 명나라 왕양명의 서예 작품 (일부분)

왕양명은 저명한 철학자인 까닭에 서예에서 이룬 성과는 그의 철학 성과에 가려져 그리 빛나지 못했다. 그러나 실제로 왕양명은 서예에도 매우 뛰어났다. 이 서예 작품은 세로 길이가 28.1cm이고 가로 길이는 296.6cm인데 이 작품을 보면 왕희지의 전통을 계승한 것임을 알 수 있으며 자연스럽고 활달한 필치는 그의 깊은 소양과 고아한 지조를 보여 준다. 그리고 구조는 이옹李邕을 따라 배워 장법을 아주 중요시했다. 성김과 빽빽함의 연결이 아주 적절하게 처리되어 근 3m나 되는 작품을 일사천리로 거침없이 읽어 내려 갈 수 있다.

있으려니 왕양명은 갑자기 속세에서 너무나 멀리 떨어진 것 같고 '종성種性을 단멸시키는 것' 같은 생각이 들었다. 그 길로 그는 동굴에서 뛰쳐나왔다.

왕양명은 다시 돌아와 조정에 임직했다. 얼마 안 지나 무종이 즉위했는데 환관 유근이 총신을 얻어 조정을 휘둘렀다. 왕양명은 유근의 미움을 사서 귀주 용장역의 역승으로 강직되었다. 용장은 귀주 서북 심산 속에 있기에 독충의 해가 극심하고 백성들의 생활이 고달팠다. 의기소침한 왕양명은 밤낮 가부좌를 하고 앉아서 마음의 해탈을 기대했다.

그러다 어느 날 갑자기 고함을 질렀다. 성현이 말하는 '격물치지'의 도리를 문득 깨달은 것이다. 원래 성인의 도리는 외부에 있는 것이 아니라 마음속에 있다는 것, 이것이 바로 '용장의 깨달음'이었다.

심학 사상의 창립

왕양명은 이 깨달음을 바탕으로 심학 사상을 확립했고 그것을 부단히 발전시켰다. 그리고 귀양, 남창, 절강 등의 학도들을 모아 놓고 강학을 했다. 후에 그

● ● ● 역사문화백과 ● ● ●

[집집마다 알고 있는 모험 이야기 《서유기西遊記》]

명나라 오승은이 쓴 장편소설 《서유기》는 중국의 유명한 신화소설로 총 100회로 구성되어 있다. 이 책은 송나라 시대의 화본話本과 명나라 시대의 잡극 그리고 민간에 전해지던 당승과 그 제자 넷이 천신만고 끝에 서천에 가서 불경을 가져오는 곡절 많은 이야기를 소재로 했다. 《서유기》는 손오공과 저팔계 등 인물의 형상을 성공적으로 표현했으며, 여행 모험 이야기식의 구조로 이어진 구성 방식은 세계 문학에서도 일정한 대표성이 있다. 작가 오승은은 자가 여충汝忠이며 호는 사양산인射陽山人이고 강소 사람으로 절강 장흥현 현승 등을 역임했다. 어려서부터 통속문학을 즐기면서 민간 이야기들을 널리 수집했다. 《서유기》는 《수호전水滸傳》《삼국지연의》《홍루몽紅樓夢》과 더불어 '중국 고전 장편소설의 4대 명작'으로 불리고 있다.

| 세계사 연표 |
1512년 프랑스와 스코틀랜드가 연맹을 맺었다.

유리홍삼어문고족배釉里紅三魚紋高足杯
이 자기 잔은 여느 자기 술잔과 다른 특별한 데가 있다. 담청색의 바탕에 붉은 물고기 한 마리가 마치 꼬리를 저으며 푸른 물속을 헤엄치는 듯이 보인다. 술잔을 돌려 보면 이런 물고기가 모두 세 마리 보인다. 이것은 유리홍이라는 특수한 공예가 가져온 특수한 효과다.

의 학생들은 그의 강학 내용과 서신 문답을 모아 《대학문大學問》과 《전습록傳習錄》을 엮어 심학 이론을 학습하는 교과서로 삼았다.

왕양명은 '심心이란 천지만물의 주主'라고 하면서 사람의 마음은 우주의 본체고 만물의 주재主宰며 모든 우주는 사람의 마음속에 있다고 말했다. 그리고 '심 외에 다른 것은 있을 수 없다'고 했다. 그런데 어떤 사람이 '심 외에는 다른 것이 없다'는 이론에 대해 의혹을 제기했다. 그는 산중의 꽃나무를 가리키며, "천하에 심외지물이 없다는데, 저 꽃나무는 심산 속에서 절로 피고 지지 않습니까? 그런데 저 꽃나무가 도대체 우리의 마음과 무슨 상관이 있단 말입니까?" 하고 물었다. 그러니 왕양명은 이렇게 대답했다.

"저 꽃나무를 보지 않을 때는 저 꽃이 자네 마음과 같이 적막 속에 잠겨 있지. 오직 자네가 저 꽃을 볼 때야 꽃의 색깔이 선명하게 나타난단 말이네. 그것만 봐도 저 꽃이 자네 심중에 있다는 걸 알 수 있지."

'심 외의 사물이란 있을 수 없다'는 이론에서 왕양명은 '심 외의 도리도 있을 수 없다'는 이론을 유도해 내어, 천지만물의 도리

도교 음악의 중요한 기물 - 무당산武當山 **자소궁**紫宵宮**의 목탁**
이 목탁은 무당산 도교의 여러 의식에서 사용되었던 중요한 악기다. 거의 모든 도교의 음악 장소에서 이런 목탁을 두드렸다. 흔히 큰 목탁과 작은 목탁을 배합해 사용한다. 목탁 표면 전체에 물고기 무늬와 파도 무늬가 새겨져 있고 목탁 한 곳에 두드린 흔적이 있다.

는 마음 밖에서 찾지 말아야 한다는 것을 주장했다. 따라서 사람들의 마음 안에 있는 '양지良知'로 시비를 밝힐 수 있고 선악을 분별할 수 있다고 했다. 이 양지는 효성·충군·사양·신의 등의 도덕관념을 포함한다. 이런 것은 모두 타고나는 것이다.

양지는 늘 물욕에 의해 흐려지기 때문에 도덕 수양으로 물욕을 없애 버려야 고유의 미덕을 회복할 수 있다. 이것이 바로 왕양명이 도출해 낸 '치량지治良知' 학설이다.

이외에도 왕양명은 주희의 '선지후행先知後行' 이론에 비춰 '지행합일론知行合一論'을 제기했다. 물론 지행합일론은 치량지 학설을 토대로 수립한 것이다. 이 이론에 의하면 사람의 마음속에 일단 어떤 생각이 생기면 그것이 바로 '행동의 시작'이 된다고 한다. 만약 그 생각이 착하지 않은 것이라면 반드시 미리 잘라 버려야 한다. 이 같은 인간 내심 활동에서의 지知와 행行의 통일은 변증유물주의의 지행통일관과는 공통점이 없다.

왕명의 심학은 명나라 후기에 상당히 성행해 많은 유파가 갈라져 나왔다. 그리하여 '심학'은 명나라와 청나라 시대에 큰 영향을 미치는 사회 사조가 되었다.

가정 7년(1528), 왕양명은 집으로 돌아가는 도중에 병으로 사망했다. 그 해 나이 쉰일곱이었다. 장례 날 상복을 입은 1000여 명의 문인門人들이 영구를 부여잡고 통곡을 했다.

왕양명의 익호는 문성文成이라고 하는데, 그의 문도들은 왕양명의 저술들을 모아 《왕문성공전집王文成公全集》, 즉 《양명전서陽明全書》를 편찬했다.

1368~1644 명나라

《서유기》 139

| 중국사 연표 |

1445년 엽종류葉宗留 복건 등 지역의 광부들이 봉기를 일으켰지만 얼마 되지 않아 모두 토벌되었다.

046

대례의 사건

세종은 즉위 이후 권위와 정통성 문제를 가지고 조정 대신들과 20년 동안이나 다투었다.

황제에 오른 주후총

무종 생전에 아들이 없었기에 무종이 죽은 다음 황태후와 내각 수보 양정화는 '형의 후대가 없으면 아우로 잇는다'는 〈황명조훈皇明祖訓〉에 근거해 흥헌왕興獻王 주우원朱祐杬의 장자이며 헌종의 손자이자 무종의 사촌 아우인 주후총朱祐熜에게 황위를 승계하도록 결정했다.

주후총은 그 해 나이 열다섯이었다. 그는 흥헌왕의 봉국인 호광 안륙安陸(현 호북)에서 자랐는데 어렸을 때 시가와 서예를 즐기고 아버지를 따라 여러 번 북경에 올라와 황제를 알현한 적이 있었다. 주우원이 정덕 14년(1519)에 죽자 주후총은 호광을 관리했다.

조정은 태감, 황실 등 여러 대신들로 사절단을 구성해 호광으로 가서 새 황제를 맞이했다. 주후총은 교외에서 신하들의 축하를 받고 대명문으로 입성했다. 이것이 권위와 정통성을 세우려 한 새 황제와 조정 대학사들 간의 첫 번째 겨룸이었다. 그 후 주후총은 봉천전에서 즉위하고 그 이듬해 연호를 가정으로 고쳤다. 그가 바로 명세종이다.

흥헌왕의 제례와 존칭에 관한 대립

세종은 즉위한 후 예관에게 명해 아버지 흥헌왕의 제례와 존칭을 토의하도록 했다. 예부상서 모징毛澄이 세종에게 효종을 '황고皇考'로, 흥헌왕을 '황숙부'로, 흥헌왕의 비는 '황숙모'로 부를 것을 건의하자, 세종은 부모를 바꿀 순 없다며 다시 토의하라고 명했다. 그 말을 들은 장총張璁이란 진사가 세종의 뜻을 짐작하고 양정화와 모징 등의 주장을 반박하는 상주서를

가장 특색 있는 제왕 능묘 – 명현릉明顯陵

명현릉은 지금의 호북 중상성鍾祥城 동교의 송림산에 있는데 명나라 세종 가정 황제의 아버지인 공예헌 황제恭睿獻皇帝와 어머니 장성 황태후를 합장한 능묘다. 현릉은 명나라 정덕 14년(1519)에 시공해 가정 45년(1566)에야 완공되었다. 전반적으로 쌍성雙城 구조를 취하는데 외성의 길이는 약 3600m에 높이는 6m이며 두께는 1.8m다. 이 현릉의 외성은 지금 중국에 현존하는 역대 제왕 능묘들의 성벽 중에서 가장 완벽하게 남아 있는 성벽이다. 이 현릉은 전후 보성寶城, 방성명루方城明樓, 능은전棱恩殿, 능은문棱恩門, 신주神廚, 신고神庫, 능호陵戶, 군호軍戶, 신궁감神宮監, 신홍문新紅門, 구홍문舊紅門, 구곡어하九曲御河, 용형신도龍形神道 등 거대한 규모의 30여 개 건축물들로 구성되었는데, 중국 고대 건축 예술 중 희귀한 문화재다.

역사문화백과

[곤강昆腔]

명나라 남극南劇은 지역에 따라 그 곡조가 달랐다. 이런 남극의 곡조들은 모두 송나라 원나라 때 생겼는데, 명나라 때에도 계속 이어졌다. 그중 곤산강昆山腔(또는 곤강)이라는 곡조는 그 유행 범위가 가장 작아, 오직 오중吳中(현 강소 소주蘇州) 지역에서만 유행했다. 가정 연간(1522~1566)에 곤산 사람 위량보魏良輔를 중심으로 일부 음악가, 희곡가들이 수십 년간 노력을 거쳐 이 곤산강에 큰 개혁을 진행했다. 주로 곡과 음악 반주 두 방면에 많은 변화를 주었는데 현삭弦索, 소관簫管, 고판鼓板 세 부류의 악기를 병용해 완전한 관현악 반주를 하도록 했다. 곤산강은 위량보 등의 개혁을 거쳐 음악이 더욱 아름답고 다양해졌으며 곡이 부드럽고 구성져 극중 인물의 감정을 더 잘 표현할 수 있었다. 그리하여 곤산강은 마침내 남극의 여러 희곡 유파들을 추월해 널리 퍼져 나갔다.

| 세계사 연표 |

1514년 프랑스는 이탈리아에 있는 최후 거점을 잃고 신성로마제국, 스페인과 '오를레앙 화약和約'을 맺었으며 영국과는 '런던 화약'을 맺었다.

출전 《명사明史 · 양신전楊愼傳》
《명감明鑑 · 세종世宗》

명인연극도明人演劇圖
명나라 연극은 원나라 이후 한차례 새로 발전했다. 이 그림은 당시 성황을 이룬 연극 공연의 모습을 표현하고 있다.

올렸다.

세종은 상주서에 따라 아버지를 흥헌 황제로, 어머니를 흥헌황후로 부르게 하려고 했으나 양정화 등은 강경히 반대하며 황제의 친필 조서를 돌려보냈고, 일부 대신들은 상주서를 올려 장총을 탄핵했다.

이때 세종의 생모가 안륙에서 통주로 왔다. 효종을 '황고'라고 존칭하라는 말을 들은 그녀는 "그럼 내 아들이 남의 아들이 된다는 말이 아닌가?" 하면서 북경성 안으로 들어가지 않으려고 했다. 그것을 안 세종도 이따위 황제는 안 한다며 황관을 내던지기도 했다.

양정화 등은 하는 수 없이 물러서서 태후의 명의로 흥헌왕을 '흥헌제興獻帝'로, 흥헌왕비를 '흥헌후興獻后'로 받들게 했다. 양정화 등은 이렇게 양보하면서도 세종의 비위를 맞추며 방해를 놓은 장총을 그대로 놔

두지 않고 남경 형부의 주사로 강직시켰다.

그런데 12월, 세종은 또 자기 부모의 존호 '흥헌제'와 '흥헌후' 앞에 각각 '황皇' 자를 더해야 한다고 했다. 그러자 양정화 등은 또다시 반대했고, 그리하여 임금과 신하들 사이에 예의 문제로 다시 한 번 다툼이 일어나려 했다. 그때 뜻하지 않는 다른 일이 하나 생겼다.

가정嘉靖 원년(1522) 정월, 교외의 제사가 끝나자마자 청녕궁 후전에 불이 났다. 신령을 믿는 세종은 양정화 등 대신의 건의를 접수하고 효종을 그대로 '황고'라고 하고 흥헌제와 흥헌후는 '본생本生 부모'라는 것만 밝히고 '황' 자는 첨부하지 않기로 했다.

양정화는 비록 이겼으나 세종의 의사를 여러 번 꺾었기에 세종의 미움을 샀고 그것을 안 양정화는 그 이듬해 정월에 벼슬을 버리고 조정을 떠나갔다.

예의 쟁투의 재개

양정화가 떠나기 직전 남경 형부주사 계악桂萼과 장총 등이 다시 예의에 관한 쟁론을 재개했다. 이번에는 계악이 세종에게 상주문을 올려 효종을 황백고皇伯考로, 흥헌제를 '황고皇考'로, 흥헌왕비를 '성모聖母'로 할 것을 주장했고 세종은 또 조정 대신들에게 예의 문제를 토의하도록 명했다.

이때 예부상서는 왕준汪俊이었다. 그는 다른 문무 대신들과 의논해 계악의 건의를 모두 반대했다. 그중에도 급사중 장충張翀과 어사 정본공鄭本公 등 언관들은 언사가 격렬했고 격노한 세종은 그들을 파직시켰다. 그러자 왕준은 흥헌제와 흥헌후의 존호에 '황' 자를 더하는 것에 동의했다.

세종은 그 상주서에 근거해 자기 부모의 존호를 높일 것을 요구했다. 왕준은 극력 반대하다가 병을 빙자해 벼슬에서 물러났다. 4월, 세종은 영을 내려 자기 아

| 중국사 연표 |

1448년 유무칠劉茂七이 복건에서 봉기를 일으켜 산평왕鏟平王을 자칭했다.

양신잠화도楊慎簪花圖 (명나라 진홍수陳洪綬 그림)
양신은 '황고 다툼'으로 세종의 노여움을 산 뒤 영창위永昌衛로 유배되었다. 영창위에 있을 때 양신은 머리에 꽃을 달고 여러 가녀들을 데리고 저잣거리를 다니며 노래를 했다고 한다. 이 그림은 그 이야기를 소재로 하고 있다. 그림을 그린 진홍수의 자는 장후章侯이고 호는 노련老蓮인데 명나라의 유명한 화가다.

아버지 흥헌제를 '본생황고공목헌황제本生皇考恭穆獻皇帝'로, 어머니 흥헌후를 '본생모장성황태후本生母章聖皇太后'로 칭하고 봉천전 곁에 사묘를 짓게 했다.

대례의 과정에 중요한 역할을 한 장총과 계악은 세종의 환심을 사 경성으로 전근되었지만 다른 대신들의 미움을 샀다.

좌순문의 청원

양정화 등이 사직한 후 세종은 장총과 계악을 더욱 신임했다. 가정 3년(1524) 7월 어느 날, 좌순문에서 대신들을 접견한 세종은 친필 칙서를 보이며, 장성황태후 존호에서 '본생' 두 자를 빼겠다고 말했다. 이것은 한 번도 들어보지 못한 너무나 급작스러운 일이라 대신들의 놀람이 보통이 아니었다. 그런데 이때 장총과 계악이 일어나 임금을 속이는 예관들의 이름을 나열하면서 그들이 결당해 나쁜 일을 한다고 비난했다. 이에 대신들 모두가 격분해 떠들었다.

그러나 세종은 본 척도 안 했고, 이에 우려가 많아진 대신들은 조회 후에도 흩어지지 않고 수군거렸다. 어떤 사람이 '필시 효종을 백고伯考로 고치려는 모양'이라고 말하니 이부우시랑 사맹춘이 일어나 격분한 어조로 말했다. "헌종 때 자희태후의 장례를 의론할 때 요기姚夔가 앞장서 백관을 영솔해 문화문 앞에 부복하고 통곡했소. 이게 우리나라의 과거 일이오."

그 뜻인 즉 자신들도 그렇게 반항해야 한다는 것이었다. 그러자 양정화의 아들 한림편수 양신楊慎도 격분해 "나라가 150년이나 기른 우리 사대부들이 정의를 위해 몸 바칠 날이 오늘이오" 하고 말했다. 편수 왕원정과 급사중 장충도 곁에서 거들었다. "오늘 일이 성공하면 천추만대에 자랑이 될 거요. 만일 반대하는 자가 있다면 함께 죽을 것이오."

격앙된 그들 수백 명은 모두 좌순문 앞에 무릎을 꿇고 청원을 하기 시작했다. 거기에는 구경이 스물셋, 한림 스물둘, 급사 스물, 어사 서른, 이부 열둘, 호부 서른여섯, 예부 열둘, 병부 스물, 형부 스물일곱, 공부 열다섯, 대리사 소속 열둘 등이 있었다. 그들은 무릎을 꿇고 부복해 흐느끼면서 "고황제효종황제高皇帝孝宗皇帝!"를 높이 외쳤다.

마침 문화전에서 쉬고 있던 세종은 그 소식을 듣고 소스라쳐 일어나 급히 내시들을 불러 물러나라는 조서를 전달했다. 그러나 격분한 대신들은 세종이 만족스러운 답을 주지 않으면 누구도 일어나지 않겠다고 고집했다. 이런 장면을 목격한 적이 없는 세종은 어떻게 하면 좋을지 몰라 다시 태감을 보내 퇴각을 권했지만 대신들은 일어서질 않았다.

마침내 세종도 약이 올랐다. 그는 금의위를 파견해 대신들 중 장충 등 주모자 여덟을 옥에 가두었다. 이

| 세계사 연표 |

1516년 스위스와 프랑스가 '영구동맹'을 체결했는데, 이것이 스위스 중립 정책의 시조다.

에 양신, 왕원정 등이 궐문을 흔들며 통곡을 하자 다른 대신들도 모두 목 놓아 울었다. 그러니 세종은 더욱 화가 나 사례 태감에게 부복하고 우는 대신들의 이름을 낱낱이 적게 했다. 그 후 세종은 또 100여 사람을 잡아 가두었다. 지위가 높은 하맹춘 등 일부 관원들은 집에 가 판결을 기다리라고 명했다.

며칠 후 세종은 한 무리의 관원들을 엄격히 징치했다. 양신 등은 모두 변방 수비로 내보내고 그 일에 관련된 4품 이상의 관원들은 모두 봉록을 떼었으며 5품 이하 관원들에게는 각기 형장刑杖 180대씩을 가했다. 왕상 등 열여섯은 그때 형장으로 죽었다. 이것이 바로 세상을 놀라게 한 '좌순문 사건'이다.

200여 년이나 걸린 대례의 논쟁

좌순문 사건은 당시 조정의 구조를 뒤흔들었을 뿐만 아니라 수많은 조정 관원들의 운명을 바꾸어 놓았다.

양신은 원래 정덕 6년(1511)에 장원을 한 일대 명신이다. 그런데 좌순문 사건으로 30여 세 젊은 나이에 유배를 당해 이때부터 벼슬길이 끊어져 변강에서 유랑했다. 그 후 그는 줄곧 운남에 있으면서 음운과 시문, 예술과 지리, 민속 등을 연구해 명나라 역사에서 저술이 가장 많은 학자 중 한 사람이 되었다. 그는 가정 38년(1559) 일흔두 살로 세상을 떴다.

세종을 반대하던 일부 관원들은 좌순문 사건 이후 점차 세종에게 굴복했는데 사학자들은 이것을 '의관 상기衣冠傷氣'라고 했다. 이 사건은 명나라 조정의 사기에 적지 않는 악영향을 끼쳤다.

그러나 일은 거기에서 끝나지 않았다. 가정 4년(1525) 4월, 광록사승 하연이 홍헌황제의 제사를 태묘에서 지낼 것을 주청했는데 그것은 장총의 요구보다도 더한 것이었다. 장총 등은 황성 내 다른 곳에 홍헌황제의 묘당을 따로 세우자고 하면서 그것을 '세묘世廟'라고 하자고 했다. 그 이듬해 태묘의 왼쪽에 세묘를 세웠지만 가정 15년(1536), 세종은 세묘라는 이름이 실속이 없다며 '홍헌제묘興獻帝廟'라 고치고 또 2년이 지나서는 홍헌황제를 예종睿宗으로 고치고 태묘에다 그 위를 모셨다.

결국 20여 년이나 걸린 이 곡절 많은 '대례의에 관한 쟁론'은 표면적으로는 명분에 관한 쟁론 같았지만 그 배후에는 세종과 고명 대신, 내각 관원들 사이의 심각한 암투가 있었다.

머리띠 장식

상해 노만盧灣 대포교大浦橋 순씨順氏 무덤에서 출토한 여인들의 이마에 두르는 띠인데, 띠 중간에는 용을 새긴 옥이 붙어 있고, 그 좌우 양측에는 동일한 내용을 새긴 백옥 장식물 열여섯 개, 즉 봉황새, 연꽃과 수초, 기러기, 목란꽃, 매화꽃, 말밥, 세 발 달린 개구리 등을 새긴 옥 조각들이 서로 대칭되어 붙어 있으며, 이 옥 조각들은 금 조각, 보석, 백옥 등을 재료로 만든 것들도 있다. 이런 보물들로 장식되어 아롱진 빛이 반짝이는 머리띠들은 주인의 부귀함을 자랑했다. 머리띠는 명나라 시대 여인들이 귀밑머리를 싸기 위해 이마에 두르는 머리 장식이었는데, 당나라 때부터 사용했다. 당나라 때는 '말액抹額'이라고 했으나 송나라 때는 '말자抹子'라고 했다.

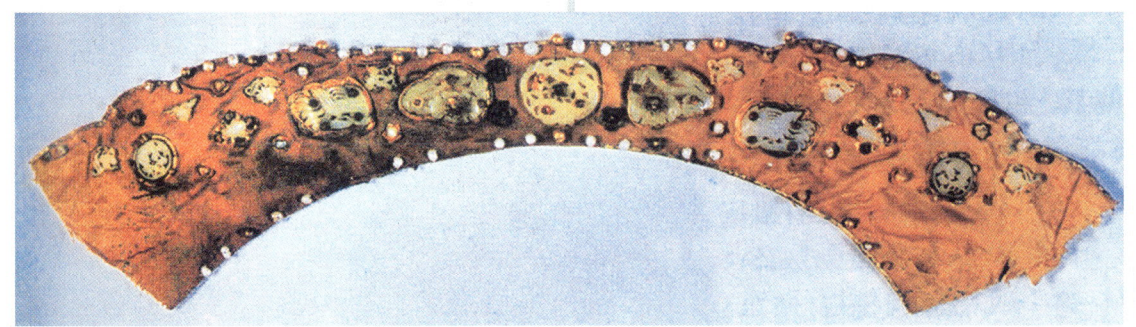

명나라 세종이 친아버지인 헌왕獻王을 위해 세운 능묘다

1449년

| 중국사 연표 |
와라 야선이 명나라 변경을 침범해 영종이 친히 출정했다.

047

도교를 숭상한 세종

세종은 도교를 숭상하고 도인들을 총애하며 방술을 믿었다. 그리고 결국에는 단약丹藥을 잘못 먹고 붕어했다.

궁중에 세운 초도사

세종은 즉위 초기에 나라를 바로잡아 보려고 악행을 많이 한 환관들을 옥에 가두고, 각지에서 진상품을 조정에 바치는 것을 엄금하며 섬서의 융복직조絨服織造와 광서의 공향貢香을 폐지했다. 후에는 각지의 진수鎭守로 있던 태감들을 모두 파직시켰다. 그리하여 사람들은 세종에 대한 기대가 컸다.

그러나 세종은 양정화 등이 고명 대신 자격으로 큰 권력을 행사하는 것이 못마땅해 '대례의 사건'을 기회로 그들의 권력을 박탈했다. 그러다가 점차 정치에 대한 열정 대신 도교를 열심히 믿기 시작했다.

즉위 초기에 세종은 경성의 불국사를 봉하고 승려들을 해산시키며 재사齋祀를 금했다. 도교를 숭상하는 세종은 가정 2년(1523), 태감 최문신의 말에 따라 건청궁 등에다 초醮(도사가 제를 지내는 곳)를 만들고 밤낮으로 제를 지냈는데, 후에 양정화가 간해서야 그만두었다. 그러나 그 이듬해 세종은 초도사醮禱祀를 세우고는 기도를 멈추지 않았다.

양정화가 없는 조정에는 세종을 말릴 대신이 없었다. 많은 대신들이 세종의 비위를 맞추고 환심을 사서 자기의 지위와 권력을 보존하는 데만 신경을 썼다. 고정신顧鼎臣이 초례醮禮를 찬송하는 시 몇 수를 쓰고는 세종의 포상을 받고 관직이 올라간 것을 본 다른 대신들은 다투어 '청사靑詞'를 올렸다. '청사'란 도교에서 도사들이 제를 지낼 때 쓰는, 붉은 먹으로 청등지靑藤紙에 쓴 시문이다.

도사의 방술을 총신한 세종

도교를 믿었던 세종은 도사를 극히 총애했다. 세종은 도사 소원절邵元節이 비와 눈을 불러올 수 있다는 것을 진짜로 믿고, 가정 3년(1524)에 그를 도성으로 불러들여 3품 벼슬을 주고 경성 서쪽에 '진인부眞人府'라는 집을 세워 거처로 내주었다.

가정 15년(1536), 세종은 아들이 생기자 그것이 소원절의 기도 덕이라고 여기고 소원절을 예부상서로 올려놓고 1품 관복과 봉록을 하사했다. 3년 후 소원절이 죽자 세종은 슬퍼하며 백작의 장례식과 맞먹는 격으로 융숭하게 장례를 치러 주었다.

소원절이 죽은 후 세종은 또 다른 도사 도중문陶仲

영릉永陵
영릉은 명 세종 주후총朱厚熜과 황후의 능침인데 규모는 장릉에 비할 수 없지만 구조는 정묘하다. 능묘는 정원이 세 개이고 형전享殿이 일곱 칸이며 양측 배전配殿이 각각 아홉 칸이다. 명릉은 13릉 가운데 보존이 가장 잘 되어 있다. 성가퀴는 화반석으로 축조되었으며 두공斗拱, 서까래, 액방額枋 등은 모두 돌조각으로 만들어졌고 보성寶城의 성가퀴와 양측의 신도 역시 돌로 축조했다. 지금은 향전이 보존되지 않고 그 터에 용과 봉황이 새겨진 폐석陛石만이 남아 있는데 이것 역시 명나라 시대 궁전 조각 예술의 걸작 중 하나다.

| 세계사 연표 |
1518년 웨일스가 영국과 프랑스가 밀약을 맺는 것을 추진해 영국·프랑스·독일·스페인 등이 교황과 공동으로 '런던조약'을 체결했다.

출전 《명조사화明朝史話》《명감明鑑·세종世宗》

文을 총애했다. 도중문은 늘 부적을 그리면서 자기는 요마를 쫓아낸다고 허풍을 쳤다. 입궁한 후 세종은 그에게 '신소보국선교수사神宵保國宣敎秀士'라는 긴 칭호를 수여했다. 그 후 세종은 조정을 돌보지 않고 종일 방술에만 빠져 있었다.

세종은 또 토목공사를 대대적으로 벌여 현제궁玄帝宮을 세우고 뇌단雷壇 등을 세웠다. 그리고 조정의 정무나 형벌 같은 일도 모두 방술에 의해 결정했고, 불로장생해 신선이 되고 싶어 하는 세종의 심리를 이용해 도사들은 세종을 마음대로 우롱했다.

세종이 40여 년간 도교를 숭상하고 방술을 믿은 결과 조정은 기강이 무너지고 법도가 해이해졌으며 정직한 관원들이 아무리 상주문을 올리며 간청해도 소용이 없었다.

황제를 모살하려던 궁녀들

세종은 도교를 믿었지만 도교의 주장대로 '욕심을 버리고 마음을 맑게 가진' 것은 아니었다. 그는 민간의 미녀들을 수차례 뽑아 후궁에 미녀들이 1000명을 넘었다. 이런 궁녀들은 황제의 노리개일 뿐만 아니라 온갖 능멸과 모욕을 당했다. 한 번은 세종이 방사方士의 말을 듣고 어린 궁녀 수명을 선발해 여자의 몸을 학대해 연단煉丹을 제련해 내는 '선천단연先天丹鉛' 법을 써서 불로장생하는 약을 만들려고 했다.

가정 21년(1542), 궁녀 양금영楊金英 등 열여섯 명은 그런 학대를 참을 수 없어서 한데 모여 세종을 죽이고자 밀모한 후 실행에 옮겼지만 실패했다. 열여섯 명 궁녀들은 모두 체포되었다. 심문을 해보니 영빈寧嬪 왕씨와 단비端妃까지 관련되었다는 것이 드러났다. 세종은 이 궁녀 열여섯을 저잣거리로 끌어내 능지처참을 하고 효수를 시켰다. 두 희빈은 궁 안에서 능지처참 했으며 가족까지 모두 죽이고 가산을 적몰했다.

역사문화백과

[혼령을 위해 기도하는 법사 – 주칠做七]

명나라 때는 사람이 죽으면 7일에 한 번씩 죽은 자의 혼령을 위해 기도하는 법사를 했는데 모두 일곱 번 했다. 그래서 '주칠'이라고 한다. 이런 풍속이 생긴 원인에 대해 다음과 같은 두 가지 설이 있다. 숫자 칠七은 화火의 숫자인데 화는 변화를 주관해 아이가 출생해 7일에 한 번씩 변하게 한다. 그러므로 7일에 한 번씩 법사를 하는 것은 이 숫자에 맞추기 위해서다. 또 다른 한 가지 설은, 사람은 태어나 49일 만에 혼백이 생기고 죽어서도 49일 만에야 혼백이 흩어지는데 사람이 죽은 다음 7일부터 혼이 흩어지기 시작해 49일이 지나면 완전히 흩어지기 때문에 '주칠'을 한다는 것이다. 이 '주칠' 외에도 백일百日·기년期年·재기再期(2주년)·복제服除를 비롯해 이후 매년 칠월 보름날·15주년·20주년 등에 모두 승려들을 불러다 법사를 했다. 이를 '추존追薦'이라고 했다.

이 해가 음력 임인년壬寅年이어서 이 사건을 '임인궁변壬寅宮變'이라고 한다. 중국 역사상 궁녀가 황제를 죽이려 한 일은 거의 찾아 보기 힘든 매우 특이한 일이었다.

구사일생으로 살아난 세종이건만 그 일에서 교훈을 얻는 것이 아니라 오히려 천지신명의 보우로 위험에서 살아났다고 좋아하면서 도학과 방술을 더욱 숭상하고 믿었다. 그리고 서원에 있는 연왕의 옛 처소로 옮겨 '진세외인塵世外人'으로 자처하면서 이전보다 더 부지런히 천지신명께 제를 지냈다. 임인궁변 이후 대신들은 20년이 넘게 세종의 얼굴을 보지 못했다. 그동안 세종은 조정 일을 모두 엄숭 같은 간신에게 맡기고 전혀 관계하지 않았다.

신선이 되기 위해 단약을 구하던 세종은 도리어 단약에 목숨을 잃었다. 오랜 기간 단약을 장복한 탓에 몸이 안 좋은데다가 한 번은 큰 병을 앓고 나서 왕금 등이 주는 단약을 먹었는데 이 약 때문에 병이 도리어 악화되었다. 그리하여 가정 15년(1566), 세종은 병으로 죽었다. 임종 직전에야 그는 자기가 한 일들을 후회했다고 한다.

그 축문은 붉은 먹으로 청등지에다 쓰기 때문에 '청사'라고 불렀다

| 중국사 연표 |

1449년

명나라 군대가 토목보에서 대패하고 영종이 와라군에 생포되었다. 9월 성왕 주기옥朱祁鈺이 즉위해 명 경제景帝가 되었는데 그는 영종을 태상황으로 올리고 그 이듬해 연호를 경태로 고쳤다.

048

간신 엄숭

세종 때 엄숭嚴嵩은 내각 수석 보필로 20년이나 있었다. 세종의 총애를 받은 엄숭과 그의 아들은 조정에서 자기의 무리를 모으며 반대파들을 내몰고 전횡을 일삼았다.

형통하는 관운

세종의 빗나간 행동은 간신들이 활개를 칠 기회를 주었다. 명나라 역사상 가장 악명 높은 간신인 엄숭이 바로 이때 나타났다. 그는 세종의 비위에 맞는 조서를 작성하고 예부상서의 신분으로 흥헌왕의 존호를 올리는 예의를 주관해 세종의 환심을 얻었다.

흥헌왕의 존호를 올리는 날 엄숭은 자기의 재간을 다하여〈경운부慶雲賦〉라는 시를 써 황제께 올렸다. 이때부터 세종은 엄숭을 남달리 중히 여겼다. 당시 내각의 수석 보필은 엄숭과 같은 고향 사람인 하언夏言이었다. 엄숭이 벼슬 운이 튼 데는 하언이 추천한 덕이 적지 않았지만 엄숭은 하언을 존경하는 척하면서 그를 밀어 내고 올라갈 궁리만 했다.

가정 21년(1542), 세종은 하언의 내각 수석 보필직을 사면시키고 엄숭을 예부상서 겸 무영전 대학사로 승진시켰다. 그리고 2년 후에는 엄숭을 내각 수석 보필로 승직시켰다. 이때부터 가정 41년(1562) 파직될 때까지 중간에 하언이 복직되었던 2년을 제외하고는 엄숭이 내각 수석 보필을 담당했다. 이렇게 그는 20년이나 집정을 했다.

독선적 행위

세종은 오랫동안 서원에 있으면서 기도만 드리고 조회도 보지 않았다. 조정 대신들은 누구도 황제의 얼굴을 볼 수 없었다. 엄숭은 내각 수석 보필 대신으로 올랐을 때 나이가 이미 예순이 넘었지만 청년들처럼 기력이 왕성해 밤낮으로 세종의 시중을 들었다. 세종도 그 때문에 엄숭을 각별히 신임하면서〈충근민달忠勤敏達〉이라는 글을 하사했다. 그리고 얼마 지나지 않아 육속 편액陸續扁額을 하사했다. 엄숭의 집에는 도처에 황제가 하사한 편액이 걸려 있었다.

엄숭은 자기의 지위를 이용해 조정 대권을 쥐고 자기와 맞지 않는 동료들을 배척했다. 세종이 내린 성지나 세종이 한 말을 엄숭은 절대 비밀로 하고 전하지 않아서 내각 대신들은 모르고 있었다.

옥잔 '일봉설一捧雪' (위 사진)
명나라 가정 연간의 기물로 지금 하남성 신야현新野縣 왜자전歪子鎭 민간에 전가지보傳家之寶로 소장되어 있다. 매화 모양의 이 옥잔은 지름이 7cm, 잔 깊이가 2.5cm인데 이 옥잔에 술을 부으면 옥잔 안에 흰 눈꽃이 날리는 것 같은 현상이 일어나기에 이 옥잔을 '일봉설'이라고 한다. '일봉설'이란 눈을 한 움큼 쥔다는 의미이다. 이 옥잔이 민간에 유전된 것은 엄숭의 독선적 행위와 관련된다. 이 일을 소재로 청나라 극작가 이옥이《일봉설전기一捧雪傳記》를 썼다. 중국 전통 희곡《온량잔溫凉盞》이나《심두랄탕審頭刺湯》등도 모두 이 옥잔의 이야기와 관련이 있다.

••• 역사문화백과 •••

[의표擬票]

'의표'는 표의票擬, 표지票旨, 조지條旨라고도 하는데, 명나라 때 내각 대신들이 황제에게 올라온 상주문을 미리 보고 작성하는 비답의 초고를 말한다. 이런 비답은 명나라 초기에는 황제가 직접 썼으나 선덕 이후는 내각 대신들이 비답의 내용을 미리 작성해 작은 쪽지에 붓으로 쓴 후 그것을 상주문과 함께 황제께 올렸다. 황제가 그 비답의 내용을 비준하면 붉은 글씨로 표시해 내려 보냈다.

| 세계사 연표 |

1519년 포르투갈의 마젤란이 스페인 왕명을 받아 함대를 거느리고 제1차로 지구를 도는 항해를 시작했다.

《명사明史·엄숭전嚴嵩傳》 출전

엄숭은 늘 황제의 신변에 붙어 있었기에 누구보다도 세종의 성미를 잘 알고 있었다. 세종은 대신들에 대해 의심이 유난히 많은 사람이었다. 엄숭도 예외가 아니어서 그의 말을 모두 믿지는 않았다. 때로는 문득 상주문들을 가져오라고 하여 자기가 직접 비답하기도 하고 또 고의적으로 엄숭과 반대되는 견해를 말하기도 했다.

이런 방법으로 엄숭의 권력 독점을 억제해 보려고 했다. 그런데 엄숭은 이런 세종에게 약삭빠르게 대처할 줄 알았다. 엄숭은 황제의 희로애락을 교묘히 이용해 자기와 뜻이 같지 않은 사람들을 배척하고 자기의 무리들을 결집했다.

그 아비에 그 아들

엄숭은 늙어감에 따라 점점 기력이 소진해지는 것을 절감했다. 그래서 자기 아들을 조력꾼으로 내세울 생각을 했다. 그때 그의 아들 엄세번嚴世蕃은 공부좌시랑으로 있었는데 국전國典에 정통하고 정사에 능통한 실력가였다. 세종의 친필을 한 번 보면 잊지 않았고, 세종과 가까운 시종들을 매수해 세종의 언행을 수시로 파악하고 있었다. 그러므로 세종이 무슨 일을 시킬 때마다 미리 준비했다가 재빨리 대처했다.

아들의 이런 총명함을 아는 엄숭은 상주문에 비답하는 일을 아들에게 맡겨 버렸다. 그러자 각 부의 대신들은 상주문을 모두 엄세

이봉무늬 청옥 옥고리
이봉螭鳳무늬 청옥 옥고리는 상해 민행閔行 북교北橋의 명나라 무덤에서 출토된 것인데, 둥근 고리에 용과 봉황이 각각 하나씩 붙어 있다. 용의 넓은 이마엔 호랑이 무늬가 한 줄 있으며 두 눈이 부리부리하고 몸체는 가늘고 길다. 하반신은 고리 중간을 통과하며 감싸고, 가늘고 긴 꼬리는 또 두 개로 갈라졌다. 고리의 왼쪽은 한 마리 봉황의 형국인데 머리, 부리, 발, 꼬리 등을 추상적으로 표현했다.

번에게 올려 결재를 받아야 했다.

엄숭 부자는 그 기회에 많은 뇌물을 받아먹었다. 그들은 뇌물의 양에 따라 관원의 직위 등을 결정하고 자기 패거리들을 임용해 각 부서에 배치했다. 그리고 엄숭을 탄핵하려 한 관원들은 음해를 당해 옥에 감금되어 중한 사람은 죽고 경한 사람은 유배를 갔다. 엄숭을 탄핵한 사람 중에 가장 결의가 굳은 사람이 병부시랑 양계성인데 엄숭은 세종을 꼬여 양계성을 옥에 가두었다.

가정 34년(1555), 엄숭은 세종이 비준한 사형수의 이름들 중에 양계성의 이름을 몰래 끼워 넣어 그를 흔적 없이 죽였다.

엄숭 부자의 이 같은 악행에 격분한 정직한 관원들은 분분히 상주서를 올려 그들을 탄핵하고자 했다. 그러나 세종은 정신을 못 차리고 엄숭 부자를 총애했다.

세종은 영을 내려 궁중의 소전小殿을 허물고 엄숭의 집을 지어 주었으며, 조석으로 음식과 술을 하사했다. 그리고 특별히 은총을 베풀어 엄숭이 가마를 타고 입궐하는 것까지 허용했다.

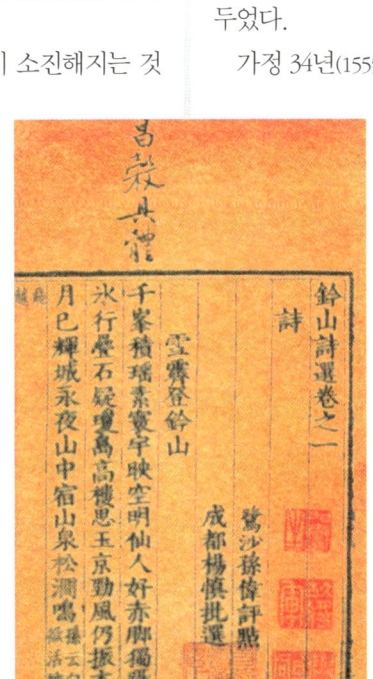

엄숭의 글 검산시선鈐山詩選

소주에 있는 석씨席氏의 소엽산방掃葉山房이다
명나라 만력 연간(1573~1619)부터 1955년까지 존재했다

| 중국사 연표 |

1449년 위겸이 병부상서가 되어 경성의 방어를 총관했다. 그리고 위겸은 와라의 군대를 북경성 아래에서 대패시켰다.

049

경술의 변

달단韃靼이 하투河套를 점령했지만 세종은 그것을 수복할 생각조차 하지 않았다. 그로 인해 달단이 북경을 침입하는 난이 일어났다.

하투 수복을 주장한 하언과 증선

명나라 북부 변경은 오래전부터 몽골 각 부락의 침범을 받았다. 영종 때의 '토목의 변'이 그중 대표적이다. 그 후 달단은 늘 명나라 변경을 침범했다. 세종 때에 이르러 변방의 수비력이 점차 쇠약해지자 달단은 그 기회에 하투 지역을 점령하고는 명나라 국경 안으로 수시로 쳐들어와 사람과 가축을 잡아갔다.

하투 지역은 삼면이 황하여서 토지가 비옥했다. 또 명나라 중요한 변진들과 이어져 있어 동쪽으로는 선부·대동·삼원 등을 위협할 수 있으며, 서쪽으로는 연수·영하·고원 등을 공격하고 관중 지역을 위협할 수 있었다. 그만큼 명나라 북부 변방에서 중요한 의미를 가지는 곳이었다.

삼군의 군무를 총괄하는 병부시랑 증선曾銑은 하투 지역을 하루 빨리 수복할 것을 강력 주장했다. 그런데 이때 엄숭에게 배척당해 내각을 나갔던 하언夏言이 다시 조정에 올라와 내각 수석 보필이 되었다. 하언은 증선의 건의를 찬성하면서 세종 앞에서 증선을 크게 칭찬했다. 가정 26년(1547), 증선은 군대를 거느리고 달단을 공격해 승리를 거두었다. 그리고 재차 하투 수복의 방책을 제기했다.

하언이 복직되자 엄숭은 그 이듬해 세종에게, 하언이 증선과 결탁해 몽골과 싸움을 다시 시작하려고 하는데 이것은 나라를 망치려는 수작이라고 고했다. 엄숭의 말을 곧이들은 세종은 하언을 파직시키고 증선을 참수했다. 바로 그때 달단의 칸 엄답俺答이 군대를 거느리고 쳐들어오자, 세종은 이것이 하언과 증선이 변경에서 사단을 일으킨 탓이라는 엄숭의 말만 믿고 하언을 잡아 경성으로 압송해 와서는 저잣거리에서 참수했다.

내각 수석 보필이 극형에 처해지자 누구도 감히 하투 수복을 입 밖에 내지 못했다.

엄답의 남침

가정 29년(1550), 엄답이 군대를 거느리고 대동을 침범했다. 대동을 지키는 총병 구란仇鸞은 오직 엄답을 매수해 자기가 방어하는 지역을 침범하지 않게만 했다. 엄답은 동으로 나아가 고북구를 손에 넣고 그 승세를 타 곧바로 북경으로 군대를 휘몰아 왔다.

소식이 전해 오자 북경성은 야단이 났다. 세종은 군대들을 한 곳에 집중시키려고 했다. 그런데 군사들은

엄답俺答

엄답(1506~1582)은 달단의 수령, 즉 칸으로 1550년 북경성 아래까지 침범해 명나라에게 상호 무역을 강요했다. 1570년 명나라 왕조는 그를 순의왕順義王으로 책봉했다.

| 세계사 연표 |

1520년
영국과 프랑스가 무역 협정을 체결했다.

《명사明史·하언전夏言傳》
《명감明鑑·세종世宗》
출전

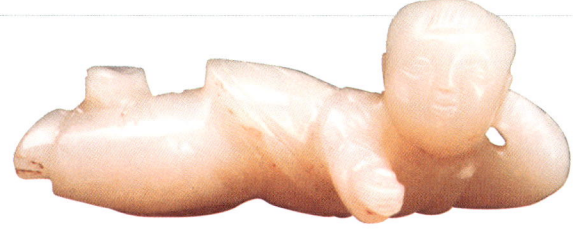

청옥으로 만든 어린이 인형
상해 노만盧灣 대포교大浦橋에 있는 명나라 고씨顧氏 무덤에서 출토된 이 누워 있는 어린이 인형은 길이가 6cm이고 둥근 얼굴과 큰머리에 머리칼은 복숭아형으로 쪽을 지었다. 몸에는 적삼을 입었는데 배가리개를 드러놓고 있으며 아래에는 통 넓은 바지를 입었다. 왼쪽 팔굽과 두 다리 사이에 각기 구멍이 하나씩 있는데 거기에 줄을 매달면 인형이 누워 있는 것처럼 매달려 있을 수 있다. 이것은 침대에 다는 장식품이다.

모이지 않고, 무기창고를 관할하는 태감은 여전히 뇌물을 받아야 무기를 내주기에 무기 조달마저 순조롭지 않았다. 세종은 문무대신들을 풀어 경성 아홉 개 성문을 지키도록 했다. 그리고 민간에서 의용군을 모집하고 각 진에 격문을 보내 군대를 거느리고 하루 속히 경성으로 올라와 황실을 보위하도록 했다.

모두 엄숭 탓이다

어명을 받은 각지의 군대들이 속속 북경에 도착했다. 구란도 이 기회에 공을 세워 보겠다고 자진해 북경

●●● 역사문화백과 ●●●

[기미위소]
명나라 홍무·영락 연간에 변강 소수민족 지역에 대한 통제를 강화하기 위해 이들 지역에 속속 기미위소羈縻衛所를 세웠다. 예를 들면 동북에는 노이간도사 및 380개 위, 24개 소를 세우고, 서북에는 적근몽고赤斤蒙古, 한동罕東, 안정安定, 아서阿瑞, 합밀哈蜜, 곡선曲先 등 여섯 개 위를 세웠으며 티베트에는 오사장烏斯藏, 타감朶甘 위도 지휘사와 농답위 지휘사사를 세웠다. 이 위소들의 도독都督, 도지휘사, 지휘, 천백호千百戶, 진무鎭撫 등의 직책은 모두 해당 지역 수령들이 맡아 자기 지역의 군대와 백성들의 일을 관할하게 했고 명나라 조정에서는 그들에게 임명서와 관인을 하사했다.

으로 왔다. 세종은 그를 평로대장군으로 임명해 각 진에서 올라온 근왕병들을 통솔하게 했다. 그런데 소요되는 군량과 경비를 조달할 수가 없었다. 군대를 주관하는 병부상서 정여기丁汝夔도 속수무책이어서 엄숭에게 물어보니 엄숭은 변강에서 패전을 하면 임금을 속일 수 있어도 지금 괜히 싸움을 했다가 패하면 임금의 눈을 속일 수 없으니, 차라리 달단이 하는 대로 내버려 두라고 했다. 정여기는 달단이 북경성 교외를 마음대로 강탈하는 것을 눈 뜨고 보고만 있었다. 엄답의 군대는 북경성을 여드레나 약탈해 많은 사람과 가축 그리고 대량의 재물을 가지고 서쪽으로 달아났다.

그제야 구란은 군대를 거느리고 적의 뒤를 추격하는 척했다. 그런데 창평 부근에서 달단군에게 대패해 1000여 명이 죽었다. 엄답은 군대를 거느리고 유유히 고북구를 벗어나 북으로 갔다. 구란은 백성 몇십 명의 목을 베어 가지고 돌아와서는 적의 목을 베었다고 세종에게 거짓으로 알렸다. 세종은 그것도 모르고 구란을 크게 칭찬하며 그를 태보로 봉했다.

그러나 엄답이 북경성 교외를 마음대로 약탈하는데도 싸우지 않고 가만 있었던 것을 알게 된 세종은 정여기를 체포하라고 영을 내렸고, 목이 달아날 무렵에야 정여기는 엄숭이 자기를 팔아먹었음을 알아 연거푸 "모두 엄숭 탓이다"라고 고함쳤다.

이때가 가정 29년 경술庚戌년이라 달단의 침입을 '경술의 변'이라고 한다.

명나라 연철 기술을 보여 주는 병기
명나라 때는 야금업이 발전했는데 나라에서 징수하는 강철은 주로 생활용품과 무기 제조에 이용되었다. 이 검은 명나라 시대의 병장기인데 지금도 매우 날카로우며 유연성이 아주 좋고 녹도 그리 쓸지 않았다.

1368~1644 명나라

| 중국사 연표 |
1450년 와라에게 풀려나와 북경으로 돌아온 영종이 남궁에 거처했다.

050

엄답에게 내린 책봉

명나라는 엄답과 삼낭자三娘子에게 책봉을 내리는 방법으로 북부 변강의 안정을 도모했다.

한 여인을 두고 벌인 다툼

'경술의 변'이 있은 후, 융경隆慶 4년(1570), 엄답의 부락에 큰 변고가 생겼다. 한나길汗那吉이라고 하는 엄답의 손자는 어려서 부모를 잃어 엄답의 처가 데려다 길렀다. 이 손자가 그 해 삼낭자와 결혼을 했는데 이 결혼은 사실 근친 결혼이었다. 그런 상황에서 엄답마저 삼낭자의 미모에 정신이 나가서 손부인 삼낭자를 빼앗아 버렸다. 이에 성이 난 한나길은 수하 몇을 데리고 대동으로 도망가 명나라에 투항했다.

엄답을 순의왕으로

명나라 총독 왕숭고王崇古는 한나길을 후하게 대접하면서, 변방을 안정시키려면 한나길을 우대해 주는 것이 좋겠다는 건의를 조정에 올렸다. 왕숭고의 상주문이 북경에 도착하자 대신들은 의논이 분분했다. 대학사 고공高拱과 장거정 등은 왕숭고의 건의에 찬성했고 목종은 한나길을 지휘사로 임명했다.

이때 군대를 출동해 토번吐蕃(티베트)을 칠 준비를 하던 엄답은 손자가 명나라로 도망쳤다는 말을 듣고 군대를 퇴각시켜 돌아왔다. 그러고는 여러 부락과 연합해 명나라를 침략할 준비를 했으나 손자가 걱정된 엄답의 처가 울며불며 매달리자 엄답은 어찌할 바를 몰랐다.

왕숭고는 몽골어에 정통한 사신을 보내 한나길은 무사하니 명나라를 배반하고 넘어간 장병들만 돌려보내면 그 대가로 한나길을 놓아 주겠다고 알렸다. 엄답은 그 요구에 마음이 동했지만 한나길이 정말로 살아 있는지 알 수 없었다. 그것을 확인하기 위해 엄답은 사자를 대동으로 보내 실상을 알아오도록 했다.

엄답의 사자가 대동으로 오니 한나길은 왕숭고가 시킨 대로 비단옷에 금띠를 두르고 말을 타고 사자를 만났다. 사자가 돌아가 그 상황을 엄답에게 보고하니, 엄답은 명나라와 화의하고 동맹을 맺겠다는 결심을 분명히 보인 뒤 명나라를 반역하고 넘어온 장병들을 결박해 명나라에 넘겼다.

찬문과 찬문 명각銘刻 (위·아래 사진)
찬문彝文, 즉 이문彝文은 중국의 소수민족인 이족彝族이 사용하던 일종의 단음절 표의문자다. 문자의 모양은 한자와 비슷하지만 한자에서 변화된 문자는 아니다. 찬문에도 상형자와 지사자指事字가 많은 것을 보면 한자를 모방해 창제한 것 같다. 현존하는 찬문 문헌은 적지 않지만 대부분 베껴 쓴 초본抄本이다. 사진은 찬문 초본과 명나라 성화 21년(1485)에 주조한 찬문과 한문漢文이 새겨져 있는 구리 종이다. 이 종에 새겨진 찬문은 현존하는 찬문 문헌 중에서 가장 오래된 것이다.

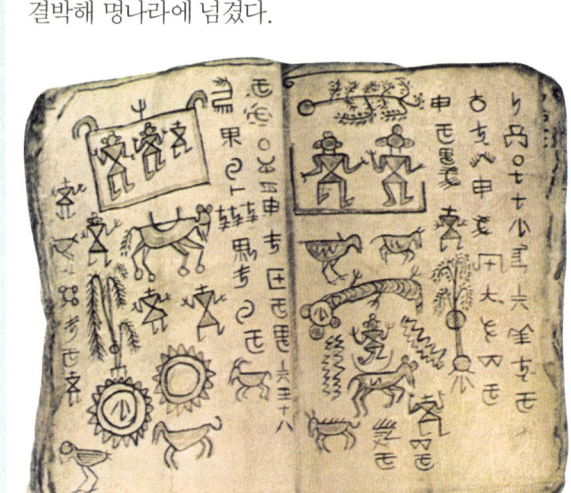

| 세계사 연표 |

1525년 영국과 프랑스가 평화협정을 체결했다.

《명사明史·달단전達靼傳》
《명감明鑑·목종穆宗》
《명감明鑑·신종神宗》

출전

미대소美岱召
내몽골 묵특우기默特右旗에 있다. 원래는 엄답의 귀화성歸化城인데 묘廟 안에는 삼낭자의 골회탑이 있다.

왕숭고는 약속대로 한나길을 돌려보냈다. 물론 돌려보내기 전에 한나길에게 두 나라가 전쟁을 피하고 화목하게 지내야 한다는 도리를 강조했다.

왕숭고는 '대외적으로는 평화를 유지하고 대내적으로는 수비를 강화하는 정책'을 집행하도록 권했고, 조정은 엄답을 순의왕順義王으로 봉하고 엄답의 아우 등에게도 모두 책봉을 해주었다.

충순부인 삼낭자

이때부터 엄답은 각 부락을 단속해 다시는 명나라 변경을 소란시키지 못하게 했다. 몽골과 한족은 대동과 선부 일대에 모두 무역시장을 열고 교역하면서 평화롭게 살았다.

만력萬歷 10년(1582), 엄답이 죽고 그의 아들, 그의 손자가 순의왕의 왕위를 세습했다. 삼낭자는 또 그 둘에게 모두 시집을 가서 '삼대 왕과 결혼한 여인'이 되었다. 삼낭자는 달단의 실질적인 통치자였다. 그녀는 명나라와 친선 정책을 실시했고 명나라 중앙정부와의 우호적 관계를 강화했다. 그리하여 선부와 대동으로부터 감숙에 이르는 천리 변방이 조용했다.

만력 15년(1587), 명 신종은 삼낭자를 '충순부인忠順夫人'으로 봉해 그의 공로를 표창했다.

몽한蒙漢 간의 화평을 수호한 여인 – 삼낭자

삼낭자의 본명은 종금鐘金이며 '극토합둔克兎哈屯', '종금합둔鐘金哈屯', '야아합둔也兒哈屯' 등으로도 불렸다. '합둔'은 '부인'이라는 의미다. 총명한 그녀는 명나라와의 화해를 적극 주장하면서 융경 5년(1571) 엄답의 봉공封貢을 추진해 성사시켰다. 만력 9년(1581), 몽골의 권력을 장악한 삼낭자는 명나라 조정으로부터 충순부인으로 책봉되었다. 그녀는 몽골을 32년간이나 독자적으로 집정하면서 몽골과 중원 간의 장기적인 화목 원칙을 견지해 사람들의 존경을 받았다. 사람들은 그의 공적을 기려 호화호특시의 이름을 '삼낭자성'으로 고쳤다. 지금 포두시 미대소의 '태후묘太后廟'는 삼낭자를 기려 세운 것으로 묘 안의 영당에는 삼낭자의 골회를 공양하고 있다. 이 태후묘를 '삼낭자묘'라고도 한다.

역사문화백과

[토사土司 – 서남 소수민족의 지방관]

토사, 즉 토관土官은 선위사사宣慰使司·선무사宣撫使·토부土府·토주土州 등을 일컫는다. 원나라와 명나라 그리고 청나라는 변강 소수민족에 대한 중앙정권의 통제를 강화하기 위해 서남 소수민족에게는 본국의 통치 방법과는 달리 소수민족의 지방관을 세습시키는 방법을 취했다. 이 방법은 그들이 관직을 세습적으로 물려주면서 그 지역들을 장구하게 지킬 수 있도록 했기 때문에 변강 지역의 안정과 발전에 큰 역할을 했다.

| 중국사 연표 |
1453년 야선이 칸으로 자칭했다.

051

공납 때문에 일어난 싸움

시박사市舶司 태감의 탐욕으로 일본 여러 섬끼리 공납 때문에 싸우는 일이 생겼다.

일본 봉건주의 공납

명나라 왕조의 역사에는 정화가 서양을 다녀온 일도 있지만 '연해 주민들과 수비 장령들이 해외 여러 나라들과 사사로운 교역을 하는 것을 엄금하는' 엄격한 폐쇄정책을 실시한 시기가 더 길었다. 외국과의 상업무역은 연해에 개설한 시박사에서만 하도록 규제했다. 일본 정부는 당시 공납의 방식으로 중국과 교역을 했는데 영파寧波는 일본 사람들이 중국에 입국하는 유일한 항구였다.

가정 연간에 일본의 나이 어린 국왕은 신하들을 통제하지 못했다. 그 기회를 이용해 일본의 일부 봉건 제후들은 국왕에게 압력을 가해 출입 증표인 부험符驗을 얻어 가지고 서로 다투어 명나라에 공납했다. 공납의 형식으로 교역을 해야 큰 이익을 보기 때문이었다.

종설과 서좌의 투쟁

가정 2년(1523) 5월, 일본 봉건주 오우치大內는 사자 종설宗設을 영파에 보내 공납을 연계했다. 얼마 후 다른 봉건주인 호시가와細川도 서좌瑞佐와 송소경宋素卿을 영파로 보냈는데 그들은 서로 자기네가 진짜라고 다투었다.

영파 시박사의 규정은 외국의 물건이 도착하면 먼저 시박사의 검사를 마치도록 했는데 검사와 발송의 순서는 공납사가 가진 명나라의 비준번호에 따르든지 아니면 배가 항구에 들어온 시간을 기준으로 했다.

그런데 송소경은 자기가 원래 중국인인 점을 이용해 시박사를 관할하는 태감에게 뇌물을 먹이고 서좌의 물건을 먼저 검사하게 했다. 그리고 연회석에서도 서좌와 송소경이 종설보다 높은 자리에 앉게 했다. 그러자 종설은 서좌에게 결투를 요구했다. 송소경에게 뇌물을 받아먹은 시박사 태감은 몰래 무기를 대 주면서 서좌를 지지했다. 그러나 종설의 무리들이 너무 많아 결국 서좌는 결투에서 지고 목숨을 잃었다. 종설은 서좌의 배를 불사르고 영파 시박사의 가빈당을 부순 뒤 이 지역의 창고들을 약탈했다.

명나라 무덤에서 보기 드문 금가락지

가락지는 손가락에 끼우는 고리 모양의 장식물인데 남녀가 모두 사용한다. 원나라 이전에는 '지환指環'이라고 했지만 명나라 사람들은 '계지戒指', '수기手記', '대지代指' 등으로 불렀다. 상해 명나라 무덤들에 있는 죽은 사람들은 모두 가락지들을 한두 개는 끼고 있었다. 이 금가락지는 지름이 1.9cm이고 타원형이며 중간에 도드라진 선이 있다. 가락지 면은 사각형이고 테두리와 복판이 두 개 부분으로 나뉘어 있다. 하나는 '안女' 자가 굵은 해서체로 양각되어 있고 다른 하나는 두 사람이 나무 아래서 노는 그림이 새겨져 있다. 이 복판의 직사각형 모양은 앞뒤로 뒤집을 수 있다.

강남 지역의 금화은金花銀 (위 사진)

명나라 초기 정부는 농민들에게 징수하는 부세들을 주로 실물로 바치게 했다. 그러나 이후 경제가 발전함에 따라 정통 원년(1436)부터 강남의 전부田賦는 은으로 환산해 바치도록 했는데 그것을 '금화은' 또는 '절량은折糧銀'이라고 했다. 해마다 지방 정부에서는 그 금화은들을 모아 큰 은정銀錠을 만들어 중앙 호부에 바쳤다. 이 은정은 만력 16년(1588) 복건에서 호부에 바친 50냥짜리 은정인데, 이 위에는 지방의 명칭, 세금 유형, 무게 그리고 관련 관원과 은장의 이름 등이 새겨져 있다.

역사 시험장 〉 명나라 초기 중일 무역은 감합무역勘合貿易이라는 방법을 취했는데 이 '감합'은 무엇을 말하는가?

| 세계사 연표 |

1526년
영국과 스코틀랜드가 화약을 체결했다.

《명사明史·일본전日本傳》 출전

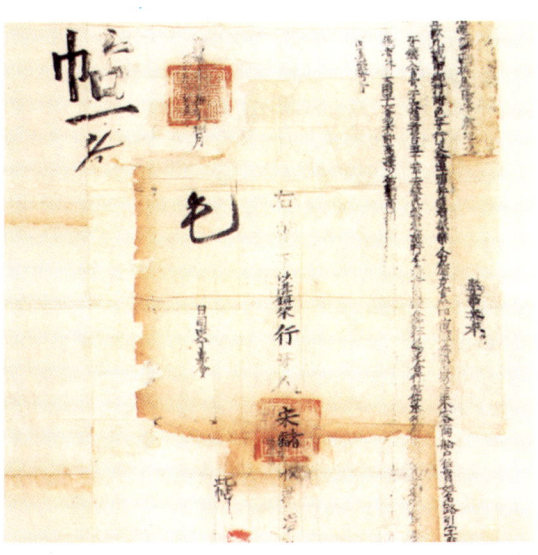

명나라 가정 연간의 아첩牙帖
중국 고대에는 매매 쌍방의 거래를 중개해주고 거기서 수수료를 받는 중개인들을 '아상牙商' 또는 '아인牙人'이라고 했는데 명나라 때 이르러 이런 아상들은 반드시 관청의 비준을 받고 허가증을 얻어야 중개를 할 수 있었다. 그런 중개 허가증을 '아첩'이라고 했다. 사진은 명나라 가정 연간에 내준 아첩이다.

종설은 달아나는 송소경을 추격해 소흥성 아래까지 쫓아갔고 영파로 돌아오는 도중 주변의 집들을 불사르고 재물을 약탈했으며 명군 지휘指揮 원진袁進과 백호白戶 유은劉恩 등을 납치하고 배를 빼앗아 근해의 섬에 잠복했다. 일본 여러 개의 섬 사이에서 공납 때문에 일어난 이 사건을 중국 역사에서는 '쟁공지역爭貢之役', 즉 '공납으로 일어난 싸움'이라고 한다.

사건 발생 후 순안어사 등이 그 일을 급히 세종에게 보고하고 송소경을 잡아 처결했다.

시박사 폐지

'쟁공지역'은 원래 명나라 관리의 부패와 탐오 때문에 일어난 것인데 이로 인해 명나라 연해의 군사 방비가 허술한 폐단이 폭로되었다. 그러나 조정의 일부 대신들은 왜환의 근원이 시박사에 있다고 여겨 시박사를 폐지할 것을 주장했다. 세종은 시박사의 사무를 정지시키고 일본에 대한 무역을 중지시켰다.

시박사를 폐지한 후 일본 상인들은 중국 바다에서 해적이나 간상배들과 결탁해 밀수를 감행했고, 그중의 일부는 연해 지역을 침입해 약탈과 방화를 일삼아 이 지역의 왜란이 점차 심각해졌다.

••• 역사문화백과 •••

[백은白銀의 화폐화 – 세계적인 무역망의 건립]

명나라 초기에는 상품 매매에 백은 사용을 엄금했기 때문에 이때 백은은 합법적인 화폐가 아니었다. 그러나 상품 경제가 날로 발전함에 따라 민간 거래에서는 은밀히 백은을 사용하고 있었다. 그러다가 명 영종 때 '백은의 사용을 엄금하는 법'이 해제되어 모두 백은으로 거래하기 시작했다. 백은이 합법적인 화폐로 변화되는 과정에는 부세와 요역을 은으로 환산해 대체할 수 있게 한 일이 큰 작용을 했다. 경륭 원년(1567) 조정에서는 '물품 매매에서 물건의 값어치가 은 1전錢 이상이 되면 은전을 사용할 수 있으나 1전 이하는 은전을 사용할 수 없다'는 법령을 반포했다. 그 후 백은에 대한 수요가 대폭 늘어, 중국 국내에는 백은의 비축이 모자라는 문제가 점점 더 심각해졌다. 조정에서는 세감을 전국 각지에 파견해 은광 개발을 독촉했는데 이런 조치로 은광의 개발과 은의 생산량이 대폭 증가했다. 그리고 다른 한 방편으로 해외의 백은이 중국으로 대량 유입되었다. 명나라 해외무역의 발달은 우선 일본의 은광 발견과 채굴을 자극했는데 일본은 백은으로 중국의 물건을 샀을 뿐만 아니라 백은으로 중국의 돈을 바꿔 가기도 했다. 이 시기는 일본의 백은이 중국으로 유입되던 때였다. 그런데 이때 동방에 온 포르투갈 사람들이 중국과 일본이 은과 견사를 교역해 거액의 이윤을 얻는 것을 보고 그들도 끼어들어 중간 교역을 하면서 무역의 범위를 멀리 유럽까지 넓혔다. 그 후 중국을 찾아온 스페인 사람들도 중국의 상품을 사려면 백은이 있어야 한다는 것을 알고 아메리카에서 은광을 개발하기 시작하고, 그 은을 중국으로 가져왔다. 당시 중국으로 유입되는 백은의 양이 얼마나 많았던지 한동안 유럽으로 유입되는 금속의 양이 대폭 줄어들 정도였다. 대외무역의 부단한 발전은 백은의 유입량을 대폭 증가시켰다. 추산에 의하면 가경, 융경 연간 광동 시박사市舶司가 해마다 받아들이는 관세關稅와 외상의 토지 임대세만 해도 200만 은원銀元에 달했다고 한다. 만력 이후에는 멕시코 은화가 복건, 광동의 연해 지역에서 유통되기도 했다. 말하자면 그때부터 세계적인 무역망이 확립되기 시작했으며 국제적인 시장도 초보적인 규모를 갖추게 되었는데 이 과정에서 백은은 세계 화폐 발전에 아주 큰 역할을 했다.

'감합'은 명나라가 일본에 발급한 무역허가증을 말한다
중국에 온 일본의 상선들은 제일 먼저 '감합' 검사를 마치고서야 중국과 무역을 할 수 있었다

052

왜구에 대한 주환의 저항

민절閩浙 순무 주환朱紈은 전력으로 왜구倭寇를 토벌했건만 오히려 모함을 당했다.

동남 연해의 왜란

명나라 변강은 늘 북쪽은 몽골, 남쪽은 왜구의 침입을 받았다.

왜란은 명나라 초기에도 이미 있었다. 원나라 말기 군웅들의 싸움으로 바다의 방어가 약해진 틈을 타 일본에서 패한 무사들이나 낭인들이 중국의 연해지역으로 도망쳐 밀수와 약탈을 자행하면서 해적질을 했다. 예전 일본을 '왜노국倭奴國'이라고 했기에 이 자들을 왜구라고 했다.

명나라 가정 이후 일본은 '전국 시대'가 되었다. 봉건 제후들의 지지 하에 일부 일본 군인과 해적들은 중국 남방의 일부 토호, 해적들과 결탁하고 연해 지역들을 침범해 방화와 살인을 일삼았다. 이때 왜구들의 무리 속에는 일본 사람뿐만 아니라 중국의 해적이나 해상海商들도 적지 않게 끼어 있었다.

심화된 왜란

가정 연간에 왜환倭患이 심화된 것은 해안 방비의 허술함 때문이기도 하지만, 무역을 금지시킨 것도 큰 이유가 되었다.

바다로 나가 무역을 하던 상인들은 돈줄이 끊기자 밀수를 하기 시작했는데 그 규모가 날로 커졌다. 이광두李光頭와 허동許棟 등은 일본 상인들과 거래하는 과정에 늘 빚을 졌다. 그들은 일본 상인들의 빚 독촉이 심해지면 관군을 종용해 일본 상인들을 잡도록 했다. 그러고는 그 일을 사전에 일본 상인들에게 알리면서 빚을 물지 않는 조건부로 삼았다. 그런데 그런 수작이 오래 가니 일본 상인들의 격분을 자아냈다. 일본 상인들은 중국 연해 섬들을 차지하고 난 후 도처에서 약탈을 자행하며 백성들을 못살게 굴었다.

순무 주환

이때 조정에서는 주환을 절강에 파견해 절강과 복건의 해안 방비를 책임지고 날로 심각해지는 왜구 문제를 해결하도록 했다.

금분金粉 산수화 접선 (위 사진)
길이가 31.5cm, 펼친 부채 면의 너비가 52cm나 되는 이 부채는 상해 송강松江에 있던 명나라 제순신의 무덤에서 출토한 것이다. 이런 쥘부채는 접선이라고도 하는데 상해 명나라 무덤에서 흔히 볼 수 있는 것으로 이미 100여 개가 발견되었다. 이 쥘부채들은 거의 소주에서 생산되었다. 금박을 두르고 산수화를 그린 이 쥘부채는 부채면에 문인들의 글도 있고 그림도 있어서, 시와 서예 그리고 그림이 서로 어울리는 아주 고아한 향기를 풍긴다. 이 부채는 사료史料에 묘사되어 있는 오선 중의 상품인 '오골니금선烏骨泥金扇'과 흡사하며 명나라 시대 소주의 부채 공예가 높은 수준에 달했음을 말해 준다.

명군항왜도明軍抗倭圖
명나라 말기 정치가 부패하고 민중이 도탄 속에 허덕이는 때 중국 동남 연해 지역에서는 왜구들의 침범이 잦아졌다. 왜구는 가는 곳마다 방화와 약탈을 일삼았으며 온갖 만행을 저질렀다. 이에 명나라 정부는 군민들을 조직해 왜구들을 물리치는 투쟁을 벌였다. 이 그림 〈명군항왜도〉는 명나라 정부군과 왜구들이 바다에서 격렬한 전투를 벌이고 있는 장면을 그린 것이다.

| 세계사 연표 |

1527년 아크바르 부근에서 무갈 황제 바베르가 인도 연방의 군대들을 대패시켰다.

《명사明史·주환전朱紈傳》 출전

역사문화백과

[접선褶扇]

'접선'은 쥘부채라고도 하는데 중국어로는 취두선聚頭扇, 절첩선折疊扇, 살선撒扇이라고도 한다. 명나라 가정 연간 조정의 위임으로 일본을 갔다 온 정순공鄭舜功은 《일본 일감日本一鑑·궁하화해窮河話海》 2권 '기물과 토산물'에서 '왜인들은 처음은 부채를 만들 줄 몰랐으나 후에 박쥐의 모양을 보고 힌트를 얻어 접선을 만들었다. 그래서 편복선蝙蝠扇(박쥐부채)이라고 한다. 송나라 단공端拱 연간(988~989)에 이 부채가 중국에 들어온 적이 있다'고 말했다. 《송사·일본전》에도 단공 원년(988)에 일본인이 중국에 왔는데 그들이 바친 공물들 중에 '편복선이 두 자루 들어 있었다'는 기록이 있다. 송나라 소동파는 '접선은 북송 때 이미 있었다'고 하고 또 '고려 백송선白松扇은 펼치면 너비가 한 자나 되지만 접으면 손가락 두 개만 하다'고 말하기도 했다. 이상의 문헌자료에서 알 수 있듯이 접선은 일본과 조선에서 중국으로 유입된 것으로 보인다. 거기다가 중국의 서예와 회화가 결합되어 일종 독특한 예술 형식이 되었다.

주환은 정덕 16년(1521)에 진사가 되어 경주 지주·남경 형부 원외시랑, 사천 병비부사, 광동 좌포정사 등을 역임했다. 가정 25년(1546)에는 우부도어사右副都御使로 남공南贛 지역을 순찰했다. 절강에 부임한 후 그는 우선 왜구와 내통하는 자들을 잡아 가두었다. 그러자 바다를 통한 교역으로 살아가는 복건과 절강 연해의 상인들이 주환을 공격했다. 주환은 군대를 거느리고 복정산 일대의 왜구를 섬멸해 싸움에서 승리의 첫 막을 올렸다.

가정 27년(1548) 4월, 주환은 도사都司 노당과 해도부사 위일공을 파견해 쌍서섬을 진공해 먼저 섬 외곽의 왜구를 제거했다.

주환의 자살

전투가 끝난 후 주환은 전함들을 남록, 초문, 청산, 하팔 등 여러 섬에 정박시켰다. 그러자 복건과 절강에서 바다를 통해 밀수하는 길이 막혀 버려 밀수를 통해 이익을 얻던 이 지방 세력가들에게 큰 손해가 되었다.

그들은 해상들과 결탁해 주환이 왜구라고 잡은 사람들이 모두 양민들이라고 모함했으며 복건 사람인 어사 주량周亮과 급사중給事中 엽당葉鏜은 주청서를 올려 주환을 순시巡視로 강직시켰다.

그 이듬해 주환은 간상奸商들이 왜구와 결탁하고 있는 사실을 열거하며 엄벌할 것을 주청했다. 그런데 주량과 어사 진구덕陳九德은 도리어 주환이 무고한 사람들을 함부로 죽이려고 한다며 주환을 탄핵해야 한다고 했다. 사리에 어두운 세종은 그 말을 듣고 영을 내려 주환을 서민으로 삭탈시켰다.

주환을 파직시킨 후 조정은 병과도급사 두여杜汝에게 명해 주환의 죄를 조사하게 하니 주환은 그 말을 듣고 분하여 눈물을 흘리면서 자결했다.

성미 강직한 주환은 나라를 위해 왜환을 없애려다가 이렇게 모함을 당했다. 조야가 모두 이에 장탄식을 했다. 주환이 죽은 후, 절강과 복건의 해안 방선은 무너지고 왜구를 물리치는 일을 책임진 순시 대신도 보이지 않았다. 따라서 왜구의 재앙이 날로 극심해졌다.

금분 기하도안 접선

길이가 24cm이고 펼친 부채 면이 58cm인 이 부채는 상해 송강에 있는 명나라 재순신의 무덤에서 출토된 것인데, 부챗살은 참대로 만들었고 부채 면에는 금선과 은선으로 그린 기하학적인 도안들이 있다. 그리고 부챗살 아래에는 심향목으로 조각한 지름이 3cm인 구형의 장식이 달려 있다.

중국사 연표

1457년 석형, 서유정, 조길상 등이 '탈문의 변'을 일으켜 영종을 복위시키고 경태 8년을 천순 원년이라고 고쳤다. 그리고 병부상서 우겸과 대학사 왕문을 죽이고 경제를 폐위시켜 성왕으로 봉했다.

053

왕강경의 대첩

어명을 받고 왜구를 토벌한 장경張經은 왕강경王江涇에서 왜구를 대패시켰다. 그러나 간신들의 미움을 사서 결국 살해되었다.

왜구를 토벌한 장경

주환이 죽은 다음 왜구들의 침범이 날로 심해졌다.

가정 32년(1553) 3월, 같은 해 주환이 왜구를 평정할 당시 요행으로 달아나 목숨을 건진 왕직王直이 다시 왜구들과 결탁해 적선 수백 척을 거느리고 연해 지역으로 쳐들어왔다. 절강 동부와 서부 그리고 장강 남부와 북부 수천 리 해안에서 동시에 경보가 올라왔다. 상해 부근 청룡, 번룡, 하사, 신장 등의 읍들이 왜구의 침범으로 폐허가 되었다. 특히 상해현 현아는 4월부터 6월에 다섯 차례나 왜구의 화를 당해 관청도 민가도 모두 불에 타고 시가지는 초토가 되었으며 강에 정박했던 양식 실은 배들도 모두 불에 탔다.

그 이듬해 5월이 되어 상황이 더욱 심각해지자 조정에서는 남경 병부상서 장경에게 군무를 총괄하고 왜구를 토벌하도록 했다.

장경은 장병들을 선발해 조련을 시키는 동시에 양광 지역의 군사들도 선발해 명령을 대기하고 있게 했다. 당시 왜구 2만여 명이 상해현 동남의 자림柘林과 천사와川沙瓦 등지를 점령하고 있었다. 그곳은 왜구들이 강남을 침범하는 거점이었다.

장경은 당시 강소 절강 산동 일대의 관군들이 연전연패해 이미 전투력이 쇠진한 것을 보고 그들을 쓰지 않고 양광兩廣의 군대를 쓰기로 작정했다. 양광의 군대들이 도착하기를 기다려 진공할 작전을 세웠다.

이듬해 3월, 전주 와씨군瓦氏軍이 먼저 상해 지역에 도착하고 다른 부대도 속속 도착했다. 장경은 와씨군을 총병관 유대유의 산하에 편입시켜 금산위를 지키게 하고 다른 부대들은 유격장군 추계방鄒繼芳, 참장 탕극관湯克寬 등이 영솔하도록 했다. 그리고 군대를 세 갈래로 나누어 각각 유대유, 추계방, 탕극관이 맡아서 금산위, 민항, 사포 등 섬을 지키면서 자림을 삼면으로 포위하고 영순, 보정 두 갈래의 군대들이 도착하기를 기다렸다.

이때 조정에서는 공부시랑 조문화를 강남에 보내 해신에게 제를 지내고 왜구에 저항하는 싸움을 관장하도록 했다. 조문화는 장경의 군영을 지나면서 장경에게 속히 출전할 것을 독촉했으나 장경은 시기가 아직 되지 않았다며 거절했다.

이에 기분이 상한 조문화는 장경이 군비를 낭비하며 싸움의 적기를 놓치고 있다는 비밀 상서를 올렸다. 이렇게 간신 엄숭과 조문화는 한통속이 되어 장경을 헐뜯었다.

왜구를 대패시키다

조문화가 조정에 허위 보고를 할 때 전방에서는 격전이 벌어졌다. 외지에서 조발되어 온 영순, 보정의 명나라 군대들과 장경의 군대가 석당만石塘灣 전투에서 첫 번째 승리를 거두었다.

5월 중순, 왜구는 가흥을 진공했다. 절강 순무 호헌종과 회합한 장경과 유대유는 영순 군대를 영솔해 묘호泖湖에서 평망平望으로 진군하게 하고 탕극관이 영솔하는 수군은 중로로 진군하게 했으며, 참장 노당은 보정병을 거느리고 원군이 되게 했다.

각 갈래 명나라 군대는 절강 가흥 경내인 왕강경에서 왜적과 결전을 했다. 영순 군대가 묘호로부터 적들의 앞길을 막는 바람에 왜적은 앞으로 더 나가지 못하고 하는 수 없이 삼면이 물에 싸여 있는 묘정으로 퇴각했다. 여기서 명나라 군대는 왜구 1000여 명을 참수

| 세계사 연표 |

1529년 　인도 무갈 황제 바베르가 비하르의 아프칸인과 라지프트 왕조의
잔여 세력을 대패시키고 제국의 통치 기반을 닦아 놓았다.

《명사明史·장경전張經傳》《명사明史·일본전日本傳》
《명사기사본말明史紀事本末·연해왜란沿海倭亂》 출전

항왜도권抗倭圖卷 (위 그림과 아래 그림, 일부분)
이 그림은 가정 연간에 절강 연해 지역 군대와 백성들이 왜구에 저항한 모습을 그린 역사적 그림이다. 이 부분 그림은 군민이 '수상에서의 격전'을 거쳐 왜구를 사로잡고 돌아오는 장면과 그 승리를 보고하는 장면을 표현했다.

로 달아났다. 명나라 군대는 자림까지 추격하여 적을 무찌르고 왜구의 근거지를 불살랐다. 이 전투를 '왕강경 대첩'이라고 하는데 왜구 1900여 명을 섬멸했다.

왜구에 저항한 것도 죄가 되는가

왕강경 대첩은 명나라 가정 연간에 왜구를 물리친 대규모 전투였다. 《명사明史》에서는 '왜구에 저항하는 군대가 새롭게 일어난 이래 제일 큰 공을 세웠다'고 극찬했다.

이 왕경강의 승리는 왜구에 저항하는 연해 지역 국민들의 투쟁을 크게 고무시켰다. 하지만 이 전투의 총지휘인 장경은 도리어 엄숭의 일당인 조문화의 모함으로 공이 죄로 전도되어 옥에 갇혔다. 일부 대신들이 일어나 장경을 두둔했지만 세종은 엄숭의 말만 듣고 장경이 공이 탐나 거짓말로 조정을 속였다는 터무니없는 죄를 씌워 처형했다.

왜구에 저항한 또 다른 명장 유대유兪大猷도 권신들에게 굴종하지 않은 탓에 엄숭의 무리들에게 억울한 모함을 당했다.

했다.

이외에도 물에 빠져 죽은 왜구가 1000여 명에 달했다. 겨우 살아남은 500명의 왜구는 자기들의 근거지

054 왕직을 꾀로 죽인 호종헌

복건과 절강의 군무를 총독하는 호종헌胡宗憲은 꾀를 써서 해적 두목 왕직을 사로잡았다.

복건과 절강 군무 총독 호종헌

호종헌의 자는 여정汝貞으로 안휘 적혜 사람이다. 가정 17년(1538)에 진사로 급제해 익도 여요의 지현을 역임했다. 그러다가 가정 33년(1554)에 어사의 신분으로 절강 지역을 살피고 조사했다.

당시 세종은 장경을 총독으로 임명하고 이천총을 순무로 임명해 연해 지역의 왜란을 평정하게 함과 동시에 공부시랑 조문화를 내려 보내 군무를 독찰하게 했다. 눈치가 약고 군모술수에 능한 호종헌은 순무와 총독이 되었고, 후에는 병부 우시랑이 되어 복건과 절강의 군무를 총괄했다.

다섯 섬을 차지한 해적 왕직

가정 연간 왜란 중에서 해적 두목 몇이 악명을 떨쳤는데 그중에 하나가 바로 왕직이다. 왕직은 원래는 휘주의 상인이었는데 밀수를 하다가 바다로 도망가서

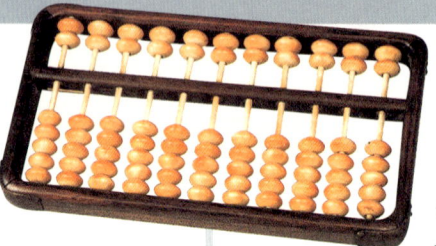

가장 오래된 상아 주판 (위 사진)
명나라 때 주산은 상업과 통계에서 없어서는 안 되는 도구였다. 이 주산은 지금까지 보존되어 있는 주판 중에 가장 오래된 것이며 아주 정밀해 지금까지도 쓸 수 있다.

●●● 역사문화백과 ●●●
[휘상徽商]
명나라 때 남직예南直隸 휘주부는 낮은 야산들과 구릉들로 이뤄진데다 땅이 척박해 농사가 잘 되지 않았다. 그래서 이곳 사람들은 적지 않게 밖으로 나가 장사를 했는데 그것이 점차 상업계에서 하나의 강대한 세력을 이루었다. 이들 휘상은 전국 각지에서 장사를 했는데 나중에는 '휘상이 없으면 장사가 안 된다'는 말까지 생겼다.

해적 두목이 되었다.

왕직은 처음에는 몇 개 섬에서만 활약하면서 왜구들을 이끌고 중국 연해를 침범했다. 그러다가 명나라 군대의 토벌로 타격을 받아 어떤 섬은 사람들이 거의 다 죽었다. 그러자 죽은 해적과 왜구의 가족들은 왕직을 증오했다. 하지만 왕직은 내친김에 양자 왕오汪澳와 동료 엽벽천葉碧川, 왕천계王淸溪, 사화謝和 등과 결탁해 아예 일본의 섬 다섯 개를 점거하고 그곳에 영채를 세웠다. 섬사람들은 왕직을 '노선주老船主'라고 불렀는데 그 세력이 대단했다.

왜구를 이간시킨 호종헌

왜구를 단시일 내에 없애 버린다는 것이 불가능한 일임을 아는 호종헌은 계책을 쓰기로 작정했다. 그는 근해 각 섬에 사자를 보내 우선 중국 해적들을 귀순시켰다. 왕직이 휘주 사람임을 안 호종헌은 동향 관계를 이용해 그와 연계했다. 먼저 생원 장주를 왕직에게 보내 귀순을 권하고 이와 동시에 금화에 갇힌 왕직의 어머니와 처자들을 석방시켜 항주에 보내 후하게 대접했다. 식솔들이 무사하다는 소식을 들은 왕직은 기뻐하면서, 이후엔 꼭 조정을 도와 해적 세력을 숙청하는 것으로 속죄하겠다고 했다.

그런데 얼마 지나지 않아 왕직은 서해徐海에게 숱한 왜구를 끌어들여 과주, 상해, 자계 등의 지역을 침범하도록 했다. 그리고 자신은 군사 1만여 명을 거느리고 절강 사포를 공격했다. 이때 호종헌은 이미 왕오한테 들은 정보가 있기에 서해의 공격에 대처할 준비를 하고 있었다. 그래서 일부 싸움에서 승리를 거두었다.

| 세계사 연표 |
1532년
오스만 제국이 바그다드를 통제했다.

《명사明史·호종헌전胡宗憲傳》

청등화파의 발원지 - 청등서옥靑藤書屋
서위徐渭가 출생한 곳이며 공부를 한 곳인 이 청등서옥은 중국 회화사에서 청등화파의 발원지로 공인되고 있다. 대문에 들어서서 작은 정원을 하나 지나면 곧 서옥에 이르는데 서옥의 복판 벽에는 명나라 말기와 청나라 초기의 대화가 진홍수가 쓴 '청등서옥'이라는 편액이 걸려 있고 그 아래에는 서위의 초상이 걸려 있다.

불운한 예술가 서위徐渭 (위 사진)
서위(1521~1593)의 자는 문장文長이고 호는 천지산인天池山人이며 별호는 청등靑藤인데 산음山陰(현 저장 소흥蘇興) 사람이다. 서예와 회화에 조예가 깊은데 그중 특히 행서체와 화조花鳥 그리기가 출중했다. 여덟 번 향시鄕試에 응시했다가 모두 낙제한 그는 후에 호종헌의 막료가 되어 왜구를 물리치는 일에 가담했다. 호종헌이 체포되어 죽자 큰 충격을 받아 아홉 번이나 자살을 시도했고 처를 살해한 죄로 7년 옥살이를 했다. 이런 불운한 예술에 영향을 끼쳐 서위의 화초화에는 남다른 의미가 들어 있었다. 그는 사물의 외형에 구애되지 않는 호방한 필법으로 새로운 수묵화의 풍조를 창조했다. 그가 창작한 잡극 《사성원四聲猿》은 탕현조 등의 칭송을 받았다.

호종헌은 하정夏正을 서해한테 보내 왕오의 편지를 보이며 귀순을 권했다. 고민하는 서해에게 하정은 다른 두목들도 투항하기로 약조를 했다는 말을 했고, 그 말을 들은 서해는 진동을 의심하게 되었다. 그런가 하면 호종헌의 사자가 서해의 병영에 와 있음을 안 진동은 서해를 의심해 두 해적 두목 사이에 갈등이 생겼다. 허종헌은 그 점을 이용해 서해를 꾀어 진동 등 왜구 수령을 잡아 바치게 했고 군대를 지휘해 심장沈庄에서 서해를 포위했다. 서해는 물에 몸을 던져 자살했고, 유대유는 서해의 영채들을 불살랐다. 이로서 절강 서부의 왜란이 잠시 평정되었다.

비틀하고 있었다.

가정 36년(1557) 11월, 왕직은 호종헌의 집으로 찾아와 무릎을 꿇고 죄를 빌면서 왜구에 저항하는 데 조력하겠다고 했다. 호종헌은 왕직을 예의로 대접하면서 왕직의 죄를 사면해 달라는 상주문을 조정에 올리자 왕국정王國禎과 순안어사 왕본고王本固는 강경하게 반대했다.

이에 세종은 '왕직은 원흉이므로 용서할 수 없다'는 조서를 내렸다. 조서를 받은 호종헌은 자기 보호를 위해 비밀리에 안찰사를 시켜 왕직을 죽였다. 그리고 엽벽천, 왕청계 등은 유배를 보냈다.

그 소식을 들은 사화와 왕오는 인질로 잡아 둔 하정의 사지를 찢어 죽였다. 갈 데가 없게 된 왕직의 부하

왕직의 처형

서해는 섬멸되었으나 왕직은 그대로 일본 섬에 머물러 있으면서 언제든지 중국 연해 지역을 침범할 준

명나라 남직예 휘주부 사람들이다. 지금의 안휘성安徽省, 흡현歙縣, 휴녕休寧, 시문邿門, 이현黟縣, 적계績溪 그리고 강서江西 등의 지역 사람들이다

| 중국사 연표 |

1464년

영종은 사망하면서 유서에 희비들의 순장을 폐지할 것을 명했다. 그 후 주견심이 즉위했는데 그가 바로 명 헌종이다. 헌종은 이듬해 연호를 성화로 고쳤다.

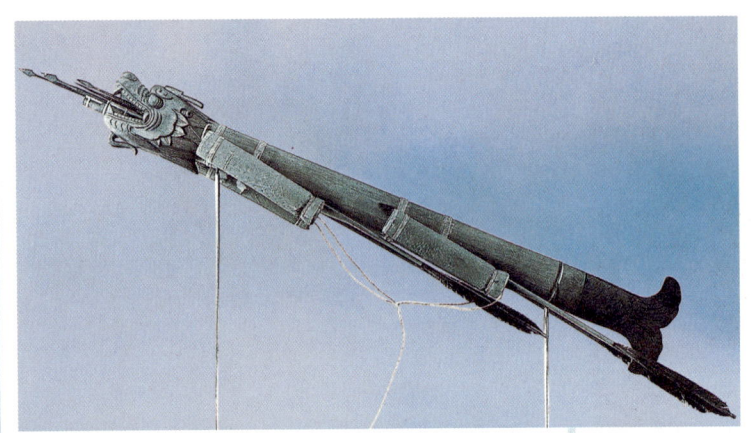

화룡출수火龍出水 – 세계 최초의 '다단계 로켓'
살통의 위는 용의 머리이고 그 아래 몸체는 원주형圓柱形이다. 원주형의 몸체에는 층을 나누어 불화살을 넣고, 발사 시에는 용 입을 통해 차례로 쏜다. 이것은 세계 최초의 다단계 로켓이다.

들은 다시 바다로 도망쳐 왜구가 되었다. 이 자들은 그 후 그냥 연해 지역을 침범하곤 했는데 이전보다 더욱 흉악해졌다.

탄핵을 받은 호종헌

가정 37년(1558) 봄, 절강 복건 연해 지역에 또다시 왜구들이 창궐해 대주, 온주, 복주, 천주, 장주 등을 침범했다. 이때 조문화는 이미 죄를 입어 처형을 당했기에 믿을 데가 없어진 호종헌은 백방으로 세종에게만 매달렸다.

왜구들이 다시 창궐하자 어사 이호李琥 등은 호종헌이 왕직을 꾀어 죽였기에 왜구들이 재기하게 되었고 또 군대를 피로하게 만들어 왜구들을 놓쳐 버렸다는 죄명으로 호종헌의 탄핵을 수차 주청했다.

그러나 세종은 그 말을 듣지 않고 호종헌을 비호하고 포상했다. 그런데 얼마 안 지나 왜구들은 배들을 만들어 원래 거점인 가매柯梅에서 다른 데로 이동하려고 했다. 호종헌은 그걸 알고도 놔두었다. 그 기회에 왜구들은 복건福建을 대거 침범했다.

이에 복건 사람들은 분분히 호종헌을 욕하고 어사 이호는 재차 호종헌을 탄핵해야 한다고 주장했다. 이화와 유대유는 모두 복건 사람들이었다. 호종헌은 유대유가 고발해 그런 일이 생긴 것이라고 여기고 유대유에게 싸움에 게으르다는 죄명을 씌워 옥에 가두었다.

한 해가 지나 왜구들이 온주와 대주 일대를 대거 쳐들어왔는데 급사중 나가빈羅嘉賓과 어사 방상붕龐尙鵬이 어명을 받고 조사를 내려왔다.

그들 둘이 호종헌이 '왜구의 난을 기른 장본인'이니 호종헌을 중형으로 다스릴 것을 조정에 주청했다. 하지만 세종은 그것을 추궁하지 않았을 뿐만 아니라 왕직을 평정한 공로로 호종헌의 원래 관직에다 태자태보를 더 가첨해 주었다.

북경으로 돌아온 나가정과 방상붕은 호종헌이 민간의 재물을 약탈하고 부세를 제한 없이 징수했다는 죄명으로 또 한 번 호종헌의 탄핵을 주청했다. 그럴 때마다 호종헌은 자기를 변호하는 주청서를 올렸고 결국 무죄가 되었을 뿐만 아니라 병부상서로 승진해 각 곳의 순무들과 강도어사를 관할하는 막중한 권력까지 가지게 되었다. 그리하여 호종헌의 권세가 명나라 동남을 휘둘렀다.

호종헌은 동남 연해 지역의 방비를 10년 동안 관할하면서 작은 공로만 있어도 상을 받았다. 하지만 패전한 일은 죄를 묻지 않았기 때문에 조정 상하의 불만이 하늘을 찔렀다.

그러나 가정 41년(1562), 엄숭이 실세하자 호종헌도 엄숭 일당으로 몰려 삭탈관직 되고 옥에 갇히는 몸이 되었다. 그러다가 3년 후에 옥에서 죽었다.

| 세계사 연표 |

1534년 수장령首長令이 영국 의회에서 통과되어 영국의 왕이 영국 교회의 최고 수뇌가 되었다. 이로써 종교개혁이 시작되었다.

호종헌의 명저 《주해도편》

호종헌은 왜구를 물리치는 데에는 무기력했지만 그와 막료 정약증과 공동 편찬한 《주해도편籌海圖編》은 후세에 커다란 업적이라고 할 수 있다.

《주해도편》은 모두 13권으로 되어 있는데 그림도 있고 글도 있다. 첫 부분은 지역의 전도全圖와 연해의 강과 산에 관한 지도다.

그 다음은 왕부, 관청, 사관使館 그리고 왜구에 대한 간략한 소개, 왜국의 공납 역사와 왜국의 역사 등이 기재되어 있다. 그리고 광동, 복건, 절강, 직예, 등래 등 다섯 개 성의 연해 각 군과 현의 지도, 왜국의 변화 상황을 그린 그림, 변방의 관리 제도와 그 변화를 그린 것들이 차례로 실려 있다. 마지막으로는 왜구들의 침범 역사를 편년사적으로 적었으며 왜구들이 강성해진 행적을 도표로 그렸다.

어떤 사람은 이 《주해도편》이 정약증 한 사람의 손으로 이루어진 것이라고 말하는데 그건 사실이 아닌 듯하다.

이 책의 완성은 동남 연해 지역의 수비를 관장했던 호종헌의 오랜 경력이 없이는 불가능했을 것이다. 그는 먼저 절강과 복건을 관할했고 후에는 동남 수십 개 부를 관할했다. 그러기에 당시 연해 지역의 지형을 그처럼 자세하게 그릴 수 있었고 왜구들의 침범 노선 등도 명확하게 표시할 수 있었다.

그리고 호종헌은 늘 전방에 나가 있었기에 왜구와 싸운 몇 차례 중요한 전투의 경과를 그렇게 상세히 적어 놓을 수 있었다.

《주해도편》은 가정 연간에 간행되었는데 현존하는 판본은 융경 연간의 각본이다. 당시 왜구를 방어하는 데 있어서 유명한 참고서였으며 지금도 명나라 시대 중·일 관계 연구나 왜구에 저항한 역사·지리 연구에 여전히 중요한 사료로 쓰인다.

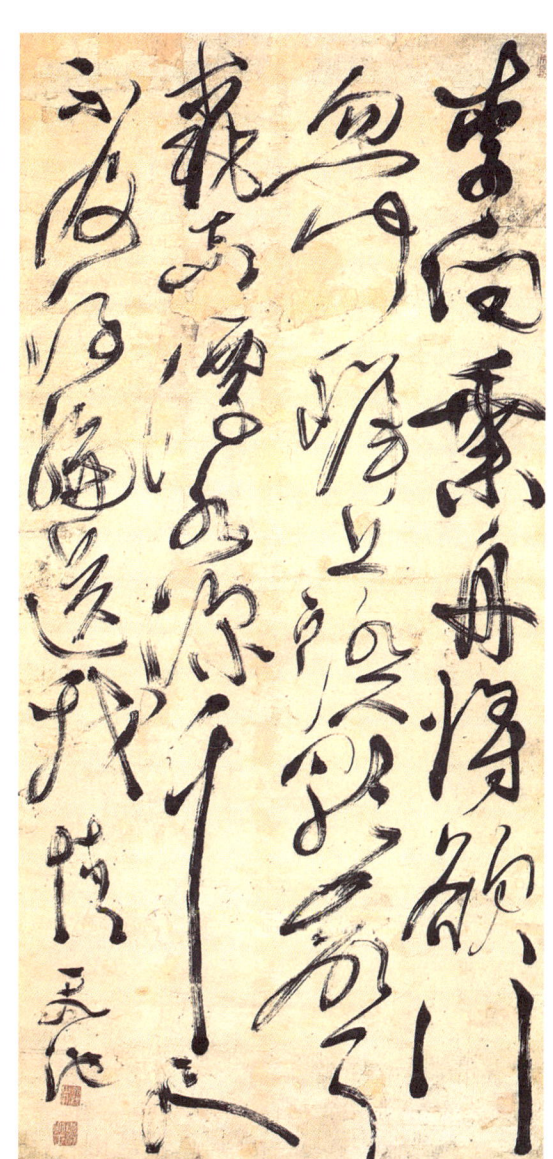

초서草書 이백의 시 (명나라 서위의 서예)
다재다능한 서위는 초서에도 남다른 개성을 갖고 있었다. 호기롭고 자유분방한 그의 글씨에는 세상을 흔들며 귀신도 울게 할 거센 기백이 돋보인다. 이 〈초서 이백의 시〉에서도 그런 기백을 볼 수 있다. 붓놀림에 여러 가지 변화와 기교를 중요시하는 서위의 서예 작품에서는 전통적인 기교와 필법이 모두 그의 개성에 가려 보이지 않는다. 명나라 사상가인 원굉도는 《중랑집中郎集》이란 책에서 서위를 '서법에서나 학술에서나 모두 신 같은 사람이다'라고 하면서 그를 '자림字林의 협객'이라고 칭찬했다.

1368~1644 명나라

서진西晉 반악潘岳의 〈한거부閑居賦〉라는 시에 '졸자위정拙者爲政'이란 말이 있는데, 이 시에서 이름을 따온 것이다

| 중국사 연표 |

1465년 유통劉通이 형양의 유민들을 영도해 기의를 일으키고 자칭 한왕漢王이 되었다.

055

척계광과 척가군

용감하고 싸움에 능한 척계광戚繼光의 이름만 들어도 왜구들은 가슴이 떨려 그를 '호랑이'라고 했다. 그는 '척가군戚家軍'을 모집하고 훈련시켜 왜구들을 물리쳤다.

왜구를 물리칠 큰 뜻으로

군인의 집에서 태어난 척계광은 무예와 글에 정통했다. 척계광은 그의 선조가 명나라 개국공신이라 등주위 지휘첨사를 세습 받고 있었다. 17세 때 아버지가 세상을 뜨자 척계광은 등주위 지휘첨사가 되었고, 몇 년 후에는 서도 지휘첨사署指揮僉使로 승직되어 산동에서 왜구를 방어했다.

당시 왜구들의 침범은 갈수록 심각해졌다. 왜구들의 행위에 격분한 척계광은 왜구들을 물리치고 나라를 보위하겠다는 큰 뜻을 품었다.

가정 34년(1555), 산동에서 왜구를 막는 최전선인 절강으로 옮겨온 척계광은 호종헌의 추천으로 참장參將이 되었다. 그는 영파, 소흥, 대주 세 개 부를 지켰는데, 이곳은 당시 왜구들의 출몰이 가장 빈번한 곳이었다.

가정 36년(1557), 왜구들이 악청, 서안, 임해 등을 쳐들어오자 척계광은 유대유兪大猷의 군대와 합세해 해적 왕직의 잔당을 침항에서 토벌했지만 오랫동안 침항을 지키지는 못했다. 그리하여 조정 관원들의 탄핵을 받은 상태로 왜구를 토벌해야 했다.

왜구를 물리친 영웅 척계광
척계광은 명나라의 걸출한 군사가며 민족 영웅이다. 산동 연해 지역의 왜구를 물리치고 해안 방어를 튼튼히 했다. 척계광은 크고 작은 싸움에서 1백여 차례나 승리해 '척가군'의 이름을 천하에 날렸으며 수백 년 동안 동남 연해 지역을 소란시키던 왜구의 우환을 없앴다.

척가군의 모집

그동안 싸움에서 실패한 원인을 분석한 척계광은 전투력이 극히 낮다는 것을 절감했다. 각지에서 뽑아 온 군사들이기에 강남의 지형을 잘 모르는데다가 규율이 문란해 서로 싸우고 죽이는 일이 늘 생겼다. 이런 군대를 가지고는 왜구를 이기기 힘들다는 것을 안 그는 새로운 군사를 모집하겠다고 상부에 제기했다.

하루는 척계광이 금화金華와 의오義烏에 갔다가 사람들이 서로 싸우는 것을 목격했다. 의오 사람들은 성미가 거셌다. 그래서 작은 일을 가지고도 부락이나 종족들 간에 큰 싸움을 하곤 했다. 척계광은 의오 사람들이 혈기가 왕성하고 아주 용감하다고 생각했다.

척계광은 사람들을 모아 놓고 지금 왜구들이 연해를 침범하고 있으니 모두들 군대에 참가해 그 용맹을 왜적을 무찌르는 전장에 쓰자고 호소했다. 그랬더니 싸우던 사람들은 다투어 군대에 투신할 것을 자원해 나섰고, 척계광은 그중에서 순박하고 건장한 젊은이 3000명을 뽑아서 새롭게 군대를 편성했다.

그는 군대를 엄격하게 조련시키고 '원앙진鴛鴦陣'이라는 새로운 진법을 가르쳤다. 강과 늪이 많은 강남은 길이 꼬불꼬불해 대규모로 진지를 구축하기에는 불리했다. 그런데다 왜구는 늘 매복전을 잘했다. 원앙진은 그런 점에 근거해 창조한 진법이었다.

원앙진이란 각종 병기를 한 개 전투 부대에 집중시켜 장병기와

역사 시험장 〉 명나라 병법과 무술에 관한 저작 《기효신서紀效新書》를 지은 이는 누구인가?

| 세계사 연표 |

1538년 홍해를 경유해 인도 서북 해안까지 원정한 터키 함대는 구지라트를 지나 포르투갈의 디아도를 포위 공격했으며 같은 해 페르시아를 재차 침범하고 아테네를 점령했다.

《명사明史·척계광전戚繼光傳》

등주 척씨의 군도 (아래 사진 포함)
척계광은 산동 동모東牟 사람이다. 그는 척가군을 조직해 항왜 명장 유대유와 함께 동남 연해 지역의 왜란을 없애버렸다. 그리고 북방을 지킬 때는 북방 변강의 방어를 튼튼히 해 놓았다. 지금 산해관 이내에 있는 북방의 명나라 장성은 그의 지휘 하에 새로 보수한 것이다. 이 군도에 새겨진 '만력 10년, 등주 척씨' 라는 글은 이 군도가 척계광이 계진薊鎭 총병으로 있을 때 만든 것임을 말해 준다.

1368~1644 명나라

단병기가 서로 의존하고 합동하게 하는 방법인데 근거리 육박전에 용감한 전사들은 이 원앙진으로 용맹을 떨칠 수 있었고 싸움에서 유연성도 보장할 수 있었다. 척계광이 영솔하는 이 군대는 몇 달 동안의 고된 훈련을 거쳐 주력군이 되었다.

가정 40년(1561), 왜구들이 대주를 침범했다. 척계광은 자신이 조련한 군대를 영솔해 절강 연해 지역에서 적과 싸웠는데 한 달이 못 되어 아홉 번 싸움에 아홉 번을 이기고 적 1000여 명을 소멸했으며 왜적에게 잡혀 갔던 백성 6000여 명을 구해 냈다.

척계광은 금화와 의오에서 3000명의 군대를 또다시 모집했다. 그리고 실전 중에 원앙진 외에 새로운 진법인 '소삼재진小三才陣' 이라는 것을 창조했다. 낭선수狼筅手는 복판에 서고 장창수長槍手 둘은 그 양옆에 서고 또 그 양옆에는 방패수와 단병수短兵手들이 서는 진을 말한다.

백성들은 척계광의 군대를 '척가군' 이라고 했다. 척가군은 군율이 엄격해 어디에 가도 백성들을 괴롭히지 않아 백성들의 옹호를 받았다. 백성들은 척가군을 자식 같은 병사로 생각했다.

'척가군' 의 대승

가정 41년(1562), 왜구들이 또다시 복건을 침범했다. 복건 여러 곳에서 위급함을 알리는 급보가 연속 올라왔다. 조정에서는 척계광에게 긴급히 왜구를 물리치도록 명했다. 화급히 복건으로 달려간 척계광과 척가군은 황서라는 곳에서 적을 소멸하고는 골짜기를 따라 전진해 가며 적의 영채에 불을 질렀다. 그리하여 왜구 2600명을 소멸했다. 척가군은 승승장구해 우격又擊에서 왜구를 대패시키고 그들의 거점을 소멸시켰다. 나머지 왜구들은 흥화興化로 달아났다. 척계광은 전속력으로 왜구를 추격해 왜구 60개 영을 연거푸 쳐 없애고 적 1000여 명을 또 소멸했다. 백성들은 척가군이 온다고 하면 고기와 술을 들고 나와 환대했다.

복건에 들어선 척가군은 몇 달 동안 싸우기만 하면 대승을 거두면서 파죽지세로 진군했다. 척가군과 수차례 접전을 벌이며 그들의 위력을 맛본 왜구들은 '척가군이 온다' 는 소리만 들려도 간담이 서늘해져 몸을 떨었다. 그들은 척계광을 '호랑이' 라고 불렀다. 복건의 왜구를 소탕한 척계광은 척가군을 데리고 절강으

| 중국사 연표 |
1477년 서창西廠이 세워지고 태감 왕직이 제독관교提督官校가 되었다.

원앙진을 훈련시키는 척계광 (오른쪽 그림)
이 그림은 청나라 마태의 《마태화보馬駘畵寶》에 실려 있다.

척계광의 필적 (아래 사진)
척계광은 명나라의 유명한 장군이자 시인이었다. 그의 시와 서예는 사리사욕을 버리고 일심으로 나라를 지키려는 굳은 의지와 영웅의 호기를 표현한다. '팔뚝을 휘두르면 천산만악이 진동하고 영웅의 함성은 불굴의 백전에 메아리 치나니 봉후封侯를 바라는 것이 아니라 오직 만리에 천위天威를 떨치고자 하노라.'

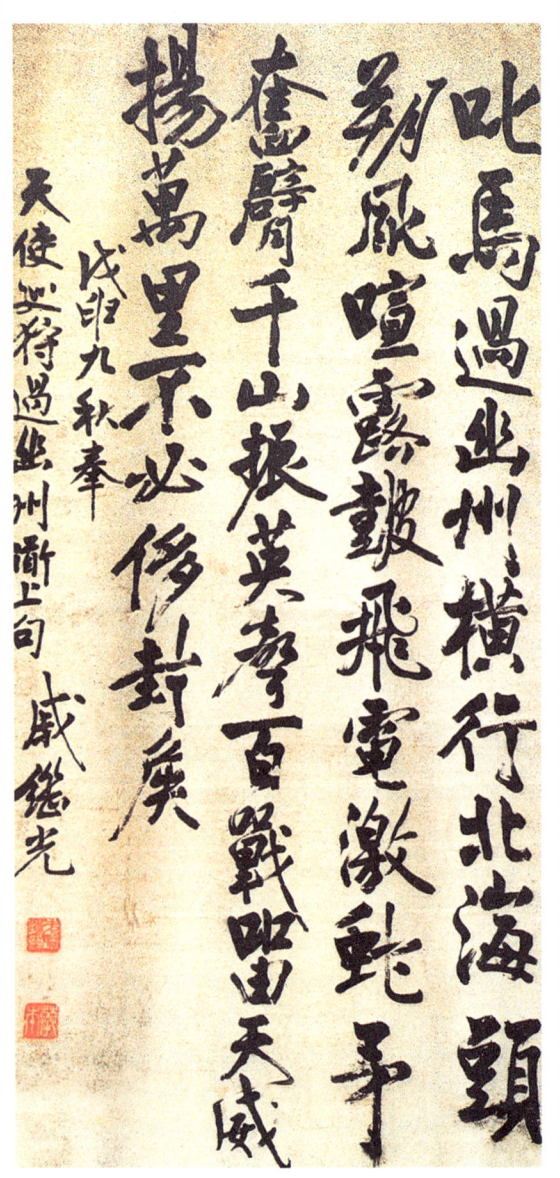

로 돌아와 휴식을 취했다. 척가군이 복건으로 돌아갔다는 소식을 들은 왜구들은 '호랑이가 갔다'고 좋아하면서 또다시 복건 연해를 침범했다.

한동안 많은 부와 현이 다시 적의 수중에 들어가 왜구의 난이 생긴 이래 전례 없는 파괴를 당했다. 왜구들은 흥화성을 점령하고 간음, 방화, 살인을 자행하며 온 성을 말끔히 약탈한 뒤 달아났다. 그리고 평해위를 공점하고 그곳을 거점으로 하여 사처로 노략질을 다녔다. 조정에서는 유대유, 척계광을 각각 정·부 총병관으로 임명해 각자 복건으로 가서 왜구를 토벌하도록 명했다.

가정 42년(1562) 4월에 복건에 도착한 척계광의 군대는 평해위 전투에서 먼저 출격했고 유대유와 기타 장령들의 군대가 그 뒤를 따랐다. 이 전투에서 척계광은 왜적 2200명을 섬멸하고 백성 3000명을 구해 냈다.

| 세계사 연표 |

1543년 코페르니쿠스가 지동설을 발표했다.

세계 역사상 가장 위대한 건축물의 하나, 명나라 장성

장성은 일찍이 춘추 전국 시대 때부터 수축하기 시작했는데 그 후 역대 왕조들도 북방 유목민족들의 침략을 방어하기 위해 지세가 험준한 지대에 각기 장성을 수축했다. 그러다가 명나라 때에 이르러 달단, 와라 등 외족의 침략을 방어하기 위해 홍무 때부터 만력 때에 이르는 오랜 기간 열여덟 번이나 장성을 중수해, 서쪽 가욕관에서부터 동쪽 산해관에 이르는 아주 긴 장성을 수축했다. 당시는 이 구간의 장성을 '변장邊墻'이라고 했다. 그리고 선화, 대동 이 두 개 진의 남쪽 직예와 산서 경계에도 내장성內長城을 수축했는데 이것을 '차변次邊'이라고 했다. 명나라 장성의 길이는 모두 6700km인데, 그 유적은 아직도 대부분 그대로 보존되어 있다. 거용관 일대의 장성은 높이가 8.5m, 밑의 두께는 6.5m, 위의 두께는 5.7m이고 성가퀴의 높이는 1m이다.

그리고 왜구에게 점령당했던 현과 부를 모두 수복했다. 척계광은 이 전투에서 으뜸가는 전공을 세운 덕에 총병관으로 진승되고 복건과 절강 그리고 금화, 온주 두 부의 수비를 책임졌다.

바다의 격랑이 잦아들기를

전공이 혁혁한 척계광이지만 잘난 체하고 교만한 적이 없었다. 그는 척가군을 데리고 언제나 왜구에 저항하는 최전선에 서 있었다. 척계광은 시에서 이렇게 말했다. '난 공후公侯도 바라지 않는다. 다만 바다의 격랑이 잦아들기만 바랄 뿐이다.'

이 시는 왜구에 대해 끝까지 저항하겠다는 그의 결심을 표현한다. 복건의 왜구를 소멸한 다음 척계광은 남해해, 유대유와 더불어 광동 일대의 왜구 잔여 세력을 숙청했다. 이때에 이르러 오랫동안 동남 지역을 괴롭히던 왜란이 기본적으로 평정되었다.

경륭 초년, 북부 변경의 정세가 위급해졌다. 척계광은 어명을 받고 북방으로 가서 계주薊州를 지키면서 여러 부락에 침범한 몽골군을 수차에 걸쳐 대패시켰다.

만력 15년(1587), 척계광은 병으로 사망했다. 하늘의 빛나는 장성 하나가 이렇게 떨어졌다. 절강, 복건, 산동 등지의 백성들은 왜구를 물리친 이 영웅을 기리기 위해 여러 곳에 사당을 짓고 그의 업적을 찬송했다.

••• 역사문화백과 •••

[농촌사회의 기층 조직 – 이갑里甲]

홍무 13년(1380) 명나라 조정에서는 전국적으로 이갑제里甲制를 실행하도록 어명을 내렸다. 서로 가까이 있는 인근호 110호를 한 개 이里로 하고 그중 식구와 식량이 많은 집 열 집을 선정해 윤번으로 이장을 하게 했다. 그리고 나머지 100집은 또 열 집씩 한 갑으로 묶고 갑마다 갑수甲首를 두어 모두 열 갑을 묶었다. 이장과 갑수는 이나 갑의 사무, 즉 군량이나 군비 그리고 나라에 바치는 토지세 같은 것을 독촉하는 일 등을 보았다. 이나 갑을 단위로 요역, 즉 이갑 정역正役에 참가하는데 해마다 한 명의 이장이 1갑 10호를 데리고 요역에 참가하고 이렇게 10년에 한 번씩 윤번을 돌았다. 요역에 참가하는 해를 '현년現年'이라고 하고 다른 해는 '배년排年'이라고 했다.

| 중국사 연표 |

1485년 — 윤번으로 요역에 참가하는 공장工匠들이 자원 형식으로 은을 내면 요역을 하지 않을 수 있다는 어명을 명 헌종이 내렸다.

056

왜적에 대항한 명장 유대유

왜구를 물리치는 전장에서 오랫동안 싸워 온 유대유俞大猷는 여러 차례 공을 세웠다. 그의 이름은 척계광의 이름과 나란히 민족의 영웅으로 빛나고 있다.

특출한 군사가

유대유는 복건 진강 사람으로 하층 군인의 가정에서 출생했다. 그는 어려서부터 책 읽기 즐겼다. 그중에 《역경易經》은 그의 인생에 큰 영향을 미친 책이다. 원래는 명사 채청蔡淸을 스승으로 모시고 글을 읽었는데 후에는 조본학趙本學이 《역경》의 사상을 군사에 활용했다는 말을 듣고 조본학을 찾아가 글을 배웠다. 어려서 유대유는 병법에 흥미가 많았는데 후에는 이량흠李良欽에게 검술을 배웠다.

아버지가 세상을 뜬 다음 유대유는 그 세습을 받아 백호가 되었고 그때부터 군영생활을 시작했다.

가정 14년(1535), 유대유는 무회시武會試에 참가해 천호千戶직을 제수 받아 금문을 수비했고, 가정 21년(1542)에는 무평을 지켰다.

유대유는 평소 군사들의 훈련을 중요시하면서 전투력 제고에 애를 썼다. 결국 어느 해전에서 해적 300명을 전사시켜 서도지휘첨사로 발탁되고 광동으로 자리를 옮겼다. 몇 년이 지나 그는 양광 지역의 군대를 거느리고 반란을 평정했다.

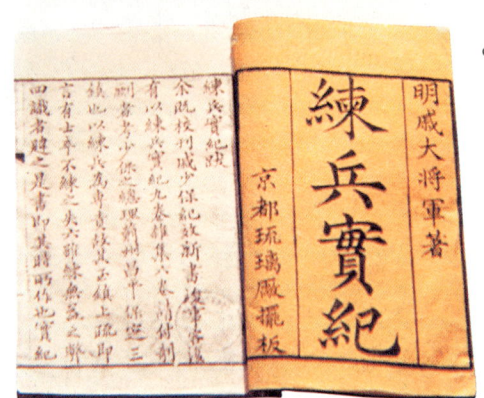

《연병실기練兵實紀》– 척계광이 왜구를 평정한 경험을 기술한 병서 (위 사진)

이 《연병실기》는 척계광이 왜구를 무찌르는 전쟁 중에 완성한 병서인데 동남 연해 지역에서 왜구를 평정한 경험을 총화한 책이다. 이 항왜 명장의 전략은 적을 철저히 소멸하는 섬멸전을 하는 것이다. 즉 '적군을 깨끗이 섬멸해 다시는 일어나지 못하게 하는 것'이다. 평해위의 싸움에서 척계광은 적군을 포위·섬멸하는 데 성공해 연해 지역에서 20년간 창궐했던 왜란을 평정했다.

가정 중기, 연해 지역의 왜란이 날로 극심해지자 그때 복건을 순시 나온 주환이 유대유를 비왜도지휘備倭都指揮로 추천했다. 이는 당시 이미 유대유가 어느 정도 명망이 있었음을 말해준다. 안남이 침범당했을 때 유대유는 또 화남전투에 참가해 교려交黎 전투에서 큰 공을 세웠는데 이로 인해 참장으로 발탁되었다.

전쟁터를 누비며 왜구를 물리친 유대유

가정 31년(1552), 유대유는 명을 받고 화남에서 절강으로 와 영파·대주 제군의 참장이 되었다. 왜구를 물리치는 절강의 최전선에서 유대유는 남북으로 종횡하며 결사적으로 싸워 왜구를 타격했다. 그러나 그도 전쟁에서 실패한 적이 있었고 결국 탄핵을 받은 상태로 적과 싸웠다. 그 후 누차 전공을 세웠지만 모두 속죄의 의미로 그 공이 희석되었다.

왜구는 왕강경 전투에서 참패를 당했지만 얼마 지나지 않아 또다시 새로운 병력을 긁어모아 절강 연해를 대거 침범했다. 이 왜구들은 흉포하기 그지없었는데 명나라 군대들이 수차례 토벌했지만 큰 성과가 없었다. 결국 일부 대신들이 생각해 낸 사람이 유대유였다. 그들의 강력한 추천으로 유대유는 절강 총병관總兵官으로 임명되었다.

이에 유대유는 곧바로 왜구의 중요한 두목들인 서해, 진동 등을 섬멸하고 서해의 영채를 불살랐다. 이로서 절강의 왜란이 잠시 평정되었다. 유대유는 그 공

| 세계사 연표 |

1547년 에드워드 6세가 잉글랜드 국왕으로 즉위했다.

《명사明史·유대유전俞大猷傳》 출전

로로 도독첨사로 승진했고 서도독동지署都督同知의 직책이 더해졌다. 가정 35년(1556)의 일이다.

홍무 5년 완구총碗口銃
문헌 기재와 실물들로 볼 때 명나라 초기에 화총火銃들을 여러 번 만들었는데 이것은 홍무 5년에 제조한 대완구총大碗口銃이다. 구경은 11cm이고 위에는 전문 수군을 위해 만들었다는 설명이 새겨져 있다. 이는 이 화총이 명나라 초기에 이미 수군의 장비로 사용되어 작전에 투입되었음을 증명한다.

척계광과 펼친 협동 작전

가정 41년(1562), 조정은 유대유를 복건 총병관으로, 척계광을 부총병관으로 임명했다. 이 두 영웅은 협동 작전하여 왜구가 점령했던 도시와 읍들을 수복하고 왜구에게 잡혀 갔던 수많은 백성들을 구해 냈다.

백성들은 유대유가 영솔하는 군대를 '유가군俞家軍'이라고 불렀다. 후에 유대유는 광동으로 전근했는데 당시 그 일대에 있는 왜구들은 2만이 넘었다. 그중에 오단이라는 두목은 실력이 대단해 혜주 참장은 그한테 일곱 번이나 패했다. 기세등등한 그 자는 유가군의 강력함을 믿지 않았다. 그러다가 한 번 싸움에서 참패를 당하고서야 유대유를 찾아와 투항했다. 그러고는 왜구를 없애는 싸움에서 힘을 다하겠다고 했다. 유대유는 그를 왜구를 무찌르는 대오에 편입시켰다.

그 후 해풍海豊의 싸움에서도 유기군은 군민들의 협력으로 왜구를 대패시키고 개선가를 올렸다. 얼마 지나지 않아 유대유와 척계광 그리고 탕극관 등 장령들은 협동 작전하여 광동 경내 왜구들의 잔여 세력을 전부 소탕했다.

장기간 왜구에 저항하는 과정에서 수차례 큰 공을 세운 유대유의 이름은 동남 연해 지역에 널리 알려졌다. 유대유와 척계광은 각기 장점을 가지고 있었다. 유대유는 노숙하고 침착해 중임을 맡을 수 있었고, 척계광은 행동이 신속하고 상벌이 명확하여 강적을 무찌르는 데는 당할 자가 없었다.

만력萬曆 8년(1580), 유대유는 병으로 사망했다. 그가 살아 전투하던 고장의 백성들은 다투어 사당을 지어 그를 기렸다.

배 위에서 싸움을 지휘하는 유대유
유대유(1504~1580)는 자는 지보志輔이고 호는 허강虛江이며 복건 진강晉江(현 천주泉州) 사람이다. 어려서부터 글 읽기를 즐겨 병법에 익숙했고 백호를 세습 받았다. 가정 14년(1535)에 무회시에 급제해 천호를 제수 받았으며 금문을 지켰다. 28년(1549) 복건을 순시하던 주환의 천거로 비왜도지휘가 되고 이어 교리의 싸움에 참가했으며 공을 세워 참장이 되었다. 후에는 강절, 민월 등의 지역을 전전하면서 왜구에 저항했다. 그는 다락선樓船으로 왜구를 섬멸하는 해전 전술을 창조하고 육전에 사용하는 독륜거獨輪車를 발명했는데 그래서 싸움마다 이기고 여러 차례 큰 공을 세웠다. 사람들은 그의 군대를 '유가군'이라고 하면서 그의 이름을 척계광과 나란히 하곤 했다. 그가 사망한 후 조정에서는 무양후라는 시호를 하사했다. 이 그림은 청나라 마태의 《마태화보》에 실려 있다.

1368~1644 명나라

일본을 말한다 167

| 중국사 연표 |

1487년 헌종이 사망하고 주우탱朱祐樘이 즉위했는데 그가 바로 명 효종이다. 그는 이듬해 연호를 홍치로 고쳤다.

057

범흠이 창건한 천일각

범흠이 세운 장서용 누각

범흠范欽이 절강 영파에 세운 천일각天一閣은 중국에서 현존하는 가장 오래된 장서藏書용 누각이다.

강남은 중국에서 장서가들이 집중되어 있는 곳이며 '장서의 풍토로 독서의 기풍이 일어난 곳'이기도 하다. 장서의 풍토와 독서의 기풍은 강남 일대에서 많은 인재들을 길러냈다. 영파 사람인 범흠은 강남 장서가들 중에서도 가장 특출한 사람이었다.

범흠은 가정 11년(1532)에 진사가 되었으며 왜구를 무찌르는 전쟁에 참가해 벼슬이 병부 우시랑에 이르렀다. 장서를 즐기는 범흠은 강서, 광동, 섬서, 하남

천일각

천일각은 지금의 저강浙江 영파寧波시에 있는 중국 고대 저명한 4대 장서루藏書樓 중의 하나다. 명나라 가정 44년(1561)에 축조하기 시작해 45년(1566)년에 준공된 명나라 병부우시랑 범흠의 장서루다. '천일天一'이란 이름은 한나라 정현鄭玄 《역경주易經注》의 '천일생수, 지륙성지天一生水, 地六成之'에서 따온 것으로 '물로 불을 막아' 장서의 안전을 영원히 확보하려는 염원을 담고 있다. 천일각에는 원래 1만 3000여 권의 책들이 소장되어 있었는데, 그중 대부분이 명나라 시대의 각본刻本과 초본抄本이며 유일본도 적지 않다. 천일각은 중국에 현존하는 개인 장서루 중에 역사가 가장 오래된 장서루이며 아시아 현존 도서관 중에서도 가장 오래된 도서관이다. 세계적으로도 가장 오래된 3대 가족 도서관 중의 하나로서 '남국서성南國書城'이란 영예로운 이름을 가지고 있다.

등지의 관리로 있으면서 그 기회를 이용해 새로운 곳에 이를 때마다 백방으로 책을 모으고 많은 선본善本 도서들을 구입하거나 베꼈다. 남들은 부임지를 옮길 때면 황금 백은을 몇 상자 가져가지만 범흠은 오직 무거운 책들뿐이었다. 이렇게 몇 십 년을 계속하니 그의 집에는 소장한 책들이 자꾸만 불어났다. 가정 40년(1561)부터 그는 자택에 장서용 누각을 하나 짓기 시작했다.

이 누각을 처음 지을 때 누각 앞에 늪을 하나 파고 그 주위에 대나무들을 심었는데 그 늪의 이름은 짓지 않았다. 후에 고대 비첩碑帖을 보던 범흠이 〈용호산천일지기龍虎山天一池記〉 중에 인용한, 한나라 정현의 《역경》 주해에서 '천일생수, 지육성지天一生水, 地六成之'란 구절을 보게 되었다. '하늘이 물 한 가지를 내니 땅에서는 여섯 가지가 이루어졌다'는 의미다. 범흠은 기뻐 무릎을 쳤다. 장서에 제일 무서운 것이 불이다. 역사상 적지 않은 장서용 건축물들이 모두 화재로 없어지지 않았는가. 그런데 불을 끄는 것이 물이다.

그는 '천일생수'에 착안해 누각의 이름을 '천일각

●●● 역사문화백과 ●●●

[백화白話]

명나라 때 언어에는 문언文言과 백화白話의 대립이 줄곧 존재했다. 성문화된 글은 문언을 이용했고 민간의 일상 언어는 백화를 이용했다. 문언은 고아하고 심오한 특징이 있다면 백화는 평이하고 명료한 특징이 있다. 여기서 한 가지 기억해야 할 것은 명나라 때는 황제나 일반 사대부, 일상 대화는 말할 것 없고 심지어 성지까지도 고아한 문언만 쓴 것이 아니라 대부분 백화를 사용할 때가 더 많았다는 점이다. 명나라 중엽 이후부터 사대부들의 작품 중에도 민간에서 사용하는 통속적인 백화가 출현했으며 백화로 문학 작품들을 창작하기 시작했다. 사대부들의 고문古文(즉 팔고문과 대립되는 산문) 중에도 백화나 민간의 기타 통속적인 언어들을 널리 사용하는 성향이 생겼다. 이것은 명나라 사람들의 언어생활 풍속에서 생겨난 새로운 특징 중 하나다.

| 세계사 연표 |

1557년 프랑스와 스페인 합스부르크 왕조 간에 전쟁이 시작되었다.

《강절장서가사략江浙藏書家史略》 출전

1368~1644 명나라

천일각의 전경

天一閣'이라 짓고 누각 앞의 못은 천일지天一池라고 지었다. 범흠은 또 천일각 양측에 방화벽을 쌓았다. 누각의 이름을 물과 연계시켜 짓고 물로 불을 막는 길상을 바란 아이디어가 특출하다. 천일각 위층은 '천일생수'의 의미를 상징하기 위해 칸을 막지 않았고 아래층은 '지육성지'의 의미를 상징하기 위해 칸을 여섯 칸 막았다. 문, 창문, 서가를 만드는 데도 숫자 육六과 일一이 표현되도록 했다. 이를 통해 범흠이 도서 보존을 위해 얼마나 신경 썼는가를 알 수 있다.

●●● **역사문화백과** ●●●

[회관會館 - 도시 상공업계에 세워진 민간 조직]

명나라 가정 이후 상업이 날로 번영했는데 상공업 각계에서는 동업자들과 동향들의 이익을 보호하기 위해 돈을 모아 회관들을 세우고 출행과 무역의 편리를 도모했다. 동업이나 동향 상공업자면 이 회관에 숙박할 수도 있고 물건을 맡겨 놓을 수도 있었으며 다른 여러 가지 무역에 필요한 일도 할 수 있었다. 회관의 경비는 각 상인들의 의연금을 이용했으며, 어떤 때는 지방 관리들이나 부호들의 찬조를 받아 쓰기도 했다.

| 중국사 연표 |

1488년 합밀위哈密衛의 좌도독 한신罕愼을 충순왕으로 책봉했다.

천일각의 장서

천일각을 세운 범흠은 책을 찾는 일에 더욱 힘을 모아 장서량이 날로 많아졌다. 당시 범흠과 한 고향인 풍씨의 '만권루萬卷樓'에도 고서들이 많다고 이름이 나 있었다. 그런데 그 주인은 만년에 이르러 장서에 몰두하는 게 기벽이 되다시피 해 살림은 돌보지 않고 밤낮 책에만 파묻혀 있었다. 결국 살림은 거덜이 나고 소장했던 책들은 문생들이 적지 않게 도둑질해 간 데다가 후에는 불까지 나서 몇 권 남아 있지 않았다. 이 소식을 들은 범흠은 만권루에서 없어진 책들이 아까워 장탄식을 하고는 남아 있는 책들을 모두 사들였다.

천일각에 소장된 책들은 만권루에서 사들인 것 외에 조카 범대철이 소장했던 책을 가져다 합친 것도 있다. 그리고 범흠과 강남의 또 다른 장서가인 왕세정이 서로 빌려 베낀 것도 있고 구매하거나 기증하는 방식으로 들여온 책들도 있다. 이렇게 장서량을 부단히 늘린 결과 천일각에 소장된 책들이 범흠이 사망할 때는 7만여 권이나 되었다. 따라서 천일각은 절강 동부 지역에서 가장 큰 장서용 건축물이 되었다. 천일각에 소장된 도서들은 모두 송나라, 원나라, 명나라 때의 각본刻本이나 초본抄本으로 아주 소중한 책들이다.

범흠 이후는 그 아들 범대충이 계속 장서를 늘렸다. 그러다가 명나라 말기와 청나라 초기 전란 속에 도둑도 맞고 헐어 없어지기도 해 천일각의 장서들이 점점 적어졌다. 그 후 중화인민공화국이 서서야 천일각은 새롭게 개수·보호되고 많은 책들이 도로 천일각으로 돌아왔다. 천일각은 지금 중국에서 현존하는 고대 장서 누각루 중 가장 오래된 것이다.

천일각에 소장된 책들은 내용이 광범위한데 그중 명나라 때의 지방지, 정서政書, 실록 그리고 시문 등이 상대적으로 많다. 그중 지방지 271종 중 65%는 중국 내 유일본이다. 이외에 과거 시험의 등과록登科錄, 회

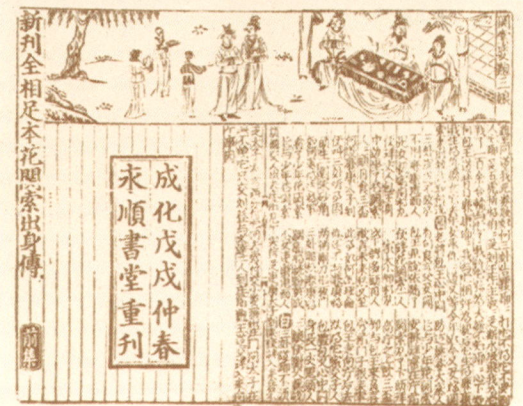

명대 성화 설창간본說唱刊本 – 중국 최초의 사화詞話 설창본
이 책은 세로 길이가 약 17.5cm, 가로 길이가 약 11.5cm이다. 상해 가정성嘉定城 동징교촌東澄橋村에 있는 선씨네 무덤에서 출토된 이 열두 책의 설창본은 명나라 성화 7년부터 14년까지(1471~1476) 북경 영순당永順堂에서 죽지로 찍어 낸 것이다. 그중 열한 종은 《설창사화說唱詞話》이고 나머지 한 종은 남극南劇 《신편유지원환향백토기新編劉知遠還鄕白兎記》이다. '설說'·'창唱'·'찬贊' 등의 글자들은 모두 진한 묵을 이용해 썼다. 이 열한 종의 사화는 중국 고대 소설, 희곡과 창본唱本의 발전 과정을 연구하는 데 아주 중요한 새로운 발견이다. 이 열한 종의 사화를 통해 그 이전 어떤 책에서도 볼 수 없었던 중국 고대의 희곡과 설창문학 그리고 소설의 발전 과정을 더듬어 볼 수 있으며 몇 백 년 전 원나라와 명나라의 '사화'가 어떠했는가를 알 수 있다. 선씨 무덤에서 발견된 이 설창 화본은 명나라 제성인諸聖鄰의 《대당진왕사화大唐秦王詞話》보다 200여 년이나 앞선 것으로서 판화사版畫史와 간자체를 연구하는 자료가 되기도 한다.

시록, 향시록 등도 있는데, 이것들은 명나라 정치, 경제, 인물 등을 연구하는 데 대단히 중요한 자료들이다. 송나라와 원나라에 이르는 비첩도 720종 소장되어 있다.

| 세계사 연표 |

1558년 러시아 황제 이반 4세가 리보니아 전쟁을 발동했다.

058

《명감明鑑·세종世宗》 출전

엄숭을 탄핵한 대신들

심련沈煉, 양계성楊繼盛 등 정직한 대신들은 엄숭嚴嵩의 권세를 두려워하지 않고 그를 탄핵하다가 음해를 당했다.

침묵하는 대신들

세종의 총애를 등에 없고 엄숭은 조정을 마음대로 휘둘렀다. 많은 대신들은 그의 위세에 눌려 아무 말도 하지 못했지만 일부 관리들은 그에 굴하지 않고 엄숭을 탄핵했다.

가정 29년(1550) 8월, 엄답俺答의 몽골 기병이 북경에 들이닥치자 병부상서 정여기는 엄숭의 지령대로 장령들의 '경거망동'을 금했다. 조정길趙貞吉이 몽골군과 싸울 것을 주청했으나 다른 대신들은 우물쭈물 아무 말도 하지 못했고, 오직 금의위의 심련沈煉이 나서서 조정길의 주장을 찬성했다. 그러자 이부상서 하방모夏邦謨는 일개 하급관리가 방자한 말을 한다고 심련을 몰아붙였다.

후에 조정길이 그 일로 유배를 가자 통탄한 심련은 그 이듬해 정월, 변방의 장수들한테서까지 뇌물을 받아먹는 엄숭을 탄핵하는 상주서를 올렸다. 그러나 엄숭을 총신하는 세종은 오히려 대신을 모함한 죄로 심련에게 형장을 가하고 유배를 보냈다. 그리고 후에 구실을 만들어 심련을 죽였다.

충성에 어린 마음 천고에 빛나리

가정 31년(1552), 어사 왕종무가 나라를 망치고 있는 엄숭을 탄핵했다가 평양平陽으로 유배를 갔지만 엄숭을 탄핵하는 사람들은 계속 나타났다. 가정 32년(1553) 정월, 병부 원외랑 양계성이 엄숭의 10대 죄행과 다섯 가지 간악한 행위를 탄핵하는 상주문을 올렸다. 양계성은 이전에도 권신 수란을 통책하는 상주문을 올렸다가 옥살이를 한 적이 있다.

양계성이 열거한 엄숭의 10대 죄상은, '승상의 권력을 남용해 조정의 법을 파괴했고, 임금의 공로를 자기가 차지했으며, 아들 엄세번을 종용해 조정 대권을 쥐게 했다. 장손 엄효충의 공을 허위 보고해 그 직을 올려 주었고, 간신들과 힘께 자기네 무리를 만들었다. 군기軍機를 어겨 엄답의 침범을 종용했으며, 정직한 대신들을 파직시켰다' 등이었다.

또한 다섯 가지 간악한 행위는 이러하다. 첫째, 황제의 신변은 모두 그들의 간첩이다. 둘째, 황제의 언관들은 모두 그들의 응견鷹犬들이다. 셋째, 서창과 동

1368~1644

명나라

••• 역사문화백과 •••

[정장廷杖 – 황제가 대신들에게 매를 치는 형벌]

이 형벌은 홍무 초년에 시작되었다. 공부상서 설양이 장형杖刑으로 죽자 대신들은 정장이 두려워 안에 두터운 솜 내의를 입고 조회에 나가곤 했다. 정덕 연간에 조정 대권을 장악한 유근은 의복을 벗기고 정장을 치게 해 죽는 사람이 적지 않게 나타났다. 요행히 목숨은 부지해도 불구가 되는 경우가 많았다. 이런 혹형은 청계년에 이르러서야 폐지되었다.

하피의 육각형 장식물 (위 사진)

하피霞帔는 명나라 말기의 장식물로 길이는 4cm, 너비는 3.1cm인데 상하 두 개의 육각형으로 구성되었으며 각 꼭지점에는 구슬이 하나씩 달려 있다. 바깥 부분은 목질 테두리에 보석을 붙였고, 가운데는 《추산도秋山圖》를 새긴 백옥을 붙였다. 소나무는 무병장수를 상징하고, 사슴 녹鹿은 봉록 녹祿과 동음이기에 후한 봉록을 상징한다. 아래 것은 모란꽃을 새긴 백옥을 박았는데, 모란꽃은 부귀를 상징한다. 이는 명나라와 청나라 시대에 널리 유행하던 소재다.

중국 고대 제왕들이 조정에서 신하들을 매로 벌하는 일종의 육형이다

| 중국사 연표 |

1505년
효종이 사망하고 주후조朱厚照가 즉위했는데 그가 바로 명 무종이다. 연호는 그 이듬해 정덕으로 고쳤다.

명나라의 동전
명나라의 화폐는 초기의 것과 후기의 것이 문자나 모양이 서로 다르다. 초기 것은 좀 작고 글자가 또렷하지만 후기 것은 바깥 테두리가 좀 크고 글자는 송체宋體가 위주였다. 명나라 초기 대중전과 홍무전은 초기의 풍격을 대표한다. 당시 각 국局에서는 모두 동전을 주조했는데 글자체나 모양이 서로 조금씩 달랐다. 돈에 새기는 글은 주원장의 '원元'자를 기피해 일률적으로 '통보通寶'라고 했다. 가정 이전에는 청동으로 돈을 만들었으나 그 후에는 황동으로 돈을 만들었다. 이것은 아연을 제련하는 기술을 장악한 것과 관련된다.

창 그리고 금의위의 장교들은 모두 그들의 악당이다. 넷째, 황제의 눈과 귀는 모두 그들의 노복들이 맡고 있다. 다섯째, 조정 백관들은 모두 그 자들의 심복이다. 이 '다섯 가지 악행'으로 엄숭은 자기 열 가지 죄행을 덮어 감추고 있으므로 엄숭을 삭탈관직시키든지 극형에 처해야 마땅하다고 양계성은 황제에게 주청했다.

세종은 그 상주문을 보고 크게 노했다. 그런데다 엄숭이 동당들을 주사해 세종의 분기를 부채질하는 바람에 세종은 양계성에게 형장을 치고 금의위의 옥에 가두라고 명했다.

옥중에 오래 있으니 양계성은 등창이 심해져 살이 썩는 모진 고통을 겪었다. 양계성이 스스로 썩은 살을 뜯어내자, 그것을 본 옥졸들은 몸서리를 쳤지만 그는 여전히 태연자약했다.

양계성은 옥에 수년 동안 갇혀 있었다. 처음에는 엄숭도 양계성을 죽이려고는 하지 않았다. 그러나 사람들이 양계성을 구해 내려고 시도하자 엄숭과 그 악당들은 두려워지기 시작했다. 엄숭의 친신인 언모경鄢

懋卿이란 자가 "양계성을 죽이지 않다간 양호위환養虎爲患이 되기 쉽습니다" 하고 말하자 엄숭은 드디어 양계성을 제거할 결심을 했다

가정 34년(1555), 양계성은 처형되었다. 형장에서 양계성은 이런 시 한 수를 읊었다. '호기浩氣는 하늘에 사무치고 단심丹心은 천고에 빛나리. 평생에 보답 못한 나라의 은혜 죽어서 충혼忠魂이 되어 보답하리라.' 이 충성에 불타는 시는 온 나라에 빠르게 전해져 사람마다 눈물을 흘리며 그 시를 읊었다.

죽음을 무릅쓰고 엄숭 부자의 죄행을 폭로한 대신들의 간언으로 그 후 이 극악무도한 엄숭 부자를 제거해야 한다는 여론이 형성되었다.

변간백辨奸柏
변간백은 북경 공자 사당 안에 있는 제일 큰 송백나무. 전하는 바에 의하면 원나라 때 국자감 제주 허형이 심었다고 하니 근 700년의 역사를 가지고 있는 셈이다. 명나라 간신 엄숭이 가정 황제를 대신해 공자에게 제를 올리려고 이 나무 아래를 지나는데 나뭇가지가 문득 엄숭의 오사모를 벗겨 버렸다고 한다. 그러자 사람들은 이 나무가 간신들을 식별할 줄 아는 신기한 나무로 여겼다. '변간백'이란 '간신을 식별하는 송백'이란 뜻이다.

| 세계사 연표 |

1559년 프랑스와 신성 로마 제국이 조약을 체결하고 이탈리아 전쟁을 끝마쳤다.

059 엄숭 부자를 제거한 서계

《명사明史·서계전徐階傳》 출전

서계徐階는 교묘한 방법으로 엄숭을 점차 무력화시키고, 그를 제거하는 데 성공했다.

신임을 얻은 서계와 세력이 약해진 엄숭

가정 연간에 세종은 차차 엄숭을 멀리하고 서계를 가까이 하기 시작했다.

서계는 지금은 상해에 속하는 송강부 화정 사람으로 가정 28년(1549)에 예부상서가 되어 추밀원 결정에 참석했다. 그는 엄숭과 수란 간의 갈등을 교묘하게 이용해 한편으로는 엄숭이 점차 총애를 잃게 만들고 다른 한편으로는 기회를 타서 수란을 제거해 버렸다.

엄숭이 장악하던 당시의 조정은 거의 모든 요직이 엄숭의 친신과 동당들 차지였기 때문에 엄숭을 제거한다는 것은 결코 쉬운 일이 아니었다. 그러나 이때에 이르러 엄숭은 이미 너무 늙어서, 표의票擬 같은 것은 대부분 그 아들이 대필했다. '표의'는 '의표擬票'라고도 하는데, 상주문에 쓰는 비답의 초고다. 보통 작은 종이쪽지에 검은 먹으로 써서 상주문 위에 붙인 다음 황제에게 올리면 황제는 그것을 참조해 붉은 글로 비답을 써 내리는데 그것이 성지다.

어느 날 엄숭의 처가 병으로 죽어 엄숭의 아들이 영구를 호송해 고향으로 내려가 장례를 치러야 했다. 그런데 엄숭은 자기가 늙은 것을 구실로 대며 아들 엄세번이 자기 시중을 들 수 있게 해달라고 세종에게 주청했다. 세종은 이를 윤허하기는 했지만 엄세번이 아비를 대신해 표의하는 것은 윤허하지 않았다. 그러나 엄숭은 아들을 시키거나 자기 마음대로 몇 자 써놓곤 해서, 이로 인해 세종의 총애를 잃었다.

어느 날, 세종이 거처하고 있던 영수궁에 불이 나자 서계는 공부상서에게 명해 영수전을 신속히 수리한 후 세종에게 옮길 것을 권했고, 이에 만족한 세종은 즉시 서계의 아들 상보승尙寶丞 서반이 공부주사를 겸직해 영수전 복구 사업을 책임지도록 명했다. 서씨 부자의 치밀한 계획으로 영수궁은 수리되었는데, 새로 개수한 영수궁이 전보다 훨씬 화려하고 장엄했다. 마음이 흡족해진 세종은 길일을 택해 새로 세운 궁에 들고 영수전의 이름을 만수전으로 고쳤다.

이 일이 있은 후 세종은 서계의 충심을 더욱 믿었다. 그래서 서계를 소사少師로 올리고 상서의 봉록을 더해 주도록 했다. 그리고 아들을 중서사인으로 올릴 수 있는 권한을 주어 서반이 태상소경으로 발탁되었다. 이렇게 서계의 지위는 날로 올라가고 엄숭의 권세는 날로 추락했다.

엄씨 부자의 말로

도교를 숭상하는 세종은 방사 남도행藍道行을 극히 총신했다. 가정 41년(1562), 세종은 남도행에게 내각 대신들에 대해 물었다. 그러자 남도행이 '신의 말'에 따라 엄숭 부자 둘이

각로閣老 서계

서계(1503~1583)는 자가 자승子升이며 송강松江 화정華亭(현 상해 송강松江) 사람이다. 가정 연간에 진사로 급제해 편수로 임명되었다가 후에는 예부상서까지 올랐다. 가정 31년(1552)에 내각에 들어가 엄숭과 10여 년 같이 일했는데 황제의 뜻을 잘 맞춰 주어 그런대로 자리를 무사히 유지할 수 있었다. 가정 41년 어사 추응룡이 엄숭의 아들 엄세번을 탄핵해 엄숭이 파직된 뒤 내각 수보가 되었으나 목종 융경 2년 (1568) 고공에게 밀려 낙향했다. 저서로는 《세경당집世經堂集》 《소호문집少湖文集》 등이 있다. 이 그림은 《역대명신상해》에 실려 있다.

1368~1644 명나라

회관 173

| 중국사 연표 |

1506년

무종은 태감 유근을 사례감司禮監으로 임명하고 구취丘聚, 곡대용谷大用을 각기 동창과 서창의 제독으로 임명했으며, 장영으로 하여금 12단영十二團營과 신기영神機營를 관할하게 해 각 요충지를 통제하게 했다.

옥으로 만든 연화동자蓮花童子 귀고리
S형으로 된 굵은 금사金絲의 한 끝에 옥으로 만든 연화동자를 박은 금을 용접해 만든 한 쌍의 귀고리다. 귀고리를 중국어로 '추자墜子'라고도 하는데 보통 귀고리 아래에 다는 장식품이다. 원래는 소수민족의 남자들이 달고 다니는 장식품이었으나 그 후 진晉나라 때 중원에 이르러서는 여인들의 장식품으로 변했으며, 명나라 때는 한족 여인들이 주로 사용했다.

대권을 쥐고 조정을 망치고 있다고 말했다. 그러자 세종은 엄숭을 즉시 삭탈관직시키고 아들 엄세번은 뇌주로 유배를 보냈다.

그런데 엄세번과 그의 동당 나룡문이 유배지로 가는 도중 몰래 도주했다. 나룡문은 망명지에서 도적패들을 모아 놓고 "기어코 추응룡과 서계의 목을 쳐서 이 원수를 갚으리라" 하고는 이를 갈았다.

서계는 그 기회를 놓치지 않고 이들이 조정을 비방하고 있다고 고발했다. 이에 대노한 세종은 엄세번을 잡아들여 법사에서 엄히 수사하도록 했다. 처음 엄세번은 양계성과 심련을 모함해 옥에 넣은 일을 말하면서 심문하는 관리들의 시선을 다른 데로 옮기려고 했다. 그것을 안 서계는 법사의 관원들을 불러다가 호되게 꾸짖으며 이렇게 말했다.

"이 사람들아, 황제께서 잘못을 인정하도록 할 셈인가? 만에 하나 자네들이 황제를 비난하려 한다는 의심을 받게 되면 자네들의 목이 달아나는 건 물론이고 다른 대신들도 연루된단 말일세. 그렇게 되면 엄씨 부자는 오히려 풀려나와 활개 치고 다닐 것이네."

그러고는 엄세번과 나룡문 등이 왜구와 결탁해 일본으로 달아나려고 했다는 내용의 상주문을 세종에게 올리도록 했고, 세종은 즉시 도찰원, 대리사, 금의위 등에게 모여서 심사를 하도록 명했다.

가정 44년(1565), 세종은 조서를 내려 엄숭을 삭탈관직시켰고 엄세번과 나문룡은 처형했으며 엄씨의 가산을 모두 적몰했다. 엄씨네 집에서는 황금이 3만여 냥, 은이 300여만 냥 그리고 값비싼 진주 보석과 골동품 등이 나왔다. 이런 재물들은 모두 엄씨 부자가 평소 남들한테서 수탈한 것들이다.

한때 권세가 하늘을 찌를 듯하던 엄숭은 여든여섯의 나이에 남의 집에 기거해 있다가 가난과 병으로 목숨을 거두었다.

곡사曲詞를 보고 노한 엄숭
청나라 때 기운씨綺雲氏(실제 이름 미상)가 모두 56회로 구성된 《승선전升仙傳》이라는 소설을 써서 엄숭 부자를 질책했다. 이 그림은 그 책의 제2회 전반부 '곡사를 보고 노한 엄숭'의 삽화다. 이 책에는 이런 이야기가 있다. 《대사경옥사大四景玉賦》의 봄 부분과 여름 부분을 완성한 가정 황제는 그다음 부분인 가을과 겨울은 신하들에게 완성하라고 명했다. 엄숭은 수하를 시켜 과거 시험을 치르기 위해 올라온 선비를 찾아 그 일을 하도록 했다. 제소당이라는 선비가 이 일을 맡아 완성하고는 거기에다 자기 이름을 서명했는데 그것을 본 엄숭은 대노해 제소당이 쓴 것 한 부를 다시 자기 글씨로 베끼고는 원본은 불살라 버렸다.

| 세계사 연표 |

1560년 영국과 프랑스가 스코틀랜드와 '에든버러 조약'을 맺었다.

060

출전 《명사明史·세종世宗》 《명감明鑑·해서전海瑞傳》

해서의 천언서

강직한 해서海瑞는 천언서千言書를 올려 세종을 비판했다.

세종을 비판한 천언서

명나라 황제들 중에서 도교 숭상으로 가장 이름이 난 황제가 세종이다.

가정 45년(1566) 2월에 관원 하나가 상주문을 올렸는데 그 내용이 대담해 세종은 크게 놀라지 않을 수 없었다. 상주서에는 세종이 도교에 빠져 조정 정치를 황폐하게 만들고 20여 년 국사를 돌보지 않았기에 나라의 기강과 법도가 무너지고 탐관오리들은 활개치고 다니지만 백성들은 도탄에 빠져 허덕이고 있다고 쓰여 있었다. 또한 황제는 백성들을 수탈해 토목 공사만 벌이는데 하늘도 무심해 큰물과 가뭄을 연거푸 내리니 농사가 황폐하고 도적 떼가 창궐한다는 것, 이 모든 재앙의 뿌리는 세종이 도교를 숭상하고 나라 정사를 보지 않는 데 있다는 것, 방술이 사람들을 기망하고 있다는 것 등을 일일이 사실을 들어 밝혔다. 그러고는 세종께서 하루 빨리 조정 일을 돌보아 대신들과 더불어 국가 대사들을 처리하고 수십 년 누적된 오류들을 말끔히 씻어 버려 고대 성왕과 이름을 나란히 할 수 있는 반열에 오르기를 기원했다. 장장 천 마디가 넘는 이 상주서를 '천언서'라고 한다.

이를 본 세종은 크게 노해 그 글을 내던지며 상주서를 올린 놈을 잡아오라고 명했다.

강직한 성미로 이름이 난 해청천海靑天

이 천언서를 올린 사람이 바로 해서다. 해서는 지금은 해남海南에 속하는 경산瓊山 사람으로 거인擧人 출신이다. 남평 교유敎諭로 있다가 순안현 지현으로 승진했다. 해서는 강직한 성미로 이름이 난 사람이다. 한 번은 절강 총독 호헌종의 아들이 순안을 지나다가 들렀는데

'청천靑天' 해서 (위 그림)
해서(1514~1587)의 자는 여현汝賢이고 호는 강봉剛峰인데 경산 사람이다. 가정 28년(1549)에 거인이 되어 처음에는 복건 남평현의 학교 유학교유로 있었으나 후에는 절강 순안현 지현, 가흥 통판, 호부 주사, 응천부 순무, 우도 어사 등의 직을 역임했다. 가정 44년 호부 주사로 있을 때 황제의 어리석음을 통책하는 글을 올린 죄로 옥에 감금되었다가 가정 황제가 죽은 다음에야 복직되었다. 순무로 있을 때 그는 관리들의 회뢰와 사치를 엄금하고 기강을 바로잡아 산정에 나타난 호랑이 같은 위엄을 보여 주었으며 당시 관리 사회에서 흥행했던 탐오와 회뢰 등의 악습을 없애는 데 적극적인 역할을 했다. 그의 강직함과 청렴함은 역대로 내려오며 백성들의 칭송을 받고 있다. 이 그림은 《역대명신상해》에 실려 있다.

해서의 묘
현 해남성海南省 해구현海口縣 빈애촌濱崖村에 있는 해서의 묘는 명나라 만력 17년(1589)에 세우기 시작했는데 명신종이 허자위를 해남에 파견해 그 일을 감독하게 했다. 전하는 바로는 해서의 영구가 지금의 묘지에 이르니 영구를 들었던 손잡이가 갑자기 끊어졌다고 한다. 그래서 사람들은 그곳을 명당 자리로 여기고 해서를 그곳에 묻었다고 한다.

1368~1644 명나라

명나라 이학가 구준丘濬과 청관 해서海瑞 이 두 사람을 모셔 두고 있다

| 중국사 연표 |

1508년 6월 어느 조회에서 유근의 죄행을 밝힌 익명문서가 발견되는 바람에 백관들은 봉천문 밖에서 무릎을 꿇고 있는 벌을 받았고 300여 명이 금의위의 감옥에 감금되었다.

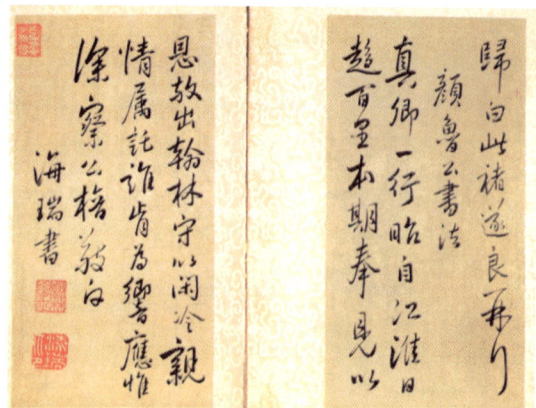

해서의 친필 서찰

판결하는 해서

중국 역사상 유명한 '청관'인 해서는 일생 동안 정직하고 청렴했으며 법을 엄하게 다스렸기에 민간에서는 '남포공南包公'이라 불렸다. 순안현 지현과 호부주사 등을 역임했는데 도교에 미친 세종을 질책하는 글을 올린 죄로 옥살이를 하기도 했다. 해서는 명나라 중엽의 저명한 정치가로 아첨을 모르는 강직한 성미와 죽음을 무릅쓰고 직언하는 품성으로 후세에 이름을 날렸으며 따라서 '해청천海靑天'이라고 불렸다. 민간에는 그에 대한 전설이 아주 많은데, 이는 그에 대한 후세 사람들의 칭송과 흠모의 정을 말해 주고 있다. 이 그림은 명나라 《해강봉선생거관공안海剛峰先生居官公案》에 실려 있다.

대접이 좋지 않다고 트집을 잡아 관리를 때렸다. 그러자 해서는 당장 그 자를 잡아 옥에 가두었다. 주변 사람들이 모두 근심 하니 해서는 이렇게 말했다. "근심들 마시게. 아무 일도 없을 거네. 저번에 호헌종 나리께서 지방 시찰을 나오셔서 뭐라고 하셨나. 손님 대접에 낭비를 해서는 절대 안 된다고 하지 않았나? 그런데 이 자는 오만무례하고 자기 욕심을 채울 생각만 하는 자이니 아무래도 호헌종 나리의 아드님이 아니란 말일세. 그 나리의 아드님이면 이럴 수가 있나? 암, 절대 없지."

그러고는 그 자가 소지한 수천에 달하는 금은까지 빼앗아 현 금고에 넣고는 파발마를 띄워 호헌종에게 급보를 알렸다. 급보를 받은 호헌종은 해서가 괘씸하기 짝이 없었지만 어찌할 방법이 없었다.

해서는 평소 잡곡밥에 차를 마시며 아주 청렴하고 검소한 생활을 하면서 백성들에게 부담을 안기지 않았다. 해서는 늘 백성의 이익을 가장 중요하게 여기고 백성을 아끼며 사랑하는 것을 자신의 소임으로 여겼기에 일부 관원들의 미움을 사기도 했다. 그들은 해서의 위엄에 눌려 겉으로는 감히 어쩌지 못했지만 배후에서는 항상 그를 해치려고 했다.

해서는 엄숭의 일당인 언무경에게 아부하지 않은 탓에 강직되었다가 오랜 시간이 지나서야 한 조정 대신의 추천으로 겨우 호부주사로 발탁되었다. 그런데 그 성미는 여전히 변하지 않아서 호부주사가 된 지 얼마 안 되어 황제에게 천언서를 올렸다.

●●● **역사문화백과** ●●●

[약점의인藥店醫人 – 약방에서 병을 보는 의사]

명나라 때 '약점의인'이라는 사람들이 있었는데 약방에서 병을 보는 의사들을 말한다. 남경이나 개봉 등 대도시들에는 약을 파는 약방들이 많았는데 이 약방들에서는 고명한 의사들을 약방에 모셔다 병을 보게 했다. 정덕 가정 연간의 의사들은 각기 자기들의 전문이 따로 있었다. 예를 들면 산부인과·치과·소아과·골과·안과 등 분과가 아주 세밀했다. 병자가 의사에게 왕진을 청하면 의사는 어느 과의 병인가를 물어본 뒤 왕진에 응했다. 만약 자기의 전문이 아닌 병이라면 거절하고 나서지 않았다. 그러다가 만력 연간에 이르러서는 의사들은 그런 전문 분과를 나누지 않고 내외·대소·잡병을 모두 보기 시작했다.

감금된 해서

해서의 상주문을 읽은 세종은 성이 머리 끝까지 올랐으나 환관의 말을 듣고는 조금 냉정해졌다. 얼마 후 천언서를 재차 읽어 본 세종은 죽음을 무릅쓰고 진언한 말들 속에 담긴 해서의 충직한 마음에 어느 정도 감동하게 되었다. 세종은 탄식을 하며 그 상주서를 도로 집어 신변에 놓고는 측근에게 귀엣말로 소근거렸다. "이 사람은 가히 비간에 비견할 수 있는 사람이야. 물론 짐은 걸왕桀王이 아니지만."

비간은 상나라 때의 충신으로 누차 걸왕에게 간언을 했는데 폭군 걸왕은 그의 심장을 도려내 죽였다. 세종이 해서를 비간과 같다고 한 말은 그만큼 속으로는 찬양하고 있다는 뜻이었다. 하지만 당돌하게 황제를 꾸짖은 죄만은 용서할 수가 없었다. 그런데다 이때 세종은 병환으로 심기가 늘 좋지 않았다. 세종은 일부 대신들을 불러 놓고 이런 말을 했다. "짐은 제 몸을 아낄 줄 몰라 이제는 병이 고질이 되었네. 짐이 이제라도 편전에 나갈 수만 있다면 이 자의 욕을 듣지 않을 수도 있을 텐데 말일세." 그렇지만 결국 세종은 해서를 옥에 가두라고 명했다.

그런데 당시 하이상何以尙이라고 하는 호부의 관원 하나가 세종이 해서를 가두는 것은 대신들을 경고하기 위한 것이지 해서를 죽이려고 가두는 것이 아니라고 추측하고, 해서를 사면해 달라는 주청서를 올렸다. 그러나 그것은 잘못된 추측이었다. 세종은 해서의 충심은 갸륵하게 여겼지만 황제의 권위를 범한 것은 절대 용서할 수 없었다. 그런데 하이상이 그런 주청서를 올리니 세종은 도리어 대노해 금의위에 명해 형장을 쳐서 하이상을 옥에 가두었다.

그 이듬해 정월, 세종이 병으로 죽고 목종이 즉위했다. 목종은 해서와 하이상 두 사람을 석방하고 해서를 다시 기용할 생각을 했다.

세종이 죽은 소식은 대외적으로는 알리지 않은 때였다. 그러니 옥에 있는 해서가 그 일을 알 리 없었다. 어느 날 해서가 장차 중용될 것이라는 것을 미리 알게 된 뇌옥 관리가 주연을 차려 놓고 해서를 상빈석에 앉혔다. 바깥세상이 어찌 돌아가는지를 도통 모르던 해서는 자기를 죽일 날이 다가온 것으로 생각해 말없이 밥만 퍼먹었다.

그것을 본 관원은 해서가 오해하고 있다는 걸 알고 귀엣말로 세종 황제가 이미 붕어하고 선생은 오늘 석방되어 크게 쓰일 거라고 알려 주었다. 그 말이 믿기지 않아 여러 번 되묻다가 사실임을 알게 된 해서는 갑자기 땅을 치며 대성통곡했다. 그 바람에 금방 먹은 것들을 모두 토해 버렸다.

정교하고 화려한 약장藥欌

명나라 때는 약물학이 아주 발달했다. 사진은 궁정 어약방에서 사용하던 약장이다. 검은 옻칠을 한 바탕에 정면과 장 안은 금으로 꽃과 나비의 무늬를 새기고 다리 넷은 동으로 만들었다. 약장 문을 열면 그 안에 팔각형의 회전식 약 서랍이 팔십 개가 있고 그 양측에 또 긴 서랍이 열 개씩 있다. 서랍 안은 각기 세 칸으로 나뉘었는데 서랍마다 약 이름이 붙어 있다. 이 약장에는 모두 140종의 약이 들어갈 수 있다. 그리고 약장 아래 부분에 있는 큰 서랍 세 개는 약을 꺼내는 데 이용하는 도구들과 약 처방들을 넣어 두는 곳이다. 약장 뒤에는 금분으로 '대명만력년제大明萬曆年制'라는 글이 씌어 있다.

| 중국사 연표 |

1508년 내창內廠을 세우고 유근이 그것을 관장하게 했다.

061

반계훈의 치수

황하 치수

반계훈은 오정현烏程縣 저장 호주湖州 사람으로 가정 29년(1550)에 진사가 되어 구강九江 추관推官, 순안광동어사巡按廣東御史, 대리사승大理寺丞 등의 벼슬을 지냈다.

가정 44년(1565)에는 좌소경에서 우첨도어사로 승진해 황하黃河 치수를 담당했다. 그 해에 주형朱衡과 더불어 황하를 소통시키는 일을 책임진 반계훈은 남양 새 운하를 성공적으로 개통해 대운하가 황하의 범람으로 파괴되는 것을 방지했다. 황하 치수의 공로로 그는 우부도어사로 승진했다.

융경隆慶 4년(1570), 비주邳州와 회녕의 황하 제방이 터져 황하물이 범람해 피해가 막심해지자 조정에서는 반계훈을 생각했다. 조정의 부름으로 부임지에 이

대신 반계훈潘季馴은 황하를 치수治水하는 데 전력을 다했지만 관료 사회의 부패와 알력으로 수차례 파직을 당했다.

른 그는 관민들을 신속히 조달해 터진 제방을 막고 범람하는 황하 물을 가두었다.

그런데 그 이듬해 조정에서 대신 하나를 보내 치수 상황을 조사하게 했는데 이 자는 황하가 터졌을 때의 실제 상황과 다급함을 모르고 반계훈이 황하 치수에 애쓰지 않아 적지 않은 조선漕船들이 침몰되었다고 조정에 고했다.

하방일람도권河防一覽圖卷 (일부분)

반계훈의 저작으로 견본絹本에 색을 입혔다. 명나라 조정은 도성을 북경으로 옮긴 다음 산동, 강소 등지의 평민을 동원해 통혜하通惠河를 소통시켜 남북 대운하의 운행을 거침없게 만들었다. 대운하는 명나라의 생명선이나 다름없었다. 그런데 황하가 해마다 대량의 진흙과 모래를 밀어와 쌓아 놓기 때문에 제방이 터지나 홍수가 범람하거나 황하의 물길이 바뀌곤 했으며 대운하가 막히는 일도 많았다. 명나라와 청나라는 언제나 황하와 운하를 하나로 연관시켜 생각했다.

중국을 말한다

역사 시험장 〉 명나라 후기 황하 치수와 운하 소통의 사상을 대표해 반계훈이 쓴 작품의 이름은 무엇인가?

| 세계사 연표 |

1576년 일본 오다 노부나가가 비파호 기슭에 아즈치 성을 세우고 정청政廳을 건립했다. 일본 역사에서는 이때를 아즈치모모야마 시대라고 한다.

《명사明史·반계훈전潘季馴傳》

그 바람에 반계훈은 파면되어 장장 6년이나 관직을 떠나 있었다. 그러다가 만력 4년(1576) 여름, 다시 기용되어 강서 순무가 되었고 그 이듬해에는 형부 우시랑이 되었다.

장거정의 추천

당시 황하는 늘 제방이 터져 물길이 수시로 변했다. 만력 초년에는 최진현崔鎭縣 강소江蘇 사양泗陽의 제방이 크게 터져나가 밀려 내린 모래와 진흙으로 황하, 회하, 운하의 물이 합쳐지는 청구 일대의 물길이 막혔다. 일부 지방의 호수 제방들도 이로 인해 터져 회양 지역은 물바다가 되었다.

내각수보(수석대신) 장거정張居正은 다시금 숙고한 끝에 치수 경험이 풍부한 반계훈만이 이 중임을 맡을 수 있다고 판단하고 반계훈을 적극 추천해 신종神宗의 윤허를 얻었다. 반계훈은 우도어사 겸 공부좌시랑으로 임명되어 치수 사무를 총괄했는데, 만력 6년(1578)의 일이다. 이번에 반계훈은 각별히 신중했다. 면밀한 조사와 연구를 거쳐 회하의 물을 모아 황하의 물을 막는 '이청쇄탁以淸刷濁'의 방법으로 함하의 물이 회하로 거슬러 오르는 것을 막는 방법을 고안했다.

먼저, 터진 황하 제방을 다시 쌓는 동시에 강안에서 멀리 떨어진 곳에 제방 하나를 더 쌓아 황하 제방이 다시 터지는 것을 방지하고, 그다음 홍택호 동쪽에 댐을 높이 쌓아 회하의 수위를 높임으로써 회하 물이 청구로 흘러들게 하여 황하와 회하의 물이 합쳐지게 하면 바다로 들어가는 목이 자연 소통된다고 건의했다. 조정에서는 그 건의를 신속히 비준했다.

만력 7년(1579) 겨울, 치수 공정이 성공적으로 준공되었다. 그 소식이 조정에 전해지자 신종은 아주 기뻐하면서 반계훈을 크게 포상하고 태자태보의 명예를 주고 공부상서 겸 좌부도어사로 승진시켰다.

선덕 화초무늬 청화자기 사발

경덕진 어요창御窯廠에서 선덕 연간에 제작한 청화자기로 유약의 색이 맑고 무늬가 다채로워 천하에 이름이 났다. 명나라 다른 시기의 청화자기에 비해 기술이 최고조에 이르러 중국 자기 중의 명품이 되었다. 그리하여 '전대미문의 기적을 창조했다'는 칭송을 받고 있다. 선덕 청화자기의 무늬들은 그 소재가 아주 폭넓어 화초, 물고기, 곤충, 산수, 인물 등 없는 것이 없었으며 원나라 때의 복잡함에서 벗어나 보다 정연함과 다양함을 추구했다.

●●● 역사문화백과 ●●●

[국자감國子監]

국자감은 처음에는 남경에 건립되었는데 그때는 '경사국자학京師國子學'이라고 하다가 홍무 15년(1382)년에 국자감으로 이름을 고쳤다. 도성을 북경으로 옮긴 후 북경에 국자감을 새로 건립하고 원래의 국자감은 남경 국자감이라고 칭했다. 국자감에는 제주祭酒·사업司業·박사·조교·학정學正 등 학관學官들이 있었다. 국자감의 학생들은 감생監生이라 했는데 관생官生과 민생民生 두 개 부류가 있었다. 관생은 공신들의 자제나 소수민족 토사들의 자제 그리고 해외에서 온 유학생들을 말하고 민생은 각지에서 추천해 올라온 감생을 말하는데 그중 매년 부나 현에서 규정된 명액대로 국자감에 보낸 감생을 '공감貢監'이라고 하고, 나이 어린 거인擧人이나 회시에 낙방한 거인이 국자감에 들어온 것을 거감擧監이라고 했다. 국자감에 감생이 제일 많을 때는 1만 명에 가까웠다. 배우는 학과목은 사서·오경을 비롯해 《대고大誥》《대명률》《설원說苑》 등이었다. 명나라 초기에는 감생들에게 매달 식량도 발급하고 의관도 내주고 그 가족들에게 생활비도 얼마간 주었다. 감생이 졸업을 하면 직접 관리가 될 수 있었는데 잘되면 포정사나 안찰사 등이 될 수도 있었고 낮아도 현의 주부나 교유 등은 되었다. 후에는 돈만 내면 감생이 될 수 있어서 이름만 건 감생이 날로 많아지고 상경해 진짜로 공부하는 감생은 갈수록 적어졌다. 그런데다 과거 제도가 날로 강화됨에 따라 국자감 감생의 출로가 더욱 좁아졌다. 그리하여 국자감은 점차 빈 간판만 남게 되었다.

| 중국사 연표 |

1510년

4월, 주치번朱寘鐇이 반란을 일으켰으나 얼마 되지 않아 진압당했다.

명나라 시대의 가구

비례대로 축소시킨 사진 속의 명나라 시대 가구들은 침대의 높이 36cm, 상자의 높이 10.5cm, 옷궤의 높이 23cm, 목탑木榻의 높이 6cm, 수건걸이의 높이 24.5cm, 옷걸이의 높이 18cm, 탁자의 높이 13~13.5cm, 의자의 높이 18.5cm이다. 가구의 종류로는 침대·옷궤·상자·크고 작은 직사각형 탁자와 걸상·등받이 의자·옷걸이·수건걸이·대야 받침대·나무 요강·직사각형 함과 원형 함·벼루 등 생활용품부터 실내 장식품에 이르기까지 없는 것이 없다. 이런 명나라 목제가구는 지금의 상해 지역 명나라 시대 무덤에서 자주 출토되지만 그중에도 반윤징의 무덤에서 출토된 이 가구들이 제일 보존이 잘 되었다. 이미 발견된 명나라 가구들은 대개 대대로 물려 받은 것이기에 그 확실한 제작 연대를 가늠할 수는 없지만 명나라 가구를 연구하는 중요한 실물 자료가 된다.

수차례의 부침과 과로사

황하 치수의 대신이었던 반계훈은 정치 투쟁의 소용돌이에 종종 휘말려 들었다가 모두 장거정의 추천 덕에 복직할 수 있었기에 장거정을 늘 은인으로 여겼다. 장거정이 죽은 후 일부 사람들이 그의 죄를 조작해 올리자 반계훈은 장거정을 변호하며 그의 공로를 역설했다. 그 탓에 반계훈은 삭탈관직되어 근 10년이나 집에 있었다. 그러다가 만력 16년(1588)에야 비로소 다시 기용되어 치수총독이 되었다.

반계훈이 다시 기용된 그 이듬해, 황하가 갑자기 크게 범람하면서 황하 물이 하진夏鎭을 밀어 수많은 백성들이 빠져죽었다. 반계훈은 직접 현장에 나가 사람들을 조직해 제방을 급히 쌓으며 결사적으로 터진 데를 막았다. 간신히 주변 몇 개 현과 주를 살렸지만 몇 달 동안 밤낮으로 뛰어다닌 피로에 심리적으로 큰 압박감을 얻어 병이 들었다.

만력 18년(1590) 여름, 황하의 제방을 순시하던 반계훈은 도중에 혼절해 쓰러지며 피를 토했다. 하지만 그는 조금 쉰 다음 다시 공사장으로 갔다. 과로한 그의 몸은 날로 쇠약해져 갔다. 만력 20년(1592), 사수에 또 큰물이 들어 성 안에 물이 석 자나 잠겼는데 오랫동안 줄어들지 않았다. 거기에서 멀지 않은 곳에 황제 조상들의 능묘가 있었다. 조정은 또 시끌벅적해지고 치수총독 반계훈은 다시 탄핵을 받아 삭탈관직되었다. 그때 반계훈의 나이 이미 칠순이었다. 집으로 돌아온 그는 중풍을 맞아 일어나지 못했고 만력 23년(1595)에 일흔다섯의 일기로 한 많은 세상을 떠났다.

반계훈은 수차례 부침을 겪는 곡절 많은 인생을 살았다. 그러면서도 후세 사람들에게 소중한 유산을 남겼으니 그것이 바로 그가 저술한 《하방일람河防一覽》이다.

| 세계사 연표 |

1577년 일본 오다 노부나가가 일본을 통일하는 전쟁을 일으켰다.

062

《명사明史·방기전方伎傳》 출전

동방 의학의 거작

이시진李時珍은 30년 동안 온 힘을 다해 《본초강목本草綱目》을 저술하는 업적을 남겼다.

영의의 후손 이시진

명나라에 이르러 과학기술은 많은 성과를 거두었고 그중 손꼽히는 한 사람이 바로 의학 방면에서 탁월한 공헌을 한 이시진이다.

이시진은 호광 기주현蘄州縣 호북 기춘蘄春 사람으로 그의 집은 대대로 의사 집안이었다. 열네 살 되던 해에 제생諸生이 된 이시진은 그 후 세 차례나 향시에 응시했지만 모두 낙방했다. 그 후로는 공명을 이룩하려던 것을 단념하고 아버지를 따라 의술을 배우고 익히는 데 전념했다.

이시진의 웅대한 꿈

가정의 영향과 어려서부터의 총명함으로 일찍이 의술을 익힌 이시진은 얼마 안 돼 유명한 의사가 되었다. 이시진은 전통적인 《본초》가 품종이 복잡하고 오류도 적지 않다는 것을 알았다. 《본초》란 원래 한약을 기재한 책인데 전설 중의 신농씨神農氏부터 양나라의 도홍경陶弘景, 당나라의 소공蘇恭, 송나라의 유한劉翰 등이 여러 차례 보충·발전시킨 것이었다. 이시진은 이에 새로운 본초를 편찬할 큰 뜻을 품었다.

이시진은 이를 위해 의학 서적 외에도 제자백가·사史·경經·전傳·성운聲韻·농포農圃·의복醫卜·성상星像·악부제가樂府諸家 등 많은 책을 읽었다. 책에 있는 지식 외에도 아들과 문하생들을 데리고 고향을 떠나 강서, 남직예, 안휘, 하북 등을 다니며 고찰했다. 약재가 있는 곳이라면 깊은 산골 어디나 찾아다닌 그들은 표본을 채집하고 그림을 그리고, 농민이나 어민, 사냥꾼들에게 배우면서 많은 민간치료의 처방과 경험들을 수집했다.

가정 연간에 이시진은 초왕 아들의 병을 고쳐 주었는데 그 덕으로 왕부에 남아 봉사정奉祠正이 되었고 의약 관리를 겸했다. 몇 년이 지나 이시진은 북경 태

1368~1644 명나라

《본초강목》과 이시진 (위 사진과 오른쪽 그림)
대대로 의사인 가문에서 태어난 이시진은 명나라 시대 의학자며 약학자다. 임상 실천을 남달리 중요시하는 그는 오랜 답사와 깊은 산 속에 들어가 직접 약초도 캐면서 민간 비방을 수집했다. 그뿐만 아니라 역대 의약과 의학 관련 서적 800여 종을 참고로 약물에 대한 감별과 고증들을 진행하면서 16세기 이전 중국의 의학과 약학을 계통적으로 정리했다. 그는 27년 동안 심혈을 기울여 《본초강목》의 편찬을 완성했는데, 여기에는 약제 1892종이 수록되어 있다. 내용이 풍부한 이 책은 중국 약학의 소중한 유산으로서 후세 약학 발전에 중대한 기여를 했으며 세계 약학·식물학·동물학·광물학·화학 발전에도 큰 기여를 했다.

명나라 주숙朱橚 등이 편찬한 《보제방普濟方》이다

| 중국사 연표 |

1510년 — 유육劉六·유칠劉七의 봉기가 일어났다.

이시진과 그의 부친의 묘
이시진과 그의 부친의 묘는 지금 호북성 기춘현 기주진 우호雨湖 기슭에 있다.

의원으로 올라가 태의가 되었다. 그런데 당시 황궁에는 방술이 범람해 태의원까지도 그 영향을 받았다. 어떤 태의원은 선단이나 불로장생약을 구하고 만드느라 여념이 없었다. 이시진은 그 꼴이 보기 싫어 병을 빙자해 고향으로 돌아왔다. 그러나 왕부와 태의원에 있는 동안 이시진은 민간에서는 볼 수 없었던 의학서적들을 많이 볼 수 있었다. 이것은 이후 《본초강목》을 편찬하는 데 큰 도움이 되었다.

30년 심혈로 완성된 《본초강목》

고향으로 돌아온 이시진은 의약 저서를 편찬하는 일에 매달렸다. 그는 선인들이 편찬한 《본초》를 토대로 자신이 수집한 새로운 자료들을 첨가하면서 열심히 저술했다. 이 책은 30년이란 긴 세월을 거쳐 만력 6년(1578)에야 비로소 완성되었다. 이시진은 책의 이름을 《본초강목》이라고 했다.

《본초강목》은 모두 50권으로 되어 있는데 약물의 자연 속성을 기준으로 분류했다. 예를 들면 광물성 약물은 수水·화火·토土·금金 네 부류로 나누었고, 식물성 약물은 초草·곡穀·채菜·과果·목木 다섯 부류로 나누었으며, 동물성 약물은 충蟲·인鱗·개介·금禽·수獸·인人 여섯 부류로 나누었다.

이외에 복기服器가 더 있어서 모두 열여섯 부部가 있다. 부 아래에는 유類, 유 아래는 종種으로 세분했다. 전 책은 모두 1892종의 약물을 기재했는데 이전의 《본초》보다 374종이 더 첨가되었다. 또 약물의 정명正名을 주선으로 삼고 약물에 대한 해석을 부선으로 하여 약물의 출산지, 형태와 색깔, 냄새 그리고 처방 등을 상세하게 설명했다. 이 책에는 처방이 1만 1096가지가 있으며 삽화는 1160폭이 있다. 글자 수는 도합 190만 자가 된다.

책의 편찬이 완성된 후 이시진은 책을 인쇄하려고 남경에 갔다. 그리고 전 책에 대한 수정을 다시 했다. 그런데 불행하게도 만력 21년(1593)에 《본초강목》의 간행을 보지 못하고 일흔다섯의 나이로 세상을 떴다.

얼마 후 신종이 조서를 내려 국사 편찬을 시작하면서 사방의 책들을 수집했다. 이시진의 아들 이건원은 《본초강목》 원본을 조정에 바쳤는데, 신종은 그 책을 보고 크게 찬양했다. 만력 24년(1596), 《본초강목》이 남경에서 간행되었다. 《본초강목》은 이렇게 세상에 전해지기 시작했다.

●●● 역사문화백과 ●●●

[《본초강목》]

《본초강목》은 1578년에 편찬해 1596년에 처음으로 간행되었는데 전 책에는 1892종의 약물이 기재되어 있다. 그중 식물약이 1094종이고 나머지는 광물 및 기타 약물들이다. 이시진이 새로 보충한 약종은 347종이다. 이 책에는 약물 그림 1160폭과 처방 1만 1096개가 첨부되어 있는데 그중 처방 약 8000개는 이시진 자신이 수집한 것이거나 직접 만든 것이다. 약종에는 각각 석명釋名·집해集解·정오正誤·수치修治·냄새·주치主治·발명發明·부방附方 등의 항목이 열거되어 있다. 이 책은 지난날 본초학本草學 중의 오류를 고증하고 대량의 과학적 자료들을 종합했으며 과학적인 약물 분류 방법을 제기했다. 특히 동물 약종을 '천한 데서 귀한 데에 이르는' 순서로 배열했기에 생활환경에 대한 동물들의 적응성을 기록한 중요한 자료가 된다. 이 책은 그 후 수차례 간행되었고, 영어, 프랑스어, 일본어 등으로 번역되었으며, 그중 일부 자료는 다윈의 진화론에 직접적인 영향을 미쳤다.

| 세계사 연표 |

1580년 영국인 드레이크가 인류 역사상 두 번째로 지구를 도는 항해를 마치고 플리머스로 돌아왔다.

063 장거정의 개혁

《명사明史·장거정전張居正傳》 출전

만력 초년 장거정張居正이 내각 재상이 되어 정치·경제·군사 등 여러 방면에서 개혁을 추진했다.

내각수보가 된 장거정

장거정은 명나라 역사에서 손꼽히는 개혁가다. 자는 숙대叔大이고 호는 태악太岳인데 형주 강릉(현 호북 강릉江陵) 사람이다. 그래서 사람들은 그를 장강릉이라고도 한다.

가정 26년(1547), 진사로 등과한 장거정은 한림원 편수를 맡고 있었다. 명나라 왕조의 통치가 날로 부패하고 조정에 탐관오리가 성행하며 백성들의 원성이 날로 높아가고 있는 것을 본 장거정은 시급히 '광명정대한 위인이 나타나서 이 암울한 세상을 밝게 만들어야 한다'고 생각했지만 조정의 관심을 받지 못한 채 7년 동안이나 편수로만 지냈다. 그는 병을 빙자하고 고향으로 돌아와 대나무를 심으며 글만 읽었다.

목종이 즉위한 후 서계의 추천으로 내각에 들어간 그는 목종에게 〈진육사소陳六事疏〉라는 상주문을 올려 여섯 방면에서 개혁의 필요성을 역설했다. 목종은 그것들이 모두 탁견이라고 칭찬했지만 6년밖에 재위하지 못하고 붕어하는 바람에 실시하지 못했다.

목종은 임종 전에 고공, 장거정 등을 고명대신으로 정하여 태자 주익균朱翊鈞의 계위를 보필하게 했다.

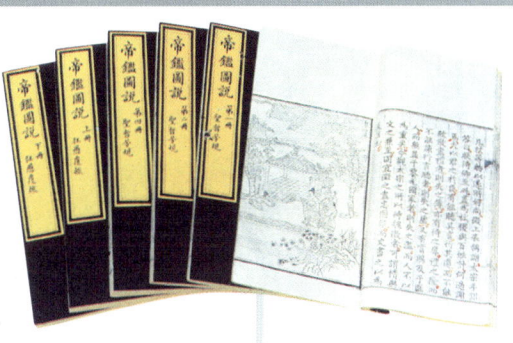

《제감도설帝鑑圖說》 – 황제의 필독 교과서 (위 사진)
《제감도설》의 전체 명칭은 《역대제감도설歷代帝鑑圖說》인데 명나라 장거정이 편찬했다. 옛적을 거울로 삼으라以古爲鑑'는 책 이름은 당 태종의 말에서 그 뜻을 빌려 지은 것이다. 당시 내각 수보로 있던 장거정은 만력 초년 열 살 나는 어린 황제 주익균을 위해 이 책을 교과서로 편찬했는데 역사상 117 황제의 정치와 일상생활 이야기를 선택했다. 장거정은 이 책으로 어린 황제를 장차 일대 명군明君으로 양성하려고 생각했다. 이 책은 후세에도 아주 큰 영향력이 있었는데 그 후 역대 황제들은 모두 이 책을 필독 교과서로 삼았다.

이 주익균이 바로 신종神宗이다. 신종이 즉위하자 장거정은 사례감 태감 풍보馮保와 연합해 내각 재상 고공高拱을 몰아내고 황태후의 지지 하에 내각 재상이 되었다. 그 때 신종의 나이 겨우 열 살이었다. 장거정은 이 나이 어린 황제를 엄하게 가르쳤다. 역사 이야기책을 편찬해 직접 황제를 가르치며 잘못하는 게 있으면 가차 없이 엄하게 바로잡아 주었고, 신종은 장거정을 스승으로서 존중했다. 그런데다 태후의 지지까지 받으니 장거정은 정치·경제·군사 각 방면의 개혁을 과감히 추진할 수 있었다.

명나라의 개혁가 장거정
장거정은 명나라 정치가이며 경세실학經世實學의 대표 인물로서 시폐時弊를 바로잡고 나라를 부강하게 하는 사회 개혁을 적극 추진했다. 그가 재상으로 있었던 10년 동안 나라는 크게 번영했다.

1368~1644 명나라

| 중국사 연표 |

1517년 포르투갈 국왕의 명의로 파견된 사신 피라스가 함대를 거느리고 중국으로 왔다.

관리들을 정돈하는 '고성법'

장거정은 먼저 관리들을 개혁하는 것으로부터 시작했으며, 중앙집권제를 강화해 중앙의 지령으로 천하를 호령하는 동시에 하급관리들이 청렴하고 공정하게 자기가 관할하는 지역이나 부서들을 다스릴 것을 주장했다. 개혁의 효율성을 높이기 위하여 만력萬歷 원년(1573), 신종에게 '고성법考成法'을 실시할 것을 제기했는데 신종은 즉시 비준했다.

고성법은 각 아문에 똑같은 장부를 세 개씩 만들 것을 요구했다. 그중 한 부는 원본이고 다른 하나는 육과六科에 바치는 것이고 또 다른 한 부는 내각에 바치는 것이었다. 내각에서는 육과를 관찰하고 육과에서는 육부六部를 관찰한다. 이런 방법으로 지방에 대한 중앙의 통제를 강화하는 것이 고성법이었다. 고성법에 의하면 육부로부터 지방정부에 이르기까지 처리한 공문들은 반드시 제때에 검사를 맡아야 한다.

이렇게 법령의 집행을 확실히 하도록 했고, 동시에 출근 상황과 업적에 따라 관원의 근면함과 현명함을 판별해 관직의 사퇴와 승진을 결정하게 했다. 또한 관원들의 공로와 과오에 대한 상벌 기준을 명확하고 공

명나라 시대 농업 생활 벽화
전통적인 농업국인 중국 고대에는 농사와 길쌈을 반영하는 자료들이 아주 풍부하다. 이를 반영한 명나라의 대표적인 벽화는 정덕 2년(1507) 가을, 상유常儒와 진원陳園 등이 산서 신강新絳 직익묘稷益廟 서쪽 벽에 그린 〈경확도耕穫圖〉다. 이 벽화는 당시의 밭갈이·씨뿌리기, 관리, 수확, 타작, 운반, 저장 등 농업 생산의 전 과정을 반영했는데 농업을 중시했음을 알 수 있다.

눈병을 고치는 약탕관
강소성 강음江陰의 명나라 시대 무덤에서 출토된 이 약탕관은 눈병을 고치는 데 쓰던 약탕관이다. 눈병 고치는 약을 이 약탕관에 넣고 끓이면 그 김이 약탕관에 있는 두 구멍으로 뿜어 나오는데 그 김을 눈에 쏘여 눈병을 고쳤다.

정하게 해 관원들이 마음대로 독직瀆職 행위를 할 수 없게 만들었다.

일조편법의 추진

'일조편법一條鞭法'은 경제 분야에서 실시한 중요한 개혁 조치였다. 편鞭은 즉 '편編'과 같다. 이른바 '일조편법'이란 전부田賦와 요역 등을 하나로 통합해 토지에 따라 지방의 관청에서 직접 세금을 징수하도록 하는 법령이다. 장거정은 이 새로운 세금 징수법을 몇 단계로 나누어 추진했다.

만력 6년(1578), 복건성에서 전량田粮을 조사·측량하는 데 성공한 후, 만력 8년(1580)에는 여덟 개 조목으로 된 측량 조례를 반포하고 전국적인 토지 측량과 조사를 실시했다. 토지 측량에 관한 칙지가 내려가자 많은 왕손국척들이 길을 막고 소란을 일으켰으며 일부 지방 관원들도 반발하는 상소서를 조정에 올렸다.

그러나 장거정은 토지 측량을 방해하는 자는 황실 종친이든 군대든 백성이든 엄히 징벌한다는 영을 내렸다. 이렇게 토지 측량을 강력히 추진한 결과 마침내 전국의 토지 700령頃 1만 경頃을 측량했다. 이 면적은 홍치 시대보다 300만 경이 더 증가된 것이었다. 따라서 나라의 재정 수입도 대폭 증가했다.

일조편법은 일부 정은丁銀을 토지의 면적에 따라 징수하고 부세와 요역도 합병시켜 토지 면적에 따라 부담하게 했다. 이로써 세금 징수 수속이 간편해지고 서리들이 중간에서 수탈하는 것을 방지했다. 이는 사회의 경제 발전과 농민들의 생산 열의를 높여 주었다.

변방에 대한 정돈

정치·경제 방면에서의 개혁을 추진하는 동시에 장거정은 군사상에서도 군비를 정돈하고 변방 수비를 강화했다. 그는 용감하며 조정에 충성하는 맹장들을 변강 수비에 임용했다. 예를 들면 척계광에게 계문薊門을 지키게 하고, 이성량에게 요동을 지키게 해 변강이 무사하게 만들었다. 동시에 외족에 대한 안무정책을 실시해 몽골 임답을 순의왕으로 봉하고 서로 간에 무역을 발전시켜 화목하게 지내도록 유도했다.

10년 고생이 허사로

장거정의 개혁 조치에 권신들과 귀족들 그리고 호강들은 강력히 반대했다. 그들은 다투어 조정에 상서해 장거정을 공격했다. 그러나 장거정은 조금도 두려워하지 않았다.

그러나 장거정은 만력 10년(1582), 병으로 사망했고 이어 신종의 친정親政이 시작되었다. 그 기회에 장거정에게 불만이 있던 대신들이 들고일어나 장거정이 독선적인 행위를 했다고 다투어 공격했다. 결국 장거

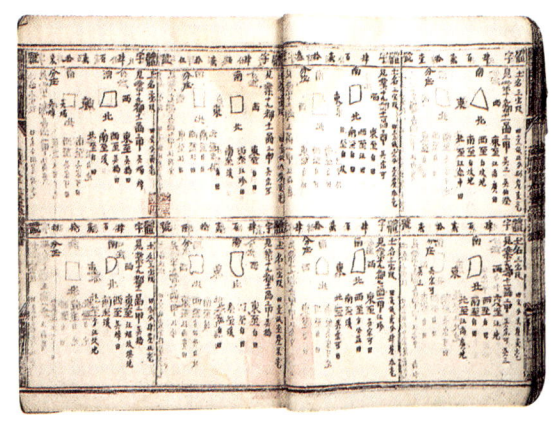

청장어린청책清丈魚鱗清冊 - 전국 토지 측량 기록
홍무 연간에 전국의 토지를 측량할 때 그린 토지 상황에 대한 기록으로 토지 면적을 그린 것이 고기비늘 같다고 해서 어린청책魚鱗清冊이라는 이름이 붙었다. 만력 9년 장거정은 조정의 수입을 늘리기 위해 전국적인 범위 내에서 토지를 측량해 어린도책魚鱗圖冊을 만들 것을 명했다. 사진의 이 책은 어느 지역 16도都의 청장어린도책, 즉 그 당시 전국 토지를 측량한 기록 중의 일부분이다. 측량기록은 '상商' 자를 기호로 해 상자箱字 1호에서부터 상자 2142호까지 모두 2142떼기 토지의 모양을 그리고 그 주인의 성명과 면적 등 내용을 첨부했는데 이 한 해에 전국적으로 사출해 낸 은닉 토지는 147만 경頃에 달했다.

정의 봉호를 떼고 가산을 적몰했으며 살아 있는 자손들은 모두 유배를 갔다. 장거정이 그렇게 고생스럽게 추진하던 개혁 조치들도 모두 폐지되었다. 장거정의 10년 고생이 모두 허사가 된 것이다.

••• 역사문화백과 •••

[일조편법 - 명나라 부세 제도의 중대한 개혁]

'편鞭'은 '편編'과 같은 의미로 쓰이는데 '변邊'이라고도 한다. 일조편법을 '조법條法' 또는 '편법鞭法'으로 약칭하기도 한다. 일조법一條法이란 번잡한 것을 '간단하게 한 법'이란 의미인데 구체적으로 말하면 여러 가지 명목의 복잡한 징수 방법을 토지 면적에 따라 돈으로 징수하는 하나의 방법으로 합병시키는 법을 말한다. 그렇게 하면 수속이 간편해지고 적지 않은 폐단들을 없애 버릴 수 있었다. 일조편법은 가정 연간에 처음으로 일부 지역에서만 실행했으나 만력 9년(1581)에는 장거정의 주장에 따라 전국적으로 실시했다. 일조편법의 실행은 일부분 인두세를 토지세로 옮기고 부세와 요역을 합병시켜 요역도 토지에 따라 부담하는 방향으로 나가게 되었다.

| 중국사 연표 |

1519년 — 황제의 남순南巡을 말린 백관들 중 146명의 사람이 차례로 오문 밖으로 끌려 나가 매를 맞았고 그중 죽은 사람이 열한 명이나 되었다.

064

'탈정'의 투쟁

장거정의 부친이 세상을 뜨자 그가 관직을 사임하고 돌아가 '수제守制'를 해야 하는지 '탈정奪情'을 해야 하는지를 놓고 논쟁이 일어났다.

봉건사회에서는 부모가 사망하면 관원들은 관직 여하를 불문하고 모두 관직을 포기하고 집으로 돌아가 '수제'를 했다. 수제란 부모의 상喪을 당하면 자식이 만 27개월 동안 근신하는 것을 말한다. 그러나 요직에 있는 중요 대신들에 한해서는 소복을 입은 채 사무를 보면서 장례에 참가하지 않을 수도 있고, 수제 기한이 채 차지 않았어도 어명에 따라 조정에 나와 임직할 수도 있었다. 이것을 '탈정'이라고 했다.

만력 5년(1577) 가을, 장거정의 부친이 세상을 떴다. 그러자 장거정이 집으로 돌아가 수제를 해야 할지 아니면 탈정을 할지를 놓고 심한 논쟁이 벌어졌다.

고위직을 놓지 않으려는 장거정

당시 조정에서 장거정이 차지한 지위는 막중했다. 그는 신종과 양궁 황태후의 신임으로 군국 대사를 전권으로 처리했고, 강력한 개혁으로 만력 초년에는 천하가 안정되었다.

신종의 생모인 자성태후는 자녕궁으로 돌아갈 때, 장거정을 불러 황제를 독촉하고, 엄하게 가르치며 충심으로 보필해 주도록 부탁했다.

이것만 보아도 장거정의 당시 지위가 어떠했는가를 알 수 있다. 그런데 얼마 지나지 않아 장거정의 부친이 고향 강릉에서 병으로 사망했다. 신종은 사례감을 보내 위문을 하고 후한 선물을 하사했다. 하지만 탈정의

의사는 보이지 않았다.

장거정은 고민이 많았다. 수제를 한다고 조정을 떠나면 자기가 차지하고 있던 권력이 남의 손에 들어갈 것이기 때문이었다. 장거정의 이 고민을 헤아린 호부시랑 이유자李幼孜가 장거정의 탈정을 조정에 제기했다. 장거정을 지지하는 풍보도 장거정의 유임을 조정에 청구했다. 장거정은 입으로는 수제를 하겠다고 말했지만 마음속으로는 수하들을 주사해 그의 유임을 지지하도록 했다.

장거정의 탈정을 반대하는 대신들

장거정의 탈정이 제기되자 즉시 다른 일부 관원들이 들고일어나 반대했다. 한림 왕석작王錫爵, 장위張位, 조지고趙志皋, 오중행吳中行, 조용현趙用賢 등은 모두 장거정의 탈정은 예법에 어긋난다고 입을 모았다. 그러나 신종은 그들의 의견을 듣지 않았을 뿐만 아니라 그 일로 이부상서 장한張瀚을 파직시키기까지 했다. 그러자 이번에는 이부상서 장한의 유임을 요청하는 주청이 다투어 올라왔다.

석가모니 자기 조각상 – 자기 예술의 진품
이 조각상의 높이는 62.6cm이며, 가슴에는 '상서로움'을 나타내는 불교 표식 '卍(만)'이 있다. 연꽃 방석 아래는 속이 빈 팔각형 수미좌須彌座다. 수미좌의 중간에는 타원형의 구멍들이 나 있고 그 주변에는 '개원수개元壽'라는 글자가 가로 새겨져 있으며 '대명 만력 을묘년(1615) 장주부 동계향 치자 진복성 고사漳州府東溪鄉治子陳福成叩謝'라는 글도 세로로 새겨져 있다. 글자체는 모두 해서체이고 금분을 올렸던 흔적이 있다. 이 석가모니 자기 조각상은 400여 년이 지난 지금도 변함이 없이 새것처럼 보존되어 있다.

| 세계사 연표 |

1585년

왕위 계승권 때문에 프랑스의 위그노파가 다시 전쟁을 일으켰다.

《명사明史·장거정전張居正傳》
《명사明史·추원표전鄒元標傳》 출전
《명감明鑑·신종神宗》

먼저 편수 오중행과 검토 조용현의 상주서가 올라오고 후에는 원외랑 애목과 심사효 등이 연명한 상주서가 올라왔다. 상주서에서 그들은 장거정을 고위관직이 탐나서 부친에 대한 효성까지 버리는 사람이라고 비난했다. 그것을 본 장거정은 대노해 상주서를 올린 네 관원을 모두 형장으로 다스린 뒤 벼슬을 떼고 유배를 보냈다.

며칠이 지나 형부판사 추원표鄒元標가 또 그 일로 상소했는데, 그는 상주서가 장거정의 손에 떨어질까 봐 어느 한 태감에게 주어 황제께 직접 바치게 했다. 상주서에서 그는 신종이 장거정을 탈정시켜 계속 유임하게 한 일의 위해함을 지적하고 대권을 독점한 장거정을 사정없이 질책했다. 그런데 이 상주서도 결국엔 장거정의 수중에 들어갔다. 장거정은 성이 머리끝까지 올라 추원표를 잡아다가 형장 80대를 치게 하고는 천리 밖인 귀주로 강직시켰다.

논쟁의 결말

이때 조정 상하에서는 장거정에 대한 비난이 분분했다. 어떤 사람은 장거정을 비방하는 방문을 저잣거리에 내다붙이기까지 했다. 이에 신종은 '이제부터

청화 은정형합銀錠形盒 (위 사진)
상해 민행閔行 당만진塘灣鎭 앵호촌鶯湖村의 명나라 무덤에서 출토한 합인데, 상·중·하로 구성되어 있다. 상층은 합의 뚜껑으로 꽃과 가지 무늬가 그려져 있는데 가지는 가늘면서 잎과 꽃들은 선명하다. 그 아래 언저리에는 회회자 무늬가 한 바퀴 이어져 있다. 중층과 하층에는 산수운山水雲 무늬가 그려져 있으며 색깔이 선명하다. 이런 은정형합은 명나라 때 나타난 새로운 기물이다. 그 형태는 원나라 때부터 유행하던 화폐 '은정' 과 직접적인 관련이 있다. 합의 모양이 원나라 말과 명나라 초의 은정과 흡사한데, 이것은 이 합이 명나라 초기의 은원보銀元寶를 모방했음을 말해 준다.

이 일을 쟁론하는 자는 이유 여하를 불문하고 모두 참수한다'는 조서를 내렸고 그제야 유언비어가 사라졌다. 그러고 나서 신종은 장거정의 아들 편수 장사수와 사례태감 위조魏朝를 장거정의 고향에 보내 장거정을 대행해 장례를 지내게 했다. 장거정은 또 조회에 참석하지 않고 청의나 소복을 입고 내각에 들어가 사무를 처리하게 해 달라고 주청해 신종의 윤허를 얻었다.

장거정에 대한 신종의 존경은 매우 커서 그는 장거정에게 보내는 서찰에다 늘 장거정을 '원보장소사선생元輔張少師先生' 이라고 칭하면서 스승으로 모셨다. 장거정이 부친상을 치르는 기간이 끝나자 신종은 관원을 파견해 안부를 묻고 백옥으로 만든 띠와 붉은 방석을 하사했다.

탈정에 관한 쟁론에서 장거정에 대한 신종의 신임과 존중도 충분히 표현되었거니와 관직에 대한 장거정의 고집과 전횡도 충분히 드러났다.

이것은 장거정이 죽은 다음 사람들의 공격을 받게 만든 화근이 되었다.

●●● **역사문화백과** ●●●

[민간에 유행한 인사 범절]

16세기 중국 남부의 복건·광동 일대를 다녀본 포르투갈인 크로스는 중국 백성에 대해 이렇게 기술했다. "중국의 백성들은 예절을 아주 잘 지키는 백성들이다. 일반적으로 왼손 주먹을 오른손으로 감싸 가슴 앞에 들고, 아래위로 흔들어 피차 서로 양해한다는 뜻을 표시하면서 인사를 나눈다. 흔히 하는 인사말은 '진지 드셨습니까?' 인데 그것은 세상만사 중에 먹는 일이 제일 중요하기 때문이다.' 여기에서 이 사람은 중국 사람들이 서로 만나 읍을 하는 것을 '피차 서로 양해한다는 뜻' 이라고 했는데 이런 해석은 명나라 사료에는 언급된 바가 없다. 그러나 이 포르투갈 사람은 사람들에게 물어도 보고 일정한 사실적 근거도 가지고 그런 해석을 했을 것이다.

1368～1644 명나라

| 중국사 연표 |
1519년 영왕 주신호朱宸濠가 반란을 일으켰다.

065

장원이 없었던 정축년과 경신년

장거정은 직권을 이용해 자기 아들을 장원 급제 시켰는데 이 일 역시 장거정이 죽은 다음 그의 정적政敵들이 그를 공격하는 구실이 되었다.

장거정은 만력 초년(1573~1582)에 개혁을 실시해 뚜렷한 성과를 거두었으나 집정 기간에 직권을 남용하기도 했다. 이것은 그가 죽은 후 정적들로부터 공격을 받게 만든 원인이 되었다.

장사수의 장원 급제

장거정한테는 장남 경수敬修와 차남 사수嗣修 밑으로 무수, 간수, 윤수 등의 아들들이 있었다. 가문이 번창하려면 이들이 과거 시험에서 상위에 올라야 한다고 생각한 장거정은 자기 아들이 정갑鼎甲에 들어가도록 조정을 움직이기 시작했다. 우선 그는 일부 학식과 재능 있는 인사들을 설득해 자기 아들의 과거 시험에 힘이 되게 했다.

만력 5년(1577)에 장거정의 차남 장사수가 그 해 회시에 참가했는데, 장거정은 심무학沈懋學과 탕현조湯顯祖를 비롯한 당시 명사 몇을 찾아가서, 자기 아들 장사수와 함

께 과거를 보기만 하면 둘을 다 일갑一甲에 넣어주겠다는 뜻을 암시했다. 명나라 때 전시殿試를 거쳐 진사가 된 사람들 중 상위를 '일갑'이라고 했는데, 장원狀元, 방안榜眼, 탐화探花 세 명뿐이었다.

심무학은 장거정의 부탁을 들어 주었으나 탕현조는 거절했다. 결과 그 해 전시에서 심무학은 장원이 되고 장사수는 방안이 되었으나 탕현조는 떨어졌다.

장무수의 장원 급제

과거 시험은 3년에 한 번씩 치러졌다. 만력 8년(1580)에는 장무수가 과거 시험을 쳤는데, 장원 급제를 했다. 장경수도 그 해 진사로 등과했다. 방이 나붙자 유언비어가 사처에서 일었다. '정축무안, 경진무두丁丑無眼, 庚辰無頭'라는 말이 순식간에 전국으로 퍼졌다. 이 말은 만력 5년 정축년과 만력 8년 경신년 과거 시험에 장거정의 두 아들이 방안이나 장원를 한 것을 풍자하는 말이었다. 이외에도 장거정에게 아들이 여럿 있기에 사람들은 "상공相公이 죽지 않고 살아 있으면 여섯째도 탐화랑探花郎은 문제없다네" 하고 풍자했다. '탐화랑' 이란 일갑의 3등을 말한다. 이 말은 장거정이 그 자리에 있는 한 그의 막내아들도 과거에서 3등쯤은 따 놓은 당상이라는 말이다.

주삼송朱三松의 대나무 필통 (위 사진)
명나라 중기 가정嘉定 시기의 주송린朱松隣, 주소송朱小松, 주삼송 이 삼대는 대나무에 그림을 새기는 공예 예술의 대표자들이다. 그림을 새긴 이 대나무 필통은 주삼송의 대표작이다. 필통에 새겨진 인물은 《서상기西廂記》에 나오는 앵앵鶯鶯과 홍랑紅娘이며, 부조浮雕 기법을 이용했다.

명나라 저명한 극작가 탕현조
명나라 때의 극작가인 탕현조는 명나라 중기와 후기 성령파性靈派의 중요한 인물이다. 복고復古를 반대하고 정으로 사람들을 감동시키는 예술을 강조했다. 그런 예술 사상을 담아낸 작품들 중에서 《임천사몽》이라고 통칭하는 《자채기》《환혼기》《남가기》《한단기》 등 네 작품이 가장 유명하다.

| 세계사 연표 |

1588년

영국을 공격하던 스페인의 '무적함대'가 잉글랜드 해협에서 드레이크에게 거의 전멸되다시피 했다. 그 후부터 스페인은 해상 패권을 잃었다.

《명사明史·장거정전張居正傳》 출전

개인의 이득만 탐한 장거정의 죄값

그러나 장거정은 2년 후에 병으로 사망했다. 장거정이 죽자 사람들은 과거 시험에 대해 추궁하기 시작했다. 예부시랑 하락何雒이 장사수와 장무수를 대신해 전시의 답안을 써냈으며, 다른 한 시험관 고계우는 시제를 미리 장거정의 아들에게 미리 알려 주었다고 누군가 조정에 고발했다. 비록 대신 몇몇이 그것은 사실이 아님을 밝혔지만 장거정의 정적들은 수그러들지 않고 계속 공격했다.

결국에는 장거정의 집안이 적몰이 되고 그 자제들은 모두 죄인이 되어 삭탈관직당했다. 장자 장경수는 목을 매어 자살했으며, 한림원 편수로 있던 장사수와 그의 숙부 장거역張居易도 함께 유배를 갔다.

●●● 역사문화백과 ●●●

[탕현조와 《임천사몽》]

명나라 때의 저명한 문학가이며 희곡가인 탕현조는 《한단기邯鄲記》《자채기紫釵記》《남가기南柯記》《모단정牡丹亭》 네 부의 우수한 작품을 창작했는데, 모두 꿈과 관련이 있는 내용이어서 통칭 《임천사몽臨川四夢》이라고 한다. 탕현조의 서재 이름이 옥명당玉茗堂이기에 이 네 작품을 또 통칭 《옥명당사몽》이라고도 한다. 《자채기》는 당나라 전기소설 《곽소옥전霍小玉傳》을 개편하고 창작한 것인데, 이익李益(이십랑)과 곽소옥의 변함없는 사랑의 이야기를 묘사했다. 《남가기》의 소재는 당나라 이공좌의 《남가태수전南柯太守傳》에서 가져온 것이다. 순우분淳于棼이 꿈에 개미굴 대괴안국大槐安國으로 들어가 공주와 결혼하고 남군 태수로 20년 살고 또 재상까지 되었으나 후에는 탄핵을 당해 파직되고 집으로 돌아오는 이야기인데, 벼슬길을 부질없는 꿈으로 묘사하면서 관리 사회의 암흑과 인정을 폭로하고 있다. 《한단기》도 세상을 풍자하는 작품인데 당나라 심기제沈旣濟의 《침중기枕中記》를 개편한 것이다. 한단의 길에서 노생盧生은 여옹呂翁을 만나 여옹이 주는 베개를 베고 잠이 든다. 꿈속에서 노생은 부귀영화를 누리다가 좌천이 되고 나포되는 곡절 많은 길을 걷다가 깨어난다. 그런데 그동안 객사의 주인은 기장밥 한 솥을 아직 채 못 다 짓고 있었다. 작가는 이 이야기를 통해 관리 사회 내부의 서로 물어뜯는 현실과 인생의 무상함 그리고 부귀공명의 부질없음을 개탄하고 있다. 《모단정》은 탕현조의 대표작이며 명나라 시대의 가장 우수한 희곡 작품이다. 작품은 두려낭杜麗娘과 유몽매柳夢梅 이 두 청년 남녀의 애정 이야기를 주축으로 한다. 남송 남안 태수 두보의 딸인 두려낭은 미모와 재능이 출중한데 어느 하루 꿈에서 준수하게 생긴 서생 유몽매를 만난다. 그 후부터 이 두려낭은 밤낮으로 유몽매를 그리다가 상사병으로 병상에서 일어나지 못하고 결국 죽는다. 두려낭은 임종 전에 자기의 자화상을 태호 바위 옆에 놓아 달라고 시녀 춘향에게 부탁하고 두보는 딸의 묘지에 매화관을 세운다. 3년 후 유생이 과거 시험을 치러 상경하다가 매화관에 숙박하게 되는데 두려낭의 자화상을 얻은 뒤 꿈에서 그림 속 여인의 혼백과 만나 즐기게 된다. 유생이 두려낭의 무덤을 파헤치고 관을 여니 두려낭이 다시 소생해 둘은 부부가 된다. 두보는 그들의 혼인을 반대했지만 후에 유생이 과거에 장원 급제를 하자 비로소 가정을 이루게 된다. 《모단정》의 이야기는 작가가 독자적으로 창작한 것이며 그 가사들이 매우 감동적이다. 그중에도 '경몽驚夢', '심몽尋夢', '혼유魂游' 등의 가사와 곡은 많은 사람들에게 회자되었다.

1368~1644

명나라

《모단정》 중의 '경몽驚夢'
이 그림은 명나라 때 간행한 《옥명당사몽·모단정》에 실려 있다.

각 성의 성성省城(경성도 포함)에서 향시를 연다 189

| 중국사 연표 |

1521년

무종이 죽자 황태후 장씨와 대학사 양정화는 흥헌왕 주우원의 아들 주후총朱厚熜을 즉위시켰는데 그가 바로 명 세종이다. 그리고 그 이듬해 연호를 가정으로 고쳤다.

066

적몰 당한 장거정

장거정이 죽은 후 얼마 안 되어 그의 집은 모조리 몰락했다.

풍보의 감금

만력 10년(1582) 6월, 장거정이 병으로 사망했다. 장거정을 계임해 내각 재상이 된 장사유張四維는 장거정이 생전에 천거해 입각시킨 왕전王篆, 증성오曾省吾와 갈등이 심했었다. 그런데다 신종이 총애하는 태감 장성張誠이, 신종의 마음속에 오랫동안 눌려 있던 장거정에 대한 불만을 이용하며 장거정과 태감 풍보馮保가 야합해 많은 악행들을 했다고 고발했다.

신종이 즉위한 초기에 태감 풍보는 항상 궁 안을 드나들며 조석으로 신종 곁을 지켰다. 그러면서 사소한 잘못도 자성태후께 보고했다.

어린 황제의 마음속에는 장거정에 대한 두려움이 늘 가득했다. 신종은 성장하자 풍보를 미워하면서 장성을 시켜 풍보와 장거정의 내왕을 감시했다. 그런데 장성은 그들의 행동을 보고하면서 그들의 재산이 황제를 초월한다는 거짓말까지 했다.

장거정이 죽은 후 장사유 등은 풍보를 공격하기 시작했다. 그들은 우선 풍보가 협박으로 통간한 죄가 있다고 고발했다. 신종은 즉시 어명을 내려 풍보를 체포한 후 남경으로 축출했다. 그리고 그의 재산을 몰수했는데, 금은과 보석이 1만이 넘었다. 이를 본 신종은 장거정의 재산은 그보다 몇 배로 많을 것이라고 추측했다.

장거정 가문의 몰락

이때 마침 관원 하나가 왕전과 증성오를 탄핵했는데, 거기에 이미 작고한 장거정의 일도 포함되어 있었다. 신종은 왕전과 증오성을 체포해 심문했고, 그 기회에 장거정의 봉호와 시호를 박탈하고 장거정이 발탁한 관원들을 모두 파직시켰다. 얼마 후 어사 양가립羊可立이 장거정은 남을 모함하고 타인의 재산을 강점했다고 고발했다. 이에 신종은 장성에게 명해 금의위 일행을 데리고 급히 형주로 가 장거정의 모든 가산을 몰수했다.

장성의 일행이 형주에 도착하니 먼저 소식을 들은 그곳 수령이 이미 장거정 집의 남녀노소를 한데 모아놓고 문을 굳게 잠그고 있었다. 장성의 일행이 도착해 대문을 열고 보니 이미 몇몇 사람이 굶어 죽어 있었다. 장성은 장거정 아들들과 형제들의 재산을 모두 몰수했는데, 황금 1만 냥에 백은 10만 냥이 있을 뿐이었다. 대관료의 집으로서 그 정도는 문제도 되지 않는 것이었다. 어떤 사람들은 엄숭의 재산에 비하면 20분의 1도 안 된다고 말하기도 했다.

그러자 다른 곳에 재물들을 감추지 않았느냐고 장거정 집안사람들을 심문하기

도강하는 달마 – 덕화자기 조각상

명나라 때 이르러 도자기 공예는 비약적인 발전을 가져왔다. 일상 용기 외에 도자기 조각상과 완구 등도 구워 냈는데, 그중 복건 덕화요의 조각상이 제일 유명했다. 덕화요는 백자기로 유명했는데, 다른 색 곁들이지 않고 흰색만으로 구워 낸 인물 조각상들이 단아한 미감을 주며, 주로 감상용으로 진열했다. 명나라와 청나라 시대 덕화자기 조각상 제작에서 적지 않은 명가들이 출현했는데 그중 만력 연간의 하조종何朝宗의 기술이 최상이었다. 그가 제작한 이 조각상 '도강하는 달마'는 천축 성승聖僧의 특출한 법력을 생동감 있게 표현하고 있다.

| 세계사 연표 |

1590년　인도 무갈제국의 아크바르 대제가 올리사를 정복했다. * 러시아와 스웨덴 사이에 전쟁이 촉발되었다.

출전 《명사明史》·장거정전張居正傳

백자기 퉁소 – 덕화요 황금 시대의 악기

중국 도자기 예술사에서 명나라 시대는 덕화요德化窯의 황금 시대였다. 덕화요는 원래 지금의 복건성 덕화현福建省德化縣 경내에 있었다. 덕화의 자기는 '상아백象牙白(또는 건백자)'으로 외국에 이름이 났으며 이 자기는 맑고 흰 빛 속에 노란색이 약간 비치는 특징이 있다. '상아백'으로 구워낸 퉁소는 명나라 때 세상에 이름이 났다. 그런데 100대를 구워 내는 중에 고작 한두 개가 음률이 합격했기에 옳은 자기 퉁소를 얻기란 어려운 일이었다. 명나라 말 청나라 초에 주량공朱亮工은 《민소기閩小記》라는 글에서, '덕화의 자기 퉁소와 젓대는 색깔이 희고 정교하게 만들었지만 100여 대 중에 율조가 맞는 것이 한두 개를 넘지 못했다. 율조가 맞는 퉁소는 대나무로 만든 퉁소보다 소리가 구성지고 멀리 퍼졌다'라고 쓰고 있다. 사진의 이 자기 퉁소는 지금까지 완벽하게 보존되어 있다.

살아서 장거정은 천하에 위명을 떨친 호걸남아였으나 죽은 다음에는 이런 봉변을 당했다. 장거정은 전 가문이 몰락했는데도 그들의 정적들은 계속 장거정을 공격했다. 어떤 자는 심지어 장거정의 무덤을 파헤치고 그 시체를 육시戮屍해야 한다고 떠들었다.

장거정은 집정 기간에 탁월한 업적을 이룩했건만 만력 수십 년간 감히 그를 변호하거나 그의 원통함을 말해 주는 사람이 없었다. 그러다가 천계·숭정 연간에 이르러서야 장거정의 원寃이 풀리게 되었다.

시작했다. 장거정의 장자이자 당시 예부주사로 있던 장경수는 고문에 못 이겨 금 30만 냥을 증성오의 집에 놔두었다고 거짓말을 하고는 목을 매 자살했다.

이 일이 전해지자 신시행 등 한 떼의 대신들이 장거정의 일을 너그럽게 처리해 달라고 주청했다. 그중 형부상서 반계훈은 장거정을 위해 격한 언사로 불평을 말했다. 마침내 신종의 명에 의해 빈 집 한 채와 논 10경을 주고 장거정의 노모를 공양하도록 했다.

금사점취봉관金絲點翠鳳冠

●●● 역사문화백과 ●●●

[중요한 전부田賦 제도 – 양장제糧長制]

양장제는 명나라의 중요한 전부 제도의 하나인데 홍무 4년(1371) 강절江浙 일대에서 먼저 실행했다. 양곡 1만 석이나 수천 석을 조정에 바치는 지역을 하나의 구區로 나누고 구마다 양장糧長 하나씩을 세웠는데 이 양장은 구 안에서 땅이 제일 많은 대갓집을 정부에서 지명해 담당하게 했다. 이들은 자기 구내의 전량 징수를 독촉해 거둬들이고 운반하는 여러 가지 일을 책임졌다. 홍무 연간에 양장들은 나라에 바치는 양곡들을 경성(현 강소 남경)까지 운반하고 늘 황제의 접견을 받았으며 어떤 양장은 관리로 발탁되기도 했다. 후에는 그 직책이 약간 확대되어 전부세田賦稅를 정하거나 어린도책을 만들고 유동 인구들을 사찰하는 등의 일에도 관여하게 되었다. 가정 이후로는 일조편법을 실행하고 양곡 징수를 이장이 책임지게 되었기에 양장의 직책은 이장이 담당했다.

장거정이 호광 강릉(현 호북湖北 형주荊州) 사람이기 때문에 그렇게 부르기도 했다

| 중국사 연표 |

1521년 세종이 예부 신하들에게 자기 아버지 흥헌왕 주원우의 봉호를 토의하라고 명했는데, 이로써 '대례의大禮議'의 논쟁이 시작되었다.

067

신종의 정무 태만

조정 일에 태만한 신종은 20여 년이나 조회에 나오지 않았으며 대신들과 정무를 토의하지 않았다.

조하와 상조의 폐지

장거정이 사망한 후, 신종은 자기를 줄곧 견제해 온 장거정과 태감 풍보의 세력을 숙청하고 친정을 시작했다. 그러나 처음 몇 년은 나라를 발전시켜 보겠다고 힘을 쓰는 것 같더니 얼마 지나지 않아 정무에 게을러지기 시작했다.

만력 14년(1586) 9월 어느 날 신종은 내각 대신들에게 머리가 어지럽고 기운이 없어서 조회를 며칠 그만두고 약을 먹으며 쉬어야 하겠다고 말했다. 그러나 오랜 시일이 지나도 황제는 조회할 기미를 보이지 않았다. 나중에는 중요한 행사인 태묘에 제를 지내는 일까지도 대신이 대행하게 되자, 예부주사 노홍춘盧洪春이 상주서를 올려, 신종이 맹동묘의 제사를 친히 주관하지 않는 까닭이 정말 병 때문인지 의문을 제기했다. 그러자 신종은 노홍춘이 쓸데없는 수작으로 조정을 문란하게 만든다며 형장 60대를 치게 하고는 파직시켜 버렸다.

명나라 때 조회의 형식은 두 가지가 있었다. 하나는 원단元旦(정월 초하루)에 여는 조하朝賀였고, 다른 하나는 매일 여는 상조常朝였다. 만력 17년(1589), 원단에 일식이 생겨서 신종은 조하를 그만두었는데, 그 후부터는 매년 원단이 와도 신종은 조하에 나타나는 법이 없었다.

상조는 삭망기거례朔望起居禮와 아침, 정오, 저녁 조회 등이 있었다. 명나라 초기에는 아침, 정오, 저녁 조회를 매일 했는데, 후에는 삼三·육六·구九가 들어 있는 날만 했다. 조회 때가 되면 백관들이 순위에 따라 황제를 알현하고 군신이 함께 일상 정무를 처리했다. 그런데 만력 16년(1588) 3월부터 신종은 상조를 그만두었다. 신종이 오랫동안 조회를 하지 않자 태학사 신시행申時行은 관원들이 황제께 사은謝恩하는 제도를 고쳐 세 번 조회를 기다려 황제를 알현하지 못하면 더 기다리지 않고 상주서를 올리자는 건의를 했다. 그러니 신종은 그것이 좋겠다며 윤허했고, 그 후 조회에 나와 정무를 의논하는 일은 극히 드물었다.

정릉定陵의 명루明樓

정릉은 명신종 주익균과 황후의 능침인데 주요한 건축물로는 능문, 명루, 보성寶城, 보정寶頂, 지하궁전 등이 있다. 보정 외에 명루의 다른 건축물들은 여러 번 파괴되었다. 지붕에 황색 유리 기와를 올린 명루의 처마 밑 오른쪽에는 '정릉'이라는 두 글자가 새겨져 있고 네 귀와 층계는 큰 돌들을 맞추어 만들었다. 방목, 서까래, 두공 등도 모두 돌로 조각하고 채색 그림으로 장식해 견고하면서도 아름답다. 명루 안에는 전서체篆書體로 쓴 '대명大明'이라는 두 글자와 '신종현황제지릉神宗顯皇帝之陵'이라는 글을 새긴 돌비석이 세워져 있다. 십삼릉 중에 오직 영릉과 정릉의 명루만이 돌로 축조되었다.

●●● 역사문화백과 ●●●

[주산 산술 저작 - 《산법통종算法統宗》]

명나라 정대위程大位가 편찬해 만력 20년(1592)에 완성한 이 책은 모두 17권으로 되어 있는데 그 체계와 일부 내용은 《구장산법비류대전九章算法比類大全》과 비슷하다. 먼저 대수大數, 소수小數, 도량형 단위 및 기타 수학 용어들을 풀이하고 다음으로 응용문제들의 계산을 모두 주산으로 했다. 이 책은 제일 먼저 주산을 이용해 연산하는 방법을 기술했다. 또 정대위가 창제한 토지 측량에 사용하는 '장량보차丈量步車'와 그 그림도 첨부되어 있다.

| 세계사 연표 |

1591년
터키가 헝가리를 침범해 터키와 헝가리 간에 전쟁이 다시 일어났다.

《명감明鑑 · 신종神宗》 출전

주색에 빠진 신종

신종은 조정 일은 돌보지 않고 온종일 주색에만 빠져 있었다. 후궁에 미녀가 1000명이 넘는데도 매년 민간에서 미녀들을 뽑아 올렸다. 그리고 어떤 때는 주정을 부리며 살인도 서슴지 않았다.

신종의 또 다른 취미는 집짓기였다. 그가 즉위한 초기에는 장거정이 내각 재상으로 있었기에 신종도 마음대로 할 수 없었으나 그가 죽자 자기 마음대로였다. 신종은 문무백관과 방사들을 데리고 북경 교외 천수산 명황릉明皇陵 일대를 돌아보고 명당자리를 찾아서 자기 능원을 세웠다. 그때 신종의 나이 겨우 스물한 살이었다. 이외에도 신종은 대규모 토목 공사를 벌이곤 했는데, 매번 금은이 몇 1000만씩 들었다. 궁 안의 금은이 부족하면 태감을 광감세사礦監稅使로 내려 보내 백성들을 수탈해 오게 했다.

신하들이 황제를 못 본 20년

장기간 조회를 하지 않았기 때문에 문무백관들은 황제를 배알하고 일을 주청

명나라 시대의 연단로煉丹爐

신선이 되려고 단약을 만들어 먹는 일은 육조 때와 수와 당 때 아주 성행했으나 명나라 때에 이르러서는 그 열기가 식었다. 하지만 미신을 믿는 사람이 없어진 것은 아니었다. 명 신종 주익균은 여전히 신선이 되려고 단약을 달이는 일을 중시했다. 이 사진은 명나라 시대에 단약을 달이던 연단로다.

할 기회가 아주 적었다. 어사 반사조潘士藻가 참을 수가 없어서 우려를 표하는 상서를 올렸으나 신종은 아랑곳하지 않았다.

만력 24년(1596) 4월, 조선에 출병하여 왜적을 치는 중요한 대사로 태학사 조사고趙士皐가 긴급 배견을 주청했지만 신종은 만나 주지 않았다. 이보다 더 황당한 일은 육경六卿이나 부주현府州縣의 관직들이 이 때문에 오랫동안 비어 있었다는 사실이다. 상례대로 하면 명나라에 어사가 100명 정도는 있어야 하는데 만력 연간 한때는 13도道의 어사가 모두 합해도 몇 사람밖에 안 되었다. 어떤 데는 아예 비어 있고, 어떤 데는 한 사람이 여러 직을 겸한 상황이었다.

신종은 조회만이 아니라 태묘의 제사까지도 참여하지 않았다. 그러니 경서를 읽고 연구하는 일이나 경연강석經筵講席 같은 것은 더 말할 것도 없었다. 그리고 대신들이 올리는 상주서는 '유중留中'으로 처리했다. '유중'이란 궁중에 남겨 놓고 답하지 않는 것인데 상주서는 이렇게 1년이고 2년이고 깔려 있었다.

만력 47년(1619) 12월 신종이 붕어할 때까지 그는 신하들과 한 번도 한데 모여 앉아 국사를 토의해 본 적이 없었다. 명나라 역사상 그 어떤 황제도 이런 적은 없었다. 이런 한심한 자가 황제였으니 만력 연간에 정치가 극도로 부패한 것은 당연한 일이었다.

명나라 천문관 - 귀영당晷影堂

북경 고관상대古觀象臺 남측에 있는 귀영당은 명나라 정통 11년(1446)에 세워졌는데, 당 안에는 규표圭表, 누호漏壺, 일귀日晷(해시계) 등 천문 의기들이 있었다.

1368~1644 명나라

유중留中이라고 했다 193

| 중국사 연표 |
1523년 '쟁공지역爭貢之役'이 일어났다.

068

서양 학문을 전파한 이마두

이마두利瑪竇는 선교를 하는 동시에 서양의 선진 과학 기술을 중국에 대량 전파했다.

이마두의 입성

이마두는 이탈리아 귀족 출신으로 원래 이름은 마테오 리치다. 로마 신학원을 다닌 그는 1571년 예수회에 가입했다. 이탈리아 예수회의 로밍켄이 만력 7년(1579)에 중국에 와서 선교사로 있었는데, 이마두는 그의 소개로 3년 후 중국 마카오에 왔다. 만력 11년(1583), 이마두는 로밍켄과 함께 광동 조경肇慶에서 선교 활동을 했다. 그는 중국 복장을 하고 사대부들과 교우하면서 중국의 언어와 문자도 열심히 배웠다. 사람들은 그를 '이 선생'이라고 불렀다.

만력 17년(1589), 이마두는 소주韶州로 자리를 옮겼다가 다시 남경, 남창 등지로 가서 사대부들과 널리 교제하며 사회·정치·천문·지리 등을 깊이 있게 담론했다. 많은 중국 관원들이 이마두의 해박한 학식을 흠모하며 그와 교우하기를 즐겼다. 그중에도 서광계, 이지조 같은 사람들은 이마두와 남다른 친분을 맺었다. 이 둘은 훗날 같이 세례를 받고 가톨릭교에 가담하기도 했다.

이마두의 묘비

이마두는 1610년 북경에서 병으로 사망했다. 당시 명나라 관례대로 하면 중국에서 객사한 전교사는 반드시 마카오 신학원 묘지에 안장해야 했으나 당시 북경에 있는 전교사들과 이마두의 교도들은 이마두를 북경에 매장할 수 있도록 황제가 윤허해 주기를 바랐다. 예수회의 방덕아 신부는 이마두를 파격적으로 북경에 안장하게 해 줄 것을 청구하는 상주문을 만력 황제께 올렸는데 내각 대학사 엽향고葉向高 등의 노력으로 드디어 윤허를 얻었다. 1611년, 서광계의 주관 하에 이마두는 북경 평측문 밖 이리구二里溝의 등공책란滕公柵欄 안에 안장되었다. 20세기에 이르러 이곳은 이미 천주교도의 공동묘지가 되었는데 중화인민공화국이 건립된 후에는 이 공동묘지를 북경 해전구 서북왕향으로 옮겼다. 그러나 이마두 등 초기 전교사들의 묘비는 북경 서성구西城區 부성문외阜城門外의 북경행정학원 뜰 안에 지금도 보존되어 있다.

이마두의 초상 (명나라 유문휘 그림)
이마두(Matteo Ricci 1552~1610)는 이탈리아 마체라타 사람인데 자는 서태西泰이고 호는 청태淸泰·서강西江이며, 로마 예수교의 전도사다. 1582년 선교를 위해 중국에 와서 광동의 조경현으로부터 중국어를 학습했다. 동시에 중국의 지도 자료들을 수집하고 서방 지도와 결합해 세계 지도 편찬에 착수해 중국 최초의 세계지도 《산해여지전도山海輿地全圖》를 펴냈다. 이로써 서방의 지리 지식과 경·위도를 이용해 지도를 표시하는 방법을 중국에 도입했다. 역저로는 《기하원본幾何原本》 《동문산지同文算指》 《건곤체의乾坤體義》 《경천설經天說》 등이 있다. 이 초상화는 이마두의 학생 유문휘가 1610년에 그린 것인데 비록 중국 국외에 소장되어 있지만 지금까지 발견된 것 중 중국 사람이 그린 최초의 유화 작품이다. 이 작품은 이탈리아 로마 예수총회 문서국에 소장되어 있다.

| 세계사 연표 |

1592년 프랑스 헨리 4세가 스페인 군대를 대패시켰다.

《명사明史·서광계전徐光啓傳》
《이마두중국찰기利瑪竇中國札記》

출전

이마두가 그린 〈곤여만국전도坤輿萬國全圖〉

신종의 칭찬

이마두는 유럽에서 가지고 온 지도, 프리즘, 자명종, 성모 마리아의 유화 초상 같은 물건들을 명나라 관원들에게 선사해 선교에 대한 그들의 지지를 얻었다. 그는 온갖 어려움을 겪으며 만력 29년(1601) 1월 드디어 북경에 도착해 신종 주익균에게 〈만국전도萬國全圖〉와 성모 초상, 자명종 등을 진상했다.

신종은 선불늘을 손에서 놓지 않았고 유화와 〈만국전도〉는 벽에다 걸어 놓았다. 그리고 자명종은 특별히 세운 정자 안에 놓아 두었다. 그는 이마두를 크게 칭찬하며 그를 서무문 안에 거주하도록 윤허했다. 이로써 예수회는 북경에서 합법적인 선교를 시작했다.

선교를 순조롭게 진행하기 위해 이마두는 천주교 교의와 중국 유가학설을 결합시키려고 시도했다. 그는 유가 경전을 깊이 있게 연구한 기초 위에서 《천주실의天主實義》라는 책을 저술했다. 만력 24년(1596), 이 책은 출간되자마자 사대부들의 인기를 끌었다. 이마두는 성망이 높아져 중국 예수회의 첫 번째 회장이 되었다. 그의 전교로 각지의 교도들이 날로 많아졌다. 조경에서 첫 교도를 접수한 이래 이마두는 사망하기 직전까지 근 30여 년간 2500명의 신도를 키워 냈다.

서방의 선진적인 과학 기술 소개

이마두가 중국에 온 목적은 물론 선교에 있었지만 중국에 서방의 선진적인 과학 기술도 가지고 왔다. 그와 서광계가 공역한 《기하원본幾何原本》전 6권은 유클리드 평면기하의 이론을 체계적으로 소개했으며, 그 둘이 공역한 《측경법의測景法義》와 《측량이동測量異同》도 기하 방면의 저작들이었다.

이마두는 또한 천체 지식을 소개하고 일식과 월식 등의 현상을 해석했으며, 혼천의나 지구의 등을 만들었다. 이지조와 합작해 《건곤체의乾坤體義》라는 책을 번역·출판해 선진적인 천문 지식을 소개하기도 했다. 이지조의 도움으로 《혼천통헌원설渾天通憲圓說》이라는 책도 편찬했다. 이는 중국 사람들을 위해 쓴 최초의 서방 천문학 저서다.

이마두와 서광계

1368~1644 명나라

이탈리아 예수회 사람들이다 195

| 중국사 연표 |
1524년
대동의 병변이 일어났다.

채색 화접문花蝶紋 항아리

두채斗彩란 유약 아래의 청화靑花와 유약 위의 채색을 결합시킨 색자기 공예를 말하는데 명나라 시대는 보통 '청화오채靑花五彩'라고 불렀다. 두채는 성화 연간에 성과가 가장 컸다. 이 꽃과 나비 무늬가 그려진 항아리는 청화와 채유彩釉가 결합되어 색깔이 아주 명쾌해 비범한 예술적 효과를 과시하고 있다.

《이마두찰기》

만년에 이른 이마두는 자신이 얼마 오래 살지 못할 것을 알고 중국에서 펼친 자신의 선교 경력을 저술했는데 그것이 바로《이마두찰기利瑪竇札記》다. 이 책에서 그는 중국에서 오래 산 유럽인의 신분으로 그간 중국에서 겪은 일들을 소개하고 중국의 토지, 물산, 정치 제도, 풍속, 습관 등을 소개했다. 중국에 30여 년이나 있었던 그는 서방 종교와 과학 기술을 대량으로 중국에 소개했을 뿐만 아니라 중국의 역사와 문화도 서방에 소개했다. 그는 중국과 유럽 사이의 문화 교류에 중요한 역할을 한 사람이다.

만력 38년(1610), 이마두는 병으로 북경에서 사망했다. 조정의 대신들은 그가 '이치에 밝고 권학勸學에 열정적이며 저술이 풍부하다'고 칭송하면서 묘지를 하사할 것을 신종에게 주청했다. 신종은 북경 서성 밖의 한 곳을 묘지로 하사했다. 외국 사람으로서 중국 황제에게 묘지를 하사 받았다는 것만으로도 이 사람이 얼마나 높은 대우를 받았는가를 알 수 있다.

역사문화백과

[포르투갈 사람들의 마카오 임대]

마카오 반도는 주강과 서강이 이룬 삼각주의 남단에 위치하는데 19세기 중기 대규모 간석지 개간이 있기 이전 이곳의 면적은 2.78km²였다. 이 반도는 원래 바다 속의 작은 섬이었는데 후에 서강 상유에서 밀려 내리는 모래와 진흙이 쌓이고 쌓여 섬과 대륙이 연결되었다. 명나라 중기까지만 해도 '마카오'라는 지명이 생기지 않았고, 반도의 북부는 '망하望廈' 또는 '왕하旺廈'라고 했고 남부는 '호경濠鏡'이라고 했다. 1497년 희망봉을 돌아 동방에 이르는 항선을 개척한 포르투갈 사람들은 그 후부터 자기들의 세력과 영향을 동방으로 확장시켰다. 명나라 정덕 7년(1512) 동방으로 온 포르투갈인들이 처음으로 중국 연해에 이르렀다. 정덕 12년(1517)에는 포르투갈 국왕이 피라스를 '불랑기국佛郎機國'의 특사로 파견해 광주에 와 중국 황제를 배견하겠다고 요구했으나 실현하지 못했다. 초기 중국에 온 포르투갈 사람들은 폭력적인 수단으로 식민지 약탈을 진행하려고 했으나 명나라 군대의 저항을 받았다. 1520년대 명나라 군대는 둔문지전屯門之戰, 신회서초만지전新會西草灣之戰 등에서 차례로 포르투갈인들을 대패시켰다. 가정 14년(1535) 동남아시아 각국 상인들의 요구에 의해 광동 관부에서는 외국의 상선이 호경濠鏡(후에는 마카오)에 정박하는 것을 허가했지만 이 새로 개척한 항구에 포르투갈인들이 들어오는 것은 막았다. 호경을 욕심낸 지 오래된 포르투갈인들은 명나라가 땅이 광활하고 강한 나라임을 알고 무력 침입의 시도를 접고, 협상으로 중국과 무역을 하려고 했다. 가정 32년(1553) 포르투갈 선장과 광동해도부사 왕백이 담판을 했고, 가정 36년(1557)부터는 중국 정부가 포르투갈인들이 호경 일대에 거류하는 것을 묵인했다. 1562년 이후 다른 곳에 있던 포르투갈 사람들도 점차 호경으로 몰려들어 호경은 중국에 온 포르투갈인들의 유일한 거류지로 변했다. 1572년(일설 1573년), 페드로라고 하는 포르투갈 통역관이 광동 해도부사를 찾아와 선물을 주면서 은자 500냥을 호경 거류지 임대료로 가지고 왔다고 말했고, 해도부사는 그 돈을 국고에 바치라고 말했다. 그런데 그 후부터 포르투갈 사람들은 중국 정부에 공개적으로 호경 거류지의 토지 임대료를 바치기 시작했다. 포르투갈 사람들이 호경 거류지의 임대료를 정식으로 해마다 은자 500냥씩 바쳤다는 사실은 이 마카오가 중국의 영토임을 증명한다. 포르투갈인들은 최초로 마카오에 거류하면서부터 1848년까지 중국 정부에게 토지 임대료를 바쳤는데, 이는 마카오에 대한 중국의 주권을 승인하는 것이며 중국 정부도 포르투갈인이 바치는 토지 임대료를 받고 그들의 마카오 거주를 정식 허가했다. 포르투갈인들이 마카오를 임대한 270여 년간 명나라와 청나라는 마카오에 정부 기구를 세우고 관리를 파견했으며 관련 법규들을 제정하고 군사 방어를 강화하면서 마카오에 대한 중국 정부의 권력을 행사했다.

| 세계사 연표 |

1593년 — 일본이 조선의 행주산성(幸州山城)을 공격하자 권율(權慄) 장군이 이를 물리쳤다.

069 조선에 대한 지원

《명사(明史)·조선전(朝鮮傳)》 출전

일본 도요토미 히데요시(豊臣秀吉)가 조선을 침략하자 명나라는 파병해 조선을 지원했다.

명나라의 파병

만력 20년(1592) 5월, 일본의 토요토미 히데요시가 조선을 침략했다. 고니시 유키나가(小西行長)와 가토 기요마사(加藤淸正)가 선봉이 된 10여 만 군대가 조선을 쳐들어왔다. 부산을 점령한 왜적들은 곧바로 한양으로 북상했다. 조선의 왕과 조정은 황급히 평양으로 피란을 갔고, 왜적은 바싹 추격해 왔다. 왜적의 침략은 조선 백성들에게 말할 수 없이 극심한 고통과 재앙을 가져다주었다.

조선은 사자를 명나라에 보내 구원해 줄 것을 요청했고, 명나라는 유격장군 사유(史儒)에게 조선을 지원하게 했다. 하지만 사유는 평양에서 패한 뒤 전사했다. 그 뒤로 명나라 부총병 조승훈(祖承訓)이 군사 3000을 거느리고 압록강을 넘었으나 역시 왜적에게 전멸당했다.

그 소식이 북경에 전해지자 신종은 조선에 파병하는 병력을 대폭 증가하기로 결정하고, 병부시랑 송응창(宋應昌)을 경략(經略)으로, 이여송(李如松)을 총병관으로 임명해 조선을 지원할 군대를 조직하도록 했다. 12월, 이여송은 동정제독(東征提督)이 되어 군사 3만 명을 거느리고 압록강을 넘어 조선으로 나갔다. 그리고 이듬해 1월 왜적과 평양에서 결전을 치렀다.

평양대전

이여송의 군대가 평양을 포위 공격하자 왜병은 완강히 저항했다. 그런 상황에서 이여송은 결사대를 조직해 사다리로 성을 오르게 했다. 그리고 조선 군대의 복장을 한 한 갈래 명나라 군대를 전선에 투입했는데 그들은 전선에 이르자 즉시 명나라 군대의 복장으로 갈아입었다. 이 돌발적인 변화에 놀란 왜장은 급히 명나라 군대를 막으려 했지만 때는 이미 늦었다.

이여송의 부장 양원은 소서문을 공격해 점령했고

부산성(釜山城) 전투도

만력 20년(1592), 일본의 도요토미 히데요시가 수륙군 20만을 이끌고 조선을 침범했다. 조선은 명나라에 구원을 청했다. 일본이 조선을 침략한 최종 목적은 중국을 점령하기 위함이라고 인정한 명나라 정부는 즉시 조선에 군대를 보내 지원했다. 이후 명과 조선 두 나라는 일본과 7년 동안 전쟁을 했으며 왜적을 섬멸하고 승리를 거두었다.

●●● 역사문화백과 ●●●

[마미군(馬尾裙)의 유행]

명나라 때 조선에서 들어온 마미군이라는 의복이 있었다. '마미'란 말총을 말하고 말총은 머리칼같이 생겼기에 일명 '발군(髮裙)'이라고도 했다. 처음에는 경성에 먼저 들어와 귀공자들이나 상인 그리고 가기(歌伎)들이 입었다. 당시 중국 경성에서는 그런 옷을 만들 줄 몰랐지만 후에 일부 무관들이 그걸 모방해 만드는 바람에 북경에도 그걸 만들어 파는 사람이 생겨났다. 성호 말년에는 조정의 대신들까지 마미군을 입는 사람이 있었다. 마미군의 유행은 명나라 복식 제도에 대한 하나의 큰 도전이 되어 홍치 초년에는 입지 못하게 하는 금령을 내렸다.

1368~1644 명나라

황제가 어명을 구술하면 그것을 받아썼다. 이를 내각에 보내면 조서로 만들어 반포했다

| 중국사 연표 |
1535년 요동에서 병변이 일어났다.

대군을 휘몰아 대서문으로 돌격해 들어갔다. 싸움에서 명나라 장수 오유충은 가슴에 총을 맞았지만 계속 군대를 지휘했다. 이여송도 타던 말이 왜병의 화포에 맞아 쓰러지기도 하고 도랑에 떨어지기도 했지만 계속 전투를 지휘했다.

명나라 군대를 막을 수 없게 된 왜군은 야밤을 이용해 평양성을 버린 채 도주했고 명나라 군대는 계속 추격해 왜군 수천 명을 살상하고 드디어 평양성 결전에서 승리를 거두었다. 그 후 이여송은 조선 군대와 협동 작전하며 한양으로 진군했다.

왜군은 평양과 개성을 잃고 군량마저 떨어지자 더 싸울 생각을 못하고 한양을 버리고 부산으로 퇴각했다.

담판의 결렬과 전쟁의 재기

도요토미 히데요시는 명나라 군대의 철병을 바라면서 명나라와 화의할 것을 요청했다. 당시 명나라 조정에서는 병부상서 석성石星을 위시로 하는 주전파가 잠시 우세를 차지했는데, 그들은 일본에 심유경沈惟敬을 사자로 보내 왜군도 조선에서 물러가고 명나라군도 중국으로 돌아가도록 담판을 짓게 했다.

그러나 만력 25년(1597)까지도 왜군은 부산에서 완전 철퇴를 하지 않았다. 결국 담판이 결렬되고 명나라는 다시 출병했다. 이번에 신종은 새로 임명된 병부상서 형개邢玠를 총독으로 임명해 비왜대장備倭大將 마귀麻貴, 첨도어사 양호楊鎬 등을 데리고 조선으로 나가 왜군을 치도록 했다.

거북선의 모형

명나라 군대는 조선의 한산, 남원, 충주 등지를 지켰는데 왜군의 습격을 받아 한산과 남원을 잃었다. 11월에 형개는 각 군을 집결해 왜군에 대한 공격을 감행했고, 그 이듬해 정월에도 또다시 주장主將 양호가 지휘를 잘못한 탓으로 울산에서 패하고 군사를 2만이나 잃은 채 퇴각했다. 명나라에서는 통수를 바꾸고 조선을 지원하는 군대를 신속히 증파했다.

만력 26년(1598) 7월, 도요토미 히데요시가 죽고 가토 기요마사가 바다에서 퇴각하자 명나라 군대는 다시 추격을 시작했다. 명나라 장수 진린陳璘과 등자룡鄧子龍은 조선의 명장 이순신과 함께 바다에서 왜군과 격렬한 싸움을 벌였다. 칠십이 넘는 노장 등자룡은 언제나 진두에 서서 돌진했는데 결국 이순신과 함께 전사했다. 왜군은 황급히 도망쳤지만 500척이나 되는 배 중에 겨우 50척만이 달아났다. 12월, 조선과 명나라 군대는 왜군을 조선에서 완전히 몰아냈다.

명나라가 조선을 지원한 이 전쟁은 무려 7년간이나 지속되었고, 수십만의 명나라 군대가 이국 타향에서 목숨을 잃었다. 정부도 이 전쟁에 막대한 경비를 소모했다.

조선의 명장 이순신李舜臣

강직하고 용감하며 지략이 뛰어난 이순신은 전라도 좌수사가 되어 조선 해협을 사수하면서 거북선을 개발했다. 옥포해전에서 승리하면서 탁월한 공로를 세운 그는 삼도수군통제사로 승진했다. 그 후 철삭진鐵索陣을 치고 왜적을 명량해협으로 유인한 다음 명나라 노장 등자룡과 더불어 노량 앞바다에서 일본 주력군과 해전을 했다. 후에 이순신과 등자룡은 모두 전사했지만 그들은 7년 동안 조선을 위협했던 전쟁을 승리로 이끌었다. 이순신의 뛰어난 실전 능력은 해상에서 외적들의 침략을 반격하는 싸움에 소중한 전례가 되었다.

| 세계사 연표 |

1596년 영국과 네덜란드가 스페인에 반대하는 동맹을 맺었다.

070

《명감明鑑·신종神宗》 출전

조남성의 경관 고찰

만력 21년의 '경관 고찰'

조남성趙南星 등은 계사癸巳년에 '경관 고찰京官考察'을 법도대로 공정하게 했는데, 이것이 일부 권신들에게 손해를 입혀 보복을 당했다.

'경찰京察', 즉 '경관 고찰'이란 명나라 조정이 경성에 있는 관리들을 고찰하는 제도다. 이부상서와 도어사가 관장해 6년에 한 번씩, 즉 간지로 사巳자나 계癸자가 들어 있는 해에 한 번씩 진행했다. 경성의 관원들은 경관 고찰을 통해 인정받은 실적과 품행에 따라 승임·좌천·파면 등의 상벌이 결정됐다. 일반적으로 4품 이상의 관원은 그동안의 득실공과를 스스로 진술하여 황제가 판단해 결정했고, 5품 이하의 관원에 대해서는 경관 고찰을 관장하는 관원이 승직·강직·삭탈관직 등을 결정한 다음 황제께 보고해 비준을 받았다. 대신의 거취가 결정된 후 임직에서 벌어진 과오들은 급사給事나 어사가 조사하고 처리했는데, 이것을 '습유拾遺'라고 했다. 경관 고찰에서 파면된 관원은 죽을 때까지 다시는 관리로 임용될 수 없었다.

만력 21년(1593)은 계사년이어서 경관 고찰을 했다. 이 경관 고찰은 이부상서 손롱孫鑨, 좌도어사 이세달李世達, 고공랑중考功郎中 조남성 등이 주관했는데 모두 청렴하고 정직하기로 이름이 나 있었다. 그중에도 조남성은 더욱 일을 정직하게 했다. 경관 고찰에서 그는 간사奸邪한 자와 탐관오리들을 잡아 내 늘 엄격히 처리했다.

손롱 등 세 사람은 이번 경관 고찰에서도 법대로 공정하게 일을 처리했다. 손롱의 외조카인 문선원외랑

남경의 중화문中華門

중화문을 명나라 때는 취보문聚寶門이라고 했는데, 남경 고성 열세 개 성문 중에 규모가 제일 큰 성보식城堡式 성문이며, 세계적으로 지금까지 보존이 제일 잘 되었고 구조가 가장 복잡한 옛성보다. 성보의 동서 너비는 118.5m, 남북 길이는 128m로 설계가 교묘하고 구조가 완전하다. 옹성甕城 세 개에 공문拱門이 네 개나 되는데, 제일 주요한 성문의 높이는 21.45m이다. 각 성문에는 원래 큰 대문 두 개와 아래위로 여닫을 수 있는 천근갑千斤閘이라고 하는 문빗장이 있었고, 대문 안에는 장병동藏兵洞이 스물일곱 개씩 있었다. 전시에는 거기에 군용 물자를 저장하거나 군사들을 매복시켰다. 그리고 동서 양측에는 넓은 마도馬道가 있어서 군사 물자를 운반하기도 했고 장령들이 거기로 말을 몰아 성 위를 오르기도 했다.

1368~1644 명나라

6년에 한 차례씩 한다

축소판 와불사臥佛寺 – 남경 홍각사 지하 궁전에 있는 순장품

남경 홍각사弘覺寺 탑의 기초 아래에 있는 지하 궁전은 면적은 크지 않지만 순장품은 아주 희귀하다. 도금한 라마탑, 석가모니의 동질 조각상, 홍사석으로 만든 금강보좌 그리고 청화단지 네 개로 '와불사' 모양을 만들었는데 소승불교의 교의가 깃들어 있다. 청화단지는 이슬람교의 청진사淸眞寺를 의미할 가능성도 많다. 다시 말하면 홍각사의 지하 궁전은 불교와 이슬람교 장례 풍속이 하나로 아울린 듯하다. 지하 궁전의 주인은 이복선이라고 하는 태감이다. 그런데 연구 결과 이 태감 이복선이 항해가 정화라는 결론이 나왔다. 정화의 고향 운남은 소승불교의 땅인데 정화의 선조들은 이슬람교를 신봉했다. 그러면 정화는 왜 이런 '불교와 이슬람교가 공존하는 방식'을 취했을까? 하나는 정화가 이미 불문에 귀의했음을 표명하기 위해서다. 복선福善은 그의 법명이다. 다른 하나는 정화의 출신이 이슬람교도였음을 말하기 위해서다. 다시 말하면 이런 특이한 조형을 통해 '이슬람교를 먼저 신봉했다가 후에 불문으로 귀의'한 정화의 독특한 경력을 반영한 것이다.

| 세계사 연표 |

1597년　일본의 도요토미 히데요시가 재차 조선을 쳐들어와 경상도·전라도·충청도 세 개 도를 점령했다.

여윤창呂允昌이 먼저 파면을 당했고, 조남성의 인척인 급사중 왕삼여王三余도 파면을 당했다. 셋은 직위 고하를 막론하고 자기 구실을 못하는 관원들이면 모두 사정없이 파면시켰다. 대학사 조지고의 아우도 예외가 아니었다.

왕석작의 보복

그러나 그들 셋은 얼마 오래가지 않아 보복을 당했다. 이번 경관 고찰에 불만을 품은 사람은 이 일을 가장 옳게 지도해야 할 고관대작인 왕석작王錫爵을 위시한 내각 대신들이었다. 왕석작은 자기가 비호하려던 일부 관원들이 파면되자 대단히 성이 났다. 다른 내각 대신 몇도 마찬가지였다. 그래서 그들은 기회를 노려 보복할 작정을 했다.

그런데 마침 언관습유言官拾遺 하나가 언외랑 우순희虞淳熙, 직방랑중 양우정楊于廷, 주사 원황袁黃 등을 탄핵했다. 손룡과 조남성은 원황은 좌천시키고 우순희와 양우정은 유임시킬 것을 건의했다. 이에 왕석작은 급사중 유도륭劉道隆을 시켜 손룡이 우순의를 이부로 전근시키고 조남성이 양우정을 유임시키는 네는 모두 별다른 의도가 있기 때문이라는 상주서를 올리게 했다. 신종은 왕석작이 작성해 올린 조서 초고만 보고 손룡 등이 권력을 이용해 자기의 동당을 묶고 있다며 꾸짖었다.

손룡 등은 거기에 불복하여 자신들을 변호하는 상주문을 올렸다. 우순희는 가난했지만 학문을 열심히 닦아 재능이 남보다 특출하고, 양우정은 영하를 평정할 때 공이 있다는 것을 강조했다. 신종은 손룡 등이 감히 자신을 변명하는 말을 한다는 이유로 더욱 진노해 그의 봉록을 떼고 조남성을 세 급이나 강직시켰다. 그리고 우순희, 양우정, 원황을 모두 파면시켰다.

공정하게 일을 처리한 조남성이 세 급이나 강직되었다는 소식을 들은 관원들은 모두 속으로 불평이 많았다. 손룡과 이세달이 나서서 조남성을 두둔하며 신종에게 사정했다. 신종이 이를 거부하자 이번에는 첨도어사 왕여훈王汝訓, 우통정 위윤정魏允貞, 대리소경 증건형曾乾亨, 원외랑 진태래陳泰來, 주사 고윤성顧允成 등이 다투어 조남성을 변호하는 상주문을 올렸. 그중 진태래는 손룡과 조남성의 공명정대함을 찬양하면서 그들에 대한 타격은 왕석작의 보복 행위이며 왕석작은 태감들과 결탁해 언관들을 압제하고 있다고 직언했다. 신종은 대노해 진태래 등을 지방으로 좌천시켰다. 그러자 이세달이 진태래 등을 변호하는 상주문을 또 올렸다. 신종은 노기가 가득 차 조남성, 우수희, 양우정 등을 삭탈관직시켰다. 손룡은 연이어 상주문을 올리다 안 되니 크게 실망해 직책을 버리고 고향으로 돌아갔다.

사실 만력 21년의 경관 고찰은 당시 경관 고찰 중에서 가장 공정한 것이었다. 이것은 모두가 인정하는 점이었다. 그런데 공정하게 일을 처리한 사람들이 도리어 내각 대신들에게 보복을 당하고, 왕석작 등은 그 기회를 이용해 정직한 관원들을 조정에서 내몰고 이부를 압제하려는 목적을 달성했다.

●●● 역사문화백과 ●●●

[경찰京察 - 명나라 시대 관원들을 고찰하는 제도]

'경관 고찰'이라고도 하는 '경찰'은 명나라 시대 관리들을 고찰하는 제도로서 주로 경성에 있는 관리들을 고찰하기 위해 제정한 것이었다. 홍무 초년부터 시행했는데 북경과 남경의 5품 이하의 관리들에 대해서는 6년에 한 번씩 고찰을 했고, 4품 이상의 경관京官의 임용과 파면은 황제가 직접 결정했으며, 5품 이하의 경관들은 이부가 도찰원과 같이 고찰했다. 고찰 대상이 된 관원들에 대한 처분은 네 개 등급으로 나누었다. 즉 연로하고 병이 있는 자는 사직시키고, 연약하고 무능하거나 행동을 조심하지 않은 자는 소임을 맡기지 않으며, 재능이 미치지 못해 소임을 다하지 못하는 자는 될수록 적소適所로 전근시키고, 탐학이 심한 자는 서민으로 삭관탈직시켰다.

| 중국사 연표 |

1542년 궁녀 양금영 등이 세종을 죽이려 했으나 실패하고 이때부터 세종은 서원으로 옮겨가 다시는 대내大內로 돌아오지 않았다.

071

이단으로 몰린 이지

유가 경전과 봉건 예교를 과감히 비판한 이지李贄는 세속의 도의를 반역한 '이단'으로 몰렸다.

황안에서의 강학과 마성에서의 출가

명나라 만력 연간에 이단자로 자처하는 문인이 있었다. 공자는 성인이고 유가의 학설이 지고무상至高無上인 당시 시대에 그는 늘 공자가 말한 것을 틀리다고 비판했으며 벼슬길을 그만두고 중이 되었다. 보통 사람의 눈으로 보면 비정상적인 일을 많이 한 그는 바로 이지다.

이지는 지금의 복건福建에 속하는 천주 진강晉江 사람인데 회족이다. 원래 성은 임林씨인데 후에 이 씨로 고치고 호는 탁오卓吾라고 했다. 그의 조부는 바다로 다니면서 장사를 했고, 아버지는 서당에서 글을 가르쳤다. 그는 가정 연간에 과거 시험에서 거인이 되어 하남 공성의 교유가 되었고, 후에는 남경 형부 낭중으로 승임되었다. 그리고 만력 5년(1577)에는 운남 요안의 지부로 있었다. 왕양명王陽明의 '심학'에 영향을 받은 그는 점차 '동심설童心說'을 형성했다. '동심'이란 진심, 즉 진실한 사상과 감정을 말한다.

어느 날 그는 머리를 빡빡 깎은 채 관복을 입고 관청 당상에 앉아서 공무 처리를 했다. 그러자 상급에서 당장 사직하고 물러나라고 명령했다. 만력 8년(1580)쯤의 일이다. 벼슬을 버리고 운남을 떠난 그는 호광 황안현, 지금의 호북 홍안紅安으로 와서 경耿씨라는 사람의 집

'이단'으로 자처한 이지

이지(1527~1602)는 명나라의 저명한 사상가이며 문학가다. 그는 운남 조안부 지주로도 있었지만 벼슬길을 버리고 각지로 강의를 다녔으며 후에는 '음란한 도를 제창해 백성들을 미혹시키고 세상을 어지럽힌다'는 죄명으로 투옥되었다가 자살했다. 이지의 철학 사상은 왕양명과 선학禪學 사상의 영향을 받았는데, 그는 공개적으로 자기를 '이단'이라고 자처하고 공리를 중시할 것을 주장했다. 《논어》, 《맹자》 등 유가 경전들은 당시 그들의 제자들이 베낀 것에 불과하기에 '만세萬世의 지론至論은 아니다'라고 하면서 '공자의 말을 시비를 분별하는 기준으로 삼는 것을 반대한다'고 했다. 문학 창작에서는 복고와 모방을 반대하고 자기의 견해를 자유롭게 표현할 것을 주장했으며 소설과 희곡을 중시했다. 그는 《수호전》을 평점했는데, 지금 전해 내려오는 것으로는 용여당 간본 《이탁오선생비평충의수호전》과 양정견·원무애의 간본 《이탁오평충의수호전李卓吾評忠義水滸全傳》 등 두 종이 있다. 그리고 저서로는 《분서焚書》, 《속분서續焚書》, 《장서藏書》, 《속장서續藏書》 등이 있다.

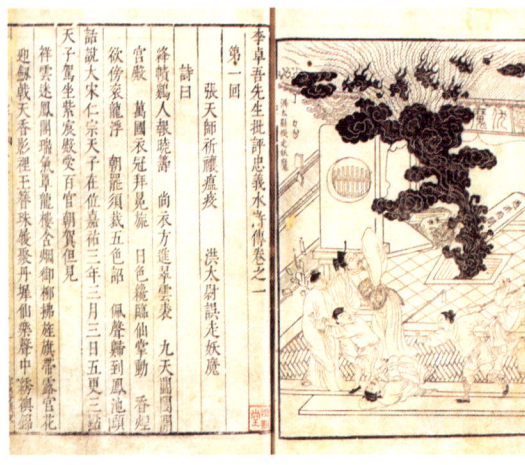

《이탁오선생비평충의수호전李卓吾先生批評忠義水滸傳》 (명나라 각본)

| 세계사 연표 |

1597년 프랑스 군대가 스페인 필립 2세의 군대를 대패시키고 화의를 맺도록 강요했다.

출전 《명사明史·장문달전張問達傳》
《명사明史·예문지藝文志》
《명사明史·경정향전耿定向傳》

에 기거했다. 이 집에는 경향定向, 경리定理, 경력定力 세 형제가 있었는데, 경정향은 우부도어사 등의 직책을 역임했고 그의 아우 경정리는 왕양명의 학설을 숭상했다. 경정리는 이지를 황안으로 모셔와 서로 학술을 담론했다. 황안의 사대부 중 학술에 취미 있는 사람들은 모두 이지와 교우하기를 즐겼다.

이지는 매일 선비들을 청해 강학을 시켰는데 여성들도 강학과 토론을 듣는 것을 허용했다. 이 때문에 지역에서 적지 않은 풍파가 일었다. 후에 이지는 경정리와 학술 관점에서 서로 갈등이 생겨 경정리의 집을 떠나게 되었다. 그는 처와 딸을 복건으로 보낸 다음 자신은 마성 용담호에 있는 사원으로 가 중이 되었다. 그는 자기를 '유우객자流寓客子', 즉 '객지로 떠다니는 사람'이라고 자칭했다. 그는 용담호 사원에서 20년간 책을 읽고 글을 쓰며 지냈다.

저서로는 《장서藏書》《속장서續藏書》《분서焚書》《속분서續焚書》 등이 있고, 또 《수호지》《서상기》 등 소설이나 희곡 작품들을 평점評點한 것들이 있다.

유가 경전에 대한 비판

이지는 유가 경전을 예리하게 비판하면서 육경六經이나 《논어》《맹자》 등을 경멸했다. 이 책들은 거의 제자들이 필기한 것으로 머리는 있으나 꼬리가 없고 뒤를 읽으면 앞을 잊어먹게 되니 대부분 성인 본인의 말이 아니라고 말했다. 그는 유가학설의 한 구절을 가지고 그것을 비웃었다. 《논어》 8권에 이런 말이 있다.

'공자 가라사대, 군자는 세 가지를 경계해야 한다. 젊어 혈기가 불안정할 때는 색을 경계하고, 장년이 되어 혈기 왕성할 때는 싸움을 경계해야 하며, 늙어서 혈기가 쇠진해질 때는 득得을 경계해야 한다.'

여기서 공자가 말하는 득이란 재산을 뜻한다. 이지는 그것을 가지고 이렇게 말했다.

《서상기》 중의 유원逾垣 - 오흥吳興 민우오閔遇五 각본
오흥 민우오의 각본은 처음으로 채색 인쇄를 채용했으며 디자인도 옛 틀에서 벗어나 아주 새롭다. 이 그림 〈유원(담 넘어)〉에는 화원의 물가 정자에서 달구경을 하는 여인의 뒷모습이 보이고 홍낭은 난간에 기대어 장생이 오기를 기다린다. 그런데 담을 넘은 장생은 호석에 막혀 오지를 못하고 그의 그림자만 호수에 비친다. 그리고 춤추며 나는 나비와 물에서 노니는 물고기 그리고 하늘에 나는 기러기 등으로 이야기 줄거리를 함축적으로 표현한다.

"주색재기酒色財氣, 이 네 가지 중에 공자님께서는 세 가지는 경계하라 하셨으나 술은 말이 없었구나. 그러니 이 주량酒量 무한한 성인님의 말씀대로 하면 술은 경계하지 않아도 된다, 이 말씀이 아닌가?"

이 말은 사실 공자를 주량이 한정 없는 술꾼이라고 조롱한 말이다. 이지는 새치 있게 공자의 주장을 부정했다. 그는 도학자들이 공자를 맹목적으로 숭배하는

••• 역사문화백과 •••

[명나라 시대 소설과 희곡의 삽화가 거둔 빛나는 성과]

중국 조판인쇄는 명나라 시대에 이르러 대단히 번영했다. 더욱이 도서들의 판화와 삽화가 큰 성과를 거두었다. 원나라와 명나라 이래 소설과 희곡의 창작과 공연이 전에 없이 활성화되었는데 이런 소설과 희곡도 출판을 통해 전파될 필요가 생겼다. 도서 상인들은 또 고객들을 끌기 위해 표지 장정과 삽화에 특별한 정성을 기울였다. 이런 여러 원인으로 명나라 조판인쇄의 중심지인 건양·남경·흡현·항주·오흥·북경 등 지역에서는 삽화가 많이 들어간 소설이나 희곡들을 대량 간행했는데 그 예술 풍격이 특이하고 다채로웠다. 《서상기》만 해도 삽화가 있는 판본이 20여 종이 넘었다.

| 중국사 연표 |

세종이 방사 도중문에게 소부少傅, 소보少保(외에 또 소사少師)까지 겸하게 했다. 이렇게 삼고三孤를 한몸에 겸한 사람은 명나라 역사에 방사 도중문밖에 없다.

《이탁오평충의수호전전》의 불타는 취운루 – 소주 양정견 각본

이 각본은 명나라 말기에 인쇄된 것인데, 그림 〈불타는 취운루〉는 양산박 영웅들이 대명부를 점령하는 싸움의 여러 가지 측면들을 묘사한 것이다. 시천은 취루에 올라 불을 지르고 손이낭은 오산鰲山을 불사르며 양산박 영웅들은 태수를 살해하고 이고와 가씨를 체포하고 서문을 공격하는 등의 일들을 그림 한 폭에 집중해 일사불란하게 표현했다. 이것은 전에 벽화에 이용하던 기법을 삽화에 성공적으로 옮긴 것이다. 이 그림은 명나라 도서 판화의 최고 수준을 구현하고 있다.

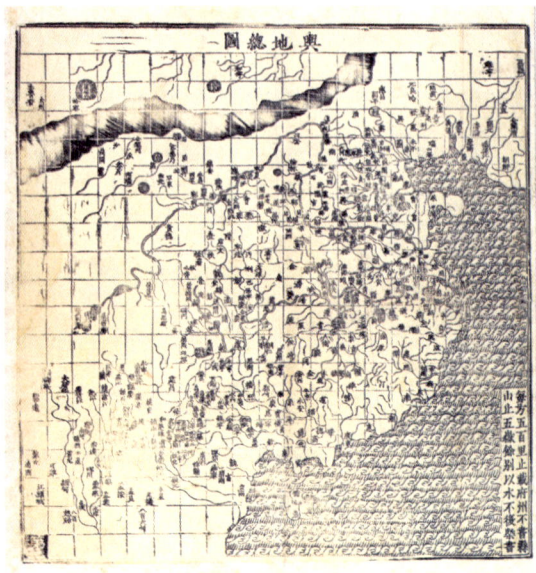

광여도廣輿圖 (명나라 각본)

〈광여도〉는 명나라 나홍선羅洪先이 원나라 주사본의 〈여지도輿地圖〉에 근거해 그린 명나라 지도다. 가정 32년(1553)부터 36년(1557) 사이에 간행되었는데 행정 지역, 변방, 인접국, 주변 기타 지역, 이렇게 네 개 부분으로 나뉘어 있다. 이것은 중국 역사상 최초의 종합 지도책이다.

것을 '개 한 마리가 달을 보고 짖으니 다른 개들도 따라 짖는다'고 비판했다. 공자를 '만세의 사표師表'로, '지성의 선사先師'로 떠받들던 시대에 이런 말을 한다는 것은 보통의 담력으로는 할 수 없는 말이다.

이지는 또 당시의 봉건 예교를 비판하고 여성들을 동정했다. 그는 공개적으로 "사람의 성별은 남녀의 구분이 있지만 학식의 고저에는 남녀의 구분이 있을 수 없다"고 말했다. 그리고 과부들의 재가를 찬성하면서 정주이학程朱理學의 '굶어 죽는 것은 작은 일이지만 절개를 잃는 것은 큰일이다'라는 논조를 비판했다. 이지는 또 도학자들이 남녀 간의 성애를 '음란'이라느니 '실신失身'이라느니 하면서 배타하는 것을 반박하면서 남녀가 서로 사랑해 부부가 되고 성애를 하는 것은 '자연의 성질'에 완전히 부합되는 일이라고 말했다.

이지는 만년에 장문달張問達이라고 하는 급사중에게 탄핵되어 '요망한 학설로 사람들을 미혹시키며 후학들의 정신을 더럽힌다'는 죄명을 쓰고 옥에 감금되었다. 당시 이지의 나이 일흔여섯이었다. 이 고령의 노인은 옥에서 모욕을 참지 못하여 자살했다. 그 해가 만력 30년(1602)이다.

당시의 세습과 유학을 반대한 이지는 이단자로 간주되었다. 그러나 그의 사상에는 합리적이고 진보적인 내용들이 적지 않게 빛나고 있다.

| 세계사 연표 |

1598년

인도 아크바르 대제가 직접 군대를 거느리고 데칸을 공격했다.

072

고헌성의 동림강학

동림서원東林書院을 중수한 고헌성顧憲成은 정기적으로 강의했는데 많은 사람들이 모였다.

출전
《명사明史·고헌성전顧憲成傳》
《동림당사화東林黨史話》
《명감明鑑·신종神宗》

중수한 동림서원

'바람소리 비소리 글 읽는 소리 두 귀에 쟁쟁히 들려오고 집안 일, 나랏일, 천하 일 일마다 우리들의 관심사로다風聲雨聲讀書聲聲聲人耳,家事國事天下事事事關心.'

후세까지 널리 읊어진 이 시는 명나라 고헌성이 지은 것이다. 그는 이 시를 무석無錫 동림원에 써서 붙였다.

고헌성의 자는 숙시叔時이고 호는 경양涇陽인데 무석 사람이다. 그는 27세 때 향시에서 일등을 해 그 지방에서 이름을 떨쳤다. 만력 8년(1580)에는 진사로 등과해 벼슬길에 올랐는데 남에게 아부할 줄 몰라 권신들의 눈에 나고, 만력 22년(1594)에는 신종의 비위를 거슬러 삭탈관직되었다.

고향으로 돌아온 고성헌은 날로 명성이 높아져 그를 숭배하는 사람들로 가득 찼다. 적합한 곳을 찾아 강학을 하고 싶있던 그는 무석 동쪽에 있는 동림서원 옛터를 선택했다. 이곳은 원래 송나라 이학가理學家 양시楊時가 강학을 했다가 방치된 지 오래된 곳이었다. 선현이 강학하던 이곳을 선정한 그는 동림서원 중수에 관한 신고를 여러 번 관청에 내어 마침내 상주 지부知府와 무석 현령의 허락과 지지를 받았다.

절개와 대의 그리고 실천을 중요시

동림서원을 중수한 후 고성헌은 정기적인 강학을 시작했다. 1년에 한 번씩 대회를 하고, 매달 한 번씩 소회를 했는데 매번 그 기한이 사흘이었다. 고헌성과 그의 아우 고윤성

옥나비 (위 사진)

상해 황포黃浦에 있는 명나라 진사 주찰경 부부의 무덤에서 출토한 이 옥나비는 날개의 너비가 5.1cm이고 날개 테두리는 파도형이며 날개와 털 그리고 맥락을 표시하는 어두운 선들이 여러 개 있다. 옥나비의 테두리는 금선을 둘러치고 거기에 붉은 보석 세 개를 박았다. 명나라와 청나라 시대에 나비는 길상을 상징하는 소재로 자유와 행복, 화합을 의미했으며, 나비 무늬는 줄곧 고대 귀족 여인들이 신호하는 무늬였다.

동림회약東林會約

〈동림회약〉은 동림서원의 강학 강령이다.

1368~1644 명나라

동림서원 유적지

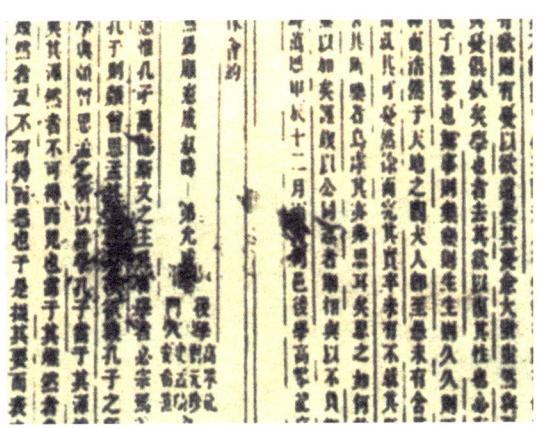

강소 무석無錫에 있다 205

| 중국사 연표 |

1550년 — 엄답은 군대를 거느리고 변강을 침입해 통주를 약탈했으며, 이어서 경성을 포위하고 대량의 재물을 약탈한 뒤에야 물러갔다.

顧允成 그리고 동현의 고반룡高攀龍, 엽무재葉茂才, 안희범安希范, 유원진劉元珍 그리고 무진의 전일본錢一本, 벽부교薛敷敎 등이 모두 주요한 강사를 담당했는데 그들을 합쳐 '동림팔군자東林八君子'라고 했다.

동림강학의 주관으로 고헌성은 '동림회약東林會約'을 제정했다. 회약에서 그는 무릇 동림서원에 가입한 사람들은 큰 뜻을 품고 성실하게 공부해야 하며 언행이 일치해야 함을 강조했다. 회강會講의 내용은 유가의 경서와 사서를 위주로 했다. 그들은 '시문 의미에 대한 탐구', '고금 인물에 대한 고증', '선현 학술 내용에 대한 깊은 연구' 외에 '상업과 기타 경제 방면에 대한 실질적인 고찰과 연구', '향리의 시정 풍속과 그 득실에 대한 연구' 같은 것도 빠뜨리지 않았다.

동림서원에서는 강학 외에 조정의 일도 담론하고 인물들도 평가했으며 자기 몸만을 보존하는 것을 반대하고 과감히 나랏일에 관심을 두어 '조정도 언론을 두려워하도록 할 것'을 권장했다. 동림서원은 특히 큰 뜻을 품고 그것을 실천하도록 애쓸 것을 강조했다. 그리고 지조를 지키면서 간신들의 위세에 굴종하지 않는 강직한 성미를 양성하는 것을 중요시했다. 고헌성, 고반룡 등은 이 면에서 모범이라고 말할 수 있다.

고헌성은 관리로 있을 때 직언하는 상소로 누차 강직 당하고 끝내는 삭탈관직을 당한 사람이다. 고반룡은 동인들과 연합해 위충현 엄당閹黨의 독재를 격렬하게 비판했으며, 후에 엄당들이 그를 체포하려고 하자 자살했다. 이렇게 실천을 중요시했기에 동림 인사들 속에서 대의를 지키며 절개를 중요시한 양련楊漣,

●●● 역사문화백과 ●●●

[명나라 말기 네 서원]

동림서원, 강우江右서원, 관중關中서원, 휘주徽州서원 이렇게 네 개 서원인데 동림서원은 고헌성, 고판룡이 주관했고, 강우서원은 추원표 등이 주관했으며, 관중서원은 손신행이 주관했고, 휘주서원은 여무형, 정사준 등이 주관했다.

백옥 쌍체조雙體鳥 부채고리
길이 3.6cm·너비 1.5cm인데 상해 노만盧灣 타포교打浦橋 명나라 시대 고씨네 무덤에서 출토한 것이다. 서로 대칭되는 몸이 이어져 있는 이 두 마리 새는 금줄로 꿰어 부채꼭지에 달아 부채고리로 이용한다. 부채의 장식물이자 노리개다.

좌광두左光斗, 위대중魏大中, 주순창周順昌, 황존소黃尊素, 무창기繆昌期, 이응승李應昇 등 군자들이 많이 나타났는데 그들 모두는 엄당들과의 투쟁에서 끝까지 싸우다 죽은 충신들이다.

'동림당'의 형성

새로운 학풍을 지닌 동림서원은 많은 관심을 불러일으켰다. 당시 세도를 안 좋게 보아 당정자들과 마음이 맞지 않았던 많은 사람들이 그곳으로 몰려왔다. 북경, 호광, 민절의 학자들도 일엽편주에 몸을 싣고 한 달 또는 두 달 동안 머나먼 노정을 거쳐 동림서원을 찾아왔다. 학인들이 운집한 동림서원은 강학과 의정議政 등으로 활기가 넘쳤다.

만력 40년(1621), 고헌성이 병으로 사망하자 동림서원은 고반룡이 주관했다. 그는 실천과 사대부의 절개를 거듭 강조했다. 동림학자들은 점차 큰 정치 세력으로 자라났는데 사람들을 그것을 동림당이라고 했다. 동림당은 명나라 말기의 복잡한 정치 투쟁에 재빨리 말려 들어갔다. 그리하여 동림서원도 이전처럼 안온할 수가 없었다.

| 세계사 연표 |

1598년 프랑스 국왕 헨리 4세가 종교에 대한 관용정책을 실행하고 위그노 전쟁을 종결지었다.

073

《명사明史·손비양전孫丕揚傳》
《명사明史·고헌성전顧憲成傳》
《명사明史·이삼재전李三才傳》
《명감明鑑·신종神宗》

동림당쟁 東林黨爭

동림 사람들은 '이삼재李三才의 입각 사건'으로 조정 당쟁에 휘말려 들었다.

이삼재의 입각 사건

명나라 후기에는 조정이 부패해 변강이 소란하며 국내가 불안정했다. 문인 사대부들은 앉으면 나라의 형편을 논의했으며 당파가 분분히 일었다. 이것은 명나라 말기 사회·정치의 중요한 일면이다. 특히 동림서원은 새로운 학풍과 선비 정신을 제창하면서 점차 강대한 정치 세력을 이루었다.

당시는 신종이 재위하던 시기인데 신종은 조정 일을 돌보지 않고 상주문을 비롯한 공문들이 올라오면 산같이 쌓아 놓고도 심의하는 법이 없었다. 더욱 황당한 일은 중앙으로부터 지방에 이르기까지 관아에 결원이 심각한데도 신종은 아랑곳도 하지 않았다는 것이다. 따라서 관리 사회가 해이해지고 정치가 혼란해졌다. 이에 조정 내외 여론이 분분했는데, 이것은 동림서원의 사대부들의 주요한 관심사가 되었다.

만력 38년(1610), 내각에 인원이 부족해 대학사 엽향고葉向高의 세의로 내각 대신을 추천하게 되었다. 조정의 적지 않은 사람들은 양회 순무로서 실적이 뛰어난 이삼재를 입각시킬 것을 주장했다. 그런데 공부 낭중 소보충과 어사 서조괴가 반대하고 나섰다. 그리하여 조정 내외 남경과 북경의 대신들은 이삼재의 입각 문제를 가지고 격렬한 논쟁을 벌였고,

이 인사 문제가 후에는 파벌 싸움으로 변했다.

그러자 고헌성은 그 싸움을 중간에서 조정해 볼 생각을 했다. 오래전부터 이삼재를 우수한 인재로 여겨 온 그는 이삼재를 도우려고 했다. 조정에 내각수보 엽향고, 이부상서 손비양孫丕揚 등 일부 중요 대신들이 모두 동림 사람들이었기에 고헌성은 자기가 말하면 이삼재의 일이 뜻대로 될 가능성이 있다고 생각했다. 그래서 수천 자나 되는 긴 편지를 두 벌 써서 각각 엽향고와 손비양에게 보내 이삼재를 적극 추천했다.

편지가 북경에 이르자 먼저 어사 오량吳亮이 보았다. 이삼재와 평소 친분이 있는 그는 자기 주장으로 그 편지를 베껴 써서 올리고는 각 아문에 전달했다. 그러니 이삼재를 반대하는 사람들이 분분히 들고일어나 고헌성의 이 작법은 자기 분수를 모르는 주제 넘는 행동이라고 비난했다. 특히 서조괴徐兆魁는 고헌성이 동림서원에서 결당해 조정 일을 간섭하고 있다며 공격했다. '동림당'이란 '동림의 무리'란 말인데 이 말은 이 서조괴의 입에서 처음 나온 것이었다.

당쟁에 휘말려든 동림당

'결당' 이란 조정에서 제일 기피하는 말이다. 그러니 동림 사람들은 즉시 어떤 비극이 시작된다는 예감이 들었다. 동림당이라는 말을 듣는 이상 정쟁에 말려들지 않을 수 없었기 때문이다. 그래서 한낱 언론 집단이었던 그들은 당쟁에

터키에 소장된 명나라 시대 자기
자기는 중국 공예품 중의 보물인데 이미 오래전부터 실크로드를 따라 국외로 전파되었으며 명나라 때 이르러서는 항해업의 발달과 더불어 대량의 자기들이 해외로 빠져나갔다.

1368~1644 명나라

크기가 같은 네모 반듯한 글자체로서 과거 시험의 답안에 작성해야 하는 글자체다. 207

| 중국사 연표 |

1555년 장경張經 유대유는 군대를 거느리고 왕강경에서 대승을 거두었다. 이것은 왜구를 물리치는 전쟁에서 처음으로 거둔 승리다.

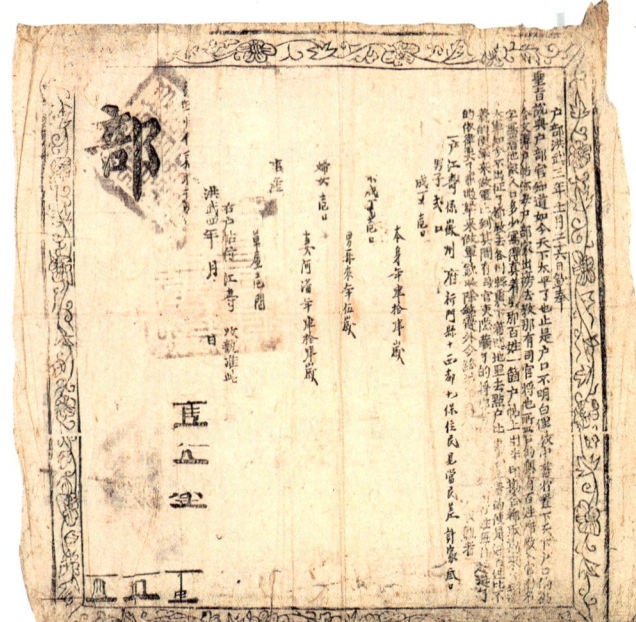

명나라의 호적부
명나라는 전국적인 호적 제도를 실시했는데 호적은 정부에서 보관하고 주민에게는 호첩戶帖을 내주었다. 호첩은 명나라 호적 제도의 일부분으로 호적을 편집할 때 정부가 각 호에 내주는 도표인데 주민들은 그 표에 실제 상황을 솔직히 기입해야 했고 그것을 '청공장단淸供長單'이라 했다. 기입하는 내용에는 성명·적관籍貫·성별·연령·주소·직업·산업 상황 등이 있었다. 정부는 각 호가 기입한 '청공장단'에 근거해 정식으로 호적책을 만들었다. 그중 주민들에게 내주는 것은 호첩이라고 했다. 이것은 홍무 4년 명나라 정부가 휘주부 기문현의 강수라는 사람에게 내준 호첩이다.

말려든 정치 집단으로 변했다.

당시 조정에는 당파가 난립했다. 모두가 이른바 절당浙黨·곤당昆黨·초당楚黨·제당齊黨·선당宣黨 등 지연 관계로 맺어진 무리들이었다. 그중 내각수보 절강인 영파 사람 심일관沈一貫을 위수로 하는 '절당'의 세력이 제일 강했다. '제당'과 '초당'은 모두 그에게 의존하고 있었다. 동림이 일어나자 이 여러 당파들은 연합해 동림당 사람들을 공격했다. 그들은 '조정에는 대동大東과 소동小東 두 개 동東이 있는데 동궁은 대동이요, 동림은 소동'이라는 말까지 날조했다. 그러고

는 동림당 사람이 무슨 말만 하면 불문곡직 무리지어 일어나 반박했다. 그러니 동림당인들도 그들과 격렬한 논쟁을 계속했다.

그 후에 벌어진 쟁의 분분한 조정 일들, 예를 들면 만력 39년(1611)의 경관 고찰, 웅정필熊廷弼 사건, 정격挺擊 사건, 홍환紅丸 사건, 이궁移宮 사건 등에서 동림당인들은 모두 떳떳한 태도와 격앙된 언사로 상대편과 도리를 따져 가며 싸웠다. 반대파도 지려 하지 않고 혼신의 힘을 다해 동림당에 대항했다. 환관 위충현魏忠賢이 조정 대권을 독점한 후에는 동림당인을 잔인하게 살육·감금하고 동림서원도 헐어 버렸다. 그리하여 한동안 잔악무도한 동림옥안東林獄案이 일었다.

숭정崇禎 초년, 숭정 황제가 위충현과 그의 일당을 징벌하고 각지의 서원들을 회복시키는 조서를 내고 나서야 동림서원도 다시 일어서고 폐출되었던 동림당인들도 다시 기용되었으나 그때에 조정은 이미 붕당 싸움이 고질이 되어 정국이 이미 어찌할 수 없는 상황에 이르렀다.

동림 결사로부터 명나라가 망할 때까지는 꼭 40년이 된다. 이 40년간의 시비와 쟁투 속에서 동림당인은 온갖 학대와 시련을 겪었다. 그로 인해 동림이란 말을 누구나 다 알게 되었다.

역사문화백과

[만력 과거 시험장 사건]

만력 과거 시험장 사건은 명나라 역사상 가장 영향이 큰 과거 시험장 사건이다. 만력 38년(1610) 회시에 남경 국자감 제주 탕빈윤이 자기 문생 한경을 억지로 일등으로 만들었다가 시랑 오도남과 어사 손ност상 등의 탄핵을 받았다. 그러자 탕빈윤을 지지하는 제당齊黨, 초당楚, 절당浙의 당인들이 들고일어나 탕빈윤을 변호했다. 이렇게 되어 제당, 초당, 절당의 당인들과 동림 당인들 사이에 장기적인 논쟁이 시작되었다.

| 세계사 연표 |

1598년

일본 도요토미 히데요시가 휴전을 명하고 조선에서 철병했다.

074 국본에 관한 투쟁

《명사明史·신시행전申時行傳》
《명사明史·왕석작전王錫爵傳》
《명감明鑑·신종神宗》

만력 연간에 대신들은 누구를 태자로 세우는가 하는 문제를 가지고 장장 15년이나 논쟁했다.

주상락의 출생

가정 연간에 '예의' 문제로 몇 년간을 논쟁했다면 만력 연간에는 태자의 책립을 가지고 15년이나 논쟁했다. 태자는 '나라의 근본'이기에 이 투쟁을 '국본國本에 관한 투쟁'이라고 한다.

신종은 아들이 없어 모두 걱정이었는데 마침내 만력 10년(1582)년에 황장자 주상락朱常洛이 태어났다. 황장자의 생모는 왕씨로 본래 태후 궁중의 궁녀였는데 신종이 태후에게 문안을 갔다가 그녀에게 반해 몰래 그녀를 취했다. 신종은 그 일을 입 밖에 내지 않았는데 왕씨가 임신을 했다. 신종은 부인했지만 태감의 《내기거주內起居注》에 기록이 있어서 시인할 수밖에 없었다.

이로써 왕씨를 공비恭妃로 책봉했는데 얼마 안 지나 황장자를 낳았다.

주상순에 대한 편애

공비는 아들을 낳았지만 신종의 총애는 받지 못했다. 신종이 가장 총애하는 여인은 정비였다. 만력 14년(1586), 정비도 황자 주상순朱常洵을 낳았다. 신종은 자기가 총애하는 정귀비가 아들을 낳자 황장자를 낳았을 때보다 몇 갑절 기뻐하며 성지를 내려 크게 경축했다.

황제가 주상순을 편애하는 것을 본 대신들은 장차 태자 책봉에 어려움이 있을 것을 예감했다. 이것은 '국본'에 관계되는 일이었다.

그 해 2월 내각수보 신시행이, '적자嫡子가 있으면 적자를 책립하고 적자가 없으면 장자를 책립한다'는 원칙에 근거해 황장자를 태자로 세울 것을 건의했다. 그런데 신종은 장자가 아직 어리다는 이유로 2~3년 지나 다시 보자고 미루었다. 그리고 정비를 황귀비로 격상시켰다. 그러자 조정 대신들의 의논이 분분했다.

호과戶科 급사중 강응린과 이부 원외랑 심경 등이 상주문을 올려 공비가 황장자를 낳았으니 정비에 앞서 공비를 황귀비로 책봉하고 황장자를 태자로 세워야 한다고 말하자 신종은 그들 모두를 좌천시켰다.

황장자의 출각 독서

정비는 황귀비로 책봉된 후 더욱 신종의 총애를 받으며 신종의 일상을 모두 관리했다. 조정 대신들은 그녀가 자기 아들을 태자로 삼으려 한다고 추측했다.

1368~1644 명나라

금도금한 은사자
이 은사자의 몸체 길이는 23.5cm인데 몸에는 안장이 걸쳐 있고 온몸의 잠금장치 부위들은 금도금을 했다.

인두접종법人痘接種法인데 천연두를 예방하는 중국 고대 면역 치료 방법이었다

| 중국사 연표 |

1560년 남경 진무영振武營에서 병변이 일어났다.

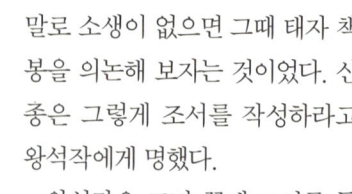

주삼송의 대나무 필통
주삼송은 명나라 중기 대나무 조각의 대표 인물이다. 이 필통의 외형은 원통형인데 심부조深浮彫와 천부조淺浮彫를 결합하는 방법으로 시녀들의 형상을 부각했다. 화면에 입체감이 선명하고 그 형상들이 생생하다. 두 개의 시공간 내용을 한 개 화면으로 처리했는데 상호 독립적이면서도 서로 조응된다.

만력 18년(1590) 정월 초하루, 신종은 신시행, 왕석작, 왕가병 등 내각 대신들을 접견했다. 신시행은 그 기회에 태자를 세울 일을 주청했는데 신종은 한마디로 거절했다. 신시행은 다시 이렇게 건의했다.

"황장자의 나이 이미 아홉 살이 되었습니다. 그러니 출각出閣해 글을 읽게 해주옵소서."

그 말이 무슨 말인지 신종이 모를 리 없었다. 일단 출각 독서를 시키면 사실상 장자를 태자로 세우는 것이나 다름이 없었다. 신종은 그 말에도 확답을 하지 않았다. 10월에 대신들이 또다시 태자 책봉을 주청했다. 이에 대노한 신종은 대신 모두의 봉록을 한동안 중지시켰다. 그렇지만 결국 여론의 압력으로 다음해에 태자 책봉을 하겠다고 약속했다. 그러나 그 이듬해에도 황제는 여전히 태자 책봉을 거론하지 않았다. 적지 않은 관원들이 태자 책립 이야기를 꺼냈다가 도리어 삭직을 당하거나 형장을 맞았다. 내각 대신들은 그 중간에서 입장이 난처했다. 왕석작은 어머니 병이 중하다는 핑계로 낙향을 하고 신시행과 허국도 사직하고 집으로 돌아갔다. 마지막으로 왕가병도 사직하고 집으로 돌아갔다.

만력 21년(1593) 정월, 신종은 다시 왕석작을 내각 수보로 임명했다. 그러고는 '적자를 세우지 서자는 세우지 않는다'는 어필을 써 주었다.

즉 황장자는 서출이기에 태자로 세울 수 없으므로 먼저 번왕으로 봉해 두었다가 몇 년이 지나 황후가 정말로 소생이 없으면 그때 태자 책봉을 의논해 보자는 것이었다. 신종은 그렇게 조서를 작성하라고 왕석작에게 명했다.

왕석작은 고민 끝에 조서를 두 가지로 작성했다. 하나는 신종이 말한 대로 작성하고, 다른 하나는 황장자가 먼저 황후를 적모嫡母로 섬기고 그다음에 책립한다는 내용으로 작성했다. 그러나 신종은 왕석작의 이 고심을 전혀 아랑곳하지 않았다. 그 소식을 들은 대신들이 왕석작에게 어떻게 된 영문인가 캐물으니 왕석작은 말을 못하고 눈물만 흘렸다.

태자 문제로 조정 대신들이 시끌벅적한 것을 태후도 알게 되었다. 하루는 신종이 태후에게 문안 인사를 갔는데 태후가 왜 황장자를 태자로 세우지 않느냐고 물었다. 그러자 신종은, 황장자가 궁녀 소생이기에 그

●●● **역사문화백과** ●●●

가정嘉定의 대나무 조각

가정의 대나무 조각은 명나라 주학朱鶴이 창시했다. 주학의 자는 송린松隣인데 명나라 만력 연간의 사람이다. 선조는 원래 휘주 사람이었는데 송나라 때 송강·가정 일대로 이주했다. 주학은 고대 전자篆字를 정통하고 인장을 파는 데 능했으며 조각과 도금 기술도 정통했다. 그는 대나무 조각을 하나의 예술로 간주하고 심혈을 기울여 대나무로 산수, 인물, 누각, 새와 짐승 등 온갖 것을 생동감 있게 조각했다. 사람들은 독특한 품격을 지닌 주학의 조각품을 희귀한 예술 진품으로 여겼다. 그의 아들 주영朱纓(자는 청보, 사람들은 그를 소송이라고 불렀다)과 그의 손자 주치정朱稚征(자는 삼송은 그 위에 새로운 것을 창조해 대나무 조각 예술을 더욱 신비하게 만들었다. 그들 조손 삼대는 모두 대나무 조각을 생업으로 했기에 사람들은 그들을 '가정삼주嘉定三朱'라고 불렀다. 그들은 대나무 조각에서 투조透彫와 심각深刻을 주요 기법으로 하는 가정파 특유의 기법을 창제했다. 청나라 강희 연간에 이르러 가정 봉씨封氏 가문의 석록·석작·석장 삼형제가 또다시 대나무 조각 예술을 새롭게 발전시키며 이 분야 최고봉이 되었다.

| 세계사 연표 |

1600년 — 인도를 비롯한 먼 동양의 나라와 무역을 전담하는 영국의 동인도회사가 성립되었다.

런다고 대답했다. 이 말을 들은 태후는 성이나 신종을 꾸짖었다. "어미는 아들로 귀해지는 법이라는 걸 모르시오? 거기에는 신분의 귀천이 없는 법이오. 폐하도 궁녀의 소생이란 걸 모르시오?"

원래 태후도 궁녀 신분이었는데 신종을 낳고서야 귀비가 되었다. 태후의 꾸중을 들은 신종은 황공해 부복을 한 채 감히 일어나지도 못했다. 그 일을 안 왕석작은 기회를 놓칠세라 신종에게 품했다. "황장자의 나이 열셋입니다. 고금을 살펴봐도 열세 살에 이르도록 글을 읽게 하지 않은 일은 없사옵니다. 하물며 황자의 경우야 더 말할 것이 있겠습니까?"

그제야 신종은 만력 22년(1594)에 황장자의 출각 독서를 윤허했다.

태자 책립

출각을 한 후는 책립과 관혼이 시급한 일이었다. 그런데 신종은 자꾸만 시일을 미루었다. 그러다가 만력 29년(1601)에 비로소 주상락을 정식으로 동궁태자로 책립하고 주상순은 복왕으로 봉했다. 그러나 주상순은 복왕을 책봉 받고도 봉국으로 떠나가지 않고 북경에 눌러 있었다.

북경 법해사의 벽화

명나라 시대 인물화는 이미 저조기에 들어갔지만 송나라 당나라의 전통은 사원의 벽화나 민간의 판화 같은 것으로 보존·계승되었다. 법해사는 지금의 북경 서교 취미산 기슭 모식구촌模式口村에 있는데 명나라 정통 4년부터 8년까지(1439~1443) 태감 이동이 돈을 모아 세운 사원이다. 사원 내 능엄보당楞嚴寶幢의 기록에 따르면 이 벽화는 궁정 영선소營繕所의 화사畫士가 그린 것인데 이런 화사들은 직위가 높지 않기에 명나라 회화사에는 기록이 없다. 하지만 그들의 재간은 특출했다. 이 벽화에서는 당나라와 송나라의 전통적인 것도 볼 수 있고 명나라 시대의 특징들도 볼 수 있다.

'잔하殘荷' 필세筆洗

'필세'는 붓을 빠는 그릇이다. 이 필세는 명나라 시대 대나무 조각품인데 대나무 뿌리의 특징을 그대로 이용해 시들어 가는 연꽃의 형상을 만들었다. 오른쪽에는 활짝 핀 연꽃 한 떨기가 있어 선명한 대조를 이룬다. 이 필세는 자연과 인류 지혜가 완벽하게 결합된 산물이다.

만력 41년(1613) 금의錦衣 백호百戶 왕왈건王曰乾이, 정비의 내시와 방사가 야합해 태자를 모해하려 한다고 고발했다. 그리고 2년이 지나 '정격挺擊 사건'이 일어났다.

여론이 정비와 주상순에게 불리함을 본 신종은 서둘러 복왕을 북경에서 떠나게 했다. 그제야 주상락은 동궁태자의 자리를 확고하게 차지할 수 있었다.

만력 연간의 '나라 근본에 대한 투쟁'은 전후 15년이나 걸렸다. 그 와중에 적지 않은 사람들이 파직당하고 하옥되거나 형장을 맞았다. 부자간에 제위帝位 계승을 가지고 이렇게 오랫동안 수많은 곡절을 겪은 일은 역사상 없었다.

명나라 가정 32년에 축조되었다

| 중국사 연표 |

1563년 척계광이 평해위平海衛에서 왜구를 대패시켰다.

075

소주 방직공들의 투쟁

세감 손륭孫隆이 소주에서 명분 없는 세금을 강제로 징수한 게 원인이 되어 민란이 일어났다.

재물에 눈이 어두운 신종은 친신 환관들을 광감세사礦監稅使로 내려 보내 백성들의 피땀을 수탈하게 했다. 그로 인해 적지 않은 곳에서 광감세사를 반대하는 투쟁이 일어났는데 그중에도 제일 큰 것이 세사稅使 손륭을 반대해 일으킨 소주 방직공들의 투쟁이다.

소주 세사로 간 손륭

손륭은 만력 29년(1601) 소주에 내려와 세금 징수를 관장했다. 소주로 온 그는 시정 잡배인 탕신湯辛, 서성徐成 등과 작당해 한 패가 되었다. 그들은 먼저 세관을 세우고 상인들에게 세금을 강압적으로 징수했다.

당시 소주 동반성東半城은 견직업이 발달했는데, 손륭이 세금을 늘리는 바람에 소주로 찾아오는 상인들이 날로 적어졌고, 소주의 견직업도 침체 상태에 빠졌다. 그리고 견직 수공업자들에게 방직기 하나에 세금으로 은 3전씩을 내도록 강요하고, 동시에 새로운 법을 만들어 비단 한 필에 세금으로 은 3푼을 내게 했다. 그 법이 공포되자 방직업자들은 문을 닫고 파업했다. 그리고 살 길이 없게 된 방직업자들과 노동자들은 손륭을 반대하는 기치를 높이 들었다.

소주의 민란

그해 6월 어느 날 분노한 방직공 2000여 명이 한데 모여 곤산崑山 사람 갈성葛成을 수령으로 추대하고 현묘관에서 분향한 뒤 죽음으로 항쟁할 것을 다짐하자 시민들도 다투어 호응했다.

갈성은 군중들을 여섯 개 대오로 편성했다. 그리고 대오마다 파초부채를 든 사람이 하나씩 선두에 나가 대오를 지휘하게 하고 그 뒤는 몽둥이를 든 각 대오가 따르도록 했다. 방직공들은 호기롭게 세무서가 있는 봉문葑門으로 몰려가 손륭의 하수인 왕건절王建節과 서이춘徐怡春을 죽였다.

소식을 듣고 달려온 장주 지현 등운소鄧云霄가 민중을 달래기 위해 탕신과 서성을 잡아 가두었다. 그러나 민심은 가라앉지 않고 소란은 지속되었다. 어떤 사람은 당시의 상황을 생생하게 반영한 〈세관요稅官謠〉라는 노래를 지었다.

'분노한 천 사람이 뛰쳐나오니 만 사람이 길가에서 환호하네. 나무를 찍어 깃대를 만들고 나를 따르라, 세관놈들을 죽이러 가자.'

며칠이 지나 방직공들은 손륭의 악당 패거리인 번행록, 주앙운, 고송, 곽암, 고택, 장의, 막조예, 손고 등의 집으로 몰려가 집기를 부수고 가족들을 죽였으며,

방직품 가공도
이 세 폭의 그림은 명나라 시대 견직품의 가공 과정인 '고치에서 실뽑기'부터 '견사 염색, 방직'까지를 그림으로 표현한 것이다.

| 세계사 연표 |

1600년 폴란드와 스웨덴의 전쟁이 폭발했다.

《소주직조국지蘇州織造局志》

송강포松江布 복장 (아래 사진 포함)

상해 송강松江. 명나라 시대 무덤에서 송강포로 만든 저고리 · 바지 · 치마 · 버선 · 신 등과 가죽이 대량 발견되었다. 이 남색인화藍色印花 무명 주름치마는 낡아서 색은 보이지 않고 꽃송이 같은 흔적만 보인다. 이 치마는 여덟 조각의 천을 이어 만든 것인데, 길이 77cm, 둘레 약 400cm이다.

등운소가 탕신과 서성을 끌고 나오자 분노한 군중들이 달려들어 탕신과 서성을 죽였다. 그러고도 성에 차지 않아 사지를 뜯어 놓았다.

이때 오현의 지현 맹습공孟襲公이 나와 군중을 설득하려고 했으나 사람들은 그 말을 들으려 하지 않고 이번에는 손륭이 있는 관아로 몰려가 집기를 부숴 버렸다. 혼이 난 손륭은 달아나 민가에 숨어서야 목숨을 보존할 수 있었다. 후에는 지방관들의 보호를 받으며 겨우 항주로 달아났다.

갈성의 의거

며칠 동안 고소성 내에는 분이 삭지 않은 군중들이 모여 세관을 불 지르는 일이 계속 생겼다. 소주 지부 주섭원이 추관 주일룡을 데리고 나와 여러 번 군중을 달래고 나서야 사람들은 헤어졌다. 소주 민란의 소식을 들은 병비안찰사兵備按察使 추지가 태창에서 급히 소주로 달려와 주모자를 잡으려고 했다. 갈성은 군중을 보호하기 위해 자수를 하고 모든 책임을 혼자 안았다. 관부에서는 사태가 더 확대되는 것을 방지하기 위해 '민란을 선동했다'는 죄명으로 갈성만 옥에 가두고 다른 사람들은 연좌시키지 않았다. 그리고 방직공들의 항쟁으로 관부에서는 새로 증가한 세금들을 모두 취소했다.

만력 41년(1613), 순안어사 방장려가 소주 방직공들이 민란을 일으킨 일의 진상을 상주하고 나서야 갈성은 비로소 옥에서 풀려 나왔다. 갈성은 13년이나 옥에 갇혀 있었고 숭정 3년(1630)에 병으로 사망했다. 사람들은 그의 의거를 기리며 이름의 성成 자를 현賢 자로 고치고 그를 위해 묘총을 세웠다. 그리고 묘비에 소주 명사 왕진맹이 '오吳 갈현지묘葛賢之墓'라는 글을 써 놓았다.

1368~1644 명나라

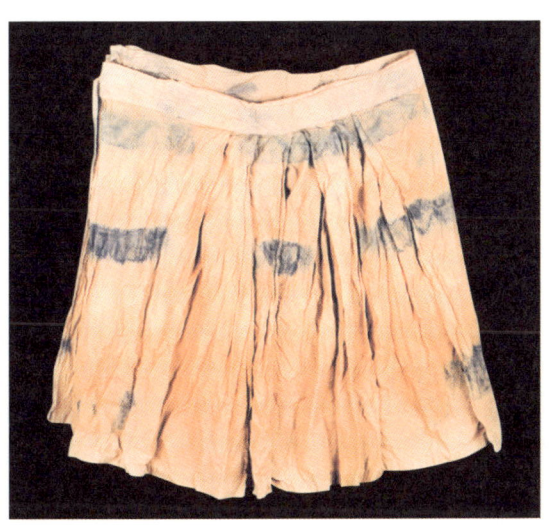

●●● 역사문화백과 ●●●

[직염국 – 황실 전용이나 관용 견직품들의 직조를 전담하는 관아]

직염국織染局의 전체 명칭은 '직염잡조국織染雜造局'인데 직조국織造局이라고도 한다. 환관 24아문의 내직염국內織染局과는 다른 관아이기에 외직염국外織染局이라고도 하는데, 황실과 관청에서 쓰는 견직물의 직조를 전담하는 기구다. 직염국은 중앙과 지방 두 개로 나뉘는데 중앙 직염국은 남경과 북경에 있고 지방의 직염국들은 절강, 강서, 복건, 사천, 하남, 산동 등 각 부와 강남 각지에 설치되어 있었다. 소주 직염국은 홍무 원년(1368), 소주 천심교 동쪽에 세웠는데 가정 연간에 이르러 직염국 안에는 집이 245칸이나 되었다. 그중 내직內織(방직하는 방)이 여섯 개 부로 나뉘어 89칸이 있었고 방직기는 173틀이 있었으며 다듬는 방이 23칸, 염색방이 14칸, 실 뽑는 방이 72칸이 있었다. 직염국 내 장인들은 667명이 있었는데, 그중에는 고수高手, 배수扒手, 염수染手, 결종結綜, 도락掏絡, 접경接經, 화장畵匠, 수장繡匠 등 여러 직종의 장인들이 있었다.

광감세사礦監稅使라고 했다 213

| 중국사 연표 |

1566년

세종이 단약에 중독되어 죽고 그 아들 주재후朱載垕가 즉위했는데, 그가 바로 명 목종이다. 그는 이듬해 연호를 융경으로 고쳤다.

076

초종의 난

초왕楚王 주화규朱華奎가 가짜라는 고발이 올라오는 바람에 종실 내의 분쟁이 일었으며, 조정 대신들 사이에도 논쟁이 일었다.

화규를 고발한 화저

만력 31년(1603), 무창武昌에서 종실 내에 분쟁이 일었다. 이 사건은 후에 또 조정 관원들 간의 분쟁을 일으켜 더욱 복잡해졌다. 사건의 발단은 이랬다.

초 공왕이 사망할 때 유복자 주화규朱華奎와 주화벽朱華璧을 남겨 놓았다. 그런데 어떤 사람이 주화규는 초공왕의 아들이 아니라 초 공왕 비妃의 오빠인 왕여언王如言의 아들인데 내관 곽륜郭綸이 데려다 길렀다는 말을 퍼뜨렸다. 그 말이 돌자 초나라 종실 사람들이 그 일을 관가에 고발했다. 순무가 공왕의 비를 불러다 물으니 그녀는 화규가 초 공왕의 친아들이 틀림없다고 고집했다. 만력 8년(1580), 주화규는 왕위를 계승해 초왕이 되고 주화벽은 선화왕으로 책봉되었다.

그런데 초왕 종실 중에 주화저라는 사람이 있었다. 주화규가 무슨 일로 전에 이 자의 미움을 산 적이 있는데 이 자는 그것을 잊지 않고 보복할 생각을 하고 있었다. 만력 31년(1603), 주화저는 처와 밀모해 주화규를 애 먹일 작정을 했다. 그의 처가 바로 왕여언의 딸이었다. 왕여언의 딸이 직접 관아를 찾아가, 주화규는 성이 주씨가 아니니 종실의 맥을 이어 받을 수 없

남경 풍경 - 격사 병풍 (위 그림)
격사緙絲 예술은 명나라 때에 이르러 높은 경지에 이르렀다. 이 《남경풍경》은 보기 드문 진품으로서 제한된 공간에 복잡한 인물·수목·건축물·산·강물 등을 자연스럽게 그렸는데 입체감이 뛰어나다.

다고 고발했다.

그 말을 들은 주화규는 당황해서 급히 내각 수보 심일관沈一貫을 회유했고, 심일관은 통정사에게 그 상주문을 깔아 놓게 했다. 그런데 얼마 후 주화저가 직접 북경으로 와서 주화규가 심일관을 회유한 사실과 상주문을 내놓지 않은 일을 고발하는 종실 스물아홉 사람의 명단으로 된 상주문을 예부에 바쳤다.

당시 예부는 곽정역郭正域이 관장했다. 그 해 곽정역이 한림원에서 예부로 옮겨 갈 때 권력으로 사리 사욕을 채우는 심일관과 여러 번 충돌한 적이 있었다. 그래서 심일관은 곽정역에게 언제든 보복할 생각을 했다. 그러다가 초왕 종실의 분쟁이 생기자 둘은 서로 양보하지 않았다.

초나라 사람인 곽정역은 주화규가 초 공왕의 친아들이 아니라는 말을 일찍부터 들어 왔다. 그는 이번에 그 일을 공개적으로 조사하고 사실에 근거해 죄를 규명하자고 했다. 그러나 심일관은 곽정역의 주장을 반

••• 역사문화백과 •••

[4대 명진名鎭]

상업과 수공업의 번영으로 명나라 시대에 적지 않은 시진市鎭들이 일어섰는데 그중 유명한 '4대 명진'으로는, 하남 개봉부 상부현의 주선진朱仙鎭, 강서 요주부 부량현의 경덕진景德鎭, 광동 광주부 남해현의 불산진佛山鎭, 호광 한양부 한양현의 한구진漢口鎭이 있었다.

| 세계사 연표 |

1607년

스페인 함대가 지브롤터 항구 밖에서 네덜란드 해군에게 전멸당했다.

《명감明鑑·신종神宗》 출전

대했다. 그러자 주화규는 또 겁이 나서 금은으로 곽정역을 회유하려고 했다. 곽정역은 이를 강경하게 거절했고 마침내 신종은 곽정역의 건의를 채택해 공개적인 조사를 진행하기로 결정했다.

그 조사를 호광순무 조가회趙可懷가 맡았는데 그는 주화저의 고발이 근거가 없다고 조정에 보고했다. 하지만 주화저의 처는 주화규가 가짜라고 계속 고집했다. 심일관은 그 기회에 곽정역을 위시로 한 예부 관원들이 허위 보고를 했다고 공격했다. 그러자 곽정역은 통정사가 주화저의 상주문을 내 놓지 않은 사실과 심일관이 공개 조사를 방해하고 주화규의 뇌물을 받아먹은 사실을 밝히는 상주서를 황제께 올렸다

이를 보고 신종이 이런 칙지를 내렸다. '초왕 주화규가 왕위를 계승한 지 이미 20여 년이 되는데 왜 이제야 그런 일을 고발하는가? 게다가 남편이 고발하고 처가 증인을 선다는 것이 증거가 불충분함을 말해 주지 않는가? 그러니 다시는 이 일을 거론하지 말라.'

그러고는 주화규를 모함한 죄를 물어 주화저를 서인으로 만들어 봉양에 유금했다.

격렬해진 쟁론

그러나 논쟁은 그것으로 끝나지 않았고 도리어 갈수록 격렬해졌다.

만력 32년(1604) 초에 종실 여러 사람이 경성으로 올라와 주화규가 '가짜인 것이 분명하고 뇌물을 먹인 것도 증거가 충분하다'며 조정에 고발했다. 그러나 조정에서는 오히려 그들을 징벌해 봉록이나 관직을 박탈하자 9월에 종실 수백 명이 들고일어나 주화규가 궁전 건설에 쓰려 했던 은전을 빼앗았고 이어서 3000여 명이 순무 관아에 돌입해 순무 조가회를 죽였다. 이렇게 '초종楚宗의 논쟁'은 '초종의 난'으로 번졌다. 그 소식을 들은 신종은 난을 일으킨 자들을 잡아 가두고 그중에 주모자와 죄가 중한 자 여섯을 죽였으며 마흔다섯은 가두거나 삭탈관직시켰다. 그제야 이 종실 내부의 갈등을 진압할 수 있었다.

청명상하도清明上河圖 속편 – 황도적성도皇都積盛圖 (일부분)
채색 견본絹本인 이 긴 폭의 그림은 명나라 중기와 후기 북경성 정양문과 기반가棋盤街 그리고 대명문 일대의 번화한 광경을 그렸다. 그림은 시내의 상업가를 그렸는데, 찻집과 주점들이 보이며 곡마단과 가극을 구경하는 사람들로 붐빈다. 그림에는 성벽과 성루, 궁전과 대가집 그리고 사농공상, 관리 병졸 등이 모두 생활의 맛이 느껴지도록 생동감 넘치게 그려져 있다.

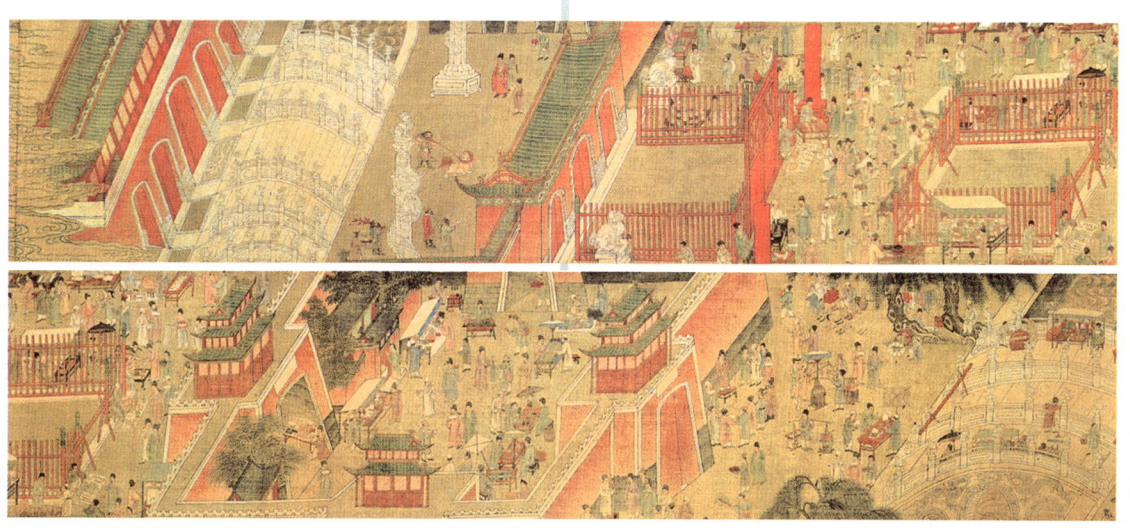

| 중국사 연표 |

1570년 엄답의 손자 파한나길把漢那吉이 명나라에 투항해 왔다.

077

동기창의 집을 불사른 백성들

백성들을 압박하는 동기창董其昌 부자의 악행에 분개한 백성들은 들고일어나 동기창의 장원을 잿더미로 만들었다.

동기창 부자

명나라 때 일부 관리들은 백성들을 억누르며 악행을 일삼았기에 분개한 백성들이 난을 일으킨 일이 적지 않았다. 그중 만력 연간에 송강의 동기창 부자가 향민들을 억압해 백성들이 동기창의 집을 불사른 사건이 유명하다.

동기창은 상해 사람으로 만력 17년(1589)에 진사가 되어 편수로 임명되었고, 그 후 신종, 광종, 희종, 사종 네 황제를 섬기면서 호광 안찰사, 호광 제학부사, 남경 예부상서 등의 직책을 역임했다. 갑과 출신인 데다가 고위직을 역임해 온 까닭에 지방에서 그 명성은 자자했다. 동기창은 서예에도 아주 출중해 국내외에 이름이 크게 났다.

동씨 가문은 송강에 많은 땅을 차지하고 있었으나 세금을 제대로 내지 않았다. 동기창의 아들 동조상董祖常도 성격이 포악하지만 그 수하에 있는 진명陳明은 더욱 흉악했다. 그들은 향민들을 마음대로 구타하고 무고한 사람들을 죽였다. 마침내 분개한 백성들이 들고 일어나 동기창의 집을 불사르는 일이 생겼다.

녹영을 빼앗은 사건

동씨 가문과 향민 육생陸生이 하녀 녹영綠英을 서로 빼앗으려 하다가 일어난 사건이 있었다. 육생은 얼굴이 검고 말이 어눌했는데, 그 집 노복의 딸이 예쁘게 생겼다. 그 딸이 탐난 동조상은 억지로 녹영을 겁탈했다. 이에 격분한 육생은 동조상의 악행을 관아에 고발했다. 그 후 향신鄕紳들 몇이 나와 조사를 했는데, 육생은 동씨네 권세에 눌려 입을 다물었다.

그런데 어떤 사람이 이 일을 가지고 〈흑백전黑白傳〉이라는 창극을 만들었다. '흑' 은 육생을 말하고 '백' 은 동조상을 말했다. 그 사람은 극에 음악까지 곁들여 맹인 예술가에게 가르쳤는데, 이 맹인이 각지를 다니

동기창의 초상 (명나라 증경曾鯨 그림)

동기창(1555~1637)의 자는 현재玄宰이고 호는 사백思白·사옹思翁이며 별호는 향광香光인데 송강 화정華亭(현 상해 송강松江) 사람이다. 명나라의 저명한 서예가로서 죽은 후 시호는 문민文敏이다. 때문에 그를 동문민이라고도 한다. 만력 17년(1589)에 진사로 급제해 편수, 호광부사, 대상사 소경과 남경 예부상서 등을 역임했으며 천계 6년(1626)에 태자태보 직에 있다가 사직했다.

| 세계사 연표 |

1607년 영국이 북아메리카에 첫 번째로 영국 식민지 거점 제임스타운을 세웠다.

《민초동환사실民抄董宦事實》
《묵여록墨余錄》
출전

나무아미타불 상 - 고수顧繡

먼서 이 노래를 부르자 동기창은 성이 나서 펄펄 뛰었다.

그는 이것이 육생의 소행이라고 여기고는 육생을 자기 집에 불러다가 문초했으나 육생은 그런 일이 없다고 부인했다. 성황당 앞에 가서 천지신명에게 맹세까지 해보였던 그는 며칠이 지나 병에 걸려 급사했다. 육생의 어머니와 처는 통곡을 하며 이것은 분명 동씨네가 육생을 못살게 군 탓이라며 하녀 몇을 데리고 동씨네 집 문 앞에 가서 욕을 했다. 그러자 동씨 부자는 진명 등 흉악한 노복들을 시켜 육생의 처와 그 집 하녀들을 잡아들인 다음 대문을 닫아걸고 옷을 몽땅 벗겨 모욕을 주었다.

그 일이 사람들에게 전해지자 분개하지 않는 사람이 없었고, 문인들 몇이 나서서 그 일을 관가에 고발했다. 관원은 고소장을 접수하기는 했지만 동씨 가문의 위세에 눌려 감히 그를 잡아들이지 못했다.

동씨네 집을 불사른 백성들

그러자 사람들은 동씨네 죄행을 폭로하며 그들 부자를 인면수심의 악당이라고 저주한 방을 각지에 붙이고 전단을 사방에 돌렸다. 어린이와 여성들은 "쌀과 땔나무를 싸게 만들려면 먼저 동씨네 부자부터 죽여야 하네" 하는 노래를 도처에서 불렀다.

마침내 평소 동씨 가문의 압박과 능욕을 받을 대로 받은 사람들이 동씨네 집으로 몰려갔다. 사람들은 일시에 1만 명이 넘게 몰려와 동씨네 집을 겹겹이 에워쌌다. 그러자 동기창은 겁을 먹고 식솔들을 데리고 뒷문으로 달아나 외지에 가 숨었다. 사태는 걷잡을 수 없이 확대되어 분노한 사람들은 동씨네 노복들과 몸싸움을 했다. 기력이 센 향민 몇이 동씨네 집 대문 앞에 있는 깃대를 뽑아서 대문을 부수고 안으로 들어갔다. 어떤 사람들은 지붕으로 올라가 기와 쪽들을 내려

역사문화백과

[고수顧繡]

직금織錦과 자수는 명나라 시대 공예 미술이 낳은 성과다. 견직업과 염색업은 전국 도처에 있었는데, 그중 상업과 수공업이 발달한 강남 오부五府, 즉 소주·송강·항주·가흥·호주 등은 견직물 생산의 중심지가 되었다. 명나라 정부는 남경에 직조아문織造衙門을 세우고 황실에 바치는 고급 제품의 생산을 전담하게 했다. 개인들의 수공업 공장과 전문 공장工匠들도 대량 출현했는데, 어떤 것은 관부의 견직품에 뒤지지 않았다. 여인들의 손에서 창조된 자수 예술은 민간에 널리 유행했는데, 이때에 이르러서는 자수 예술품이 이미 상층 사회 사람들을 단장하는 일종의 상품으로 변했다. 자수 작품들은 명인들의 그림이나 글씨들을 본떠 수놓은 것도 많았다. '고수'는 명나라 후기 송강부 상해현 고명세顧名世 집의 여인들이 창조한 자수다. 고명세는 가정 38년에 진사로 급제해 상보사승尙寶司丞 등의 관직에 있었으나 후에는 은퇴해 상해 노성황묘 소조지에 노향원을 짓고 살았다. 고씨는 노향원에서 그림 그리기와 자수를 즐겼다. 그는 가는 실로 수를 놓았는데, 산수와 인물들이 살아 있는 듯 생동감이 넘쳤다. 고씨가 수놓은 《팔준도八駿圖》를 보고 동기창은 경탄을 금치 못했다. 고씨의 손자인 고수잠顧壽潛의 처 한희맹韓希孟은 자수 기술이 특히 빼어났다. 이 부부는 자수와 명화들을 깊이 있게 연구해 원작의 필치를 살리면서도 새로운 기교를 창안해 냈다. 이로써 고씨네 자수는 해외에도 이름을 냈다. 그러나 그때는 집에 소장하거나 남에게 기증하는 데 불과했다. 그러다가 청나라 때에 이르러서야 고씨네 자수 기법이 점차 민간에 유행되었고 자수 중에 영향력이 가장 큰 유파가 되었다. 그 유파의 이름을 '노향원고수露香園顧繡', 약칭으로는 '고수'라고 했다.

1368~1644 명나라

| 중국사 연표 |

1571년
명나라 조정은 엄답을 순의왕으로 봉하고 서로 무역을 하기 시작했다.

던졌다. 군중의 기세에 겁을 먹은 동씨네 노복들은 급히 도망쳤다. 사람들은 일제히 내정으로 돌입해 집기를 부수거나 가져갔고, 결국에는 불을 질렀다. 일시에 화광이 충천하며, 사치스럽게 장식한 대들보며 기둥이며 할 것 없이 동씨네 집 100여 칸이 모두 타 잿더미가 되었다. 동씨네 집 그 많던 가산은 일시에 모두 재가 되었다.

명나라 법에 의하면 남의 집을 불태운 자는 체포되어 엄형을 받아야 했다. 그러나 1만 명이 넘는 사람들이 밀려와 일어난 불이니 누구를 잡아들인단 말인가? 관청에서는 현장에 있던 무뢰배 몇을 잡아 옥에 가두는 것으로 그 일을 흐지부지 무마했다. 이것은 악덕 지주 동기창의 자업자득이었다.

추흥팔경도秋興八景圖의 하나 (명나라 동기창 그림. 위 그림)
동기창의 서법과 회화 등은 명나라 말기와 청나라 시대에 그 명성이 아주 높았다. 동원, 거연, 황공망 등을 스승으로 모신 그는 특히 산수화가 출중했는데 청수한 화풍에 그림의 정서를 중요시했다. 그는 불교 선종禪宗에서 남북파를 가른 것처럼 회화 유파도 '남북종南北宗'으로 나누었다. 서법에서 그는 해서·행서·초서에 능했으며 처음에는 안진경을 따라 배웠으나 후에는 진·당·송 제가諸家들을 초월했다. 그의 글씨는 먹색의 변화가 다양하고 필치가 자연스러우며 글자들이 수려해 형동邢侗, 미만종米萬鍾, 장서도張瑞圖와 더불어 '명말 4대 서가明末四大書家'로 불린다.

《한희맹수송원명적도책韓希孟繡宋元名迹圖册》의 세마洗馬 - 원작의 풍격을 그대로 살린 '화수畵繡' (아래 그림)
《한희맹수송원명적도책》은 숭정 7년(1634)에 창작된 작품집인데, 백색 능라에 수놓은 자수 그림이 전 책에 걸쳐 〈세마洗馬〉〈백록白鹿〉〈보곤補袞〉〈메추리〉〈방미산수仿米山水〉〈포도와 다람쥐〉〈강낭콩과 잠자리〉〈화계어은花溪漁隱〉 등 여덟 폭이 있다. 여기에는 인물, 산수, 말타기, 짐승, 화초, 새의 깃털 등 다양한 소재들이 망라되어 있으며 수묵 채색 등에서 다채로운 화풍을 보인다. 폭마다 동기창의 평이 있으며, 책 뒤에는 고수잠의 글이 있다. 이 자수 작품집의 작품들은 고수 중에서 가장 뛰어난 작품들이다. 〈세마〉의 화풍은 조맹부趙孟頫의 화풍과 흡사한데 건장한 얼룩말이 머리를 쳐들고 꼬리를 젓는 모습이 생생하고 웃음 띤 얼굴로 사랑하는 말을 세심하게 씻어 주고 빗겨 주는 마부의 모습 역시 진솔하다. 그리고 바람에 날리는 수양버들이며 찰랑이는 물결 등도 아주 자연스럽다.

| 세계사 연표 |

1608년 독일 신교의 제후들이 '신교동맹(복음동맹)'을 결성했다.

078

출전 《청대명인전략淸代名人傳略》상上 《명조사화明朝史話》

송응성의 《천공개물》

송응성朱應星이 편찬한 《천공개물天工開物》은 탁월한 과학 거작이다.

실용적인 생산 기술에 대한 연구

송응성은 강서 봉신 사람으로 만력 연간에 출생했다. 그의 가정은 대대로 관리를 한 관료 가정이다. 증조부 송경은 가정 연간에 남경 공부상서, 좌어사로 있었고 조부 송개경은 안휘 이주婺州의 지주知州로 있었다. 권문세가의 자제인 송응성은 형인 송응승과 같이 어려서부터 경서를 읽었다.

만력 43년(1615), 이 송씨네 형제들은 같이 과거 시험을 쳐 둘 다 거인이 되었고, 그것도 등수가 매우 좋았다. 그 일은 당시 그 지방의 미담이 되어 널리 전해졌고 집안사람들 모두가 기뻐했다. 그러나 그 후의 몇 차례 과거 시험에서 송응성은 성적이 그리 좋지 않아 끝내 진사가 못 되었다.

송응성은 과거 시험에 대한 열의가 식어갔다. 이때 그는 다른 새로운 구상을 하고 있었다. 증조부가 남경 공부상서로 있을 때 궁전 개수를 주관한 적이 있었고, 친척인 송응화도 공부 원외랑으로 있으면서 임청 벽돌공장을 관리한 적이 있어 북경 궁전을 축조하는 것을 책임진 적이 있었다. 그것을 본 송응성은 건축과 공업 등의 생산 기술에 대해 깊은 관심을 갖게 되었다. 그리고 그는 과거 시험을 포기하고 실용적인 생산 기술을 연구하기 시작했다.

《천공개물》 삽화

영향력 지대한 과학의 거작

숭정崇禎 7년(1634), 송응성은 강서 분의현 교유가 되었다. 공무가 없는 여가에 그는 책을 썼는데 3년 동안의 고생 끝에 숭정 10년에 책의 집필을 완수하고 친구에게 부탁해 간행했다. 송응성은 풍부한 자원을 갖고 있는 자연계는 인류가 생존하는 토대이며 만물의 영장인 사람은 이 자연을 개발해 풍부한 물질적 부를 창조할 수 있다고 주장했다. 그래서 책의 이름을 '천공개물'이라고 했는데 '천공天工'이란 자연을 말한다.

《천공개물》은 상·중·하 모두 3권인데, 열여덟 개 부류로 세분되어 있다. 이 저서는 중국 고대 농업·수공업 생산의 기술과 경험을 전면적이고도 계통적으로 기술했고, 농작물 재배·양잠·방직·소금 제련·제당·양주釀酒·도자기 제조·수레와 배의 제조·석회 제련·제지·채광採鑛·야금 등의 모든 분야를 망라했다. 책에는 또 일부 생산 도구와 생산 과정 및 공예 과정 등을 상세하게 그린 정밀한 조판 삽화까지 곁

1368~1644 명나라

《천공개물》 219

| 중국사 연표 |

1572년 주익균이 즉위해 명 신종이 되고, 그 이듬해 연호를 만력 원년으로 고쳤다.

명나라 혼천의渾天儀
혼천의를 '혼의渾儀'라고도 하는데 중국 고대 천체들을 측정하는 천문 의기다. 받침틀 위에 서로 수직을 이루는 둥근 굴레가 두 개 있는데, 각기 지평地平과 자오子午를 대표하며 천상을 정확히 표시할 수 있다. 사진의 혼천의는 명나라 정통 4년(1439)에 제조한 것인데 원래는 북경 고관상대에 설치되어 있었다. 1900년 8국 연합군이 북경에 쳐들어왔을 때 독일 군대가 독일로 가져갔다가 1921년 다시 중국으로 돌아와 지금은 남경 자금산 천문대에 설치되어 있다.

들였다.

농업 방면에서 송응성이 편찬한 내용은 같은 시대에 서광계가 쓴 《농정전서農政全書》를 초월한다. 경제 작물 중 유료 작물을 예를 들어 보더라도 '고액편膏液篇'에만 열거된 것이 16종이나 되는데, 그중 많은 것이 《농정전서》에는 언급되지 않았다.

송응성은 식물의 생장 과정에 대해 예민한 관찰력을 가지고 있었다. 예를 들면 '내립편乃粒篇'에 있는 밀에 관한 기록 중에서, 그는 '강남의 밀꽃은 밤에 피지만 장강 이북의 밀꽃은 낮에 핀다'고 했다. 이것만 보더라도 그의 관찰이 얼마나 세밀했는지를 알 수 있다. 물에서와 마른 땅에서의 벼의 적응력에 대해서도 그는 상세하게 논술했다. 이외에도 유기 비료를 만드는 방법, 누에를 잡교시켜 변종시키는 방법 등은 지금도 중요한 가치를 인정받고 있다.

수공업 방면의 연구에서도 송응성의 성과는 특출하다. 중국 고대에 농업에 관한 저서들은 적지 않으나 수공업 방면의 저서는 춘추 말기 《고공기考工記》 외에 오직 《천공개물》이 있을 뿐이다.

이 책에서는 수많은 생산품의 생산 과정을 원료에서부터 각 공정에 이르기까지 아주 상세히 설명했고 도해도 첨가했다. 예를 들면 합금의 제련·연금술과 금과 은을 분리하는 방법, 도자기와 방직품의 생산 과정에 대한 기록들은 명나라 수공업의 수준을 연구하는 중요한 역사 자료다. 그리고 금속 제련에 대해 '야주편冶鑄篇'의 '납 제조법' 같은 발명 성과들은 지금도 고급 기술에 속한다.

《천공개물》의 가치는 실사구시實事求是적인 과학적 태도로 자연계와 인간 생활의 지식들을 천명해 사람들의 미신을 없애는 데 조력했다는 데에도 의미가 있다. 예를 들면 사람들은 밤에 떠돌아다니는 빛을 도깨비불로 알고 두려워하는데, 이 책에서는 그것이 도깨비불이 아니라 인燐 불이라고 명확히 말했다.

송응성은 일생 동안 큰 벼슬을 못한 사람이다. 《명사明史》에도 그의 전기는 실리지 않았다. 그러나 《천공개물》은 이시진의 《본초강목本草綱目》과 더불어 후대에 큰 영향을 미친 과학적인 거작이다. 이 책은 간행된 지 얼마 안 되어 일본어로 번역되었고, 1869년에는 프랑스어로 번역되어 유럽에 소개되었다. 프랑스 책의 이름은 《중화제국 고금 공업》인데 중국 고대 과학 기술 발달의 전모를 이해하는 중요한 저작이다.

●●● 역사문화백과 ●●●

[중국 고대 삽화가 있는 과학 기술 거작 – 《천공개물》]
이 책은 모두 3권 18편으로 되어 있다. 중국 고대의 농업과 수공업의 생산 기술과 경험을 전면적이고도 계통적으로 소개한 이 책에는 각종 곡물의 재배, 뽕나무 기르기와 양잠 기술, 염료의 생산, 방직과 염색, 소금 생산 기술 등등이 망라되어 있고 생산 과정, 원료 산지, 생산 기술 설비 등이 상세히 기록되어 있으며 거기에 삽화들이 첨부되어 있다.

역사 시험장 〉 이탈리아 선교사 이마두의 도움으로 서광계가 번역한 수학 책의 이름은 무엇인가?

| 세계사 연표 |

1612년 프랑스와 스페인이 왕실 간의 혼인을 통해 연맹을 결성했다.

079

출전 《청대명인전략淸代名人傳略》 상 《명사明史·서광계전徐光啓傳》 《농정전서農政全書》

실학을 중요시한 서광계

유용한 학술을 지양한 서광계

일생 동안 실학實學을 연구·발전시킨 서광계徐光啓는 서방의 과학 지식을 배워 중국에 소개했고 농학 거작인 《농정전서》도 편찬했다.

서광계는 가정 41년(1562) 상해에서 출생했다. 그의 선조는 농사꾼이었고 조부는 장사를 했는데 살림은 그런대로 풍족한 편이었다. 그러나 밑천이 그리 많지 않은데다가 왜구가 늘 상해에 쳐들어오는 바람에 가계가 급속히 나빠졌다. 그의 아버지는 어렵게 장사를 하면서 자식이 과거에 등과해 집안 살림을 일으키기를 기대했다.

명나라 과학의 거장 서광계

명나라의 저명한 과학자이며 농학자인 서광계는 명청明淸 실학파의 대표 인물이다. 만력 연간에 진사로 급제해 한림원에 들어갔는데 후에는 이탈리아 전교사 이마두와 같이 서방의 과학 기술을 연구했다. 대표작으로는 농학을 집대성한 《농정전서》 등이 있다. 서광계는 수학·천문·역법·군사·측량·수리 등 여러 방면에서 모두 중요한 공헌을 했다. 그는 제일 처음으로 유럽의 선진적인 과학 기술을 중국에 소개한 사람으로 중국 근대 과학의 선구자다.

서광계의 과거 시험은 순탄하지 않았다. 21세에 수재가 되었지만 세 차례 향시에 응시했으나 세 차례 모두 낙제했다. 그 후 35세 때에 향시에서 일등을 했고, 다시 7년이 지나서야 진사가 되었는데 그때 나이 이미 마흔두 살이었다.

이런 곡절을 겪고 나서야 벼슬길에 오른 서광계는 처음에는 한림원, 첨사부, 예부에서 일하다가 만년에 이르러 숭정 황제의 중용으로 예부 좌시랑에서 상서 및 내각대학사로 발탁되었다. 그러나 명나라 정치의 부패와 환관들의 권력 독점으로 배척을 당했기에 비록 고위직에 있었지만 정치적으로는 큰 실적이 없었다.

그는 평생을 공부하면서 유용한 학술을 지양하고 실학을 중요시했으며 실용적 가치가 있는 학문 연구에 매진했다. 중국의 학문이건 서방의 학문이건 농

1368~1644 명나라

《농정전서農政全書》
농업 기술의 발달로 명나라 시대에는 총 집대성한 농업 서적들이 많이 나왔다. 그중에서 가장 대표적인 저작이 서광계의 《농정전서》다. 이 책은 중국의 농업 수리 기술을 계통적으로 총 집대성하고 처음으로 선교사가 가지고 온 서방의 수리 기술을 소개했다. 이 책에서 서광계가 제안한 황하 치수에 대한 주장은 현대 황하 치수에서 현실이 되었다.

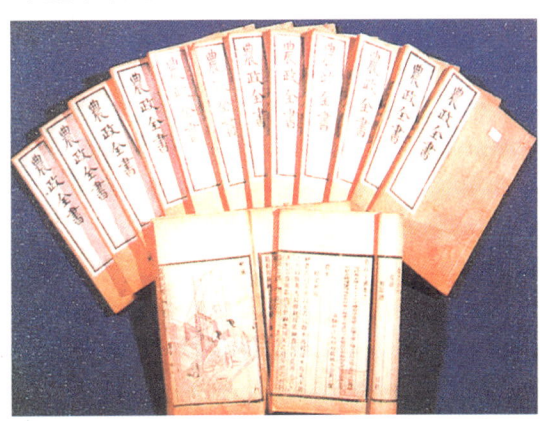

《기하원본》 221

| 중국사 연표 |

1576년 《대명회전大明會典》을 중수重修하기 시작해 만력 15년(1587)에 완성했다.

학·수리水利·공예·천문·수학·역법 등을 가리지 않고 오직 실생활에 유용하고 민생에 관련되는 것이라면 모두 지극한 관심을 기울이며 열심히 연구했다. 일생 동안 끊임없는 연구를 통해 그는 드디어 과학사에서 중대한 기여를 하게 되었다.

서방 과학 지식의 학습

과학사에서 서광계의 성과를 말하려면 그가 천주교에 가입한 일을 들지 않을 수 없다. 만력 28년(1600), 서광계는 남경에서 전도사 이마두를 알게 되었는데, 이마두의 해박한 학식에 심취해 그의 친구가 되었다. 그리고 3년 후 다시 남경에 온 서광계는 천주교에 가입했다. 이때부터 서광계는 이마두와 더욱 가깝게 지내면서 서방의 많은 과학 지식을 배웠다.

서광계는 이마두를 통해 서방에 고대 그리스의 수학자 유클리드의 중요한 저작인 《기하원본幾何原本》이란 수학 책이 있음을 알았다. 그는 그것을 중국어로 번역하기로 마음먹었다. 그때 서광계는 한림원의 관원으로 있었고 이마두는 선교 일로 북경에 와 있었다. 서광계는 날마다 오후면 한림원을 떠나 이마두한테로 갔다. 이마두는 말하고 서광계는 그것을 글로 쓰면서 1년 남짓

용호 무늬 자단목 병
명나라 송강 지역에서 유행하던 이 자단목紫檀木 병은 높이가 8.9cm로 지름은 4.9cm이고 색은 흑자색이다. 반들반들 윤택이 나는 병의 표면에는 가는 무늬들이 보일락말락 덮여 있는데 옻칠을 한 것 같다. 아귀는 타원형이고 목이 길며 아래 배가 불룩하며 밑굽은 원통형이다. 몸체 전부에 용호 무늬를 새겼는데 선이 유창하고 새김이 섬세하다. 병 입구 언저리와 밑굽에는 각기 가는 은저리 박은 회回자 무늬들이 한바퀴 둘러져 있다. 서주의 청동기를 모방한 이 조형은 정숙하면서도 고아한 미감을 전해 준다.

한 기간을 거쳐 마침내 《기하원본》 전 6권을 번역해냈다. 서광계는 유럽의 책을 중문으로 번역한 일로 세계적으로 이름이 나게 되었다.

수학 외에도 서광계는 서방의 천문학, 측량학, 역법, 수리 등 과학 기술을 배우고 연구했다. 후에 그는 중국 고대 천문 역법을 토대로 서방의 인문 지식을 습득해 《숭정역서崇禎曆書》의 편찬을 주관했다.

《농정전서》의 편찬

서광계의 학술적 성과는 서방의 과학 기술을 소개하는 데만 그치지 않고 서방 과학 기술에 중국의 전통적인 농업 지식과 경험을 총화해 농학 방면의 거작 《농정전서農政全書》를 편찬한 데 있다. 서광계는 농업은 의식주의 근원이며 나라 강성의 근본인 '본업本業'이라고 여기면서 농업 지식을 각별히 중요시했다. 《농정전서》를 편찬하기 위해 그는 선인의 연구 성과를 계통적으로 연구했는데 이 책에 선택·인용된 역대의 농업 문헌은 무려 130종에 달한다.

그중에는 제갈승의 《간전십의墾田十議》, 심일관의 《산동영전소山東營田疏》 등 개간에 관한 논문이 있는가 하면 오암의 《흥수리이충부세興水利以充賦疏》, 엽신의 《청치수이방재황소請治水以防災荒疏》 등 수리 건설에 관한 상주문들도 있는데 모두 가치가 높다.

책의 내용이 실제와 부합되게 하기 위해 서광계는 한편으로는 각지 노농들의 생산 경험과 경작 기술을 널리 수집했는데 어떤 것은 현장에서 즉시 기록한 것이다. 그러기에 책을 보면 '노농이 말하기를', '산중 나무 심는 노

| 세계사 연표 |

1614년 프랑스 루이 13세가 정권을 쥐고 '삼급회의'를 열었으나 성과 없이 종결되었다. 덴마크의 동인도회사가 건립되었다.

강남농사도江南農事圖 (명나라 당인唐寅 그림)

다재다능한 당인은 시·서예·회화 모두가 출중했다. 경력이 풍부하고 세상을 깊이 통찰한 그의 작품들은 소재가 넓고 다양했다. 어떤 작품들은 그림과 서예 그리고 시까지 결합해 작자의 남다른 의미를 부여했는데 봉건 윤리도덕에 대한 멸시를 나타내기도 했고, 자기 힘으로 사는 근로 백성들의 긍지를 표현하기도 했다. 이《강남농사도》는 강남 농민들의 힘겨운 노동을 묘사하면서 농민들에 대한 동정을 표시했다.

인의 말을 들어보면' 하는 구절이 종종 나타난다. 그리고 다른 한편으로는 자기가 직접 경작해 보고 초목의 맛을 직접 감별해 보면서 실천 속에서 경험을 총화하곤 했다. 예를 들면 천진에 심은 벼가 성공하자 그는 북경 부근에도 벼를 널리 심을 것을 주장했고, 상해에 고구마를 시험석으로 재배해 성공함으로써 깅님에서도 고구마 재배의 가능성을 증명했다. 이와 동시에 그는 연구와 실천을 거쳐 선인들의 저서에 존재하는 부족함들을 여러 군데 보충했다.

《농정전서》는 서광계가 수십 년 동안 심혈을 기울여 완성한 거작인데, 정작 그는 이 책의 간행을 보지 못하고 숭정 6년(1633), 일흔둘을 일기로 병사했다. 후에 서광계의 손자 서이작徐爾爵이 《농정전서》의 원고를 송강 명사 진자룡陳子龍에게 넘겨 그에게 교열하고 간행하도록 했다. 생전에 서광계는 고향의 후학 전자룡을 아주 관심 깊게 대했다. 진자룡 등은 서광계를 스승으로 모셨다.

《농정전서》는 숭정 12년(1639)에 간행되었다. 그러니 서광계가 서거한 지 6년 만의 일이다.

《농정전서》는 모두 60권으로 되어 있는데 농본農本·전제田制·농사農事·수리水利·농기農器·수예樹藝·잠상蠶桑·종식種植·목양牧養·제조製造·황정荒政 등 열두 가지로 나뉘어 있다. 이 저서는 중국 고대의 농학 발달을 추진시켰을 뿐만 아니라 생물 과학 지식도 기록했다. 또한 정통 농학을 집대성하면서 서방의 과학기술도 도입했다. 이 저서는 중국 고대 과학 사상에서 중요한 자리를 차지하고 있다.

••• **역사문화백과** •••

[중국 고대의 4대 농서 중 으뜸인《농정전서》]

이 책은 명나라 말기 서광계가 편찬한 것으로 모두 60권인데 농본農本·전제田制·수리·농사·농기구·나무재배·잠상蠶桑·잠상광류蠶桑廣類·종식種植·목양牧養·제조製造·황정荒政 열두 개 부분으로 분류했다. 이 책은 고대와 당시의 농업 문헌들을 수집 기록하고 또 거기에 주해들을 달았으며 중외의 농업 생산 기술을 소개했다.

| 중국사 연표 |
1578년 《본초강목》이 완성되었다.

080

천고의 기인과 기서奇書

30여 년간 유람과 고찰을 한 서하객徐霞客의 발자취는 중국 태반의 강산 위에 찍혀 있다. 《서하객유기徐霞客遊記》는 문학적 가치와 과학적 가치가 아주 높은 책이다.

아침엔 벽해碧海를 돌아보고 저녁엔 창오蒼梧에 머무는 사람.

열심히 공부해 벼슬길에 오르는 것은 중국 문인들의 '정도正道'였으나 명나라 때 이와는 반대되는 길을 걸은 기인이 한 사람 있었다. 그는 벼슬길을 단념하고 중국의 명산대천을 돌아다녔다. 그가 바로 서하객이다.

서하객의 본명은 홍조弘祖이며 자는 진지振之이고 하객은 그의 별명이다. 만력 14년(1586)에 출생한 그는 어려서부터 명산대천을 기록한 책들을 읽기 좋아해 늘 《지리지地理志》나 《산해도경山海圖經》 같은 책들을 경서 밑에 놓고 남의 눈을 피해 훔쳐 읽곤 했다. 열다섯 살에 동자시童子試에 참가했으나 낙방했다.

그는 친구에게 이렇게 말했다. "대장부란 아침엔 벽해를 돌아보고 저녁엔 창오에 머물러야 하거늘 어이 평생을 한구석에 박혀 있겠느냐."

벼슬길에 집착하지 않는 서하객은 과거에 응시하지 않기로 결심하고 집을 나가 명산대천을 고찰하기로 작정했다. 그의 이런 생각은 식구들의 지지를 받았다.

예로부터 부모가 있으면 멀리 나가지 말아야 하며 높은 산에도 깊은 물에도 가지 말라는 말이 있는데, 서하객은 이 말이 마음에 걸렸다. 그러나 그의 어머니는 오히려 서하객에게,

"대장부는 사해에 뜻을 두는 법이다. 울타리 안의 병아리처럼 한구석에 박혀 있어야 되겠느냐?"라며 그를 격려했다.

서하객이 집을 나서서 처음으로 태호를 유람하러 갈 때 어머니는 특별히 그에게 '원유관遠遊冠'이란 모자를 만들어 주었다. 그리고 여행 도중 보고 들은 일이나 사람들을 일일이 기록했다가 돌아오면 들려 달라고 당부했다. 서하객은 어머니의 당부대로 매일 유람 일기를 적었다.

위대한 지리학자 서하객

서하객은 중국의 위대한 지리학자다. 그는 중국의 화북·화동·화남·서남 지역의 산과 강을 널리 밟으면서 자연 지모地貌, 수문, 기후, 식물과 동물, 풍속, 관습, 경제 상황 등을 고찰했다. 30여 년간 각고의 노력 끝에 《서하객유기徐霞客遊記》 등 저서를 써내 중국 지리학 발전에 거대한 기여를 했다.

서하객의 필적

| 세계사 연표 |
1620년 터키가 야시에서 폴란드 군대를 대패시켰다.

《청대명인전략清代名人傳略》상上
《서하객徐霞客과 산수 문화山水文化》
출전

서하객 여행 노선 지도

중국 전역에 남긴 발자취

서하객이 제일 처음으로 유람을 시작한 것은 만력 35년(1607), 그가 스물한 살 나던 해였다. 그때부터 쉰네 살 숙기 전 해까지 31년 동안 벼랑과 산을 오르고 강을 건너며 지금의 강소江蘇·절강浙江·복건福建·산동山東·하북河北·산서山西·하남河南·호북湖北·호남湖南·강서江西·광동廣東·광서廣西·사천四川·운남雲南 등 중국 전역에 그의 발자취를 남겼다. 그는 중국 각지의 풍경을 구경했을 뿐만 아니라 지리와 지질 상황들을 세밀하고 깊이 있게 고찰했다.

30여 년간 서하객은 천신만고를 겪으며 여행을 멈추지 않았다. 산천들의 비밀을 탐구하기 위해 그는 등산을 하면 꼭 산 정상까지 오르고 동굴에 들어가면 끝까지 가보곤 하여 마지막 원천을 발견했다.

그가 황산黃山을 오를 때는 마침 엄동설한이었다. 그런데다 황산의 산봉들은 높고도 가파랐다. 벼랑과 골짜기에는 눈이 쌓이고 응달에는 얼음이 얼었다. 그는 지팡이 끝으로 얼음을 뚫어 구멍을 내고 그것을 하나하나 밟으며 힘겹게 산 정상까지 올라갔다.

한번은 상강湘江을 건너다 도적을 만나 물에 뛰어들었는데 하마터면 물에 빠져 죽을 뻔했다. 다행히 이웃 배의 사람들이 건져 주어 간신히 살아남았다. 그러나 도적에게 행낭을 빼앗겨 한 푼도 없었던데다 사람도 지형도 생소한 타향이라 사람들은 그에게 고향으로 돌아가라고 권했다. 하지만 그는 "액운이 나를 물러서게 할 수는 없소이다. 난 몸에 삽을 지니고 있으니 어디 간들 시체야 묻을 수 있겠지요" 하고 말했다. 그는 이미 생사를 아랑곳하지 않았다.

그중에도 가장 힘겨운 노정은 서하객이 1636년부터 시작한 서남 지역에 대한 고찰이었다. 그 고찰은 장장 4년이 걸렸다. 당시 서하객의 나이 이미 쉰이 가까웠다. 그러나 그는 노복 하나와 뜻이 맞는 화상 정문을 데리고 결연히 길을 떠났다. 후에 노복은 달아나고 화상은 상처를 입고 죽었지만 서하객은 물러서지 않고 계속 나아갔다. 그는 운남, 호남, 광서, 귀주 등 석회암 지역의 용식溶蝕형 지형들을 고찰하고 각지 지형을 석봉石峯, 환와環洼, 석량石梁 등으로 분류했다. 또한 많은 동굴들을 고찰하고 그 동굴들의 방향과 깊이 그리고 넓이 등을 상세히 기록했으며 용동溶洞·종유석鐘乳石·석순石筍 등의 조성 원인에 대해서도 과학적인 분석을 했다.

그리고 암용 지형(카르스트 지형)의 농업적 이용에 대해서도 연구했다. 이것은 암용 지형에 대한 세계 최초의 고찰이었다. 이와 동시에 그는 또 서남 산지에 깊이 들어가 금사강金沙江 발원지인 곤륜산 남록을 고찰하고 금사강이 민강岷江보다 1000여 리가 더 길다는 것을 증명했다. 그래서《우공禹貢》에 나오는 '민산도강岷山導江' 이래의 오류를 바로 잡았을 뿐만 아니라 장강의 진정한 수원지를 발견했다.

1368~1644 명나라

서홍조, 즉 서하객이다 225

| 중국사 연표 |

1578년 전국 토지 측량이 만력 9년에 끝났는데 전국 경작 면적은 모두 701만 경頃이고 홍치 때보다 300만 경이 더 많아졌다.

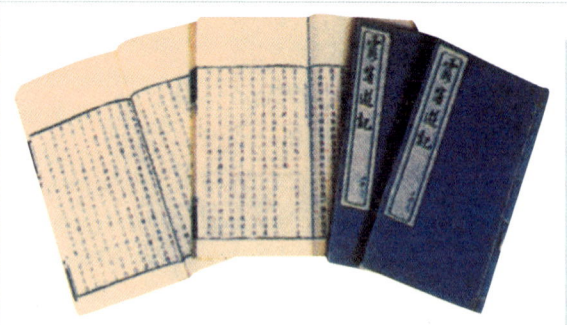

《서하객유기》
《서하객유기》는 중국 지리학사상 가장 중요한 경전 저작이며 세계 과학사에도 한 페이지를 차지한다. 특히 중국 서남 지역 지형의 생김새와 유형 그리고 형성 원인에 대한 연구들은 과학성과 대표성을 충분히 가지고 있어서 중대한 가치가 있으며 중국 고대 자연 지리 연구의 새로운 방향을 개척했다. 서하객은 지형을 계통적으로 연구한 선구자다. 《서하객유기》는 문필이 생동감 넘치는 유기 문학의 전형이기도 하다.

서남 지역에 대한 고찰은 서하객의 30여 년간의 유람 중에서 가장 성과가 컸다. 장기간의 여행으로서 서하객은 피부병과 무좀을 얻었다. 서남 지역 만리행에서 온갖 고생을 다 겪은 서하객은 병을 얻었고, 병은 날로 심해졌다.

숭정 13년(1640), 서하객은 병이 중해져 하는 수 없이 운남 계족산의 한 사원에 기거했다. 이때 서하객의 두 다리는 이미 걸을 수 없게 되었다. 그는 계족산에서 계족산 지방지地方志를 써 주기도 했다. 그 이듬해 서하객은 병이 중해져 일어나지를 못했다. 여강 태수가 서하객을 가마에 태워 고향으로 돌려보냈는데 100여 날이 걸려서야 집에 도착했다. 그리고 얼마 지나지 않아 죽었다.

유명한 《서하객유기》

서하객은 자신의 유람과 고찰을 그의 저서 《서하객유기》를 통해 세인에게 알렸다. 서하객은 어머니의 당부대로 여행지에서 견문과 감수를 일기 형식으로 매일 적었다. 산천·지형·풍토·인정·민족관계·광물 자원 등등 모든 것이 그 안에 기록되었다. 그는 낮에는 고생스러운 유람을 하고 밤이면 등불 아래서 일기를 썼다. 후세 사람들이 그것을 책으로 만들어 세계적으로 유명한 《서하객유기》가 나오게 되었다.

《서하객유기》는 글이 소박하고 자연스러워 명나라 말기와 청나라 초기의 대학자 전겸익은 이 책을 '세상에 둘도 없는 진짜 문장이며 위대한 문장이고 기이한 문장이다'라고 칭찬했다. 자연 풍경에 대한 묘사는 맑고도 신기하며 무척 생생해 큰 문학적 가치를 가지고 있다. 그리고 강 원류에 대한 고찰과 수정은 지형 지모에 대한 고찰과 연구에서 큰 업적을 남겼으며, 광산, 지리, 기후 등에 대한 고찰과 기록들도 모두 중요한 가치가 있다.

어떤 사람은 서하객을 '천고의 기인이며 그가 쓴 유람기는 천고의 기서奇書다'라고 극찬했다. 서하객과 《서하객유기》는 그런 찬양에 조금도 손색이 없는 걸작이다.

정화의 출항
이 그림은 명나라 시대 각본 《삼보태감서양기통속연의三寶太監西洋記通俗演義》에 실려 있다.

세계사 연표	
1620년	영국 청교도 이주민들이 '메이플라워Mayflower' 호를 타고 북아메리카에 도착해 뉴잉글랜드에 식민지를 건립했다.

명나라 지방 관제官制 도표

분야	내용
천문학	1383년 남경에 경사관상대京師觀象臺를 세움
	1442년 북경에 관상대를 세움
	1607년 이지조李之藻가 쓴 《혼개통헌도설渾蓋通憲圖說》 간행. 이 책은 서양의 천문학 개념으로 혼천설渾天說과 개천설蓋天說을 해석했다
	1634년 중국 최초의 천문 망원경 '규용窺筩' 정식 설치
수학	1450년 오경吳敬이 《구장산법비류대전九章算法比類大全》 편찬
	1592년 정대위 《산법통종》 편찬
	1606년 서광계와 이마두가 서양의 《기하원본》을 함께 번역하기 시작
	1613년 이지조가 서양 크라위스의 《실용산수개론》과 중국 정대위의 《산법통종》을 편역해 《동문산지同文算指》를 저술
의학	융경 연간 영국부 태평현에서 중국 사람들이 우두접종법을 시험함
	이시진이 《본초강목》 및 《빈호맥학瀕湖脈學》 《칠경팔맥고七經八脈考》 등 저술
	장경악張景岳이 《유경類經》 《유경도익類經圖翼》 《유경부익類經附翼》 《경악전서景岳全書》 등 저술
	1641년 오유성吳有性이 의학 저서 《온역론瘟疫論》 저술
농학	1511년 중국에서 옥수수 재배 시작
	1582년 베트남으로부터 고구마 도입
	1617년 조함趙㟉이 《식품植品》을 저술해 토마토 소개
	1628년 서광계 《농정전서》 저술
	숭정 말년 강남 농장의 경영관리와 농업기술을 기록한 《심씨농서沈氏農書》 간행
식물학	1621년 왕상진王象晉이 재배식물들의 특징과 형상들을 기재한 《군방보群芳譜》 편찬
지리학	1405~1431년 정화가 어명을 받아 함대를 거느리고 서양을 일곱 번이나 출사. 동남아시아·남아시아·서아시아 30여 개 나라를 방문. 가장 멀리는 아프리카 동부 해안까지 원항. 《정화항해도》 약 1425~1430년에 완성
	1536년 황충黃衷이 동남아 역사와 지리 및 중국 남양의 교통 상황을 기록한 책 《해어海語》를 저술
	1565년 호종헌이 중·일 교통과 명나라 시대 왜구에 저항한 상황을 기록한 책 《주해도편籌海圖編》 편찬
	서하객 《서하객유기》 저술
야금	1521년 사천 가주嘉州(현 사천 악천樂天)에서 수백 미터 깊이의 수직 유정을 착굴
	《당현지唐縣志》에는 1596년 '화폭법火爆法'으로 채광했다고 기재
인쇄	강남 일대 인쇄소에서 1488~1521년에 활자 인쇄술을 널리 활용
기계제조	1405년 정화가 서양을 원항할 때 대형 원양선 '보선'을 만듦. 길이 150여 미터로 1000명을 수용. 당시 세계적으로 제일 큰 선박
	1524년 북경에서 '불랑기佛郎機' 포를 제조
	1580년 척계광이 지뢰와 효력이 비슷한 '자범강륜화自犯鋼輪火'를 발명
	1598년 조사정趙士禎이 총기 제작과 사용방법을 기재하고 그림을 첨부한 《신기보神機譜》를 조정에 바침
	1626년 왕징王徵이 중국에서 제일 처음 기계공정을 계통적으로 저술한 저서 《신제제기도설新制諸器圖說》을 편찬
	1637년 송응성이 중국 고대 과학 기술의 백과전서인 《천공개물》의 편찬을 완료
건축	1420년 북경 황궁 건설. 북경 천지단(후에 천단으로 개칭)을 건축하기 시작함. 천단 안에는 회음벽回音壁·삼음석三音石·원구圜丘 등이 있음. 현존 제일 큰 고대 제사 건축군
	1447년 근돈주根敦朱가 티베트 일객日喀에 찰십륜포사扎什倫布寺를 세움
	1473년 북경 진각사眞覺寺(일명 오탑사)에 인도 풍격을 모방한 금강보좌탑을 세움
	1505년 북경 팔달령 장성 세움
	계성計城이 《원야園冶》를 편찬하기 시작해 숭정 연간에 책을 인쇄
	명나라 말 문진형文震亨이 중국 원림 건축의 중요한 저작 《장물지長物志》 편찬
수리	반계훈潘季馴 《하방일람河防一覽》 《양하경략兩河經略》 등 저술
	만공萬恭 《치수전제治水筌蹄》 저술

1368~1644 명나라

| 중국사 연표 |

1579년 조서를 내려 전국의 서원을 폐지시켰다.

081

일위이인

건주좌위建州左衛에 '일위이인一衛二印'이 나타났다. 갈라서 통치하는 것은 명나라 정부의 상투적인 해결책이었다.

건주위와 건주좌위

명나라 동북 변경의 여진족은 건주建州여진, 해서海西여진, 야인野人여진 세 개 큰 부로 나뉘어 있었다. 명나라 왕조는 이 동부 각 여진 부락과 몽골 세력이 결합하는 것을 방지하기 위해 동북에 대한 통치를 특별히 강화했다. 거기에 수백 개 위소衛所를 세우고 여진족 상층 인물들에게 작위와 관위를 봉해 주면서, 그들을 안정시키는 정책을 썼다.

영락 원년(1403)에 건주위建州衛를 설치하고 여진족 중 한 부락의 수령을 지휘사로 정했는데, 그가 바로 아합출阿哈出이다. 아합출은 명나라에 귀순한 후 북경에 와서 즉위한 지 얼마 안 된 명성제 주체를 배알했다. 주체는 아합출을 극진히 대접하고 그에게 이사성李思誠이란 이름을 하사했다. 2년이 지나 또 다른 여진 부락의 수령 맹특목孟特穆이 아합출의 천거로 건주위의 지휘사로 임명되었다. 영락 14년(1416), 명나라 조정은 건주위에서 건주좌위를 갈라내어 맹특목을 건주좌위의 지휘사로 임명했다.

이 두 개 위는 건립 후 명나라와 밀접한 관계를 유지했다. 그런데 그때 몽골의 달단 귀족들이 군대를 파견해 종종 쳐들어와 건주위와 건주좌위는 한곳에 못 있고 늘 이동하곤 했다.

한 개 위에 두 개의 인장

선덕 8년(1433), 맹특목과 그의 장자가 다른 한 부락의 습격을 받아 살해되었다. 맹특목의 차남 동산董山은 적에게 생포되고 맹특목의 아우 범찰凡察은 요행히 도망쳤다. 명나라 조정은 범찰을 도독첨사로 임명하고 건주좌위의 사무를 계속 관리하게 했다. 그런데 얼마 후 적에게 생포되었던 동산이 돌아왔다. 명나라 조정은 이 동산을 건주좌위의 지휘사로 임명했다.

맹특목과 그의 맏아들이 피살될 때 건주좌위의 위인衛印이 행방불명이 되었기에 명나라 조정에서는 새로운 도장을 범찰에게 주면서 건주좌위의 일을 주관하게 했다. 그런데 동산이 돌아오면서 건주좌위의 원래 도장을 지니고 왔다. 동산은 그 일을 즉시 명나라 조정에 보고했다. 자기가 죽은 아버지의 위업을 계승해 그 도장을 독점하고 건주좌위를 집정하는 권력을 도맡아 행사하겠다는 뜻이었다.

이것은 범찰에게 큰 위협이었다. 범찰은 새로운 인장을 그대로 보유할 것을 명나라 조

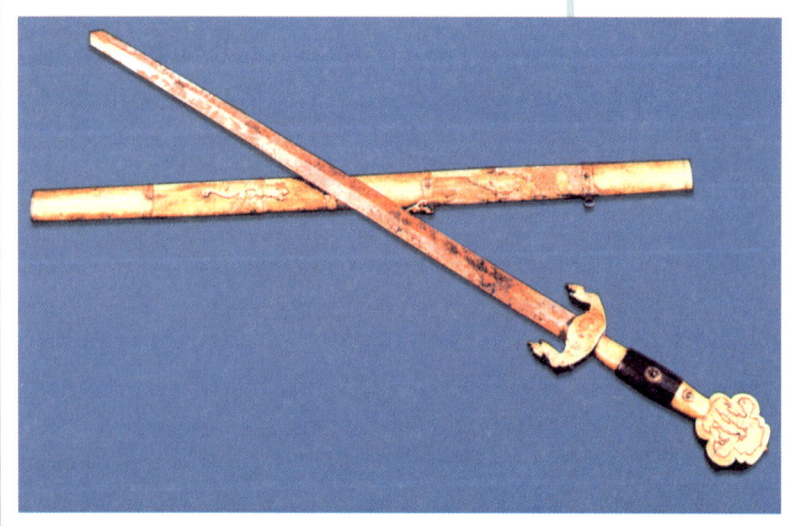

노이합적의 어용 보검

| 세계사 연표 |

1621년 네덜란드 서인도회사가 건립되었다. • 스웨덴과 폴란드 사이에 전쟁이 촉발했다.

《청대통사清代通史》 출전

노이합적의 보검

정에 제기했다. 둘은 서로 조금도 양보하려고 하지 않았다. 이로써 '일위이인', 즉 한 개 위에 두 개의 인장이 있게 되었다.

명나라 조정도 난감했다. 하는 수 없어 건주좌위의 사무를 둘이 공동으로 처리하게 했다. 그때 건주좌위의 처지는 아주 힘겨웠다. 남북 양측에서 모두 강적이 그들을 노리고 있었다. 동산과 범찰은 다툼을 잠시 접어 두고 부락을 다른 데로 이동할 일을 의론했다. 정통 5년(1440), 그들은 건주위 수령 아합출의 손자 이만주의 도움으로 혼하渾河 상유의 소자하 남안의 한곳으로 이동했다. 그러나 힘겨운 시기가 지나고 정세가 안정되자 동산과 범찰은 또 건주좌위의 도장을 가지고 다투기 시작했다.

건주삼위

한 개 위에 두 개 위인이 있다는 것은 말이 안 되는 일이었다. 명나라 조정은 고민 끝에 분할시켜 통치하는 방법을 취했다. 정통 7년(1442), 명나라 정부는 영을 내려 건주좌위의 일부 땅을 떼내 건주우위建州右衛를 세웠다. 그리고 범찰을 도독동지都督同知로 임명해 건주우위를 관할하게 하고, 동산은 도독첨사로 임명해 건주좌위를 관할하게 했다. 동산은 옛 도장을 쓰고 범찰은 새 도장을 썼다. 이리하여 '일위이인'의 다툼이 비로소 가라앉았다.

이로써 건주 여진은 건주위建州衛, 건주우위建州右衛, 건주좌위建州左衛 등 세 개의 위가 생겼다. 이들은 서로 간에는 상하급 관계가 없고 각기 명나라 조정의 직접적인 지배를 받았다. 역사에서는 이를 '건주삼위建州三衛'라고 한다.

채색 인쇄본 《몽헌변고전보夢軒變古箋譜》 - 중국 최초의 목판 인쇄본

명나라 오발상吳發祥 인쇄. 인쇄 기술이 뛰어나고 색깔이 조화를 잘 이룬 이 책은 조판 인쇄 시기의 걸작이다. 당시 중국 목판 인쇄의 대표 작품으로는 이 《몽헌변고전보》 외에도 호정언이 인쇄한 《십죽재화보十竹齋畫譜》와 《십죽재전보十竹齋箋譜》가 있다.

●●● 역사문화백과 ●●●

[명나라 말엽 채색 판화 인쇄술]

'두판飯版'이라는 인쇄술은 화고畫稿에 근거해 다양한 색깔과 진하고 연한 것을 갈라서 여러 개 판을 새긴 다음, 연한 것부터 시작해 진한 것으로 한 가지 색깔씩 여러 번 찍는 목판 인쇄술이다. 또 다른 인쇄술은 '공화拱畫'라는 방법인데 현대의 요판凹版 인쇄와 비슷하다. 화면 물상의 윤곽에 맞춰 평면목판에 요형凹形 선조들을 음각으로 새긴 다음 종이를 그 위에 펴고 그 위에 또 융단을 덮고는 널판으로 누르든지 몽둥이로 두드리면 목판에 새겨진 그림들이 선명하게 찍힌다.

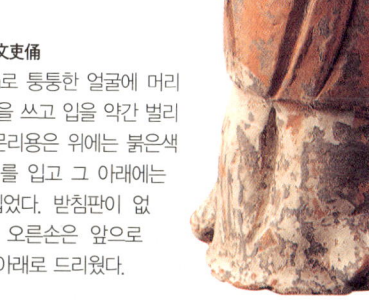

채색 문리용文吏俑

높이는 22cm로 통통한 얼굴에 머리에는 붉은 관을 쓰고 입을 약간 벌리고 있는 이 문리용은 위에는 붉은색 짧은 면포綿袍를 입고 그 아래에는 흰 면포를 입었다. 받침판이 없이 서있는데 오른손은 앞으로 들고 왼손은 아래로 드리웠다.

건주建州여진, 해서海西여진, 야인野人여진의 세 갈래다 229

| 중국사 연표 |
1581년 장거정이 전국적으로 일조편법을 실시했다.

082

큰 뜻을 품은 노이합적

여진 각 부락을 통일하는 싸움에서 점차 강대해진 노이합적努爾哈赤(누르하치)은 후금後金을 세우고 명나라에 대항하기 시작했다.

열두 겹의 갑옷

명나라 만력 연간에 동북의 건주 여진 각 부락은 혼전 상태에 빠졌다. 그러다가 후에 점차 소극소호蘇克素護, 철진哲陳, 혼하渾河, 동악棟鄂, 완안完顏 다섯 개 부락으로 변하고 각 부락에는 또 몇 개의 작은 부락들이 예속되었다. 소극소호 부락에는 도륜圖倫, 살이호薩爾滸, 가목호嘉木湖 등 성채가 있었고, 혼하 부락에는 항가杭嘉, 동가棟嘉, 조가兆嘉 등 산채가 있었는데, 이 부락과 산채는 예속관계가 없어 항상 서로 싸웠다. 이런 혼란한 상황에서 싸움에 능한 노이합적이 큰 뜻을 품고 각 부락을 한데 통합하는 중임을 담당했다.

노이합적은 가정 38년(1559)년에 출생했다. 어려서

청나라 개국 황제 노이합적

후금의 칸이며 청 태조인 노이합적은 팔기병八旗兵의 창건자이자 통수이고 유명한 군사가며 정치가다. 노이합적은 40여 년간 전쟁터에서 살면서 용감한 팔기병의 대오를 건립했다. 그는 늘 직접 군대를 거느리고 전쟁터로 나가 전쟁을 지휘하면서 적을 지략으로 타격하는 것을 강조했다. 그 결과 약한 병력으로 강한 적군을, 적은 병력으로 많은 적군을 물리친 주목할 만한 군사 사례들을 남겼다.

점일측병占日測病

'천인합일天人合一'은 중의학의 기본 사상 중 하나인데, 사람들의 건강은 해와 달의 운행과 일기 변화에 서로 조응되므로 천상과 천기에 대한 관찰로 사람의 건강 상황을 예측할 수 있다고 여기는 것이다. 그림은 명나라 《어제천원옥력상이부御制天元玉曆祥異賦》에 있는 것으로 '점일측병', 즉 해를 보고 병을 점치는 그림이다.

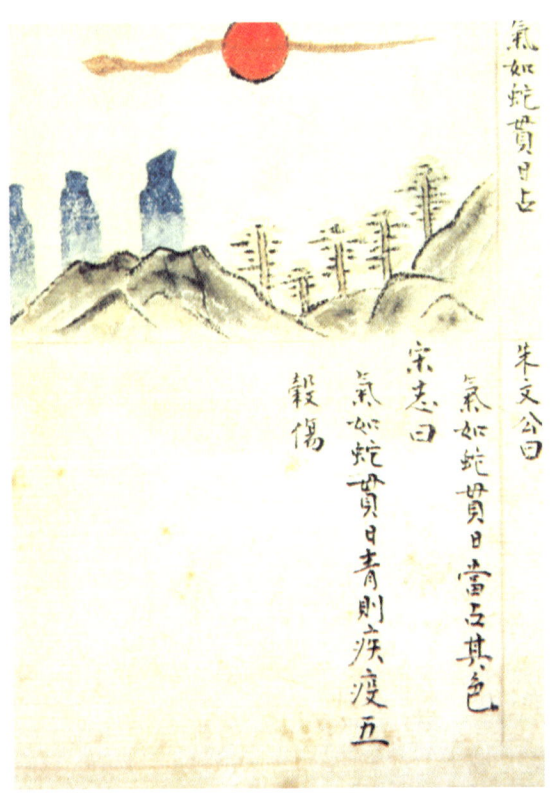

| 세계사 연표 |

1622년
영국 국왕 제임스 1세가 의회를 해산시켰다.

《청대통사淸代通史》

어머니를 여읜 그는 계모의 학대를 받았으며 남보다 일찍 독립했다. 건주와 무순 사이를 오가며 중국어를 배웠고 후에는 요동 대장군 이성량 수하의 군관이 되었는데 용감하고 지략이 뛰어나 싸움을 잘했다.

만력 10년(1582), 노이합적의 조부와 부친이 모두 명나라 군대에 살해되자 노이합적은 명나라 조정에 항의서를 제출했고, 명나라 조정은 오살誤殺이라면서 칙서 13도道와 말 30필을 하사하며 잘못을 표했다. 그리고 노이합적을 건주좌위 지휘사로 임명했다. 아직 힘이 없음을 아는 노이합적은 비분을 참고 명나라의 포상과 임명을 따랐다. 그리고 자기 조부와 아버지가 죽은 것은 건주 부중의 소극소호 부락 두령인 이감외란尼堪外蘭(니칸와이란) 때문이라고 여겼다.

1583년, 노이합적은 조상이 남겨 놓은 갑옷 열세 개를 가지고 혁도아라赫圖阿羅(허투아라) 서남 지역에서 먼저 이감외란을 향해 공격했다. 만력 14년(1586), 노이합적은 이감외란이 거처하고 있는 악륵혼성鄂勒渾城을 점령하고 이감외란을 죽였다. 그리고 얼마 안 지나 소극소호 부락 전부를 수중에 넣었다.

만력 16년(1588), 소극소호, 철진, 혼하, 동악, 완안 등의 부락이 노이합적에게 정복되었다.

고륵산 싸움

건주 여진의 통일과 강성은 이 지역 힘의 균형을 깨뜨렸다. 이는 명나라 정부에 불안을 느끼게 했을 뿐만 아니라 인근의 해서여진 같은 부락의 우려도 자아냈다.

해서 여진을 또 홀라온여진忽喇溫女眞이라고도 부르는데 송화강과 그 지류 연안의 많은 부락들이 여기에 속해 있었다. 송화강을 당시 해서강이라고 했기 때문에 이 부락들을 해서 여진이라고 통칭했다.

해서 여진은 오래전부터 명나라와 긴밀한 관계를 유지해 왔다. 여진 각 부락 간의 균형을 유지하기 위

백거사白居寺의 보제탑寶提塔

백거사는 티베트 강자현江孜縣 동북쪽, 해발 3900m나 되는 지점에 위치하는데 명 선종 선덕 2년(1427)에 건축하기 시작해 10년이 지나서야 준공되었다. 백거사는 중국어 이름이고 티베트어 약칭으로는 '반궈더친'인데 '길상윤대악사吉祥輪大樂寺'를 뜻한다. 이는 탑과 사찰이 한데 결합된 전형적인 장전불교藏傳佛敎 사원의 건축물이다. 탑 속에 사찰이 있고 사찰 속에 탑이 있어 탑과 사찰이 혼연일체를 이루었다. 백거사 곁의 백탑은 '보제탑'이라고 하는데, 티베트어로는 '반궈취뎬'이라고 한다. '흐르는 물이 여울진 곳에 있는 탑'이란 의미다. 9층으로 된 탑의 높이는 32m이고 전당 안에는 불상이 10여 만이나 그려져 있어 '십만 불탑'이라고도 불린다. 백거사의 건축물은 13세기 말부터 15세기 중엽에 이르는 티베트 지역 사찰 건축의 전형적인 양식을 대표한다. 백거사는 지금까지 완벽하게 보존된 유일한 티베트 불교사원으로 '티베트 탑왕'의 칭호를 가지고 있다.

해 여진족을 '분할하여 다스리는' 정책을 실시해 오던 명나라 조정은 후에 노이합적이 강성해지는 것을 보고 해서 여진을 이용해 건주 여진을 제어하는 정책을 실시했다.

만력 19년(1591), 해서 여진 엽혁葉赫 부락의 수령 납림포록納林布祿이 먼저 노이합적에게 도발을 했다. 그는 노이합적에게 사신을 보내 성 하나를 떼어 달라고 했는데 노이합적은 그 요구를 거절했다. 그러자 납림포록의 사신은 전쟁을 하는 수밖에 다른 방법이

| 중국사 연표 |

1583년
노이합적이 출병해 이감외란을 공격하고 도륜성을 점령했다.

노이합적의 군도

없다고 위협했고, 곧이어 공격을 감행해 건주 여진의 세력을 일거에 소탕할 계획을 세웠다.

만력 21년(1593) 9월, 납림포록은 훌륜 네 개 부락인과 장백산 두 개 부락, 몽골 세 개 부락 등 아홉 개 부락으로 구성된 3만 명 연합군을 세 갈래로 나누어 노이합적을 공격했다. 대군이 공격해 오자 건주 사람들은 겁을 먹었으나 노이합적은 태연했다. 그리고 당상에 앉아 여러 장수들에게 이렇게 말했다.

"너무 걱정할 일은 아니오. 아홉 개 부락의 연합군은 보기에는 강대해 보이지만 사실 임시로 모아 놓은 오합지졸에 불과하오. 그렇지만 우리 건주 사람들은 수는 적어도 하나하나가 모두 강병 맹장들이오. 우리가 단합해 결사적으로 싸워서 적군 수령 한 둘만 죽이면 놈들은 혼이 나서 모두 달아날 거요."

그리고 그들은 속히 9부 연합군보다 앞서 고륵산古勒山을 점령하고 영채를 세웠다. 고륵산 일대는 험하고 지형이 복잡해 방어하기는 쉬우나 점령하기는 어려운 곳이었다. 이 지형상의 유리한 점을 이용해 노이합적은 진을 치고 쉬면서 먼 길을 오느라고 지친 적군을 기다렸다. 9부 연합군은 이틀이 지나서야 고륵산에 당도했다. 노이합적은 액역額亦이라는 수하 맹장에게 군사 100명을 주어 적진 앞으로 가서 적군을 유인하게 했다. 액역의 군대를 본 엽혁 부락의 수령 셋은 모두 영채에서 달려 나왔고, 액역의 군대는 갑자기 말머리를 돌려 적진을 쳐들어가 적병 아홉을 단번에 죽였다. 불시에 공격을 당한 엽혁의 군사들은 겁을 먹고 주저했다. 그걸 본 엽혁의 수령 포재布齋가 성급히 달려 나오다가 그만 말이 걸려 넘어졌다. 그 바람에 포재는 말에서 떨어졌고 그 틈을 놓칠세라 건주의 군사들이 번개같이 쳐 나갔다. 포재는 건주 군사의 활에 맞아 죽었다.

수령이 죽는 것을 본 엽혁의 군사들은 달아났고, 다른 부락 군사들도 뿔뿔이 흩어졌다. 이렇게 9부 연합군이 큰 혼란에 빠졌을 때 노이합적이 총공격을 해 9부 연합군을 여지없이 대패시켰다.

고륵산 싸움에서 건주의 군사는 적병보다 훨씬 적

팔기병의 깃발

왼쪽에서 오른쪽으로 정황기正黃旗, 양황기鑲黃旗, 정백기正白旗, 양백기鑲白旗, 정홍기正紅旗, 양홍기鑲紅旗, 정남기正藍旗, 양남기鑲藍旗.

●●● 역사문화백과 ●●●

[노이합적의 팔기병]

대업을 이룩하기 위해 노이합적은 일찍부터 수하의 무력 조직을 정돈했다. 그는 수하 민중 300명을 하나의 '우록'으로 편성했는데 '우록'이란 만주어로 '화살'이란 의미다. 이 우록은 지금의 '부대'와 비슷한데 각기 황·백·남·홍 네 가지 색깔의 깃발로 자기 우록을 표시했다. 연속되는 출정의 승리로 노이합적의 부락은 날로 커지고 사람들도 날로 많아져 부대 역시 그 수가 점점 늘어났다. 명나라 만력 43년(1615), 노이합적은 처음에 만들었던 네 기旗를 각각 두 기씩 나누고 새로 생긴 기의 깃발은 원래 깃발에 테를 둘러 구별하도록 했다. 그래서 '양황鑲黃', '양백鑲白', '양남鑲藍', '양홍鑲紅' 네 기가 더 생겼다. 거기에 원래 있던 황·백·남·홍 네 기를 합치면 모두 여덟 기가 된다. 기 아래에는 다섯 개 갑라甲喇를 두고 갑라는 다섯 개 우록을 관할하게 했다. 다섯 개 갑라로 한 개 고산固山을 구성했다. 우록·갑라·고산 각 급의 수령은 모두 '액진額眞'이라고 불렀는데 '액진'은 만주어로 '주인'이란 의미다. 그 후 우록과 갑라의 수는 계속 증가했지만 기의 수만은 언제든 여덟 개로 고정했다. 노이합적의 팔기병 제도는 이렇게 수립된 것이다.

| 세계사 연표 |

1622년 프랑스 국왕 루이 13세와 위그노파 간의 전쟁이 일었으나 결국에는 화의했다.

은 병력으로 적군 4000여 명을 죽이고 대량의 전리품을 노획하는 대승을 거두었다. 이 전쟁으로 해서 여진의 세력은 대폭 약화되었다. 만력 41년(1613), 해서 여진의 대다수 부락이 노이합적에게 정복되었다.

'7대 한'의 선서

일련의 전쟁으로 여진 각 부락들을 통일한 노이합적은 변화하는 정세에 적응하기 위해 만력 31년(1603), 소자하蘇子河 기슭에 혁도아라赫圖阿拉성을 세웠다. 그 후 여러 번의 개수를 거쳐 혁도아라성은 여진족의 정치·경제·문화의 중심지가 되었다.

만력 44년 정월, 노이합적은 혁도아라성에서 칸汗(왕)이 되고 연호를 천명이라 하고, 국호는 대금大金이라고 했다. 역사에서는 이를 후금後金이라고 칭한다. 노이합적은 자기 가족에게도 아이신조로라는 새로운 성을 붙였다. '아이신'은 여진어로 '금金'이라는 뜻이고 '조로'는 '족族'이라는 의미다. 이 새로운 국호와 성씨는 노이합적이 역사상의 금나라를 계승하고 이로써 여진족 전부를 통합하겠다는 뜻을 표명한 것이다.

노이합적은 자기의 실력이 나날이 강화됨을 믿고 명나라 정부에 의도적으로 대항을 하기 시작했다.

후금 천명 3년(1618), 명나라 만력 46년 정월, 후금의 칸 노이합적은 수하들에게 "금년에는 꼭 명나라를 치겠다"고 말했다. 사전에 노이합적은 여러 가지 준비를 충분히 했다. 전쟁 준비를 위해 우선 많은 목재들을 찍어 냈는데, 명나라 통사에게 그 의도가 발각될까 봐 여러 패륵貝勒(종실의 작위)들의 마구간을 짓는다고 거짓말했다. 3월에 노이합적은 영을 내려

노이합적의 옥새

칼과 창, 활과 화살, 말과 마초 등이 충분히 준비되었는지 점검해 보도록 하고 새로운 병역법을 반포한 뒤 민중을 동원하면서 대규모 전쟁을 서둘렀다.

4월, 노이합적은 팔기의 여러 패륵들과 대신들을 거느리고 존호대尊號臺 위에서 의식을 한 뒤 7대 한恨을 말하면서 하늘에 분향하고 제를 지냈다. 7대 한이란, 여진족은 명나라에 일곱 가지 큰 원한이 있다는 말인데, 이것은 군사를 일으켜 명나라를 치고자 하는 구실이었다.

이 선서는 노이합적이 내린 전쟁 동원령으로 후금이 명나라를 반대하는 태도와 결의를 제일 처음으로 확실하게 표명한 것이다. 노이합적은 이 선서를 통해 후금이 명나라를 공격하는 것은 더는 참을 수 없는 명나라의 압박과 능멸 때문으로 이 전쟁은 정의의 전쟁임을 여진족들의 머리에 심어 두자는 목적이었다. 노이합적은 이 7대 한을 공문서로 만들어 요동 각지의 상인들에 나누어 주어 산해관 안으로 가지고 들어가게 했다.

그 해 노이합적의 나이 육십이었다. 선서가 끝난 후 그는 대군을 거느리고 명나라 몇 개 성을 연거푸 점령했다. 이로써 명나라에 대한 후금의 전쟁이 서막을 열었다.

팔기병의 투구와 갑옷

명나라 시기 군량을 징수하고 운수하는 일을 책임진 하층의 반관직半官職이다

| 중국사 연표 |

1586년 내각 수보 신시행 등이 황장자 주상락을 황태자로 세우자고 주장했으나 황제에게 거부당해 이로써 국본에 대한 투쟁이 일어났다.

083

살이호결전

명나라와 후금의 한 차례 결전인 살이호薩爾滸 대전에서 패배한 명나라는 전략적인 방어로 넘어갔다.

후금을 공격한 명나라 군대

중국 동북 지역의 여진 각 부락을 통일하고 후금을 세운 노이합적은 만력 46년(1618)에 군사를 일으켜 명나라를 공격했다. 먼저 그는 무순撫順과 그 동쪽에 있는 청하 등지를 공격했는데 무순 수성장 이영방李永芳은 투항하고 후금의 군대들은 사람과 가축 30만을 잡아 갔다. 요동 순무 이유한李維翰이 총병 장승음張承蔭에게 구원을 요청했으나 명나라 군대는 적의 복병에 걸려 장승음은 전사하고 전군은 전멸했다. 얼마 지나지 않아 천험天險의 요새라 자랑하던 변성邊城 청하도 노이합적의 군대에게 점령당했다.

명나라는 반격을 위해 전국에서 군사와 장수를 소집하고 요동 군대의 군비를 증가시키는 등 여러 조치를 강구했다. 그리고 관원 양호楊鎬를 병부 우시랑으로 올려 요동 경략經略으로 임명했다.

그 이듬해 양호는 조선의 군사 1만 1000명과 엽혁의 군대 3000명을 포함한 47만 명의 대군을 통솔해 네 갈래로 나누어 후금을 공격했다. 개원 총병 마림馬林은 개원에서 떠나 북으로, 산해관 총병 두송杜松은 무순에서 출발해 서쪽으로 공격했다. 요동 총병 이여백李如柏은 청하를 공격하고, 그 외 동남쪽의 한 갈래는 요양 총병 유정劉綎과 양마전이 통솔하기로 했으며 조선 군대가 공격을 돕기로 했다. 양호와 각 갈래 명나라 군대는 도관에서 회군해 먼저 후금의 경성인 혁도아라부터 공격하기로 했다.

명나라 철포鐵砲

오직 한 갈래로 친다

그런데 연일 큰 눈이 내려 명나라 군대는 계획대로 움직일 수가 없었다. 명나라 대군이 쳐들어온다는 소식을 들은 노이합적은 '적군이 여러 갈래로 와도 난 한 갈래로만 친다'는 주장을 하면서 우선 서로군 주력을 칠 것을 주장했다. 그는 군사 500명만 남겨 남로군의 공격을 막게 하고 6만 팔기병을 데리고 서쪽으로 나갔다.

명나라 군대는 말이 47만이지 실제 병력은 10만 정도였다. 그것을 네 갈래로 나누었으니 한 갈래에 2~3만밖에 되지 않았다. 그러니 노이합적은 우선 병력상 우세를 차지한 셈이었다. 그런데다 명나라 군대는 전국 각지에서 모아 온 군대이기에 동북 지역의 엄동설한에 적응하지 못했고, 지형까지 생소해 진군 속도가 느렸다. 그들은 가까스로 살이호 현에 이르렀다. 살이호는 무순에서 동으로 70리가량 떨어진 곳에 있었고 동으로는 혁도아라와 100여 리 떨어져 있었기에 후금의 대문이나 다름없었다.

살이호에 도착한 두송은 노이합적이 계번성界藩城 서북을 수축한다는 말을 듣고 군사 1만은 계번성을 공격하고, 남은 2만은 살이호를 지키기로 했다.

노이합적은 대선代善과 황태극皇太極 두 아들에게 팔기병 두 기旗를 주어 적군을 맞아 싸우도록 하고 자기는 팔기병 여섯 기 약 4만 5000명을 거느리고 살이호를 포위했다. 후금 대군이 새까맣게 몰려오는 것을 본 명나라 군대는 서둘러 성 밖으로 나와 싸웠는데 갑자기 날이 캄캄해져 지척을 분간하기 어려웠다. 명나라 군대는 다급히 횃불을 붙

| 세계사 연표 |

1623년 영국에서 세계 최초로 발명특허권법을 제정했다.

《명사明史·양호전楊鎬傳》 출전

여 들었다. 그 바람에 명나라 군대들이 후금 군대 눈앞에 환히 드러났다. 그 틈에 후금 군대들은 일제히 비오듯 활을 쏘아댔다. 이에 명나라 군대는 큰 손실을 보고 황급히 퇴각했다.

대선과 황태극은 두송의 군대와 힘겨운 결전을 벌였다. 살이호의 명나라 군대를 소멸한 노이합적은 군대를 돌려 대선과 황태극을 지원하러 달려갔다.

후로가 차단된 것을 본 명나라 군대에서는 대혼란이 일어났다. 결국 두송은 전장에서 전사하고 서로군은 전멸했다. 이때 마림馬林이 통솔하는 북로군은 삼차구三岔口라는 곳에서 출발하려고 했다. 그런데 두송의 군대가 전멸했다는 소식이 전해 오는 바람에 출발

노이합적의 어책御册

을 멈추고 그 자리에 영채를 세우고 명을 기다렸다. 그 기회를 이용해 노이합적은 북로군을 공격했다. 북로군은 싸움 같은 싸움 한 번 못 해보고 패해 달아났다. 마림은 홀로 개원으로 달아났다.

명나라 군대의 대패

두 갈래 명나라 군대가 모두 대패했다는 소식을 들은 병부우시랑 양호는 급히 동로군과 남로군의 전진을 멈추라고 명했다. 남로군 이여백은 명령을 받자 즉시 진군을 멈추었는데 동로군 유정은 다른 갈래 명군의 상황을 알지 못하기에 부대를 거느리고 300리 길을 더 진군해 혁도아라에서 멀지 않은 심하深河에 이르렀다. 그 소식을 들은 노이합적은 급히 병력을 이동해 유정을 맹공격했다. 그러나 유정의 군대는 꿈쩍도 하지 않았다. 이래선 안 되겠다 싶어 노이합적은 계책을 쓰기로 했다. 그는 사병들을 명나라 군대의 복장으로 갈아입히고 두송 부대의 기치를 들게 하여 유정을 속였다. 유정이 그 위장을 간파였을 때는 이미 늦어 군영에는 대혼란이 일어나고 유정은 결사적으로 싸우다가 전사했다.

전세가 불리해지자 양호는 이여백의 남로군을 급히 심양으로 퇴각시켰다. 그리하여 명나라 군대는 오직 이여백의 한 갈래 군대만 남았지만 얼마 지나지 않아 개원과 철령도 속속 후금의 군대에게 점령당하고 양호는 패전한 죄로 옥에 감금되었다가 후에는 처형되었다.

명나라와 후금이 벌인 살이호 대전 이후, 명나라 군대는 계속 패해 군사상 전략적인 방어 체제로 넘어갔다.

살이호 전쟁 지도

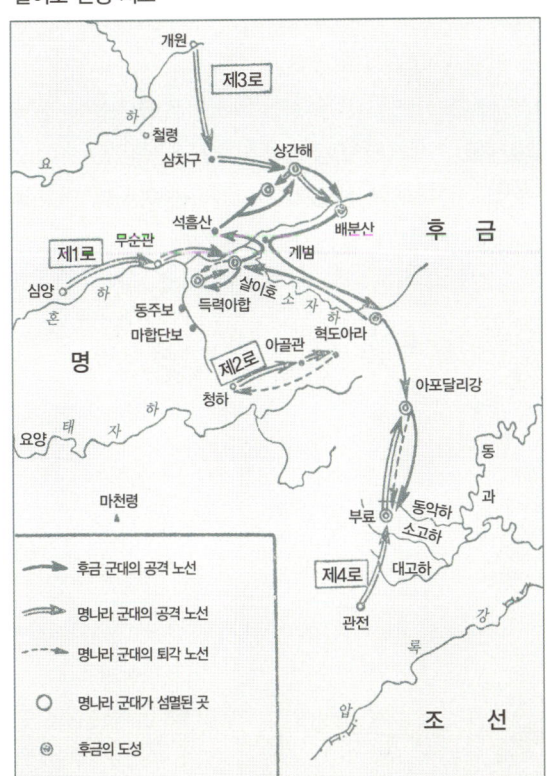

살이호 대전 이후다

| 중국사 연표 |
1592년 명나라 군대가 조선을 지원해 왜적에 대항했다.

084

명장 웅정필의 억울한 죽음

요동 경략經略으로 임명된 웅정필熊廷弼은 큰 뜻을 실현하려고 했으나 여러 가지 견제를 받아 어쩔 수가 없게 되었으며 끝내 억울한 죽임을 당했다.

요동을 지키러 간 웅정필

살이호 대전 후 후금은 승승장구로 개원 철령 등지를 점령하고 명나라 군대를 대패시켰다. 2년이 지나 후금의 군대는 다시 심양과 요양을 점령했다. 노이합적은 요양성 동쪽 5리 되는 곳에 성을 쌓고 동경東京을 건설했다. 심양이 서로는 명나라, 북으로는 몽고, 남으로는 조선을 칠 수 있을 뿐만 아니라 혁도아라와도 멀지 않아 후방 공급도 편리하다고 생각한 노이합적은 후금 천명 10년(1625) 명나라 천계 5년 3월에 도성을 동경에서 심양으로 옮기고 심양을 성경盛京으로 고쳤다. 이때부터 심양은 후금의 정치 중심지가 되었으며 명나라를 공격하는 대본영이 되었다.

명나라는 일련의 실패를 거듭한 후 만력 47년(1619)에 명장 웅정필을 요동 경략으로 임명했다. 웅정필은 만력 26년에 진사로 급제해 어사를 지냈고, 만력 36년(1608)에는 요동 순무로 임명되었다. 그는 7척 키에 말타기와 활쏘기에 능했다. 그는 당시 여러 번 상주문을 올려 명나라 군대가 조만간 큰 손실을 입게 될 것이라고 말했다.

양호가 살이호 전쟁에서 참패한 후 조정은 웅정필의 예견이 생각나서 웅정필을 병부우시랑 겸 우첨도어사로 임명하고 상방보검尙方寶劍을 하사해 대사를 스스로 결단할 수 있는 대권을 주었다.

웅정필이 산해관을 막 벗어났을 때 개원·철령이

아랍문이 새겨진 구리 향로 (위 사진)
이 구리 향로는 명 무종 정덕正德 연간에 주조한 것인데, 이슬람교 선교 활동에 대한 조정의 지지를 표시하기 위해 향로에 아랍문을 새겼다.

명대요동총도明代遼東總圖
명나라 가정 44년(1565), 이보李輔가 《금료지金遼志》를 편찬했는데 거기에는 당시의 요동 방어 정세도가 있다. 그것을 보면 명나라의 요동의 장성長城과 끝없이 이어진 보루들을 볼 수 있으며 몽고와 여진족은 모두 장성 밖에서 통제되었음을 알 수 있다.

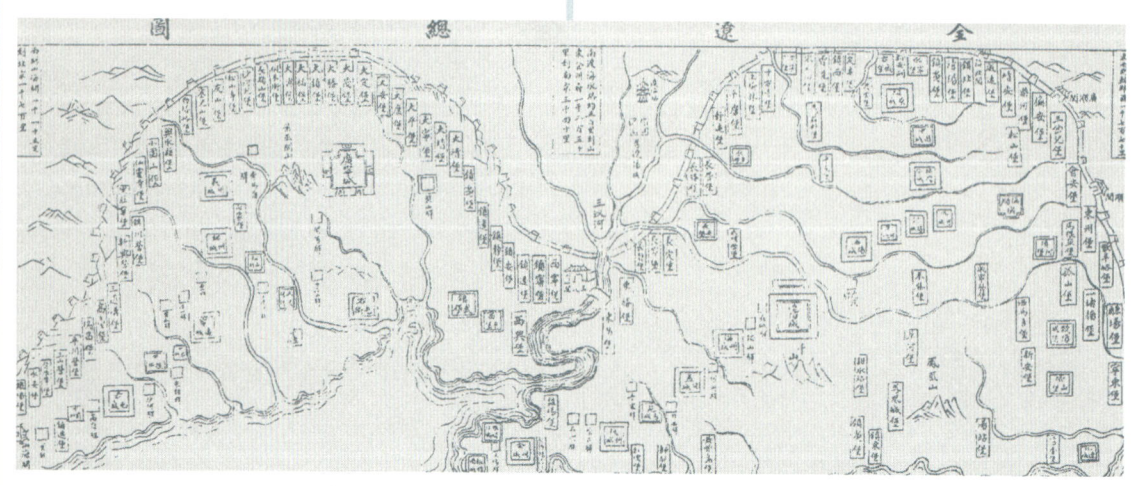

| 세계사 연표 |

1624년

인도 동부 지역에 최초의 영국인 거주 구역이 생겼다.

출전: 《명사明史·웅정필전熊廷弼傳》《명사明史·왕화정전王化貞傳》《명감明鑑·광종光宗》《명감明鑑·희종熹宗》

명나라 명장 웅정필

웅정필은 일찍 대리승, 남경 독학 등의 벼슬을 했으나 만력 40년(1612)에는 사직하고 고향으로 돌아가 장강에 41리나 되는 제방을 쌓았으며 또 갑문 하나를 세웠다. 이로써 그 지역에 홍수와 가뭄의 피해를 막았다. 만력 말년(1620)에 청나라 군대가 쳐들어오자 웅정필은 조정에 다시 임용되어 병부우시랑 겸 우첨도어사, 요동 경략이 되었다. 요동에 이른 그는 성을 다시 개수하는 한편 전차와 화기를 제조하고 군기를 정돈하며 유민들을 모집해 요동 변강을 다시 안정되게 만들었다. 후에는 간신 위현충의 모함으로 천계 5년(1625)에 억울하게 살해되었다.

후금의 군대에게 함락되었다는 소식이 들려 왔다. 심양과 요양이 큰 혼란에 빠지자 웅정필은 밤낮을 달려 전선으로 갔다. 그는 길에서 도주병들을 만나면 다시 소속 부대로 돌려보내고 도주해 온 장령 몇은 참수했다. 그런 다음 방어를 강화했다. 몇 달 후 수비가 확고해지자 웅정필은 청하와 무순 등의 중진들을 지킬 수 있도록 군사 18만을 보내 달라고 조정에 주청했다.

이렇게 웅정필이 요동의 군사를 정돈하고 있을 때 조정의 일부 관원들이 웅정필을 공격했다. 웅정필은 싸움은 잘했지만 성미가 거칠어 남에게 욕을 잘 했다. 그래서 일부 동료들의 미움을 샀던 게 화근이었다. 봉창 원년(1620)에 웅정필은 조정 대신들에게 탄핵을 받아 파직되었다.

그 이듬해 심양이 후금에게 점령당하고 총병 하세현, 우세공이 모두 싸움터에서 전사했다. 정세가 이렇듯 다급해지자 조정의 어떤 사람이 웅정필을 다시 기용해야 한다고 주장했다. 그러나 일부는 여전히 반대했고, 그러다 얼마 후 요양이 또 후금 군대에게 함락되었다. 탑산부터 연로까지 200여 리에 전쟁의 불길이 매일 타오르고 경략經略 원응태袁應泰도 자살했다.

화가 난 내각 대신 우일경이 웅정필을 요동 경략으로 보냈으면 이런 일은 일어나지 않았을 것이라며 말하자 조정 대신들은 더 이상 다른 말을 하지 못했다. 조정은 웅정필을 다시 불러 산해관을 지키게 하고 동시에 왕화정王化貞을 순무로 파견했다.

●●● 역사문화백과 ●●●

[만주문의 창제]

1599년 이전 만주인은 문자가 없었다. 역사상 여진족은 금나라 때 한자를 모방해 만든 여진문을 창제해 금나라 통치 지역에서 한동안 널리 사용한 적이 있지만 금나라가 망하고 원나라가 건립되자 여진인 지역에서는 몽고문이 점차 유행하고 원래 있던 여진문은 쇠퇴했다. 명나라 숙기에 이르러 여진족은 보편적으로 몽고문을 사용했다. 노이합적은 문자를 창제하기로 결정하고 명나라 만력 27년(1599), 어르더니額爾德尼와 거개噶蓋에게 명해 몽고 문자를 개혁해 '국서國書', 즉 '만주문'을 만들라고 명했다. 어르더니와 거개는 '몽고 문자를 만주 언어와 맞게 결합시키는 방법'이라는 만주문 창제의 원칙에 따라 자모는 몽고 문자를 모방하고, 만주어 음음을 결합시킨 만주문을 창제했다. 그런데 새로 창제한 만주문을 보급하는 과정에 문제점이 드러났다. 몽골어와 만주어의 음음 차이로 인해 차용한 몽고 문자로는 만주어를 제대로 표현할 수 없는 경우가 많아 늘 오류가 생겼던 것이다. 그래서 명나라 숭정 5년(1632), 황태극의 지지 하에 달해達海가 만주문을 수정하고 규범화했다. 그는 몽고문의 만문을 열두 개 자두字頭로 분류하고 차용한 몽고문 자모에 동그라미를 치는 방법으로 원래 혼동하기 쉬운 음들을 구별하도록 했다. 달해가 새롭게 고친 만주문을 '동그라미가 있는 만주문'이라고 하고 그 이전의 만주문을 '동그라미가 없는 만주문' 또는 '구만주문'이라고 한다.

그들에게 소금 운반과 판매권을 주었다

방어와 공격의 분기

순무 왕화정은 광녕廣寧에 주둔했다. 왕화정은 성격이 오만해 적군을 맹목적으로 경시했다. 그는 싸움이 뭔지도 모르는데 10여 만 대군을 지휘했다. 산해관에는 소수의 군사만 남겨 놓았고 웅정필은 이름이 요녕 경략이지 아무런 실권이 없었다.

웅정필과 왕화정 사이는 요동의 작전 방침에서 아주 큰 의견 대립이 있었고, 서로 자기의 주장을 굽히려고 하지 않았다. 웅정필은 쌍방의 실력과 전력 포진 상태를 분석한 뒤 군사를 삼면三面에 배치할 것을 주장했다. 즉 첫 번째는 광녕에 역량을 집중시켜 강적에 대처하고, 두 번째는 등주, 내주, 천진에 각기 수군水軍을 배치한 다음 후금의 후방을 기습해 군심을 동요시켜 적이 회군할 때 요양을 수복하며, 세 번째는 산해관에 경략을 특설해 세 곳을 통제해 통일적으로 지휘할 것을 주장했다. 그러나 왕화정은 요하 지역에 전군을 배치하고 전면적으로 공격할 것을 주장했다. 그는 자기에게 군사 6만을 주면 일거에 후금을 무찌르겠다고 호언장담했다.

이와 같은 방어와 공격의 분기는 경략과 순무 간의 불화를 조성했다. 후금 천명 7년(1622) 명나라 천계 2년 정월, 명나라 군대의 내막을 염탐한 노이합적은 직접 대군을 거느리고 요하를 넘어 요서遼西로 대거 공격을 감행했다.

서평의 포위

요하를 넘은 후금은 직접 광녕을 포위하지 않고 먼저 광녕의 전초前哨인 서평 등 성보를 향해 진군했다. 광녕의 명나라 군대를 유인해 끌어내기 위해서였다. 그런데 노이합적의 의도를 모르는 왕화정은 군대를 급히 서평·진무 등 성보로 보냈다. 후금의 군대들은 서평을 맹공격하기 시작했다. 명나라 부총명 나일관은 군사 3000을 데리고 격렬한 싸움을 하며 성을 지켰다. 그러나 성 안에 화살이 떨어지고 양식이 떨어져 결국 서평을 적군에게 내주고 말았다. 나일관은 자살하고 장병 3000은 모두 전사했다.

평소 오만해 적을 경시하던 왕화정은 서평이 포위되니 당황해 어쩔 줄 몰라 했다. 이때 중군 손득공이 3만 광녕 군사를 모두 보내 서평을 구원해야 한다고 했다. 손득공의 말을 믿은 왕화정은 손득공에게 광녕 군사 3만을 내주고 서평의 포위를 풀라고 했다.

사실 손득공은 남모르게 이미 후금에 투항한 자였다. 그는 영솔해 간 명나라 군대가 후금의 군대와 맞붙자마자, 명군이 패했다고 소리 지르며 말을 채찍질해 도망했다. 주장이 도망치는 것을 본 명나라 군대는 더 싸울 생각을 못하고 뿔뿔이 흩어져 달아났다. 그 기회에 후금의 군대들이 추격했다. 이렇게 되어 3만

명나라의 화려한 건축
이 모형 지붕은 이미 손상됐는데 높이가 76cm이다. 네 귀퉁이에는 기둥이 있고 처마 사면에는 일두삼승一斗三升의 두공이 각기 일곱 개씩 있다. 그 아래 바람벽에는 네모난 작은 구멍들이 난 창문이 있고 문 아래에는 채색한 화초 무늬가 있다. 붉은 칠을 한 벽에도 여러 가지 화초 도안이 장식되어 화려하다. 이 모형은 명나라 시대 건축 예술의 화려한 품격을 잘 반영하고 있다.

| 세계사 연표 |
1624년 네덜란드인들이 현재의 맨해튼 근처에 상륙했다.

명나라 원군이 서평 부근의 사령에서 모두 섬멸되고 말았다.

광녕의 참패

광녕으로 도망친 손득공은 왕정화를 생포해 노이합적에게 바칠 생각을 하면서 '후금병이 이미 가까이 왔다'는 유언비어를 도처에 살포했다. 이에 민심이 불안해져 광녕성 안이 일대 혼란에 빠졌다. 그런데도 왕화정은 아무것도 모르고 군영 안에 앉아서 사무만 보고 있었다. 어느 날 참장이 급히 달려 들어와 "상황이 다급합니다. 어서 피해야 합니다"라고 하자 왕화정은 무슨 소리인가 싶어 눈만 끔벅거렸다. 참장은 다짜고짜 왕화정을 끌고 나가 말 위에 태웠다. 이렇게 왕화정은 광녕을 버리고 서쪽으로 황망히 도망쳤다. 그 후 후금의 대군이 손득공의 인도를 받으며 광녕성이 입성했다. 노이합적의 군대는 왕화정을 200리나 추격하고서야 회군했다. 광녕성 주변의 여러 개·보들도 모두 후금의 군대에게 점령당했다.

대릉하에서 웅정필을 만난 왕화정은 대성통곡을 했다. 웅정필은 쓴웃음을 지으며 물었다.

"6만 군사면 후금을 일시에 무찌르겠다던 사람이 아니요? 그래 이젠 어떻게 할 셈이오?"

그제야 왕화정은 참회를 했지만 이미 아무 소용이 없는 일이었다. 둘은 다른 방법이 없어 산해관 안으로 돌아왔다.

광녕의 싸움은 모두 20여 일이 걸렸을 뿐이었다. 광녕을 후금에 잃어버린 후 명나라 조정은 왕재보를 요동 경략으로 임명했다. 그는 그동안 요동에서 벌어진 여러 전쟁에 대해 이렇게 말했다.

"첫 번째 싸움에서는 청하와 무순을 잃고, 두 번째 싸움에서는 개원과 철령을 잃고, 세 번째 싸움에서는 요양과 심양을 잃었으며, 네 번째 싸움에서는 광녕을 잃었다. 첫 번째 패전으로 위국危局이, 두 번째 패전으로는 패국敗局이, 세 번째 패전으로는 잔국殘局이 되고 마침내 네 번째 패전으로는 전 요동을 잃게 되어 이젠 수습할 방법이 없게 되었다."

이 말에서 광녕을 잃은 것이 요동 전쟁에서 얼마나 막대한 손실인지를 알 수 있다.

웅정필의 억울한 죽음

명나라 조정에서는 웅정필과 왕화정을 동시에 체포해 옥에 가두고 요동을 잃은 죄를 책문했다. 그리고 4월에 웅정필과 왕화정에게 모두 사형을 판결했다. 엄당들은 그 기회에 웅정필이 군비 물자를 탐오하고 동림당을 회뢰했다고 모함했으며 위충현은 수하들을 사주해 사건 심리를 대충하고 웅정필을 빨리 죽이도록 했다. 천계 5년(1625), 웅정필은 형장에서 절명시 한 수를 읊고 생을 마감했다.

"이 혼이 다시 살아나길 바랄쏘냐? 절필하고 탄식하니 그 한숨 소리에 날이 밝누나."

광녕성廣寧城의 고루鼓樓

광녕성 고루는 명나라 흥무 25년(1302)에 축조되었다. 성루 형식의 건축물인데 누의 대문 위에 있는 편액의 정면에는 '유주중진幽州重鎭'이라는 글이 씌어 있고 뒷면에는 '기북암강冀北巖疆', '화험위이化險爲夷'라는 글이 있는데 모두 이곳이 전략적으로 중요한 지위에 있음을 말해 준다.

1368~1644 명나라

| 중국사 연표 |

1598년 일본의 도요토미 히데요시가 죽고 명나라 군대와 조선 군대들은 그 기회에 왜적을 조선에서 내몰았다.

085

영원을 지킨 원숭환

원숭환袁崇煥은 명나라 군대를 영도해 영원寧遠을 사수함으로써 후금과의 전쟁에서 첫 번째 승리를 거두었다.

영원성을 새로 수축한 원숭환

후금과의 전쟁에서 명나라는 계속 패했다. 광녕을 잃은 것은 요하遼河 이서 지역에 대한 명나라의 통제권이 모두 상실된 것을 의미할 뿐만 아니라 동북 지역의 최후 방어선인 산해관을 후금 군대 바로 앞에 직접 노출시킨 결과를 초래했다.

광녕廣寧을 잃은 후 왕재진王在晉이 요동 경략을 이어받았다. 그는 산해관 밖의 지역들을 전부 포기하고 전력으로 산해관을 지킬 것을 주장했다. 상임한 지 얼마 안 되어 그는 산해관에서 8리 떨어진 팔리보에 성곽을 수축하고 군대를 파견해 지켰다. 그러나 영원(현 요녕 홍성興城) 등의 지역을 지키던 병비 첨사 원숭환은 그것을 못마땅하게 여기고 영원을 사수하고 영원과 금주 방선을 구축할 것을 주장했다. 원숭환의 건의에 조정의 대학사 손승종 등은 찬

억울하게 죽은 원숭환袁崇煥

원숭환은 명나라 만력 연간의 진사인데 나라를 지키기 위해 붓을 버리고 군대를 지휘했다. 요동의 방어를 책임지는 동안 그는 여러 차례 후금의 공격을 물리치고, 영원대첩과 영금대첩 등 빛나는 승리를 거두었다. 그렇게 되자 황태극은 원숭환을 피해 대군을 거느리고 직접 북경성을 공격했다. 원숭환은 급히 밤낮으로 대군을 몰아 북경을 구원하러 왔다. 그러고는 북경 광거문과 좌안문에서 후금의 군대를 대패시키고 위기에 빠졌던 북경을 구해 냈다. 그런데 어리석은 숭정 황제는 황태극의 간계에 속아서 사지를 찢는 형벌을 내려 원숭환을 죽이고 말았다. 건륭 47년에야 진상이 밝혀져 원숭환은 억울한 누명을 벗게 되었다.

청나라에 저항한 명장 손승종孫承宗

만력 연간에 진사로 급제한 손승종은 후금(청)이 광녕을 점령하자 병부상서 겸 동각대학사로 임명되어 계주薊州, 요동遼東, 천진, 등주, 내주萊州의 군무를 총괄했다. 그는 군사를 정돈하고 장령들은 엄격하게 다루어 요하 이서의 국토 400여 리를 차례로 수복했다. 그러나 후에는 환관 위충현의 무리들에게 배척당해 파직되었다. 훗날 황태극이 북경을 위협하자 그는 다시 병부상서로 기용되어 통주를 지키면서 각지에서 온 구원군을 지휘했다. 그러나 총병 오양과 송위가 대릉하에서 실패한 책임을 지고 또 파직되었다. 청나라 군대가 고양을 공격하자 손승종는 집안 사람들을 데리고 성을 지켰다. 그러다가 성이 깨져 적군에게 체포되었는데 마지막까지 굴하지 않았다. 남명 복왕 때 그를 태사로 추존했다.

| 세계사 연표 |

1624년 네덜란드인이 브라질을 소란시켜 '사탕수수전쟁'이 일어났다.

《명감明鑑·희종熹宗》 출전

성했다.

송승종은 자기가 독사督師가 되겠다고 주청했는데 희종의 윤허를 얻었다. 뿐만 아니라 희종은 그에게 상방보검까지 주었다. 천계 2년(1622) 8월, 왕재진의 요동 경략을 넘겨받은 손승종은 원숭환의 뜻대로 방어 군무를 정돈하도록 해 주었으며 유격 조대수에게 명해 영원 서남 바다에 있는 각화도를 지켜 영원의 방어를 돕게 했다.

원숭환은 1년이 걸려 영원성을 새로 수축했다. 새로 수축한 영원성은 성벽의 높이가 약 10m, 성가퀴 높이는 약 180cm, 성벽 밑바닥의 넓이는 약 9m², 성벽 위는 너비가 약 7.2m²였다. 그리고 사각의 적대敵臺는 삼면에 돌출되어 있어 화포를 쏠 수 있었다. 손승종은 군사 11만을 조련하고 갑옷과 창칼 등 병기 100만을 만들었으며 둔전 5000경頃을 일구었다. 그리고 금주, 대릉하, 소릉하, 송산, 행산, 전둔 등의 요새와 성곽들을 수십 개 수축해 지켰다. 명나라의 방비가 상당히 강화된 것을 본 후금은 한동안 공격할 생각을 감히 하지 못했다.

산해관으로 철수한 고제

그런데 이때 명나라 조정에서는 또다시 파쟁이 심해져 지략이 뛰어나고 군사에 능한 많은 장수들이 파직당하거나 전선에서 물러났다. 위충현과 갈등이 있는 손승종도 요동 경략을 3년도 못 하고 위충현 일당의 배척으로 파직되고, 엄당 성원 고제高第가 요동 경략으로 나왔다. 담도 작고 병법도 몰랐던 고제는 강대하고 용맹한 후금 군사에게 겁을 먹고는 산해관 밖의 방어선들을 없애고 산해관만 지킬 것을 주장했다. 원숭환은 그 말에 결사 반대했다. "공격으로 방어하는

의장대 사나이 채색용
높이 20.5~24cm. 1986년 섬서陝西 장안長安 위곡진韋曲鎭 북가北街 명나라 진국장군 무덤에서 출토된 것으로 현재 섬서역사박물관에 소장되어 있다. 붉고 긴 도포를 입고 허리에는 띠를 맨 이 도자기 용들은 머리에는 붉은 관이나 삿갓을 쓰고 손에 저마다 물건을 들고 서 있는데 장군 시위대의 풍모가 엿보인다.

것이 병법입니다. 그런데 금주와 우둔의 방어선을 없애면 영원과 전둔이 위험해지고 그러면 산해관도 적병을 막을 방패가 없어집니다."

그러나 고제는 원숭환의 말은 들으려고도 하지 않았다. 그는 원숭환에게 산해관으로 들어오라고 독촉했다. 그러나 원숭환은 고제의 말을 절대 듣지 않았다. "난 영원을 지키고 영원에서 죽을 생각이오. 영원에서 나를 움직일 생각은 하지도 마시오."

원숭환의 결심을 꺾을 수 없다는 것을 안 고제는 명을 내려 금주, 우둔, 대릉하, 소릉하, 송산, 행산, 탑산 등 여러 성을 지키는 군사들과 그곳의 백성들을 모두 산해관 안으로 철수시켰다. 때문에 한동안 군심이 크게 동요되고 백성들은 도망을 가 온 들판에서 울음소리가 진동을 했다.

해마다 동짓날이 되면 여든한 송이 매화꽃이 달린 매화가지 하나를 색이 없이 그린 다음, 매일 한 송이씩 색을 칠한다
이렇게 마지막 매화송이까지 색을 입히면 '구구九九'가 다 지나 날이 따뜻해지고 한기가 없어진다. 그래서 '구구소한도'라고 한다

| 중국사 연표 |

1601년 소주에서 민란이 일었다.

영원에서의 싸움

요서를 지키는 명나라 군대의 통수가 바뀐 것을 본 노이합적은 마침내 기회가 왔다고 기뻐하며 그 이듬해 정월에 군사 13만을 이끌고 대거 공격해 왔다. 그는 금주, 송산, 대릉하, 소릉하, 행산 등 여러 성을 마구 짓밟으면서 드디어 영원을 포위했다.

원숭환이 영원 고성孤城을 사수하는데도 산해관 안으로 들어간 고제는 구원할 생각도 하지 않았다. 영원성은 일각을 다투게 되었다. 노이합적은 원숭환에게 편지를 보내 속히 투항할 것을 재촉했다. 그러나 원숭환은 "죽으면 죽었지 투항이 웬 말이냐?" 하고 단번에 거절했다. 그는 장병들을 소집해 성과 목숨을 같이하면서 끝까지 성을 사수할 것을 맹세했다. 그리고 성 밖의 백성들을 모두 성 안으로 들여보낸 뒤 성 밖의 집들을 모두 헐어 버렸다. 그러고 나서 '도주하는 장병들은 모두 즉시 참한다'는 고시문을 산해관 각 처에 붙였다.

드디어 적군은 사면에서 영원성을 공격했다. 원숭환, 만계, 조대수 등은 군대들을 거느리고 용감하게 싸웠다. 그런데 적의 공격이 너무나도 맹렬해 성이 위험했다. 원숭환은 급히 나립羅立이라는 복건성 군사

영원성 동문

하나에게 명해 서양에서 들여온 거포巨砲를 발사하게 했다. 그러니 갑자기 벼락 치듯 하는 굉음과 함께 흙과 돌이 날아가는 바람에 성을 오르던 후금 장병들은 추풍낙엽처럼 떨어지고 천방지축 달아났다. 이에 화가 난 노이합적은 멈추지 말고 성을 공격하라고 명했다. 그러나 그것은 군사의 살상만 더할 뿐 효과가 없었다. 노이합적은 하는 수 없이 퇴각 명령을 내렸다.

영원성 공격의 실패는 노이합적에게 큰 타격이었다. 치욕을 느낀 그는 심리적 고통이 심한데다가 또 몸에 생긴 종기까지 심해져 8월 11일 심양에서 40리 떨어진 운계보에서 사망했다.

노이합적이 죽은 원인에 대해서는 여러 가지 설이 있다. 어떤 사람은 노이합적이 영원성 싸움에서 화포에 맞아 부상을 입었고 후에 그것이 도져서 죽었다고도 한다. 어떤 설이든 노이합적의 죽음은 영원성의 패배와 직접적인 관련이 있다.

영원의 싸움은 명나라가 후금과 싸운 이래 처음으로 승리한 싸움이었다. 그 소식이 전해지자 조정 상하가 기뻐 야단이었다. 조정에서는 즉시 고제 등을 파직시키고 원숭환을 첨도어사로 임명했으며, 얼마 지나지 않아 원숭환을 요동 순무로 임명해 영원을 지키면서 요동을 지키는 중임을 맡게 했다.

● ● ● **역사문화백과** ● ● ●

[기이한 신화소설 – 《봉신연의》]

장회소설章回小說 《봉신연의封神演義》는 일명 《봉신전封神傳》이라고도 하며 명나라 허중림許仲琳이 편찬했다(일설은 명나라 도사 육서성의 작품이라고도 한다). 이 책은 송원 시대 《무왕벌주평화武王伐紂平話》를 토대로 하고 주무왕이 상나라 주왕을 징벌한 역사에 근거해 상나라와 주나라 간의 신화적인 쟁투와 전쟁을 쓴 소설인데 상나라 말기 통치 집단의 학정을 폭로하고 강자 아탁자哪吒子 같은 인물 형상들을 창조했다. 이 책은 융경·만력 연간에 세상에 나왔다.

| 세계사 연표 |
1625년 프랑스와 스페인 간의 전쟁이 이탈리아에서 촉발했다.

086 정격안

《명감皇鑑·신종神宗》 출전

사내 하나가 몽둥이를 들고 태자가 있는 동궁으로 짓쳐들어간 일이 생겼다. 이 일로 조정 상하는 또다시 논쟁에 휩쓸렸다.

1368~1644 명나라

광인의 동궁 돌입

명나라 후기 강적이 변강을 침략해 오고 있는데도 조정 내부의 정치 세력들은 각자의 이익을 위해 서로 물고 뜯으며 싸우고 있었다. 명나라 말기 세 가지 큰 사건인 '정격안挺擊案'과 '홍환안紅丸案' 그리고 '이궁안移宮案' 등은 모두 당시 격렬한 당쟁과 관련이 있는 사건들이다.

만력 43년(1615) 5월 어느 날, 사내 하나가 대추나무 몽둥이를 하나 들고 태자 주상락이 거처하고 있는 자경전慈慶殿에 갑작스레 뛰어들었다. 그는 몽둥이를 휘둘러 문을 지키는 내시들을 때려눕히고는 사람만 보이면 몽둥이로 내리쳤다. 이렇게 대전 앞까지 들어가서야 이 자는 시위대에게 붙잡혔다. '정격안'의 '정挺'이란 몽둥이를 뜻하니 이는 '몽둥이로 친 사건'이라는 의미다.

황성순시어사皇城巡視御使 유정원劉廷元이 이 사건의 조사와 심리를 맡았는데 한동안의 조사를 거쳐 이런 상주문을 황제께 올렸다.

'이 사내의 이름은 장차張差이고 계주 사람인데 행동거지를 보니 정신이 이상한 자 같사옵니다.'

이 장차라는 자는 원래 땔나무 장사를 했는데 어느

명나라 광종光宗 초상
명나라 광종 주상락은 만력 18년(1620)에 즉위했는데, 연호는 태창泰昌이라 했다. 그런데 재위 한 달 만에 병으로 사망했다. 명나라 유명 3대 사건인 정격안挺擊案, 홍환안紅丸案, 이궁안移宮案은 모두 이 광종과 관련된다. 그림 중의 광종은 열두 가지 문양의 곤포衮袍를 입었는데 이 열두 가지 무늬는 해, 달, 별, 산, 용龍, 꿩, 범, 수초, 불火, 분미粉米, 보黼, 불黻을 대표한다.

진상재도眞賞齋圖 (명나라 문징명文徵明 그림. 일부분)
문징명은 소주 지역에서 심주의 뒤를 잇는 문단과 화단의 중심 인물이다. 아흔 살까지 산 그는 작품과 제자가 많았다. 그는 심주와 더불어 오중의 화단을 100여 년이나 이끌었기에 오중 화단에 중요한 역할을 했다. 오문 4가吳門四家 중에 그와 심주는 문인 선비의 특색이 가장 짙다. 그와 당인, 서정경徐禎卿, 축윤명祝允明 넷을 '오중 4재자吳中四才子'라고 하며 그와 축윤명, 왕총王寵을 '오문 3대 서법가'라고도 한다. 그는 시문과 서예에서 모두 조예가 깊었다. 문징명의 그림은 주로 산수를 소재로 했는데 특히 강남 소주 일대의 산수 풍물을 묘사했다. 이 〈진상재도〉는 가정 28년(1549)에 그린 것인데 세로 36cm, 가로 107.8cm이다. 그때 화가의 나이는 여든이었다.

| 중국사 연표 |
1601년 북경에 온 이마두가 신종의 접견을 받았다.

날 그가 팔려고 쌓아 놓은 나무더미를 누군가가 몽땅 불살라 버렸다. 이에 화가 난 장차는 조정에 고소하러 오는데 동화문에서 만난 한 사람이 몽둥이를 들고 조정에 들어가면 그 원寃을 풀 수 있다고 알려 주었단다. 그래서 몽둥이를 들고 조정을 찾아 들어온다는 것이 잘못해 태자가 있는 동궁으로 들어가게 되었다는 것이다.

왕지심이 알아낸 진상

사내 하나가 몽둥이를 들고 동궁에 돌입한 이 사건은 조정 내부에 또 한 번 큰 파란을 일으켰다. 적지 않은 사람들이 이 일은 정귀비 소생인 주상순朱常洵이 황위를 차지하게 하려는 목적으로 정귀비와 그의 아우 정국태鄭國泰가 장차를 시켜 동궁 황태자를 해치려던 짓이라고 의심했다.

절당浙黨 수령 방종철方從哲은 정귀비의 편이었다. 그는 외척의 세력을 이용해 자기의 지위를 공고히 하려고 했다. 그리고 조사와 심리를 맡은 유정원 역시 절강 사람이었다. 그래서 조정 관원들은 유정원이 내린 결론에 의구심을 가졌다.

당시 형부주사 왕지심王之寀은 섬서에서 온 관원이

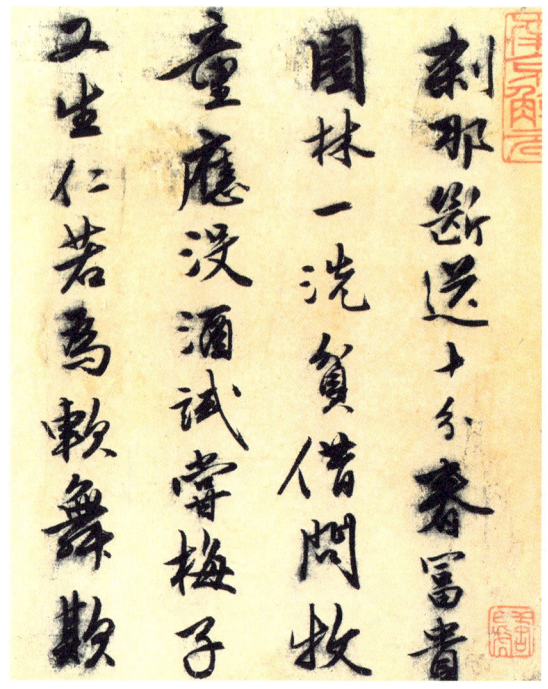

행서낙화시권行書落花詩卷 (명나라 당인唐寅의 필적. 일부분)
시, 서예, 그림, 이 세 가지에 모두 정통한 당인은 이 세 가지를 서로 조화시켜 성숙된 미를 표현하곤 했다. 숙련된 그의 행서체는 글자 하나하나가 정갈하게 서 있는 옥과 같으며, 경중輕重과 농담濃淡의 변화가 적절해 고산유수 같은 절묘함을 보여준다. 이 〈행서낙화시권〉은 당인의 전세가작傳世佳作으로 폭은 26.6cm이고, 길이는 40.6cm이며 글자와 글자는 서로 독립되면서도 또 서로 호응한다.

었다. 그는 장차를 심문해 다시 캐물은 끝에 사건의 내막을 알아내었다.

이 자의 아명은 장오아張五兒인데 하루는 마삼구馬三舅와 이외부李外父 두 사람이 생면부지인 태감 하나를 데리고 와 그를 찾았다고 한다. 그리고 그를 아주 큰 집에 데리고 가서 한 끼 잘 먹인 후 몽둥이 하나를 들려 주며 동궁으로 들어가 사람이 보이는 대로 쓰러뜨리라고 시켰다고 한다. 왕지심은 다른 관원들을 통해 이 상황을 황제께 이렇게 보고했다.

"장차는 정신이 조금도 이상하지 않습니다. 신경이 정상적이고 담력이 대단한 자입니다."

●●● 역사문화백과 ●●●

[강남의 문화 명인]

명나라 때 부유한 강남, 특히 소주와 송강 일대에서는 문단과 화단에 명인들이 많이 나타났다. 사람들은 그들의 성향과 작품의 분위기에 따라 그들을 분류하기도 했다. 그중에 유명한 유파로는 명나라 초기 소주부의 시인 고계, 양기, 장우, 서분 등을 가리키는 '5중4걸吳中四杰', 명나라 중엽 소주의 심주, 문징명, 당인, 수영 등을 가리키는 '명4가明四家', 축윤명, 문징명, 당인, 서정경 네 사람을 가리키는 '오중4재자吳中四才子' 등이 있다. 이상은 모두 소주 사람들이다. 홍치, 성화 연간에 이들은 시문으로 유명해졌다. '화중9우畵中九友'는 명나라 말기 화가 동기창, 이유방, 양문총, 정가수, 왕시민, 왕감, 장학증, 변문유 등을 말한다.

드러나는 진실

그런데 그 일이 자기가 총애하는 정귀비와 관련이 되는 일이기에 신종은 한동안 고민하다가 여론의 압박 때문에 마음을 바꾸었다. 심문 중에 장차는 모든 것을 이실직고했다.

마삼구의 원명은 마삼도馬三道이고 이외부의 본명은 이수재李守才이며 그 생면부지 태감의 이름은 방보龐保로, 이 방보가 장차를 큰 집으로 데리고 들어갔다. 그 큰 집은 바로 태감 유성劉成이 거처하는 곳이었다. 이 두 태감은 장차에게 금 주전자와 은 주전자를 하나씩 주고 장차를 3년 동안이나 걷어 먹였다. 그런 후에, '태자를 없애면 아무 걱정 없이 잘살 수 있다' 고 하면서 장차를 시켜 자경궁으로 쳐들어가게 했다는 것이다.

사건의 진상이 밝혀지자 사람들은 이 일의 주모자가 정국태라고 의심하면서 정귀비도 관련이 없지 않다고 했다. 정귀비가 관련된 것을 안 태자는 몹시 놀라 황제께 이 일을 더는 확대하지 말고 속히 매듭지어 정귀비가 연루되지 않도록 해야 한다고 말했다. 이 말을 들은 신종은 황태자를 칭찬했다. 그리고는 지경궁에서 백관들을 불러 놓고 자기들 부자의 관계를 신하들이 이간하려 한다며 엄히 꾸짖었다.

그리고 태자는 조정 신하들이 말이 많은 것은, 신하들을 임금 없는 신하로 만들고 나는 불효자로 만들려는 수작이라고 했다.

후에 장차는 몸을 찢어 죽이는 분시지형分屍之刑을 당했고, 방보와 유성은 궁 안에서 비밀리에 처형당했으며 마삼도는 유배를 보냈다.

정격안은 이렇게 결말을 지었다. 그 후에도 이 사건을 다시 조사해 보자는 관원들이 있기는 했지만 그들이 모두 처벌들을 받았다.

초음결하도蕉陰結夏圖 (명나라 수영豐英 그림)

수영은 명나라 중엽 화단에서 모든 분야에 능했던 보기 드문 화가로서 인물, 산수, 화조 등에 정통하며, 천강淺絳, 수묵 공필工筆, 사의寫意 모두가 정묘했다. 이 그림에서는 바위와 파초 그늘 아래서 두 건 쓴 문인 둘이 자리 펴고 앉아 하나는 월금을 타고, 하나는 거문고를 앞에 두고 있다. 뒤에는 술 담는 그릇과 책이 있는데, 동자 하나가 꽃을 꽂다가 음악에 끌려 고개를 돌리고 있다. 이 그림은 자연을 즐기는 문인들의 정취와 지향을 잘 표현하고 있다.

| 중국사 연표 |

1602년 이마두가 세계지도 《곤여만국전도》를 제작했다.

087

홍환안

광종은 즉위한 지 한 달도 못 되어 홍환 한 알을 먹고 붕어했다.

홍환을 먹고 죽은 광종

만력 48년(1620) 7월, 신종이 병으로 붕어하자 한 달 후 주상락이 즉위했다. 그가 바로 광종인데 연호를 태창泰昌이라고 했다. 광종이 즉위하자 정귀비는 새 황제가 보복할까 두려워 광종에게 주옥과 미녀를 바치면서 환심을 사려고 했다. 광종이 태자로 있을 때 이미 궁녀들 중에서 간택해 시중을 들게 한 미녀들이 몇 있었는데, 그 여자들을 '선시選侍'라고 칭했다. 그중에 성이 이씨인 여자가 둘이 있었는데, 하나는 동리東李, 하나는 서리西李라고 했다. 그중 광종이 가장 총애하는 선시는 서리였다.

광종에게는 두 아들이 있었는데 장자는 이름이 유교由校로 후에 희종熹宗이 되었다. 그리고 작은 아들은 유검由檢인데 후에 사종思宗이 되었다. 이 둘은 모두 서리의 말이라면 무슨 말도 다 들었다.

서리가 이렇게 총애를 받게 된 것을 안 정귀비는 서리와 친하게 지내면서 광종에게 자기를 황태후로 책봉하도록 주청해 달라고 했다. 서리는 정귀비를 황태후로 책봉해 주라고 광종에게 주청했으나 많은 신하들의 반대로 뜻을 이루지 못했다.

그런데 광종이 과도한 주색에 빠져 그만 병이 들었다. 그래서 정귀비와 친한 태감 최문승崔文昇이 바치는 약을 먹었는데 며칠이 지나도 병이 낫기는 커녕 더 심해져 구토와 설사가 그치지 않았다. 그러자 서리는 황제 선시의 자격으로 광종의 침전에 들었다. 이때 내각 수보 방종철이 홍려사鴻臚寺 이가작李可灼에게 특효약이 있다며 전해 주었고, 이가작은 즉석에서 붉은 빛이 나는 홍환 한 알을 광종에게 바쳤다. 광종은 그 약을 먹으니 몸이 좀 개운해지는 것 같다며 깊은 잠이 들었는데 이미 숨이 없었다. 이렇게 광종은 즉위한 지 한 달도 못 되어 붕어해 명나라 역사상 재위 시간이 가장 짧은 황제가 되었다.

●●● 역사문화백과 ●●●

[의흥의 자사紫砂 다기茶器]

명나라 시대 민요民窯는 전국 각지에 널려 있었다. 그중 의흥에서 구워 내는 자사 도기가 특별했다. 의흥의 자사 도기는 주로 차기를 많이 만들어 냈는데, 이것은 차 마시는 방식과 관련된다. 중국 고대에는 차를 가루 내어 물에 끓여 마셨으나, 명나라 이후는 마른 찻잎을 더운 물에 우려서 마시는 방법으로 바뀌었다. 이 방법은 이전의 방법보다 간편했지만 차를 우리려면 주전자가 있어야 했다. 의흥의 자사 주전자는 그 수요에 따라 생산된 것이다. 의흥의 자사는 강소 의흥의 정산진과 촉산진에서 나는 데 이곳의 자사 흙은 질그릇을 만드는 데 좋은 재료였다. 자사도기는 유약을 바르지 않기 때문에 소박하면서도 단아하고 향기가 그윽하여 여름에 오래 놔두어도 차의 향이 변하지 않기에 문인들이 좋아했다. 의흥의 자사 주전자는 작고 소박한 것을 상품上品으로 알아주는데 조형은 단순하고 몸체는 납작하며 윤곽은 부드럽고 표면에 글이나 그림을 새긴 것도 있다. 명나라 때 서동 공춘供春이 자사 주전자를 깊이 연구했는데, 그가 만든 찻주전자를 '공춘호供春壺'라고 했다. 그 제자 시대빈時大彬도 형 때문에 이름이 났다.

장수를 의미하는 주기 – 복숭아형 자사잔紫砂盞 (위 사진)
명나라 말 청나라 초 의흥宜興의 유명한 도자기공 항성사項聖思의 작품인 이 자사잔은 높이가 7cm이고 지름이 10cm인데 부드럽고 붉은 윤택이 나며 의흥요에서 구워 낸 것이다. 술잔의 표면에는 '선경의 꽃밭 앞 술자석에서 서왕모의 구하잔을 기울이누나閬苑花前是醉鄕, 拈翻王母九霞觴'라는 시와 '성사聖思'라는 서명이 새겨져 있다. 항성사와 공춘龔春, 시대빈時大彬, 진용경陳用卿 등은 모두 의흥의 유명한 도공들로서 자사기를 만드는 데 뛰어났다. 그러나 항성사의 작품은 전해진 것이 아주 적다.

| 세계사 연표 |

1626년
영국이 프랑스에 선전포고를 했다.

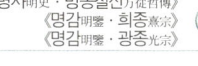

《명사明史·방종철전方從哲傳》
《명감明鑑·희종熹宗》
《명감明鑑·광종光宗》

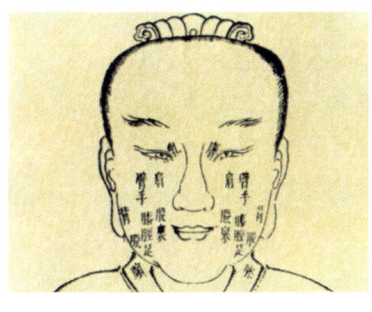 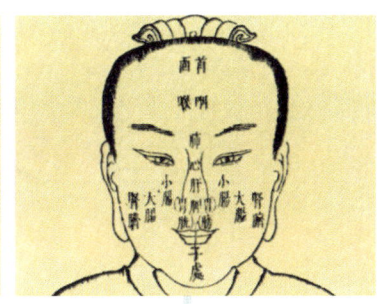

면진도面診圖

장개빈張介寶(약 1563~1640)은 자가 경악景岳 또는 회경會卿이며 산음山陰 소흥紹興 사람이다. 명나라의 유명한 의학자로서 젊었을 때 명의 김영金英에게 의술을 배웠고, 30여 년 동안 《유경類經》 32권을 편찬해 《내경內經》을 계통적으로 분류했다. 그리고 《유경도익類經圖翼》 11권, 《유경부익類經附翼》 4권 등을 편찬했다. 만년에는 《경악전서景岳全書》 64권을 집성했다. 그는 '양비유여陽非有餘', '진음부족眞陰不足', '인체허다실소人體虛多實少' 등의 이론, 즉 인체에는 양陽이 남아도는 것이 아니라 진짜 음陰이 부족하고 허虛가 많고 실實이 적다는 이론을 제기하고, 그렇기 때문에 진음원양眞陰元陽을 보補하고 한랭과 공벌攻伐에 쓰는 약들은 조심해 쓸 것을 주장했다. 그림은 장개빈의 《유경도익》 중에 나오는 '지절색견면부도肢節色見面部圖'이다.

방종철 등에 대한 비난

'홍환안'이 생긴 후, 조정 안팎에서는 모두들 광종이 죽은 이유는 이가작에게 있다고 결론지었다. 그런데도 내각 수보 방종철은 자기가 작성한 선제의 조서를 통해 이가작을 포상했다. 그러자 어사 왕안순이 이가작을 포상해 자기 죄를 감추려 한다고 방종철을 탄핵했다. 사람들의 격분하는 것을 본 방종철은 이번에는 돌연 이가작의 봉록을 1년 떼어 버렸다.

이때에 방종철 등을 탄핵하는 상주문들이 연거푸 올라왔다. 어떤 사람은 최문승이 정귀비의 심복이기에 고의적으로 설사하는 약을 먹여 광종의 병이 더욱 심하게 만들었다고 고발했고, 어떤 사람들은 이가작의 홍환 때문에 광종이 붕어했으니 그 죄 백 번 죽여 싸다고도 했다. 그리고 방종철은 이런 극악한 자를 비호하고 있으니 그 죄를 엄히 다스려야 한다고 주청했다. 이런 상주문들은 근래에 있었던 궁정 내부의 투쟁

까지 모두 들먹이는 바람에 방종철은 하는 수 없이 벼슬을 버리고 고향으로 돌아갔다.

그러나 방종철이 사직한 후에도 홍환안은 종결되지 않았다. 천계天啓 2년(1622) 4월, 예부상서 손신행孫愼行이 상주문을 올려 홍환안과 관련된 방종철의 죄를 추론하면서 방종철은 임금을 시해한 죄가 있으니 즉시 처결해야 한다고 주장했다. 그러자 조정 안에서는 방종철의 죄명을 가지고 두 파가 다투었다. 대다수 관원들은 손신행의 주장을 찬성하면서 방종철 죄를 엄하게 징벌해야 한다고 주장했지만 일부 관원들은 방종철의 벼슬을 박탈하는 것으로도 충분하다고 했다.

홍환안 사건은 최후로 이가작을 유배 보내고, 최문승은 남경으로 좌천시키는 것으로 끝이 났다. 방종철은 죽지 않고 살아남았을 뿐만 아니라 판결도 받지 않았다. 얼마 안 되어 손신행이 병을 빙자해 사직했는데, 그 내막에 무슨 일이 있었는지는 누구도 모른다.

의흥 자사도호紫砂陶壺

의흥에서 나는 자사도기紫砂陶器이다

| 중국사 연표 |

1603년
스페인 식민자들이 여송도呂宋島에서 화교 2만 5000명을 도살했다.

088

이궁안

건청궁에 있으면서 황장자를 통제하려던 이선시李選侍는 대신들의 강경한 반대로 건청궁을 떠나지 않을 수 없었다. 이것을 '이궁안移宮案'이라고 한다.

황장자의 등극

광종이 앓는다는 소식이 전해지자 조정 대신들은 황권이 궁정의 요사스러운 무리들 손에 장악되지 않을까 모두 근심했다. 원래 광종의 두 아들 주유교와 주유검은 서리, 즉 이선시의 말이라면 뭐든 듣는 판이었고 이선시 역시 정치적인 야망이 가득한 여인이었다.

광종이 죽기 직전, 조정 대신들과 국사를 비밀리에 상의하고 있는데 이씨가 아직 태자로 책봉되지 않은 황장자 주유교의 손목을 끌고 들어와 자기를 황후로 책봉해 달라고 했다. 황후의 지위는 장차 황제 계승인에 대해 법적 권력을 가지고 있기 때문에 광종은 그것을 윤허하지 않았다. 그 정경을 목격한 당시의 대신들은 모두 경악하는 표정을 감추지 못했다.

광종이 붕어한 후 이씨는 건청궁에 계속 머물러 있으면서 심복 환관인 위충현과 밀모해 황장자를 조종했다. 급사중 양련楊漣, 예부상서 유일경劉一燦이 다른 대신들과 같이 건청궁에 갔는데 태감 몇이 앞을 가로막으며 들어가지 못하게 했다. 그러자 양련이 소리를 지르며 엄히 호령하자 그제서야 태감들이 물러섰다. 유일경이 황장자가 지금 어디에 있느냐고 물으니 태감들은 대답을 못했다.

그때 반독伴讀 왕안이 들어가 이선시에게 "황장자를 모시고 잠깐 나갔다 들어오겠습니다" 하고 거짓말을 하고는 황장자를 안고 밖으로 뛰었다. 사람들이 쫓아오자 양련이 호령해 물리쳤다. 유일경은 급히 황장자를 데리고 문화전으로 달려갔고, 신하들은 새로운 황제에게 머리를 조아렸다. 황장자는 자경궁에 머물고 후에 길일을 택해 등극했다.

좌광두의 상서

광종이 죽자 이씨는 황위 계승자인 열여섯 살 난 황장자 주유교를 통제하기 위해 자기를 황장자와 같이 건청궁에 있게 해달라고 요청했다. 뿐만 아니라 이씨는 또 조정 대신들이 바치는 상주문들을 자기가 먼저 보고 주유교에게 넘기게 했다.

이에 조정 대신들은 강하게 반대했다. 일부 대신들은 광종이 붕어한 그 이튿날, 이씨를 건청궁에서 내보낼 것을 주장하는 상주문을 연이어 올렸다. 그중에도 어사 좌광두左光斗가 제일 격렬했다.

"내정의 건청궁은 외정의 황극전과 마찬가지로 다만 황제만이 계시는 곳이며 황후만이 같이 있을 수 있는 곳입니다. 이외에 다른 희빈들은 상주할 수 없습니다. 이것은 오해를 사지 않기 위해서일 뿐만 아니라 더욱이 존비尊卑를 구별하기 위해서입니다. 선시는 황장자의 적모嫡母

북경의 건청궁乾淸宮

| 세계사 연표 |

1629년

일본의 고미즈오(後水尾) 천황이 퇴위했다.

《명감(明鑑)·광종(光宗)》

도 생모도 아닌 터에 염연히 정궁(正宮)으로 자처하고 있고 전하께서는 도리어 자경궁에서 나와 계신다면 그것은 명분을 잃는 일이옵니다. 속히 결단을 내리셔야지 그렇지 않으면 부양을 구실로 권력을 독점할 수 있사옵니다."

좌광두의 상주문을 본 이선시는 화가 치밀어 올라 즉시 사람을 보내 좌광두를 불렀다. 그러나 좌광두는, "나는 천자의 법관이오. 천자의 부름이 아니면 갈 수 없소" 하고 응하지 않았다. 이에 더욱 노한 이씨는 황장자를 불러서 함께 좌광두의 일을 처리하자고 했으나 황장자가 보니 좌광두의 말이 이치에 맞았다. 내각 수보 방종철이 그래도 '이궁'을 지연시키려고 하자 곁에 있던 유일경이 이를 질책했다.

건청궁을 나간 이씨

황장자가 등극하는 전날, 양련 역시 상주서를 올려 이씨의 이궁을 독촉했다.

'이선시는 임금을 보호한다는 구실로 권력을 독점

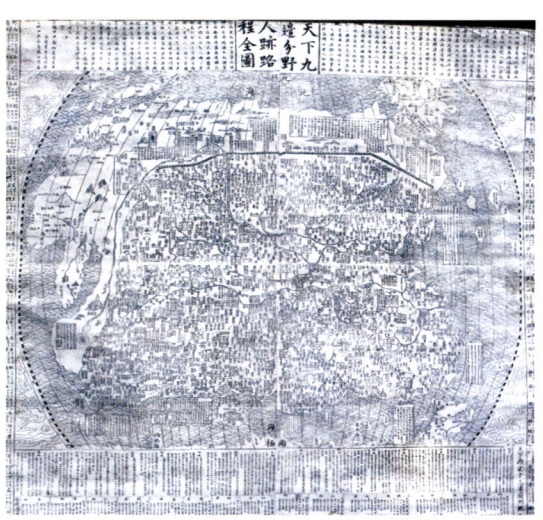

천하구변분야인적노정전도 (명나라 각본)
〈천하구변분야인적노정전도天下九邊分野人跡路程全圖〉는 민간에서 그린 세계지도 중 가장 오래된 것이다. 명나라 조군의曹君儀가 숭정 17년(1644)에 간인刊印했다. 이 지도는 중국을 위주로 하고 유럽, 아시아, 아메리카의 일부 나라들도 보여 주고 있다.

하려고 꾀하고 있사옵니다. 신이 오늘 품한 말을 전하께서 결행하시면 대신들 모두 찬성을 할 것입니다. 오늘 즉시 결행하셔야 합니다.'

대신들의 독촉이 심해 이선시는 더는 어찌지 못하고 건청궁을 나갔다. 그러나 그 일은 그대로 종결되지 않았다. 일부 다른 마음을 품은 자들은 새 임금이 등극하면서 선제의 뜻을 어기고 서모를 내쫓았으니 광종은 시신이 식기도 전에 희빈을 잃게 되었다고 하면서 이건 너무 하다는 말을 돌렸다. 그러자 좌광두, 양련 등과 갈등이 있는 자들이 이에 맞장구를 쳤다. 그래서 이선시의 이궁 문제를 둘러싸고 다시 논쟁이 일었다.

좌광두와 양련은 이궁의 명분을 시작부터 끝까지 다시 설명해야 했다. 새로 등극한 희종은 내각에 조서를 돌려 이선시가 자기들을 협박해 황후가 되려 했던 일, 수렴청정을 꾀하던 일 등의 죄상을 열거하고 유언비어를 돌리는 관원들을 엄히 꾸짖으며 양련 등을 칭찬하고 포상했다. 그제야 논란이 가라앉았다.

●●● 역사문화백과 ●●●

[가정과 여성들의 생활이 주 내용인 장편소설 - 《금병매》]

《금병매金瓶梅》는 중국 고대 소설로 저자에 대해서는 난릉소소생蘭陵笑笑生이라고 서명만 있다. 명나라 가정 말년부터 만력 중기까지 집필한 것으로 추정되는 《금병매》는 중국에서 최초로 가정과 여인의 생활을 내용으로 한 장편소설이다. 책명 《금병매》는 반금련潘金蓮, 이병아李甁兒, 춘매春梅 세 여인의 이름 중에 한 자씩을 떼어 만든 것이다. 《금병매》는 《수호전》에 나오는 무송이 형수 반금련을 죽이는 한 단락의 스토리를 소설 전반 서사의 틀로 발전시켰다. 비록 소설의 시대 배경은 북송 말년으로 설정했지만, 소설이 반영하고 있는 생활 정경들은 명나라 시대가 배경이다. 소설은 서문경을 핵심 인물로 하고 돈, 여색, 권세에 대한 추구 속에서 인생을 허비하고 마는 서문경의 짧은 일생을 묘사했다. 그리고 소설은 반금련과 같은 음욕과 탐욕이 비상하고 악질 같으며 불행한 여인의 형상을 부각했다. 또한 관료사회의 부패와 세태도 비판했다.

| 중국사 연표 |

1604년 고헌성 등이 무석에서 동림서원을 중수해 동림당이 강연을 하고 정치를 의논하는 중심으로 만들었다.

089

위충현의 악행

조정 권력을 장악한 위충현魏忠賢을 위시로 하는 엄당閹黨들은 옷갖 악행을 저질렀다. 그들은 희종熹宗 시대에 가장 악한 세력이었다.

후궁의 강한 악세력

어려서 어머니를 잃은 희종은 유모 객씨客氏의 손에 자랐다. 그런데 이 객씨가 궁에 들어와서부터 이진충李進忠이라는 태감과 사통하면서 지냈다. 희종은 즉위해 객씨를 봉성부인奉聖夫人으로 봉했는데 이에 따라서 이진충도 총애를 받게 되었다. 이 이진충이 바로 악명 높은 위충현이다.

위충현은 어려서부터 한량이었다. 한 번은 부잣집 방탕아들과 투전을 하다가 밑천마저 몽땅 날려 버리자 홧김에 스스로 거세를 하고 이름을 이진충이라 고친 다음 입궁해 태감이 되었다. 후에 황제가 그에게 위씨魏氏 성 하나를 하사하고 또 현충이라는 이름까지 하사했다.

희종이 즉위한 후 그는 석신사惜薪司의 태감에서 단통 사례감 병필태감秉筆太監으로 올라갔다. 그런데 이 위충현은 글을 몰랐다. 그래서 글 아는 사례감 태감 왕체건王體乾 등과 결당하고 객씨와 함께 밀모해 태감 위조魏朝와 왕안王安 등을 제거해 버리고 후궁에서 강한 세력을 이루었다.

엄당의 득세

희종은 즉위해 동림당인東林黨人들을 대량 기용했다. 그런데 이 동림당인들이 관료 세력들과 암투만 하는 바람에 희종은 신변에 있는 환관들과 친해졌고, 위충현도 후궁에서 조정에 발을 들이게 되었다.

위충현은 권모술수가 뛰어났다. 그는 동림당과 등진 각 파 세력들을 모두 자기 편으로 끌어들였다. 위충현에게 붙은 곽유화霍維華, 서대화徐大化, 손걸孫杰 등은 위충현의 세력을 믿고 정직한 관원들을 공격했다. 그 후 위충현은 조서를 날조해 그를 공격한 급사중 혜세양惠世揚, 상서 왕기王紀 등을 파직시키고 자기의 일당인 고병겸顧秉謙과 위광미魏廣微를 대학사로 발탁했다. 이로써 조정에는 위충현을 위시로 하는 세력이 형성되었는데, 사람들은 그들을 '엄당'이라고 했다. '엄閹'은 거세한 남자를 말한다.

천계 4년(1624) 4월, 이미 동창東廠의 대권을 쥔 위충현은 동림당인을 대대적으로 탄핵했다. 객씨와 희종의 비호 아래 엄당의 세력은 날로 팽창해 그 해에 동림당인들은 모두 파직당했다. 그 대신 엄당 고병겸이 수보가 되어 내각을 장악했다.

이와 더불어 위충현은 자기의 심복 동당들을 대대적으로 발탁해 조정 요직에 심어 놓고 서로 결당해 국정을 조종했다.

당시 내궁에는 태감 왕체건 외에도 이조흠, 왕조보 등 30여 명이 있었는데, 그들은 모두 위충현과 한 무리였다. 그리고 조정에는 문관으로 최정수崔呈秀, 전길田吉, 오순부吳淳夫, 이기룡李夔龍 그리고 예문환倪文煥 등 다섯이 있었는데 그들을 '오호五虎'라고 했고, 무관들 속에는 전이경, 허현순, 손운학, 양환, 최응원 등 다섯이 있었는데 그들을 '오표五豹'라고 했다. 이부상서 주응추, 태복소경 조흠정 등 환관 권세에 달라붙은 자들 열 명은 '십구十狗'라고 했다. 이 외에 '십해아十孩兒'나 '사십손四十孫' 같

엄당의 두우머리 위충현

| 세계사 연표 |

1629년 영국 사람들이 캐나다 퀘벡을 점령했다.

출전 《명사明史·환관전宦官傳》
《명감明鑒·희종熹宗》
《명감明鑒·광종光宗》

쌍룡목단무늬 칠합
이 칠기에는 용과 목단꽃 무늬가 새겨져 있는데 용은 권위를 상징하고 목단은 부귀를 상징한다. 용은 비늘까지 보이도록 섬세하게 새겼다.

은 크고 작은 앞잡이들도 있었다. 이들은 모두 위충현의 엄당 무리들이었다. 당시 조정 내각, 육부 관원 그리고 지방의 총독, 순무 등에도 모두 엄당의 무리들이 판을 쳤다.

위충현의 악행

당시 위충현의 권세는 하늘을 찌를 듯했다. 생사여탈권을 손에 쥔 그가 저지르는 악행은 이루 말할 수 없이 많았다. 위충현의 무리들은 자기 비위에 맞지 않으면 무조건 잡아다가 참혹한 형벌을 가했는데, 위충현 엄당에 의해 죽은 사람이 부지기수였다.

위충현은 또 여러 명분을 만들어 허위 공로를 보고하고 상과 작위를 받았다. 위충현의 양자 위량동, 위량경과 양손養孫 손위 그리고 붕기 등은 모두 백伯이나 후侯를 책봉 받고 각기 태자태보, 소사, 태사 등 고위직을 가졌다. 후에 위량경은 천자를 대신해 태묘에 제를 지내기도 하고 천지신명에 기도를 드리기도 했을 정도니 더할 수 없이 정치가 문란해졌다.

천계 6년(1626) 윤6월, 절강 순무 반여정이 항주 서호 기슭에 위충현의 사당을 지었다. 사당이란 죽은 사람을 기리기 위해 세우는 것인데, 아직 살아 있는 사람을 위해 세워 이것을 특별히 '생사生祠'라고 했다. 그런데 한심한 희종은 이 위충현의 생사에다 '보덕普德'이란 이름까지 달아 주었다. 그러니 아부를 일삼는 무리들이 반여정을 따라 배우느라고 야단이 났다. 위로는 총독과 순무 대인으로부터 아래는 무사, 상인, 시정 무리배기에 이르기까지 모두 위충현의 사당을 세우고 그 덕을 찬양했다. 그 이듬해 희종이 죽을 때

까지 명나라 어디를 가나 위충현의 '생사'를 볼 수 있었다. 여기에는 온갖 아부의 말이 써 있었는데, 심지어 위충현에게 '요임금의 덕을 가진 지성지신至聖至神'이란 말까지 사용했다. 국자감생 육만령이란 자는 위충현이 공자와 비견되고 위충현의 아버지는 계성공啓聖公이 될 수 있다고까지 했는데, 희종은 이 모든 것을 윤허했으니 도대체 제정신인지 알 수 없다.

천계 시대에 조정은 엄당이 통제하지 않은 곳이 없었다. 희종은 자기 황위를 아우인 신왕 유검에게 넘겨주려고 했지만 유검은 감히 그걸 받지도 못했다. 그러나 위충현의 권세는 희종으로 인해 비롯된 것이기에 일단 희종이 사망하고 새 황제가 올라서면 더 이상 지속하기 어려운 것이었다.

1368~1644 명나라

••• 역사문화백과 •••

[고구마의 유입과 보급]

고구마는 원산지가 멕시코 일대인 열대식물이다. 16세기 중엽에 스페인 사람들이 필리핀으로 가져왔는데, 그곳에서 무역을 하던 중국 상인들이 고구마를 다투어 중국 대륙으로 가져왔다. 그 후 명나라 후기, 복건과 광동, 강소와 절강 일대 꽤 넓은 지역에서 고구마를 재배했다. 명나라 시대 유명한 농학자 서광계는 《농정전서農政全書》에서 고구마의 열세 가지 장점을 열거했다. '첫째, 한 무에 열 석을 거둘 수 있다. 둘째, 색깔이 좋고 맛이 달며 여러 토질에서 재배할 수 있다. 셋째, 사람에게 유익하다. 넷째, 줄기만 있으면 그 이듬해 많은 땅에 고구마를 심을 수 있다. 다섯 번째, 줄기와 잎이 땅에 붙어 자라기에 비바람이 쳐도 걱정이 없다. 여섯 번째, 흉풍이 없이 언제나 잘 된다. 일곱 번째, 식량으로 비축할 수 있다. 여덟 번째, 술을 만들 수 있다. 아홉 번째, 말렸다가 가루를 내어 떡을 만들면 엿처럼 달다. 열 번째, 날것으로도 먹을 수 있다. 열한 번째, 밭을 적게 차지하고 물을 댈 필요가 없다. 열두 번째, 가지와 잎이 무성해 김들이 자라지 못한다. 물론 북은 돋아 주어야 하지만 김은 매지 않아도 된다. 열세 번째, 뿌리가 깊기에 가지와 잎이 없어도 다시 살아난다. 그러기에 황충蝗蟲이 두렵지 않다.' 고구마의 유입과 보급으로 고구마는 백성들의 중요한 식량이 되었으며 명나라 시대 재해를 구제하는 데 좋은 역할을 했다.

| 중국사 연표 |

1606년 이마두와 서광계가 같이 《기하원본》을 번역하기 시작해 이듬해 전반부 6권의 번역을 완성했다.

090

죽음을 무릅쓰고 위충현을 탄핵한 양련

강직한 양련은 분노해 위충현을 탄핵하다가 불행하게도 박해를 받아 억울하게 죽었다.

양련의 상소

천계 연간에 환관 위충현이 조정을 장악하고 엄당을 무리지어 온갖 악행을 벌이자 조정의 정직한 대신들은 격분을 참지 못했다. 좌광두左光斗, 위대중魏大中, 이응승李應昇, 확수전霍守典 등은 엄당을 비판하는 상주문들을 올렸는데 모두 위충현의 보복을 당했다. 이에 격분한 좌부도어사 양련이 천계 4년(1624) 6월, 위충현을 탄핵하는 상주문을 올렸다. 상주문은 언사가 엄정하고 이유가 충분해 구절마다 위충현의 정곡을 찔렀으며 무법 천지로 악행을 자행하던 위충현의 죄악을 낱낱이 밝혀 놓았다.

양련은 진사 출신으로 상숙현 지현, 호과 급사중, 병과 우급사중 등을 역임했고, 청렴해 일등 염사廉史로 뽑히기도 한 인물이었다.

그는 상주문에서 태감 위충현은 본래 시정의 무뢰배에 지나지 않았는데 중년에 거세를 하고 궁으로 들어와 아첨과 재롱으로 신임을 얻은 뒤 간악하기 그지없는 자가 되어 조정을 어지럽히고 있다고 말했다. 그가 말한 위충현의 주요한 죄상은 아래와 같은 것들이었다.

'태조께서 태감은 나라 정치에 관여를 해서는 절대 안 된다고 했는데 위충현은 조정을 좌지우지하며 유일경, 주가모 같은 고명대신들을 배척하고 많은 충신들을 박해했다. 그리고 조서를 고쳐 태감 왕안을 죽이고 유비裕妃를 자진하게 만들었으며 황자를 모해하려고 했다. 친신과 일당들을 자의대로 승진시키고 허위 공로로 상을 받으며 사리사욕을 위해 많은 백성들을 해쳤다. 무고한 사람을 잡아다 고문하면서 사람들을 함부로 죽였으며, 동창과 금의위를 자기 개인을 위하는 기구로 만들었다. 조종의 법도를 위반하고 태감들을 조련시켰으며 간당奸黨을 기르고 반역을 도모하면서 황제보다 더한 복을 누리고 있다.'

양련은 위충현의 이런 죄장을 열거하고는 마지막에 위충현의 죄악은 이미 하늘과 땅이 다 노할 지경에 이르렀으니 속히 위충현을 잡아 치죄하지 않으면 안 된다고 덧붙였다.

양련은 이 상주서를 점심 조회 때 황제께 직접 드리려고 했는데 그날따라 그날 점심 조회를 하지 않았다. 그래서 회극문會極門으로 상주문을 올렸는데 그날 태감이 그것을 위충현에게 직접 가져다 바쳤다. 위충현

청화자기 완구 (위 사진 포함)
명나라 시대에는 청화자기를 제조하는 공예가 최고에 이른 시기로서 관과 민간에서 두루 행해졌고 황실의 용품에서부터 서민들의 일상용품에 이르기까지 없는 것이 없었다. 민요에서 구워 내는 청화자기 완구들은 가격이 저렴해 어린이들의 인기를 끌었다. 이 두 청화자기 사자는 청유靑釉로 색을 들였는데 색깔이 선명하고 입체감이 난다. 꼬마 사자는 두 눈에 정기가 돌고 입, 귀, 꼬리 등을 섬세하게 그렸는데 필법이 자연스럽고 유려하다.

| 세계사 연표 |

1630년 프랑스와 스웨덴이 동맹해 30년 전쟁에 가담했다. 스웨덴 군대가 독일을 쳐들어가는 바람에 30년 전쟁의 제3단계인 '스웨덴 시기'가 시작되었다.

출전 《명사明史·환관전宦官傳》《명사明史·양련전楊漣傳》《명감明鑒·희종熹宗》《명감明鑒·광종光宗》

어리석은 희종

이에 크게 놀란 위충현은 연이어 희종을 찾아가 눈물을 쥐어짜며 하소연하고 즉시 동창의 직무를 사직하겠다고 말했다. 희종의 유모였던 객씨도 곁에서 위충현을 결사적으로 변호했다. 태감 왕체건 등도 희종의 앞에서 위충현을 두둔하는 말을 했다. 그러니 어리석은 희종은 그들의 말을 진짜로 믿고 위충현을 치죄하기는커녕 등을 쓸어주며 좋은 말로 위안까지 했다. 그러고는 동창을 계속 책임지게 했다. 반대로 양련에게는 엄한 질책을 했다.

중국 최고의 개인 원림 - 졸정원

고아하고 청수한 졸정원拙政園은 소주 고성에 자리하는데 면적은 약 5만 2000㎡ 정도다. 16세기 초에 건조한 고전 원림으로서 강남 수향水鄕의 특색이 짙다. 비록 몇 백 년 세월의 풍상을 겪었지만 지금도 여전히 아늑하고 청담한 명나라의 품격을 지녀 '중국 최고의 개인 원림'이라는 평가를 받고 있다. 명나라 정덕 4년(1509)에 늙고 병들어 실의해 낙향한 어사 왕헌신이 이 원림을 만들고 진晉나라 반악潘岳의 〈한거부閑居賦〉에 나온 '죽과 나물로 조석의 끼니를 잇는 것도 졸자의 정치니라灌園鬻蔬, 以供朝夕之膳, 是亦拙者之爲政也'하는 부분의 뜻을 따서 원림의 이름을 '졸정원'이라고 했다. 졸정원은 동, 중, 서, 주택 네 부분으로 구성되었는데, 중부는 연못이 청수하고 정자와 누각이 단아하며 화목이 무성해 졸정원에서 가장 좋은 곳이다. 서부에는 주변의 누각과 수림 옆에 구불구불하고 아늑한 수랑水廊(뱃길)이 있고, 동부에는 넓은 잔디밭과 우거신 내나무숲이 있다. 졸정원과 북경 이화원頤和園, 승덕의 피서산장避暑山莊, 소주의 유원을 합쳐 중국 '4대 명원名園'이라고 한다. 솔정원은 세계적인 문화재이며, 중국 최고의 관광지다.

은 가짜 성지를 만들어 양련을 꾸짖었고, 이에 더욱 격노한 양련은 다음날 조회 때 재차 그 상주문을 황제께 올리려고 했다. 그런데 위충현이 농간을 부려 연사흘이나 조회를 하지 못하게 했다.

사흘 후 희종이 조회에 나왔는데 위충현은 갑옷 입은 태감 수백 명을 둘러 세우고 좌반 문관들의 상주를 금했다. 비록 그들이 그런 수단을 써 양련의 상주를 막으려고 했지만 양련은 끝내 기회를 찾아서 그 상주문을 희종에게 바쳤다.

●●● 역사문화백과 ●●●

[강남의 원림]

명나라 강남의 원림의 예술 수준은 아주 높은 경지에 이르렀다. 제한된 공간 안에 지형과 지물에 알맞게 못과 산을 만들고 꽃과 나무를 심고 정자와 누각을 지었으며, 그 사이 공간을 몇 개로 나누는 회랑回廊까지 있어 원림 안에 원림이 있고 아름다운 경치 속에 또 다른 경치가 엿보이는 복잡하고 기묘한 구조를 이루고 있다. 명나라 말기 계성計成이 지은 《원야園冶》라는 책은 강남 원림의 건설 경험을 정리한 책인데 원림은 자연계의 아름다움을 진실하게 구현해야 할 뿐만 아니라 거기에 그 어떤 의미와 정서가 깃들어 있어야 한다고 특별히 강조했다. '사람이 만들었지만 하늘이 만든 자연 경치와 같아야 하며, 돌과 풀에도 그 어떤 정서가 깃들어 있어야 한다'고 했다. 명나라 때 강남에는 적지 않은 원림들이 있었는데 그중 소주의 졸정원拙政園과 유원留園, 상해의 예원豫園 등이 그 경치가 아늑하고 조용하고 수려하기로 이름이 났다. 졸정원은 소주루蘇州婁와 제문齊門 사이에 있는데 원래 원나라 때의 대흥사였다. 그것을 명나라 어사 왕헌신이 원림으로 개건하고 이름을 졸정원으로 고쳤다. 유원은 소주 창문閶門 밖에 있는데 명나라 태복사 서태가 지은 것으로서 당시는 동원이라고 불렀다. 원림의 동북쪽에는 옛적에 화보리花步里라고 부르는 동원東園街가 있었다. 만력 연간에 원굉袁宏이라는 사람은 '웅려雄麗한 동원의 정자와 누각에는 주흥이 도도한 손님들이 앉았구나'하는 글로 이 유원을 찬양했다. 상해의 예원은 반윤단潘允端이 지은 것이다. 일찍 가정 연간에 반윤단은 원림 전문가를 불러 자기 집 서쪽 채마밭에 못을 파고 기암괴석을 세우고 대나무를 심고 정자를 세워 원림으로 만들었다. 그러고는 '예열노친豫悅老親(부모들을 기쁘게 한다)' 중의 '예豫' 자를 뽑아서 '예원'이라고 이름 지었다.

양련의 상주가 성사되지 않자 위대중, 진량훈 그리고 남경 병부상서 진도형 등 70여 명이 죽음을 무릅쓰고 위충현을 탄핵하는 상주서를 올렸다. 그러나 어리석은 희종과 권력이 막대한 엄당으로 인해 상주서는 아무런 효과를 보지 못했고 위충현은 무사했다.

양련의 억울한 죽음

그 일로 인해 위충현은 동림당 사람이라면 이를 갈면서 기회를 노려 보복의 칼을 휘둘렀다. 10월 이부상서 조남성과 좌도어사 고반룡이 파직되고, 11월에는 양련과 좌광두가 함께 파직되었다. 그 일이 있기 전에 양련의 친구이며 동림당인인 황존소가 양련의 강인한 성격을 잘 알고 있기에 "이젠 떠날 때가 되었네" 하고 권했다. 일찌감치 사직하고 낙향하는 것이 낫다는 의미였다. 그러나 양련은 "나라에 이익이 되는 일이면 나는 죽음도 불사할 걸세"라고 대답했다.

그 이듬해 위충현은 끝내 왕문언에게 죄를 씌워 옥에 가두고, 이어서 양련, 좌광두, 위대중, 주조서, 고대장 등 여섯 사람을 연좌로 옥에 가두었다. 엄당 허현순이 왕문언에게 양련이 뇌물을 받아먹은 일을 고발하라고 하니 왕문언은 크게 웃으며 "세상 어디에 뇌물을 받아먹는 양대홍楊大洪이 있다고 그 따위 소리냐?"라며 호령했다. 대홍은 양련의 호이다. 왕문언은 죽을 때까지 그걸 인정하지 않았다. 그러자 허현순은 양련이 금 2만 냥을 탐오했다고 거짓 공술장을 위조했다. 옥중에서 양련은 혹형으로 피투성이가 되었다. 그러다가 천계 5년(1625) 7월에 살해되었다. 그 해 그

오하吳下 명원의 으뜸 – 유원
유원은 소주 창문 밖에 있는데 명나라 만력 21년에 만들었다. 그때는 동원이라고 했다. 청나라 가정 시기에 관찰사 유서劉恕의 소유로 변해 이름을 한벽장寒碧莊이라 했는데, 속칭 유원劉園이라고 했다. 동치 연간에 호북 포정사 성강이 유원을 소유해 다시 확대했으나 이름은 '유원'과 동음이지만 의미가 다른 '유원留園'으로 고쳤다. 유월俞樾이 쓴 《유원기》에서는 이 유원을 '오하 명원의 으뜸'이라고 했다. 유원의 면적은 약 2만㎡이고 주택, 사당, 암자, 원림이 한데 있다. 강남 원림 예술을 집대성한 이 원림은 대소, 곡직, 명암, 고저 등의 수법들을 교묘하게 이용하고 주변 경치의 장점들을 묘하게 이용해 다채로우면서도 서로 대비되는 공간을 만들었다. 원림을 관통하는 구불구불한 행랑채가 600~700m나 이어진다. 그리고 행랑채의 벽에는 역대 저명한 서예가들의 서예 작품 300여 쪽이 새겨져 있다. 그중 유명한 것은 명나라 가정 연간의 오강 송릉 사람 동한책의 〈이왕첩二王帖〉이다. 이런 서예 작품들은 25년이나 걸려 만력 13년에야 모두 새겨졌다.

의 나이 쉰넷이었다.

양련의 지조에 감동한 관민들은 양련이 체포되는 날 수만 명이 거리로 나가 소리치며 분노를 외쳤으며 그가 지나가는 마을과 읍에서는 집집마다 향불을 피우고 양련이 살아서 돌아오기를 기원했다. 양련은 숭정崇禎 초년 사종思宗이 위충현을 주살한 다음에야 비로소 명예가 회복되었다.

| 세계사 연표 |

1630년 북아메리카의 여러 식민지가 건립되고 영국 이주민들이 보스턴을 건설하기 시작했다.

091

《명사明史·환관전宦官傳》
《명감明鑑·희종熹宗》
《명감明鑑·광종光宗》
출전

동림 관원들을 파직시킨 위충현

보복의 칼을 휘두르던 위충현은 동림당인들을 모두 파직시켰다.

보복하는 위충현

천계 전반기에 위충현의 세력이 점차 거세지자 동림당인들과 일부 관원들이 위충현의 엄당을 비판했다. 그러자 위충현은 희종의 비호 아래 자신을 비판한 관원들에게 잔혹한 보복을 감행했다.

그는 왕체건王體乾의 말을 듣고 형장을 치는 것으로 조정 대신들을 위협하기로 작정했다. 얼마 안 지나 공부 낭중 만경万燝이 위충현을 속히 제거하라는 상주서를 올리자, 위충현은 성지를 위조해 만경을 체포하고 형장 100대를 치게 했다. 그리고 수하를 시켜 먼저 만경의 집에서 만경을 죽도록 팬 다음 조정으로 끌고 왔다. 그러고는 이미 반죽음이 된 만경에게 형장을 계속 가했다. 결국 며칠 후 만경은 숨을 거두었다.

엽향고의 사직과 조남성의 파직

순성어사 임여저林汝翥는 법을 위반한 태감 둘에게 형장을 쳤는데, 그 죄로 엄당에게 체포되어 매를 맞았다. 임여저는 당시 내각 수장이며 대학사인 엽향고葉向高의 외조카였다. 그는 만경처럼 될까 두려워 성 밖으로 도망쳤다.

엄당의 앞잡이들은 엽향고의 집을 겹겹이 에워싸

곽삭도郭索圖 (명나라 심주沈周 그림)
심주는 중국 회화사에서 '오문吳門화파'의 대표 인물이다. 그의 화풍은 심상을 중시해 내적인 의미를 표현하는 것에 치중했으며 자연스러운 것이 특징이다. 상징적 의미가 풍부한 그의 그림들은 중국 화단에서 중요한 자리를 차지한다.

옥으로 끌려가는 충신들
이 그림은 명나라 각본 《황명중흥성렬전皇明中興聖烈傳》에 실려 있다.

1368~1644 명나라

심주, 문징명, 당인, 수영이다

| 중국사 연표 |
1615년 노이합적이 정식으로 팔기병을 건립했다.

고 마구 욕을 해댔다. 엽향고는 그 모욕을 참을 수 없어서 분연히 상소를 올린 후 관직을 버리고 고향으로 내려갔다.

엽향고가 사직한 후 한광, 주국정 등이 내각 수장을 이어 받았으나 그들 역시 위충현에게 파직되고 후에 내각 수장의 대권은 엄당 고병겸의 수중에 들어갔다.

그 해 초겨울 무렵, 어사 진구주陳九疇가 엄당 위광미의 사주로 이부상서 조남성을 탄핵했다. 조남성이 산서 순무로 있을 때 위대중의 선생이며 태상사경太常寺卿인 사응상을 기용해 결원을 보충했다는 것이 죄명이었다. 조정 대신들이 이 일을 상의할 때 조남성과 좌도어사 고반룡은, 사응상이 성망 높은 사람이며 위대중과는 아무런 사적인 관계가 없기에 진구주의 공격은 전혀 근거가 없다고 반박했다. 진구주의 탄핵이 파기되자 위충현은 성지를 위조해 위대중과 진구주 둘의 관직을 각기 세 급씩 낮추었다. 그러고는 조남성과 고반룡이 결당해 자기들을 해치고 있다고 주장했다. 그 후 연말에 위충현은 조남성과 고반룡을 파직시켰다.

자기의 일당으로 심어 놓다

조남성을 파직시킨 후 위충현은 이부시랑 진우정陳于廷에게 명해 자기의 심복을 조남성의 자리에 앉히려고 했으나 진우정이 반대했다. 진우정은 여러 대신들과 함께 교윤승, 풍종오, 왕응교 등 정직한 관원들을 천거했다. 그러자 위충현은 진우정을 파직시켰다. 위충현은 이렇게 정직한 관원들을 내쫓는 동시에 자기네

적우연촌도積雨連村圖 (명나라 문징명 그림)
문징명(1470~1559)은 장주長洲 사람으로 이름은 벽壁이고 징명은 자. 후에는 항렬을 따라 징중徵仲으로 고쳤고, 호는 형산거사衡山居士인데 사람들은 그를 문형산이라고도 불렀다. 명나라의 화가로서 한림대조翰林待詔 벼슬을 했기에 문대조라고도 한다. 시, 문, 서예, 그림 모두가 출중해 한때 이름을 떨쳤으며 '심주, 당인, 수영 등과 더불어 '명4가'로 불렸다. 이〈적우연촌도〉는 그의 대표작 중 하나다.

일당인 서대화, 손결, 확유화, 서조괴, 교응갑, 왕소징, 원대성 등을 조정 각 부서에 심어 놓았다.

조남성과 양련 등을 파직시킨 다음 위충현은 서조괴를 이부시랑으로, 교응갑을 부도어사로, 왕소징을 첨도어사로 발탁했다. 이 자들은 그해에 조남성에게 강직을 당한 자들이었다. 그런데 위충현 덕에 다시 기용되었으니 위충현에게 충성을 다하며 동림당인들을 잔혹하게 탄압했다. 조정에서 동림당인들의 역량은 점차 쇠약해지고 천하의 대권은 모두 위충현 한 사람한테로 넘어갔다. 그 후에도 위충현은 천고에 드문 동림 옥사를 만들어 냈다.

●●● 역사문화백과 ●●●

[화단의 오문 4대가吳門4大家]

명나라 중기 강남에는 심주, 문징명, 당인, 수영 등 4대 화가가 나왔는데, 그들은 당나라, 오대, 송나라, 원나라 각 화파의 장점과 각자의 개성을 지닌 수준 높은 회화를 완성했다. 심주는 멀리는 남당의 동원을 스승으로 삼고 가까이는 '원4가'를 스승으로 삼았기에 그의 작품들은 힘이 있으며 소박했다. 문징명의 그림은 청아하고 담백하면서도 부드러웠고, 당인의 그림은 세밀했으며 수영은 많은 명인들의 작품들을 모사했기에 각 명인들의 장점이 한데 융합되어 독특한 품격을 지니고 있었다. 중국 회화사에서 이 넷을 '명4가' 또는 '오문 4대가'라고 부른다.

| 세계사 연표 |

1631년 남아프리카 희망봉에 네덜란드 동인도회사의 물자 공급소가 세워졌다.

092

출전 《명사明史·환관전宦官傳》《명감明鑑·희종熹宗》
《명감明鑑·광종光宗》《동림당사화東林黨史話》

천고의 억울한 사건 동림안

동림당 사람들은 엄당 위충현의 잔혹한 탄압을 당했다.

동림당인의 명부를 만든 엄당

천계 5년(1625) 이후 위충현의 권세는 하늘을 찔렀다. 엄당 관원들은 위충현의 환심을 사기 위해 정직한 관원들에게 '붕당朋黨'이라는 죄명을 씌워 탄압했으며, 동림당 사람들의 명단과 자료들을 대량 만들어 동림당인들을 철저히 숙청할 작당을 했다.

그중 큰 것들로는 위광미와 고병무가 만든 《진신편람縉紳便覽》, 최정수가 만든 《동지록同志錄》과 《천감록天鑒錄》, 왕소징이 《수호전》을 모방해 만든 《동림점장록東林點將錄》 그리고 《동림당인방東林黨人榜》, 《동림붕당록東林朋黨錄》, 《동림적관록東林籍貫錄》 등이 있다. 이런 책들은 모두 추원표, 고헌성, 엽향고, 유일경 등을 괴수로 지목하고 어떤 자료에서는 이삼재까지 그 속에 포함시켰다.

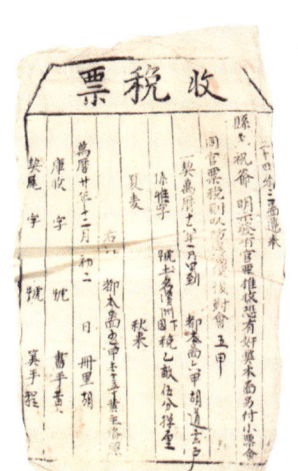

명나라 만력 연간의 수세표收稅票 (위 사진)
수세표는 관아에서 세금을 징수한 증명서다. 이 수세표는 만력 연간의 수세표로서 명나라 경제 상황을 연구하는 주요한 자료다.

엄당 관원들은 위충현에게 아부하지 않는 조정 대신들을 모두 동림당인으로 몰아 위충현에게 바쳤다. 동림인들과 갈등이 있었던 다른 파벌의 관원들도 이 기회에 다투어 책을 만들어 바치면서 지난날의 사사로운 원한을 풀어 보려고 했다. 이에 위충현은 희색이 만면해 동림당인의 이름들을 하나도 빠뜨리지 않고 찍어 살포하고는 즉시 손을 써서 동림당인들을 체포하기 시작했다.

왕문언의 감금

일찍이 천계 4년(1624), 성이 부씨인 급사중 가운데 하나가 위충현의 조카와 야합해 내각 중서 왕문언을 모함했는데, 이 일에 좌광두

동림당 위대중魏大中의 절명서
곽선 사람인 위대중은 만력에 진사로 급제해 벼슬이 형과 급사중까지 이르렀는데 정직하고 청렴했으며 동림당의 중요한 구성원이었다. 엄당들과 투쟁하다가 위충현에게 모함을 당해 감옥에 감금되자 살아남지 못할 것을 알고 이 절명서를 썼다. 그는 글에서 나라에 대해선 미안한 일이 없지만 집안 식솔들, 위로는 선조들과 부모, 아래로는 자식들에게 미안하다고 하면서 자식들이 모두 '가난을 이겨 나가기를 바란다'고 했다.

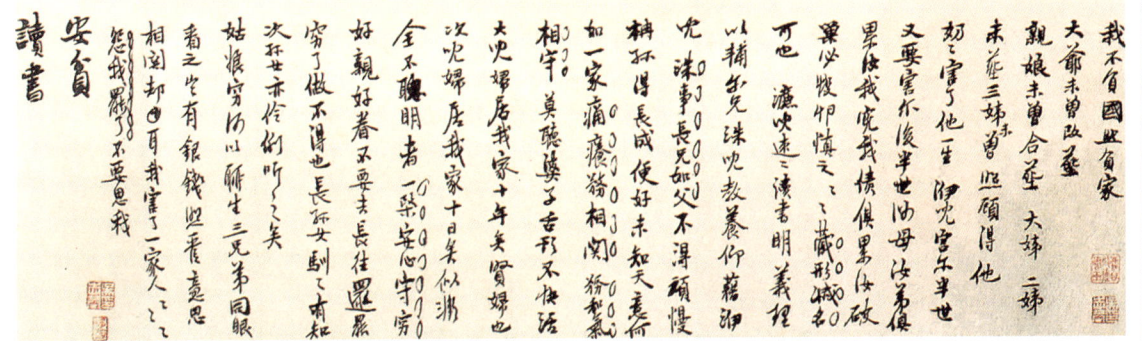

크기가 똑같은 판을 여러 개 만들어 각기 다른 색깔을 먹이고 그것들을 순서대로 하나의 종이에다 찍는 방법을 썼다 257

| 중국사 연표 |

1616년 노이합적이 대금 정권을 세우고, 연호를 천명이라고 했다. 역사상에서는 '후금'이라고 한다.

황화리목黃花梨木 매괴의
등받이가 있는 것을 의자라고 하고, 등받이가 없는 것은 걸상이라고 하는데 의자도 걸상도 그 양식이 아주 많았다. 의자에는 고배의靠背椅, 부수의扶手椅, 교의交椅, 권의圈椅 등이 있었고 고배의 중에는 등괘의燈掛椅, 매괴의玫瑰椅 등이 있었다. 걸상에도 원형, 직사각형, 직사각형, 다변형, 마름모형 등으로 된 다양한 걸상들이 있었다.

와 위대중 등 동림당인도 연루가 되었다. 후에 왕문언은 형장을 맞고 삭탈관직되었다.

이듬해 3월, 어사 양몽환이 위충현의 비위를 맞추느라고 왕문언의 일을 들고 나오며 왕문언을 잡아 북경으로 압송해 왔다. 금의위를 관장하는 북진무사 엄당 허현순이 왕문언에게 모진 고문을 하며, 양련과 좌광두도 왕문언의 일에 참여했다는 것을 승인하라고 강요했다. 그러나 왕언문은 그 일을 끝내 부인했다. 그러자 허현순이라는 자가 공술장을 위조해 양련과 좌광두가 뇌물을 받았다고 모함했다. 얼마 후 양련, 좌광두, 위대중, 원화중, 주조서, 고대장 등 여섯이 체포되었다. 그 중 고대장은 자살했고, 나머지 다섯은 잔인한 고문을 당하다 옥사했다.

칠군자의 옥사

천계 6년(1626) 2월, 엄당은 이실李實의 상주서를 위조해 고반룡 등 일곱 사람을 탄핵했다. 이 일의 내막은 이렇다.

소항직조蘇杭織造 태감 이실은 동림당인인 황존소와 내왕이 있었는데, 황존소는 이실을 이용해 이전에 양일청이 유근을 죽이던 방법으로 위충현을 제거하려고 꾀했다고 한다. 그것을 들은 이실의 사방司房 양승은 겁이 더럭 나서 위충현의 심복인 태감 이영정에게 그 일을 고발하고 구원을 청했다. 이영정은 위충현의 지시를 받고 이실의 이름을 도용해 꾸민 상주서 한 장을 손승에게 주어 올리도록 했다. 그러고는 엄당은 즉시 동림당인들을 잡아 옥에 넣기 시작했다

이때 엄당에게 잡힌 일곱 사람들 중 둘은 이미 동창에 잡혀 북경에 올라와 있었다. 그중 한 사람은 유덕 무창기인데 양련이 위충현을 탄핵하는 상주문의 초고를 작성해 주었다는 죄명으로 잡혀 왔다. 다른 한 사람은 어사 주종건인데 여러 번 위충현을 탄핵해 엄당의 미움을 샀다. 2

육주침상六柱沈床
명나라와 청나라 시대 일반 서민들이 사용하는 가구들은 대부분 잡목들로 만들었지만 부유층들은 자단, 홍목, 화리, 남목 등 질 좋은 목재를 사용했다. 이런 목재들은 무늬가 아름답고 색깔이 고와 가구를 만들면 자연 그대로의 품격이 살아났다. 명나라 가구는 조형이 간결하고 비례가 잘 맞았는데 직선을 위주로 했지만 선과 면의 관계를 묘하게 처리해 장단, 너비 등의 균형이 맞으며 주요한 부위에는 조각까지 곁들여 전체적으로 통일되고 조화를 잘 이뤄냈다. 또한 못을 치지 않고 끼워 맞추는 방법으로 만들었다.

| 세계사 연표 |

1631년 프랑스와 스페인이 화의해 이탈리아 전쟁이 종료되었다.

황화리목 나한상羅漢床
명나라 때 가구는 재료의 선택, 가공과 조합 그리고 장식 등에 이르기까지 모두 미를 추구해 고아하고 간결하며 우아하게 만드는 데 신경을 많이 썼다. 명나라 가구는 보통 원색의 미를 보존하고 있으나 더러는 검붉은 옻칠을 하거나 기타 장식들을 했다. 이런 양식은 청나라 중기까지 계속 발전했다.

월 26일, 위충현은 또 수하들을 파견해 고반룡, 이응승, 주순창, 황존소 그리고 주기원을 체포하라고 했다. 이때 고반룡은 무석의 자택에 있다가 동창의 제기緹騎들이 잡으러 온다는 말을 듣고 물에 몸을 던져 자살했다. 무창기 등 여섯 사람은 옥에서 갖은 고문을

고반룡의 자살
이 그림은 명나라 각본 《위충현소설척간서魏忠賢小說斥奸書》에 실려 있다.

●●● 역사문화백과 ●●●

[명나라 가구]

명나라 가구는 구조와 조각이 간결하고 명쾌한 특징으로 중국 고대 기물사에서 독특한 자리를 차지한다. 명나라는 가구업이 상당히 발전해 목기업과 칠기업 등이 흥성했고 일반 목재로 가구들을 만드는 작은 목기 업자들이 많아졌다. 각지의 장인들은 고객의 요구에 맞는 각종 가구들을 만들었다. 명나라 가구는 옻칠한 가구, 단단한 나무로 짠 가구, 도자기나 돌로 만든 가구 등으로 나눌 수 있다. 그리고 철력목鐵力木, 자단목, 화리목, 오목烏木, 남목 등 귀한 목재로 만든 가구들도 있다. 명나라 중기 이후 소주를 중심으로 하는 강남 지역에는 화리목·자단목 같은 양질의 목재를 재료로 만든 경목硬木 가구가 나타났는데 그 품종이 다양해 침대, 탁자, 의자, 걸상, 병풍 등 없는 것이 없었다. 양식들이 새롭고 공예 기술이 교묘해 사람들 일상생활의 수요를 만족시킬 뿐만 아니라 높은 미적 가치까지 있어서 후세 수집가들의 인기를 끌었다.

당하고 살해되었다. 이렇게 동림당인이 살해된 일을 세칭 '칠군자의 옥사'라고 한다. 그리고 이 이전에 죽은 동림당인을 가리켜 '전 육군자'라고 한다.

동림당은 원래 서원에서의 강학으로 유명해졌다. 언론을 통제하고 천하 민심을 압제하기 위해 위충현의 엄당들은 서원들을 폐지하고 강연을 금했으며 사람들이 시정을 의논하는 것을 엄금했다. 위충현의 무리들은 서원 대신 위충현의 공적을 칭송하는 '생사'를 도처에 세웠다.

오월의 전쟁과 범려와 서시의 애정에 대해 쓴 명나라 양신어의 《완사기浣紗記》이다

| 중국사 연표 |

1618년

노이합적이 7대 한恨을 써 하늘에 제를 지내고 군사를 일으켜 명나라를 공격했다.

093

소주의 다섯 의사

수만 소주의 시민과 선비들이 동림당인을 잡으러 온 엄당 제기들을 막기 위해 들고일어났다.

죽음을 겁내지 않는 주순창

천계 연간 조정에서 환관 위충현의 전횡을 반대하는 동림당의 투쟁이 격렬할 때 소주 등의 지역에서도 위충현을 반대하는 투쟁이 일어났다. 당시 소항 직조 태감 이실李實과 순무 모일로毛一鷺는 모두 위충현의 엄당으로 동림당인을 박해했다. 위충현의 환심을 사기 위해 모일로는 소주 산당가에 위충현의 '보혜생사普惠生祠'까지 지어놓았다.

천계 6년(1626) 2월, 위충현은 동창의 제기緹騎를 내려 보내 주기원周起元, 고반룡高攀龍, 주순창周順昌, 무창기繆昌期 등 동림당인들을 잡아 올리게 했고, 제기와 수하들은 주순창을 잡으러 오현으로 달려왔다.

주순창은 원래 이부주사로 있었으나 위충현 엄당들의 전횡에 불만을 품고 직언을 한 죄로 파직되어 고향집으로 내려와 있었다. 어느 날 위대중魏大中이라는 동림당 관원 하나가 엄당에게 체포되어 오면서 오현을 지나게 되었다. 그 소식을 들은 주순창은 객주집에서 위대중을 맞이해 술을 마시며 마음을 나누었다. 그러면서 주순창은 자기의 딸을 위대중의 손자에게 시집 보내겠다고 약속까지 했다. 위대중을 압송하는 장교가 여러 번 독촉하니 주순창은 눈을 부릅뜨면서 "이 세상에 죽음을 겁내지 않는 사내가 있다는 말을 못 들었느냐? 나 주순창이 바로 그런 사람이야!" 하고 호령했다. 그러고는 위충현의 이름을 부르면서 욕을 했다. 장교가 상경하여 그 말을 위충현에게 전했고, 위충현은 주순창을 죽이겠다고 별렀다.

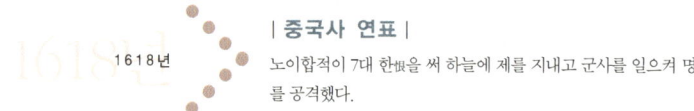

용봉무늬 옻쟁반 (위 사진)
검붉은 옻칠을 한 이 둥근 쟁반의 중심에는 용과 봉황이 있으며 용과 봉황 사이에는 감꼭지 무늬에 전자체 '수壽' 자가 있다. 그리고 굽 밑엔 '대명가정년제大明嘉靖年制'란 글이 있다. 칠기 공예품은 원나라와 명나라 시대에는 귀한 물품이었다. 이 옻 쟁반은 채색과 도금 등을 동시에 이용한 명나라 말기 칠기의 뛰어난 작품이다. 쟁반 중앙의 용과 봉황의 윤곽과 무늬는 모두 가는 금실을 붙여 만들었다. 이는 도안 중의 용, 봉황, 수壽 자와 함께 부귀와 사치한 멋을 돋보이게 하고 영원한 길상을 기원하는 뜻이 깃들어 있다.

주순창을 위해 일어선 소주 사람들

엄당이 주순창을 잡으러 온다는 소식을 들은 소주의 서민들과 선비들은 사방에서 달려왔다. 순식간에 수만 명이나 모인 그들은 향을 피우고 주순창을 살려줄 것을 기원했다. 선비 왕절王節, 양정추楊廷樞, 문진형文震亨 등은 순무 모일로와 순안어사 서길徐吉을 만나 주순창을 구원하는 상주문을 올릴 것을 요구했다. 모일로는 위충현의 영을 거역할 수도 없고, 노한 군중들도 겁이 나서 주저했다.

그러자 제기가 죄인이 어디 있느냐고 소리쳤고 시민 안패서顔佩書가 "성지는 조정에서 내리는 법이지 왜 동창에서 내린단 말이오?" 하고 말했다. 그 말에 제기가 "성지를 동창에서 내리지 누가 내린단 말인가?" 하고 말하자 사람들은 격분해 "이제 보니 천자의 명이 아니고 동창 위태감이 하는 짓이구나" 하면서 벌떼같이 몰려들어 제기 둘을 때려 죽였다. 사람들은 그래도 성이 차지 않아 관청 안으로 쳐들어갔고 모일로는 달아나 숨었다.

| 세계사 연표 |

1632년 　 인도 무굴제국의 군대가 벵골에 있는 포르투갈 식민지를 공격했다.
이는 인도 최초의 식민지 반대 투쟁이다.

《명감明鑑·희종熹宗》 출전

간신을 꾸짖는 주순창
이 그림은 명나라 각본 《위충현소설척간서魏忠賢小說斥奸書》에 실려 있다.

그 이듬해 위충현의 세력이 약화되고 엄당들은 주살을 당했다. 분노한 소주 시민들은 위충현의 '보덕생사'를 부숴 버리고 그곳에 다섯 의사義士의 유골을 안장했다. 그리고 이름을 '오인지묘五人之墓'라고 하여 이 다섯 의사들을 영원히 기리게 했다. 비석의 글은 한형韓馨이 쓰고 복사福社 수령이며 문학가인 장부張溥는 '오인묘비기五人墓碑記'를 썼다. 장부는 다섯 사람의 일을 추억하면서 이런 글을 남겼다.

'엄당의 난에서 진신縉紳도 그 뜻을 꺾지는 못했어라. 이 넓은 사해에 그들 같은 의사가 있다면 얼마나 있으리오? 서민층에서 자란 이 다섯은 시서詩書는 외우지 않았지만 죽음도 무릅쓰고 정의를 격양시켰으니 이보다 거룩한 일이 세상 어디에 있으리오.'

안패서 등은 보통 백성이었다. 그러나 엄당의 위세를 두려워하지 않고 용감히 맞섰으니 소주 사람들이 어찌 그들을 추앙하지 않겠는가?

당지의 관원들이 급히 나와 사람들의 흥분을 달래자 사람들은 흩어져 돌아갔다.

다섯 사람의 묘

주순창은 결국 붙잡혀 옥에서 죽었다. 사후 모일로는 조정에 '오 땅 사람 모두가 반란을 일으켰다'고 보고했다. 조정에서는 급히 군대를 징발해 반란에 앞장선 안패서, 양념여, 주문원, 마걸, 심양을 체포했다. 이들은 가슴을 펴고 당당하게 사형장으로 향했다. 그리고 형을 집행하는 관리에게 이런 말을 했다.

"당신은 그래도 좋은 관리오. 우리가 한 일이 의분을 참지 못해 한 일이지 반란이 아님을 당신도 알고 있으니 말이오."

●●● 역사문화백과 ●●●

[유행 복식 - 소양蘇樣 · 소의蘇意]

명나라 강남 지역에는 무명과 비단이 많이 났으며 염색기술도 아주 높은 수준에 이르렀다. 그런데다 상품 경제가 발달하고 송나라와 원나라 이래 사회 문화 전통의 영향이 깊어서 이 지역의 의복은 품종과 색채가 다양했다. 융경, 만력 이후 강남은 점차 복식 풍토의 중심지로 변했으며 그 지역의 독특한 복식이 유행하기 시작했다. 따라서 문화자원이 풍부하고 상업이 번영한 까닭과 소주 문인에 대한 세인들의 존경심 등으로 인해 소주는 품격 높은 복식을 창조하는 중요 도시로 변했다. 의복 양식에 대한 '소양'과 '소의'는 그런 배경에서 생겨났다. '소양'은 소주의 양식을 말한다. 그러나 최초는 그 실물보다도 멋을 중시하는 모양이었다. 그것을 '소의'라고 했다. '소양'은 현대로 말하면 모던 복식을 말한다. '소양'이 모던 복식이 된 것은 대개 만력 후기부터. 풍몽룡의 《유세명언喩世明言》에는 '머리에는 소양의 백주종모百紬騣帽를 쓰고 몸에는 흰 호사도포湖紗道袍를 입었다'는 묘사가 있다. 소의와 소양은 모두 높은 관과 굽 낮은 신 그리고 소매 넓은 도포 등 고아한 풍격을 나타내는 소주 양식의 복식을 주로 말하고 겸해서 소주의 정교한 의복 만드는 솜씨와 상질의 견직품도 말한다. 그중에 양질의 감으로 만든 옅은 색깔의 도포를 기본 양식으로 했다.

| 중국사 연표 |

8월 주상락이 즉위했는데 그가 바로 명 광종이다. 9월에 광종이 죽고 주유교가 즉위했다. 그가 바로 명 희종인데 그 이듬해 연호를 천계로 고쳤다.

094

명나라 군대의 영금대첩

영금대첩寧錦大捷은 명나라 군대가 영원의 싸움에서 승리를 거둔 뒤 이룩한 또 한 차례의 승리다.

군사 요충지 영금 지역

1626년 정월, 영원 싸움에서 후금은 초유의 참패를 보았다. 그 후 8월에 노이합적이 죽고 황태극皇太極이 즉위했는데, 그는 아버지의 업적을 계승할 것을 맹세했다. 그가 바로 청 태종이다. 황태극은 즉위 후 영원에서 참패한 수치를 설욕하기 위해 명나라에 대한 공격을 준비했다.

후금은 먼저 천총天聰 원년(1627) 명나라 천계 7년 정월 조선을 침략해 배후 공격의 우환부터 제거했다. 이것은 이후 명나라를 공격하기 위한 준비의 하나였다. 명나라도 영원 싸움에서의 승리와 노이합적이 죽은 기회를 이용해 요동 지역을 회복하려고 했다. 그래서 요동에서 산해관 이내로 통하는 교통 요지인 영원과 금주 구간이 후금과 명나라가 다투는 군사 요충지가 되었다.

일찍부터 영원과 금주의 군사적인 중요성을 알고 있었던 명나라 요동 순무 원숭환은 대군을 징집해 금주, 중좌소, 대릉하 등 각 성곽을 수축해야 한다고 여러 번 조정에 상주문을 올렸다. 조정의 윤허를 얻은 원숭환은 후금이 조선을 치는 기회를 이용해 성을 쌓으면서 후금의 군대를 막을 준비를 했다.

영원과 금주의 방어선이 일단 형성되면 후금의 생존에 큰 위협이 된다고 생각한 황태극은 조선에 대한 침략 전쟁이 끝나자 즉시 대군을 휘몰아 영원과 금주 지역으로 달려왔다. 성곽들이 채 수축되기 전에 영원 금주 지역을 일거에 정복하려는 심산이었다.

금녕에서의 승전
이 그림은 명나라 각본 《황명중흥성렬전皇明中興聖烈傳》에 실려 있다.

여진 기마 무사 벽돌 조각
무덤의 벽돌에 조각된 이 무사는 갑옷을 입고 달리는 말에 채찍질을 하고 있는데 이 형상은 여진인의 용맹함을 표현하고 있다.

| 세계사 연표 |

1632년 러시아와 폴란드 간의 전쟁이 재차 일어났다.

출전 《명사明史·원숭환전袁崇煥傳》
《명감明鑑·희종熹宗》

1368~1644 명나라

후금군의 금주 공격

후금의 군대는 두 갈래로 나누어 밤낮으로 달려왔다. 황태극은 대릉하와 소릉하로, 대선代善과 아민阿敏은 금주로, 망고이태莽古爾泰는 우둔위로 진군했다. 대릉하와 소릉하 그리고 우둔위는 성이 아직 채 완공되지 않았다. 후금의 군대들이 공격해오자 명나라 군사들은 서둘러 성을 버리고 금주로 퇴각했다.

5월 11일, 후금의 군대는 금주성 아래까지 닥쳐왔다. 후금 군대의 맹렬한 기세를 본 금주성 수성장 명나라 총병 조솔교趙率敎는 시간을 지연시켜 구원병을 기다리기 위해 장령 둘을 황태극에게 보내 화의할 것을 요청했다. 황태극은 싸우지 않고 승리할 수 있는 기회를 놓치지 않으려 했다. 그는 조솔교에게 투항을 권하는 편지를 보냈는데 며칠이 지났는데도 답장이 없었다.

명조릉明祖陵 신도에 서 있는 무관과 문신 돌 조각

이에 화가 난 황태극은 총공격을 명했다. 조솔교와 태감 기용紀用 그리고 부장 좌보左輔와 주매朱梅 등은 결사적으로 금주성을 사수했다. 그들은 몸에 갑옷을 입고 장병들의 싸움을 직접 독려했다. 화포가 불을 내뿜고 화살이 비 오듯 날아가고 군사들의 고함이 하늘을 진동했다. 쌍방은 아침부터 저녁까지 격전을 벌였고 결국 후금 군대는 아군의 시체들을 끌고 5리 밖으로 물러나 영채를 세웠다.

황태극은 실패를 받아들이지 않고 한편으로는 계속 성을 공격하고 다른 한편으로는 심양에 사람을 급히 보내 원군을 불러왔다. 역량을 집중해 금주를 포위 공격하면 명나라 군대가 지원을 올 것이며 그러면 기마병이 우세한 후금의 군대가 명나라 군대를 일거에 섬멸할 수 있을 것이라고 황태극은 생각했다. 그러나 그 의도를 간파한 원숭환은 한편으로는 성을 지키고 다른 한편으로는 조대수에게 강력한 군사 4000을 내주어 적의 후방을 기습해 적을 견제하도록 했다.

승상제를 폐지한 명 태조 주원장은 송나라 관제를 모방해 전각대학사를 고문격으로 설치했다. 그 후 선종 때에 이르러서야 내각 대신이 상주문을 비답하고 정무를 처리하는 권리를 가졌다

영원을 공격한 후금의 군대

금주성의 싸움은 25일간 지속되었다. 후금의 군대는 이미 열나흘이나 금주성을 공격했지만 피해만 심각할 뿐 아무런 진척이 없었다. 이때 심양의 원군이 도착했다. 명나라 원군이 모두 영원에 있음을 안 황태극은 소수 병력만 금주성 아래 남겨 놓고 그 외 수만 군사는 자기가 직접 통솔해 영원으로 달려와 역량을 집중해 공격했다.

> **●●● 역사문화백과 ●●●**
>
> **[명나라 제일 황릉 – 명조릉明祖陵]**
>
> 중국 역대 제왕들의 능묘 중에 보존이 제일 잘 된 능묘는 명나라 제왕들의 능묘인데, 그중 명조릉은 '명나라 제일 황릉'이라고 불린다. 이는 명나라 개국 황제인 주원장의 조부와 증조부, 고조부를 위해 세워진 의관衣冠을 묻은 능묘다. 명조릉은 중국에서 네 번째로 큰 담수호인 홍택호의 동안, 강소江蘇 우이盱眙현 경내에 있는 옛날 사주성泗洲城에 자리 잡고 있다. 명조릉은 전후 28년이란 긴 시간이 걸려서 완공되었다. 역사의 기록에 의하면, 명조릉은 원래 성벽이 세 개이고 금수교가 세 개이며 전당, 정각, 서방廂房 등이 1000여 칸이나 되어 그 규모가 엄청났다고 한다. 지금도 명조릉은 남북으로 큰 길이 250m 보존되어 있는데 남쪽은 침문寢門이고 북쪽은 현궁玄宮, 즉 주원장의 선조들을 안장한 지하 궁전이다. 신도에는 균등한 거리로 21쌍 41개 석상들이 나란히 있는데 높이 위풍 당당한 각 석상의 무게는 몇 톤씩이나 된다. 명조릉의 발견에는 신기한 사연이 있다. 1680년 명조릉은 역사에 드문 큰 홍수로 홍택호 물에 깊이 잠겨 호수 밑바닥에 있는 '수하水下 황릉'으로 변했다. 그러다가 1963년 홍택호가 역사상 드문 큰 가뭄이 들어 물이 줄어드는 바람에 명조릉의 그 많은 석상들이 수면 위에 드러났다. 기린과 사자, 안장이 있는 말과 말을 끄는 시종 그리고 문관과 무관, 태감 등의 형상을 조각한 이 석상들은 높이가 모두 3m 이상이었다. 전문가들의 고증에 의하면, 능묘의 지상 전당들은 이미 무너졌으나 지하 부분은 완전하게 보존되어 있으며 순장한 문물들도 아주 많다고 한다. 능묘 부분은 아직까지 면적이 그리 크지 않은 늪 물속에 잠겨 있는데, 물속을 내려다보면 능묘의 석문을 볼 수 있다. 그런데 이상한 것은 이 그리 크지 않은 늪의 물이 뽑으면 또 나오곤 해 아무리 빼도 늘 물이 차 있었다. 전문가들은 이 능묘가 바깥 공기와 차단된 물속에 오랫동안 잠겨 있었기에 능묘 안이 아직까지 그렇게 잘 보존되어 있다고 한다.

우아한 관세음보살
산서 쌍림사의 관세음보살 조각상은 모두 네 개가 있다. 불전의 중앙에 있는 이 관세음보살은 화관을 머리에 쓰고 상반신을 절반 드러낸 채 그 아래에는 치마를 입고 있다. 한 다리는 구부리고 다른 한 다리는 밑을 디디고 있으며 오른손을 왼쪽 무릎 위에 올려놓고 두 눈을 내려감고 조용히 우아하게 앉아 있다. 불전의 네 벽에 조각된 바위들에는 500여 개 형형색색의 작은 관세음보살의 조각상들이 있는데, 그들은 중앙에 있는 이 주요한 조각상과 서로 호응하면서 통일되는 속에서의 변화를 보여주고 있다.

원숭환과 내관 유응곤劉應坤은 성 위에 올라 성을 사수하는 군사들을 독려했다. 산해관 총독 만계, 우세록, 조대수 등은 원군을 거느리고 영원성 동쪽 2리 되는 곳으로 나가 화포들을 줄지어 놓고 적군을 향해 사격했다. 그 바람에 후금의 군대들은 성에 접근할 수가 없었다. 이에 대노한 황태극은 "부친께서도 이 영원

| 세계사 연표 |

1633년 일본 막부幕府는 쇄국령을 내려 유럽인들을 내쫓고 유럽 선박들의 입항을 제한했다.

성을 깨지 못했는데 나도 영원성을 무너뜨리지 못한다면 우리 후금이 어떻게 되는가!' 하고 부르짖었다. 그러고는 여러 패륵들을 이끌고 결사적으로 공격했다. 성 아래에 이른 그들은 명나라 군대와 맹렬히 싸웠다.

명나라 장령 만계는 여러 곳에 화살을 맞았지만 용감하게 싸웠다. 후금의 패륵 제이합랑濟爾哈朗, 살합렴薩哈廉 등도 모두 중상을 입었다. 황태극는 할 수 없이 퇴군령을 내리고 20리 밖까지 물러갔다. 그 기회에 명나라 군대들은 성을 나와 후금의 군대를 공격했다. 후금군의 유격 배산과 비어備御 파희巴希 등이 모두 명나라 군대에게 목이 달아났다. 영원은 성곽이 든든해 공격하기 어렵고 금주의 후금 군사들은 배후에 적을 두고 있는 처지여서 황태극는 고민 끝에 29일 영원성에서 퇴각했다.

후금 군대의 대패

6월 4일, 비분이 엇갈린 심정으로 배산과 파희의 장례를 치른 황태극은 재차 금주를 공격했다. 수만 기마병과 보병이 벌떼같이 밀려오는 가운데 명나라 군대들은 견고한 성곽과 깊은 해자에 의지해 성 위에서 화포를 연이어 발사했다. 성 아래에는 적병의 시체가 순식간에 산더미를 이루었다. 후금의 군대는 어둠이 깃들 때까지 싸웠으나 성벽에 접근할 수 없었다. 황태극는 하는 수 없이 또 공격을 멈추었다. 영채로 물러간 후금의 군사들은 전사자들의 시체를 불태우며 대성통곡했다.

영원과 금주를 24일간이나 포위 공격한 후금 군대는 피해가 엄청났다. 그런데다 무더운 여름이라 더위를 먹은 군사들이 날로 늘어나 사기가 저하되었다. 영원과 금주 싸움을 속전속결하려던 황태극의 기대는 이번의 참패로 완전히 사라졌다. 6월 12일, 결국 잔여 부대를 거느리고 심양으로 물러갔다.

명나라 사람들은 이 싸움을 '영금대첩寧錦大捷'이라고 했다. 명나라 군대는 정확한 전략과 견고한 성곽, 충분한 준비로 장병들이 합심해 결사적으로 싸웠기에 영원의 싸움 이후 또 한 차례 빛나는 승리를 거두었다.

명조릉 신도의 석각들

| 중국사 연표 |

1622년 네덜란드가 팽호열도를 침범했다가 천계 4년(1624)에 쫓겨나자 그들은 또 대만을 침략하려고 시도했다.

095

엄당의 숙청

새로 즉위한 사종思宗은 위충현을 주살하고 엄당을 숙청했다.

사종의 즉위

천계 6년(1626) 8월, 뱃놀이를 하던 희종이 물에 빠졌고, 그로 인해 병이 들어 1년을 앓다가 8월 22일에 붕어했다. 그 해 그의 나이 스물셋이었다. 희종은 병이 위중해지자 건청궁에 신하들을 모아 놓고 위충현과 왕체건의 충정을 말하곤 했다.

며칠 후 희종이 사망하고 유서에 따라 아우 신왕 주유검朱由檢이 등극했다. 주유검은 천계 2년(1622)에 신왕으로 책봉 받았는데, 평소 위충현 무리들의 악행을 잘 알고 있었다. 그는 희종의 유서를 놓고도 너무나 황공해 그 유명을 받지 못하는 행세를 했다.

희종이 죽자 유충현은 자기가 직접 신왕 왕부에 가서 신왕의 입궁을 맞이하고 새로운 황제에 대한 열성적인 옹호를 표시했다.

희종이 사망했다는 소식을 들은 대신들은 모두 궁에 무슨 변이 일어날까 두려워했다. 이튿날 아침 조회를 나가니 궁문을 지키는 태감들이 백관들 앞을 막았다. 모두 돌아가 상복을 입고 오라는 것이었다. 백관들이 상복들을 바꿔 입고 오니 이번에는 평상복을 입고 오라고 했다. 그 통에 관원들이 황성 내외를 숨이 차게 달려 다니고 나서야 마침내 입궁해 희종의 붕어를 통곡했다.

24일, 신왕 주유검이 정식으로 황제 위에 올라 특사

나라를 살릴 수 없었던 명나라 마지막 황제

명 사종 주유검은 명 희종 주유교의 아우다. 즉위한 후 그는 나라를 구할 마음이 급했지만 정국을 단시일 내 돌려세운다는 것은 불가능한 일이었다. 그러나 그는 일을 급히 서두르다 큰 오류들을 적지 않게 범했다. 후금과의 싸움에서 중요한 상황에 황태극의 반간계에 넘어가 명장 원숭환을 무고하게 죽이는 바람에 요동의 방어선이 거의 무너졌다. 또한 부세를 증가하고 병력을 징집해 동북 후금의 침략을 막아 낸 한편 이자성과 장헌충이 이끄는 농민 봉기군을 진압했으나 이자성의 북경 진입으로 결국 스스로 목숨을 끊었다. 당시 나이 서른네 살, 유체는 사릉에 안장되었다.

숭정 황제의 어압御押과 압문押文 (위 사진 포함)

| 세계사 연표 |

1633년 영국 찰스 1세가 에든버러에서 스코틀랜드의 왕이 되었다.

《명사明史·환관전宦官傳》
《명감明鑑·장렬제莊烈帝》
《명감明鑑·희종熹宗》

령을 내리고 연호를 숭정崇禎으로 고쳤다. 그가 바로 숭정 황제 사종思宗이다. 사종은 즉위할 때 나이가 혈기 왕성한 열일곱이었다. 일찍부터 천계 시대의 혼탁한 정치에 불만을 품고 있었지만 당시는 한낱 신왕에 불과했기 때문에 어쩔 도리가 없었다. 그러나 지금은 즉위해 나라 대권을 쥐었기에 나라의 기강을 바로 세우고 기울어진 국운을 다시 세울 결심을 했다.

위충현의 말로

사종은 즉위 초 기회를 보며 일부러 위충현을 중용하고 위충현의 말을 따르는 척했다. 그런데 그동안 위충현에게 붙었던 확유화는 자기들의 말로가 멀지 않았음을 알고 위충현을 멀리 하다가 마침내 위충현과 결별했다. 그러다가 국자감 사업司業 주지준이, 감생 육만령陸万齡과 조대曹代가 위충현의 생사를 세울 것을 건의한 일을 들어 위충현을 탄핵했다. 이에 사종은 영을 내려 육만령과 조대를 잡아 가두었다.

그 소식을 들은 위충현은 자기의 생사를 세우는 것을 금지시키고는 사직하고 물러날 것을 자진 주청했다. 사종은 생사에 관한 그의 주청은 윤허하면서도 사직은 비준하지 않았다. 이때 봉성부인으로 책봉된 객씨도 핍박에 의해 궁 밖으로 나갔고 믿는 기둥이 없어진 엄당 관원들은 모두 불안에 떨었다.

10월, 엄당 어사 양유가 자기부터 살기 위해 위충현

경덕진의 오색 물고기 자기 항아리 (위 사진)
명나라 영락 시대 중국의 자기업 중심지가 된 경덕진의 자기 제조 기술은 새로운 수준에 이르렀다. 오색 자기는 당시 신형 자기의 하나로서 명나라 자기 제조 공예의 주요한 성과 중 하나이다.

의 심복인 병부상서 최정수崔呈秀를 탄핵하는 상주문을 두 번이나 연속으로 올렸다. 최정수는 하는 수 없이 사직하고 고향으로 돌아갔다. 그러자 공부주사 육징원陸澄源이 사대부들의 습관을 바로잡고, 관리들의 부패를 바로잡으며, 민생들을 안정시키고, 나라를 부강하게 하기 위한 네 가지 건의를 상주하면서 위충현을 비판했다. 그리고 얼마 지나지 않아 어떤 사람이 또 위충현을 탄핵하는 상주서를 올렸다.

사종은 그것을 보고 아무 말도 하지 않았다. 그러자 가흥의 공생 전가미錢嘉徵가 위충현이 나라를 어지럽히고 백성을 해친 죄악 열 가지를 열거한 상주문을 올렸다. 이에 사종은 위충현을 숙청할 기회가 왔다고 생각했다.

불안해진 위충현은 다른 방법이 없자 사종에게 달려가 변명했다. 사종은 엄한 기색으로 태감에게 명해 전가미의 상주문을 위충현 앞에서 그대로 읽게 했다. 그러자 혼비백산한 위충현은 객씨를 찾아갔고 객씨를 시켜 사종이 신왕으로 있을 때의 태감인 서응원徐

명나라 의생의 복장

원종도袁宗道, 원굉도袁宏道, 원중도袁中道 형제를 말하다

| 중국사 연표 |

1625년

위충현이 정직한 대신 양련, 좌광두, 원화중, 위대중, 주조서, 고대장 등 여섯 사람을 옥에 가두었는데 이들은 차례로 옥에서 죽었다.

채색 의장용
이 의장용은 1966년 섬서성 장안 위곡진韋曲鎭 북위北街에 있는 명나라 진국鎭國 장군 무덤에서 출토한 것으로 섬서역사박물관에 소장되어 있다. 이 열 개 도기용의 높이는 21~23cm이며 복식이나 동작이 모두 다른데 무덤 주인의 시종과 시위대인 듯하다.

應元에게 1만 금의 뇌물을 먹여 서응원이 나서서 자신을 구하도록 했는데, 이 일을 안 사종은 서응원을 파직시켜 버렸다.

며칠 후 사종은 조서를 내려 위충현을 봉양으로 내려 보내 황릉을 지키게 했다. 그러고는 위충현의 죄악을 방문으로 붙여 온 천하에 공포했다. 그런 뒤 이어 금의위를 내려 보내 위충현을 도로 잡아 올렸다. 이때 위충현은 봉양으로 내려가던 길로 겨우 부성阜城에 도착하였을 때는 금의위가 자기를 잡으러 온다는 소식을 듣고는 동당 이조흠과 같이 목을 매 자살했다. 사종은 조서를 내려 위충현의 시체를 육시戮屍하고 그것을 그의 고향 하간에 매달게 했다. 동시에 객씨도 모진 고문 후 죽였다.

위충현이 죽은 후 조정 관원들은 엄당의 원흉인 최정수, 이문환, 주응추, 오순부, 전락경, 허현순 등을 모두 파직시켜 조정에서 내몰았다.

위충현과 객씨의 집안사람들인 위량경, 후국흥, 객광선 등도 참수를 당해 그 시체가 저잣거리에 내던져졌다. 위충현과 객씨의 가산도 모두 몰수했다.

엄당 '오호'의 우두머리 최정수는 그를 잡아들이라는 사종의 조서가 내렸다는 소식을 듣고 희첩들과 모든 재물을 모아놓고 술을 마시며 통곡하다가 자살했다. 사종은 그 자의 관을 열고 육시를 시킨 다음 가산 모두를 몰수하고 자식들은 전부 유배를 보냈다.

나머지 엄당의 수하들인 허현순, 전락경 등도 동시에 처결되었다. 이로써 엄당이 농간을 부리던 정국이 종말을 맞자 모두가 크게 기뻐했다.

엄당의 죄행에 대한 청산

위충현은 조정 대권을 7년이나 쥐고 있었기 때문에 그 일당이 많은데다가 거기에 아첨하는 자들 역시 적지 않았다. 엄당에게 박해를 받은 동림당인들과 그들을 동정했던 사람들은 엄당이라면 이를 갈았다. 그들은 위충현이 몰락하자 다투어 상주문을 올려 엄당의 죄행을 청산할 것을 주청했다.

| 세계사 연표 |
1633년 러시아와 라트비아가 전쟁을 했다.

숭정 원년(1628) 12월, 어사 오신 등이 조정에 남아 있는 엄당의 잔여들이 '경관京官 검사'를 기회로 자기들의 죄행을 감추거나 비호하고 있으므로 조정 각 부서에서는 엄당의 죄행과 직무를 철저히 조사하고 그 사실들을 낱낱이 열거해 그들을 모조리 조정에서 내몰아야 한다는 상주문을 올렸다. 이에 숭정 황제는 대학사 한광韓爌, 이표李標, 전룡석錢龍錫에게 엄당 잔여 세력들의 명단과 그 심사를 책임지게 했다. 그런데 인품이 관대한 한광은 연루되는 사람이 너무 많으면 원수가 많아진다고 생각해 처음엔 40~50명만 보고했다. 그러다가 황제가 만족해하지 않자 또 수십 명을 첨가했다. 그래도 숭정 황제는 아직 부족하다고 하면서 찬양, 옹호, 송가, 아부 등으로 명목을 세분해 엄히 심사하라고 영을 내렸다.

숭정 황제는 이렇게 말했다. "일개 내궁의 환관에 불과한 위충현이 조정 관원들의 결탁이 없이 그렇게 많은 악행을 저지를 수 있었겠소? 대신들 속의 공모자들도 반드시 그 명단 안에 넣어야 하오." 그러고는 궁에 보존되어 있는 위충현한테 아부하는 내용이 든 상주문들을 전부 한광에게 넘겨주며 그런 아첨꾼들도 모두 역모자들의 명단에 넣으라고 명했다.

숭정 2년(1629) 3월, 엄당 일당의 명단이 최종 작성되었다. 황제는 조서의 형식으로 그것을 전국에 공포했다. 위충현과 객씨를 대역죄로 책형에 처하는 외에 나머지 엄당들은 여섯 등급으로 나누어 처벌했다. 첫째는 동모자 중의 우두머리인 최정수, 위량경, 후국흥 등 여섯으로 이들은 즉시 참수형에 처했다. 두 번째는 내시들과 야합한 자인 유지선劉志選, 양몽환梁夢環, 예문환倪文煥, 허현순許顯純 등 열아홉으로 참수형을 판결하고 처결은 추후에 하기로 했다. 세 번째는 그 다음으로 내시들과 야합한 자들인데 위광미, 주응추 등 열한 명에 그 수하들인 위지덕 등 서른다섯 명까지 합쳐 모두 유배를 보냈다. 네 번째는 엄당에 아부하고 엄당을 옹호한 무리들로 태감 이실 등 열다섯이 여기에 속했다. 그들도 모두 유배를 보냈다. 다섯 번째는 내시들과 야합한 무리들 중에 3등이 되는 자들로서 고병겸, 풍전, 왕소징 등 128명이 속했는데 3년 징역에 처하고 서민을 만들었다. 여섯 번째는 내시들과 야합한 중에서 4등이 되는 자들로 황립극 등 44명을 모두 파직시켰다.

조서에는 사람 이름 아래 그들이 범한 죄행이 낱낱이 적혀 있었고, 이를 천하에 공포했다. 조서가 반포되기 전에 박해로 죽은 동림당인들은 모두 명예를 회복시키고 보상금인 무휼금을 내주었으며, 다행히 살아 있는 동림당인들은 다시 기용했다. 일순간 조정에는 활기가 돌고 '중흥'에 대한 기대로 가득 찼다.

그러나 그 수십 년 동안 명나라의 사회 풍토는 이미 파괴될 대로 파괴되어서 붕당과 문호의 악습이 뿌리 박혀 있었기 때문에 얼마 지나지 않아 조정에서는 또 다시 파벌 싸움이 시작되었다. 숭정 황제는 백관들을 통제하고 자신의 중앙집권을 강화하려는 목적으로 그의 형 희종의 전철을 밟아 다시 환관들을 총신했다. 이로써 조정 내외에는 투쟁이 그칠 새 없고 모든 것이 예전으로 돌아갔다. 이때 명나라는 멸망의 날이 멀지 않아졌다.

••• 역사문화백과 •••

[명나라 말기의 소품문]

소품문은 공안公安 경릉파 문학의 산물로서 '격식에 구애 없이 자기의 생각을 자유롭게 말하는' 글이었다. 이 장르의 글들은 형식에 구애를 받지 않고 소재에 제한이 없이 자기의 마음을 털어놓는 글이기에 학문과는 거리가 멀었다. 따라서 사람의 성격과 개성을 가장 잘 표현할 수 있으며 고정된 격식이 없이 자기의 흉금을 하나하나 털어놓을 수 있는 재미있는 글이었다. 명나라 문단에서 소품문의 대표 작가로는 '삼원'과 담원춘譚元春, 유동劉侗, 왕사임王思任, 장대張岱 등이 있다. '삼원'은 호광 공안 사람인 원종도袁宗道, 원굉도袁宏道, 원중도袁中道 형제를 말한다. 이 셋은 시문으로 이름을 날렸는데 공안파에 속한다.

| 중국사 연표 |
1626년 노이합적이 사망하고 황태극이 후금의 칸으로 즉위했다.

096

문사 연맹, 복사

복사復社는 남북의 문사文社들을 모아 가장 영향력이 있는 문사 연맹을 이루었다.

학풍을 바로잡을 결심을 한 장부

명나라 과거 시험은 팔고문八股文으로 글을 지어야 했다. 그래서 문인들은 과거 시험의 성공을 위해 서로 벗을 삼아 늘 오가면서 시풍時風을 담론하고 문장을 연구했다. 그로써 점차 문인들이 결속하는 풍토가 이루어졌는데 사람들은 그것을 문사文社라고 했다. 천계, 숭정 연간에 이런 문사들이 대폭 늘었는데 그중에서 영향력이 가장 큰 문사가 바로 장부張溥를 위수로 하는 복사였다.

장부는 강소 태창太倉 사람으로 어려서부터 동향 장채張采와 함께 나란히 이름이 났다. 사람들은 그들 둘을 '누동이장婁東二張'이라고 불렀다. '누동'이란 태창을 말한다.

숭정 원년(1628)에 장부는 공생貢生으로 경성에 왔는데 그때 장채는 이미 진사가 되어 있었다. 그래서 이 두 장씨의 이름이 경성에 전해졌다. 얼마 지나지 않아 장부는 사직하고 집에 있는 엄당 고병겸을 축출하는 격문을 써 붙여 그 명성을 세상에 떨쳤다. 그는 조정의 공경들이 '육예六藝 불통不通'인 것을 보고 학풍을 진흥시켜 시풍을 바로잡아야겠다고 결심했다.

옛 자기 장식을 모방한 오채 인물 무늬 오목 접시 (위 사진)
오채五彩는 명나라 선덕 연간에 나타난 장식 기법으로 초벌로 구워 낸 자기의 유약 칠한 표면에 다채로운 그림을 그리고 그것을 재차 가마에 넣어 조금 낮은 온도에서 구워 내는 것을 말한다. 명나라 때의 오채는 적·청·황의 세 가지 색을 위주로 했고 순수한 오채는 보기 드물었다. 명나라 가정, 만력 시대 관요에서는 청화오채가 유행했다. 청화오채란 청화자기를 모체로 해 유약 아래층의 청화와 위의 채색 그림을 색깔이나 구도상에서 서로 결합시켜 다채로운 효과를 빚어낸 것을 말한다.

문사들의 연맹

경성에서 고향으로 돌아온 장부는 곧 지방의 명사들을 연합해 문사를 세웠는데 이름을 '복사'라고 했다. 숭정 2년(1692)에는 또 명사 양정구, 하윤이, 진자룡 등과 연합해 강소 오강의 윤산에서 각지 문사들을 모아 연맹을 이루었다.

당시 강북에는 광사匡社, 중주에는 단사端社, 송강에는 기사幾社, 내양에는 읍사邑社, 절동에는 초사超社, 절서에는 장사莊社, 황주에는 질사質社, 강남에는 응사應社 등이 있었다. 장강 남북에 널려 있는 이 문사들은 모두 어느 정도 명성이 있었다. 장부의 주도로 뜻과 취향이 같은 문사들은 여러 개 문사가 하나로 합치고 '사방의 문인들과 더불어 복고학을 진흥할 것을 기대하는' 뜻에서 이름을 '복사'라고 하기로 합의했고 당시 영향력이 가장 큰 문사 연맹이 되었다.

복사에 가담한 각 문사들은 대외적으로는 모두 복사라는 이름을 사용했지만 내부적으로는 통일이 되지 않아 각기 자기 이름을 썼다. 복사는 각 문사를 통해 각지의 글들을 모집하고 그것을 문집으로 묶었는데 그것을 '국표國表'라고 했다. 국표로 각지의 문풍을 서로 교류하고 자신의 영향력을 확대했다.

●●● 역사문화백과 ●●●

[명나라 말기 4공자]
명나라 말기의 '4공자'는 방이지方以智, 모양冒襄, 후방성侯方成, 진정혜陳貞慧 등 네 사람을 말하는데 이 넷은 모두 권문세가 출신으로 박학다식했으며, 시정을 비판하기를 즐겼다. 이 넷은 복사復社의 명인들이었다.

| 세계사 연표 |

1635년 프랑스의 참전으로 30년 전쟁의 제4단계인 '프랑스 – 스웨덴' 시대가 시작되었다.

《명사明史·장부전張溥傳》
《명사明史·장채전張采傳》
출전

중화금中和琴
이 거문고의 뒷면에는 해서체로 '중화中和'라는 글이 음각되어 있고 용지龍池 내에는 역시 해서체로 '명나라 숭정 병자년 노나라에서 만듦. 제143호大明崇禎丙子歲季秋潞國制 壹百肆拾參號'라는 글이 음각되어 있다. 이것은 명나라 말기 노왕潞王 주상방이 숭정 9년에 만든 것이다. 중니식仲尼式의 이 거문고는 길이가 119cm, 어깨 부분의 너비는 18.5cm, 꼬리 부분의 너비는 14.2cm, 두께는 1.2cm이다. 검붉은 옻칠을 한 뒤 빙렬문氷裂紋을 새기고 안족雁足은 옥으로 만들었다. 용지는 둥글고 봉지鳳池는 정사각형인데 하늘은 둥글고 땅은 네 모임을 상징한다. 명로왕 주상방은 명태조의 10대 손으로 노왕을 세습했다.

윤산대회에 이어 숭정 3년(1630)에는 금릉金陵, 지금의 남경南京에서 금릉대회가 열렸다. 숭정 6년에는 강소 소주에서 호구虎丘대회가 열렸는데 규모가 가장 커 회의 참석자만 수천 명에 이르렀다. 이 회의는 300년 이래 초유의 성황을 이루었다고 한다. 바로 그 해 복사 중의 젊은 학자 오위업吳偉業이 20여 세에 과거 전시에서 2등을 했는데 숭정 황제는 그에게 결혼하고 가정을 이룰 수 있는 말미까지 주었다. 이름이 금방金榜에 오르고 금의환향을 하게 되었으니 복사로서는 이보다 더 빛나는 일이 없었다.

복사는 인원이 많고 행사도 많았다. 게다가 장부 등이 속속 진사로 등과하니 당시 세인들의 부러움의 대상이 되었다. 복사에만 들어가면 과거 시험에 급제하는 일은 문제가 아닌 것처럼 말하는 이들도 있었다. 복사는 그 후 강남에서 절강·복건·호광·귀주·산동·산서 등지로 발전했다.

조정의 문호 투쟁에 휘말린 복사

복사는 글짓기를 연구하는 것 외에 정치에도 관심을 갖고 있었기 때문에 조정의 문호 투쟁에 휘말려 들었다. 태창 사람인 육문성陸文聲은 일찍 돈을 들여 감생監生 직을 얻은 사람이다. 그런데 그가 복사에 가입하려고 하니 장부가 동의하지 않았고 장채는 심지어 그를 비아냥거렸다. 이에 앙심을 품은 육문성은 숭정 10년(1637)에 '장부와 장채가 주도해 복사라는 것을 만들었는데, 그 목적이 천하를 어지럽히려는 데 있다'고 조정에 고발했다. 당시 내각 수보 온체인溫體仁은 그러지 않아도 평소 복사를 벼르던 참이라 육문성의 고발이 올라오자 즉시 수하 부서에 명해 추궁하도록 했다. 그런데 며칠 후 온체인이 갑자기 병으로 사망하자 그 일은 도중에 중단되었다.

몇 년이 지나 장부가 병으로 사망했다. 그러자 어떤 대신이 장부를 찬양하는 상주서를 숭정 황제께 올렸다. 숭정 황제는 대신들과 경사經史를 연구할 때 장부와 장채가 어떤 사람인가 물어보았다. 장부는 이미 죽고 장채는 작은 관리에 불과한데 사람들이 왜 그들을 추앙하는지 숭정 황제는 그 이유를 알 수 없었다. 사실 그때 적지 않은 복사 성원들이 과거 시험을 통해 조정에 올라와 관리가 되었는데 그들은 서로 도와주고 서로 천거하면서 이미 큰 성세를 이루고 있었다.

이때 명나라 왕조는 이미 지는 해가 되고 있었다. 그 후 남명이 건립된 후 엄당의 잔여 세력인 마사영, 원대성 등이 복사 성원들을 동림당인과 같이 취급하며 배척했다. 그들은 복사를 '사동림嗣東林', '소동림小東林'이라고까지 불렀는데, 사실 복사는 동림당과 같지 않았다.

복사는 정치적 역량을 결성하지 않았으며 그들 중의 일부 사람들은 동림당에 대해 명석한 견해를 갖고 있었다. 명나라 말기 학풍이 비뚤어진 것을 보고 명나라 왕조가 이미 송나라 말기와 같은 참담한 경지에 빠져 있다는 인식을 같이 하면서 우국우민의 사상으로 실학을 적극 추진했다. 그들의 견해는 명나라 말기 사대부들에게 큰 영향을 미쳤다.

| 중국사 연표 |

1627년

희종이 사망하자 주유검이 즉위했는데 그가 바로 명 사종이다. 연호는 그 이듬해 숭정으로 고쳤다.

097

모문룡을 죽인 원숭환

피도皮島에 주둔하고 있는 모문룡毛文龍은 오만무례하여 원숭환의 명령을 듣지 않았다. 결국 원숭환은 계책을 꾸며 모문룡을 체포한 뒤 주살했다.

모문룡의 오만무례

새로 즉위한 숭정 황제는 지난날 엄당에게 모함을 당해 사직한 원숭환을 다시 기용해 병부상서로 임명했다. 그런데 군무를 총괄하는 동안 원숭환이 대장 모문룡을 주살한 일이 발생했다. 이 일은 요동의 정세에나 원숭환 본인에게나 모두 큰 영향을 끼친 일이다.

모문룡은 절강 인화仁和, 지금의 항주杭州 사람인데 왜병을 치러 조선에 갔다가 요동에 남게 되었다. 천계 초년에 그는 후금이 지키고 있는 진강鎭江을 바다로 기습해 후금의 수성장을 생포하고 구련성을 수복했다. 그 공로로 총병관이 되어 피도皮島에 주둔하고 있었다. 피도는 동강東江이라고도 하는데 조선과 바다 하나를 사이에 둔 등주와 내주 사이 바다에 있는 섬이다. 모문룡은 피도를 대본영으로 하여 후금의 군대들을 수시로 습격했으며 여러 번 후금의 후방 깊은 곳까지 쳐들어갔다. 이런 공로로 조정에서는 여러 번 모문룡을 포상하고 벼슬을 올려 좌도독에 장군 인장을 하사하고 상방보검도 하사했다.

바다에 따로 있는 모문룡은 남의 통제를 받을 일이 없어 점차 오만방자해졌다. 그는 마음대로 병사들의 숫자를 늘린 허위 보고를 하여 조선과 명나라 조정에 각기 군사 비용을 요구했으며 섬에 상인들을 불러들여 밀수 장사를 했다. 그리고 조정의 지지를 얻기 위해 위충현과 결탁해 엄당들에게 여러 번 뇌물을 먹였다. 모문룡의 이런 행태는 조정 대신들 사이에 물의를 일으켰을 뿐만 아니라 조선 측에서도 모문룡의 강요와 그 부하들의 악행에 불만이 많았다.

모문룡을 제거한 원숭환

원숭환은 부임한 뒤 모문룡을 통제하기 위해 영원에 향신餉臣을 두고 군사들의 식량 배급과 급료를 통제하기 시작했다. 당시 군 내외에서는 모문룡이 후금과도 거래를 트고 있다는 말까지 돌았고, 원숭환은 기회를 봐서 이 자를 아예 제거할 결심을 했다.

숭정 2년(1628) 5월, 원숭환은 군사 검열을 한다는 명분으로 쌍도雙島라고 하는 섬으로 왔다. 모문룡도 그 섬으로 원숭환을 뵈러 왔다. 원숭환은 주연을 베풀

산서성 쌍림사雙林寺 천불전千佛殿에 있는 위태韋馱의 조각상

| 세계사 연표 |

1636년
조선에서 병자호란이 일어났다.

《명사明史·모문룡전毛文龍傳》
《명사明史·원숭환전袁崇煥傳》 출전

고 며칠 동안 모문룡을 환대했다. 그러던 어느 날 원숭환은 모문룡에게 함께 장병들이 활 쏘는 것을 구경 가자고 했다. 사전에 원숭환은 수하들에게 모문룡과 그의 수행 병사들을 떼어 놓으라고 지시했다. 그러고는 활 쏘는 검열장에 이르러 갑자기 모문룡과 그의 수행 관원들을 포위하고 모문룡이 범한 죄행을 공포한 후 모문룡을 붙잡았다.

그러자 모문룡의 수하들은 겁에 질렸는데, 어느 자가 모문룡은 후금을 치는 데 공로가 있는 사람이니 목숨만은 살려 달라고 사정했다. 그러나 원숭환은 노한 낯빛으로 그 자를 꾸짖었다. 그러고는 상방보검을 뽑아 들고 모문룡의 목을 쳤다. 그리고 이렇게 명했다.

"죄는 모문룡 한 사람한테 있다. 다른 사람들은 죄가 없으니 모두 돌려보내라."

모문룡이 죽자 그의 부장들은 시체 위에 엎드려 대성통곡을 했다. 당시 모문룡의 막하에는 건장한 장병이 수만이나 되었지만 모두 원숭환의 기세에 눌려 어느 하나 감히 어쩌지를 못했다. 원숭환은 영을 내려 모문룡을 후하게 장례해 주도록 했다.

그 이튿날 원숭환은 제를 지내면서 눈물을 흘렸다고 한다. 훗날 원숭환은 모문룡을 주살한 경과를 조정에 보고하며 이렇게 말했다.

'모문룡 대장은 신이 함부로 죽인 것은 아니옵니다. 신 석고대죄席稿待罪하옵니다.'

다시 말하면 모문룡은 대장이며 따라서 자기가 마음대로 죽인 것이 아니라는 것, 그러나 잘못이 있을 수 있기에 자기도 죽을 각오를 하고 있다는 것이었다. 원숭환의 상주문을 본 숭정 황제는 놀랐다. 그러나 생각을 다시 하니, 이미 죽은 사람을 다시 살릴 수도 없는 일인데다가 당시 산해관 밖의 방어를 원숭환에게 의거하고 있는 터여서 원숭환이 대신을 사사로이 죽인 과오를 더 추궁하지 않고 오히려 잘했다고 원숭환을 다독거려 주었다.

친근한 모습의 '벙어리 나한'

원과 명 이후 종교 예술은 쇠퇴의 길에 들어섰으나 전통의 뿌리가 깊은 곳에는 뛰어난 작품들이 없지 않았다. 산서성의 몇 사원에는 명나라 채색 조각들이 보존되어 있는데, 그중 쌍림사의 것이 가장 특출하다. 이 사원은 산서성 평요현平遙縣에 있는 천년 역사를 가진 고찰이다. 전당에 있는 대다수 채색 조각상들은 명나라 때 세운 것인데 크고 작은 2000여 개의 훌륭한 조각상들이 보존되어 있다. 그 양이나 예술 수준이 모두 고대 종교 조각상들 중에서 드문 것으로 가히 고대 조각 예술의 박물관이라고도 말할 수 있을 정도다. 나한전에는 열여덟 개 채색 나한 조각상이 있는데, 그중의 한 나한은 가슴과 배를 내놓고 가부좌를 하고 앉아 있는데 엄숙한 표정으로 곁눈질하고 있는 모습이 할 말이 있어도 하지 못하는 듯하다. 그래서 사람들은 그를 '벙어리 나한'이라고 한다.

● ● ● **역사문화백과** ● ● ●

[회표會票 - 명나라 때의 수표]
회표는 거상들이 명나라 중기부터 발행한 수표로서 한 지역에서 돈을 내고 수표를 받은 다음 다른 곳에 가서 그 수표로 돈을 받을 수 있기에 상인들이 먼 곳으로 가서 장사하는 데 편리했다. 일종의 어음이다.

| 중국사 연표 |

1627년 위충현이 봉양으로 유배 가는 도중 자살했다.

098

북경을 기습한 황태극

후금은 전략을 바꾸어 명나라의 영원寧遠, 금주錦州 방어선을 돌아 곧바로 북경을 기습했다.

전략을 바꾼 황태극

명나라 숭정 원년(1628), 병부상서로 임명된 원숭환은 하북과 요동의 군사를 총괄했을 뿐만 아니라 천진, 등주, 내주 일대의 군무도 관할했다. 그는 '방어를 견고히 한 다음 공격을 하며, 화의는 상황을 보면서 한다'는 전략을 세우고 영원, 금주의 방어에 역량을 집중 강화하고 그 방어선을 이용해 점차 앞으로 밀고 나가 결국 전 요동을 수복할 계획을 세웠다.

이에 후금은 영원, 금주 일대의 방어선을 돌파하기가 어렵다는 것을 알고, 영원, 금주 일대의 방어선을 돌아 몽고 커얼친부의 길을 빌려서 만리장성을 넘고 곧바로 북경을 기습하기로 결정했다.

북경성을 위협하는 후금의 군대

후금 천총 3년(1629) 명나라 숭정 2년 10월, 준비를 마친 황태극은 대군을 거느리고 심양을 출발했다. 귀순한 몽고 각 부의 군대들도 대오에 합류했다. 여러 차례 북경에 조공을 바쳐 길을 익숙하게 알고 있던 몽고인들의 인도로 후금의 군대는 빠른 속도로 진군해 계진薊鎭에 있는 장성 아래에 당도했다. 후금과 전쟁이 시작된 이래 명나라 주요 병력은 산해관과 영원, 금주 일대에 집중되어 있어서 산해관 이서는 방어가 허술했다.

후금의 군대는 세 갈래로 나누어 좌익은 용정관龍井關(현의 하북 순화 동북)으로, 우익은 대안구大安口(현 하북 순화 서북)로, 중로는 홍산구洪山口로부터 변성을 넘어 곧바로 장성을 뚫고 들어왔다. 그리고는 파죽지세로 계주, 삼하, 순의, 통주 등을 연이어 점령하고 북경성에 임박했다.

그 소식을 접한 명나라 문무관원들은 당황해 했고 숭정 황제는 북경성 안에 계엄령을 내리고 조서를 급히 띄워 천하 근왕병을 북경으로 불렀다. 그리고 원숭환에게 이 상황에 대응할 방책을 내놓으라고 명했다.

급보를 받은 원숭환은 영원에서 황급히 산해관으로 달려와 각지를 지키고 있는 수하 각부를 소집한 뒤 정예 기마병 9000을 뽑아 조대수祖大壽와 함께 직접 영솔하면서 북경을 향해 밤낮으로 달려왔다. 그리고 북경 광거문 밖에서 후금의 군대들과 격전을 벌여 후금의 군대에 큰 타격을 입혔다. 크러커, 자루트 등 몽고 여러 부의 군사들은 도망쳤고, 원숭환의 구원으로 북경은 잠시 숨을 돌리게 되었다.

황태극의 퇴각

진 앞에 나서 명나라 군대를 바라보던 황태극은 명나라 군대의 진영이 질서 정연한 데다가 원군 역시 속속 도착하는 것을

심양 고궁의 대정전 大政殿
여기서 황태극이 후금의 칸으로 즉위했다.

| 세계사 연표 |

1636년 프랑스와 스웨덴이 협약을 맺고 계속 독일과 싸웠다.

《명사明史·원숭환전袁崇煥傳》
《명사明史·손승종전孫承宗傳》 출전

나무로 만든 황태극의 호부虎符

보고 북경성을 공격한다는 것이 무모한 짓임을 깨닫고는 퇴군 명령을 내렸다.

떠나기 전에 황태극은 사로잡은 명나라 궁정의 태감을 속여 원숭환이 후금과 일찍부터 연합해 북경을 공격할 것을 밀모했다고 황제께 고발하게 만들었다. 숭정 황제는 세밀한 조사도 하지 않고 원숭환을 금의위의 옥에 가두었다. 자신의 간계가 뜻대로 이루어진 것을 본 황태극는 다시 군대를 돌려 북경성을 공격했다.

후금의 군대와 명나라 군대는 영정문 밖에서 결전을 벌였다. 비록 후금의 군대는 만계, 손조수 등 명나라 명장들의 목을 베었지만 북경성을 하루아침에 함락한다는 것은 무리였다. 그래서 황태극은 군대를 동으로 철군할 것을 명했다.

퇴각하는 길에 그들은 영평·난주·천안·순화 네 개 성을 점령하고 산해관으로 진군하려다가 명나라 군대의 강력한 반격을 받았다. 그러자 이렇게 명나라 후방 깊숙이 들어와 오래 싸우다가는 무슨 일이 생길지 몰라 황태극은 황제에게 화의를 요청하고 영평 네 개 성만 군대를 남겨 지키게 하고는 주력을 데리고 퇴각했다.

천총 4년(1630) 3월, 황태극은 아민阿敏과 석탁碩托을 영평 등 네 개 성에 파견했다. 얼마 안 지나 명나라 군대는 원숭환의 후임인 손승종孫承宗 장군의 지휘 하에 영평 등 네 개 성의 후금의 군대를 맹공격했다. 아민 등은 대패하고 영평 등 네 개 성은 다시 명나라로 돌아왔다. 이렇게 후금의 북경성 기습은 패배로 종결되었다.

황태극의 이번 군사 행동은 비록 성과 없이 종료되었지만 이를 통해 명나라 조정의 부패와 병력의 허실을 탐지하게 되었으며 따라서 중원 지역을 점령하려는 그의 야망을 더욱 부채질해 주었다.

액면 가격이 가장 큰 지폐 - 대명통행보초大明通行寶鈔

'대명통행보초'는 명나라 때 유통한 지폐의 이름인데 명태조 홍무 8년(1375)에 발행했다. 지폐의 정면에 '대명보초, 천하통행大明寶鈔天下通行'이라는 여덟 자가 전자체로 찍혀 있다. 명나라가 망할 때까지 줄곧 '대명통행보초' 한 가지만 발행했고 모두 '홍무'의 연호를 썼다. 사진의 이 지폐는 '대명통행보초' 열한 가지 중에 액면 가격이 제일 큰 일관一貫짜리 지폐다. 이것은 중국뿐만 아니라 세계적으로도 지금까지 액면 가격이 제일 큰 지폐다.

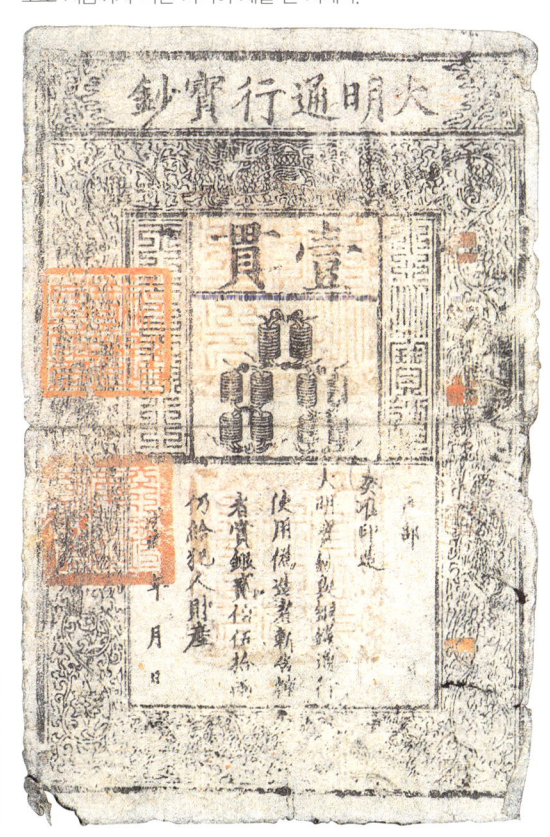

1368~1644 명나라

조칠彫漆 275

| 중국사 연표 |

1628년 고영상高迎祥이 이끄는 농민 봉기가 일어났다. 고영상을 틈왕闖王이라고 했다.

099

스스로 장성을 허문 숭정 황제

원숭환을 없애기 위해 황태극이 쓴 간계에 넘어간 숭정 황제는 스스로 장성을 허물었다.

위대한 장수 원숭환

원숭환은 명나라 말기의 명장이다. 청나라 말기에 쓴 양계초梁啓超의 글에서는 원숭환을 중국에서 가장 위대한 군인의 한 사람이라고 칭찬했다. 원숭환은 광동 동완東莞 사람으로 만력 47년(1619)에 진사로 등과해 복건 소무현의 지현으로 있었다. 바로 이 해에 양호가 명군을 거느리고 요동에서 금나라와 싸우다가 대패하고 개원과 철령 등의 성을 잃었다.

원숭환은 전방과 멀리 떨어져 있었지만 요동에서 일어나는 전쟁 상황을 예의 주시하면서 전방에서 퇴각해 오는 장병들을 만나면 요동 변강의 상황을 늘 물어보곤 했다. 그러므로 그는 변강의 지리며 요새들의 상황을 잘 알고 있었다.

3년 후 원숭환이 상경해 조정을 찾아갔는데 한 어사가 원숭환이 장군감이라고 추천해 조정에서는 파격적으로 병부직방주사로 발탁했다. 바로 이 해에 명나라 군대는 요서의 싸움에서 또 패해 광녕에 있던 명나라 군대가 산해관으로 퇴각하고 요동 전역이 후금의 손에 들어갔다. 조정은 이에 크게 놀라 어찌할 바를 모르고 있었다.

그런데 하루는 병부주사 원숭환이 어디를 갔는지 보이지 않았다. 원숭환은 며칠이 지나서야 나타났는데 전방으로 나아가 전선의 상황을 돌아보고 왔다고 했다. 조정에 돌아온 원숭환은 산해관 내외의 정세와 지리를 상세히 말한 후, 군사와 군량만 있으면 혼자서도 요서를 지킬 수 있다고 했다. 모두가 그의 담력에 탄복했고, 얼마 되지 않아 원숭환은 병부 첨사로 발탁되어 산해관 밖의 군대들을 관할했다.

이때부터 원숭환은 요동과 뗄 수 없는 인연을 맺었으며 후금과의 싸움에서 탁월한 공로를 세웠다. 처음에는 영원대첩寧遠大捷에서 승리를 거두고 이어 금주대첩錦州大捷을 이끌었다. 그리고 황태극이 북경성을 기습해 경성에 대혼란이 일었을 때도 멀리 영원에서 정예 기병을 이끌고 달려와 금나라 군대를 물리치고 북경성을 위험 속에서 구해 냈다.

황태극의 반간계

황태극은 이런 원숭환을 제거하지 않고서는 명나라를 이길 수 없다는 것을 잘 알고 있었다. 그러나 무력으로는 원숭환을 이길 수 없었기에 간계를 쓰기로 작정했다. 황태극은 퇴각할 무렵 부장 고홍중高鴻中과 참장 포승선鮑承先에게 밀령을 내려, 생포한 명나라 태감 양춘楊春과 왕성덕王成德의 곁에서 목소리를 죽여 이렇게 수군거리게 했다.

"오늘 퇴각은 황제의 계책이야. 좀전에 황제께서 혼자 명나라 진영 앞으로 가서 원숭환과 무슨 밀약을 한 것 같으니 아마도 북경성을 깨칠 날이 멀지 않을걸세."

양춘은 그들의 말을 똑똑히 들었고, 얼마 후 후금의 군대는 일부러 감시를 허

붉은 꽃무늬 칠합 (위 사진 포함)
뚜껑은 위가 두드러지고 합의 밑은 평평하나 안은 움푹 파였다. 홍갈색 위에 여러 가지 무늬를 새겼는데, 잎이 무성하고 열매가 탐스럽다. 밑굽 좌측에는 '대명영락년제大明永樂年制'라는 글이 해서체로 세로로 쓰였다.

술하게 해 양춘을 도망가게 만들었다. 북경으로 도망친 양춘은 자기가 들은 비밀을 황제께 보고했다. 신하에 대해 의심이 많은 숭정 황제는 그 이전에 원숭환이 모문룡을 죽인 일을 연상하고는 당장 원숭환을 성 안으로 불러들인 다음 금의위 옥에 가두었다.

원숭환의 억울한 죽음

이때 모문룡의 동당 내각 대신 온체인이 연거푸 다섯 번이나 원숭환을 죽여야 한다는 상소를 올렸다. 그리고 원숭환과 평소 갈등이 있는 병부상서 양정동梁廷棟도 이 기회에 원숭환을 공격했다. 물론 원숭환을 살려야 한다고 주장하는 사람들도 있었지만 온체인, 양정동 같은 자들의 공격에 원숭환은 끝내 죄명에서 벗어나지 못했다.

원숭환의 부장 조대수 등은 원숭환이 감금되자 즉시 군대를 거느리고 북경을 떠나 동쪽 산해관 밖으로 달려갔다. 숭정 황제는 사람을 보내 옥중에서 쓴 원숭환의 편지를 금주로 가져가서 조대수에게 건네 주며 길을 막았다. 말에서 내려 원숭환의 편지를 읽은 조대수와 그의 군사들은 모두 대성통곡을 했다.

숭정 3년(1630), 원숭환은 '적과 비밀리에 역모를 하고', '자의대로 적군과 화의를 했으며', '아군의 대장을 함부로 죽이고', '변강 방어를 허술하게 했다'는 여러 가지 죄명으로 책형을 당하고 그 시체는 저잣거리에 던져졌다. 그리고 가산은 몰수되었고, 형제와 처자는 3000리 밖으로 유배되었다.

사람들은 재간이 있고 공이 큰 원숭환을 그렇게 죽인 것은 너무하다는 정도로 생각했을 뿐 그 일의 내막과 그 억울함에 대해서는 잘 모르고 있었다. 그러나 후에 후금이 간계를 썼다는 것을 안 사람들은 원숭환의 억울함을 알게 되었다.

원숭환의 원통한 죽음으로 명나라는 후금에 저항

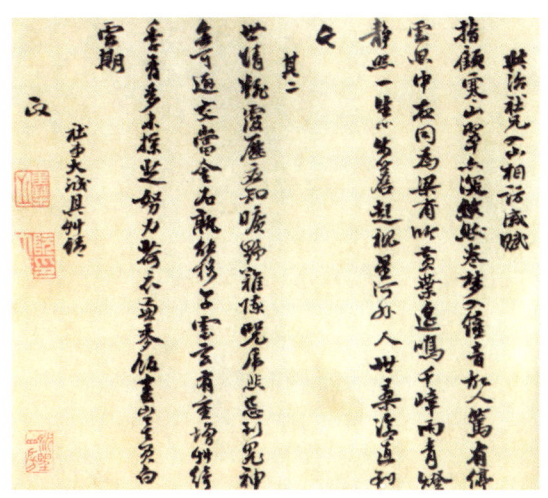

《감부첩感賦帖》(명나라 원대성의 필적)
원대성阮大鋮은 명나라 숭정 연간의 간신으로 후에는 청나라에 투항했다. 그러나 문학적 재능이 특출해 그가 쓴 전기 《연자전燕子箋》은 당시 인기작이었다. 서예도 그 필치가 이름 나 있었다. 이것은 원대성이 쓴 시 〈여치사형입산상방감부與治社兄入山相訪感賦〉 두 수다.

하는 싸움을 이끌 걸출한 장수를 잃었다. 그로 인해 요동의 장병들은 사기가 추락했고, 이때부터 명나라는 역량이 날로 쇠약해지고 변강 방어 역시 약해져 망국의 조짐이 갈수록 뚜렷해졌다.

후에 어떤 사람은 원숭환을 참살한 것은 '스스로 장성을 허물고 적을 위해 복수를 해 준 일'이라며 통탄했다.

●●● 역사문화백과

[척홍剔紅]

'척홍'은 칠기 공예의 한 가지다. 기물에 붉은 옻칠을 한층 한층 두껍게 바른 다음 거기에 조각칼로 무늬를 새겼는데, 이렇게 붉은 옻칠을 한 기물을 '척홍'이라고 한다. 척홍 중에 연대가 있고 쌍 층의 꽃무늬가 있는 것은 영락 시대에 나타났는데 칠기 공예의 새로운 변혁이라고 할 수 있다. 영락 시대의 척홍은 옻칠이 두껍고 조각이 다채로워 화초, 짐승, 용, 구름 등 여러 무늬가 있었다. 어떤 것은 같은 꽃이 쌍 층으로 있는데다가 가지와 잎이 얽혀 있어 발랄한 생기를 띠고 있다.

| 중국사 연표 |

1629년
명 사종이 후금의 간계에 속아 원숭환을 감금하고 이듬해 죽였다.

100

민지에서의 승리

농민군은 계책을 써서 명나라 관군의 포위를 벗어나고 황하를 건너 민지澠池에서 대승을 거둠으로써 전략적인 대이동을 실현했다.

섬서 농민 봉기

천계와 숭정 연간 섬서 북부의 부곡, 의춘, 의천 일대에는 해마다 재해가 들어, 백성들은 초근목피나 관음토라고 하는 흙을 먹으며 겨우 연명을 했으며 심지어 자식을 잡아먹는 일까지 생겼다. 그런데도 관리들은 이전대로 세금을 징수하고 백성을 수탈하자 참다 못한 백성들은 봉기를 일으켰다.

천계 7년(1627), 섬서성 징성현澄城縣의 굶주린 농민들이 왕이王二 등의 주도로 현청을 쳐들어가 지현 장두요張斗耀를 죽였다. 그러자 순식간에 섬서성 각지로 봉기가 파급되었고, 부곡의 왕가윤王嘉胤, 하남의 왕대량王大梁, 안색의 고영상高迎祥 등이 차례로 반기를 들었고, 점차 변경을 지키던 군대들도 가담했다.

숭정 2년(1629), 후금이 북경에 쳐들어왔을 때 북경을 구하러 갔던 여러 변진의 군대들은 돌아오는 도중에 병변을 일으켰고, 그 중에 어떤 군인들은 농민군에 가담했다. 그 이듬해 조정에서는 또 역졸들을 대대적으로 감원했는데, 이들 감원된 역졸들이 살 길이 막막하자 분분히 농민 봉기군에 가담했다. 후에 농민군의 유명한 수령이 된 이자성李自成도 역졸 출신이었다.

숭정 3년(1630), 섬서 농민군의 역량은 날로 강대해졌다. 수원을 지키는 병사였던 신일원神一元, 일괴一魁 형제는 신안변, 영색 등 일대에서 수하 3000명을 거느리고 활약했다. 이들은 작전 경험이 풍부한데다가 군마와 무기까지 가지고 왔기에 봉기군의 수령이 되었고, 장헌충張獻忠은 미지현米脂縣 18채를 점거하고 봉기를 일으킨 후 '팔대왕八大王'으로 자칭했다.

농민군의 가짜 투항과 포위 돌파

초기 농민군의 수령인 왕가윤은 후에 관군에게 대패한 뒤 살해되었다. 살아남은 잔여 부대는 '자금량紫金梁'이라는 별호를 가진 왕자용王自用이 이끌었다.

숭정 4년(1631), 왕자용은 산서에서 농민군 각 부 36개 영의 20여 만을 연합해 연맹을 맺었는데, 왕자영이 이 36개 영의 맹주가 되었다. 그리고 마수응馬守應, 나여재羅汝才, 이만경李万慶, 고영상 등이 이 연맹의 수령이 되었다. 당시 농민군 수령들은 모두 별명이 있었는데 마수응은 '노회회老回回', 나여재는 '조조曹操', 이만경은 '사탑천射塌天', 고영상은 '틈왕闖王'이었다.

명계현녕지도

'승관도升官圖'는 당나라 때부터 기원한 놀이의 일종이다. 각종 관명을 원형으로 둘러 써 놓은(후에는 인물, 동식물의 그림도 있었다) 큰 종이에, 아래가 뾰족하고 위는 네모나며 사면에는 각기 덕德·재才·공功·장贓 등 네 자를 쓴 작은 막대기를 돌린다. 막대기가 돌다가 덕자나 재자나 공자에 멈추면 더 높은 관직으로 올라가고 장자에 멈추면 더 낮은 관직으로 떨어진다. 이 《명계현녕지도明季賢佞之圖》는 명나라 때의 관직과 이름을 써 넣은 '승관도'다.

| 세계사 연표 |

1637년 페르디난트 2세가 죽고 페르디난트 3세가 신성 로마 제국의 황제를 계승했다.

《명사明史·장헌충전張獻忠傳》
《명감明鑑·장렬제莊烈帝》
《명감明鑑·희종熹宗》

명나라 때의 민간화 제홍소하除紅消夏
탁자에 둘러앉은 여인들이 '제홍'이라고 하는 지패紙牌 놀이를 하고 있다. 이 유희는 명나라 때 유행했는데 《제홍보除紅譜》라는 전문 책자도 있다. 그림 속 탁자에 놓인 지패는 《제홍보》에서 말하는 '만원춘滿園春' 패와 형태가 같다.

숭정 6년(1633) 5월, 왕자용이 전투에서 화살을 맞고 전사했다. 수장이 죽고 관군에게 수차례 패한 봉기군 수령들은 하남으로 내려가기로 했다.

우선 그들은 적을 마비시키기 위해 가짜로 투항하는 수단을 썼다. 11월 17일 일부 농민군들은 무안의 관군 경영통령 왕박王朴을 찾아가 관군에 투항하겠으니 집으로 돌아가 농사를 짓게 해달라고 말했다. 그러자 왕박은 '농민군들을 살려두지 말고 포위해 죽이라'는 조정의 정책을 따르지 않고 농민군의 투항을 허락했다. 19일, 농민군의 수령 하쌍전賀雙全, 장묘수張妙手 등이 무안으로 가서 왕박을 만났다. 왕박은 기뻐하며 양진조와 같이 이 '전적戰績'을 조정에 즉시 보고했다.

그 후 며칠 안 되는 사이에 농민군 수령 61명이 또 왕박에게 투항했다. 왕박은 큰 공을 세우게 되었다며 기뻐했다. 이러는 사이 농민군들은 황하를 건널 준비를 비밀리에 끝냈다. 24일, 황하가 얼자 농민군들은 그 기회를 타 황하를 건넜다. 그러고는 민지현에서 관군의 포위선을 돌파하고 황하를 지키는 관군 장수 원대권袁大權의 목을 베며 대거 남하했다. 그들은 민지, 이양伊陽, 노씨盧氏 세 개 현을 연거푸 함락하고 전략적 이동을 완수했다.

민지의 승리 이후 고영상, 이자성, 장헌충, 나여재 등은 속속 하남 소부에 이르렀다. 이렇게 되어 '틈왕' 고영상은 그 중간을 차지하고, '팔대왕' 장헌충은 그 동북에, '과천성' 회등상은 그 동남에, '노회회' 마수응은 그 서남에서 각기의 활동 범위를 넓혔으며, 명나라 관군의 포위 토벌 작전을 분쇄했다.

이때부터 농민군들은 하남, 호광, 남직예, 사천 등지를 전전하면서 새로운 싸움터를 개척했다.

역사문화백과

[《수호전》에서 기원한 도박 – 엽자극葉子劇]

명나라 때 일종 '엽자극'이란 도박 놀음이 성행했는데, 그 기원에 대해 각기 다른 설이 있다. 어떤 사람은 당나라 때의 주사위 놀음에서 기원했다고 하고 어떤 사람은 그것이 명나라 때의 지패와 비슷하다고 한다. 그러나 비교적 긍정적인 견해는 소설 《수호전》에서 기원했다는 설이다. 엽자극의 패에는 조정에서 '수호의 도적무리들을 나포하는' 그림들이 찍혀 있는데 도적들을 잡아서 조정으로부터 타 가는 상금 액수의 다소에 따라 승부를 결정한다. 이런 도박은 영종 시대 동남 일대에 널리 유행해 도시나 촌락 할 것 없이 직위의 고하를 불문하고 모두 즐겨 하나의 놀이 풍토를 이뤘다. 그러나 만력 후기에 이르러 엽자극의 내용에는 일부 변화가 일어, '틈闖(이자성)', '헌獻(장헌충)', '대순大順' 등 세 개 패가 더 늘어 숭정 때까지 크게 성행했다. 심지어 당시 각지에서 일어난 도적들도 이 엽자극을 놀이를 좋아했는데, 그들은 이 엽자극 중에 듣기 좋은 이름들을 따서 자기 호를 만들기도 했다. '틈탑왕闖塔王', '입지왕立地王', '일도장一堵墻', '조조', '노회회' 등 별호들은 모두 엽자극에서 나온 별호들이기 쉽다.

패보牌譜라고 했는데 목판에 써서 직접 봉기군 내에 돌렸다

| 중국사 연표 |

1630년 장헌충이 섬서 미지현 18채에서 봉기를 일으키고 '팔대왕'으로 자칭했다.

101

형양의 집회

열세 갈래 72개 영의 농민군 수령들은 형양滎陽에서 회의를 열고 군대를 나누어 공동 작전으로 명나라 군대를 공격할 전략을 세웠다.

봉기군에 대한 관군의 포위 토벌

농민군의 전략적 이동으로 봉기군 투쟁의 중심지가 황하 이북 산서와 섬서에서 황하 이남으로 이동하고 그 지역이 날로 확대되었다. 날로 강대해지는 농민 봉기군을 소멸하기 위해 명나라 조정에서는 방대한 포위 토벌 계획을 짰다.

숭정 7년(1634) 봄, 명나라 조정에서는 산서, 섬서, 하남, 호광, 사천 등 다섯 개 성의 농민군을 진압하는 전문 총독을 세웠다. 최초의 총독으로는 전기유가 임명되었는데, 얼마 안 되어 농민군의 거짓 투항 꾀에 걸려 포위 토벌이 실패한 죄로 삭탈관직되었을 뿐만 아니라 옥에 갇혔다. 그다음으로 조정에서는 홍승주洪承疇를 다섯 개 성의 총독으로 임명했다. 이때 대부분 농민군은 하남에 모여 있었다. 명나라 조정은 다섯 지역 각지의 군사를 대량 조발해 한데 집결시킨 후 홍승주에게 동관으로 나가 하남의 봉기군을 토벌하게 하고, 산동순무 주대전에게는 군대를 이끌고 이에 합력하게 함으로써 농민 봉기군을 중원 일대에서 일거에 소멸하고자 했다. 여러 방면의 관군의 협공으로 농민 봉기군은 위험한 처지에 빠졌다.

분산 반격의 전략

그 이듬해 정월, 노회회, 조조, 혁과안革裏眼, 좌금왕左金王, 개세왕改世王, 사탑천, 혼십만混十万, 과천성過天星, 구조룡九条龍, 순천왕順天王, 틈왕 고영상, 팔대왕 장헌충 등 모두 열세 갈래 72개 영의 농민 봉기군 수령들은 하남 형양에 모여 관군을 물리칠 계책을 의논했다. 이 회의에서 노회회 마수응은 황하를 건너 북으로 올라가 산서에서 관군과 싸울 것을 제의했는데, 장헌충이 겁쟁이의 계획이라며 반대했다. 그 말에 화가 난 마수응이 장헌충과 다투기 시작하니 각자의 지지자

산수와 인물 나전 옻쟁반 (위 사진)

이 칠기는 산수와 인물을 소라껍데기로 새긴 공예 기술이다. 이는 상商나라와 주周나라 이래 조개껍데기로 칠그릇을 장식하던 공예를 계승·발전한 것이며, 명나라와 청나라 때에 이르러 최고봉을 이루었다. 대대로 전해 내려온 이 명나라 칠기는 몸체에는 검은 옻칠을 하고 주변은 은으로 감았으며 그 아래에는 금실로 작은 꽃들을 이어 놓았다. 바닥에도 무늬를 금실로 박아 놓고 그 안에는 산과 높이 떠 있는 달, 송백나무, 정자, 냇물, 사람 등을 소라껍데기로 새겨 넣었고 부분적으로는 금 조각을 사용했다. 나전螺鈿의 청아함과 금 조각의 빛이 선명하게 대조되어 높은 기술과 예술적 솜씨를 보여 주고 있다. 쟁반의 밑굽 아래에는 푸른빛이 반짝이는 나전으로 당나라 유명 시인 가도賈島의 시 〈검객劍客〉에는 나오는 '천 년을 이 한 검 갈았으나 서릿발 칼날을 한 번도 써먹지 못했노라千年磨一劍, 霜刃未曾試'하는 구절이 행서체로 새겨져 있다. 명나라 말기 나전 공예 장인인 강천리江千里의 대표작이다.

청나라 시대 무강의 연화 틈왕등전闖王登殿

| 세계사 연표 |

1638년 일본이 대륙 동남 해안에서 포르투갈인들을 축출했다.

《명사明史·이자성전李自成傳》
《명사明史·장헌충전張獻忠傳》
《명감明鑑·장렬제莊烈帝》

출전

••• 명나라 주요한 문화 성과 •••

철학	명나라 상반기 사상계를 지배하던 철학은 정주이학이다. 유명한 이학가들로는 설선薛瑄과 오여필吳與弼 등이 있었다. 명나라 중엽 이후 왕수인(왕양명)의 심학이 형성되어 '심외 무물心外無物', '심외 무리心外無理' 등 철학적 명제를 제기하고 '치지격물致知格物'과 '지행합일知行合一'을 제창했다. 명나라 후기, 왕수인의 학설이 한동안 인기를 얻었다. 왕수인은 제자들이 적지 않았는데, 그중 유명한 사람으로는 왕량 등이 있다. 태주학파를 창립한 왕량은 한동안 학술계에서 큰 역할을 했다. 왕량은 왕수인의 '양지良知' 설을 계승해 '백성의 일용지도日用之道'라는 저명한 명제를 제기하고 '명철보신明哲保身'을 제창했다. 명나라 말기 이지의 사상은 1000년 이상 내려오던 공자에 대한 미신을 과감히 타파하고, 이학이 지배적 지위를 차지하던 시대에 '공자의 말을 시비를 가르는 기준으로 삼는 것'을 반대했다. 왕부지, 고염무, 황종희 등도 명나라에서 청나라로 교체되는 시기에 등장한 걸출한 사상가다.
소설	명나라 시기 백화소설의 창작이 전에 없이 번영했다. 가장 유명한 《삼국지연의》《수호전》《서유기》 외에 《금병매》와 《봉신연의》도 영향력이 큰 장편소설이었다.
	명나라 중엽 이후 단편소설이 대량 출현했다. 가장 유명한 것으로는 '삼언', 즉 《유세명언》《경세통언》《성세항언》과 '이박', 즉 《초각박안경기》《이각박안경기》 등이 있다.
산문·시가	명나라 전기 시가 분야의 대표적 인물로는 고계, 송렴, 유기 등이 있는데 작품의 내용에 현실적인 것이 적지 않았다. 그러나 그 후에는 양사기, 양영, 양부를 대표로 황제의 공덕을 송가하는 '대각체臺閣體'가 출현했다. 명나라 중기에는 소주 일대에서 당인과 축윤명을 위수로 하는 '오중4재자'가 나타나고, 북경에서는 이몽양李夢陽, 하경명何景明을 위수로 하는 '전7자前七子'가 나타났는데 그들은 모두 '복고復古'를 주장했다. 그 후에 나타난 당순지와 귀유광을 위수로 하는 '당송파'와 왕세정, 이반룡을 위수로 하는 '후7자後七子'도 모두 복고적인 성향이 있었다. 명나라 후기 시가 분야에는 '3원三袁' 형제를 중심으로 하는 '공안파'와 종성鍾惺, 담원춘을 대표로 하는 '경릉파'가 나타났는데 그들은 '독자적인 사상과 정서'를 깊이 있고 냉정하게 표현하는 문풍을 제창했다. 이외 명나라 말기 서정적인 소품 장르가 출현했는데 그 대표적 작가들은 3원과 장대 등이다.
희곡	명나라는 희곡(전기)이 크게 발전한 시대다. 비교적 일찍 나타난 작품들로는 왕제의 《연환기》, 소복지의 《금인기》, 심채의 《천금기》 등이 있고 가정 이후에는 이개선의 《보검기》, 왕세정의 《명풍기》 등이 있다.
	곤산강은 원나라 때 이미 생긴 것인데 명나라 태창 사람 위량보와 그의 벗들이 이 곤산강을 개진해 다채롭게 만들었다. 양신어는 위량보의 운률에 맞게 《완사기》를 창작했는데 사람들이 공인하는 곤산강 극본의 본보기가 되었다. 곤산강은 중국 민족의 대표적인 희곡 음악이 되었고 곤극崑劇은 당시 희곡과 전기傳奇의 별칭이 되었다. 만력 연간에 주요한 창작 활동을 진행한 탕현조의 《모란정》은 명나라 전기傳奇 문학의 가장 뛰어난 작품이다. 이외 서위의 《사성원》 등이 있다.
	명나라 시기에는 전문 희곡 작가나 작품 그리고 희곡 음악을 평론한 저작들이 나타났는데 비교적 유명한 것들로는 서위의 《남사서록南詞敍錄》·어천성의 《곡품》 왕기덕의 《곡률》 등이 있다.
회화	명나라 때 대진戴進·오위吳偉 등이 원나라 문인화文人畫의 수묵화법을 계승해 '절파浙派' 회화를 창립했고 중기에는 심주·문징명 등이 문인화의 전통을 계승한 소주의 '오문4가'가 일어났으며 당인·수영 등이 문인화와 원체화院體畫의 장점을 한데 모아 새로운 화파를 이루었다. 후기에는 사의화조화寫意花鳥畫가 신속히 발전해 진순·서위 등 명가들이 나타났다. 산수화는 동기창을 대표로 해 '송강파'와 그 지맥들이 형성되었고 인물화에는 진홍수·최자충을 대표로 하는 과장의 신풍이 생겨났으며 증경은 초상화 분야에서 '파신파波臣派'를 창립했다.
	명나라 말기 천진 양류청楊柳靑 목판 연화가 시작되었다.
	명나라·청나라 교체 시기 탕붕湯鵬이 철편이나 쇠로 만드는 철화鐵畫를 창조했다.
공예 미술	명나라 공예 미술은 종류가 다양하고 기술이 정묘하며 규모가 전례 없이 컸는데 황실에 진상하기 위해서나 상품으로 팔기 위해 많이 생산했다. 귀족들의 소용을 위해 생산하는 공예 작품들은 귀중한 재료로 정밀하게 가공해 화려함 속에 섬세한 미적 가치를 추구했다. 그중에는 조칠彫漆·경태람·직금織錦·채색 자기·옥석과 상아 조각·금은 수식 등이 있었다. 민간에 유행하는 공예들은 대다수가 인화포印花布나 민간 도자기·참대 가구 등 농촌 부업 생산물이거나 수공업 공방에서 만든 것들이다. 재료는 평범한 것들이지만 소박하고 청신하고 강건한 멋이 있었다. 그리고 자사도紫砂陶·벼루·먹 등 문인들의 취미에 맞게 만든 일부 공예품들 중 어떤 것들은 문인들이 직접 설계하고 제작한 것들도 있는데 이런 것들은 명나라 공예 미술의 새로운 경지를 개척하기도 했다.
기타	1407년, 해진·요광효의 주관으로 《영락대전》이 편찬되었는데 모두 2만 2937권 1만 1095책이다.
	1561년 범흠이 영파에 천일각 장서루를 세웠다.

1368~1644 명나라

| 중국사 연표 |

1630년 이자성이 봉기를 일으켰다. 그리고 얼마 안 지나 대오를 거느리고 불첨니부不沾泥部의 봉기군에 가담했다.

동악묘東岳廟의 비운루飛雲樓
산서성 만영현萬榮縣 시내 복판에 있는 동악묘의 주요한 건축물인 비운루는 명나라 정덕 연간에 세워졌다. 비운루의 평면은 정사각형이고 순 목조건물인데 높이는 24m다. 비운루는 두공만 해도 345개가 있으며 그 형상이 다채로워 마치 구름송이들이 한데 모여 있는 듯하다. 정교한 구조 수려한 조형 장려한 외관 등으로 비운루는 중국 누각식 건축물의 걸작이라고 할 수 있으며 중요한 역사적 가치와 과학적 가치 그리고 예술적 가치를 지니고 있다.

당시 이자성의 별호는 틈장闖將이었다. 그의 건의는 농민군 수령들의 찬성을 얻었다. 농민 봉기군은 다섯 갈래로 나누어 적을 물리치기로 했다.

한 갈래는 혁과안, 좌금왕이 이끌고 남으로 오는 호광, 사천 방면의 관군을 물리치고, 횡천왕, 혼십만, 사탑천, 개세왕이 영솔하는 봉기군은 섬서의 관군을 물리치기로 했다. 또 조조, 과천성 등이 영솔하는 농민군은 형양과 사수에 주둔해 황하를 넘어 오는 적들을 막고, 고영상, 장헌충, 이자성은 안휘를 공격하고, 노회회와 구조룡은 각 갈래 사이를 내왕하며 지원하기로 했다.

형양의 모임이 있은 후 고영상, 장헌충이 영솔하는 농민군 갈래는 신속히 고시, 확구, 수주, 영주 등을 공격해 점령하고 명나라의 중도中都인 봉양에 이르렀다. 봉양 유수 주국상은 군사 3000을 거느리고 농민군을 막으려 했으나 결국 대패하고 주국상은 자살했다. 봉양을 점령한 농민 봉기군은 태조 주원장의 조상 묘를 파헤쳤다. 그 말을 들은 숭정 황제는 북경에서 상복을 입고 대성통곡을 하며 제를 지냈고, 대노해 조운도사 양일붕을 죽였다.

어떤 학자는 이 형양의 회의는 사실 있지도 않은 일이라고 부인하기도 하는데 사료가 완전하지 못해 지금까지도 의견이 분분하다.

들이 함께 일어나 다투는 바람에 난장판이 되었다. 이때 틈왕 고영상의 부장 이자성이 일어나 소리쳤다. "조용들 하시오. 혼자서도 관군과 싸우련만, 10만 군사를 가지고 무엇이 두려워 이러시오. 우리가 결사적으로 싸우면 관군을 꼭 이길 수 있으니 몇 갈래로 나누어 싸웁시다."

| 세계사 연표 |
1638년 프랑스군이 스페인을 침입했다.

102

'틈장'에서 '틈왕'에 이르기까지

명나라 말 농민전쟁 중에 이자성李自成은 농민 봉기군의 수령으로 성장해 '틈왕'으로 추대되었다.

출전
《명사明史·이자성전李自成傳》
《명사·고영상전高迎祥傳》
《청대명인전략淸代名人傳略》 상上
《명감明鑑·장렬제莊烈帝》

이자성의 성장

형양에서 열린 군사 회의에서 이름을 떨친 이자성은 그 후 농민 봉기군에서 지위가 점차 올라갔다. 이자성은 섬서성 미지현米脂縣에서 태어났다. 그의 아버지 이수충李守忠은 말을 길렀고 이자성도 어렸을 때 부잣집의 양을 방목했다. 커서는 은천역銀川驛에서 마부로 있었다.

숭정 3년(1630), 조정이 역졸들을 대량 감원시키는 바람에 이자성도 일자리를 잃었다. 그 이전에 이자성은 애거인艾擧人이라는 자에게 고리로 돈을 꾸어 썼는데 실업을 하는 바람에 그 돈을 갚을 수가 없었다. 그러자 애거인은 이자성을 고발했고 이자성은 족쇄를 차고 거리를 끌려 다니며 온갖 수모를 당하다가 역참의 친구들이 그를 구해 주었다. 그가 관청에 붙잡혀 있을 때 한 관아의 시종이 그의 처를 빼앗아 갔고, 화가 난 이자성은 애거인을 죽이고 봉기군에 가담했다.

이 봉기군의 수령은 장존맹張存孟인데 별호가 '불침니不沾泥'다. 어려서부터 무예를 익힌 이자성은 말도 잘 타고 활도 잘 쏘았다. 그런데다 담력도 남달라 봉기군에 가담한 지 얼마 안 되어 대장이 되었다.

숭정 4년(1631), 장존맹이 패해 조정에 투항하자 이자성은 외삼촌인 틈왕 고영상을 찾아갔고 곧바로 틈장이 되었다.

민지의 포위를 뚫고 하남에 이른 후 고영상은, 이자성 혼자 단독으로 군대를 영도하게 했다. 이때 이자성의 수하에는 이미 이과李過, 이모李牟, 유빈劉彬, 고걸高杰 등 싸움에 능한 장수들과 고군은高君恩 같은 계략에 능한 모사들이 모여 있었다. 이자성은 고군은의 계책대로 가짜 투항을 하는 수단으로 명나라 총독 진기유의 포위 토벌을 대패시키고, 연이어 성 일곱 개를 점령했다.

숭정 9년(1636), 고영상이 어느 싸움에서 관군에게 사로 잡혀 살해되었다. 그리하여 이자성이 틈왕으로 추대되어 봉기군의 새로운 수령이 되었다.

"성문을 열고 틈왕을 맞이하자"

관군들의 포위 토벌로 봉기군의 처지는 날로 어려워졌다. 숭정 11년(1638), 이자성은 연거푸 패하고 심한 피해를 입었다. 마침내 그는 유종민劉宗敏, 전견수田見秀 등 열여덟 사람을 데리고 섬서성 상락산商洛山에 몸을 감췄다. 명나라 군대에서는 이자성이 죽었다는 말이 돌았으며 한동안 기세 높던 농민 봉기는 일시에 관군에게 진압되었다.

그러나 상락산에 숨어 있던 이자

이자성의 봉기의 지도

대순大順이라고 했다

중국사 연표

1632년 후금이 차하르부를 공격해 귀화성을 점령하자 임단한林丹汗은 서쪽으로 도망쳤다.

명나라 역부驛符
고대에는 정보 교류와 교통은 주로 역참驛站을 통해 이뤄졌는데 역부는 관아의 공문을 전달하는 사람이 각 역참을 통과하는 데 필요한 증명서다. 이 역부가 있어야 역참의 접대를 받고 숙박할 수 있었다. 명나라 홍치 14년에 찍은 이 역부와 그 위에 있는 글은 역부의 역할과 그 가치를 설명해 준다.

하는 사람들이 농민군에 가입해 농민군은 신속히 방대해졌다.

이자성의 군대는 군기가 엄해 백성들의 물건은 절대로 손대지 않았다. 그리고 이르는 곳마다 관가의 창고를 헐어 농민들을 구제해 백성들은 모두 이자성의 봉기군을 환영했다.

봉기군에 가담한 문인 이암李岩은 이런 내용을 담은 가요를 지어 사람들에게 부르게 했다. "틈왕이 오시면 먹을 것이 걱정 없네. 부역도 안 시키고 양식도 안 바치네. 소 잡고 양 잡고 술도 빚어, 어서어서 성문 열고 틈왕을 맞이하세." 이자성의 명성은 이 노래를 타고 널리 전해졌고, 각지의 백성들은 틈왕이 하루라도 일찍 오기를 고대했다. 틈왕이 온다는 소식을 들으면 백성들은 앞다투어 길에 나가 향불을 피우고 영접했으며 관원들과 지방 유지들까지 성 밖에 나가 부복하며 영접하는 일도 있었다.

성은 한편으로는 상락산 일대에 있는 농민군의 잔여 부대를 모으고 다른 한편으로는 실패의 교훈을 되새겼다.

이때 거짓으로 조정에 귀순했던 장헌충이 곡성에서 다시 군사를 일으켰다는 소식을 들은 이자성도 다시 틈왕의 깃발을 들고 일어나자 일시에 수만 명에 달

숭정 14년(1641) 정월, 봉기군은 하남의 수부首府 낙양을 공격해 수월하게 낙양성을 점령했다. 숭정 황제의 숙부인 복왕 주상순도 봉기군에게 체포되었다. 복왕은 이자성에게 엎드려 목숨을 애걸했다.

그러나 이자성은 "너는 친왕으로 천하의 갑부가 아니더냐. 그런데도 이 수많은 백성들이 굶어 죽는데, 백성들에게 쌀 한 톨 구제함이 없으니 너는 짐승보다 못한 놈이다" 하고 엄히 꾸짖고는 주상순

●●● 역사문화백과 ●●●

[역참驛站]
중국 고대의 도로 운수는 주로 물자 운수와 정보 전달에 이용되었는데, 이것을 '역전驛傳'이라고 통칭했다. 중국은 세계적으로 가장 먼저 역전을 건립한 나라다. 처음에 역전은 군사 공문을 전달하는 것을 위주로 했으나 후에는 관원의 접대, 군수물자 수송, 조정에 진상품들을 보내는 일들을 했다. 역은 역전을 하는 건축물이다. 역전을 맡은 기구로 명나라 때는 경성에는 회동관이 있었고 지방에는 수마역水馬驛, 체운소遞運所, 급체보急遞鋪 등 세 가지 기구가 있었는데 각기 소임이 있었다. 경제가 발전함에 따라 명나라 때 민신국民信局이라는 것이 생겼는데 이것이 중국 민용 우체국의 시작이다. 관방의 공문을 전달하는 사람이 역을 이용할 때는 반드시 역부驛符를 내보여야 하고 서류 봉투에도 공인이 찍혀야 한다.

채색 문관용
높이 23cm인 이 문관용은 1986년 섬서성 장안長安 위곡현韋曲鎭 북가北街 명나라 진국장군의 무덤에서 출토된 것인데 지금 섬서역사박물관에 소장되어 있다.

| 세계사 연표 |

1639년 오스만 투르크가 바그다드를 점령, 메소포타미아가 오스만 제국의 속지가 되었다.

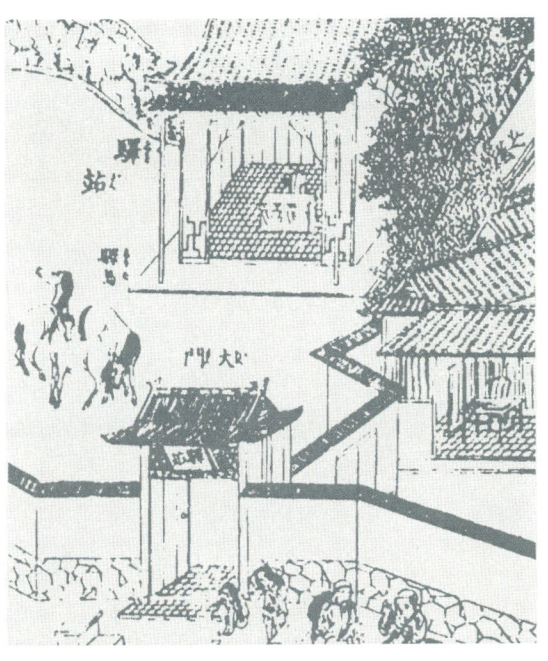

명나라 시대의 역참

의 목을 쳤다. 그러고는 복왕의 시체를 손가락질하며 백성들에게 이렇게 말했다.

"이런 양심 없는 왕공 귀족들은 백성을 착취해 호의호식하면서 창고에 가득한 양곡이 썩어 나가도 백성들에게는 쌀 한 톨 주지 않습니다. 그래서 백성들은 추위에 얼고 기아에 굶주리고 있습니다. 오늘 나는 이 자를 죽여 여러분을 위해 복수를 했습니다."

그러고는 복왕 부중의 양식과 은냥을 모두 백성들에게 나누어 주었다. 온 낙양성이 환호로 들끓었다.

향후의 공격 방안

그러나 이자성은 눈앞의 승리에 도취하지 않고 향후의 공격 방안을 정하기 위해 수하들의 의견을 들었다. 하북을 공격해 자리를 잡은 다음 북경으로 쳐들어가자는 의견과 금릉(현 남경)을 쳐 북경성의 양식 공급을 차단한 후 북정을 하자는 의견도 있었고 먼저 관중

을 점령하고 북경으로 진격하자는 의견도 있었다.

이자성은 마지막 방안을 선택했다. 숭정 16년(1643) 10월, 이자성의 군대는 동관을 공격해 점령하고는 봉기군의 철전지 원수怨讐이며 명나라 관군의 독사督師인 손전정을 죽였다. 11월에는 서안을 점령한 뒤 이름을 장안으로 고치고 서경西京으로 삼았다.

숭정 17년(1644) 정월, 이자성은 서경에서 나라를 세우고 국호를 '대순大順', 연호를 영창永昌이라 정했다. 그리고 자기 이름은 자성自晟으로 고쳤다. 한 달이 지나 이자성은 대군을 거느리고 황하를 건너 명나라 왕조의 통치 중심인 북경으로 진군했다.

오대산 탑원사塔院寺

탑원사는 오대산五臺山 대회진臺懷鎭 현통사 남측에 있다. 이 사원에 석가모니의 사리탑이 있고 불족적도비佛足跡圖碑와 오대산 교주 문수보살의 발탑髮塔이 있다. 탑원사는 오대산 5대 선처禪處의 하나다. 탑원사는 원래 현통사의 탑원인데 명나라 때 사리탑을 중수하면서 지금의 이름으로 고쳤다. 사원 앞에 있는 목패방木牌坊 세 칸은 만력 연간에 축조한 것이다. 사원 내 주요한 건축물로는 앞에는 대웅보전이 있고 뒤에는 장경각藏經閣이 있으며 그 사이에는 사리탑이 있다. 동쪽엔 선원禪院들이 있다. 사원은 사리탑이 중심인데 기초는 정사각형이고 탑형은 티베트식이며 높이는 약 60m인데 전부 석회에 풀米漿을 반죽해 쌓아 올렸다. 청산녹총 중에 높이 솟아 있는 이 백탑은 지금 오대산의 표식이 되었다.

반윤단이 세웠다. '예열노친像悅老親'의 '예像'를 따서 '예원像園'이라고 했다

| 중국사 연표 |

1635년 농민 봉기군이 봉양의 황릉 향전을 불태워 버렸다.

103

양양을 기습한 장헌충

장헌충이 주도한 양양襄陽의 기습으로 농민군에 대한 명나라의 대규모 토벌이 실패로 돌아갔다.

거짓 투항

농민 봉기군의 수령 중의 한 사람인 장헌충은 만력 34년(1606) 연안 위에서 출생했는데 부친은 가난한 농민이었다. 장헌충은 일찍이 명나라 군대에서 포쾌捕快(포도군사)도 하고 변방 수비도 했는데 군기를 어긴 죄로 참수를 당할 뻔했다. 다행히 상관이 그가 비범한 것을 아껴 채찍형 100대를 치고는 놓아 주었다.

섬서 각지에서 농민 봉기가 일자 장헌충도 숭정 3년(1630)에 미지현에서 봉기를 일으켜 18채를 점거하고는 '팔대왕'이라고 자칭했다. 큰 키에 누런 낯빛과 호랑이 턱을 지닌 그는 남달리 용맹해 사람들은 그를 '황호黃虎'라고 했다. 그는 원래 농민군 36개 영 중 한 갈래의 수령이었다. 형양회의 이후 그는 고영상과 더불어 빠른 속도로 중도 봉양을 점령하고 명나라 태조의 무덤을 파헤쳤다. 그러고는 호광, 하남, 섬서 등지를 전전했다.

남기南畿, 하남, 산서, 섬서, 호광, 사천 등지의 군무를 총 책임진 웅문찬熊文燦이 농민군에 대한 토벌을 진행하는 바람에 농민군은 아주 큰 손실을 보았다. 웅문찬은 이어 농민군 수령들을 귀순시키는 방법을 썼고 장헌충은 웅문찬의 계책을 역이용해 거짓 투항하는 방법을 쓰기로 했다.

그때 자신의 생명을 구해준 진홍범이 웅문찬 수하에서 총병으로 있다는 것을 안 장헌충은 부장 손가망을 시켜 선물을 가지고 진홍범에게 가서 장헌충이 부대를 거느리고 투항해 진홍범의 수하에서 힘을 다 바치려 한다고 전하게 했다. 진홍범은 기뻐하며 웅문찬을 찾아가 장헌충이 귀순하려고 한다는 것을 알렸고 웅문찬은 장헌충의 투항을 기꺼이 받아들였다.

장헌충은 귀순한 후 원래 있던 곡성에 주둔하고 있었다. 그는 겉으로는 웅문찬의 지휘를 받는 척했으나 비밀리에는 자신의 독립성을 유지했다. 그는 부대를 사처에 나누어 주둔시키고 곡성을 자기 수중에 넣었다. 그리고 웅문찬에게 10만 군사의 급료와 식량을 요구했으며 웅문찬의 지휘에 대해서는 구실을 대어 지연했다. 그리고 동시에 군사 훈련을 한시도 잊지 않았으며 병법을 연구했다.

곡성에서의 재기

이때는 이미 이자성이 위기에서 벗어나 다시 대오를 정돈해 재기했던 때였다. 이는 다른 농민 봉기군을 크게 고무시켰다. 장헌충의 부대도 한동안 휴식을 거쳐 군사력이 강해졌다. 그래서 숭정 12년(1639) 5월 6일, 곡

자단 필가筆架 병풍

상해 보산寶山 고촌顧村에 있는 주수성의 무덤에서 명나라 만력 연간의 문구 14개가 출토되었는데 그중에는 인합印盒, 문진文鎭, 벼루, 필통, 필삽병筆揷屛, 문방합, 원합, 향훈香熏, 먹병 등이 있었다. 이 필가 병풍은 높이 20cm, 길이 17cm, 너비 8cm인데, 두 부분으로 구성되었다. 직사각형 자단목으로 만든 병풍의 복판에는 반듯한 대리석을 박았는데 세밀한 천연 무늬가 있다. 필가의 아래와 위층에는 각각 붓을 꽂는 동그란 구멍이 네 개씩 패어 있다. 자단목은 단목의 일종으로 고대에는 단향나무류로 통칭했다. 자단목은 질이 좋고 무늬가 아름다운데다가 향기까지 그윽해 이 종류의 목재로 만든 가구들이나 조각 공예품들은 진귀하게 여겨졌다.

| 세계사 연표 |

1639년 스코틀랜드의 봉기군이 에든버러를 점령하고 잉글랜드에 진입했다.
찰스 1세는 그들과 화의했다.

출전 《명사明史·장헌충전張獻忠傳》
《명감明鑑·장렬제莊烈帝》

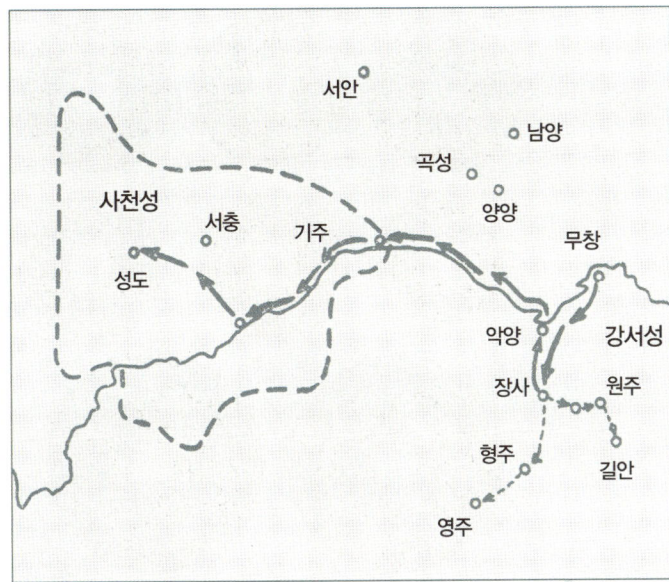

장헌충의 기의 지도

성에서 다시 조정에 반기를 들었다. 초기 조정에 귀순했던 나여재도 장헌충의 봉기군에 합세했다. 그들은 주변 여러 개 현을 정복했다. 7월 장헌충과 나여재는 방현 나후산에 매복해 명나라 군대의 주력 좌량옥左良玉의 군대를 대패시키고 관병 1만여 명을 사살했다.

장헌충이 다시 반란을 일으켰다는 소식을 접한 숭정 황제는 웅문찬을 참수하고 좌량옥을 파직시키며 속죄하도록 했다. 그리고 양사창楊嗣昌을 독사로 임명해 장헌충을 토벌하게 했다. 숭정 황제의 심복 대신인 양사창은 우선 조정에 '비적 토벌의 군비'와 '병사 훈련의 비용'을 올리고 전력으로 농민 봉기군을 진압할 것을 여러 번 주청했다.

계략으로 탈취한 양양

강대한 관군의 공격에 장헌충은 '이동하는 방법으로 적을 제어하는' 전략을 채택했다. 그래서 관군을 길에서 지치게 만들었다. 장헌충이 사천을 전전하고 있을 때, 양사창이 관군을 이끌고 사천으로 달려왔다. 관군 주력이 사천으로 들어오자 장헌충은 개현의 황릉성에서 관군을 기습해 대패시키고는 이어 사천을 벗어나 관군의 대본영인 양양으로 곧바로 진격했다.

양양은 군사 요지로 양사창은 대량의 군비와 군량 그리고 무기들을 이곳에 보관하고 많은 군대로 지키고 있었다.

숭정 14년(1641) 2월, 장헌충은 양양으로 진군하는 도중 사창의 사자使者 하나를 붙잡았다. 이에 계책 하나가 떠오른 장헌충은 부장 이정국李定國에게 사자를 죽이고 그 병부를 뺏은 후 다음 행동을 알려 주었다.

이정국은 관군 모양을 한 기마병 20~30명을 거느리고 양양성 아래 이르러 병부를 내보이며 독사의 명으로 군대를 모집하러 왔다고 했다. 당시 날이 이미 어두웠고, 성을 지키는 관군은 병부를 검사한 뒤 이상이 없다며 그들을 성 안으로 들여보냈다. 성 안에 들어선 이정국의 기마병들은 성문을 지키는 관군들을 죽이고 성문을 통제했다.

그 이전에 장사꾼으로 위장한 일부 봉기군들이 성 안에 잠입해 있었는데, 그들은 이정국 등이 성문 탈취에 성공한 것을 보고 성 안의 집들에 불을 질렀다. 그러자 성 안에 큰 혼란이 일었다. 이때 당도한 장헌충의 대군이 성 안으로 밀물처럼 밀려들었다. 이렇게 양양성은 봉기군에게 점령되고, 양왕 주익명朱翊銘은 사로잡혔다. 결박당한 주익명이 장헌충의 군영에 끌려오자 장헌충은 그의 목을 치게 했다. 이와 동시에 일부 관군의 장령들과 관원들도 처형했다. 그리고 장헌충은 창고를 열어 양식과 은냥을 꺼내어 농민들을 구제했다.

'삼언'은 명나라 풍몽룡이 편찬한 《유세명언》《경세통언》《성세항언》이 3부를 말하고
'이박'은 명나라 능몽초가 편찬한 《초각박안경기》《이각박안경기》를 말한다

| 중국사 연표 |

1636년 황태극이 즉위했는데, 그가 바로 청 태종이다. 그는 연호를 숭덕으로 고치고 국호는 대청大淸으로 고쳤다.

《경세통언警世通言》 - 명나라 각본

명나라 시대 소설 창작과 간인이 상당히 발달했는데, 그중 풍몽룡馮夢龍의 《성세항언醒世恒言》, 《경세통언》, 《유세명언喩世明言》과 능몽초凌濛初가 편찬한 《초각박안경기初刻拍案驚奇》, 《이각박안경기二刻拍案驚奇》 등이 가장 유명했다. 세인들은 이 책들을 합해 '삼언이박' 이라고 통칭했다.

● ● ● 역사문화백과 ● ● ●

['삼언이박三言二拍']

'삼언'은 명나라 말기 풍몽룡이 편찬한 화본 소설집 《경세통언》 《성세항언》 《유세항언》 등을 말하고 '이박'은 명나라 말기 능몽초가 편찬한 화본 소설집 《초각박안경기》 《이각박안경기》 를 말한다. 중국 고대의 단편소설 창작은 송나라와 원나라 시대에 발달하기 시작해 명나라 때에 이르러서는 문인들이 창작한 의화본擬話本이 대량 출현했다. 이는 이 문체가 성숙기에 들어섰음을 알려준다. '삼언이박'의 소설들은 당시 시민계층의 생활 양상, 특히 그들의 애정과 혼인 생활을 널리 표현했으며 많은 작품들이 서사 구조나 인물 형상의 창조 면에서 높은 성과를 이뤄 냈다. 그중 《진주삼과 재회한 장흥가》 《화괴를 독점한 기름장수》 등은 지금도 사람들의 호평을 받는 명작들이다.

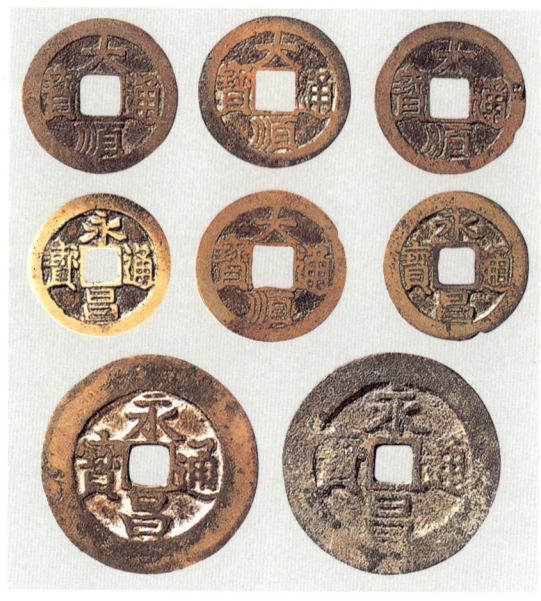

두 농민 정권의 화폐

중국 역대의 개국 황제들은 모두 자기 왕조의 화폐를 만들었는데 이로써 자기의 지위를 확인시켰다. 기원 1644년 성도에서 황제로 자칭한 장헌충은 국호를 대서大西라고 하고 연호를 대순大順으로 정한 다음 주전국鑄錢局을 설치하고 '대순통보'를 주조해 시장에 유통시켰다. 같은 해 서안에서 황제가 된 이자성도 국호를 대순으로 정하고 연호를 영창으로 정한 다음, 주전국을 세우고 자기들의 화폐 '영창통보'를 주조했다.

그때 형주 사시에서 군무를 총독하던 양사창은 처음에는 낙양이 봉기군에게 함락되었다는 소식을 듣고 그 죄를 벗어나기 어렵게 되었다며 한숨을 지었는데, 이번엔 또 양양을 잃었다는 소식이 들어왔다. 짧은 한두 달 동안 군사 요지 두 개를 잃고 친왕 둘이 봉기군에게 참수당했으니(다른 한 친왕은 이자성이 낙양에서 죽인 복왕 주상순), 양사창은 조정의 벌이 무서워 눈 앞이 캄캄해졌다. 그는 공포에 떨며 밥도 제대로 먹지 못하다가 얼마 후 군영에서 죽었다.

장헌충의 양양 기습은 농민군에 대한 관군의 마지막 한 차례 대규모적인 포위 토벌이 철저히 실패했음을 선고했다. 이때부터 명나라는 농민군에 대한 대규모 포위 토벌을 조직할 실력이 없어졌다.

| 세계사 연표 |

1641년 　아일랜드가 독립을 선언하고, 11월 의회에서 〈대항의서〉가 통과되었다.

104

《명사明史·장헌충전張獻忠傳》
《명감明鑑·장렬제莊烈帝》 출전

호광으로 이동

성도에서 황제에 오른 장헌충

장헌충은 서쪽으로 승승장구 진군해 대서大西 정권을 건립했다.

양양 기습에 성공한 장헌충은 하남, 호북, 안휘를 전전했다.

숭정 15년(1642), 장헌충은 강북으로 진군해 5월에는 여주廬州를 공격하고 겨울에는 안휘 서부 일대에서 활동했다. 이 무렵 이자성의 봉기군이 양양, 형주 지역을 대거 공격했기 때문에 명나라 장수 좌량옥은 군대를 거느리고 양양에서 무창을 지나 안휘로 도망쳤는데, 그 기회에 그는 초 땅에 있는 군대를 대부분 데리고 갔다. 그로 인해 호광湖廣 기황蘄黃에서 무창武昌에 이르는 연변에는 관군이 텅 비어 있었다. 그것을 안 장헌충은 호광으로 이동할 것을 계획했다.

그 이듬해 장헌충은 군사를 거느리고 서진해 황매, 광제, 기주, 기수, 황주 등을 점령했다. 마성 대부호의 노복인 탕지湯志가 기병을 거느리고 조정에 반기를 들고 봉기군에 귀순하는 바람에 마성은 봉기군에게 장악되었다. 5월에는 한양과 무창을 점령하고 초왕 주화규를 사로잡았다.

봉기군은 초왕을 장강에 던졌으며 초왕의 가족 중 열다섯에서 스무 살까지는 군대에 보내고, 그 나머지는 모두 죽였다.

한 달이 지나 호광의 정세가 안정되자 장헌충은 무창을 경성으로 하고, 대서왕大西王으로 자칭했다. 그리고 명나라 관리 체제를 본받아 6부를 세워 정무를 보았으며, 5군 도독부를 설치해 군대를 통솔하게 했다. 동시에 관원들을 책봉했는데 저생 주문강周文江을 병부상서로, 장기張其를 총병 겸 전군도독으로, 이시영李時榮을 순무로, 무창 거인 사봉주謝鳳洲를 수도守道로, 숙안을 순도巡道로, 진취육陳驟六을 학도學道로 임명했다.

이외 일부 지방의 지부知府도 임명했다. 그리고 무창을 천수부天授府로 이름을 고치고 주종문周綜文을 지부로 임명했다. 이외 심회림沈會霖을 한양 지부로, 황원개黃元凱를 황주지부로 임명했다.

인재를 발탁하기 위해 장헌충은 과거 시험을 회복하고 72명을 등과시켜 21개 주와 현의 현령 및 부직 관원으로 임명했다. 호강의 가병家兵을 영솔해 귀순한 탕지는 유격장군이 되어 마성을 지켰고, 장이택은 총독이 되어 기황을 지켰다.

장헌충의 군영 동인銅印
이 도장은 장헌충의 대서 정권이 성도에서 주조해 군영에서 이용하던 동인인데 전자체로 '효우영총병관방驍右營總兵關防'이라는 글이 새겨져 있다. 도장의 뒷면 우측에도 해서체가 음각되어 있고 좌측에도 해서체가 새겨져 있다. 대서의 군대는 영마다 총병관통령을 설치하고 관방 공인을 발급했으며 전군에 통행되었다.

●●● 역사문화백과 ●●●

[《일지록日知錄》]
이 책은 명나라 말기 고염무顧炎武가 저술한 책인데, 모두 32권으로 되어 있다. 고염무의 30여 년간 독서 필기의 총집으로서 중요한 역사 고증적 성과가 있다. 전 책은 분류를 따로 나누지 않았으나 경의經義·정치·경제·서속·풍습·예의·제도·과거 시험·문학·예술·명의名義·사법史法·도서 주해·잡사雜事·교통·군사 제도·외국·천상天象·수학·지리·잡고雜考 등 여러 방면의 내용이 들어 있다.

| 중국사 연표 |

1641년
이자성이 낙양을 공략하고 복왕 주상순을 죽였다.

황제에 오르다

얼마 안 지나 명나라 대군이 쳐들어오는 바람에 장헌충은 무창을 포기하고 호남으로 진군해 악주, 장사, 형주를 연이어 정복했다. 그는 장사에서 조세를 2년 동안 거두지 않는다고 선포했는데, 이것은 민심을 크게 얻는 일이었다. 그러자 장헌충을 따르는 사람들이 갈수록 많아졌다.

이때 북방에서 큰 승리를 거듭 이룬 이자성이 숭정 17년(1644) 정월, 서안에서 왕이 되었다. 그러자 어떤 사람이 장헌충에게 강남이 부유하기에 오월을 차지하면 앞으로 큰일을 도모할 수 있다고 했다. 그러나 장헌충은 여러 날 숙고 끝에 서쪽으로 세력을 확장할 것을 결정했다. 그래서 장헌충은 군사를 거느리고 형주를 떠나 기주를 거쳐 사천으로 진군했다.

봉기군의 진군은 순조로웠다. 6월에 중경을 정복하고, 8월에는 성도를 차지하고 촉왕을 죽였다. 11월에 장헌충은 정식으로 황제 지위에 올랐고, 국호는 여전히 대서大西로 하며 연호는 대순으로 정하고 촉왕부를 황궁으로 정했다. 그리고 성도는 서경으로 이름을 고쳤다. 황제가 된 장헌충은 좌우 승상에 6부와 5군 도독부 등의 관원을 임명하고 그를 따라 몇 년을 같이 싸운 손가망孫可望, 이정국李定國, 유문수劉文秀, 애능기艾能奇 등을 모두 장군으로 임명했다.

하지만 장헌충의 대서 정권은 매우 취약했다. 사천 경내의 많은 지방을 통제했다고는 하나 각지에 파견된 지방관들은 부임해 간 지 며칠이 지나지 않아 살해되곤 했다. 그래서 여러 번 새 관원을 파견했는데, 매번

장헌충의 '서왕상공西王賞功' 전

살해되었다. 이에 대노한 장헌충은 군대를 출동시켜 대도살을 결행했는데, 이때 일부 명나라 종실과 악덕 지주, 호신들을 진압했다. 하지만 무고한 사람들마저 대거 죽이는 일이 늘 생겼다. 사람들도 너무 많이 죽였지만 그 수단이 너무 잔인했다. 투항을 원치 않는 일부 명나라 장병들은 손목을 자르지 않으면 코를 베고 심지어 눈을 도려내든지 생가죽을 벗기는 악행까지 감행했다. 이런 행위는 사람들의 반감을 불러일으켰다. 후에 장헌충도 그것이 옳지 않음을 깨닫고 포고를 내어 금지시켰다.

2년이 지나 장헌충은 군사를 거느리고 북상하여 청나라 군대를 막아 싸웠다. 그러다가 남충 봉황산 싸움에서 적군의 화살에 맞아 전사했다.

채색 도기 소
도기로 만든 이 소는 길이가 26cm인데 머리를 들고 모로 앉아 있다. 두 뿔은 앞으로 삐죽하니 들려 있고 두 눈을 부릅뜨고 있는데 눈언저리의 주름살이 생생하다. 살찌고 건장한 체구에 꼬리는 위로 감겨 있다. 소의 굳센 성격과 건장한 체구를 잘 표현했는데 조각 예술가의 사실적인 예술 수법을 잘 반영하고 있다.

| 세계사 연표 |

1641년 프랑스와 포르투갈이 스페인을 반대하는 동맹을 결성하고 프랑스 군대가 스페인에 쳐들어갔다.

105 청나라에 투항한 홍승주

《청사고清史稿·홍승주전洪承疇傳》
《명감明鑑·장렬제莊烈帝》

송산대전松山大戰에서 명나라 군대는 참패하고 홍승주洪承疇는 투항했다. 그 후부터 청나라 군대는 군사상 뚜렷한 우위를 차지했다.

위급해진 금주

1636년 황태극은 심양에서 황제가 되어 국호를 청淸이라고 정하고 연호는 숭덕崇德이라고 고친 뒤 명나라에 대한 침략을 가속화했다. 명나라 군대는 안으로는 농민 봉기군과 싸워야 했고 밖으로는 청나라 군대와 싸워야 했다.

명나라 숭정 13년(1640), 청나라로는 숭덕 5년, 황태극은 정친왕 제이합랑濟爾哈朗과 패륵다택貝勒多鐸에게 명해 금주 북쪽 90리 밖에 있는 의주義州에 성을 구축하도록 했다. 이와 동시에 친왕과 대신이 교대로 군대를 거느리고 나가 행산杏山, 송산松山, 영원, 금주 일대를 침범해 명나라 산해관 밖에 있는 영금 방어선을 허물려고 했다. 금주가 위급하다는 소식을 접한 명나라 조정에서는 즉각 계료총독 홍승주에게 13만 대군을 거느리고 금주를 구원하도록 했다. 명나라 군대가 영원에 운집했을 때 청나라 군대는 이미 금주성을 겹겹이 에워쌌다.

홍승주는 '방어하면서 공격하는' 전략을 취해, 먼저 군량과 군수품 등을 보호하면서 금주성 남쪽에서 40리 떨어진 행산에서 출발해 금주에서 18리 떨어진 송산까지 운반해 가고 그다음 송산에서 금주까지 운반해 갔다. 이 전략은 효과가 뚜렷해 청나라 군대를 여러 번 패배시켰다.

홍승주의 이런 전략은 병부상서 진신갑陳新甲 등의 비난을 받았다. 진신갑은 시일이 길어지면 군량을 마련하기 어려워진다는 이유로 거듭 속전속결을 재촉했다.

명나라 군대의 대패

홍성주는 어쩔 수 없이 원래의 작전을 포기하고 양초粮草를 영원과 행산 그리고 금주 서남에서 60리 떨어진 탑산塔山 밖 필가강筆架岡에 놔둔 채 친히 6만 군사를 거느리고 먼저 송산으로 달려갔다. 나머지 군대들도 그 뒤를 따랐다. 송산에 도착한 홍승주는 즉시 청나라 군대와 대항하는 태세를 형성했다.

명나라 원군이 도착했다는 말을 들은 황태극은 군대를 집결시켜 심양에서 송산으로 달려왔다. 송산에 이른 그는 송산과 행산 어간에 영채를 세워 큰길을 차단하고 도랑을 깊게 파서 명나라 군대의 퇴로를 막았다. 그리고 한편으로는 탑산을 공격해 필가강에서 군량을 지키는 명나라 군대를 격파하고 대량의 군량과 보급품을 노획했다.

명나라 군대와 청나라 군대가 대치하고 있을 때 황태극은 부장 장황개張黃盖에게 명해 포의진布疑陣을 치게 했다. 송산 전선에 갑자기 황태극의 의장이 나타난 것을 본 명나라 군사들은 당황했고 양초를 적에게 빼앗기고 퇴로까지 차단되었음을 안 그들은 어찌할 바를 몰라 했다. 그중 일부 장령은 퇴군할 생각을 했다. 총병 왕박선王朴先이 달아나자 다른 총병

황태극

1368~1644 명나라

땅에 짐승의 뼛가루나 석회수를 묻어 산성을 중화시켰다 291

| 중국사 연표 |

1641년
장헌충이 양양을 점령하고 양왕 주익명을 죽였다.

여섯도 밤을 도와 부대를 이끌고 행산과 탑산 방향으로 도망갔다. 청나라 군대는 기회를 놓칠세라 밤새 추격했다. 홍승주는 군사를 거느리고 좌충우돌했으나 청나라 군대에게 막혀 송산으로 돌아갔다.

이 싸움에서 명나라 군대는 5만 3000명이 살상되고 군마 7000여 필을 잃었다. 행산 이남에서 탑산까지 길가에 시체들이 낭자하게 널리고 바다 위에도 수많은 시체들이 떠다녔다.

생포된 홍승주

이 격전을 거쳐 청나라 군대는 행산, 송산, 탑산의 명나라 군대를 겹겹이 에워쌌다. 송산에 있는 홍승주는 원군이 오기를 기다렸지만 송산성 안에는 양식이 다 떨어져 군대와 백성이 모두 사경에 이르렀다. 이런 상황에서 송산 수성부장 하승덕夏承德은 아우 경해景海를 청나라 군대로 보내, 자기 아들을 인질로 하고 성을 바칠 날짜를 언약했다. 명나라 숭정 15년(1642), 청나라 숭덕 7년 2월, 청나라 군대는 약조한 대로 밤에 송산성을 공격해 일거에 송산성을 공점하고 홍승주를 사로잡았다.

송산을 점령한 청나라 군대는 3월에는 금주를 일거에 점령했다. 명나라 총병 조대수도 투항했다. 이어서 향산과 탑산도 청나라 군대의 수중에 들어가 산해관 밖에는 영원만 남았을 뿐 그 외 모든 군사 요지를 청나라 군대에게 빼앗겼다.

숭정 6년의 철포
화포火砲는 대구경 화총에서 발전해 이루어진 것이며 명나라 시대의 화포가 많다. 쇠를 부어 만든 철화포는 앞으로 갈수록 점차 포신이 가늘고 뒤는 크다. 어떤 화포들은 중간에 화포를 고정하는 데 이용하는 귀가 있고 수백 근에 달했으며 구경의 크기는 각각 달랐다. 철포는 근대 대포의 전신이다.

명나라 경제 발전의 표현 – 남도번회도권南都繁會圖卷 (일부분)
남경은 명나라가 도성을 북경으로 옮긴 후 두 번째로 큰 도시인데 상업 경제가 아주 발달했다. 이 그림은 좌측에서 우측으로, 교외 농촌 집들부터 도시의 남쪽 거리와 북쪽 거리를 중심으로 거리를 종횡으로 표현했다. 거리엔 점포들이 있고 간판과 광고들이 많으며 수레들이 바쁘게 오간다. 이 그림은 직업과 신분이 각기 다른 1000여 명 인물들과 100여 개 점포의 간판들이 그려져 있는데 명나라 도시의 사회 경제와 사회 생활의 큰 변화를 보여 주고 있다.

| 세계사 연표 |

1643년 일본 묘우데이明正 천황이 고코우묘우後光明 천황에게 자리를 양위했다.

홍승주의 투항

황태극은 생포한 홍승주를 중요시했다. 그는 범문정范文程을 보내 투항을 권유했으나 홍승주는 오히려 범문정을 호되게 꾸짖었다. 그러나 범문정은 그 와중에 홍승주가 자기 옷에 떨어진 먼지를 조심히 터는 것을 우연히 발견했다. 그것도 한 번이 아니라 여러 번이었다. 그것을 본 범문정은 속으로 은근히 기뻐하며 돌아와 황태극에게 자신있게 말했다. "홍승주는 살기를 원하는 사람입니다."

그 이튿날 황태극이 직접 옥으로 갔다. 그날따라 날씨가 몹시 추웠다. 황태극은 한동안 홍승주와 담소를 나누고는 자기가 입었던 담비털 외투를 벗어 홍승주를 덮어 주며 부드럽게 물었다. "추운데 고생이 많습니다." 한동안 말이 없던 홍승주는 장탄식을 하더니 이렇게 한마디했다. "정녕 이 시대의 임금입니다." 그러고는 머리를 숙여 투항했다. 황태극은 기뻐하며 그를 포상하고 연회를 베풀어 이 일을 경축했다. 경축연에서는 창극까지 벌이며 놀았다. 그러자 이해가 안 돼 일부 청나라 장수들은 황태극에게 물었다. "홍승주는 우리 손에 잡힌 일개 패장敗將에 불과한데 폐하

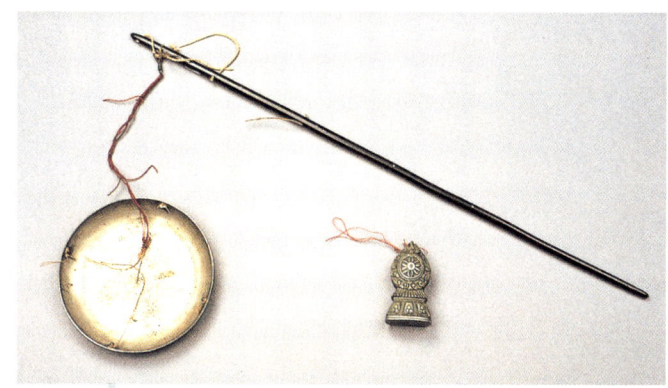

은을 다는 저울 - 등자
등자戥子는 금, 은이나 약을 다는 작은 저울이다. 이 저울의 저울대는 상아로 만들었고 저울추와 저울판은 은에 금도금을 했다 저울판 밑에는 '만력년 제萬曆年制'라는 글이 새겨져 있다. 저울대는 눈금이 정확하게 새겨졌기에 양兩 아래의 전錢과 분分까지도 무게를 아주 정확하게, 오차 없이 달 수 있다.

께선 어이하여 그토록 홍승주를 중히 여기는 것이옵니까?" 그러니 황태극은 도리어 수하 장령들에게 물었다. "우리가 왜 이렇게 비바람을 맞으며 피흘리며 싸우느냐? 무엇을 바라고 이렇게 싸우고 있느냐 말이다." "중원을 가지자고 이러는 게 아닙니까?" 뭇 장수들은 이구동성 대답했다. 그 말에 황태극 너털웃음을 웃으며 이렇게 대답했다. "옳은 말이다. 그런데 우리가 중원으로 진군하려면 길을 인도해 주는 사람이 있어야 한단 말이지. 그런 사람이 없으면 우리는 맹인이 길을 가는 것과 마찬가지가 된단 말일세. 그런데 지금 그런 사람을 얻었으니 내 어이 기뻐하지 않겠나." 그제야 장수들은 황태극이 홍승주를 그렇게 후하게 대접하는 까닭을 알게 되었다.

그런데 역설적인 것은 송산이 적의 수중에 들어간 후 북경에서는 홍승주가 나라 위해 죽었다는 소문이 퍼졌다는 것이다. 이에 놀란 숭정 황제는 제단을 만들고 자기가 직접 홍승주의 제를 지냈다. 훗날 홍승주가 청나라에 투항했다는 것을 안 조정은 성이 나서 그 제단을 급히 걷어 버렸다.

●●● 역사문화백과 ●●●

[《명사明史》- 관방에서 편찬한 사서 중 편찬 시간이 가장 긴 사서]

《명사》는 모두 332권인데 그중 본기本紀 24권, 지志 75권, 열전列傳 220권, 표表 13권으로 된 기전체紀傳體 사서다. 이 책은 주원장 홍무 원년으로부터 주유검의 숭정 17년 1644까지의 200여 년의 역사를 기재했다. 청나라 순치 2년부터 편찬하기 시작해 건륭 4년(1739)에야 최종 탈고를 해 인쇄에 넘겼으니 무려 90여 년이나 걸린 셈이다. 중국 고대, 관방에서 편찬한 사서들 중에서 편찬 시간이 가장 오래 걸린 사서다. 《명사》는 체계가 짜임새 있고 사료가 자세하며 서술이 명료하고 언어가 간결해 중국의 사서 '24사' 중에서 수준 높은 사서의 하나로 사학가들의 호평을 받는다.

1368~1644 명나라

《명실록》 293

| 중국사 연표 |

1643년 황태극이 죽고 그 아들 복림福臨이 즉위했는데, 그가 바로 청 세조淸世祖다. 그 이듬해 연호를 순치順治라고 고쳤다.

106

매산에서 자결한 숭정 황제

명나라는 국운이 이미 다해 더는 구할 수가 없게 되었다. 숭정 황제는 매산煤山에 올라 목을 매 자결했다. 이로써 명나라는 망했다.

퇴위를 거절한 숭정 황제

이자성이 이끄는 농민군은 승리에 승리를 거듭하며 황하를 넘어 산서로 진군해 태원을 함락했다. 그러고는 군대를 두 갈래로 나누어 북경을 향해 진군했다.

북경성 안은 일대 혼란이 일었고, 숭정 황제는 긴급히 대신들을 모아 대책을 상의하고 일련의 조치를 강구했다. 동각대학사 이건태李建泰를 병부상서로 임명해 농민군의 공격을 막게 하고, 태감을 파견해 각 변진과 경기京畿 지역 군사 요지를 감시하게 했으며, 전국 각지의 군대를 북경으로 이동시켜 북경을 지키라는 명도 내렸다. 그리고 문무백관, 훈척勳戚, 태감 등에게도 군비 모금에 참여하도록 했다. 이외에도 숭정 황제는 처음으로 '죄기조서罪己詔書', 즉 '자기의 잘못을 반성하는 조서'도 내려 민심을 수습하려고도 했다.

그러나 이 모든 것은 이미 때늦은 일이었다. 명나라 왕조는 국운이 이미 기울 대로 기울어 더는 어찌할 수 없는 지경에 이르렀다. 이건태가 동분서주하며 일부 병력을 겨우 모으기는 했으나 전의戰意를 잃은 관군은 농민군과 맞닥뜨리자마자 흩어져 달아났다. 태감들도 속속 봉기군에 투항했다. 북경성을 보위하러 왔다는 각지의 근왕병도 얼마 되지 않았다.

숭정 17년(1644) 3월, 대동, 선부, 거용관을 차례로 정복한 이자성의 농민군은 17일 북경성 아래에 이르렀다. 이자성은 얼마 전에 농민군에 투항한 태감 두훈杜勳1과 신지수申芝秀를 북경성 안으로 들여보내 숭정 황제에게 봉기군의 사기가 충천해 막을 방법이 없을 터이니 퇴위하는 게 좋을 것이라고 권하도록 했다. 대노한 숭정 황제는 그 둘을 내쫓았고 이자성은 18일 북경성을 공격했다. 그러자 태감 조화순이 창의문을 열고 투항했다. 이자성의 농민군은 밀물처럼 북경성으로 들어갔다.

"너 어이 제왕의 집에서 태어났는고?"

이자성이 북경 외성을 처들어왔다는 소식을 듣고 매산에 오른 숭정 황제는 도처에 치솟는 봉화를 보고 연거푸 탄식을 했다. 그는 태자 주자랑과 다른 두 아들인 정왕 주자형, 영왕 주자소를 각기 대신들 집으로 보내 숨도록 하고는 검으로 장평공주를 찔러 죽였다. 그러고는 탄식했다.

"너 어이 제왕의 집에 태어났는고?"

이어서 황후 주씨를 궁중에서 자살하도록 명하고 다른 희빈들을 모두 검으로 찔러 죽였다.

바로 그날 밤 이자성의 농민군은 북경 내성을 공격했다. 숭정 황제와 제독내외경성 사례태감 왕승은王承恩은 말을 탄 태감 수십 명을 데리고 황궁을 떠났다. 그런데 그들이 제화문에 이르니 성문을 지키는 태감이 적군인 줄 알고 활을 쏘고 돌을 던졌다. 하는 수 없이 그들은 안정문으로 가보았는데 역시 성문을 열어 주지

채색 문관용
머리에 관을 쓴 이 도기용은 짧은 무명 도포와 머리에 쓴 관 등이 그의 신분을 말해 주는데 조각 예술의 걸작이다.

| 세계사 연표 |

1643년 영국 장로회파와 스코틀랜드가 동맹을 맺었다.

출전
《명사明史·이자성전李自成傳》
《명사明史·장렬제기莊烈帝紀》
《명감明鑑·장렬제莊烈帝》

경산景山
영락 연간에 자금성을 축조하면서 파낸 흙으로 이루어진 산인데 주봉의 높이는 45m다. 명나라와 청나라 두 왕조 황실 어화원의 일부분으로 명나라 때는 매산煤山이라고 했는데 숭정 황제가 목을 매어 자살한 곳이다.

않았다. 궁으로 다시 돌아온 숭정 황제는 백관들을 소집했으나 누구 하나 달려오는 자가 없었다. 숭정 황제는 땅이 꺼지는 한숨을 지었다. "짐은 나라 망친 임금이 아니건만 신하들이 나라를 망쳤도다."

매산에서 자살한 숭정 황제

그 이튿날 새벽, 다시 매산에 오른 숭정 황제는 옷자락을 찢어 이런 유서를 남겼다.

'짐은 일심을 다해 나라를 다스리려고 애를 썼지만 뭇 신하들이 짐을 그르치게 만들었다. 하여 짐은 죽어도 조종을 보는 면목이 없어 면관을 벗고 머리를 풀어 헤쳐 얼굴을 가리고 죽는다.'

그러고는 산 위의 정자에 목을 매 자결했다. 태감 왕승은도 그 곁에서 목을 맸다.

날이 밝자 북경성은 이자성 농민군에게 완전히 점령되었다. 머리에 백색 전립氈笠을 쓰고 몸에 남색 전투복을 입은 이자성은 말을 타고 승천문으로 들어왔다. 그의 뒤에는 우금성 등이 따랐다.

이날이 숭정 17년 3월 19일이다. 중국을 276년이나 통치하던 명나라는 이렇게 멸망했다. 그 이후 복왕 주유숭朱由崧 등이 남방에서 홍광弘光 등의 정권을 세웠는데 이를 남명南明이라고 한다.

청나라 말기의 연화 철관도鐵冠圖
이 연화는 명나라 숭정 말년 이자성의 봉기군이 파죽지세로 북경성을 쳐들어오자 대세가 기울어졌음을 안 숭정 황제가 검을 들고 입궁해 황후 주씨를 죽인 뒤 이어 매산에 올라 목을 매어 자살한 일을 담고 있다.

●●● 역사문화백과 ●●●

[명나라 멸망 후의 잔존 세력 - 남명南明]
명나라가 망한 후 그 종실들이 중국 남부에서 계속해서 정권을 세웠는데 이를 역사상에서는 통틀어 '남명'이라고 한다. 여기에는 복왕 주유숭이 남경에 세운 홍광 정권, 노왕 주이해가 소흥에 세웠던 감국監國 정권, 당왕 주율건이 복주에 세웠던 융무隆武 정권, 계왕 주유랑이 조경에 세웠던 영력永歷 정권, 당왕 주율몽이 광주에 세웠던 소무紹武 정권, 한왕 주본현이 악서에 세웠던 정무定武 정권 등이 있다. 이런 정권들은 후에 청나라 군대들의 포위 토벌에 차례로 멸망했다.

1368~1644 명나라

| 중국사 연표 |

1644년 정월에 이자성이 서안에서 왕위에 오르고 국호를 대순大順이라 정했으며 연호는 영창永昌이라 했다.

107

청나라에 투항한 오삼계

미인 하나를 위해

미인 하나 때문에 오삼계吳三桂가 산해관을 청나라에 열어 주는 바람에 이자성의 농민군은 대패하고 북경성에서 퇴각했다.

명나라가 망하고 청나라가 산해관으로 공격해 오는 그때, 오삼계의 투항은 당시 시국 변화에 심각한 결과를 초래했다.

오삼계의 자는 장백長伯인데 강소 고우高郵 사람이며 선조들은 요동에 살았다. 아버지 오양吳襄은 금주 총병을 했으며 오삼계는 처음에는 도독지휘로 있다가 후에는 요동 총병까지 올라갔다. 송산의 싸움에 참가했다가 패해 영원으로 퇴각한 적도 있었다. 그는 줄곧 산해관 밖에서 군대를 거느렸지만 집은 북경성 안에 있었다.

이자성의 농민군이 북경을 공격할 때, 조정에서는 오삼계를 평서백으로 봉하고 북경으로 들어와 조정을 보위할 것을 명했다. 오삼계는 군대를 이끌고 북경으로 달려오는 중에 북경성이 이미 이자성에게 함락되었다는 소식을 들었다. 오삼계는 급히 산해관으로 퇴각했다.

북경을 점령한 이자성은 오삼계에게 투항을 권유했으나 오삼계가 듣지 않자 그의 부친 오양을 핍박해 투항을 권유하는 편지를 쓰게 했다. 아버지의 편지를 받은 오삼계는 투항하러 북경으로 가는 도중 북경에서 도망쳐 오는 자기 집의 노복을 만났는데 그의 말이, 오양은 농민군에게 잡혀 가고 가산은 몰수당했으며 오삼계의 애첩 진원원陳圓圓도 이자성의 장령 유종민에게 끌려갔다고 했다. 그 말에 오삼계는 치를 떨었다.

진원원은 원래 소주의 명기였는데 숭정 초년에 전원田畹의 가기歌妓가 되었다. 전원은 진원원을 오삼계에게 첩으로 주었고 오삼계는 진원원을 총애했다. 그런 진원원을 앗아 갔다니 오삼계는 분노에 치를 떨었고, 즉시 산해관으로 물러가 '명나라 복구'의 깃발을 내걸고 군대를 내보내 이자성의 농민군을 공격했다.

눈부신 봉관의 금 장식 (위 사진 포함)

명나라의 많은 장식물들은 화사花絲, 참화鏨花, 상감象嵌 등 공예 기술을 종합적으로 집약해 만들었다. 북경 정릉에서 출토한 봉관은 삼룡이봉관三龍二鳳冠, 구룡구봉관九龍九鳳冠, 십이룡구봉관十二龍九鳳冠, 육룡삼봉관六龍三鳳冠 네 개가 있다. 관 위의 수식은 용과 봉을 위주로 했다. 용은 금실을 용접해 입체감이 있게 만들었고 봉황은 취조翠鳥의 깃털을 붙여 색깔이 아름다웠다.

《국각》 - 청나라 초본

역사 시험장 〉 청나라 때 오위업이 진원원의 이야기를 소재로 해 쓴 장시의 이름은 무엇인가?

| 세계사 연표 |

1643년 프랑스왕 루이 13세가 사망하고 그의 아들 루이 14세가 즉위했다.

《청사고清史考·오삼계전 吳三桂傳》

청나라에 투항한 오삼계

오삼계의 마음이 변했음을 안 이자성은 문제의 심각성을 알고 오삼계를 징벌하려고 직접 군사 12만을 거느리고 북경성을 나가 산해관을 포위했다. 오삼계의 아버지 오양도 데리고 갔으며 사람을 보내어 오삼계의 투항을 권하기도 했다. 그런데 오삼계는 사자를 붙잡아 두고 농민군과 끝까지 싸울 결심을 했다.

이때 다이곤多爾袞이 이끄는 청나라 군대도 중원을 탈취하려는 목적으로 심양에서 출발하여 밤낮으로 산해관을 향해 달려왔다.

이자성 농민군에게 포위되어 다급해진 오삼계는 다이곤에게 편지를 보내 자기가 산해관을 열어 길을 인도할 테니 청군이 자기네를 도와 이자성의 포위를 풀어 주기를 간청했다. 그러나 며칠을 기다려도 구원하러 오는 청나라 군대가 보이지 않았다. 그는 또 여러 번 청나라에 사자를 보내 애걸하다시피 했지만 다이곤은 움직이지 않고 관망만 했다.

농민군을 막기 어려워진 오삼계는 이번에는 머리를 청나라 식으로 깎고 자기가 직접 다이곤을 배견해 청나라 신하가 되기를 맹세했다. 그리고 산해관을 열어 청나라 군대를 맞이했다.

다이곤은 오삼계더러 먼저 이자성의 농민군과 싸우라고 명했다. 그리고 청나라 군대는 곁에서 관전觀戰하며 기회를 기다리다가 이자성의 농민군과 오삼계의 군대가 모두 싸움에서 지칠 대로 지쳤을 때 갑자기 공격했다. 이

미인 때문에 청나라에 투항한 오삼계
명나라 장령 오삼계는 대군을 거느리고 청나라 군대의 공격을 막으며 산해관을 지켰다. 그러다가 농민 봉기군이 자기의 애첩 진원원을 빼앗아 갔다는 소식을 듣고는 격분해 청나라에 투항하고 청나라 군대와 함께 명나라를 멸망시켰다.

산해관 성루

《원원곡圓圓曲》 297

1644년

| 중국사 연표 |

이자성의 봉기군이 북경성을 쳐들어오자 숭정 황제는 자살했다. 그 후 4월 22일 오삼계가 청나라 군대와 연합해 산해관에서 이자성의 봉기군을 대패시켰다. 29일 이자성은 북경성에서 철퇴하고 5월 2일 청나라 군대는 북경성을 점령했다.

자성의 농민군은 이 불시에 달려드는 청나라 군대와 오삼계 군대의 협공으로 대패했다.

이자성은 북경으로 퇴각하는 길에서 오삼계의 아버지를 죽이고 북경에 돌아와서는 오삼계의 가족 서른 넷을 모두 죽였다. 그리고 29일 심야에 북경성을 물러나 군대를 이끌고 서쪽으로 나아갔다. 청나라 군대는 오삼계의 인도로 파죽지세로 쳐들어와 북경성을 점령했다.

오삼계의 반청反淸

오삼계는 진원원을 다시 찾았다. 진원원은 오삼계를 따라 전국 각지를 다니다가 마침내 운남에 자리 잡

●●● 역사문화백과 ●●●

[담천談遷이 편찬한 《국각》]

《국각國榷》은 원나라 말기로부터 시작해 명과 청의 교체 시기인 홍광 원년까지(1328~1645)의 명나라 중대한 역사 사건을 연월일의 순서로 기재한 명나라 편년사다. 이 책 저술의 주요한 근거는 명나라 실록과 숭정 저보邸報 외에 작자가 읽은 100여 종이 넘는 여러 학자들의 저술이었다. 저자는 30년 동안 긴 시간을 들여 이 책을 완성했다. 저자 담천의 원명은 이훈以訓이고 자는 관약觀若인데 명나라가 망한 후 이름은 천遷이라고 고치고 자는 유목孺木이라고 고쳤다. 절강 해녕현 조림 사람으로 명 만력 21년(1593)에 출생했다. 그는 특출한 공명도 없는 보통 수재로서 별다른 벼슬도 한 적이 없었다. 《국각》의 창작은 명나라 천계 원년(1621)부터 시작되었는데 갖은 고생을 다해 100권을 편찬했지만 불행하게도 청나라 순치 4년(1647)에 원고를 도둑맞았다. 그래서 담천은 머리에 남아 있는 인상을 토대로 실록을 기본으로 삼고 많은 책들을 섭렵하면서 제2차 편찬을 어렵게 시작했다. 사료들을 찾기 위해 담천은 북경을 올라갈 작정을 했다. 당시 북경에는 본관이 절강인 관료들이 적지 않게 있는데 그중 명나라 말기에 진사에 급제한 일부 관원들은 명나라 시기의 많은 일들을 잘 알고 있었다. 담천은 그들에게 《국각》에 있는 오류들을 지적해 달라고 했다. 그리고 담천은 청나라에 투항한 대신, 환관, 황친 명나라 공후들의 문객들을 일일이 방문해 새로운 내용을 많이 수집했다. 그리고 이런 원시 자료들과 문헌의 자료들을 대조·검토해 《국각》의 사료 가치를 크게 높였다. 순치 13년(1656) 2월, 《국각》이 완성되었는데, 그 이듬해 담천은 예순넷의 나이로 사망했다.

금도금한 관음보살의 동상 – 명나라 금동불상의 걸작

이 금도금한 관음보살 동상의 높이는 17cm인데 황동으로 주조했다. 보관寶冠을 머리에 썼는데 두 어깨에 드리워진 보증寶繒의 윗부분에는 원형의 장식이 있다. 보관 뒤에도 두 갈래의 댕기가 등 뒤에 드리워 있다. 둥근 얼굴에 이마가 번듯하고 콧마루가 높고 곧으며 가는 눈썹은 굽어 있고 두 눈은 약간 뜨고 두 입술은 자애로운 모습으로 가볍게 다물려 있다. 목에는 주름이 있고 가슴에는 패물을 걸었으며 몸에는 깃이 아래로 처진 통견대의通肩大衣를 입었다. 한손에는 정병淨瓶을 들고 다른 손은 가락지를 들고 태좌에 앉아 있는데 태좌는 넓은 옷자에 가려 있다. 조각이 세련되고 조형이 우미한 이 동상은 명나라 금동불상의 일품이다.

았다. 후에 오삼계는 청나라에 반란을 일으켰다. 강희 17년(1678)에 오삼계는 형주衡州, 지금의 형양衡陽에서 황제로 자칭하고 국호를 대주大周로, 연호를 소무昭武로 했다. 그러나 몇 달이 지나 중풍에 걸려 죽었다. 파란만장한 일생을 지낸 진원원은 만년에 이름을 적정寂靜이라 고치고 출가해 도사가 되었다. 그러다가 오삼계가 죽은 후 3년이 지나 운남에서 병으로 죽었다.

| 세계사 연표 |

1644년

영국이 마다가스카르에 이르렀고 네덜란드인이 모리셔스에 정착했다.

108

《명사明史·이자성전李自成傳》
《명사明史·이암전李岩傳》
《중국농민전쟁간사中國農民戰爭簡史》

북경을 내놓은 이자성

북경을 점령한 이자성이 정권을 건설하기도 전에 명나라 산해관 총병 오삼계가 이자성의 대순정권에 반기를 들었다. 청나라 순치 원년(1644) 4월 21일 이자성은 군대를 거느리고 산해관으로 달려가 오삼계와 격전을 했는데 사전에 오삼계와 밀약이 있은 청나라 군대로 인해 대패했다. 그 소식이 북경성에 전해지자 군심이 크게 흔들렸다.

4월 26일 북경으로 돌아온 이자성은 부하들과 더불어 정세를 분석했는데, 군량도 부족하고 농민군의 대다수가 고향을 그리워하는 정서가 날이 갈수록 짙어졌다. 이런 상황들을 모두 고려해 이자성은 북경을 내놓기로 결정했다.

29일 영무전에서 황제 즉위식을 치른 이자성은 황궁과 아홉 개 성문을 불사른 뒤, 전군을 거느리고 서둘러 북경성을 나와 서쪽으로 퇴각했다. 북경에 입성하여 철퇴할 때까지 겨우 41일을 지냈을 뿐이다.

이자성이 북경성을 내놓고 퇴각한다는 소식을 들은 다이곤은 군대를 파견해 추격했다. 5월 1일 이자성의 군대는 탁주에 이르렀는데 그곳 지주 호신들의 무장 저항으로 성을 점령하지 못했다. 5월 2일, 이자성의 농민군은 추격해 온 청나라 군대를 연 3일 동안 반

북경성에 입성한 청나라 군대

산해관 싸움에서 대패한 이자성의 농민군은 북경에서 나와 싸우면서 퇴각하는 도중에 여러 방면의 공격을 받았고 청나라 군대는 북경성에 주둔했다.

채색 도기 집 모형 (위 사진)
이 집 모형의 길이는 38cm이고 높이는 47.5cm이다. 기와지붕의 양면은 물매가 경사지고 그 양측은 벽이다. 앞뒤 중간에 문이 각각 하나씩 있고 문 양측 벽에는 채색 도안이 있다. 지붕 양끝에는 치문鴟吻(망새)이 있으며 네 귀에는 기둥이 서 있다. 집 안팎에 모두 채색 그림이 있다. 전형적인 명나라 건축물의 형상이다.

격하고, 정주 북쪽 청수하 기슭에서도 청나라 군대와 격전을 벌였는데, 그들의 기세를 막을 수가 없었다. 곡대성谷大成은 전사하고 좌광도左光都도 적군을 막지 못했다. 이자성은 부상을 입었다. 산서 평양으로 퇴각한 이자성의 군대는 우선 군대의 일부만 황하를 건너게 했다. 이때 청나라 군대도 기력이 떨어져 추격을 멈추고 북경으로 돌아갔다. 양 군대는 잠시 휴전을 했다.

봉기군 내부의 갈등

퇴각 도중 일어난 몇 차례 패전으로 이자성 농민군 내부에서는 군심이 크게 흔들렸다. 우금성牛金星은 다른 뜻을 품게 되었고, 중요 장령의 하나인 이암李岩은 중용을 받지 못해 사기가 저하되어 있었다. 당시 하남 각지에서 반란이 일어나자, 이암은 자기가 하남의 반란을 해결하겠다고 자원했다. 그런데 우금성은 이자

산해관에 있는 명나라 철포

1368~1644 명나라

| 중국사 연표 |

1644년

5월 15일. 복왕 주유숭朱由崧이 남경에서 즉위하고 그 이듬해 연호를 홍광이라고 했다. 9월 청 세조 복림이 북경에 도착하고 11월엔 장헌충이 황제로 자칭해 국호를 대서라고 정했으며 연호는 대순이라고 했다.

서쪽으로 철퇴하는 이자성

이 그림은 남명 홍광 연간 흥문관에서 간행한 《초틈소설剿闖小說》에 실려 있다.

성을 따로 불러내 귀엣말로 이렇게 수군댔다.

"이암은 용맹하고도 모략이 능해 남의 수하에 있기를 원치 않는 사람이지요. 하남은 천하를 이루는 곳인데다 이암의 고향 아닙니까? 이암에게 대군을 주어 하남으로 보내는 것은 용이 물을 만나는 것과 다를 바 없으니 그러면 이암을 통제하기가 어려워질 겁니다."

그러고는 이암을 미리 제거하지 않으면 그 후환이 클 거라고 조언했다. 이때 이자성은 장령들의 배반을 제일 두려워하고 있었다. 그는 사실을 잘 알아보지도 않고 우금성을 시켜 계교를 꾸미고 이암과 그 아우 이모를 죽였다. 그 소식을 들은 유종민은 검을 틀어쥐고 이를 갈면서 우금성을 욕했다.

농민 봉기군 내부의 갈등과 분열로 이자성의 군대는 전투력이 대대적으로 약화되고 군심도 흩어졌다.

이자성의 희생

6월 하순, 한동안의 휴식을 거친 청나라 군대는 또 대군을 파해 이자성이 차지하고 있는 산서 지역에 대해 대규모 공격을 감행했다. 명나라 군대와 지방 무장도 그 기회에 농민군을 습격했다. 이렇게 여러 방면에서 오는 적들의 공격으로 이자성은 연이어 전패했다. 이자성은 10월 초에 태원을 잃고 청나라 주력은 연말에 여러 갈래로 나누어 섬서를 공격했다.

청나라 순치 2년(1645) 2월, 유종민은 군대를 거느리고 동관에서 청나라 군대와 사흘 낮 사흘 밤을 결사적으로 싸웠으나 결국 동관을 잃고 말았다. 이자성은 서안으로 퇴각해 호광 방향으로 이동하던 중 호북 통산현 구궁산에서 지형을 시찰하다가 그곳 지주 무장의 습격을 받아 전사했다.

●●● 역사문화백과 ●●●

[이자성 피살의 수수께끼]

대순 농민군의 수령 이자성의 최후에 대해서는 지금까지도 논쟁이 많다. 역사 기록을 봐도 명나라 말기와 청나라 초기 수십 종에 달하는 사서들마다 말이 각각 다르다. 주요한 것은 통산설通山說과 협산설夾山說 두 가지다. 이자성이 군대를 거느리고 호북 통산 구궁산으로 퇴각했을 때 20여 명 장병들을 데리고 산에 올라 지형을 살펴보다가 지주 무장의 돌연 기습을 받아 화살에 맞아 죽었다는 것이 《명사》나 일반 통사 그리고 교과서의 주장이다. 그러나 일설은 통산에서 피살된 사람은 이연이지 이자성이 아니라는 것이다. 당시 이자성은 이미 석문 협산에 가서 머리 깎고 중이 되었는데 법호를 봉천옥화상奉天玉和尙이라고 했고 마지막은 늙어 죽었다는 것이다. 1981년 협산사 서쪽 비탈에 있는 봉천옥묘에서 영매잔판詠梅殘版, 틈왕의 영패, 동전 '영창통보', '서안왕' 구리마방울(이자성은 '서안왕' 이라고 자칭한 적이 있다), 봉천옥조奉天玉詔, 거북이 형 석조 왕인王印 등이 출토되었다. 이는 이자성이 중이 되어 협산에 숨어 있었다는 유력한 증거가 되었다.

| 세계사 연표 |

1644년 영국 독립파의 수령인 올리버 크롬웰 장군이 의회군대를 지휘해 정부군을 대패시켰는데 이것은 제1차 내전의 시발점이 되었다.

화각항化覺巷 이슬람 사원의 패루

서안의 화각항 이슬람 사원은 명나라 시대의 규모가 거대한 이슬람 사원으로 목패루木牌樓, 석방石坊, 비루碑樓, 성심루省心樓, 대전과 망월대 등의 건축물이 있으며 정원을 다섯 개나 지나는 구조로 이뤄져 있다. 연삼문聯三門과 거리에 맞닿아 있는 조벽照壁 그리고 벽돌 패루 등에는 화초들을 세밀하게 새겨 놓아 이슬람교의 예술 품격을 자랑하고 있다.

이자성이 죽자 농민 봉기군은 거대한 손실을 보게 되었다. 이자성의 처 고씨와 조카 이과는 그 후 잔여 부대를 거느리고 남명南明의 하등교何騰蛟에 투항해 청나라를 반대하는 싸움을 계속했다.

북경에 입성한 청나라 군대

청나라 군대를 이끌고 산해관 안으로 들어온 다이곤은 '무고한 사람들을 죽이지 말며 재물을 약탈하지 말고 집을 불사르지 말라'는 엄명을 내렸다. 그리고 파죽지세로 북경으로 내려왔다. 이자성이 군대를 거느리고 북경성에서 물러간다는 소식을 들은 다이곤은 즉각 추격하라고 영을 내렸다 그가 통주까지 왔을 때 오삼계가 숭정 황제의 태자를 호위해 북경에 입성시키자고 제기했지만 다이곤은 동의하지 않았다.

이때 북경성 안에서는 오삼계가 태자를 호위해 입성한다는 소문이 퍼졌다. 경성에 있는 명나라 관원들은 오문午門에다 숭정 황제의 위패를 세워 놓고 제까지 지냈다. 5월 초 이튿날, 명나라 조정에 임직했던 대소 관원들은 난의법가鑾儀法駕를 준비해 놓고 노부鹵簿(임금이 거둥할 때 따르는 의장)를 앞세우고 태자를 맞이하기 위해 조양문으로 갔다. 그런데 수레를 타고 오는 사람은 숭정 황제의 태자가 아니라 청나라 섭정왕 다이곤이었다. 사람들이 아연실색하고 있는 사이 청나라 대군은 이미 입성하고 있었다.

북경성에 들어온 다이곤은 입궁해 무영전에서 조회를 열었다. 그는 살육과 노략질을 엄금하고 백성들의 재물을 범하지 말며 민가에 드나들지 못하도록 여러 장령들에게 재차 강조했다. 그리고 가혹한 세금과 부역을 금하고 국법을 지키며 군민들을 안정시키는 고시를 내붙이고 경성에 있는 내각 6부와 도찰원의 관원들을 그대로 임용했다.

다이곤은 또 모신謀臣 범문정范文程 등의 건의에 따라 숭정 황제의 장례를 치르고 사흘 동안 상복을 입게 했다. 그리고 예부에 명해 예법대로 숭정 황제를 이장하게 했다. 숭정 황제의 시호를 '장렬민황제庄烈愍皇帝'라 하고 능묘는 '사릉思陵'이라 이름 지었다. 이에 원 명나라 관원들은 감복하지 않는 자가 없었다.

이와 동시에 청나라 팔기병들도 속속 북경에 도착해 땅을 점하고 영채를 세웠다. 다이곤은 장령들에게 북경의 내성과 외성을 굳게 지키도록 명했다.

8월, 순치 황제가 북경에 도착했다. 이때부터 북경성은 청나라 왕조의 수도가 되었다.

1368~1644 명나라

순치順治 원년에 내렸다

초점 : 1368년부터 1644년까지의 중국

대체적으로 보면 명나라 이후의 사회는 송나라 때와 거의 비슷하다. 정치적으로 특수한 계급이 따로 생기지 않았으며 사회적으로는 전국의 백성이 나라의 통일적인 법률의 보호를 받았다. 그리고 경제적으로는 관용적인 평균성의 규제 아래 극빈과 극부의 첨예한 대립은 이루어지지 않았다.

첸무錢穆

최하층에서 들고일어나 강한 원나라를 뒤집어엎고 군웅群雄을 평정한 명 태조는 영웅 중의 영웅이다. 그는 비록 사회 최하층 출신이지만 그가 제정한 학교, 과거, 부역 등에 관한 법률들은 후에 청나라까지도 이어져 무려 600년 동안 지속되었다. 위소衛所제도도 후에는 일부 폐단이 나타나기는 했지만 그 제도를 세운 초기의 상황을 고려해 보면 완벽한 제도로 힘을 많이 허비하지 않으면서도 강대한 군대를 만들 수 있는 장점이 있었다. 그러나 아쉽게도 명 태조는 사심이 너무 많았다. 재상을 폐지하는 바람에 조정을 관장하는 중요 대신이 없어져 그 대권 이후에는 환관들의 손으로 들어갔으며 공후백작의 자손들을 중용했기에 군정의 부패가 시작되었다. 그가 제정한 형벌 역시 원래부터 엄혹한 형벌인데다가 거기에 또 금의위를 세워 감시와 정탐 그리고 체포를 일삼았다. 후에는 또 동창, 서창, 내창 등 여러 개 특무기관까지 세웠다. 이것 역시 정치의 폐학을 만드는 원인이 되었다. 그리고 자식들에게 전국 여러 곳을 책봉해 주었는데 이는 번왕들의 반란을 만드는 온상이 되었다.

뤼쓰몐呂思勉

명나라 때는 팔고문으로 과거 시험을 쳤다. 선비들은 영락황제가 정한 《성리대전性理大全》 외에는 다른 책은 거의 한 권도 읽지 않다시피 했고 학술계도 빈혈증에 걸린 사람처럼 허약하기 그지없었다. 이때 호걸지사인 왕양명의 학설은 마치 학술계에 강심제를 놓은 것처럼 전반 학술계를 흥분시켰으며 500년 도학을 종결짓게 만들고 실학의 광명을 펼쳤다.

량치차오梁啓超

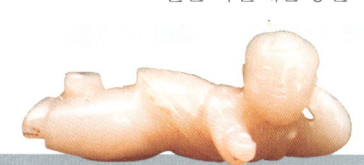

1368년부터 1644년까지의 중국 역사에 대한 학계에서 가장 권위 있는 저명한 학자들의 탁월한 견해들을 여기에 모았다. 그들은 독특한 안목으로 명나라 사회의 정치, 경제와 사회, 문화의 각 측면을 깊이 분석하고 명쾌하게 해석했다. 여기에 집약된 그들의 높은 학술적 지혜는 세월이 흘러도 언제나 참신하다. 그들은 우리를 중국 역사의 문화 전당으로 인도하는 길잡이다.

명나라 말기는 동란의 시대이며 또 반점으로 얼룩진 과도기다. 이 시대를 비춘 것은 중천에 솟은 눈부신 햇빛이 아니라 여러 빛깔이 혼합된 저녁노을이다. 복잡하기는 해도 결코 '용렬'하다고는 말할 수 없는, '난시'라고는 말할 수 있어도 결코 '말세'라고는 말할 수 없는 시대다. 초현실주의의 안개 속에서 현실주의의 서광이 비춰지면서, 하나의 낡은 시대를 종말 짓고 새로운 시대를 시작했다. 이는 사상사에서 하나의 전환기였다. 이 전환기는 대개 융만隆滿 이후 16세기 하반기로부터 17세기 상반기에 이르는 시기다.

지원푸 嵇文甫

몽고제국의 붕괴와 원나라의 멸망으로 중국은 소수민족의 지배에서 벗어나 숨 돌릴 기회를 얻게 되었다. 그런 가운데 한 가난한 농민의 아들이 반란군의 장군이 되어 명나라를 건립했다. 그는 한족 지역 전부를 통제했을 뿐만 아니라 서남 지역까지 그 세력을 확장시켰다. 명나라 초기 여러 황제들은 늘 공포적인 수단으로 관리들을 단속하면서 거대하고 복잡한 제국에 대한 통제권을 강화하기 위해 고군분투했다. 그러나 통치자의 독재가 극단적임에도 수하 관료 집단에 비비고 들어가려는 사람들은 날로 많아져 그 경쟁이 송나라 때의 정도를 훨씬 초월했다. 그중에서도 장강 하류 지역 문인들의 활약이 두드러졌다. 그 지역은 도시화 정도가 아주 높았고 출판업도 비약적인 발전을 이루었다. 이 지역이 번영한 원인 중의 하나는 무역의 활성화였다. 연해 지역을 중심으로 해외 무역을 비롯한 무역 활동이 활발하게 전개되었다. 명나라 통치자들은 상업을 중시하지 않고 심지어 대외 무역도 조공朝貢의 체제 안에 넣으려고 시도했지만 당시 중국이 비약적으로 발전하는 국제 무역 체계 안으로 들어가는 대세는 명나라 정부도 막을 수 없었다. 당시 중국 비단과 자기瓷器에 대한 국제적인 수요가 대단했기 때문이었다. 그 결과 무수한 백은이 중국 시장으로 들어와 중국 경제의 화폐화貨幣化를 가속화했고 이는 중국 사회와 문화의 발달을 강하게 추진했다. 이런 영향들을 살펴보는 것은 17세기 중국의 사회 질서를 해명하는 데 유용하다.

패트리샤 버클리 에브리 Patricia Buckley Ebrey

1368년부터 1644년까지의 사회 생활 및 역사 문화 백과

(각 조항은 페이지 번호에 따라 검색)

14세기부터 17세기에 이르는 명나라 근 300년 세월엔 정치 경제 문화 그리고 과학기술 제반 분야에서 모두 자랑할 만한 성과들이 있다.

1. 제왕과 황실 생활

명 태조 주원장 34
홍무 출세洪武出世 (청나라 연화) 35
태조의 등극 47
주원장의 성지聖旨 48
현덕한 마황후 49
왕관 중에서 가장 호화로운 왕관 49
명태조의 필적 —교설대장군敎說大將軍 (탁본 부분) 54
열 아들을 번왕으로 책봉하는 태조 64
명나라 초기 여러 번왕들의 봉국 65
'정난의 변'으로 즉위한 명성조 67
명 헌종소한조금도明憲宗消閑調禽圖 113
명 헌종원소행락도明憲宗元宵行樂圖 — 명나라 풍속화의 대표작 119
표방豹房 용사의 동패 124
채색 태감 조각상 124
명나라 궁전 주기酒器 금탁옥작金托玉爵과 금주호金注壺 132
《제감도설帝鑒圖說》— 황제의 필독교과서 183
청나라 개국 황제 — 노이합적 230
노이합적의 옥새 233
노이합적의 어책御冊 235
명나라 광종光宗 초상 243
나라를 살릴 수 없었던 명나라 마지막 황제 266
숭정 황제의 어압御押과 압문押文 266
황태극 291
청나라 말기의 연화 철관도鐵冠圖 295

2. 군사와 전쟁

원나라 말 농민 봉기 지도 36
금릉부를 공격하는 태조 38
파양호 (명나라 연화) 39
진우량을 계책으로 패배시킨 백온伯溫 39
명나라 《삼재도회三才圖會》 중의 복선福船 41
명나라 시대의 신화비아神火飛鴉 41
무사용 42
고소姑蘇를 평정한 서원수徐元帥 43
홍무 10년에 만든 총 62
방패를 든 무사용 88
토목보의 싸움 지도 102
경태 연간의 동화총銅火銃 107
화기를 장착한 방패 — 호두목패虎頭木牌 129
명군항왜도明軍抗倭圖 154
항왜도권抗倭圖卷 157
화룡출수火龍出水 — 세계 최초의 '다단계 로켓' 160
등주 척씨의 군도 163
원앙진을 훈련시키는 척계광 164
《연병실기練兵實紀》— 척계광의 왜구를 평정한 경험을 기술한 병서 166
홍무 5년 완구총碗口銃 167
부산성釜山城 전투도 197
명나라 때 거북선의 모형 198
노이합적의 어용 보검 228
노이합적의 보검 229
노이합적의 군도 232
팔기병의 깃발 232
노이합적의 팔기병 232

1368년부터 1644년까지의 사회 생활 및 역사 문화 백과

팔기병의 투고와 갑옷　233
명나라 철포鐵砲　234
살이호 전쟁 지도　235
명대요동총도明代遼東總圖　236
광녕성廣寧城의 고루鼓樓　239
영원성 동문　242
여진 기마 무사 벽돌조각　262
금녕에서의 증전　262
나무로 만든 황태극의 호부虎符　275
이자성 봉기의 지도　283
장헌충 봉기의 지도　287
장헌충의 군영 동인銅印　289
숭정 6년의 철포　292
산해관 성루　297
산해관에 있는 명나라 철포　299
서쪽으로 철퇴하는 이자성　300

3. 경제와 무역

차마호시茶馬互市　66
영락통보永樂通寶　68
건문 원년 응천부의 동권銅權　69
명나라 상인들이 찻잎을 파는 허가증 — 차인茶引　100
강남 지역의 금화은金花銀　152
명나라 가정 연간의 아첩牙帖　153
백은白銀의 화폐화 — 세계적인 무역망의 건립　153
휘상徽商　158
가장 오래된 상아 주산　159
명나라의 동전　172
회관會館 — 도시 공상업계에 세워진 민간 조직　169
명나라 만력 연간의 수세표收稅票　257
회표會票 — 명나라 때의 수표　273
액면 가격이 가장 큰 지폐 — 대명통행보초大明通行寶鈔　275

두 농민정권의 화폐　288
장헌충의 '서왕상공西王賞功' 전　290
명나라 상품경제 발전의 표현 — 남도번회도권南都繁會圖卷　292
은을 다는 저울 — 등자　293

4. 귀족들의 생활

고대 여성들의 영광의 상징 — 봉관과 하피　50
은실로 뜬 낭자싸개　63
금이나 은을 도금한 새우형 비녀　63
명나라 시대의 재산 상속권 — 적서 불문하고 균등 배분　64
야간 통행증　72
누각과 인물들의 부각이 있는 금비녀　86
나무로 만든 의장용儀仗俑 — 명나라 관원들이 순시를 나갈 때의 진용　91
옥나비　205
의장대 사나이 채색용　241
채색 의장용　268
채색 문관용　284
채색 문관용　294

5. 과학 기술 성과

선지宣紙　96
베어서 물에 불려 펄프를 만드는 대나무　99
펄프를 뜨는 발　99
상업 산술 응용 문제집 — 《구장산법비류대전九章算法比類大全》　107
탁옥륜琢玉輪　131
자기에 그림 그리기　134
자기 굽기　135
명나라의 연철 기술을 보여 주는 병기　149

305

1368년부터 1644년까지의 사회 생활 및 역사 문화 백과

'약점의인藥店醫人' ─ 약방에서 병을 보는 의사 176
정교하고 화려한 약장 177
《본초강목本草綱目》과 이시진 181
《본초강목本草綱目》 182
주산 산술 저작 ─《산법통종算法統宗》 192
명나라 천문관 ─ 귀영당晷影堂 193
이마두가 그린〈곤여만국전도坤輿萬國全圖〉 195
광여도廣輿圖 (명나라 각본) 204
《천공개물》 삽화 219
중국 고대 삽화가 있는 과학 기술 거작 ─《천공개물》 220
명나라 혼천의渾天儀 220
중국 고대의 4대 농서 중 으뜸인《농정전서》 226
《서하객유기》 226
점일측병占日測病 230
면진도面診圖 247
천하구변분야인적노정전도 (명나라 각본) 249

6. 생활과 풍속

명나라의 주식 38
명나라의 음료 53
봉양의 화고 53
명나라 시대의 다양한 세시歲時 명절 069
세조도歲朝圖 97
귀뚜라미 겨루기 112
요리 기술의 발전과 4대 요리 계열의 형성 117
북경의 등시燈市 118
남차북주南茶北酒 133
혼령을 위해 기도하는 법사 ─ 주칠做七 145
명나라 시대의 가구 180
민간에 유행한 인사범절 187
청명상하도淸明上河圖 속편 ─ 황도적성도皇都積盛圖 215

명나라 가구 259
명계현녕지도明季賢佞之圖 278
명나라 때의 민간화 제홍소하除紅消夏 279
《수호전》에서 기원한 도박 ─ 엽자극葉子劇 279
역참驛站 284
명나라 역부驛符 284
명나라 시대의 역참 285

7. 명나라 때의 명인들

소금 장수 출신의 장사성 43
물고기 잡이를 하는 심만삼 (청나라 양류청 연화) 51
위대한 항해가 정화 77
강남 일등 풍류 인물 ─ 당인 122
추향에 반한 당백호 (청나라 상해 연화) 123
명나라의 가장 저명한 철학가 양왕명 137
양신잠화도楊愼簪花圖 (명나라 진홍수陳洪綬 그림) 142
엄답俺答 148
미대소美岱召 151
몽한蒙漢간의 화평을 수호한 여인 ─ 삼낭자 151
불운의 예술가 서위徐渭 159
《본초강목》과 이시진 181
이시진과 그의 부친의 묘 182
명나라 저명한 극작가 탕현조湯顯祖 188
이마두의 초상 (명나라 유문휘 그림) 194
이마두의 묘비 194
이마두와 서광계 195
한국의 명장 이순신李舜臣 198
'이단'으로 자처한 이지李贄 202
동기창董其昌 초상 (명나라 증경曾鯨 그림) 216
명나라 과학의 거장 ─ 서광계 221
서하객徐霞客의 필적 224
위대한 지리학자 서하객 224

1368년부터 1644년까지의 사회 생활 및 역사 문화 백과

서하객의 여행 노선 지도 225
강남의 문화 명인 244
엄당의 우두머리 위충현 250
화단의 오문 4대가吳門4大家 256
동림당 위대중魏大中의 절명서 257
고반룡의 자살 259
간신을 꾸짖는 주순창 261
명나라 말기 4공자 270
청나라 시대 무강의 연화 〈틈왕등전闖王登殿〉 280
이자성 피살의 수수께끼 300

8. 종교와 종교 예기

탑이사塔爾寺 85
티베트 황교의 창시자 종객파 85
도교 음악의 중요한 기물 — 무당산武當山 자소궁紫霄宮
  의 목탁 139
석가모니 자기 조각상 — 자기 예술의 진품 186
도강하는 달마 — 덕화자기 조각 190
명나라 시대의 연단로煉丹爐 193
추소판 와불사臥佛寺 — 남경 홍각사弘覺寺 시하 궁전에
  있는 순장품 200
백거사白居寺의 보제탑寶提塔 231
아랍문이 새겨진 구리 향로 236
우아한 관세음보살 264
오대산五臺山 탑원사塔院寺 285
금도금한 관음보살의 동상 — 명나라 금동불상의 걸작
  298
화가항化覺巷 이슬람 사원의 패루 301

9. 문화 예술

좀 먹는 것을 방지하는 종이 46
《고창관래문高昌館來文》 — 명나라 공문집 46

효관주제도曉關舟擠圖 (명나라 원상통袁尙統 그림) 47
십색지十色紙 65
무후고와도권武侯高臥圖卷 (명나라 주첨기朱瞻基 그림) 68
《영락대전永樂大典》 73
종합 서적인 대형 유서類書 —《영락대전》 73
영락대종 73
정화의 귀국 — 남경南京 정각사淨覺寺에 소장된 그림 78
행초서 자서시권行草書自書詩卷 84
장문신을 때리는 무송 87
《수호전》— 양산박 호걸들의 이야기 87
중국 최초의 채색 삽화가 있는 책《명해증화천가시주明
  解增和千家詩注》 90
희원도戱猿圖 (명나라 주첨기朱瞻基 그림) 94
삼양개태도三陽開泰圖 (명나라 주첨기 그림) 97
행원아집도杏園雅集圖 (명나라 사환謝環 그림) 98
《화이역어華夷譯語》 105
제중탑도찬책題中塔圖贊冊 (명나라 우겸于謙 글) 111
통속적인 역사소설 —《삼국지연의三國志演義》 111
사천 연계蓮溪 벽화 121
추수부용도秋水芙蓉圖 (명나라 당인唐寅 그림) 123
팔고문八股文 123
추향에 반한 당인 - 청나라 상해 연화 123
추풍환선도秋風紈扇圖 (명나라 당인 그림) 125
명나라 궁전의 잡극 126
향연의 악대 — 풍악을 울리는 구리용 128
집집마다 알고 있는 모험 이야기《서유기西游記》 138
용강유별시권龍江留別詩卷 138
곤강昆腔 140
명인연극도明人演劇圖 140
엄숭의 글 검산시선鈐山詩選 147
찬문과 찬문 명각銘刻 150
금분金粉 산수화 접선 154

307

1368년부터 1644년까지의 사회 생활 및 역사 문화 백과

접선   155
금분 기하도안 접선   155
청등화파의 발원지 — 청등서옥靑藤書屋   159
초서草書 이백의 시 (명나라 서위의 서예)   161
천일각天一閣   168
백화白話   168
천일각의 원경   169
명대 성화 설창간본說唱刊本 — 중국 최초의 사화詞話 설창본   170
《모단정牡丹亭》중의 '경몽驚夢'   189
탕현조와《임천사몽》   189
《이탁오선생비평충의수호전李卓吾先生批評忠義水滸傳》(명나라 각본)   202
《서상기》중의 '유원逾垣'   203
명나라 시대 소설과 희곡의 판화가 거둔 빛나는 성과   203
《이탁오선생비평충의수호전》의 불타는 취운루   204
동림회약東林會約   205
명나라 말기 네 서원   206
만력 과거시험장 사건   208
가정嘉定의 대나무 조각   210
북경 법해사의 벽화   211
동기창의 초상   216
추흥팔경도秋興八景圖의 하나 (명나라 동기창 그림)   218
《한희맹수송원명적도》의 세마洗馬 — 원작의 풍격을 그대로 살린 '화수畵繡'   218
강남농사도江南農事圖 (명나라 당인唐寅 그림)   223
정화의 출항   226
채색 인쇄본《몽헌변고전보夢軒變古箋譜》— 중국 최초의 목판 인쇄본   229
명나라 말엽 채색판화 인쇄술   229
만주문의 창제   237
기이한 신화소설 —《봉신연의》 242

진상재도眞賞齋圖 (명나라 문징명文徵明 그림)   243
행서낙화시권行書落花詩卷 (명나라 당인唐寅의 필적)   244
초음결하도蕉陰結夏圖 (명나라 수영鷗英 그림)   245
가정과 여성들의 생활이 주 내용인 장편소설 —《금병매金甁梅》 249
곽삭도郭索圖 (명나라 심주沈周 그림)   255
적우연촌도積雨連村圖 (명나라 문징명 그림)   256
명나라 말기의 소품문   269
중화금中和琴   271
친근한 모습의 '벙어리 나한'   273
산서성 쌍림사 천불전에 있는 위태韋馱의 조각상   272
《감부첩感賦帖》(명나라 원대성阮大鋮의 필적)   277
명나라 주요한 문화 성과   281
《경세통언》— 명나라 각본   288
삼언이박三言二拍   288
《일지록日知錄》 289
《명사明史》— 관방에서 편찬한 사서 중에서 편찬 시간이 가장 긴 사서   293
《국각》 296
담천談遷이 고심이 편찬한《국각》 298

10. 기묘한 공예품

하피에 다는 패옥佩玉   50
영주도瀛州圖가 새겨진 서각잔犀角盞   52
칠회합漆繪盒   53
옥견홍목玉犬紅木 문진文鎭   55
청백 옥띠 장식   71
영락 연간의 붉은 꽃무늬 병   74
선덕로宣德爐   95
바둑 두는 그림이 새겨진 함 뚜껑   100
겹사법랑으로 만든 쌍륙기합雙陸棋盒   108
겹사법랑매화병掐絲琺瑯梅花甁   109

1368년부터 1644년까지의 사회 생활 및 역사 문화 백과

법랑琺瑯 109

겹사법랑 접시 112

황유반黃釉盤 120

용무늬 옥띠 조각 121

백옥 주전자 127

청화靑花자기 항아리 127

청화자기 휴금방우삼족로携金訪友三足爐 128

정덕 청화자기 항아리 131

포도무늬 자기잔 133

청화연화자기 접시 134

다채로운 명나라 도자기 공예 136

선덕 해수문海水紋 향로 135

유리홍삼어문고족배釉里紅三魚紋高足杯 139

옥잔 '일봉설一捧雪' 146

이봉무늬 청옥 옥고리 147

청옥으로 만든 어린이 인형 149

명나라 무덤에서 보기 드문 금가락지 152

하피의 육각형 장식물 171

옥으로 만든 연화동자蓮花童子 귀고리 174

선덕 회초무늬 청화자기 사발 179

눈병을 고치는 약탕관 184

청화 은정형합銀錠形盒 187

주삼송朱三松의 대나무 필통 188

백자기 퉁소 — 덕화요 황금 시대의 악기 191

금사점취봉관金絲點翠鳳冠 191

채색 화접문花蝶紋 항아리 196

백옥 쌍체조雙體鳥 부채고리 206

터키에 소장된 명나라 시대 자기병 207

금도금한 은사자 209

주삼송의 대나무 필통 210

'잔하殘荷' 필세筆洗 211

남경 풍경 — 격사 병풍 214

고수顧繡 217

《한희맹송원명적도책韓希孟宋元名迹圖册》의 세마洗馬 —
　　원작의 풍격을 그대로 살린 '화수畵繡' 218

용호무늬 자단목 병 222

장수를 의미하는 주기 — 복숭아형 자사잔紫砂盞 246

의흥의 자사 다기茶器 246

의흥 자사도호紫砂陶壺 247

쌍룡목단무늬 칠합 251

청화자기 완구 252

황화리목黃花梨木 매괴의 258

육주침상 258

황화리목 나한상 259

용봉무늬 옻쟁반 260

경덕진의 오색 물고기 자기 항아리 267

옛 자기 장식을 모방한 오채 인물 무늬 오목 접시 270

붉은 꽃무늬 칠합 276

척홍剔紅 277

산수와 인물 나전 옻쟁반 280

자단 필가筆架 병풍 286

채색 도기 소 290

눈부신 봉관의 금 장식 296

11. 농업 생산

개간지 산업 증명 37

옥수수의 재배 125

명나라 시대 농업 생활 벽화 184

《농정전서農政全書》 221

중국고대의 4대 농서 중의 으뜸인 《농정전서》 223

고구마의 전입과 보급 251

12. 명나라 복식과 방직품

계칙보자 44

309

1368년부터 1644년까지의 사회 생활 및 역사 문화 백과

명나라 복식의 등급 제도 63
남색 인화印花 이불 홑청 75
남색 인화 천 75
오사모烏紗帽 92
모란꽃 무늬 비단 114
다채로운 견직품絹織品 114
궁잠도宮蠶圖 — 실내 양잠을 묘사한 그림 115
팔달훈금八達暈錦 116
등롱금燈籠錦 116
머리띠 장식 143
마미군馬尾裙의 유행 197
방직품 가공도 212
송강포松江布 복장 213
유행 복식 — 소양蘇樣·소의蘇意 261

13. 공경公卿과 중요한 신하

지모 출중한 유기 45
호유용과 남옥의 제거 56
명나라 일등 공신 서달徐達 59
전공 혁혁한 상우춘常遇春 59
명나라 초기 문단의 거장 송렴宋濂 62
천하의 학자 방효유方孝儒 70
황종의 조각상 — 청나라 시대 돌조각 93
명나라와 저명한 충신 우겸 110
'삼원三元'을 연이어 따낸 상로商輅 117
왜구를 물리친 영웅 — 척계광 162
척계광의 필적 164
배 위에서 싸움을 지휘하는 유대유 167
각로閣老 서계 173
곡사曲詞를 보고 노한 엄숭 174
'청천靑天' 해서 175
해서의 묘 175

해서의 친필 서찰 176
판결하는 해서 176
명나라의 걸출한 개혁가 장거정 183
명나라 말기의 명장 웅정필 237
억울하게 죽은 원숭환袁崇煥 240
청나라에 저항한 명장 — 손승종孫承宗 240
미인 때문에 청나라에 투항한 오삼계 297

14. 명나라의 건축

명효릉의 신도 40
용문동체龍紋銅體 수라반水羅盤 45
명나라 중도中都의 성벽 52
명효릉 석수石獸 60
인도네시아 자바 섬에 있는 삼보묘三寶廟 78
북경 고궁 태화문太和門 79
북경 자금성 설계도 80
명나라·청나라의 고궁 81
북경 고궁 오문午門 81
장릉長陵 조감도 82
명나라 황제들의 능묘 — 십삼릉 82
십삼릉의 무장 석상 83
장릉 앞의 신도 83
십삼릉의 문신 석상 85
명황릉明皇陵 89
중화문 주마도走馬道 93
명헌릉明獻陵 95
북경 천단의 기년전祈年殿 96
지화사智化寺 101
장성도長城圖 103
명나라의 장성 103
명나라 장성 지도 104
명나라 장성 위에 있는 봉화대 103

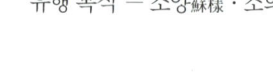

1368년부터 1644년까지의 사회 생활 및 역사 문화 백과

가욕관嘉峪關 136
가장 특색 있는 제왕 능묘 — 명현릉明顯陵 140
영릉永陵 144
명나라 장성 — 세계 역사상에서 위대한 건축물의 하나 165
정릉定陵의 명루明樓 192
남경의 중화문中華門 199
동림서원 유적지 205
명나라의 화려한 건축 238
광녕성廣寧城의 고루鼓樓 239
북경의 건청궁乾淸宮 248
강남의 원림 253
중국 최고의 개인 원림 — 졸정원 253
오하吳下 명원의 으뜸 — 유원 254
명조릉明祖陵 신도에 서 있는 무관과 문신 돌조각 263
명나라 제일 황릉 — 명조릉明祖陵 264
명조릉 신도의 석각들 265
심양 고궁의 대정전大政殿 274
동악묘東岳廟 비운루飛雲樓 282
채색 도기 집 모형 299

15. 정치 제도

이십사아문二十四衙門 36
관품官品의 식별 표식 — 보자補子 45
명나라의 종합 법전《대명률大明律》 48
명나라 형법 사례 총집《대고大誥》 55
전국의 서무庶務를 관장하는 기구 — 육부 56
명나라 중앙 관제표官制表 57
북방 변경의 군사 요지 — 구변九邊 89
명나라의 과거 제도 91
삼장三場 93
명나라 지방 관제官制 도표 130

기미위소羈縻衛所 149
토사土司 — 서남 소수민족의 지방관 151
농촌사회의 기층조직 — 이갑里甲 165
정장廷杖 — 황제가 대신들에게 내리는 일종 형벌 171
국자감國子監 179
청장어린청책淸丈魚鱗淸册 — 전국 토지 측량 기록 185
일조편법 — 명나라 부세제도의 중대한 개혁 185
중요한 전부田賦 제도 — 양장제糧長制 191
포르투갈 사람들의 마카오 임대 196
경찰京察 — 명나라 시대 관원들을 고찰하는 제도 201
명나라의 호적부 208
직염국織染局 — 황실 전용이나 관용 견직품들의 직조를 전담하는 관아 213
명나라 지방 관제 도표 227

16. 기타

명나라《삼재도회三才圖會》에 나오는 각종 형구刑具 55
명나라 궁전의 출입증 58
금의위 관인官印 61
정화의 서양 항해 노선 76
정화의 배에서 사용한 엄청나게 큰 키의 손잡이 77
정화의 보선寶船 모형 77
비홍批紅 105
의표擬票 146
변간백辨奸栢 172
하방일람도권河防一覽圖卷 178
4대 명진名鎭 214
옥으로 끌려가는 충신들 255
명나라 의생의 복장 267
경산景山 295
명나라 멸망 후의 잔존 세력 — 남명南明 295

311

찾 아 보 기

ㄱ

갈성葛成　212~213

강빈江彬　24, 132~135

건곤체의乾坤體義　194~195

건문제建文帝　21~22, 65~71, 74, 97~98

건주좌위建州左衛　27, 228~229, 231

경관 고찰京官考察　199, 201, 208

경술의 변　148~150

경제景帝　23, 105~111, 146, 156

경청景清　70~71

고륵산 싸움　231~232

고성법考成法　25, 184

고제高第　241~242

고창관래문高昌館來文　46

고헌성顧憲成　25, 205~207, 250, 257

곤여만국전도坤輿萬國全圖　195, 246

곽자흥郭子興　35~36, 49

광종光宗　28, 82, 216, 237, 243, 246~249, 262

국본에 관한 쟁투　209

금의위錦衣衛　21, 23, 60~63, 65, 85, 101, 113, 117~118, 121, 128, 142, 171~172, 174, 176~177, 190, 252, 258, 268, 275, 277, 302

기하원본幾何原本　31, 194~195, 221~222, 227, 252

ㄴ

남가기南柯記　165, 188~189

남궁의 복벽　23, 108~109, 111

남당藍黨 사건　59

남북방南北榜 쟁론　90

남옥藍玉　55~56, 59~60, 68

노이합적努爾哈赤　27, 228~239, 242, 258, 260, 262, 270

농정전서農政全書　30, 220~223, 227, 251

ㄷ

당색아唐塞兒　86~87

당인唐寅　122~123, 125, 223, 243~244, 255~257, 281

대고大誥　55, 180

대례의 사건　140, 144

대명률大明律　46, 48, 55, 180

대학문大學問　137, 139

동기창董其昌　216~218, 244, 281

동림서원東林書院　204~208, 250

동림옥안東林獄案　208

동림회약東林會約　205~206

동정기東征記　89

두송杜松　234~235

찾아보기

ㅁ

마림馬林　234~235

마황후　46, 49~51

명통감明通鑒　69

명해증화천가시주明解增和千家詩注　90

모단정牡丹亭　189

목종穆宗　25, 82, 150, 177, 183, 214

몽량록夢梁錄　50

몽헌변고전보夢軒變古箋譜　229

무종武宗　24, 62, 82, 124~126, 128, 130, 132~135, 138, 140, 172, 174, 190, 236

문징명文徵明　122, 243~244, 255~256, 281

ㅂ

반계순潘季馴　178~180, 192, 227

방효유方孝儒　70~71

범흠範欽　168~170, 281

복부집覆螺集　46

본초강목本草綱目　15, 30, 181~182, 220, 224, 227

봉양鳳陽의 화고花鼓　52~53

분서焚書　202~203

ㅅ

사고전서四庫全書　69, 73

산법통종算法統宗　192, 227

살이호薩爾詩 결전　234

삼국지연의三國志演義　15, 30, 111, 138, 281

삼양三楊　21, 98~99, 101, 110

상로商輅　117~118

상우춘常遇春　42, 48, 54, 59~60

서계徐階　173~174, 183

서광계徐光啓　30~31, 194~195, 220~223, 227, 251~252

서달徐達　34~35, 42~43, 47~48, 54, 56, 59

서부徐溥　23, 120

서양번국지西洋藩國志　78

서위徐渭　159, 161, 245, 281

서유기西游記　15, 30, 138~139, 281

서유정徐有貞　108~112, 156

서하객徐霞客　30~31, 224~227

서하객유기徐賀客遊記　31, 224, 226~227

석형石亨　23, 106~108, 110~113, 156

선종宣宗　22~23, 68, 73, 82, 88~91, 94~98, 100, 110, 126, 128, 134, 218, 231, 263

성의백문집誠意伯文集　46

성조成祖　20~23, 26, 56, 61, 66~69, 71~74, 76~77, 79~88, 92, 94, 98, 100, 104, 110, 118, 122

찾아보기

성조의 북정 82

세경당집世經堂集 173

세종世宗 24~27, 62, 82, 94, 133, 136, 140~149, 153, 155, 157~160, 171~177, 190, 192, 202, 204, 214

소주蘇州 민란 212~213

소호문집少湖文集 173

속분서續焚書 202~203

속장서續藏書 202~203

손국기孫國記 69

손롱孫瓏 199, 201

손륭孫隆 25, 29, 212~213

손승종孫承宗 240~241, 275

송렴宋濂 44, 46, 50, 62, 70, 281

송응성宋應星 30, 131, 219~220, 227

송응창宋應昌 197

수호전水滸傳 30, 87, 138, 202, 204, 249, 257, 279, 281

승선전升仙傳 174

신계록臣誡錄 54

신종神宗 24~25, 82, 151, 175, 179, 182~187, 190~193, 195~196~198, 201, 205, 207, 209~213, 215~216, 220, 244~246

신호宸濠의 난 134

심련沈煉 171, 174

십오관十五貫 92~93

ㅇ

악비岳飛 111

야선也先 26, 102~107, 144, 152

양계성楊繼盛 147, 171~172, 174

양명전서陽明全書 139

양부楊溥 22, 94, 98~99, 101, 281

양사기楊士奇 21~22, 90, 94~95, 98~99, 101, 281

양신楊愼 142~143

양영楊榮 21~22, 88, 94, 98~99, 101, 281

양일청楊一清 126~128, 258

양정화楊廷和 133, 140~142, 144, 190

엄답俺答 25~26, 148~151, 171, 185, 206, 216, 218

엄숭嚴嵩 25, 27, 145~149, 156~157, 160, 171~174, 176, 190

연병실기練兵實紀 166

엽백거葉佰巨 65

영락대전永樂大典 15, 22, 67, 73, 100, 281

영종英宗 22~23, 26, 61, 82, 98~114, 117, 126, 144, 146, 148, 150, 153, 155, 160, 279

왕강경王江涇의 대첩 156~157

왕문성공전집王文成公全集 139

왕석작王錫爵 186, 201, 210~211

왕수인王守仁 136~137, 139, 202, 281

왕숭고王崇古 150~151

찾아보기

왕양명王陽明　29, 136~139, 203, 302

왕지심王之琳　244

왕직汪直　23, 98, 117~119, 156, 158~160, 162, 164

왕진王振　22~23, 26, 61, 99~103, 106, 110, 112, 126, 138, 176

왕화정王化貞　237~239

우겸于謙　23, 26, 102, 104~107, 110~111, 156

울리자鬱離子　44, 46

웅정필熊廷弼　208, 236~239

원빈袁彬　104~105

원숭환袁崇煥　240~242, 262~264, 266, 272~278

위충현魏忠賢　28~29, 62~63, 206, 208, 239~241, 248, 250~261, 266~269, 274

유가군俞家軍　167

유건劉健　23, 120, 124~127

유근劉瑾　24, 62, 124~129, 132, 137~138, 171, 174, 176, 178, 258

유기劉基　39, 44~46, 48, 54, 57

유대유俞大猷　27, 156~157, 159~160, 162~167, 208

유육劉六과 유칠劉七의 봉기　129~131

유정劉綎　234~235, 243~244

육부六部　14, 21, 54, 56~57, 184, 251, 289

육완陸完　130, 134

이궁안移宮案　28, 243, 248

이동양李東陽　23, 120, 122, 137

이마두利瑪竇　31, 194~196, 220~222, 227, 244, 246, 252

이마두찰기利瑪竇札記　196

이미공집李眉公集　46

이삼재李三才　207, 257

이선장李善長　35~36, 45, 47~48, 54, 57~58

이순신李舜臣　198

이시진李時珍　30, 181~183, 220, 227

이십사아문二十四衙門　36

이여백李如柏　234~235

이여송李如松　197~198

이자성李自省　20, 28, 114~116, 120, 266, 278~279, 282~286, 288~290, 294~301

이지李贄　29~30, 202~204, 281

이탁오평충의수호전전李卓吾評忠義水滸全傳　202, 204

인종仁宗　22, 82, 88, 90~91, 94~98, 110, 124, 126

일조편법一條鞭法　25, 184~185, 191, 230

임인궁변壬寅宮變　145

ㅈ

자채기紫釵記　165, 188~189

장거정張居正　25~26, 150, 179, 183~193, 230

장사성張士誠　36~38, 42~44, 48, 59

찾 아 보 기

장사유張四維　190

장서藏書　168, 170, 202~203

장영　124~125, 127~128, 133, 174

쟁공지역爭貢之役　153, 194

전녕錢寧　132, 134~135

전봉관傳奉官　23, 114~116, 120

전습록傳習錄　137, 139

정격안挺擊案　28, 243, 245, 254

정난靖難의 변　21~22, 67

정민정程敏政 사건　122~123

정화鄭和　15, 22, 67, 69, 75~78, 94, 130, 152, 200, 226~227

정화항해도鄭和航海圖　78, 227

제감도설帝鑒圖說　183

조길상曹吉祥　23, 108, 112~113, 156, 158

조남성趙南星　199, 201, 254~256

종객파宗喀巴　85, 112

좌순문 사건　143

주고후朱高煦　73, 84~85, 88~89

주기옥朱祁鈺　104, 106, 109~110, 146

주승朱升　37~38

주치번朱置𤩴　24, 126~128, 180

주해도편籌海圖編　161, 227

주환朱紈　154~156, 166~167

지계록志誡錄　54

지화사智化寺　101

진우량陳友諒　36, 38~42, 44, 47~48, 50, 59

ㅊ

척가군戚家軍　27, 162~165

척계광戚繼光　26~27, 162~167, 185, 212, 227

천공개물天工開物　30, 99, 131, 134~135, 219~220, 227

천언서千言書　175~177

천일각天一閣　168~170, 281

천주실의天主實義　195

철방문鐵榜文　54

초종楚宗의 난　214~215

추원표鄒元標　187, 206, 257

측경법의測景法義　195

측량이동測量異同　195

칠대한七大恨　27, 233, 260

칠언율시七言律詩　137

칠언절구七言絶句　137

ㅌ

탕현조湯顯祖　159, 164, 188~189, 281

태조太祖　20~22, 34~35, 38, 43~44, 46~48, 50~51, 53~56,

찾 아 보 기

58~61, 63~67, 69~70, 72, 76, 82, 84, 89~90, 100~101, 103, 136, 138, 252, 263, 271, 275, 282, 286, 302

태학연의보太學衍義補 120

토목土木의 변 26, 61, 99, 101~103, 110, 117, 148

토요토미 히데요시豊臣秀吉 197~198

ㅍ

파양호鄱陽湖의 수전 39~41, 59

팔기병 230, 232~234, 256, 301

ㅎ

하방일람河防一覽 178~180

하원길夏原吉 74~75, 81, 83, 88, 94

한단기邯鄲記 165, 188~189

한림아韓林兒 35~38, 47

해서海瑞 175~177

해진解縉 73, 84~85, 88, 281

헌종憲宗 23, 82, 113~121, 140, 142, 156, 160, 166, 168

호유용胡惟庸 사건 21, 45, 50, 56, 58~60

호종헌胡宗憲 158~162, 227

혼천통헌원설渾天通憲圓說 195

홍루몽紅樓夢 138

홍치弘治의 중흥 120~121

홍환안紅丸案 28, 243, 246~247

화이역어華夷譯語 105

황종黃鍾 92~93

황태극皇太極 27~28, 234~235, 237, 240, 262~266, 270, 274~276, 288, 291, 293~294

효종孝宗 23~24, 82, 116, 120~124, 140~142, 168, 172

후금後金 27~28, 230, 233~242, 258, 262~266, 270, 272~278, 284

편집위원

김경선
문학박사
북경 중앙민족대학 한국어학과 졸업, 부산대학교 국어국문학과 박사과정
현재 북경 외국어대학교 한국어학과 교수
저서: 《한국문학선집》《중·한 30년대 소설 비교 연구》 외 다수

문일환
문학박사
북경 중앙민족대학 조선언어문학 학과 졸업, 김일성종합대학 박사원, 연변대학 연구생원
현 북경 중앙민족대학 언어문학학원 교수, 중국 사회과학원 학술위원회 및 직함평의위원,
중국 소수민족문학 학회 부이사장, 중국 인민대학 국학원 전문가 위원
저서: 《조선 고대 신화연구》《조선 고전문학 연구》《조선 고전문학사》 외 다수

서영빈
문학박사
북경 중앙민족대학 졸업, 북경대학 대학원 및 한남대학교 대학원 졸업
홍익대학교 및 한남대학교, 신라대학교 초빙교수 역임
현 중국 대외경제무역대학교 교수, 외국어대학 부학장, 한국경제연구소 소장
저서: 《한국현대문학》《서사문학의 재조명》《중국의 불가사의》 외 다수

이선한
문학박사
연변대학 조선어문학과 졸업
오사카 경제법과대학 객원교수, 숭실대학교 국어국문학과 및 서울대학교 국어국문학과 객원연구원
북경대학 조선문화연구소 소장, 북경대학 한국어학과 교수 역임.
현 북경대학 조선문화연구소 고문, 북경대학 외국어학원 동방학부 교수
저서: 《패설작품집》《한국고전문학선집》《중국 조선민족 문학선집》《중국 조선민족문화사 대계》 외 다수

장춘식
문학박사
북경 중앙민족대학 조선언어문학 학과 졸업, 전북대학교 국어국문학과 박사과정
현 중국사회과학원 민족문화연구소 교수
저서: 《시대와 우리 문학》《해방전 조선민족 이민소설 연구》《일제 강점기 조선족 이민문학》 외 다수

최순희
문학박사
연변대학 조선어과 졸업, 인하대학교 대학원 졸업
현 북경 언어문화대학교 교수, 한국문화연구센터 센터장, 중국 비통용어교육연구회 이사
저서: 《한국어 어휘 교육연구》《사랑차 한잔 둘이서》 외 다수

번역위원

김동휘
장춘광학정밀기계학원 졸업
중국조선어규범위원회 상무위원, 연변번역가협회 부회장, 연변인민출판사 사장·주필·편심
번역서: 《청대철학》《중국유학사》《중국오천년황궁비사》《치국방략》《상도와 인도》 등

김봉술
길림공업대학, 연변대학 조문학부 졸업
동북과학기술신문사 사장·주필·고급기자 역임
문학, 과학보급 및 번역 작품 다수 발표

김순림
연변대학 조문학부 졸업
중학교 조선어문 교연실 부실장 역임
현 연변교육출판사 편집

김춘택
길림사범대학 중문학부 졸업
정부 통·번역, 고등학교, 사범학교 교원 역임
현 연변교육출판사 부편심
번역서: 1980~90년대 소설, 시 및 2007년 고등학교 역사교재 등

남광철
연변대학 한어학부 졸업
연변번역국 부역심, 정부 통·번역 역임
번역서: 중국 방송대학 교재(중한번역), 한국 산업(한중 번역, 합작 및 주역), 《한방 치료법 해설》《돈을 버는 사람은 따로 있다》《한국 명가 요리》 등

남홍화
연변대학 한어학부 및 한어학부 한어문 석사 졸업
연변대학 학보 편집
문학 및 번역 작품 다수

남희풍
연변대학 조문학부 졸업
연변대학 교수, 중국조선족가사문학연구소 소장
저서: 《알기 쉬운 우리 민족역사》《중국항일전쟁과 조선족》《중국조선족가사문학대전》《가학창작연구》《음악문학창작의 길》, 시조 가사 집 《푸른 하늘 푸른 마음》 및 대학교과서 등 다

박기병
연변대학 중문학부 졸업, 길림성 대학학보연구회 부이사장, 연변대학 농학학보 주임 역임
저서: 《신문출판이론과 실천》《연변농업과학기술사 개론》 등 다수

이원길
연변대학 및 중앙민족대학, 북경대학 대학원 졸업
현 중앙민족대학교 소수민족언어문학대학 부학장·교수
저서: 《설야》《춘장》《땅의 아들》《한국어의 표현방식과 그 체계》 등
번역서: 《지낭》《천년상도》《인물과 사건으로 보는 중국상하오천년사》 등

이인선
연변대학 역사학부 졸업
중국 흑룡강신문사 기자·편집, 중국 전국인대 통·번역 역임
시, 산문, 수필, 소설 등 번역 작품 다수 발표

중국을 말한다
13 집권과 분열

초판 1쇄 인쇄 2008년 8월 25일
초판 1쇄 발행 2008년 8월 30일

총기획 | 허청웨이
지은이 | 후민, 마쉐창
옮긴이 | 이원길
펴낸이 | 신원영
펴낸곳 | (주)신원문화사

편집 | 최광희, 김은정, 김숙진, 장민정
교정·교열 및 디자인 | 인디나인
영업 | 윤석원, 이정민, 박노정
총무 | 양은선, 최금희, 전선애, 임미아, 김주선
관리 | 조병래, 김영훈

주소 | 서울시 강서구 등촌1동 636-25
전화 | (02) 3664-2131~4
팩스 | (02) 3664-2130
출판등록 1976년 9월 16일 제5-68호

ISBN 978-89-359-1452-4 (04910)
ISBN 978-89-359-1439-5(세트)

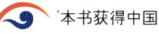 '本书获得中国图书对外推广计划支持'
이 도서는 중국 도서 대외 보급 계획의 번역 원고료 지원을 받았음.